Richard David Precht

MACHE DIE WELT

GOLDMANN

Richard David Precht

MACHE DIE WELT

Eine Geschichte der Philosophie

Band 4

Die Philosophie der Moderne

GOLDMANN

Originalausgabe

Aus Gründen der besseren Lesbarkeit wird im Folgenden auf die gleichzeitige Verwendung weiblicher und männlicher Sprachformen verzichtet und das generische Maskulinum verwendet. Diese Formulierungen umfassen gleichermaßen weibliche und männliche Personen; alle sind damit selbstverständlich gleichberechtigt angesprochen und mitgemeint.

MIX
Papier | Fördert gute Waldnutzung
FSC® C014496

Verlagsgruppe Random House FSC® N001967

1. Auflage

Neumarkter Str. 28, 81673 München
Redaktion: Regina Carstensen
Umschlaggestaltung: UNO Werbeagentur, München
Umschlagmotiv: Caziel, *Women with ball* / Bridgeman Images
Satz: Buch-Werkstatt GmbH, Bad Aibling
Druck und Bindung: GGP Media GmbH, Pößneck
Printed in Germany
JT · Herstellung: cf
ISBN 978-3-442-31544-4

www.goldmann-verlag.de

Inhalt

In Erinnerung an Markus Weber,
mit dem ich die Welt erschloss,
von der dieses Buch handelt;
an den unendlichen Strom
gemeinsam gedachter und gefühlter Gedanken,
für den Tage wie Nächte nie lang genug waren.

Die Wahrheit ist kein Kristall,
den man in die Tasche stecken kann,
sondern eine unendliche Flüssigkeit,
in die man hineinfällt.

Robert Musil

Einleitung

Die *Exposition universelle* des Jahres 1900 ist ein Weltereignis, eines der ersten überhaupt. 76000 Aussteller und fast fünfzig Millionen Besucher aus aller Herren Länder kommen zur Weltausstellung nach Paris, und das Ausstellungsgelände hat sich gegenüber der ersten Weltausstellung von 1855 in der Hauptstadt mehr als verzehnfacht. Wunderschöne Bauten der Belle Époque sind entstanden, das Petit Palais und das Grand Palais. Ein rollender Fußweg, elektrisch angetrieben und dreieinhalb Kilometer lang, bringt die Besucher einmal ums Gelände. Die Welt schaut zurück in der »Bilanz eines Jahrhunderts« – so das Motto –, aber sie tut es mit den Mitteln der heraufdämmernden Moderne. Gleich drei neue Großbahnhöfe werden eingeweiht. Die Elektrifizierung der westlichen Zivilisation hat begonnen, sieben Betreibergesellschaften schicken nun elektrische Straßenbahnen durch die Straßen und über die großen Plätze. Das Tempo steigt, Statisches wird dynamisch, und das Spektakel nimmt seinen Lauf: Ein Riesenrad mit hundert Metern Durchmesser lockt zum Vergnügen, auch die zweiten Olympischen Sommerspiele finden in Paris statt. Und die Gebrüder Lumière begeistern die Welt mit ihrem ersten 75-Millimeter-Langfilm.

Im Schatten der Sensationen huschen Philosophen durchs Bild. Sie treffen sich zum ersten internationalen Kongress der Philosophie. Wie lässt sich die neue Zeit in angemessene Gedanken fassen? Die meisten sind Franzosen, darunter Henri Bergson und Maurice Blondel, und viele sind zugleich Mathematiker wie Louis Couturat, Henri Poincaré, Giuseppe Peano und Bertrand Russell. Diese Phalanx ist kein Zufall, die Mathematik und die Naturwissenschaften durchleben revolutionäre Zeiten. Im Jahr 1895 hat Wilhelm Conrad Röntgen die Röntgenstrahlen beschrieben, das Ehepaar Marie und Pierre Curie entdeckt 1898 das Radium, zwei Jahre später, pünktlich zur Weltausstellung, formuliert Max Planck die Quantentheorie, und weitere fünf Jahre später wird Albert Einstein die Spezielle Relativitätstheorie aufstellen. Das rutherfordsche Atommodell (1909 bis 1911) und Einsteins Allgemeine Relativitätstheorie (1915) werden folgen.

All das hat philosophische Konsequenzen. Der Raum als feste Größe verliert an Bedeutung, die Frage, was Materie ist, erscheint auf einmal erstaunlich unklar. Ebenso undeutlich ist, was eigentlich Leben ist. In der Biologie bekämpfen sich die »Vitalisten« und die »Mechanisten«. Die einen nehmen eine »Lebenskraft« an, die anderen glauben dagegen, dass das Leben physikalisch-chemisch erklärbar ist, ohne dass es dafür einer speziellen Zutat bedarf. Und was für das Leben gilt, gilt auch für das Bewusstsein. Was soll das sein?

In der zweiten Hälfte des 19. Jahrhunderts war die neu entstandene Psychologie in das heilige Zimmer der Philosophen eingedrungen und hatte den Geist versachlicht – als Gegenstand von Experimenten. Mit Sigmund Freuds Psychoanalyse wird es nun noch drastischer. Das Bewusstsein wird entmachtet; das Unbewusste übernimmt die Herrschaft über den Menschen und fordert die altehrwürdige Vernunftphilosophie brutal heraus. *Psychoanalyse* wird zur Modedisziplin der Zeit, und aus Erkenntnistheorie wird Selbsterkenntnistheorie. Bleibt, wenn Psychologie und Psychoanalyse das einzelne Individuum, die *konkrete* Person, gründlicher ausleuchten als die Philosophen, nur noch der Blick auf das große Ganze? Aber auch hier ist seit Ende des 19. Jahrhunderts ein mächtiger Konkurrent entstanden. Mit Émile Durkheim, Ferdinand Tönnies, Georg Simmel und Max Weber begründet sich die Soziologie. Sie sprengt sich aus der Philosophie wie aus einem zu engen Kokon. Und sie findet ganz neue Worte und Modelle, um das Ornament der Gesellschaft zu beschreiben, ihr Muster, ihre sozialen Techniken, ihre Statik und ihre Dynamik.

An alldem kann die Philosophie nicht mehr vorbeisehen. Relevant bleibt sie nur dann, wenn sie einen Mehrwert schafft, der über die Perspektive der Naturwissenschaften, der Psychologen und Soziologen hinausgeht. Sie muss näher an die Dinge heran und sie sehr viel genauer beschreiben, als sie es traditionell getan hat. Die Philosophie muss das Fernrohr nach innen richten, tief in sich hineinsehen, dorthin, wo die experimentelle Psychologie nie hingelangt. Und sie wird es versuchen: Der Aufstand der philosophischen Selbstbeobachtung gegen die psychologische Fremdbeobachtung wird zum Jahrhundertthema.

Auf diese Weise entsteht mit Franz Brentano, Theodor Lipps und mehr noch durch Edmund Husserl die *Phänomenologie*. Parallel dazu deutet auch die schärfste Konkurrenz, die *Lebensphilosophie*, das wirkliche Leben aus. Henri Bergson, Wilhelm Dilthey, Simmel, José Ortega y Gasset, Benedetto Croce und Robin George Collingwood begnügen sich nicht mehr mit Psyche und Bewusstsein, sondern blicken beim menschlichen Leben stets auf das schicksalhafte Ganze. Der Mensch ist ein Natur-, aber mehr noch ein Geschichts- und Kulturwesen, das sich sein Leben selbst ausdeutet. Leben bedeutet zu interpretieren, wer man ist, was man ist und wer man sein will. Die Vernunft mag dabei helfen, die Naturwissenschaften mögen ihr Wissen beisteuern, aber am Ende kann Leben aus nichts anderem heraus begriffen werden als – aus dem gelebten Leben selbst!

Der Stolz der Philosophen ist also noch da. Am Anfang des Jahrhunderts stehen Denker, die den Anspruch erheben, die neuen empirischen Fachwissenschaften besser zu verstehen als diese sich selbst. Bergson lässt kaum einen Zweifel daran aufkommen, dass die Philosophie die Wissenschaften, die neu aufkommende Hirnforschung und die boomende Evolutionsbiologie, metaphysisch »tiefer« legen kann. Wenn es ums Tieferlegen ging, so pflügt sich Sigmund Freud mit dem gleichen Anspruch durch die Ethnologie, die Anthropologie, die Religions- und die Kultursoziologie. Und Edmund Husserls Rede »Die Krisis der europäischen Wissenschaften« reklamiert noch 1936, die Philosophie stehe über allen anderen Wissenschaften und fundiere diese überhaupt erst.

Der hohe Anspruch ist umso bemerkenswerter, als er schon lange nicht mehr selbstverständlich ist. Doch das philosophische Selbstbewusstsein zu Anfang des 20. Jahrhunderts erstarkt. Hatten es die idealistischen Philosophen in der Nachfolge Hegels im 19. Jahrhundert immer schwerer gehabt, sich zu rechtfertigen – der Siegeszug der Naturwissenschaften machte auch die Welt des Geistes zu einem Terrain des exakten Messens –, findet das neue Jahrhundert in seiner ersten Hälfte zur Metaphysik zurück. Was auch immer exakt gemessen wird, es beschreibt nur Dinge. Aber taugt es wirklich zur Erklärung des Unbedingten? Und woher nehmen die Naturwissenschaften ihre Begriffe? Schwankt nicht auch unter ihnen der Boden? Wenn seit Ende des 19. Jahrhunderts die Physik eine »Grundlagenkrise« beklagt und niemand mehr definieren kann, was Raum und Materie sind, sollen Philosophen sich dann wirklich auf sie stützen?

Die Krise der Physik lässt die Philosophie Abschied vom Raum nehmen. Er ist keine Gegebenheit mehr. Die *Zeit* ist jetzt der eigentliche und einzige Urgrund des Daseins. Und sie ist der Physik nicht unmittelbar, sondern nur mittelbar über eine Bewusstseinsleistung – das Messen – zugänglich. Aber diese gemessene Zeit ist eben nur die gemessene Zeit und nicht *die* Zeit. Vor aller Messung liegt das Zeit*erleben*. Es ist subjektiv, aber gleichwohl intersubjektiv gültig. Denn am Erleben von Zeit kommt kein gesundes menschliches Bewusstsein vorbei.

Ist das Erleben von Zeit die eigentlichste aller Erfahrungen? Die Zeit als eine Art »schwebende Entität« scheint das Subjektive objektiver zu machen als alle Objektivitätsansprüche der Naturwissenschaften. So jedenfalls sehen es Bergson und Husserl; Martin Heidegger und Alfred North Whitehead werden ihnen folgen. Das neue Zauberwort der modernen Philosophie heißt *Prozess*. Sowohl der *kritische Rationalismus* als auch der *skeptische Realismus* fußen auf diesem Konzept: Sie sind Philosophien in einer Zeit, die das Aufkommen des Films feiert gegenüber der Statik der Fotografie. Philosophische Konzeptionen müssen von nun an zeigen, dass sie *dynamisch* sind, ob bei Bergson, bei Georges Santayana, Whitehead oder Nicolai Hartmann.

Viele suchen nun neue Synthesen zwischen Idealismus und Materialismus – und zwar in Form dynamischer Ontologien. Wenn Leben ein »Prozess« ist, dann ist eine Substanzontologie ebenso falsch wie ein transzendentaler Idealismus. Auf Unveränderliches lässt sich nichts mehr gründen. Was William James Ende des 19. Jahrhunderts vorgemacht hat, findet nun Nachfolger: eine Philosophie, die sich bei der Biologie absichert und aus ihr Konsequenzen zieht; so bei Bergson und bei Whitehead. Manche Philosophen gehen sogar direkt auf Tuchfühlung mit einflussreichen philosophierenden Biologen: Bergson mit Hans Driesch und Ernst Cassirer mit Jakob Johann von Uexküll. Und einer, Santayana, sieht den einzig verlässlichen Quell der Erkenntnis im *animal faith*, in unserem tierischen Vertrauen auf die Realität der Realität.

Wenn die Vernunft allein keinen verlässlichen Zugang zur Wirklichkeit liefert, wird *Wahrheit subjektiver*, als sie es in der Geschichte der Philosophie je war. Das hat große Konsequenzen. Der *Neukantianismus* – die dominierende Philosophie in

Deutschland – gerät stark in die Defensive. Seine letzten wichtigen Vertreter, Cassirer und Richard Hönigswald, können sich noch so viel Mühe geben, die neukantianische Denksystematik zu einer Kulturtheorie zu erweitern (Cassirer) oder sie systemisch zu perfektionieren (Hönigswald) – die Zeichen der Zeit sprechen gegen jede auf strenge Rationalität gegründete Systematik. Der Hunger nach einer *neuen Metaphysik* ist zu groß, und die wissenschaftliche Rationalität erscheint vielen nur noch als *eine* Zugangsweise zur Realität unter anderen. In diesem Sinne hat Hermann Lotze in der Mitte des 19. Jahrhunderts verschiedene Einstellungen zur Welt unterschieden mit je eigenen Spielregeln. Statt mit einem hierarchisch geordneten System habe es die Philosophie mit *Perspektiven* zu tun. Aus der Wahrheit werden Wahrheiten, in der Kunst andere als in der Physik. Und die unmittelbarste aller Wahrheiten teilt sich nur intuitiv mit als die *Evidenz* des eigenen Selbst im erlebten Augenblick. Das sich selbst erkennende Subjekt der cartesianischen Tradition und der Aufklärung dankt damit ab zugunsten unmittelbarer Selbstvergegenwärtigung. Der heilige Gral der Philosophie in den ersten drei Jahrzehnten des neuen Jahrhunderts heißt *Selbstpräsenz*. Ihn zu suchen machen sich Denker auf unterschiedlichsten Wegen auf: Brentano, Max Scheler, Husserl, Heidegger, Karl Jaspers und Ernst Bloch.

Doch wo findet sich der unmittelbarste aller Zugänge zum Selbst und zur Welt? Bergson macht den Auftakt mit seiner Philosophie der *Intuition*. Heidegger behauptet für seine Philosophie eine allem tiefer liegende Ebene, jene der *Eigentlichkeit*. Croce, Collingwood, Miguel de Unamuno, Georg Lukács, Bloch, Siegfried Kracauer und Walter Benjamin sehen alles Wesentliche des menschlichen Lebens jenseits von Logik und Rationalität. Was im Leben zählt, lässt sich nicht erkennen, sondern nur aufspüren, ausgraben und ausdeuten, als Vorannahme, tragischer Schmerz, als »Noch-nicht Sein«, als Zwischenraum oder als »Denkbild«, besonders eindrücklich in der Erfahrung der Kunst.

Dies ist die eine Seite der Medaille. Die andere zeigt sich in Österreich und England. Während die Metaphysik auf dem Kontinent ihren letzten großen Höhenflug erlebt, legen Bertrand Russell, George Edward Moore und Ludwig Wittgenstein das Fundament einer *analytischen Philosophie*, die allein das als Philosophie anerkennt, was sich logisch ausweisen lässt. Der Kontrast zu den Metaphysikern könnte größer nicht sein. Und die jeweilige Philosophie wird von jeder der beiden Fraktionen als das genaue Gegenteil dessen definiert, was das andere Lager dafür hält. So sieht Robert Musil, der geniale philosophisch-literarische Vivisekteur seiner Epoche, die beginnende Moderne durch zwei einander völlig widerstrebende »Geistesverfassungen« charakterisiert: dem Logisch-Rationalen und dem Ästhetisch-Irrationalen; Geistesverfassungen, »die einander nicht nur bekämpfen, sondern die gewöhnlich, was schlimmer ist, nebeneinander bestehen, ohne ein Wort zu wechseln ... Die eine begnügt sich damit, genau zu sein, und hält sich an die Tatsachen; die andere begnügt sich nicht damit, sondern schaut immer auf das Ganze und leitet ihre Erkenntnisse von sogenannten ewigen und großen Wahrheiten her. Die eine gewinnt dabei an Erfolg, und die andere an Umfang und Würde. Es ist klar, daß ein Pessimist auch sagen könnte, die Ergebnisse der einen seien nichts wert und die der anderen nicht wahr.«[1]

Schon Sprachstil und Denkstil halten beide Richtungen weit auseinander. Während die am Feuilleton geschulten Denker einer neuen Metaphysik oft Essays schreiben, angesiedelt im Niemandsland zwischen Philosophie und Literatur, kondensieren die Logiker ihre Einsichten in nüchtern deduzierenden *papers*, eine Art Mathematik mit Worten. Und wo den einen Philosophie vor allem eine Frage der Wahrnehmungssensibilität ist, ist sie den anderen die größtmögliche Abstraktion und Reduktion. Wahrheit liegt für sie nicht in den Zwischenräumen des Daseins, wie bei Bloch, Kracauer und Benjamin, sondern allein in empirischer Tatsächlichkeit und unabweisbarer Logik. Was bei Husserl und Scheler lediglich Baustein und Anspruch ist, rückt in der analytischen Philosophie ins alleinige Zentrum allen Philosophierens. Jede Verbindung von Logik und Psychologik, die der Phänomenologie und dem späten Neukantianismus so wichtig ist, wird von den neuen Logikern gekappt. Der große Grabenbruch zwischen den »Verstehern« des menschlichen Lebens und den »Erklärern« von Sprache und Logik ist tief und hält bis in die Gegenwart des 21. Jahrhunderts an. In der Terminologie der analytischen Philosophen als Trennung von *continental philosophy* und *philosophy*, in der Sichtweise der anderen als Trennung von Philosophie und Sprachlogik. Der Unterschied ist unübersehbar und ein Brückenschlag zwischen beiden kaum möglich. Die analytische Philosophie fragt: Was *bedeutet* das alles? Die Lebens- und Bewusstseinsphilosophie dagegen fragt mehr und mehr: »Was bedeutet das alles *für mich*?«

Der Preis, den die analytische Philosophie für ihre strenge Wissenschaftlichkeit bezahlt, ist hoch. Leben erscheint in ihr radikal reduziert und gleichsam geschichtslos. Völlig aus dem Blick gerät ihr zudem alles Pathologische sowie alles Politische – zwei ganz große Themen in der Zeit ihres Entstehens. Die furchtbare Katastrophe des Ersten Weltkriegs hat die Normalität aufgesprengt. Denker wie Lukács, Bloch oder Benjamin erwarten nun eine ganz neue, bisher unvorstellbare Gesellschaft. Was tatsächlich siegt, sind der Bolschewismus in Russland und der Faschismus in Italien. In Spanien, Portugal und Polen ergreifen reaktionäre Generäle die Macht, und auch Litauen wird zur Diktatur. Das Radikale, Extreme und Gewalttätige verlangt danach, philosophisch begriffen zu werden. Antonio Gramsci skizziert im Gefängnis völlig neue Perspektiven auf »Macht« und »Hegemonie«. Neu ist auch die Bedeutung der Massen in den immer autoritäreren Massenkonsumgesellschaften der Zwanziger- und Dreißigerjahre. Die Philosophie der Massen entsteht und beleuchtet ein eindrückliches Jahrhundertphänomen, ob bei Gustave Le Bon, Freud, Ortega y Gasset, Gramsci, Kracauer oder Benjamin.

Die radikalen Wirren einer irrationalen Politik steigern das Interesse am Pathologischen. Philosophie, will sie das Leben tatsächlich verstehen, darf sich nicht mehr allein am vermeintlich Normalen orientieren. Wie die avantgardistische Kunst, die Dadaisten, Kubisten und Surrealisten, entdecken auch die Philosophen ihr Interesse an der Fragilität, der Unselbstverständlichkeit und den Grenzen von »Sinn«. Ist nicht auch der Wahn menschliches Dasein? Und die Subjekt-Objekt-Bezüge der Normalen sind eben dies – jene von Normalen unter vielen denkbaren anderen. Benjamin experimentiert mit Drogen, um die Fülle des »Daseins« zu erkunden, sein Freund Georges Bataille philosophiert literarisch über Tod und Impotenz, über Langeweile und Exkremente. Jaspers analysiert die Schizophrenie und die Kreativität bei August Strindberg und Vincent van Gogh.

Die Welt ist aus den Fugen und muss, je nach Mentalität und Perspektive, tiefer gelegt oder höher geträumt werden. In diesem Sinne lässt sich bei den in den 1880er- und 1890er-Jahren Geborenen von der Generation Y des 20. Jahrhunderts sprechen,[2] bei den Philosophen nicht anders als bei den zeitgenössischen Literaten und Künstlern. Ihre Urerfahrung ist die *Ungleichzeitigkeit* von alter und neuer Welt, 19. Jahrhundert und Moderne bei völliger *Unvereinbarkeit* des Fühlens und Denkens. Vor diesem Horizont können die stets wiederkehrenden Themen nicht verwundern: Zerrissenheit und Entfremdung, Tod und Apokalypse, Sehnsucht, Hoffnung und Utopie. Die Gemütskonservativen unter den Philosophen, Jaspers und Heidegger, horchen ins Innere. Ihnen stellt sich die Frage nach dem *Existieren*. Sie fordern mehr Sinn für die *Wirklichkeit* des Lebens. Den Utopisch-Sehnsüchtigen, Musil, Lukács, Bloch, Kracauer, Benjamin, Martin Buber und Gramsci, stellt sich die pathetisch-essentielle Frage nach dem *besseren* Existieren. Sie fordern mehr Sinn für die *Möglichkeit* des (Zusammen-)Lebens.

Gekittet werden kann hier nichts. Die Zeit der großen philosophischen Systeme ist vorbei – auch gerade und obwohl sie niemals so zahlreich projektiert werden wie in den Zwanzigerjahren. Doch vieles bleibt Fragment. Lukács' monumentale *Ästhetik* wird von den Zeitläuften überrollt; Heideggers *Sein und Zeit* erweist sich als nicht vollendbar; Benjamins *Passagen-Werk* wechselt mit der Zeit seine philosophische Fundierung und mäandert ins Uferlose, und der späte Wittgenstein von den *Philosophischen Bemerkungen* bis zu den *Philosophische Untersuchungen* beschreibt Zettel und füllt Hefte mit Notizen, aber aus alldem entsteht im traditionellen Sinne kein Werk.

Je steiler die vielen Neuanfänge, Neubegründungen und Tieferlegungen sind, umso schroffer klaffen sie auseinander. Zwischen Denkern wie Wittgenstein und Benjamin, Gramsci und Hartmann, Rudolf Carnap und Heidegger ist keine Verständigung möglich, nur eine Entscheidung für die eine oder andere Perspektive. Der Streit um die Wissenschaftlichkeit der Philosophie, die nach Hegels Tod begann, führt zu keiner Versöhnung. Für die analytische Philosophie ist nur das Wissenschaft, was exakt und logisch ist. Nicht Bewusstseinsvorgänge ließen sich ausleuchten, sondern nur sprachliche Manifestationen. Ihre Kontrahenten jeder Couleur schütteln darüber bis heute den Kopf: zu eng, zu begrenzt, zu banal und letztlich zu unphilosophisch. Die logische Seite der Welt sei nicht die Welt, es ist die logische Seite der Welt. Und doch kommen alle Philosophien der Moderne in einem entscheidenden Punkt zusammen: Die Welt, die wir erleben, ist etwas von uns *Gemachtes*. Wir mögen uns in der Welt vorfinden, wie bei Heidegger, oder uns ihr entgegensetzen, wie bei den Neukantianern, wir mögen mit Fiktionen hantieren, wie bei Hans Vaihinger, mit Urteilen, wie bei Hönigswald, oder mit Sprachspielen, wie bei Wittgenstein, wir mögen die Welt fein konstruieren, wie bei Husserl, oder von den Dingen in den Bann geschlagen werden, wie bei Benjamin – Streit gibt es nur um das Baumaterial für unser Bewusstseinszimmer. Dass es aber von uns selbst erbaut und möbliert wird – an dieser Erkenntnis führt in der Moderne kein Weg vorbei.

Die Demoiselles d'Avignon

Vom irrealen Zauber der Erfahrung

Das Bild ist groß, sehr groß. Fast zweieinhalb mal zweieinhalb Meter. Fünf nackte oder leicht bekleidete Frauen sind darauf zu sehen, überlebensgroß, die Gesichter reduziert und zu Fratzen überzeichnet auf der linken, zu exotischen Masken verfremdet auf der rechten Seite. Vier der Damen stehen, zwei von ihnen präsentieren sich, die fünfte sitzt, den Kopf verdreht, in unnatürlicher Pose. Jede scheint aus einem anderen Blickwinkel gemalt zu sein. Mal seitlich, mal schräg, mal frontal. Im Vordergrund ist eine Obstschale mit Melone, Apfel, Birne und Weintrauben. Im Hintergrund scheinen Vorhänge das Bild und die Damen zu umhüllen, rotbraun der rechte, beige und blau der linke. Was sonst noch zu sehen ist, ist ein Blau in verschiedenen Tönungen. Das ganze Gemälde wirkt archaisch, es ist blockhaft, kalt, hart und ohne Schatten. Die Frauenfiguren stehen starr, ohne Anmut und Grazie. Die Gesichter sind verzerrt, mal Flächen, mal kubisch, die übergroßen Augen schräg gestellt, von gar keinem oder von tristem, wenn nicht debilem Ausdruck. Keine Beziehung scheint zwischen den Frauen zu bestehen, keine Geste scheint von Bedeutung, und keine Geschichte wird erzählt. Was für ein Bild ist dies?

Den Anstoß dazu gibt ein Besuch im ethnografischen Museum des Palais du Trocadéro im Jahr 1906. Eigentlich findet der junge Spanier die Masken und Fetische afrikanischer Kunst »abscheulich«. Aber irgendetwas hält ihn gleichwohl magisch fest. Es ist das Aggressive, Wehrhafte der Masken: »Die Negerstücke waren ... gegen alles, gegen unbekannte bedrohliche Geister.« Sie »waren Waffen, sie sollten ... schützen, sollten zur Unabhängigkeit verhelfen«. Und genau dies trifft den Nerv des Rebellen. »Auch ich«, wird er später sagen, »war gegen alles.« Auch er will seine Unabhängigkeit erlangen. »Die *Demoiselles d'Avignon* müssen mir an eben diesem Tag eingefallen sein, aber nicht wegen der Formen (der dort ausgestellten Masken), vielmehr weil dies mein erstes exorzistisches Gemälde war.«[3]

Der Name des jungen spanischen Malers ist *Pablo Picasso* (1881–1973). Und die Geister, vor denen er sich 1906 schützen will, sind die Dämonen der eigenen Unsicherheit. Im Jahr 1900 war er das erste Mal nach Paris gekommen und hatte dort die Weltausstellung besucht. Seitdem ist er unstet hin und her gezogen, von Paris nach Madrid, von dort nach Barcelona und wieder nach Paris, nach Barcelona zurück und dann ein drittes Mal nach Paris. Er malt viel, birst fast über vor Schaffenskraft, aber er ist selten zufrieden. Das Niveau, das seine neuen Freunde, der französische Dichter *Guillaume Apollinaire* (1880–1918), die US-amerikanische Schriftstellerin und Kunstsammlerin *Gertrude Stein* (1874–1946) und der französische Maler *Henri Matisse* (1869–1954) von sich selbst und von anderen erwarten, ist äußerst hoch. Besonders der Letzte ist für Picasso eine große Herausforderung. Als der von allen gefeierte Paul Cézanne im Jahr 1906 in Aix-en-Provence stirbt, ist Matisse der berühmteste lebende Künstler in Frankreich. Und die Bewegung der *Fauves*, der »Raubkatzen« oder »Wilden«, die das mediterrane Lebensgefühl mit Pinsel und Farben feiern, steht im Zenit.

Lebensfreude und Harmonie hingegen sind das Letzte, wonach dem höchst unruhigen Picasso der Sinn steht. Sein Temperament ist unbändig, aber sein Geist ist unglücklich. Fast verrückt macht ihn die Frage, wie und wo er in der Kunst seinen Platz finden soll. Der Besuch im ethnologischen Museum mit seinen Masken der »Unabhängigkeit« weist ihm eine neue Richtung. Sich mit der Kunst der »Primitiven« und »Wilden« zu beschäftigen ist allerdings nicht sehr originell, sondern en vogue. Unmittelbar vor Picassos Augen revolutioniert sich gerade die Ethnologie. Hatte man im Gefolge von *Charles Darwins* (1809–1882) Evolutionstheorie die »Primitiven« im späten 19. Jahrhundert als Vorstufen modernen Menschseins studiert, so entdecken Ethnologen, Philosophen und Künstler daran nun eine ganz andere Seite. Die »Wilden«, die von europäischen, auch französischen Kolonialherren brutal unterdrückt und ausgebeutet werden, sind nicht nur ursprünglicher als der Zivilisationsmensch. Könnten sie nicht auch Vorbilder sein? Leiden die Großstadtmenschen nicht an kraftloser Degeneration, haben sie nicht ihren natürlichen Sinn verloren? Werden sie, anders als die »Naturvölker«, nicht Opfer ihrer Orientierungslosigkeit und Entfremdung?

Naturbelassenheit, Ursprünglichkeit und ein magisches Verhältnis zur Welt sollen die Gegenwart in den Großstädten neu beleben. Die Südseebilder *Paul Gauguins* (1848–1903) erfreuen sich größter Beliebtheit als Kritik an der westlichen Gesellschaft. Als belebende Zufuhr von außen sind sie Sauerstoff gegen die Zivilisationsmüdigkeit. Die jungen Ethnologen, der Deutsch-Franzose *Arnold van Gennep* (1873–1957) und der Franzose *Marcel Mauss* (1872–1950), erkennen das Andere der indigenen Kulturen nicht als primitiv, sondern als vollwertig an. Der Österreicher *Sigmund Freud* (1856–1939) wird sich mit *Totem und Tabu* bald in die Völkerpsychologie stürzen, der französische Soziologe *Émile Durkheim* (1858–1917) umfassend indigene Religionen studieren. Und nicht zuletzt das Interesse seiner Clique an afrikanischer Stammeskunst, allen voran jenes von Matisse, Apollinaire und Gertrude Stein, hat Picasso ins ethnologische Museum geführt.

Jetzt, im Herbst 1906, sollen die Masken und Fetische Picassos Psyche unabhängig machen. Artistisch kombiniert er sie mit Formen aus seiner Heimat, mit altspanischen Skulpturen und den viel zu großen Augen der Figuren katalanischer Wandmalerei. Das Thema, eine Bordellszene, ist ebenfalls ein Modethema der Zeit. Aber Picasso möchte nicht Lust und Verruchtheit, falschen Glanz, Tristesse und Elend zeigen wie so viele andere Maler. Und die prominenten Vorbilder, *Das Urteil des Paris* von Peter Paul Rubens und *Das fünfte Siegel der Apokalypse* von El Greco, auf denen sich ebenfalls nackte Frauen zur Schau stellen, dienen nur zur Anregung. Picasso möchte etwas gänzlich Neues erschaffen, außerhalb aller bekannten Konventionen. Und sein Bild soll jeder Idee davon, »schön« zu sein, widersprechen, die sich noch immer mit der Gegenwartskunst verbindet. In einer Zeit, in der der Maler mit seiner Lebensgefährtin Fernande Olivier feurige Kleinkriege führt, kann die künstlerische Lösung nur etwas Radikales, Wütendes, Unerbittliches sein. Die Inspiration aus dem ethnografischen Museum bringt Picasso nicht dazu, in den Masken und Fetischen irgendeine positive Gegenwelt zu sehen. Die Gesichter der Demoiselles werden von ihm entstellt und deformiert, teilweise überschraffiert. Sie wirken karikaturhaft wie bei den just in dieser Zeit aufkommenden US-amerikanischen Comicstrips, die er liebt. Aus Mündern werden Striche und Kreise, aus Nasen Dreiecke. Die Darstellung pfeift ebenso auf die Wiedergabe der Realität wie auf jeden Symbolismus. Eine Zeichensprache im Bild gibt es nicht, nichts verweist auf etwas oder steht für irgendetwas anderes.

Die lange Zeit, in der Picasso an den »Demoiselles« arbeitet, sucht ihresgleichen. Ein Dreivierteljahr, vom Herbst 1906 bis zum Sommer 1907, werkelt er daran herum. Der Ehrgeiz des Malers ist unübersehbar. Über 800 Skizzen und Vorstudien sind heute erhalten, darunter großformatige Blätter mit deutlich realistischerer Darstellung. Doch nach und nach verschwindet das Bordellhafte aus dem Bild, darunter die zunächst skizzierten Männerfiguren, ein Student und ein Matrose. Das Thema wird undeutlicher, und das ursprünglich beabsichtigte Allegorische schwindet dahin, während sich die Formensprache immer weiter radikalisiert: ein brachiales Bild des Umbruchs für eine Welt im Umbruch. Die in der Einleitung zu diesem Buch genannten Innovationen sprengen auch in Picassos Pariser Welt die Formeln der Erfahrung. Die Stadt elektrifiziert und illuminiert sich, Straßenbahnen ersetzen Pferdefuhrwerke, der Film kommt auf, und Albert Einstein begründet, ein Jahr bevor Picasso mit den »Demoiselles« beginnt, die Spezielle Relativitätstheorie. Raum und Zeit, wie man sie bisher kannte, Entfernung und Tempo verlieren ihren altbekannten Rhythmus. Auch die Kunst ist reif für einen Umbruch, der sich bei Cézanne, Matisse und den Fauves längst angekündigt hat. Mehr Surrealismus wagen! Mehr Traum, mehr Wahn, mehr Absurdität, die Sigmund Freud zeitgleich zu bestimmenden Elementen der menschlichen Psyche erklärt. Kunst darf nicht mehr verdrängen, Harmonie erzeugen, wie bei den Fauves, sie muss das Verdrängte selbst zum Gegenstand machen.

Im Juli 1907 ist es so weit. Der Ausfall gegen die kulturelle Norm der Malerei ist vollendet. Der erste Kunsthändler, der das Bild in Picassos Atelier in Montmartre zu sehen bekommt, ist der Deutsche Wilhelm Uhde. »Assyrisch«, mutet ihn das Gemälde an, mit dem er nichts anzufangen weiß. Uhde informiert einen besseren Kenner, den jungen deutsch-französischen Galeristen Daniel-Henry Kahnweiler, der gerade eine kleine Galerie in Paris eröffnet hat und Nachwuchskünstler wie *André Derain* (1880–1954) und *Georges Braque* (1882–1963) unter Vertrag hat. Kahnweiler weiß das Bild nicht einzuordnen. Die Figuren scheinen ihm »wie mit Axtschlägen zurechtgehauen« zu sein. Er sieht ein »verzweifeltes, himmelsstürmendes Ringen mit allen Problemen zugleich« und damit vor allem eine Überforderung.[4] Auch die Freunde und Kollegen, so werden sie es Jahre später selbst erzählen und kolportieren, reagieren nicht besser.[5] Derain hätte, so erzählt Kahnweiler, über die »Demoiselles« gelästert, »Picasso werde sich bestimmt eines Tages hinter seinem großen Bild aufhängen«, so aussichtslos sei ihm das Unternehmen erschienen. Braque soll gesagt haben, das Bild sei gemalt, als habe »jemand Petroleum getrunken, um Feuer speien zu können«.[6] Apollinaire erinnert sich an die »Ermordung der Anatomie«, er habe das Bild im Gegensatz zu den Werken von Matisse für ein »maßlos übertriebenes Experiment« gehalten.[7] Auch Matisse sei nicht angetan gewesen, er habe darin, nicht zu Unrecht, einen Angriff gegen die Fauves und seine eigene Kunst gesehen.[8] Sogar der französische Dichter und Kunstkritiker *André Salmon* (1881–1969), der viel gebildete gleichaltrige Vordenker der Avantgarde, will ablehnend reagiert haben: »Das Ergebnis der Suche nach dem Ursprünglichen war entmutigend. Von Grazie keine Spur ... Aktfiguren entstanden, deren Deformation uns kaum noch überraschen konnte ... Die Häßlichkeit der Gesichter war es ..., die auch die schon halb Überzeugten vor Abscheu vereisen ließ.[9] Und dem russischen Sammler Sergej Schtschukin, einem großen Kenner der Fauves, wird von Gertrude Stein der Stoßseufzer zugesprochen: »Welch ein Verlust für die französische Kunst!«[10]

Picasso ist konsterniert, aber nicht gebrochen. Er dreht das großformatige Bild mit der bemalten Fläche zur Wand und zeigt es keinem mehr. Andererseits bleibt er sich sicher, etwas Bedeutendes geschaffen zu haben. Seine Zeit wird kommen. Er zielt eben nicht auf Harmonie, wie Matisse, den er von nun an als Rivalen ansieht, sondern auf Dissonanz. Und er schafft auch keine Einheit, sondern er will fragmentieren. Nicht das Gemachte fasziniert ihn, sondern das Entstehen und Zerbrechen. Seine Bilder sollen Erfahrungskonstruktion sein. Unsere Welt ist etwas von uns Gemachtes, und der tiefer liegende Rhythmus unserer Erfahrungswelt ist noch nicht entdeckt und freigelegt.[11]

Der Philosoph der Fauves ist *Friedrich Nietzsche* (1844–1900). Der französische Essayist *Jules de Gaultier* (1858–1942) hat den deutschen Philosophen im Januar 1900, kurz vor dessen Tod, in Frankreich bekannt gemacht durch eine Hymne auf *Also sprach Zarathustra*. Der Apologet des Dionysischen wird für Gaultier und mit ihm für zahlreiche Intellektuelle und Künstler in Frankreich zu *dem* Philosophen des mediterranen Lebensgefühls und einer ihm entsprechenden Kunst: »Diese ist eine Lust, ein neuer Appetit, eine neue Gabe, Farben zu sehen, Klänge zu vernehmen und Gefühle zu empfinden, die bisher weder gesehen, noch vernommen oder empfunden wurden.«[12] Individualität, Kraft, Leidenschaft, Unbändigkeit, Beschwingtheit, Rausch, atheistischer Stolz und Pathos des Ausdrucks – das Leben bricht sich ungehemmt Bahn gegen alle bürgerlichen Konventionen, gegen brüchige Rationalität und dürre Moral.

Auch Picasso ist von Nietzsche fasziniert, selbst wenn nicht ganz klar ist, ob er ihn wirklich gelesen oder nur in den ergiebigen Erzählungen seiner Freunde studiert hat. Der Gedanke jedenfalls, dass alle Werte umgewertet werden müssen und dass die Kunst gar nicht radikal genug sein kann, trifft genau sein Lebensgefühl. Nietzsches Ansicht, dass den Künstler zwar der »Flor des unreinen Denkens« umgibt, er aber gleichwohl oft Wesentlicheres über die Welt zu sagen hat als der Philosoph, gefällt ihm so sehr, dass er sie sich zu eigen macht. Anfang der Zwanzigerjahre wird

Picasso in einem Interview sagen: »Wir wissen alle, dass Kunst nicht Wahrheit ist. Kunst ist eine Lüge, die uns die Wahrheit begreifen lehrt, wenigstens die Wahrheit, die wir als Menschen begreifen können.«[13] Und als der konservative französische Kunstkritiker Louis Vauxcelles im November 1908 Picassos Gefährten Braque in der Zeitschrift *Gil Blas* abkanzelt – »Herr Braque ... löst alles, Orte, Personen, Häuser, in geometrische Figuren, in Kuben auf« –, ist auch der Name für die neue Form radikaler künstlerischer Wahrheitsfindung vorgezeichnet: *Kubismus*![14]

Zum Philosophen der neuen Kunst aber wird am Ende doch nicht Nietzsche, sondern ein anderer. Seit 1908 beschäftigt sich zunächst Matisse sehr intensiv mit dem Superstar der französischen Philosophie der Zeit – mit Henri Bergson.[15] Und auch unter den Intellektuellen in Picassos Umfeld steht der Denker der Intuition hoch im Kurs. Der Dichter Tancrède de Visan, seit Jahren andächtiger Zuhörer in Bergsons Vorlesungen am Collège de France, führt den Meister im November 1911 sogar ganz persönlich an die neue Kunstrichtung heran.[16] Ist der Kubismus nicht die genau passende Antwort auf eine Philosophie der Intuition, die aller rationalen Objektivität misstraut und das wahre Sein hinter den Dingen sieht als ein Kontinuum, das wir spüren, aber nicht in Formen und auf Begriffe bringen können? Der Kubismus zerlegt die Objektwelt, macht ihre Perspektivität sichtbar und verweist so auf ein »Mehr« in der Welt, das die konventionelle Malerei nicht zeigen kann. Bergson, zweiundfünfzig Jahre alt, zögert. Die mehr als zwanzig Jahre jüngeren Künstler und Kritiker, die ihn umgarnen, bleiben ihm suspekt. Ohne Zweifel ist er kunstinteressiert und Ästhetik eines seiner großen Themen. Einige Jahre zuvor hatte er Leonardo da Vincis »Mona Lisa« als ein Meisterwerk der künstlerischen Intuition gelobt. Doch vergleichbare Aussagen über den Kubismus bleiben aus. Und das Vorwort, das sich André Salmon 1912 für die Ausstellung der *Section d'Or* von Bergson erhofft, wird nie geschrieben.

Doch auch wenn das Werben um den Kultautor der französischen Philosophie erfolglos bleibt, die Bewegung wird mehr und mehr durch Bergsons Philosophie getränkt. Das Manifest *Du cubisme* der beiden Maler Albert Gleizes und Jean Metzinger, das der neuen Stilrichtung 1912 endgültig ihren Namen gibt, ist eine ausführliche Anwendung des bergsonschen Denkens auf die Kunst. Wenn es richtig ist, dass, wie Bergson sagt, unsere Begriffe von Zeit und Raum nur Behelfskonstruktionen des Geistes sind, um das unbegreifliche Zeitkontinuum begreifbarer zu machen, dann muss der Raum in der Malerei so zerlegt werden, dass das Konstruierte unserer Welterfahrung sichtbar wird. Statt nur eines Blickwinkels werden mehrere angeboten, und statt eines einzigen Standpunkts der Betrachtung gibt es viele. Da der Blick nie zur Ruhe kommt, bilde der Kubismus die natürliche Dynamik der Erfahrung ab. Kubistische Kunst, so die Idee, steht nicht still, sondern sie bewegt sich im Blick des Betrachters und bewahrt damit das Unstete und Fließende der Zeiterfahrung, das andere Kunstwerke bewusst oder notgedrungen in einen einzigen Moment einfrieren.

Kurze Zeit darauf ist der Kubismus in Paris groß in Mode. Kahnweiler nimmt Picasso unter Vertrag, und dieser avanciert, neben Braque, zum prominentesten Kubisten. Doch anders als bei Braque, der kein großer Zeichner ist, beschränkt die kubistische Malweise Picassos künstlerische Mittel enorm. Die »dämonische Leichtigkeit« seines künstlerischen Talents bleibt weitgehend unentfaltet,[17] und auch der Maler selbst erkennt ziemlich schnell die Sackgasse. Tatsächlich haben sich wohl nur wenige große Stilrichtungen in einem solchen Tempo ästhetisch abgenutzt wie der Kubismus – die Kehrseite des Plakativen. Den »Demoiselles« hingegen tut der kurze Höhenflug gut. Im Jahr 1916 wird das Bild – Salmon nennt es »Le bordel philosophique«[18] – das erste Mal öffentlich ausgestellt. Auch der Titel »Les Demoiselles d'Avignon« stammt von Salmon, benannt nicht unmittelbar nach der französischen Stadt, sondern nach dem Rotlichtviertel Carrer d'Avinyó in Barcelona. Noch acht weitere

Jahre vergehen, bis das Werk einen Käufer findet, den Couturier Jacques Doucet. Er erwirbt es für 24 000 Franc. Kurz darauf, im April 1925, wird es das erste Mal mit dem Namen des Malers versehen abgebildet – und zwar in der Zeitschrift *La Révolution surréaliste*. Inzwischen ist der Kubismus fast schon historisch und die radikale Avantgarde-Kunst in aller Munde.

Im gleichen Jahr veröffentlicht der spanische Philosoph José Ortega y Gasset seinen viel gelesenen Essay *La deshumanización del arte* (*Die Vertreibung des Menschen aus der Kunst*). Die neue Kunst der Avantgarde definiert er als bewusst unpopulär und unzugänglich, sodass viele, auch in den gebildeten Schichten, sie ablehnen. Doch diese Spaltung, so Ortega, sei durchaus beabsichtigt, denn die neue Kunst wolle ja auch gar nicht mehr *gefallen*. Ihre Rolle in der Gesellschaft ist eine andere geworden. Die Kunst der Avantgarde verabschiedet sich ganz bewusst vom Menschlichen. Sie deformiert ihre Objekte, um sie unidentifizierbar zu machen, sie irritiert den Betrachter, und sie fällt dadurch auf, dass sie sich in ihren Bildern selbst reflektiert. Jedes Kunstwerk der Avantgarde ist eine Frage nach der Funktion der Kunst in der Gesellschaft.

Spätestens nach dem Ersten Weltkrieg ist Picasso, neben Matisse, der Superstar dieser Avantgarde. Der radikale Wandel, den er mit den »Demoiselles« beschwor, ist selbst zu einer kulturellen Norm für die Kunstproduktion geworden. Von nun steht sie, wie Ortega schreibt, unter einem enormen Modernitätsdruck, der das ganze Jahrhundert anhalten wird: Kunst ist soziale Provokation durch formale Innovation. Erst das nahezu völlige Ausschöpfen der formalen Möglichkeiten – bei gleichzeitigem gesellschaftlichem Bedeutungsverlust – wird den Modernitätszwang zur Gegenwart hin langsam aushöhlen.

Dass seine Kunst während der eigenen Lebenszeit historisch wird, braucht Picasso nicht zu beunruhigen. Es steigert nur seine Bedeutung und seinen schwindelerregenden Marktwert. Als das neu gegründete Museum of Modern Art in New York die Hände nach den »Demoiselles« ausstreckt, spricht die Ankaufskommission von »einem von wenigen Bildern in der Geschichte der modernen Kunst, welche tatsächlich epochemachend genannt werden können«.[19] Im Mai 1939 wird das Werk tatsächlich für 28 000 US-Dollar nach New York verkauft; viele halten es heute für das mutmaßlich wertvollste Bild des 20. Jahrhunderts. Als »Schlüsselbild der Moderne« gefeiert, ist es das Sinnbild schlechthin für die Erfahrungskonstruktion des Menschen in einer brachial zerrütteten und fragmentierten Welt. Vier Monate nach dem Kauf beginnt der Zweite Weltkrieg …

PHILOSOPHIE DER MODERNE

PHILOSOPHEN ZEITLEISTE PHILOSOPHIE DER MODERNE

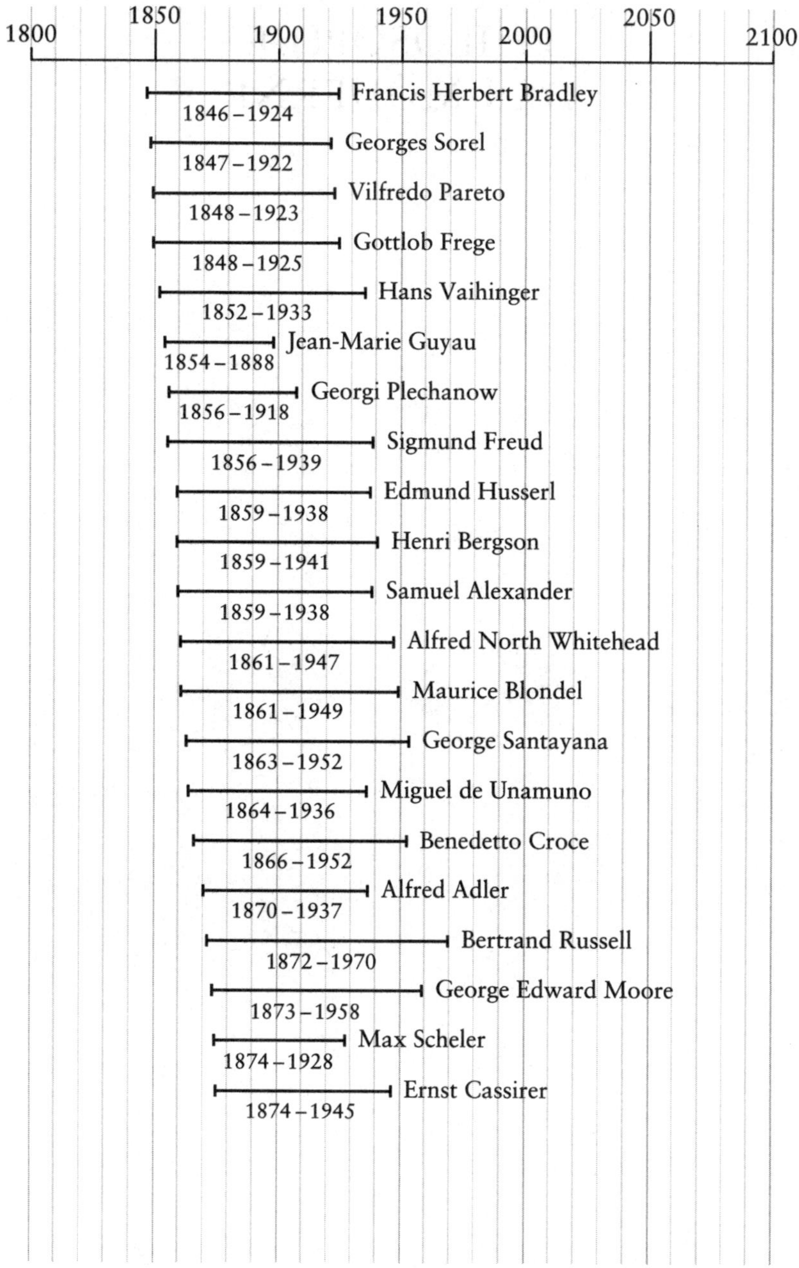

PHILOSOPHEN ZEITLEISTE PHILOSOPHIE DER MODERNE

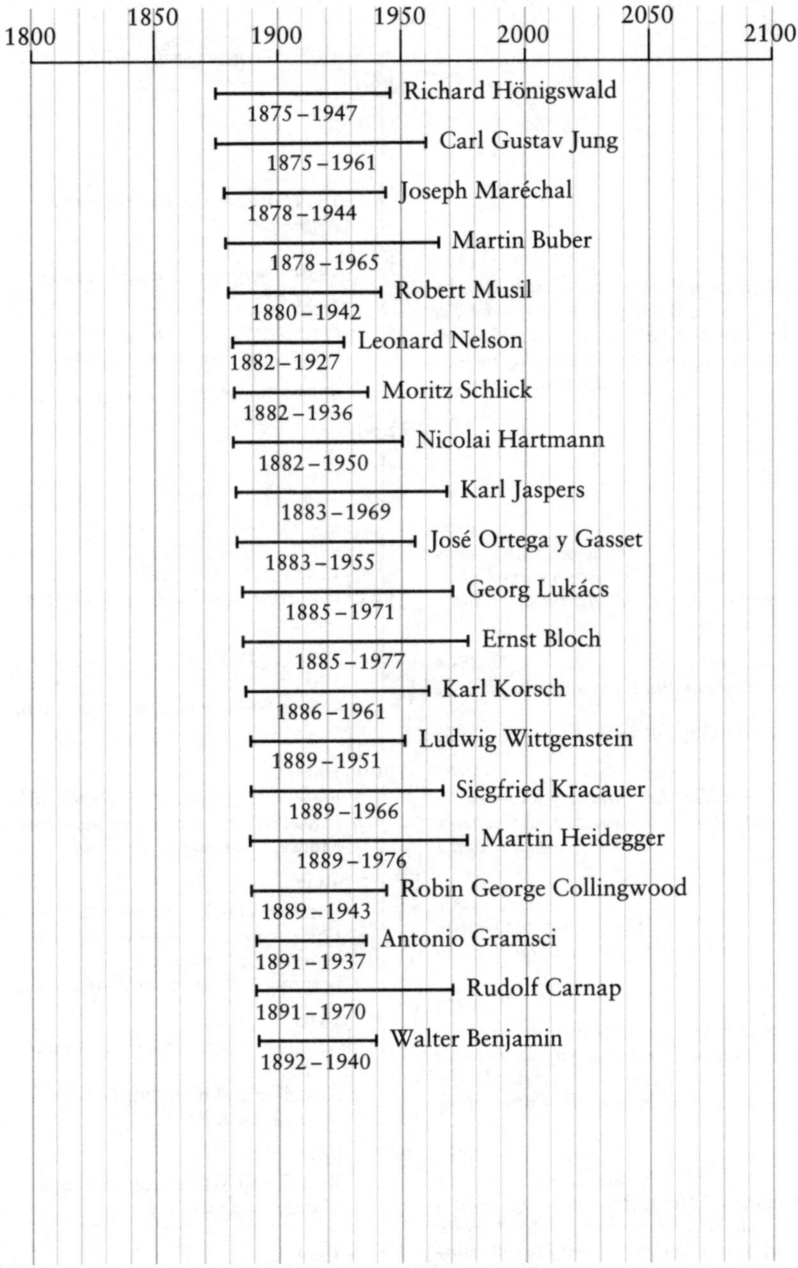

ZEITLEISTE AUSGEWÄHLTER WERKE DER PHILOSOPHIE DER MODERNE

1879 Frege: *Begriffsschrift*

1884 Frege: *Die Grundlagen der Arithmetik*

1889 Bergson: *Zeit und Freiheit*

1893
Frege: *Grundgesetze der Arithmetik, Band 1*
Blondel: *L'Action – die Tat*
Bradley: *Erscheinung und Wirklichkeit*
Croce: *Die Geschichte auf den allgemeinen Begriff der Kunst gebracht*

1896
Bergson: *Materie und Gedächtnis*
Santayana: *The Sense of Beauty*

1899 Freud: *Die Traumdeutung*

1900
Bergson: *Das Lachen*
Simmel: *Die Philosophie des Geldes*
Husserl: *Logische Untersuchungen, Band 1*

1901
Husserl: *Logische Untersuchungen, Band 2*

1902
Croce: *Philosophie des Geistes, Band 1*

1903
Frege: *Grundgesetze der Arithmetik, Band 2*
Russell: *The Principles of Mathematics*
Moore: *Grundlagen der Ethik*

1904
Freud: *Zur Psychopathologie des Alltagslebens*

1905 Santayana: *The Life of Reason*

1906
Cassirer: *Das Erkenntnisproblem in der Philosophie und Wissenschaft der neueren Zeit, Band 1*

1907
Cassirer: *Das Erkenntnisproblem in der Philosophie und Wissenschaft der neueren Zeit, Band 2*
Bergson: *Schöpferische Entwicklung*

1908
Sorel: *Über die Gewalt*
McTaggart: *Die Irrealität der Zeit*

1910
Cassirer: *Substanzbegriff und Funktionsbegriff*
Russell und Whitehead: *Principia Mathematica, Band 1*

1911
Cassirer: *Das Erkenntnisproblem in der Philosophie und Wissenschaft der neueren Zeit, Band 3*
Bergson: *Schöpferische Entwicklung*

1912
Russell und Whitehead: *Principia Mathematica, Band 2*

1913
Freud: *Totem und Tabu*
Unamuno: *Del sentimiento trágico de la vida en los hombres y en los pueblos*
Husserl: *Ideen zu einer reinen Phänomenologie und phänomenologischen Philosophie*
Russell und Whitehead: *Principia Mathematica, Band 3*

1914
Ortega y Gasset: *Meditationen über »Don Quijote«*
Russell: *Unser Wissen von der*

ZEITLEISTE AUSGEWÄHLTER WERKE DER PHILOSOPHIE DER MODERNE

1915

1916
Scheler: *Der Formalismus in der Ethik und die materiale Wertethik*
Pareto: *Allgemeine Soziologie*
Lukács: *Die Theorie des Romans*
De Saussure: *Grundfragen der allgemeinen Sprachwissenschaft* (posthum)

1917
Croce: *Philosophie des Geistes, Band 4*

1918
Spengler: *Der Untergang des Abendlandes, Band 1*
Bloch: *Geist der Utopie*
Russell: *Die Philosophie des Logischen Atomismus*
Schlick: *Allgemeine Erkenntnislehre*

1919
Jaspers: *Psychologie der Weltanschauungen*

1920

1920
Freud: *Jenseits des Lustprinzips*
Whitehead: *Der Begriff der Natur*

1921
Hönigswald: *Die Grundlagen der Denkpsychologie*
Freud: *Massenpsychologie und Ich-Analyse*
Hartmann: *Grundzüge einer Metaphysik der Erkenntnis*
Russell: *Die Analyse des Geistes*

1922
Spengler: *Der Untergang des Abendlandes, Band 2*
Kracauer: *Soziologie als Wissenschaft*
Wittgenstein: *Tractatus logico-philosophicus*

1923
Santayana: *Scepticism and Animal Faith*
Freud: *Das Ich und das Es*
Lukács: *Geschichte und Klassenbewußtsein*
Korsch: *Marxismus und Philosophie*
Martin Buber: *Ich und Du*
Cassirer: *Philosophie der symbolischen Formen, Band 1*

1924
Collingwood: *Speculum Mentis*

1925

1925
Cassirer: *Philosophie der symbolischen Formen, Band 2*
Whitehead: *Wissenschaft und moderne Welt*

1926
Hartmann: *Ethik*

1927
Heidegger: *Sein und Zeit*
Freud: *Die Zukunft einer Illusion*
Kracauer: *Das Ornament der Masse*
Benjamin: *Das Passagen-Werk* (begonnen; veröffentlicht 1983)

1928
Plessner: *Die Stufen des Organischen und der Mensch*
Scheler: *Die Stellung des Menschen im Kosmos*
Husserl: *Vorlesungen zur Phänomenologie des reinen Zeitbewußtseins*
Carnap: *Der logische Aufbau der Welt*

1929
Whitehead: *Prozeß und Realität*
Whitehead: *Die Funktion der Vernunft*
Ortega y Gasset: *Der Aufstand der Massen*
Cassirer: *Philosophie der symbolischen Formen, Band 3*
Gramsci: *Gefängnishefte* (begonnen; veröffentlicht 1948 ff.)

1930

ZEITLEISTE AUSGEWÄHLTER WERKE DER PHILOSOPHIE DER MODERNE

1930

1930
Freud: *Das Unbehagen in der Kultur*
Schlick: *Fragen der Ethik*

1931
Hönigswald: *Grundfragen der Erkenntnistheorie*
Plessner: *Macht und menschliche Natur*

1932
Bergson: *Die beiden Quellen der Moral und der Religion*
Jaspers: *Philosophie*

1933
Whitehead: *Abenteuer der Ideen*
Collingwood: *An Essay on Philosophical Method*

1934
Dewey: *Kunst als Erfahrung*
Carnap: *Logische Syntax der Sprache*

1935

1935
Hartmann: *Zur Grundlegung der Ontologie (Ontologie, Band 1)*
Plessner: *Das Schicksal deutschen Geistes im Ausgang seiner bürgerlichen Epoche*
Jaspers: *Vernunft und Existenz*

1936
Benjamin: *Das Kunstwerk im Zeitalter seiner technischen Reproduzierbarkeit*
Husserl: *Die Krisis der europäischen Wissenschaften*
Ayer: *Sprache, Wahrheit und Logik*
Wittgenstein: *Philosophische Untersuchungen* (begonnen, veröffentlicht 1953)

1937
Bloch: *Das Materialismusproblem, seine Geschichte und Substanz* (veröffentlicht 1972)

1938
Hartmann: *Möglichkeit und Wirklichkeit (Ontologie, Band 2)*
Bloch: *Das Prinzip Hoffnung* (begonnen; veröffentlicht 1954 ff.)

1940

1940
Hartmann: *Der Aufbau der realen Welt (Ontologie, Band 3)*
Collingwood: *An Essay on Metaphysics*

1942
Langer: *Philosophie auf neuem Wege. Das Symbol im Denken, im Ritus und in der Kunst*

1945

1945
Collingwood: *Philosophie der Geschichte*

1946
Cassirer: *Der Mythus des Staates*

1950

1950
Hartmann: *Philosophie der Natur (Ontologie, Band 4)*

Zeit und Lebensschwung

Das betäubte Herz – Das Wesen der Zeit –
Das Gespenst der Freiheit – Das doppelte Gedächtnis –
Élan vital – Der Kultphilosoph

Das betäubte Herz

Am Anfang des 20. Jahrhunderts steht das Lachen. Gewiss, man könnte es auch mit dem Geld anfangen lassen mit Georg Simmels *Philosophie des Geldes*. Oder mit dem Traum mit Sigmund Freuds *Traumdeutung*. Oder mit dem Leben in Ernst Haeckels *Die Welträtsel*. Alle vier Texte erscheinen fast gleichzeitig in den Jahren 1899 und 1900. Alle sind sie Ouvertüren einer neuen Zeit. Und von allen vier ist *Le rire* (*Das Lachen*) eines gewissen *Henri Bergson* (1859–1941) der kürzeste.

Simmel hatte auf ein 20. Jahrhundert verwiesen, in dem der

»objektive Geist« des Geldes alle Lebensbereiche durchdringt und alle anderen Werte relativiert; Freud auf eine Zeit, in der das Unbewusste in seiner wahren unkontrollierbaren Macht erkannt wird; Haeckel hatte das Jahrhundert der Biologie ausgerufen, die alle Rätsel des Lebens löst. Aber was hatte Bergson gesagt? Was war es, das seinen Essay in der *Revue de Paris* und sein anschließendes Buch zu einer solchen Sensation unter den Intellektuellen und Künstlern machte?

Humor ist gemeinhin kein Lieblingsthema der Philosophie, gerne verweist man es an die Psychologen. Doch in seinem Essay mit dem vollständigen Titel *Le rire. Essai sur la signification du comique* will Bergson durchaus etwas Philosophisches klären. Er will wissen, warum Menschen überhaupt das Bedürfnis nach Humor haben und von welcher enormen Bedeutung die Komik für die Gesellschaft, für die Kunst und das Leben ist. Dabei liegt es ihm fern, »das Wesen des Komischen in eine Definition zu zwängen. Wir sehen in ihm vor allem etwas Lebendiges. Wir werden es, sei es auch noch so unwichtig, stets mit der Achtung behandeln, die man Lebendigem schuldet.«[20]

Die Komik ist das, was Menschen von allen anderen Dingen und Lebewesen unterscheidet. Landschaften sind nicht komisch, und Tiere sind es nicht untereinander, sondern nur im Blickwinkel des Menschen. Damit einem etwas komisch vorkommen kann, muss man in der Lage sein, eine ausgesuchte Haltung einzunehmen. Man kann nur dann über etwas lachen, wenn man die Dinge mit einem gewissen Mangel an Ernsthaftigkeit und an Einfühlung betrachtet. Das »Komische scheint seine durchschlagende Wirkung nur äußern zu können, wenn es eine völlig unbewegte, ausgeglichene Seelenoberfläche vorfindet. Seelische Kälte ist sein wahres Element … In einer Welt von reinen Verstandesmenschen«, schreibt Bergson klug, »würde man wahrscheinlich nicht mehr weinen, wohl aber noch lachen.«[21]

Nichts ist von sich aus komisch, aber in nüchterner Distanz zu allem, aus der Perspektive eines »unbeteiligten Zuschauers«, kann fast alles komisch werden. Denn »das Komische setzt, soll es voll wirken, so etwas wie eine zeitweilige Anästhesie des Herzens voraus, es wendet sich an den reinen Intellekt«.[22] Doch warum tun Menschen dies überhaupt? Lachen? Und worüber? Nach Bergson gibt es in allen Spielarten der Komik immer die gleiche Quelle. Wir lachen, wenn menschliches Leben seine Geschmeidigkeit *(souplesse)* verliert, wenn die Anpassung an die Erfordernisse des Alltags und der Gesellschaft misslingt. Eine Geste, ein Stolpern, ein Aussehen oder eine Verhaltensweise werden plötzlich auffällig. Wir sehen sie mit unserem betäubten Herzen amüsiert aus der Distanz. Und isoliert und stillgestellt erscheinen sie uns so komisch wie die Bewegungen eines Tänzers ohne Musik. Statt natürlich erscheinen uns die Dinge, die Menschen tun, künstlich, statt normal sind sie seltsam, grotesk und verzerrt. Das Flüssige versteinert zur Fratze, und was sonst unauffällig und organisch ist, wirkt steif und maschinenhaft. Mit einem Wort: Ein bestimmtes Aussehen oder Verhalten wird zum Ausfall gegen die kulturelle Norm. Und die anderen stellen es durch Lachen bloß und bestrafen es. Das klingt zunächst grausam, aber es hat auch eine positive soziale Komponente. Wer über etwas lacht, distanziert sich nicht nur von dem, worüber er lacht, zugleich sucht er dabei die Nähe zu anderen. Man lacht leichter in Gesellschaft und erzeugt so eine gewisse Komplizenhaftigkeit. Ohne die anderen, ihr mutmaßliches oder reales Mitlachen, ist das Lachen selten und ziemlich sinnlos. Auf diese Weise fördert das Zusammenspiel von Komik und Lachen das gesellschaftliche Miteinander. Es motiviert Menschen dazu, sich unauffällig zu verhalten und anzupassen. Um bloß nicht komisch zu wirken, adaptieren sich Menschen normalerweise, so gut sie können, an ihre Lebensumstände und ihre Mitmenschen.

Für einen Soziologen wäre hier Schluss, die Funktion des Lachens ist erklärt. Aber Bergson bohrt noch tiefer. Wahrscheinlich, so vermutet der Philosoph, ist das Verhalten von Ausfall, Lachen und Anpassung nicht nur kulturell erlernt. Denn hätte uns die Natur den Sinn für Komik nicht eingepflanzt, könnten Menschen nicht so gut miteinander klarkommen, wie sie es meistens tun. Bergson fahndet deshalb nach einem *existenziellen* Grund für das Komische. Und er findet diesen Grund im Gegensatz von Leben zu seiner mechanischen Wiederholung. Echtes Leben ist einmalig und fließend, es kennt keine genauen Wiederholungen. Stellt man es aber still und isoliert einzelne Momente, wirkt es plötzlich verzerrt und komisch. Je mechanischer und automatenhafter uns das Leben erscheint, umso absurder finden wir es. Das betäubte Herz spürt eine stillgestellte Welt. In der Komik wird das Leben zum toten Mechanismus verdinglicht. Und dieser steht im völligen Kontrast zu dem, was, nach Bergson, echtes Leben ausmacht.

Die Leser sollen verstehen, dass es hier nicht einfach um eine Theorie des Komischen unter vielen anderen geht. Und die, die Bergson schätzen, wissen bereits, was von ihm zu erwarten ist. Denn mit seiner Analyse des Lachens stützt der Philosoph seine *Theorie der zwei Welten*. Einmal gibt es die Welt des Bildes und der Oberfläche, in der die Phänomene zu Objekten werden. Und auf der anderen Seite gibt es die Welt des eigentlichen Lebensflusses, die spürt, wenn etwas in der Objektwelt nicht stimmt oder komisch erscheint. In Bergsons Denken sind diese Welten ziemlich streng getrennt: in die objekthafte Außenwelt und in die eigentliche unmittelbare Realität der Innenwelt. Und weil diese Trennung jeden Menschen durchschneidet, korrespondieren Menschen nie eins zu eins mit der Welt. Es gibt keine ungetrübte Verbindung zwischen Erleben und Objektwelt. Stattdessen werfen wir Perspektiven auf die Welt. Im Alltag passen wir uns geschmeidig und nahezu automatisiert an. Und in der Wissenschaft ziehen wir künstliche Grenzen um die Phänomene, um sie möglichst eindeutig als Objekte zu identifizieren.

Die intensivste Verbindung zwischen innerem Erleben und Objektwelt aber stiften die Künstler. »Wenn die Wirklichkeit unsere Sinne und unser Bewusstsein unmittelbar träfe, wenn wir mit den Dingen und mit uns selbst unmittelbar in Verbindung treten könnten, ich glaube, dann wäre die Kunst überflüssig, oder vielmehr, wir wären dann alle Künstler, denn unsere Seele würde in beständigem Einklang mit der Natur stehen.«[23] Da sie es aber nicht tut, brauchen wir die Kunst. Sie tränkt die Objektwelt ganz bewusst mit unserem subjektiven Erleben und macht damit all die Facetten des Lebens sichtbar, die im Alltag und in der Wissenschaft unsichtbar bleiben.

Bergsons Worte werden in Paris zur Jahrhundertwende gerne gehört. Die Dritte Republik ist nach der Niederlage gegen das Deutsche Reich 1870/1871 außenpolitisch stark geknebelt. Dafür aber erlebt Frankreich eine enorme kulturelle Blüte. Während der Einfluss der katholischen Kirche rasant schwindet, experimentieren die Bürger, vor allem in der fast Drei-Millionen-Metropole Paris, mit neuen Lebensstilen. Und Bergson ist der Philosoph des Zeitgeistes der Belle Époque. In der heftigen Diskussion zwischen den »Naturalisten« und den »Impressionisten« nimmt er eindeutig Partei. Die Kunst hat sich mitnichten an den Naturwissenschaften zu orientieren, wie die Naturalisten meinen. Modern zu sein heißt nicht, sich an den Rockzipfel der Biologen, experimentellen Psychologen und Mediziner zu hängen – sondern es bedeutet, Kunst als einen ganz eigenen und viel intensiveren Zugang zur Realität zu sehen, als das, was die Naturwissenschaften mit ihren künstlichen Verobjektivierungen anzubieten haben. Nicht Exaktheit, sondern Intuition ist die Stärke des Künstlers, nicht Sachverhalte soll er zeigen, sondern Leben.

Nicht das Sichtbare wiedergeben, sondern echtes Leben sichtbar machen – unter den Künstlern am Montmartre ist das selbstverständlich. Genauso malen die Impressionisten, wenn sie die Farbe vor die Linie stellen, die Pointillisten mit ihrer Punktiertechnik und die Cloisonisten und Synthetisten mit ihren perspektivlosen Flächen. Sie bringen nicht nur das Tragische und Schicksalhafte der Naturalisten auf die Leinwand, sondern auch das

Flatterhafte, das Alberne, das Groteske und das Komische. Prostitution, Alkohol, Rausch und das Leben am Rande des Absturzes sind nicht programmatisch festgelegt. Sie sind mehr als nur sozialkritische Studien zur Natur des Menschen oder Anklagen an die Gesellschaft. Sie sind Phänomene einer gierigen, ungebändigten und überschäumenden Lebensenergie. Kein Wunder, dass Bergson zum Kultphilosophen der Avantgarde aufsteigt. Edgar Degas, Kees van Dongen, Louis Anquetin, Henri de Toulouse-Lautrec und, wie geschildert, Matisse, Picasso und Braque leben und malen, was Bergson in kluge Worte fasst. Auch Marcel Proust lebt hier, Rainer Maria Rilke kommt 1902 nach Paris; Gabriel Fauré, Camille Saint-Saëns, Claude Debussy und Maurice Ravel prägen die Musik. Und vielen von ihnen spricht Bergson mit seiner Auffassung vom unmittelbaren, vom subjektiven und unbegreifbaren Leben aus dem Herzen. Wer ist er?

Das Wesen der Zeit

Henri Bergson wurde 1859 in Paris geboren. Sein Vater war ein polnischstämmiger jüdischer Pianist und Komponist. Seine Mutter stammte aus einer englisch-jüdischen Familie. Die Bergsons wohnen im Stadtzentrum unmittelbar in der Nähe der Oper. Und der begabte Schüler besucht eines der renommiertesten Traditionsgymnasien der Stadt, das Lycée Condorcet, das zwischenzeitlich Lycée Fontanes heißt. 1877 gewinnt er den Schulpreis für die Lösung eines mathematischen Problems. Schon als Schüler beschäftigt er sich mit Darwins Evolutionstheorie und geht zum jüdischen Glauben auf Distanz. Unschlüssig, ob er lieber Natur- oder Geisteswissenschaften studieren sollte, entscheidet er sich schließlich für Letztere. Er besucht die École normale supérieure und qualifiziert sich 1881 im Wettbewerb an der Sorbonne für das Amt eines Gymnasialprofessors im Fach Philosophie.

Besonders gut steht es um die Philosophie in Frankreich in

dieser Zeit nicht. In der ersten Hälfte des Jahrhunderts hatte der Ingenieur und Philosoph *Auguste Comte* (1798–1857) die »Lehre von der Weisheit« durch eine Art soziale Ingenieurstechnik ersetzt. Und die berühmtesten Philosophieprofessoren in der zweiten Hälfte des Jahrhunderts wendeten die »positivistische« Methode auf alle Geisteswissenschaften an. Paradefigur dieser Richtung ist der Philosoph und Historiker *Hippolyte Taine* (1828–1893). Unermüdlich historisiert, klassifiziert und nationalisiert er die Kulturgeschichte. Taines Welt- und Menschenbild ist schlicht und streng orientiert an den Naturwissenschaften. Menschen seien gesetzmäßig beschreibbar und ihr Handeln durch ihre Anlagen und ihr Umfeld klar vorherbestimmt. Ähnlich denkt der Altertumsforscher und Religionswissenschaftler *Ernest Renan* (1823–1892). Für ihn ist sogar die künftige Entwicklungsgeschichte der Menschheit eindeutig vorherbestimmt. Sie schreitet planmäßig voran und mündet in einem streng (natur-)wissenschaftlichen Zeitalter.

Der Lehrer, dem Bergson an der Sorbonne lauscht, ist anders. Doch er ist keine Berühmtheit seines Metiers. *Émile Boutrouxs* (1845–1921) Denken ist ein lebenslanger Versuch, den Einfluss der Naturwissenschaften auf die Philosophie abzuwehren. Spätestens wenn es um die Biologie gehe, greife der klassische Mechanismus der Physik nicht. Betrachtet man das Leben oder gar das Bewusstsein, so könne von strenger Kausalität nicht die Rede sein. Denn hier geschehe vieles keineswegs mit naturwissenschaftlicher Notwendigkeit. Geprägt ist Boutroux von seinem Lehrer *Félix Ravaisson-Mollien* (1813–1900). Auch er will von einer Philosophie nach dem Gusto der Naturwissenschaften nichts wissen. Als Schüler von *Victor Cousin* (1792–1867) ist er einer von wenigen Philosophen im Frankreich seiner Zeit, die sich intensiv mit dem deutschen Idealismus beschäftigt haben, mit Hegel und insbesondere mit *Friedrich Schelling* (1775–1854), dessen Vorlesungen er 1839 in München gehört hatte. Und wie für Schelling, so wird auch für

Ravaisson-Mollien die Natur von etwas überzeitlich Geistigem bewegt und nicht schlichtweg durch Gesetze der Materie.

Der Einfluss dieses Denkens auf Bergson ist groß. Im Hinblick auf Anregungen, die er von anderen bekommt, hält er sich in seinen Werken und Selbstbekundungen weitgehend zurück. Aber über Ravaisson-Mollien schreibt er später einen Aufsatz. Erwähnen wird er auch seine Lektüre *Herbert Spencers* (1820–1903), des Starphilosophen des Viktorianischen Zeitalters. Spencer hatte den jungen Bergson durch seinen Umgang mit der Evolutionstheorie beeindruckt. Aus natürlichen Grundprinzipien heraus entwickelt sich aus der Physik die Biologie, aus der Biologie die Psychologie und aus dieser schließlich Soziologie und Ethik; ein monumentaler Gesamtentwurf wie ihn sich nach Darwin kaum noch jemand zutraut. Doch Spencers strenger Determinismus und unbedingter Materialismus gehen Bergson zu weit. Wo bleibt die Freiheit? Und wirken denn tatsächlich nur mechanische Kräfte in der Natur, wie Spencer behauptet, Boutroux und Ravaisson-Mollien hingegen bezweifeln?

Als Bergson sich die Frage stellt, ist das Lager der Idealisten in Europa schwach, die Materialisten sind in der Überzahl – mit Ausnahme von Deutschland, wo beides sich in etwa die Waage hält. Der Glaube an etwas Ideelles in der Evolution steht nur noch auf sehr schwachen Beinen. Kausal-mechanische Erklärungen der Entwicklungsgeschichte dominieren. Doch Bergson hat sich auf dieser Karte früh verortet: auf der Seite der Idealisten! Nur muss dieser Idealismus nach Darwin völlig neu fundiert werden. Nicht gegen, sondern mit der modernen Evolutionstheorie muss man argumentieren; man muss sie gezielt übersteigen, und zwar dort, wo ihr die Erklärungen ausgehen.

Als Gymnasiallehrer in Angers und von 1883 an in Clermont-Ferrand geht Bergson zunächst zurück zu den Wurzeln des Materialismus und der Logik in der altgriechischen Philosophie. Er veröffentlicht eine Textsammlung von Lukrez mit eigenem Kommentar und studiert die berühmten Paradoxa des Zenon von Elea. Doch sein Ziel ist ehrgeiziger, als es seine ersten Texte vermuten lassen. Mitte der 1880er-Jahre reflektiert Bergson sehr genau, was die Naturwissenschaften seiner Zeit erklären können und was nicht. Überall werden zwar physikalische Begriffe, wie »Kraft«, »Energie« und »Gesetz« verwendet. Sie hängen aber merkwürdig in der Luft, weil man sie nur auffallend schwer definieren kann. Die klassische Mechanik scheitert daran, alles auf Bewegungsgesetze zurückzuführen. Physiker, wie der Österreicher *Ernst Mach* (1838–1916), stellen sogar den Begriff der »Materie« infrage. Physik und Chemie greifen äußerst ungelenk ineinander und erscheinen irgendwie als getrennte Welten. Das Verhältnis von Physiologie und Psychologie steckt voller Rätsel und Ungereimtheiten. Fragen nach Zeit und Raum stellen sich völlig neu und münden später in der Relativitätstheorie.

Kein Zweifel: Die Naturwissenschaften, an denen sich die Philosophie orientieren soll, bilden gar keinen festen Halt. Überall schwankt der Boden. Sicher ist nur, dass alles Wissen durch Messen gewonnen werden soll. Aber im Ungesicherten und Ungefähren zu messen erzeugt keine großen Wahrheiten. Im Jahr 1889 legt Bergson das Ergebnis dieser kritischen Reflexion der Sorbonne als Doktorarbeit vor: *Essai sur les données immédiates de la conscience* (*Zeit und Freiheit*).

Das Werk des Dreißigjährigen ist ein Meilenstein in der Philosophiegeschichte und eine der erfolgreichsten Doktorarbeiten überhaupt. Und seine steile These lautet: Zeit ist wirklich – der Raum dagegen nicht! Er ist nur etwas Nachgeordnetes, etwas vom menschlichen Bewusstsein Konstruiertes. Der Mensch richtet sich die Welt in seinem Bewusstsein so ein, dass er sich in ihr möglichst gut zurechtfindet. Dafür stellt er sich die Dinge räumlich vor und erfindet dazu auch eine Zeit, die er wie den Raum einteilen und zergliedern kann, indem er sie misst. Doch diese Zeit ist in Wahrheit gar nicht die wirkliche Zeit, sondern ein Hilfsmittel, eine künstliche Welt, die einzig und allein der Orientierung dient. Die wirkliche Zeit dagegen ist das, was spürbar in uns vergeht, während wir versuchen, die Dinge unseres Lebens durch Verstandeskonstruktionen zu ordnen und zu begreifen.

Es gibt also, nach Bergson, zwei Zeitbegriffe. Eine ursprüngliche *gefühlte Zeit*, die uns bewusst wird, wenn der Alltag von uns abfällt, wenn wir aus der zweiten, der von uns *konstruierten Zeit* herausfallen. In solchen Momenten spüren wir, dass wir existieren, dass wir Teile sind eines stillen Fließens. Wir werden dabei unseres tiefen Ichs (*moi profond*) gewahr. Unser oberflächliches Ich (*moi superficiel*) tritt zurück und erlaubt uns, uns als das zu spüren, was wir wirklich sind. Einen präzisen Begriff für diese eigentliche und wesentliche Zeit hat Bergson nicht. In seiner Verlegenheit nennt er sie *durée*. Das Wort bedeutet nicht einfach nur »Dauer«. Es meint das, was wir erleben, wenn wir spüren, dass wir uns in der Zeit durchhalten als derjenige oder diejenige, die wir sind. Wir erfahren dabei die Intensität und Qualität des Lebens – ganz im Gegensatz zu den vielen flüchtigen Erlebnissen, bei denen unser weitgehend automatisierter Verstand die Welt quantitativ erfasst: als vor- und nachgeordnet, viel und wenig, weit weg und nah dran, schnell und langsam usw.

Bergsons Welt der Dauer, der Intensität und Qualität steht nun allerdings vor einer Krux: Sie entzieht sich dem Zugriff der Wissenschaften. Sie kann nur empfunden, nicht durch wissenschaftliche Theorien untermauert oder gar gemessen werden. Der Philosoph sieht dies als Stärke, nicht als Schwäche. Gleich zu Anfang seines *Essais* erteilt er allen Versuchen der Psychologie, Bewusstseinszustände messen zu wollen, eine Absage. Die Disziplin der »Psychophysik«, die der kurz zuvor verstorbene Leipziger Physiker und Philosoph *Gustav Theodor Fechner* (1801–1887) im Jahr 1860 aus der Taufe gehoben hatte, ist für ihn weitgehend wertlos. Gefühlsintensität ist niemals quantitativ! Man empfindet nicht mehr oder weniger Trauer, so wie man eine Dosis senkt oder erhöht. Die Trauer verändert nicht ihre Quantität, sondern ihre Intensität, und zwar durch Gedanken, Umstände und Erlebnisse. Sie färbt sich damit je anders ein. Wo es um Qualität und Intensität geht, ist die quantitative Erfassung, das Messen der Naturwissenschaftler, völlig fehl am Platz.

Auf diese Weise erteilt Bergson dem Optimismus der zu seiner Zeit boomenden experimentellen Psychologie eine harsche Absage. So wird das nichts! Das Bewusstsein lässt sich nicht mit den Methoden des oberflächlichen Ichs aufschlüsseln, sondern nur vom tiefen Ich erahnen. Abständig und überholt ist diese Sicht auch heute nicht. Wie sich das, was ich fühle, für mich anfühlt, weiß ich nur selbst. Mag der Zahnarzt keinen Grund für meine Zahnschmerzen finden, wenn ich trotzdem Zahnschmerzen empfinde, dann empfinde ich sie. Um wie viel mehr gilt dies für komplexe Gefühlszustände wie Trauer, Sehnsucht, Weltschmerz, Nostalgie, Liebeskummer usw.? Bergson wirft damit das vom US-amerikanischen Mathematiker und Philosophen *Charles Sanders Peirce* (1839–1914) im Jahr 1866 sogenannte Qualia-Problem (von lat. *qualis,* »wie beschaffen«) auf. Bis heute ist es für die Psychologie wie für die Philosophie des Geistes eine dauerhafte Herausforderung.

Dass die Wissenschaften mit ihren Begriffen und Messungen auf die Qualität des Empfindens nicht zugreifen können, ist für Bergson der Beweis, dass sie sich in einer anderen – nämlich einer konstruierten und konstruierenden – Sphäre aufhalten statt in der des unmittelbaren Erlebnisses. Die Welt der *durée* und die Welt des ordnenden Verstandes sind damit säuberlich getrennt; die erste ist eigentlich, die zweite ein zweckdienliches Hilfsmittel und »uneigentlich«, weil nachgeordnet.

Aber wie erhält nun der Philosoph einen Zugriff auf die erlebnisintensive Welt des tiefen Ich? Wie kommt er an das heran, was den Naturwissenschaften methodisch verschlossen bleibt? »Wir empfinden eine unglaubliche Schwierigkeit, uns die Dauer in ihrer ursprünglichen Reinheit vorzustellen«, schreibt Bergson, »und das liegt zweifellos daran, daß nicht allein wir dauern. Die äußeren Dinge, scheint es, dauern wie wir, und die

Zeit, von diesem letzten Standpunkt aus betrachtet, hat ganz den Anschein eines homogenen Mediums.«[24] Daraus entstehen für den Philosophen zwei Probleme. Weil unser Verstand unausgesetzt mit der Orientierung in der Außenwelt beschäftigt ist, sind wir kaum jemals wirklich bei uns. Doch wie soll man dann diesen Zustand der *durée* gedanklich erschließen? Zumal, und dies ist das zweite Problem, Philosophen das, was sie erkennen, in Worte fassen müssen. Doch die Sprache ist ebenso ein Orientierungsmittel des Verstandes wie unsere Alltagsvorstellungen von Zeit und Raum. Die Sprache schafft eine räumliche Ordnung, die es so nur im Verstand gibt, aber nicht in der Realität. Die Sätze zergliedern unsere Erlebnisse, die Worte schränken sie auf bestimmte Bedeutungen ein und grenzen sie von anderen ab. Wo in Wirklichkeit ein grenzenloser Fluss fließt, entsteht ein räumliches Raster und werden tote Gräben angelegt. Doch Etiketten auf flüchtige Zustände zu kleben verdunkelt mehr, als dass es erhellt.

Das Problem ist Bergson bewusst. Was soll seine Philosophie aus Worten und Sätzen wert sein, wenn Worte und Sätze die wirkliche Wirklichkeit nicht treffen? Wenn die Erkenntnisse der Naturwissenschaftler relativ sind, weil sie die wahre Zeit nicht erfassen können und mit ihren Theorien in der Luft hängen – gilt das nicht auch für die schönen Worte der Philosophen? Bergson rettet sich aus der Verlegenheit durch einen zweiten Behelfsbegriff neben dem der *durée*, nämlich dem der *intuition*. Wenn das wirkliche unmittelbare Leben sich nur wortlos mitteilt, so erfahren wir es intuitiv. Allerdings sind Worte nicht völlig vergebens. Man kann die Erfahrung der *durée* nämlich so mit Worten einkreisen, dass das, was gemeint ist, intuitiv erfahrbar wird. Es fragt sich allerdings, welche Sprache dafür besonders geeignet ist; die trockene Sprache der Wissenschaft eher nicht. Zeit seines Lebens wird sich Bergson deshalb um eine besonders schöne, geschmeidige und elegante Sprache bemühen. Was rational schwer zu beschreiben ist, teilt sich viel leichter ästhetisch mit.

Mit dieser Antwort handelt sich Bergson das Etikett ein, ein »Dichterphilosoph« zu sein; ein Wort, das ebenso auch zu *Søren Kierkegaard* (1813–1855) und Nietzsche passt.[25] Und tatsächlich ist Bergson ein »Dichterphilosoph« im doppelten Sinne. Wie Schelling, Schopenhauer und Nietzsche sieht er im literarischen Schreiben, im Malen und im Komponieren eine ausgezeichnete Erkenntnisquelle für das Leben und formuliert gern mit poetischen Worten. Zum anderen dürfte kaum ein philosophischer Denker, wiederum mit Ausnahme von Schopenhauer und Nietzsche, die Literatur und Malerei dermaßen beeinflusst haben wie Bergson. Auf jeden Fall liefert keiner den Künstlern der Jahrhundertwende so wichtige Begriffe für ihre Poetik und Ästhetik: die »Intuition«, das »tiefe Ich«, die »Kreativität« und vor allem anderen: das »Leben«.

Das Gespenst der Freiheit

Das Subjektive ist wirklich, das Objektive nur äußerlich – mit dieser Feststellung reiht sich Bergson in die Tradition der Existenzphilosophie Kierkegaards ein sowie in jene der Lebensphilosophie Schopenhauers und Nietzsches. Deren wichtigster Denker in Frankreich, *Jean-Marie Guyau* (1854–1888), ist ein Jahr vor Erscheinen von Bergsons *Essai* im Alter von nur dreiunddreißig Jahren gestorben. Seine Werke, die er in erstaunlichem Tempo schrieb, behandeln die natürliche Veranlagung des Menschen zur Moral, zur Kunst und zur religiösen Spiritualität. Und sie versuchen nichts anderes als Bergson: Sie wollen zeigen, dass das Leben eine ungebändigte Urkraft ist, die den Menschen dazu drängt, sich selbst zu überschreiten. Doch wo Nietzsche in Deutschland das Leben mit einem bösen Willen zur Macht gleichsetzt, erkennt Guyau in der überschäumenden, sich auf alles ausdehnenden Kraft des Lebens die Wurzel des Sozialen, des Altruismus und der Spiritualität.

Das Verhältnis zwischen Bergson und Guyau ist einigermaßen unklar. Im Jahr 1885 veröffentlicht Zweiter einen längeren Essay über die Zeit: *La genèse de l'idée de temps* (Die Entstehung des Zeitbegriffs) in der *Revue philosophiques*. Obwohl Guyaus Betrachtung der Zeit stärker psychologisch und weniger metaphysisch ist als diejenige Bergsons, sind die Parallelen erstaunlich, und einiges ist fast wortwörtlich übernommen. Doch das hält Bergson nicht davon ab, den 1890 posthum in Buchform erschienen Essay so zu rezensieren, als ob er auf ihn keinerlei Einfluss ausgeübt hätte.

Nicht anders geht er mit *William James* (1842–1910) um, dem Star der US-amerikanischen Philosophie. Bereits 1880 hatte James einen Aufsatz in *La Critique philosophique* über die französischen Philosophen *Charles-Bernard Renouvier* (1815–1903) und *François Pillon* (1830–1914) geschrieben. Beide hatten James zutiefst beeindruckt und ihn von seinem als bedrückend empfundenen naturwissenschaftlichen Materialismus befreit. Denn beide Franzosen verteidigen mit klugen Argumenten die Willensfreiheit. Das Bewusstsein wird zwar materiell erzeugt, aber der Cursor des Bewusstseins ist nicht streng kausal determiniert, sondern frei, seine Aufmerksamkeit darauf hinzulenken, wo er will. Der naturwissenschaftlich geprägte James lässt sich davon überzeugen. In seinem Aufsatz *On Some Omissions of Introspective Psychology*, der 1884 in *Mind*, der renommierten Zeitschrift des University College London, erscheint, führt er zum ersten Mal einen Begriff ein, der später auf immer mit ihm verbunden wird. Das Bewusstsein sei keine Kette von Ereignissen, sondern ein wilder, unbändiger Strom, der fortwährend fließt als *stream of consciousness* (Bewusstseinsstrom). Die »Konzepte« unseres Verstandes, mit denen wir die Welt und uns selbst begreifen wollen, werden dieser sich ständig verändernden Bewusstseinswelt nie wirklich gerecht.

Obwohl Bergson in seinem *Essai* auf James verweist, lässt er die berühmte Quelle über das nicht fixierbare, fließende Bewusstsein weg. Die Idee der *durée* erscheint als Bergsons ganz eigene Vorstellung, ebenso die Welt des oberflächlichen Ich, in der der Verstand die Welt im Rahmen seiner immer defizitären Möglichkeiten ordnet. Bergsons Idee, dass der menschliche Geist frei ist und nicht in die Welt der naturwissenschaftlich determinierten und kausal bestimmten Ereignisse fällt, ist also so originell nicht. Aber genau hier, im Beweis der Freiheit, liegt das selbst erklärte Ziel seines *Essais*: »Wir haben unter den Problemen das gewählt, das der Metaphysik und der Psychologie gemeinsam ist: das Problem der Freiheit ... Dieser Nachweis ist der Gegenstand des dritten Teils der Arbeit: die beiden ersten Kapitel, in denen die Begriffe der Intensität und der Dauer einer Untersuchung unterzogen werden, sollen dem dritten Kapitel als Einführung dienen.«[26]

Wenn der Geist frei ist, dann fällt er nicht unter das Gesetz der Kausalität. Mit anderen Worten: Aus dem, was ich jetzt denke, geht nicht unerbittlich und zwingend das hervor, was ich als Nächstes denke. Genau das aber behauptet die in Großbritannien von den Empiristen des 17. und 18. Jahrhunderts entwickelte und im 19. Jahrhundert weitreichend anerkannte »Assoziationspsychologie«. Bewusstsein und Gehirn seien völlig untrennbar miteinander verknüpft. Was ich denke, sei ein naturwissenschaftlich exakt erklärbares Produkt meines Gehirns und sonst nichts. Und wenn mein Gehirn materiell und mechanisch arbeitet, dann auch mein Bewusstsein. Mit James aber kommt eine Alternative in die Welt der Psychologie und Philosophie, nämlich dass Bewusstsein und Gehirn nicht identisch sind. Wenn alles fließt, verändern sich jede Sekunde die Umstände, nichts ereignet sich zweimal genau gleich, und deshalb sind die Kausalgesetze nicht streng anwendbar. Bewusstsein ist ein Emergenzphänomen, etwas, das ganz eigene Qualitäten hat, die die Physiologie des Gehirns nicht besitzt. Die Summe des Bewusstseins ist mehr als die Summe seiner materiellen Bestandteile.

Genauso sieht das Bergson. Doch seine Sprache ist viel näher an der klassischen Metaphysik als diejenige von James. Wo James einen eleganten und rhetorisch geschliffenen Wissenschaftsstil pflegt, erscheint Bergson wie ein moderner Schelling, der den freien Geist aus dem Würgegriff der Assoziationspsychologen, der Psychophysiker und Deterministen befreit. Freiheit ist kein unerklärliches Loch in einer unendlichen Kette von Kausalzusammenhängen, sondern sie steht jenseits aller Kausalität. Eigentlich muss man gar nicht die Freiheit erklären. Man muss sich eher darüber wundern, wie Menschen auf die Idee kommen konnten, ihr mit dem vom Verstand ersonnenen nachrangigen Mittel der Kausalität zu Leibe rücken zu wollen.

Ist Bergsons Theorie der *durée* damit belegt und die Freiheit bewiesen? Will er sagen, dass das Bewusstsein quasi frei über den Wassern schwebt und vom Gehirn nicht abhängt? Ist es tatsächlich ein reiner Geist, eine Art Gespenst? Manchmal scheint es so, doch manchmal auch nicht. Bergsons Respekt vor den Naturwissenschaften ist nicht so groß, dass er sie in Fragen des Bewusstseins für sonderlich kompetent hält; aber er ist groß genug, dass er sich gegenüber ihren Fachvertretern nicht lächerlich machen will. Er sieht sich als moderner Philosoph, der den Naturwissenschaftlern ihr Wissen besser erklärt und nicht etwa als Mystiker. Und gewiss, auch das »tiefe Ich« muss in irgendeiner Weise mit dem Gehirn zusammenhängen, wenn auch irgendwie anders als die automatisierten Routinearbeiten des »oberflächlichen Ich«. Aber wie genau?

Das doppelte Gedächtnis

Um den Naturwissenschaftlern zu imponieren, allen voran den Gehirnphysiologen und Neuroanatomen, muss Bergson ihre Fachkenntnisse teilen. Nur so kann er auf dem Anspruch beharren, sie besser zu verstehen als sie sich selbst. Aber wer ist er? Ein weitgehend unbekannter dreißigjähriger Gymnasialprofessor, der seit 1888 wieder in Paris unterrichtet, erst am Collège Rollin und dann am renommierteren Lycée Henri-IV. Immerhin darf er sich darüber freuen, dass William James ihn 1890 in seinem epochalen Werk *The Principles of Psychology* (*Die Prinzipien der Psychologie*) erwähnt; so weit ist sein Name also schon gekommen.

Im letzten Drittel des 19. Jahrhunderts ist Frankreich eine boomende Wissenschaftsnation. *Louis Pasteur* (1822–1895) hat die medizinische Mikrobiologie revolutioniert, und auch in die so lange vor sich hin dümpelnde Hirnforschung kommt Bewegung. Der führende Mann ist *Paul Broca* (1824–1880), berühmt dafür, dass er eines der beiden Areale des Sprachvermögens im Gehirn lokalisiert hat. Wie die meisten seiner Kollegen ist Broca Materialist. Gehirn und Bewusstsein, Materie und Geist sind streng aufeinander angewiesen, und alles Psychische ist physisch verursacht. Im Jahr 1881 demonstriert der Schotte *David Ferrier* (1843–1928) in London seine Versuche mit Schimpansen. Entfernt man bei ihnen bestimmte Gehirnregionen, kann man sehen, wie ganz bestimmte Fähigkeiten verloren gehen. Die Leistungen des Bewusstseins sind vollständig ans Gehirn gebunden – und zwar jeweils an ganz bestimmte Gehirnregionen. Im gleichen Jahr zeigt *Theódule Armand Ribot* (1839–1916) in seinem äußerst erfolgreichen Buch *Les maladies de la mémoire* (Das Gedächtnis und seine Störungen), dass auch das Erinnerungsvermögen im Nervensystem dingfest gemacht werden kann. Bestimmte Beschädigungen der Nerven führen in Versuchen zu den immer gleichen Gedächtnisausfällen.

Bergson studiert Ribot akribisch. Er ist der Hauptgegner, an dem er vorhat, sich abzuarbeiten. Der ehrgeizige Gymnasialprofessor will, wie er später schreibt, »seine Hände mit Tatsachen besudeln«.[27] Wenn seine Theorie von der freien Sphäre des »tiefen Ich« stimmen soll, dann muss sie einerseits mit den neurowissenschaftlichen Fakten übereinstimmen. Andererseits aber darf nicht jede geistige Regung das unmittelbare und ausschließliche Ergebnis von Gehirnvorgängen sein. Der biologisch und psychologisch belesene Philosoph muss den Hirnforschern also erklären, wo ihr Denkfehler liegt. Aber »Dichterphilosoph« und oberster Naturforscher zu sein – geht das wirklich?

Im Jahr 1896 erscheint das hoch ehrgeizige Buch: *Matière et mémoire* (*Materie und Gedächtnis*). Es geht darin um nichts weniger als um die endgültige Antwort auf eine uralte philosophische Frage: Wie verhalten sich Leib und Seele, Körper und Geist zueinander? Ist alles Geistige rein körperlich erzeugt, wie die Materialisten glauben? Oder lässt sich alles Materielle aus dem Geist erklären, wie die Idealisten meinen? Beide Positionen haben sichtbar Probleme. Die Materialisten kriegen weder richtig zu fassen, was ein »Ich« ist, noch können sie die Willensfreiheit begreifen. Folglich müssen sie beides als inexistent oder »Täuschung« wegerklären. Doch das widerspricht jeglicher Intuition! Die Idealisten hingegen stehen als weltfremd da, wenn Broca, Ferrier und Ribot ihnen zeigen, dass physische Störungen ganz unmittelbar psychische Folgen zeitigen. Wer am Ende des 18. Jahrhunderts den Geist für frei und »absolut« erklärte wie Schelling, konnte sich einer neugierigen Zuhörerschaft sicher sein; wer dies am Ende des 19. Jahrhunderts tut, macht sich als Spinner verdächtig.

Für Bergson ist damit von vornherein klar: Beide Positionen sind falsch! Es muss eine Theorie dazwischen geben, die beide Stärken vereint und beide Schwächen beseitigt. Sein Buch, wie er gleich zu Anfang schreibt, bejaht beides, »die Realität des Geistes und die Realität der Materie«.[28] Am Beispiel des Gedächtnisses will er zeigen, wie beides miteinander in Beziehung steht. Die Erklärung liefert ihm die Evolution. Um sich an die Umwelt anzupassen, müssen alle höheren Lebewesen in der Lage sein, sich ein »Bild« von der Welt zu machen, in der sie leben. Dieses »Bild« ist ein spezielles Bindeglied, eine Art Umschaltstelle zwischen Bewusstsein und Umwelt. Es gibt also, wie in Bergsons erstem Buch, wieder diese zwei Sphären, die zwei Welten. Einmal die Objektwelt (das Forschungsfeld der Wissenschaft) und einmal die Innenwelt (unser Bewusstsein). Wenn wir die Dinge wahrnehmen, richtet unser Bewusstsein seinen Cursor auf die Dinge der Objektwelt und erzeugt ein Bild von ihnen. Aus dem äußeren Bild wird ein inneres Bild, ein Vorstellungsinhalt. Doch dieses innere Bild ist nicht statisch und fertig. Je komplexer ein Lebewesen ist, umso weniger mechanisch ist der Vorgang. Beim Menschen ist er äußert kompliziert, weil sein Bewusstsein »erblüht« ist. Je nachdem, wie unsere Aufmerksamkeit auf das äußere Bild fällt, wird es auch unterschiedlich wahrgenommen, und es kann sich ständig ändern. Die Wahrnehmung fotografiert also nicht ab, sondern sie wählt aus, sortiert, verschiebt, gewichtet und interpretiert das Bild, das sie sich gemacht hat.

Jede Wahrnehmung ist damit so subjektiv wie unvollständig. Wir fokussieren uns immer nur auf bestimmte Ausschnitte oder Teile. Nur so kommen wir überhaupt zu bedeutungsvollen Impressionen, Ansichten und Meinungen. Und genau darin liegt, wie schon Renouvier und James wussten, die Freiheit des Bewusstseins: darin, dass nicht nur die Wahrnehmung unser Bewusstsein bestimmt, sondern zugleich unser Bewusstsein die Wahrnehmung! Alles, was wir erleben, wird aus der stets wechselnden Perspektive unseres Körpers erlebt. Von unserem freien Geist durchtränkt wird es permanent in Unruhe versetzt und in *Bewegung* gebracht. In Bergsons berühmten Worten am Ende von *Matière et mémoire*: »Der Geist entnimmt der Materie die Wahrnehmungen, aus denen er seine Nahrung zieht, und gibt sie ihr als Bewegung zurück, der er den Stempel seiner Freiheit aufgedrückt hat.«[29]

So weit, so nachvollziehbar. Doch damit ist noch nicht beantwortet, was der freie Geist, materiell betrachtet, *ist*. Spielt er sich nun physiologisch ab oder nicht? Bergsons Antwort ist ein »sowohl als auch«. Denn er meint, dass unser Bewusstsein zwar von der Gehirntätigkeit *abhängt*, nicht aber, dass es ihr eins zu eins *entspricht*. Psychisches und Physisches sind nicht identisch, ansonsten könnte man sie ja gar nicht unterscheiden, und man bräuchte auch keine zwei Wörter, die etwas Unterschiedliches ausdrücken. Unser Bewusstsein, erklärt Bergson, ist also nicht das Gehirn, sondern es hängt am Gehirn, wie ein Kleid an einem Nagel aufgehängt ist.[30] Aus diesem Grund finden Hirnforscher im Gehirn auch nur Anatomisches und Physiologisches, aber eben keine Vorstellungen oder Gedanken. »Das heißt, daß die Beziehung des Mentalen zum Zerebralen ebenso wenig eine konstante wie eine einfache Beziehung ist. Je nach der Natur des Stückes, das gespielt wird, sagen die Bewegungen der Schauspieler mehr oder weniger darüber aus: fast alles, wenn es sich um eine Pantomime handelt; fast nichts, wenn es eine feinsinnige Komödie ist. Ebenso enthält unser Hirnzustand mehr oder weniger von unserem mentalen Zustand, je nachdem, ob wir darauf aus sind, unser psychologisches Leben in einer Handlung nach außen treten zu lassen oder es zu einer reinen Erkenntnis zu verinnerlichen.«[31]

Dass Bergsons Vergleich von Gehirn und Bewusstsein mit einem Kleid am Nagel die Sache gut trifft, kann man bezweifeln. Ganz so zufällig und nebensächlich ist die Verbindung sicher nicht, und die Metapher bleibt ein Schwachpunkt seiner Theorie. Wesentlich stärker ist Bergson, wenn er auf die Rolle des Gedächtnisses zu sprechen kommt. Würden Menschen in ihrer Wahrnehmung die Realität nur neutral abfotografieren, würde sich bei ihnen niemals ein Gefühl der Identität einstellen. Um zu spüren, dass ich bei meinen immer neuen Wahrnehmungen gleichwohl ein und derselbe bin, brauche ich ein Gedächtnis. Jede neue Erfahrung wird in meine alten Erfahrungen einsortiert und bewertet. Mein Gedächtnis schafft damit jene Kontinuität, die wir Identität nennen. Es ist mein stets bewegliches subjektives Zentrum, der Kern meines »tieferen Ichs«, das sich zeitlich als ein und dasselbe durchhält, was auch immer an neuen Erfahrungen hinzukommt. Deshalb kann man mit Bergson sagen, dass Gedächtnis und Identität ein und dasselbe sind. Und dieses Gedächtnis kann niemals ein objektives Ding der physischen Außenwelt sein, sondern es ist der unmittelbare Ausdruck meiner metaphysischen Innenwelt.

Genau hier tritt nun ein Fragezeichen auf, wie Bergson durch seine Lektüre Ribots sehr genau weiß. Denn der Experimentalpsychologe am renommierten Collège de France hatte ja gerade eindrucksvoll gezeigt, wie bestimmte Ausfälle im Nervensystem ganz bestimmte Ausfälle bei der Gedächtnisleistung auslösen. Das Gedächtnis hängt damit nicht an einem Nagel, sondern es ist der Nagel. Doch Bergson widerspricht. Was genau hat Ribot bewiesen? Doch nur, dass das Gehirn bei entsprechenden Schädigungen bestimmte gewohnheitsmäßige Leistungen nicht mehr erbringt. Aber diese Gewohnheiten, dieser Automatismus, mit dem wir uns bestimmte Dinge merken, sind für ihn nicht das Gedächtnis. Gibt es nicht in Wahrheit zwei verschiedene Formen des Gedächtnisses? Einmal das *Gewohnheitsgedächtnis*, das uns praktisch durch den Alltag hilft und Gedichte rezitieren kann, wie ein kurz- oder langfristig programmierter Automat. Und zum anderen ein *reines Gedächtnis*, das Erfahrungen assoziiert und frei miteinander verbindet? Ein Gedächtnis, das nicht wie ein bewusstloses Uhrwerk funktioniert, sondern in Sinnzusammenhängen denkt und damit meine Identität formt. »Das Vergangene lebt«, nach Bergson, also »in zwei verschiedenen Formen fort: 1. in motorischen Mechanismen; 2. in unabhängigen Erinnerungen.«[32] Nur das erste Gedächtnis ist für Bergson körperlich und durch Fehlfunktionen lokalisierbar; das zweite hingegen sei rein geistig und von Hirnforschern deshalb nirgendwo aufzufinden.

Nach Bergson spielen beide Gedächtnisformen meist untrennbar ineinander. Deshalb merken wir oft gar nicht, dass zwei Gedächtnisse statt einem daran beteiligt sind. Die überzeitliche Erinnerung und die situative Wahrnehmung sind im Erleben miteinander durchsetzt, und nur selten haben wir es mit reinem Erinnern, der unfixierbaren »Traumebene«, zu tun. Vermutlich darum seien, nach Bergson, so viele Philosophen auf die falsche Idee gekommen, Körper und Geist zu trennen, statt den Schnitt richtigerweise mitten durch den Geist zu machen, um die Erinnerung von der Sinneswahrnehmung, das Dauerhafte vom Automatisierten, das unausgesetzt Bewegte vom Erstarrten zu trennen. Und deshalb fänden die Hirnforscher zwar die Gehirnregionen für automatisierte Prozesse, aber eben nicht die flüchtigen und materiell ungreifbaren Gedanken, geschweige denn eine materielle Grundlage für Sinn, Kontinuität oder Identität.

Bergsons Konzept der unbewussten identitätsstiftenden Erinnerung ist kein Hirngespinst, ersonnen in seiner Pariser Studierstube. Tatsächlich entspricht sie genau dem, was der Leipziger Physiologe und bedeutende Wahrnehmungsforscher *Ewald Hering* (1834–1918) im Jahr 1870 in seinem berühmten Vortrag »Über das Gedächtnis« ausgeführt hatte: »Das Gedächtnis verbindet die zahllosen Einzelphänomene unseres Bewußtseins zu einem Ganzen, und wie unser Leib in unzählige Atome zerstieben müßte, wenn nicht die Attraktion der Materie ihn zusammenhielte, so zerfiele ohne die bindende Macht des Gedächtnisses unser Bewußtsein in so viele Splitter, als es Augenblicke zählt.«[33] Bergsons besondere Zutat ist, wie schon in seinem *Essai*, die neue Hierarchie von Zeit und Raum. Der Konflikt zwischen Materialisten und Idealisten löse sich dann auf, wenn man das Gedächtnis nicht räumlich im Gehirn oder in irgendeinem Äther verortet, sondern wenn man es zeitlich betrachtet. Einerseits ist es überzeitlich in der Sphäre der Dauer, und anderseits ist es mit einer anderen, nämlich praktischen Funktion zeitgebunden und Teil der materiellen Objektwelt. Einmal ist es geistig als Ort aller vergangenen Erfahrungen, und das andere Mal ist es körperlich, als der Ort, an dem wir in jeder Sekunde einer stets neuen Gegenwart die Welt erleben. Je mehr Erfahrung aus der Vergangenheit unsere Erfahrungen reflektiert, umso bewusster werden sie uns. Und je mehr wir im Augenblick leben, umso praktischer können wir uns im Hier und Jetzt orientieren. Der nachdenkliche Mensch neigt stärker zum Ersten, der impulsive Mensch zum Zweiten.

Mit alldem sieht sich Bergson wissenschaftlich auf der Höhe der Zeit. Denn zweifeln am Ende des 19. Jahrhunderts nicht auch die Physiker am Raum? Und halten sie die Kräfte zwischen den Atomen nicht auch irgendwie für immateriell? Wenn schon die Physik nicht mehr weiß, was Raum und Materie »an sich« sein sollen, soll der Philosoph sie dann für absolut objektiv halten? Nein, nur das Immaterielle, das physikalisch nicht erfassbare Zeitliche, wie Bergson schon in seinem ersten Buch behauptet hatte, ist wirkliche Wirklichkeit. Der Raum und die Objekte dagegen sind hilfreiche Vorstellungen des ordnenden Bewusstseins.

Bergsons Erfolg ist gewaltig. In den ersten fünfzehn Jahren nach seinem Erscheinen erlebt das Buch allein in Frankreich sieben Auflagen. In die Geschichte der Hirnforschung allerdings trägt sich der ehrgeizige Gymnasiallehrer damit nicht ein; man übergeht ihn weitgehend mit Schweigen. Dafür darf er von 1897 an Vorlesungen an der École normale supérieure halten und wird kurz darauf Professor. Als im April 1900 *Le rire* erscheint, ist er bereits ein berühmter Mann. Auf dem ersten internationalen Kongress für Philosophie ist er selbstverständlich dabei und hält einen Vortrag, *Sur les origines psychologiques de notre croyance à la loi de causalité* (Über die psychologischen Ursprünge unseres Glaubens an das Gesetz der Kausalität), der seine Thesen aus *Matière et mémoire* bekräftigt. Das ehrwürdige Collège de France nimmt ihn als Professor für griechische Philosophie auf, und auch die Académie des sciences morales et politiques öffnet ihm die Pforten. Bergson heiratet, wird Vater einer Tochter und veröffentlicht eine Einführung in die Metaphysik, die eine Einführung in *seine* Metaphysik ist. Auf dem zweiten internationalen Philosophenkongress, der 1904 in Genf stattfindet, spricht er über die »philosophische Illusion«, dass das Gehirn identisch sei mit dem Denken. Und als er im selben

Jahr am Collège de France auf den Lehrstuhl für moderne Philosophie wechselt, ist er der bekannteste Philosoph Frankreichs.

Élan vital

Bergson ist 1859 geboren, im selben Jahr, in dem Charles Darwins *On the Origin of Species* (*Über die Entstehung der Arten*) erschienen ist; jenes Buch, das die Philosophie des 19. Jahrhunderts veränderte wie kein anderes. Philosophieren im letzten Drittel des 19. Jahrhunderts und zu Beginn des 20. Jahrhunderts heißt: philosophieren nach Darwin. Wer über die Natur des Menschen oder die seines Bewusstseins grübelt, muss erklären können, wie das, was er darüber denkt, mit der Evolution vereinbar ist. Auch Bergson ist bewusst, dass seine Theorie der *durée* und des Gedächtnisses als eines überzeitlichen Etwas evolutionär erklärbar sein muss. Bereits in *Matière et mémoire* hatte er die menschlichen Bewusstseinsleistungen als hoch entwickelte Fähigkeiten beschrieben, die sich in primitiverer Form auch im Tierreich finden. Doch damit war die Arbeit nicht getan. Denn wo kommen die Zeit und das überzeitliche Gedächtnis her? Wie sind sie entstanden, und wohin entwickeln sie sich? Was ist die wahre Natur dieser anscheinend ewigen Bewegung?

Wenn Bergson die Wissenschaft von seiner Philosophie überzeugen will, muss er ihr eine fundiertere Theorie der Evolution liefern als das, was die Biologen seiner Zeit anzubieten haben. Aber welche Sicht vertreten die Biologen seiner Zeit? Wie die Physik der Jahrhundertwende in einer Grundlagenkrise steckt, so auch die Biologie. Auf der einen Seite steht der schier unaufhaltsame Siegeszug mechanischer Erklärungen. Auch das Leben soll sich rein materiell erklären lassen wie die Physik. Hatte Darwin mit der natürlichen Selektion nicht den zentralen Mechanismus der Evolution beschrieben? Und können Physiologen nicht jeden körperlichen Vorgang naturwissenschaftlich erklären? Auf der anderen Seite aber stehen noch immer Biologen, die die Mysterien des Lebens und des menschlichen Bewusstseins dadurch nicht für erklärt halten. Trotz aller Erfolge der Mechanisten bestehen sie darauf, dass organisches Leben mehr sei als die Summe seiner anorganischen Teile. Aus Körperchemie allein entstünde noch lange kein Bewusstsein. Was im 18. Jahrhundert »Seele« oder »Geist« hieß, ist ihrer Ansicht nach weiterhin ein ungelöstes Welträtsel. Und so wie die »Vitalisten« früherer Jahrhunderte nach einer rein geistigen Zutat fahndeten, um Leben zu erklären, so tun dies auch die »Neovitalisten« zu Anfang des 20. Jahrhunderts.

Bergson kennt die Schriften der Neovitalisten genau. Er hat einen Aufsatz des Leipziger Biologen *Hans Driesch* (1867–1941) gelesen, der die Seele als einen »elementaren Naturfaktor« beschreibt. Er kennt das dreibändige Hauptwerk des Tübinger Zoologieprofessors *Theodor Eimer* (1843–1898), der psychische Eigenschaften für vererbbar hält. Er studiert die Ansichten des Botanikers *Johannes Reinke* (1849–1931) zu einer »theoretischen Biologie« im Gegensatz zu einer rein empirischen Biologie. Und er dürfte die Theorie des Jenenser Zoologen *Richard Semon* (1859–1918) gekannt haben, wonach Gedächtnisinhalte als »Mneme« vererbt werden und in nachfolgenden Generationen weiterleben.

Wie Bergson den Hirnforschern seiner Zeit erklären wollte, was sie aus Mangel an philosophischer Tiefe nicht sehen, so nun den Mechanisten unter den Evolutionsbiologen. Das Ergebnis ist das Buch *L'évolution créatrice* (*Schöpferische Entwicklung*), das 1907 veröffentlicht wird. Bergson bezweifelt darin nicht, dass Darwin mit der Theorie der natürlichen Selektion einen wichtigen Mechanismus der Evolution beschrieben hat. Aber er bezweifelt, dass damit erklärt sein soll, was Leben ist. Wieder stört ihn die verengte Sichtweise vieler Naturwissenschaftler. Um die Natur zu studieren, wird sie in Einzelteile zerlegt, so lange, bis das spezifisch Natürliche der Natur völlig aus dem Blick gerät und nur Zellen übrig bleiben oder mechanische Funktionsmechanismen. »Die Bildung organischer Strukturen kann also nur dann wissenschaftlich studiert werden«, erklärt Bergson, »wenn der organisch-strukturierte Körper zuvor einer Maschine gleichgesetzt wird ... So sieht der Standpunkt der Wissenschaft aus. Ganz anders, unserer Meinung nach, ist jener der Philosophie.«[34]

Bei Bergson wird das Organische nicht zuvor mechanisiert, sondern tatsächlich als Organisches betrachtet. Und während der Wissenschaftler das Leben verdinglicht, um es zu erforschen, und dabei logischerweise nur Dinge finden kann, betrachtet der Philosoph das Leben unmanipuliert als das, was es sei: ein Fließen, eine Bewegung, eine kreative Energie, mit einem Wort: ein *élan vital*; ein Wort, das sich mit »Lebensschwung« nur annähernd übersetzen lässt. Diese Energie treibt die Entwicklung allen Lebens voran und beseelt das Lebendige. Sie ist die »Anstrengung«, die alle Natur durchwaltet. Dass es dabei bestimmte Gesetzmäßigkeiten gibt, geschenkt! Um sich zu manifestieren, drängt der *élan vital* zu geschlossenen Formen, den »Individuen«. Und deren Form und Überleben regeln die Gesetze von Darwins natürlicher Selektion. Manchmal findet die überbordende Lebensenergie eine vielversprechende Form, eine geschmeidige Tier- oder Pflanzenart, manchmal endet sie starr in einer Sackgasse. Doch was auch immer ein Lebewesen tut: Die Kraft, die in ihm waltet und es vorantreibt, ist nicht einfach seine Kraft, sondern es ist eine allgemeine Energie, die viel größer ist als das Individuum oder die Art selbst.

Die Vorstellung, dass eine spirituelle Lebensenergie das Universum beseelt und sich dafür in individuellen Seelen und schließlich Körpern »inkarniert«, ist ein uraltes Erbe der Philosophie. Ihre umfassendste Konzeption findet sich bereits in der Antike bei *Plotin* (205–270). Das Interesse an dem antiken Philosophen war in Frankreich vor allem durch Victor Cousin wiederbelebt worden. Und tatsächlich hat Bergson die Schriften

Plotins gründlich studiert. Eine zeitgenössische Verarbeitung der plotinschen Seelenlehre muss sich allerdings sehr geschmeidig an die Biologie anpassen, um nicht als Esoterik dazustehen. Und welch geeigneteres Bindeglied gibt es da als die Theorien der Neovitalisten? Vor allem in Driesch sieht Bergson einen Verbündeten, um, wie er dem Biologen schreibt, »den groben Mechanizismus abzuwehren« und »eine wohldurchdachte Philosophie an die Stelle einer unbewussten (und folglich inkonsistenten) Metaphysik zu setzen, die einen Großteil unseres Evolutionismus unterwandert«.[35]

Wie die Neovitalisten so vermutet auch Bergson, dass sich erworbene Eigenschaften von einer Generation auf die nächste Generation vererben. Urheber der Idee war der französische Biologe *Jean-Baptiste de Lamarck* (1744–1829), und »Neo-Lamarckismus« und Neovitalismus gehen zu Anfang des 20. Jahrhunderts meist Hand in Hand. Doch Bergson fasst die Idee von einer Vererbung der Erfahrungen viel allgemeiner. Für ihn lernen nicht die einzelnen Individuen, sondern der *élan vital*, der die Individuen durchwirkt. Die Ur-Energie wird nach und nach immer komplexer, intelligenter und in gewisser Weise sich ihrer selbst bewusster. Allerdings kennt der Lebensschwung kein Ziel. Hierin unterscheidet sich Bergson ganz erheblich von den Neovitalisten. Sein *élan vital* ist einfach da, eine ungebändigte Bewegung, die irgendwie weiterdrängt wie Wasser, das sich seinen Weg durchs Gelände sucht. Wenn Driesch mit *Aristoteles* (384 v. Chr.–322 v. Chr.) von »Entelechie« spricht, einer Lebensenergie, die sich ins »Ziel« zu bringen versucht, so schüttelt Bergson den Kopf: kein Ziel, nirgends! Der *élan vital* folgt keinem festgelegten Programm. Ganz im Gegenteil, er ist das Unprogrammierte schlechthin. Ob Dauer, Erinnerung oder Leben – diese Ur-Energie ist nicht in Form und Gesetze zu bringen, sondern sie geht allen Formen und Gesetzen voraus.

Nun geht es Bergson mit dem von den Biologen verfehlten *élan vital* allerdings ebenso wie mit seiner *durée* und seinem erinnernden Gedächtnis. Wissenschaftlich sind sie nicht dingfest zu machen und zu entschlüsseln. Natürlich nicht, wie Bergson einräumt, weil sie ja keine Dinge der Objektwelt sind und nicht mechanisiert werden können. Aber woher weiß der Philosoph dann vom *élan vital*? Um das zu klären, unterscheidet Bergson drei Möglichkeiten, mit denen der Mensch sich selbst und die Welt erkennt. Um sich in ihrer Umwelt zu behaupten, benötigen Tiere, wie auch der Mensch, einen *Instinkt*. Der Begriff ist um die Jahrhundertwende in den frühen Anfängen der Verhaltensforschung gerade stark in Mode gekommen. Mithilfe meines Instinkts erkenne ich gefühlsmäßig, was mir guttut und was nicht. Je komplizierter die menschliche Lebensumwelt wurde, umso weniger reichte der Instinkt aus, und der *Intellekt* trat helfend hinzu. Während mein Instinkt auf mich selbst gerichtet ist, versucht der Intellekt die Objektwelt zu begreifen. »Unser Denkvermögen«, erklärt Bergson im Anschluss an *Immanuel Kant* (1724–1804), findet dabei »in der Materie ... die mathematischen Eigenschaften wieder«, die »unser Wahrnehmungsvermögen dort im voraus hineingelegt hat. So können wir sicher sein, dass sich die Materie folgsam unseren Vernunftüberlegungen beugen wird; doch diese Materie ist in dem, was ihr an Intelligiblen eignet, unser Werk: Von der Wirklichkeit ›an sich‹ wissen wir nichts und werden wir nie etwas wissen.«[36] Die Strukturierungsleistung des menschlichen Geistes mit der naturgegebenen Ordnung völlig gleichzusetzen ist, nach Bergson, der Fehler vieler Naturwissenschaftler. Ihr nüchtern forschender Intellekt ist dermaßen an die Objektwelt angepasst und durch sie bestimmt, dass sie diese fälschlicherweise mit dem Leben selbst identifizieren. »Es liegt im Wesen der Vernunftüberlegung, uns in einen Zirkel des Gegebenen einzusperren.«[37]

Für einen Philosophen, so Bergson, ist das zu wenig. Er muss sich der dritten evolutionär mitgegebenen Erkenntnismöglichkeit bedienen: Es ist jene *Intuition*, von der schon im *Essai* die Rede war. Die Intuition ist unmittelbar wie der Instinkt, aber sie ist nicht so ichbezogen, sondern richtet sich, ebenso wie der Intellekt, auch auf die Objektwelt. So fühlen wir uns mithilfe der Intuition in die Dinge des Lebens ein, um sie dann mithilfe des Intellekts weiter zu verarbeiten und im Gedächtnis aufzubewahren. Doch je mehr Begriffe miteinander verknüpft werden, umso stärker tritt die Intuition zurück und »erlischt«. Wahre Tatsachen-Erkenntnis findet also in einer Art Zwischenstadium statt, irgendwo zwischen dem intensiven Ahnen der Intuition und dem Versuch, diese in Worte zu fassen und begrifflich einzuordnen. Da dieses Stadium naturgegeben flüchtig ist, lässt sich Wahrheit nie eindeutig fixieren, sondern nur aus Indizien erschließen. »Das Ziel der Philosophie«, meint Bergson, »wäre erreicht, wenn diese Intuition sich aufrechterhalten, verallgemeinern und vor allem sich äußere Bezugspunkte sichern könnte, um sich nicht zu verirren. Dafür ist ein kontinuierliches Hin und Her zwischen Natur und Geist vonnöten.«[38]

Der Kultphilosoph

Der Erfolg von *L'évolution créatrice* übertrifft den von *Matière et mémoire* noch bei weitem. Die mehr als zwanzig Auflagen in den folgenden zehn Jahren sprechen eine eindeutige Sprache. Neben James ist Bergson plötzlich der berühmteste westliche Philosoph seiner Zeit. Als sich die beiden 1908 in London treffen, freunden sie sich sofort an. Obwohl Bergson dem US-Philosophen mehr verdankt als dieser ihm, lobt der bereits todkranke James den jüngeren Franzosen in den höchsten Tönen. In einem Brief nennt er ihn einen »bescheidenen und unprätentiösen« Mann von »genialer Intellektualität«. Er habe »den stärksten Verdacht, dass die Tendenz«, die Bergson »in den Blickpunkt gerückt habe, vorherrschend werden wird und dass die gegenwärtige Epoche eine Art Wendepunkt in der Geschichte der Philosophie sein wird«.[39]

Nicht anders sehen das viele Zeitgenossen in Frankreich und nun verstärkt auch in Deutschland. Bergsons »Lebensphilosophie« elektrisiert überall die Geister. Doch auch an Widerstand mangelt es nicht. Denn Bergsons Kritik stellt, wie zuvor jene Nietzsches und Guyaus, fast die gesamte Philosophie infrage. Und darauf reagieren ihre Fachvertreter seit jeher äußerst gereizt. Einem Philosophen zu sagen, dass Rationalität und Logik nicht das Leben oder die Welt aufschlüsseln, ist, wie einem Künstler zu sagen, sein Bild bestehe ja nur aus Farben, oder einem Artisten, er bediene sich ja nur den Gesetzen der Physik. Die Arbeit der Vernunftphilosophie, die seit Platon in der abendländischen Denktradition den Ton angibt, verliert enorm an Wert. Und ausgerechnet das, was sie gerne ausgrenzt als das »Andere der Vernunft« (Kant), das Nicht-Rationale, das Gefühlte und bloß Intuitive, wird auf einmal zum Maß aller Dinge erklärt.

Der vierzigjährige Logiker Bertrand Russell, der Bergson vom ersten Internationalen Kongress der Philosophie in Paris kennt und von dem später noch ausführlich die Rede sein wird, schreibt 1912 eine Rezension, die er fast unverändert in seine berühmte *Philosophie des Abendlandes* einfügt. Dabei fasst er Bergson nur mit sehr spitzen Fingern an. Zwar hält Russell den Superstar aus Frankreich für einen intelligenten und literarisch hochbegabten Fantasten – aber bestimmt nicht für einen ernst zu nehmenden Philosophen. Dass Bergson 1927 den Nobelpreis für Literatur bekommt, dürfte ihn in seiner Meinung bestätigt haben; eine spezielle Pointe ist, dass Russell ihn 1950 ebenfalls erhält.

Russells Verriss tut Bergsons Berühmtheit keinen Abbruch. Er ist der Kultphilosoph seiner Zeit. In seinen völlig überfüllten Vorlesungen am Collège de France drängen sich die Studenten wie die Pariser Gesellschaft gleichermaßen. Der Schriftsteller *Marcel Proust* (1871–1922), der Bergson bereits als Neunzehnjähriger am Lycée Henri-IV gelauscht hatte, zieht sich 1909 in seine Pariser Wohnung zurück, um, inspiriert durch Bergson, seinen großen Romanzyklus zu schreiben: *À la recherche du temps perdu* (*Auf der Suche nach der verlorenen Zeit*). Sein irischer Kollege *James Joyce* (1882–1941) erwirbt 1913 ein Exemplar der englischen Ausgabe von *L'évolution créatrice*, und seine »*Stream-of-consciousness*-Technik«, sein Umgang mit der Zeit im Roman *Ulysses* und seine Passion, durch die Kunst unsterblich zu werden, zeigen sichtbare Übereinstimmungen mit Bergson. Als eine der Romanfiguren in Joyces Spätwerk *Finnegans Wake* Bergson als »Bitchison« beschimpft, lässt der Autor eine andere Romanfigur eine glühende Verteidigungsrede anstimmen.

In Berlin inspiriert Bergson die Kreise um den Dichter *Stefan George* (1868–1933) und um den Kulturphilosophen *Georg Simmel* (1858–1918). Simmel ist ein hochgebildeter Grenzgänger zwischen Philosophie und Soziologie, wie Bergson versucht er das Leben zu fassen. Und auch er möchte der akademischen Philosophie mehr vom alltäglichen Leben einhauchen. In Bergson sieht er einen Mitstreiter, denn beide fasziniert die Sinnlichkeit des Lebens, seine unverwechselbare Ästhetik. Und beide kritisieren sie in ihrem regen Briefwechsel Kants allzu dürre Vorstellung von Erfahrung. Gleichwohl geht Simmel Bergsons radikalen Schritt vom Intellekt zur Intuition nicht mit. In Jena feiert derweil der einflussreiche *Rudolf Eucken* (1846–1926) den Franzosen; ganz anders als in Heidelberg, wo Bergsons Lebensphilosophie die Kritik des Neukantianers *Heinrich Rickert* (1863–1936) hervorruft, der mit der Intuition als philosophischer Methode naturgemäß überhaupt nichts anfangen kann.

Die Beispiele sind wenige unter vielen. An Bergson jedenfalls führt in der zweiten Dekade des 20. Jahrhunderts kein Weg vorbei. Als er im Januar 1913 in die USA reist, um in New York einen Vortrag über Spiritualität und Freiheit zu halten, kommt es laut New York Times auf dem Broadway zum ersten Verkehrsstau in der Geschichte der Stadt. Der Philosoph wird auf Vortragsreise in England und Schottland gefeiert und schließlich Mitglied der Académie française – als erster Jude in der Geschichte der Institution. Die katholische Kirche hält Bergson inzwischen für so gefährlich, dass sie seine Werke 1914 als »pantheistisch« auf den Index der verbotenen Bücher setzt – ein Vorwurf, gegen den er sich verteidigt. Die schöpferische Energie könne nicht mit dem Geschaffenen selbst gleichgesetzt werden. Insofern sei er kein Pantheist, sondern vertrete durchaus »die Idee Gottes«.[40]

Der Ausbruch des Ersten Weltkriegs tut Bergsons Popularität keinen Abbruch. In zahlreichen Zeitungsartikeln macht er sich kritiklos für die Sache Frankreichs stark, verurteilt einseitig den Imperialismus des Deutschen Reiches und wirbt in den USA für den Kriegseintritt der Vereinigten Staaten. Nach Kriegsende ist er ein viel gefragter Mann, er ist Mitglied zahlreicher internationaler Gremien und Berater der französischen Erziehungspolitik. Im Jahr 1922 zieht er in einer Schrift gegen die Zeit- und Raumvorstellungen *Albert Einsteins* (1879–1955) zu Felde, wobei er sich, wie er später einsehen muss, arg verhebt.

Zur gleichen Zeit beginnen die ersten ernsthaften Anzeichen einer schweren rheumatischen Erkrankung. Den Nobelpreis kann er 1927 in Stockholm nicht persönlich entgegennehmen. Inzwischen arbeitet er an einem letzten großen Werk, das 1932 erscheint: *Le deux sources de la morale et de la religion* (*Die beiden Quellen der Moral und der Religion*). Das Schema des neuen Buchs gleicht erneut dem der drei anderen. Bergson achtet die Forschung der empirisch und »materialistisch« arbeitenden Wissenschaftler, diesmal der Kulturanthropologen und Religionssoziologen. Aber er will zeigen, dass ihre anthropologischen und gesellschaftlichen Erklärungen gleichwohl zu kurz greifen, weil ihnen die nötige Tiefe fehlt. Das »tiefere Ich«, die *durée*, die Bewegung und das Leben werden neben der ersten Quelle, der sozialen Nützlichkeit von Religion, als unverzichtbare zweite Quelle ins Feld geführt. Denn ohne religiöses Bedürfnis, ohne die Intuition des Spirituellen, ließe sich die Erfolgsgeschichte von Systemen der Moral und der Religion nicht erklären. Erfüllte die Religion nur die soziale Funktion der Konfliktregelung, so gäbe es sie gar nicht, sondern stattdessen eben eine Sozialtechnik der Konfliktregelung.

Für Bergson entstand die Moral in der Geschichte der Menschheit aus natürlichen Anlagen. Als soziale Tiere mussten Menschen ihre Vitalinteressen schützen, Konflikte regeln und ein Ordnungsgefüge aufbauen, die »statische« Moral, zu der nach Bergson selbst Kants Pflichtethik zählt. Eine solche Moral ist äußerst nützlich und bestimmt bis heute unser Alltagsverhalten. Aber sie führt unweigerlich zu »geschlossenen« Gesellschaften, die sich, wie im Tierreich, gegen andere abgrenzen, auf der höchsten Stufe in Form einer »Nation«. Doch Menschen kennen noch ein anderes ethisches Gefühl, das nicht von der Nützlichkeit bestimmt wird, sondern rein spirituell ist. Es findet sich in den Religionen der Welt, ganz besonders aber in der christlichen Idee der Menschenliebe. Während die statische Moral das praktische Zusammenleben regelt, drängt die dynamische Moral der Menschenliebe auf eine offene Weltgesellschaft, die jedem Menschen seinen Wert zuerkennt. Ihre Eigenschaften sind Freiheit, Liebe und Bewegung, wo die statische Moral nur Ruhe, Notwendigkeit und Gesetz kennt. Die dynamische Moral richtet sich an das Gewissen, die statische an die Vernunft. Das gleiche Schema findet sich, nach Bergson, auch in der Religion. Die »statische« Religion entstand ganz naturwüchsig, um die Bedrohung des Todes abzuwehren, und stabilisierte durch ihre Riten und Zeremonien die Gesellschaft. Die »dynamische« Religion hingegen erspürt den *élan vital* in uns, unseren Lebensschwung, der auch die Liebe beseelt. Diese Erfahrung findet sich in alter Tradition schon lange bei den Mystikern, die Gott mit der Lebensenergie, dem schöpferischen Prinzip und der Liebe gleichsetzen.

Mit seiner zweiten Quelle der Moral und Religion setzt sich Bergson in einen ganz bewussten Gegensatz zu einem ehemaligen Studienkollegen: dem Soziologen *Émile Durkheim*

(1858–1917), den er in seinem Werk gelegentlich erwähnt. Durkheim hatte die Religion allein aus der ersten Quelle erklärt, nicht anders als die französischen Ethnologen und Soziologen *Lucien Lévy-Bruhl* (1857–1939) und Marcel Mauss sowie der finnische Anthropologe *Edvard Westermarck* (1862–1939). Doch Bergsons Provokation findet nicht mehr die gleiche Aufmerksamkeit wie seine früheren Werke. Die Debatte um die Lebensphilosophie hat sich abgekühlt, und die Dreißigerjahre sind nicht mehr ganz so sehr Bergsons Zeit. Er hat viele inspiriert und auf eigene neue Gedanken gebracht. Aber er hat keine philosophische Schule begründet, keinen »Bergsonismus«. Welches Teilproblem sollte systematisch weiterverfolgt oder präzisiert werden? Wonach sollte man bei der Intuition konkret forschen, wenn sie analytisch nicht wirklich beschreibbar war?

Auch der Lehrtätigkeit am Collège de France kann Bergson nicht mehr nachgehen. Seine Erkrankung schreitet unerbittlich voran. In seiner Pariser Wohnung an der Porte d'Auteuil nahe des Bois de Boulogne wird es still. Während die vielen Briefe und Ehrungen nicht nachlassen, denkt der alte Herr darüber nach, zum Katholizismus zu konvertieren. Doch als Frankreich im Zweiten Weltkrieg der deutschen Wehrmacht erliegt und die neue französische Regierung, das Vichy-Regime, alle Juden polizeilich erfassen lässt, gibt er den Plan auf. In seinen Meldebogen trägt er ein: »Akademiker. Philosoph. Jude.« Die Deportation der französischen Juden erlebt er nicht mehr. Am 3. Januar 1941 erliegt der Philosoph des Lebens einer Bronchitis.

Die große Ent-Täuschung

Drei Kränkungen – Archäologie der Seele – Enttäuschte Träume – Versprecher, Sexualität, Witze – Meister und Schüler –
Das Wiegenlied vom Totschlag – Die Rückkehr des »Ich« – Religion und Kultur auf der Couch

Drei Kränkungen

Der Sommeraufenthalt 1916 in Salzburg beflügelt den Sechzigjährigen zu Höchstleistungen. Während in Europa der Erste Weltkrieg tobt, gelingen dem inzwischen weithin bekannten Arzt und selbst ernannten »Psychoanalytiker« *Sigmund Freud*

(1856–1939) die pointiertesten Formulierungen. Der zweite Teil seiner *Vorlesungen zur Einführung in die Psychoanalyse*, die er im Wintersemester 1916/1917 an der Wiener psychiatrischen Klinik vor Studenten aller Fakultäten halten will, lässt an Klarheit und Deutlichkeit der Theorie nichts zu wünschen übrig. In der achtzehnten Vorlesung, die Freud in Salzburg skizziert, stehen jene berühmten Sätze, mit denen der stolze Verfasser seine eigene Bedeutung beschreibt: »Zwei große Kränkungen ihrer naiven Eigenliebe hat die Menschheit im Laufe der Zeiten von der Wissenschaft erdulden müssen. Die erste, als sie erfuhr, daß unsere Erde nicht der Mittelpunkt des Weltalls ist, sondern ein winziges Teilchen eines in seiner Größe kaum vorstellbaren Weltsystems. Sie knüpft sich für uns an den Namen Kopernikus, obwohl schon die alexandrinische Wissenschaft ähnliches verkündet hatte. Die zweite dann, als die biologische Forschung das angebliche Schöpfungsvorrecht des Menschen zunichte machte, ihn auf die Abstammung aus dem Tierreich und die Unvertilgbarkeit seiner animalischen Natur verwies. Diese Umwertung hat sich in unseren Tagen unter dem Einfluß von Ch. Darwin, Wallace und ihren Vorgängern nicht ohne das heftigste Sträuben der Zeitgenossen vollzogen. Die dritte und empfindlichste Kränkung aber soll die menschliche Größensucht durch die heutige psychologische Forschung erfahren, welche dem Ich nachweisen will, daß es nicht einmal Herr ist im eigenen Hause, sondern auf kärgliche Nachrichten angewiesen bleibt von dem, was unbewußt in seinem Seelenleben vorgeht.«[41]

Kopernikus, Darwin und – Freud! Drei große Wissenschaftler hätten mit ihren Enthüllungen die Menschheit »gekränkt«: die Erde vom Mittelpunkt an den Rand geschoben, die niedere Herkunft des Menschen von Affen bewiesen und schließlich erkannt, dass nicht der helle Verstand über den Menschen regiert, sondern stattdessen sein dunkles Unbewusstes. An Pathos, Stolz und Sendungsbewusstsein fehlt es Freud nicht. Auch wenn der von ihm zunächst bejubelte Krieg immer trostloser zu werden scheint, er sich Sorgen um seine drei Söhne im Feld machen muss, seine Patienten ausbleiben, ihm die geliebten Havanna-Zigarren aus London und Paris fehlen und seine Stimmung sich oft verdüstert – so viel Selbstlob und Schulterklopfen muss sein.

Ob Freuds »Entdeckung« des Unbewussten tatsächlich eine solche Pioniertat war wie jene des Kopernikus oder Darwins, darüber kann man allerdings streiten. Vom »Unbewussten« sprachen bereits Schelling und der Arzt und romantische Naturphilosoph *Carl Gustav Carus* (1789–1869). Dessen Buch *Psyche. Zur Entwicklungsgeschichte der Seele* (1846) war sogar ziemlich populär. Noch erfolgreicher war der Philosoph *Eduard von Hartmann* (1842–1906) mit seiner *Philosophie des Unbewußten* (1869). Aber immerhin: Carus' und Hartmanns »Unbewusstes« waren keine dunklen Kräfte gewesen, sondern göttlichen beziehungsweise spirituellen Ursprungs. Wie Bergsons »tieferes Ich« und der *élan vital* ist es eine Art Ur-Energie, die den Menschen beseelend durchwaltet.

Freuds »Unbewusstes« dagegen wandert vom Himmel in die Hölle. Es ist animalisch und finster. Nichts Göttliches, sondern etwas Bestialisches wirkt hier, ein »Es«, wie Freud sechs Jahre nach seinen *Vorlesungen* in Anlehnung an Nietzsche schreiben wird. Nichts Erbauliches oder Anbetungswürdiges zeigt sich durch die Brille des Pathologen, sondern etwas Niederes. Und was in den Gesprächen auf seiner Couch zutage tritt, versetzt nicht in Entzücken, sondern offenbart »Triebe«, »Wahn«, dunkles Verlangen, Egoismus und reichlich Störungen wie »Verdrängungen«, »Komplexe« und »Narzissmus«. Die schöpferische Energie, die Bergson in Paris beschwört – Freud sieht sie nicht nur als Quelle der Kunst und der Kultur, sondern ebenso als Quelle ungezählten Leidens, schräger und fixer Ideen, Verrücktheiten, Übersteigerungen, Träume und Gewaltfantasien. Und anders als Bergson verlässt sich Freud dabei nicht auf seine Intuition. Er sieht sich als strenger Wissenschaftler mit ganz exakten medizinischen Ausforschungsverfahren; als ein Naturwissenschaftler der Psyche mit klar umrissenen Theorien und präziser Begrifflichkeit. Einer, der seine Vorlesungen an der psychiatrischen Klinik nicht deshalb hält, weil er es nötig hat, sondern weil er jemand ist, ohne den keine medizinische Fakultät auskommen kann. Doch ist er das wirklich?

Archäologie der Seele

Im Jahr 1856 in Freiberg in Mähren als Sigismund Schlomo Freud geboren, ist Freud drei Jahre älter als Bergson. Die Kindheit ist ärmlich und entbehrungsreich – eine Erfahrung, die er nie wieder vergisst. In Wien zeigt sich Freud als hochbegabter Schüler und beginnt nach hervorragendem Abitur 1873 ein Medizinstudium. Zugleich lauscht er den Vorlesungen des Philosophen und Psychologen *Franz Brentano* (1838–1917), dessen »deskriptive Psychologie« alle feinen Seelenvorgänge durch Selbstbeobachtung zu enträtseln versucht. Während Freud als Mediziner lernt, experimentell zu arbeiten, analysiert Brentano die großen Fragen des Bewusstseins sowie des Unbewussten ganz ohne Experimente. Freud selbst ist hin- und hergerissen. Einerseits möchte er ein bedeutender, streng empirisch arbeitender Wissenschaftler werden. Und andererseits möchte er die großen Rätsel der Philosophie lösen, an die man mit Experimenten bislang nicht entfernt herankommt.

Im Labor des Physiologen *Ernst Wilhelm von Brücke* (1819–1892) untersucht Freud derweil das Rückenmark und die Hoden von Aalen und Meerneunaugen und promoviert 1881 zum Doktor der Medizin. Doch aus der geplanten Universitätskarriere wird nichts. Aus Geldmangel arbeitet Freud die nächsten drei Jahre als Neuropathologe am Wiener Allgemeinen Krankenhaus. Nebenbei macht er Selbstexperimente mit Kokain, um zu beweisen, dass es gegen hysterische Nervenleiden nützt. Doch seine kleinen Veröffentlichungen nimmt kaum einer wahr. Völlig elektrisiert ist der junge Arzt auf einer Studienreise 1885 in Paris. In der Salpêtrière, der Klinik für Nervenkranke, trifft er regelmäßig den berühmten Psychiater *Jean-Martin Charcot* (1825–1893). Das riesige alte Gemäuer, in dem die Kranken unter entsetzlichen Bedingungen hausen, ist eigentlich erschreckend düster. Doch Freud ist wie gebannt von den Vorführungen und Diagnosen des charismatischen Meisters, der jeden Tag Neuland betritt und die ungezählten Symptome und seelischen Krankheiten klassifiziert wie Adam die Tiere im Paradies.[42]

Für Charcot steht fest, dass alle hysterischen Erkrankungen auf psychische Ursachen zurückgehen – und genauso sieht das Freud. Die Frage ist nur, wie man mit wissenschaftlicher Sicherheit von den Symptomen auf die jeweilige, ganz persönliche, psychische Erkrankung schließen kann. Das Leben lässt Freud für die Antwort auf seine Frage wenig Zeit. Um Geld zu verdienen, eröffnet er in Wien eine Praxis als Nervenarzt und übernimmt die Leitung der neurologischen Abteilung im ersten öffentlichen Kinder-Krankeninstitut. Er heiratet Martha Bernays aus einer angesehenen Rabbiner- und Gelehrtenfamilie, die sechs Kinder zur Welt bringt.

Freud ist Mitte dreißig und einerseits beschäftigt mit den Wiener Damen der gehobenen Gesellschaft, die sich mit Ängsten, Hemmungen, fixen Ideen und Ticks in seiner Praxis einfinden. Andererseits fahndet er danach, wie er seine hochfliegenden Pläne zur Erforschung der Seele auf ein neues wissenschaftliches Niveau bringen kann. Noch scheint ihm das, was er tagtäglich tut, Hypnose und Suggestion anzuwenden, um zu klaren Befunden zu kommen, wie Charcot es tut und der Neurologe *Hippolyte Bernheim* (1840–1919) in Nancy, nicht wirklich wissenschaftlich zu sein. Doch was könnte eine geeignetere Wissenschaft von der Seele sein?

Seit 1891 wohnt und praktiziert Freud in der Berggasse 19. Sein Gesundheitszustand ist labil, ihn plagen Herzprobleme.

Dazu kommen Müdigkeit, Ängste, Depressionen und eine oft starke Überreiztheit. Hin- und hergerissen zwischen dem Bedürfnis nach wissenschaftlicher Exaktheit und wilden Spekulationen, verfasst er einerseits einen *Entwurf der Psychologie*, mit dem er alle neurologischen Aktivitäten wissenschaftlich aufschlüsseln will. Andererseits vertraut er zu dieser Zeit den haltlosen Spekulationen des von ihm bewunderten Berliner Hals-Nasen-Ohren-Arztes *Wilhelm Fließ* (1858–1928), der viele psychische Erkrankungen schlichtweg auf Fehlfunktionen der Nase zurückführt. Der entscheidende Schritt nach vorn gelingt erst, als Freud sich von beiden Polen verabschiedet. Die völlig unübersichtlichen Symptome hysterischer Erkrankungen können zum gegenwärtigen Stand der Neurologie nicht zureichend durch Fehlfunktionen im Gehirn erklärt werden. Und Großtheorien auf medizinischen Spekulationen aufzubauen geht auch nicht an. Die neue Methode zur Erforschung der menschlichen Psyche muss einerseits einfühlend sein wie Brentanos deskriptive Psychologie. Und sie muss sich andererseits ganz praktisch in einzelne therapeutische Schritte zergliedern lassen, die zu einer Heilung führen.

Den Durchbruch erkennt Freud in der »kathartischen Methode« des befreundeten Arztes *Josef Breuer* (1842–1925), die er sofort übernimmt und zu perfektionieren sucht. Breuer hatte seine traumatisierte Patientin Bertha Pappenheim ihre verborgenen sexuellen Verletzungen aussprechen lassen. »Wir lenkten«, schreibt Freud, »die Aufmerksamkeit des Kranken direkt auf die traumatische Szene, in welcher das Symptom entstanden war, suchten in dieser den Konflikt zu erraten und den unterdrückten Affekt frei zu machen.«[43] Die Idee dahinter ist die gleiche wie beim klassischen Drama. Durch das Auslösen der »Katastrophe« soll der Patient gleichsam »gereinigt« und damit von seinem Leiden erlöst werden. In einem Vortrag vergleicht Freud seine Vorgehensweise 1896 mit der eines Archäologen. Wie dieser sieht er sich einem »Trümmerfeld von Mauerresten« gegenüber, das er mit »Hacken, Schaufeln und Spaten« freiräumt, um »von den sichtbaren Resten aus das Vergrabene« aufzudecken. Auf diese Weise findet der Seelenforscher die Überreste eines »Palastes oder Schatzhauses« oder einen »Tempel« mit Inschriften, »deren Entzifferung und Übersetzung ungeahnte Aufschlüsse über die Ereignisse der Vorzeit« liefern.[44]

Wie ein Archäologe, der sich von Anfang an sicher ist, mit welcher speziellen Kultur er es zu tun hat, so weiß auch Freud im vornherein ganz genau, worauf seine Funde hindeuten. All die »Schätze« seiner Patientinnen sind sexueller Natur; eine Theorie, auf die der Seelenforscher ganz besonders stolz ist, unterscheidet sie ihn doch vom berühmten Charcot. Das große Verdrängte ist immer ein sexueller Trieb, ganz gleich welche speziellen Ängste, Wahnvorstellungen, Obsessionen und Ticks auf ihn hindeuten. Die dunkle Sexualität, die das Leben seiner Patientinnen auf unterschiedliche Weise beschädigt hat, ist sein Troja. Und er ist der Heinrich Schliemann der Psychologie, der es als Erster auszugraben meint. Für seine Funde muss er nun die passenden Namen finden, die vielen Erscheinungstypen und unterschiedlichen Verdrängungsmuster klassifizieren. Doch anders als der Archäologe kann Freud seine Funde nicht weithin sichtbar vor sich ausbreiten. Die »Traumata« sind kein Schatz des Priamos, sie bleiben stets in der dunklen Tiefe, in die er in seinen Gesprächen hineinhorcht.

Das Projekt steht damit vor ganz erheblichen Schwierigkeiten. Nicht nur pikieren sich die Fachkollegen über Freuds schonungslosen Umgang mit der Sexualität. Er weiß auch, dass der Mechanismus, der seine Funde zutage fördert, fragwürdig ist. Die Erinnerung ist häufig trügerisch, sie ist zerstückelt und oft gefärbt von der Selbstzensur. Die von Freud im März 1896 das erste Mal sogenannte Psychoanalyse ist ein waghalsiges Unterfangen. Ihr Forschungsmaterial ist meist dunkel und flüchtig, schwer greifbar und täuschungsanfällig. Und die gewünschte »Heilung« stellt sich nicht zwangsläufig und kausal ein, sondern erweist sich als ein enorm komplizierter und komplexer Prozess mit äußerst unsicherem Erfolg.

Enttäuschte Träume

Bislang hat sich Freud nicht in die Geschichte der Philosophie eingetragen. Er ist ein Arzt, der bei aller angestrebten Wissenschaftlichkeit seine Patientinnen ziemlich spekulierend ausforscht. Sein Untersuchungsgegenstand ist das ominöse »Unbewusste«; ein Raum, den die Philosophen zwar schon lange kennen, aber meist ungern betreten. Im Januar 1900 erwirbt Freud die seit 1898 als Gesamtausgabe erschienenen Werke Nietzsches. Der vor sich hin vegetierende Philosoph, der im Sommer 1900 sterben wird, ist im deutschsprachigen Raum in aller Munde. »Wille« und »Wahn«, Abgründe und Leidenschaften sowie ein dunkles Streben zur Macht bestimmen für ihn den Menschen. Freud erhofft sich von der Lektüre »die Worte für vieles, was in mir stumm bleibt«. Gleichwohl, schreibt er an Fließ, sei er für die Lektüre »vorläufig zu träge«.[45] Erstaunlich ist das schon, denn der Arzt in der Berggasse ist ein unermüdlicher Arbeiter, ein fieberhaft Suchender, der alles liest, was für ihn in irgendeiner Weise nützlich sein könnte. Immer wieder wird Freud von der Scheu sprechen, Nietzsche zu lesen, weil er sich seine Unvoreingenommenheit nicht nehmen lassen möchte. Und obwohl er den berühmten Philosophen nicht gelesen haben will und, wenn überhaupt, nur aus zweiter Hand zitiert, wird er später schreiben, dass Nietzsches »Ahnungen und Einsichten sich oft in der erstaunlichsten Weise mit den mühsamen Ergebnissen der Psychoanalyse decken«.[46] Ob diese Entdeckung tatsächlich erst im Nachhinein geschah und nicht bereits während der Arbeit an einer wissenschaftlichen Psychoanalyse, darüber lässt sich streiten.[47]

Wie auch immer, Freud sieht die Psychoanalyse auf jeden Fall nicht nur als medizinische Disziplin, sondern als eine allumfassende Supertheorie; eine Theorie, die den Menschen besser erklärt als alle anderen Theorien und Disziplinen zuvor. Und dieser Anspruch wird im Laufe seines Lebens nicht geringer, sondern größer und größer. Keine philosophische oder kulturelle Frage, die sich nicht psychoanalytisch aufschlüsseln lassen soll. Die Psychoanalyse ist »Tiefenpsychologie«, die dorthin vorstößt, wo die Philosophen nicht hingelangten. Und was früher Metaphysik war, die Frage nach den verborgenen Gesetzen des Seins, soll nun »Metapsychologie« werden. Den Anfang macht Freud bei den klassischen Themen der von den Philosophen so gern ausgegrenzten »Erfahrungsseelenkunde« des 18. und 19. Jahrhunderts: dem Abnormen, dem Gewalttätigen und dem Versponnenen. Von hier aus wird er sich immer weiter vorwagen bis zu den großen Themen der Kulturanthropologie und Lebensphilosophie.

Die erste Höhle, die der selbst erklärte »Pionier« und »Konquistador« mit seiner Methode ausleuchtet, ist der Traum. Selbstverständlich ist Freud nicht der Erste, der sich mit dem Thema beschäftigt. Auch die experimentell arbeitenden Leipziger Psychologen aus der Schule des berühmten *Wilhelm Wundt* (1832–1920) haben den Traum nicht ausgelassen. In Leipzig forschten und forschen auch *Ludwig von Strümpell* (1812–1899) und *Johannes Volkelt* (1848–1930) über den Traum. Und in Breslau tat dies der Philosoph und Psychologe *Karl Albert Scherner* (1825–1889). Doch Freuds Ehrgeiz ist größer als der aller anderen Traum-Erklärer. Er will nicht nur zeigen, warum wir träumen und was sich dabei in der Gehirnphysiologie abspielt. Er will vor allem die *Inhalte* von Träumen ausdeuten und ihre Symbolik entziffern wie eine unbekannte Sprache und ihre Grammatik. Dieses Ziel vor Augen erklärt er die Arbeiten fast sämtlicher Psychologen für unbefriedigend.

Freuds enormer Anspruch ist überraschend. Noch wenige Jahre zuvor in seinem ganz der Naturwissenschaft verpflichteten *Entwurf einer Psychologie* hatte er die »Traumverknüpfungen« als »teils widersinnig, teils schwachsinnig oder auch sinnlos, seltsam toll« beschrieben.[48] Jetzt aber traut er sich zu, sie auf ganz bestimmte tiefere Bedeutungen zurückzuführen. Sein Material dafür sind, wie er schreibt, über tausend Träume, von denen ihm seine Patientinnen berichtet haben. Dazu kommen seine Selbstbeobachtungen. Ob die Neurotikerinnen oder der gesunde Freud – für alle soll gelten, dass Träume stets Wunschträume sind. Die These ist nicht ganz neu, aber der Seelen-Archäologe vertritt sie mit größtem Nachdruck. Selbst Angstträume, etwa jene vom Tod geliebter Menschen, seien von einem Wunsch beseelt: nämlich dem, dass das Geträumte nicht zutrifft, verbunden mit einer »kathartischen« Erleichterung beim Aufwachen. Als versteckter triebgesteuerter Wunsch hat jeder Traum für Freud eine eindeutige Botschaft. Träume sind nicht einfach nur irrational, sondern sie folgen einer ganz bestimmten Logik aus Verdichtungen und Verschiebungen. Und der Psychoanalytiker ist der Fachmann, der sie wissenschaftlich exakt zergliedern, beschreiben und enträtseln kann.

Die Grundstruktur ist damit klar benannt. Der Traum ist etwas Uneigentliches, der etwas Eigentliches verhüllt. Und die Arbeit der Traumdeutung besteht darin, den »latenten« Trauminhalt, die »Botschaft« hinter dem »manifesten« Trauminhalt, zu enträtseln. Wie geht man dabei vor? Als Erstes beschreibt man die Gesetze der Verrätselung, die »Traumarbeit«. Während wir träumen, werden unsere Wünsche bearbeitet, verschoben, verdichtet und mit Symbolik ausgekleidet; eine kunstvolle Komposition, in der die ursprünglichen Bauelemente vielfach verändert und umarrangiert werden. Bezeichnenderweise hält Freud die Motive und Elemente unserer Träume vor allem für sprachlicher Natur. Assoziationen, Sprachspiele und Sprachverbindungen bestimmten die Traumarbeit noch stärker als die Komposition von Bildern. Wie ein Dichter verrätselt der Traum die Sprache zu Gleichnissen und Metaphern. Anders als nahezu alle anderen Traumforscher hält Freud diese Traumarbeit keineswegs für völlig irrational, beliebig oder zufällig. Stattdessen wittert er überall unmerkliche Logiken der Seele. Der Psychoanalytiker kann sie bei seiner »Deutungsarbeit« nach und nach erschließen. Er enträtselt den Traum wie ein Bilder- und Sprachrätsel, bis er den latenten »Traumgedanken« unverhüllt vor Augen hat.

So viel Optimismus und Selbstsicherheit ist in der Traumforschung neu. Aber Freud traut sich noch mehr zu. Er liefert auch eine psychophysische Theorie, die erklären soll, warum wir überhaupt träumen. Normalerweise werde unser Triebleben mit seinem Verlangen und Begehren vom Bewusstsein abgeblockt und unterdrückt. Im Traum aber bricht es sich Bahn, zugelassen vom Bewusstsein, weil die Impulse der Triebe hier nicht in reale Handlungen münden und folglich auch nichts Schlimmes anrichten können. Wie man sich dies im Detail vorstellen soll, erklärt Freud anhand des mit zahlreichen neuen Fachbegriffen ausführlich beschriebenen seelischen »Apparats«, in dem gleich mehrere »Instanzen« wirken: ein System der Wahrnehmung, ein System des Unbewussten, ein System des »Vorbewussten« und eines des Bewussten. Während das System des Unbewussten im »Primärvorgang« seine Triebwünsche einspeist, verdichtet und verrätselt, werden diese im »Sekundärvorgang« vom Vorbewusstsein vorzensiert und mithilfe von Elementen des Alltags zu einem scheinbar konsistenten Traum verformt. Wenn wir aufwachen, übernimmt am Ende wieder das Bewusstsein die Kontrolle, es zensiert und ordnet den Traum, wobei das Irrationale und »Verrückte« des Traumes endgültig zurückgedrängt wird.

Was Freud damit sagen will, ist auch für Philosophen äußerst interessant. Wenn es stimmt, dass der unendliche Quell unserer Antriebe im Unbewussten liegt, der im Traum sichtbarer wird als im Wachsein, dann ist das, was den Menschen ausmacht, nicht das Bewusstsein. »Das Unbewußte ist das eigentlich reale Psychische, uns nach seiner inneren Natur so unbekannt wie das Reale der Außenwelt, und uns durch die Daten des Bewußtseins ebenso unvollständig gegeben wie die Außenwelt durch die Angaben unserer Sinnesorgane.«[49] Wahre Philosophie ist damit nicht wie in der abendländischen Tradition seit Descartes Bewusstseinsphilosophie, sondern Unbewusstseinsphilosophie.

Stimmt das? Und was soll die Fachwelt davon halten? Als *Die Traumdeutung* 1899 erscheint, ihrer mutmaßlichen Bedeutung entsprechend vordatiert auf das Erscheinungsjahr 1900, ist sie die intensivste und detaillierteste Analyse, die bislang zum Thema erschienen ist. Aber ist sie auch wahr? Der dreiundvierzigjährige Autor ist der Fachwelt bislang völlig unbekannt, und seine Schautafel der menschlichen Psyche samt der dazugehörigen Betriebsanleitung ist mit dem Wort »spekulativ« noch vorsichtig beschrieben. Das Buch verzichtet auch völlig auf irgendeine Erkenntnis der Hirnforschung. Müsste die Neurowissenschaft Freuds »Systeme« nicht präzise lokalisieren und ihr Zusammenspiel neurophysiologisch beweisen?

Noch spekulativer wird es, wenn der selbstbewusste Autor die Quelle nahezu aller Träume mit holzhackerischer Sicherheit in der kindlichen Sexualität ausmacht. Dass Träume viel mit sexuellen Wünschen zu tun haben, hatte auch Scherner beschrieben, ebenso ihre oft sexuell zu interpretierende Symbolik. Aber dass die gemeinsame Wurzel unserer Träume in der kindlichen Sexualität liegt, ist Freuds ganz besondere These, die ihn von allen Traumforschern unterscheidet. Allerdings auch eine äußert waghalsige! Denn woher will der Autor das wissen? Mit Kindern hat er sich in seiner Praxis überhaupt nicht beschäftigt. Und dass der Analytiker mit seiner Technik der »freien Assoziationen« jeden Traum entschlüsseln und auf die kindliche »Libido« zurückführen kann, daran muss man schon sehr stark glauben.

Die Resonanz auf *Die Traumdeutung* ist eine Katastrophe. Der Verfasser hat daran vier Jahre unter großen gesundheitlichen Leiden sowie dem massiven Einsatz von Kokain und Zigarren geschrieben. Doch kaum jemand nimmt das Buch ernst. Vom Jahrhundertwerk, als dass Freud es selbst sieht, gehen in den ersten sieben Jahren nach seinem Erscheinen ganze 350 Exemplare über die Ladentische der Buchhandlungen. Und selbst die achtbare Zahl der Rezensionen kann nicht darüber hinwegtäuschen, dass die großen Koryphäen der Fachwelt das Buch übergehen. Die Kliniker in der Psychiatrie finden es unwissenschaftlich und spekulativ, und die Philosophen ignorieren es völlig. Freud ist maßlos enttäuscht. Verzweifelt befürchtet er, »daß keine der unentdeckten Provinzen im Seelenleben, die ich zuerst von den Sterblichen betreten, je meinen Namen führen oder meinen Gesetzen gehorchen wird«.[50]

Versprecher, Sexualität, Witze

Der Misserfolg der *Traumdeutung* setzt Freud stark zu. Seine Praxis läuft schleppend, um seine Gesundheit ist es nicht gut bestellt, und er macht sich Sorgen um sein künftiges finanzielles Auskommen. Zu seiner Freude verhelfen ihm die Beziehungen einer Patientin 1902 zu einer Stelle als außerordentlicher Titularprofessor an der Universität Wien. Unbeirrt hält er dabei an seinem Programm fest, das Unbewusste vollständig zu erforschen – und zwar nach dem stets gleichen Muster. Was auch immer an psychischen Auffälligkeiten existiert, es geht aus dem Triebleben hervor und wurzelt in der frühkindlichen Sexualität. Gerade in dieser steilen Theorie, einer enormen Verkürzung, sieht er sein Alleinstellungsmerkmal unter den Psychologen und Psychiatern. Tatsächlich wähnt er sich damit im Besitz eines Universalschlüssels zu jedem Schloss der Seele, der allen anderen fehlt.

Wenn das stimmt, was Freud behauptet, dann zeigen sich die Energie und die Spuren des Triebes und der Sexualität nicht nur im Traum, sondern auch bei allen von der Norm abweichenden

Verhaltensweisen des Alltags. Die Triebe aus der Welt des Unbewussten treten dort offen oder verschlüsselt hervor, wo das Bewusstsein keine Kohärenz hat und Lücken erkennen lässt. Dies zu zeigen ist das Ziel seiner 1904 erschienenen Untersuchung *Zur Psychopathologie des Alltagslebens*. Freud studiert das Vergessen, das Verwechseln und Vergreifen sowie den Aberglauben und den Irrtum. Wie nicht weiter überraschend, soll sich hinter jeder Fehlleistung ein verdrängter oder unterdrückter Trieb Bahn brechen, der dadurch indirekt zu seinem Recht kommt. Etwas Angestautes drängt indirekt ans Licht, wenn wir ein falsches Wort verwenden, etwas verwechseln, uns etwas partout nicht einfällt oder wir irgendwo danebengreifen. Auch der Aberglaube, so Freud, sei nichts als ein Ensemble von Ängsten, das sich eine neue Form gesucht hat. Und so wie der Traum unsere Triebenergie umleitet und verrätselt, so tun dies auch unsere Fehlleistungen im Alltag.

Zu Freuds großer Freude wird die *Psychopathologie* tatsächlich ein erfolgreiches Buch mit vielen Auflagen. Endlich ist er kein Unbekannter mehr. Und gewiss hätte er sich sehr darüber gefreut, dass der »Freudsche Versprecher« noch heute weithin zitiert wird. Dass Freud auch in seinem zweiten veröffentlichten Buch mit seiner Triebtheorie maßlos übertreibt, sehen nur die Experten. Soll tatsächlich jedes Danebengreifen und jede Gedächtnislücke Ergebnis einer sexuellen Verdrängung aus Kindheitstagen sein? Geht es bei vielen Fehlleistungen im Alltag nicht auch eine Nummer kleiner? Zerstreuung, mangelnde Konzentration, abgelenkt sein?

Freud kennt die Achillesferse seiner Theorie. Die Zutat, auf die er am stolzesten ist, ist gleichzeitig die wissenschaftlich spekulativste. Will er mehr sein als ein sehr präziser Beobachter von psychischen Phänomenen mit einer waghalsigen Erklärung, so muss er seine Theorie der frühkindlichen Sexualität kräftig untermauern. Und genau daran arbeitet der Seelen-Versteher in der Berggasse parallel zu seinen Studien über die Fehlleistungen des Alltags. Für seine *Drei Abhandlungen zur Sexualtheorie*, die 1905 erscheinen, stürzt er sich zunächst in Literatur über Homosexualität (die »Inversion«), Sodomie und Pädophilie und führt diese »Pathologien«, anders als seine Kollegen, ebenso auf frühkindliche Erfahrungen zurück wie das Begehren der Träume. Für Freud ist die kindliche Sexualität unbefangener und von völlig unbeschränkter Fantasie (»polymorph pervers«). Deshalb ist sie leichter prägbar und bildet aus negativen Erlebnissen heraus Extremformen aus. Im Erwachsenenalter treten diese dann als »neurotische« Phänomene zutage, wie etwa Fetischismus, Voyeurismus, extensive Masturbation, Sadismus und Masochismus. Extreme dieser Extreme sind die ausgelebten »Perversionen« wie etwa Sodomie oder Pädophilie.

Bei seiner Analyse gibt sich Freud als nüchterner und schonungsloser Chronist des menschlichen Triebes, der all das ausspricht, was die prüde Sexualmoral der Zeit tabuisiert. Doch auch er ist ein Kind seiner Zeit. Nicht nur Fehlverhalten wie Pädophilie, nein jede normabweichende sexuelle Vorliebe wird vom Autor sofort als »Pathologie« klassifiziert. Am Ende bleibt nur noch ein äußerst schmaler Grat an völlig durchschnittlichen sexuellen Gelüsten übrig, der als einziger nicht krankhaft sein soll. So tabulos er im Vergleich mit vielen Zeitgenossen über Sexualität nachdenkt, so sehr bleibt er mit dem Makel verhaftet, fast das gesamte Feld der Sexualität pathologisiert zu haben bis hin zur Onanie.

Freuds Kollegen bleibt dies nicht verborgen. Der bekannte Sexualwissenschaftler *Magnus Hirschfeld* (1868–1935), ein eifriger Sammler empirischer Belege und ungezählter Studien zur Homosexualität, stört sich an Freuds Schablone, alles restlos mit einer frühkindlichen Triebtheorie auszudeuten. Und Freuds sonderbare Stellung zwischen den Wissenschaften lässt sich kaum besser verdeutlichen als an Hirschfelds Beispiel. Während die empirische Sexualkunde die Phänomene an der Oberfläche sortiert wie ein Insektenkundler seine Käfer, möchte Freud erklären, wie Oberfläche und Tiefe so ineinander spielen, dass Menschen zugleich Trieb- und Vernunftwesen sein können. Werden sie nicht von anarchischen Kräften ebenso beseelt wie von rationalen, ohne deshalb innerlich völlig auseinanderzufallen? Genau genommen ist Freuds Methodik ebenso wenig streng medizinisch wie streng philosophisch. Während die Psychologen unentwegt ihre Datensätze vergrößern, die Philosophen, wie wir sehen werden, darüber rätseln, ob das Bewusstsein der Logik oder doch einer speziellen Psycho-Logik gehorcht, erfindet Freud ein ganz eigenes Baukastensystem aus Trieben, Verdrängungsmechanismen und Bewusstseinssphären, mit dem er alles erklären will: sämtliche medizinischen wie philosophischen Fragen zugleich.

Freuds Analysen der infantilen Sexualität in der zweiten und dritten Abhandlung werden das moderne Bild von Kindern nachhaltig prägen. Man denke an die als solche diagnostizierte »orale« wie die »anale« Phase bei Kleinkindern. Aber auch an die Pubertät, die Phase des Übergangs von der selbstbezüglichen Sexualität zur »altruistisch« geschlechtlichen. Das ganze Leben von der frühen Kindlichkeit über die Pubertät bis ins Erwachsenenalter erscheint dabei als ein einziger Kampf; ein unausgesetztes Scharmützel, in dem der Mensch, die Bestie seiner Triebe wenn nicht zu beherrschen, so doch zu moderieren lernt. Freud-Experten fällt es nicht schwer, dessen eigenes Leben in seiner Theorie gespiegelt zu sehen. Nach der Geburt seiner Kinder haben die Triebe für Freud ihren biologischen Zweck erfüllt. Seitdem lebt der Kenner der menschlichen Sexualität enthaltsam und sexuell freudlos. Statt auf körperlichen Lustgewinn ist er nun ganz auf die Gedankenbefriedigung durch seine Theorie fixiert.

Ein ganz besonderes Hilfsmittel, um mit den eigenen Trieben fertigzuwerden, ist für Freud der Humor. Dabei hält er sich an die philosophischen Klassiker wie Kants Definition des Lachens in der *Kritik der Urteilskraft* (1790) und Jean Pauls *Vorschule der Ästhetik* (1804). Am meisten aber verdankt er Bergson. Freuds Buch *Der Witz und seine Beziehung zum Unbewußten* (1905) ist ohne den zu dieser Zeit immer berühmter werdenden Franzosen kaum denkbar. Wenn Bergson in *Le rire* schreibt, dass die Komik das alltägliche Leben stillstellt, es gleichsam mechanisch und automatenhaft werden lässt, dann schließt sich Freud dem ausdrücklich an. Im Humor treten wir zum Leben in Distanz, lassen es auf einen einzigen Moment verdichtet als verzerrt erscheinen und entlasten damit unsere Psyche. Der Witz und das Lachen als Enthemmung und Erleichterung – in diesem Punkt ist Freud ganz nahe an Bergson. Der Unterschied liegt nur darin, von was sich der Mensch im Lachen erleichtern soll. Beim französischen Philosophen sind es die starren Formen unserer Kultur, die plötzlich in ihrer Dinglichkeit aufscheinen, ganz im Gegensatz zum wahren fließenden Leben. Bei Freud hingegen bedeutet der Witz einen kurzzeitigen Kontrollverlust der Selbstzensur. Im Lachen erleichtert der Mensch seine angestauten Triebe, die sich, wie im Traum, über einen Umweg kurzzeitig und folgenlos Luft verschaffen. Freuds Lachen verhilft einem dunklen triebhaften Unbewussten zu seinem Recht; Bergsons Lachen verweist den Lachenden auf den Urgrund seines Seins, auf sein »tiefes Ich«, das, völlig entgegengesetzt zu Freud, genuin mit sich im Reinen ist.

Gegensätzlicher können die Selbstbezüge also kaum sein. Je tiefer Freud in die Seele schaut, umso dunkler und gruseliger wird es, je mehr Bergson seiner Intuition folgt, umso heller und klarer sieht und spürt er sein wahres Sein. Mögen Lebensphilosophie und Psychoanalyse beide hinabtauchen in die Welt des Vorbegrifflichen, des Intuitiven, Gefühlten und Unbewussten – was sie ans Tageslicht fördern, scheint stets das zu sein, was sie auch zuvor auf dem Grund vermuteten. Bei Kierkegaard ist es die nackte Existenz im Angesicht Gottes, bei Schopenhauer ein alles durchwaltender metaphysischer Wille, bei Guyau sind es die sozialmoralischen Instinkte, bei Bergson ist es ein inniges

Gefühl des Seins und der Dauer und bei Freud ein Abgrund aus bizarren sexuellen Formationen und Deformationen.

Meister und Schüler

Der Zeitgeist spielt Freud ebenso in die Karten wie Bergson. Die flächendeckende Elektrifizierung der Städte, die mit Pferdekarren und Straßenbahnen verstopften Straßen, der hektische Verkehr der Großstädte spiegelt sich in der zunehmenden Nervosität der Menschen. Mit seinen Studien zu Psychosen und zu Neurosen liegt der Arzt in der Berggasse mehr und mehr im Trend des frühen 20. Jahrhunderts. Ob in Paris oder in Wien und Berlin – überall werden nun »Neurasthenien« diagnostiziert, vor allem in der Oberschicht und in der Welt der künstlerischen Boheme. Neurotisches Verhalten gilt nun nicht einfach nur als abnorm, sondern oft auch als interessant, ja sogar als Merkmal der Unterscheidung. Dramatiker wie *Henrik Ibsen* (1828–1906), *August Strindberg* (1849–1912) und *Arthur Schnitzler* (1862–1931) bringen literarische Figuren mit seelischen Abgründen, Verdrängungen und normabweichendem Verhalten auf die Bühne. Ein regelrechter Deutungskult setzt ein. Alles dreht sich um die Doppelbödigkeit, das Ergründen des Unbewussten.

Auch Freud ist an Literatur und Dichtkunst hochinteressiert. Und er beobachtet das Schaffen der Dramatiker genau. Anerkennend wird er später an Schnitzler schreiben: »Ich habe mich oft verwundert gefragt, woher Sie diese oder jene geheime Kenntnis nehmen konnten, die ich mir durch mühselige Erforschung des Objekts erworben, und endlich kam ich dazu, den Dichter zu beneiden, den ich sonst bewundert. So habe ich den Eindruck gewonnen, daß Sie durch Intuition – eigentlich aber infolge feiner Selbstwahrnehmung – all das wissen, was ich in mühsamer Arbeit an anderen Menschen aufgedeckt habe.«[51] Doch so freundlich Schnitzler Freud gegenübersteht, so kritisch sieht er die Psychoanalyse. In einem Brief an den Freud-Schüler *Theodor Reik* (1888–1996) schreibt er im Jahr 1913: »Über mein Unbewußtes, mein halb Bewußtes wollen wir lieber sagen –, weiss ich aber noch immer mehr als Sie, und nach dem Dunkel der Seele gehen mehr Wege, als die Psychoanalytiker sich träumen (und traumdeuten) lassen. Und gar oft führt ein Pfad noch mitten durch die erhellte Innenwelt, wo sie – und Sie – allzufrüh ins Schattenreich abbiegen zu müssen glauben.«[52] Viel kritischer spöttelt 1911 der Schriftsteller und Publizist *Karl Kraus* (1874–1936): »Die Psychoanalyse entlarvt den Dichter auf den ersten Blick, ihr macht man nichts vor und sie weiß ganz genau, was des Knaben Wunderhorn eigentlich bedeutet.«[53] Und noch beißender ist jenes Bonmot zwei Jahre später, das zur berühmtesten Beleidigung der ganzen Richtung wird: »Psychoanalyse ist jene Geisteskrankheit für deren Therapie sie sich hält.«[54]

Als Schnitzler und Kraus sich von der Psychoanalyse distanzieren, ist Freud bereits ein weithin bekannter Mann und die Psychoanalyse das, was ihr Urheber unbedingt wollte: eine neue Denk- und Schulgemeinschaft. Bereits 1902 hatte Freud mit vier Mitstreitern die »Psychologische Mittwoch-Gesellschaft« gegründet, aus der 1910 die Internationale Psychoanalytische Vereinigung hervorgeht. Im Jahr 1908 organisiert der Meister den ersten psychoanalytischen Kongress in Salzburg. Im September 1909 lädt man Freud zu einer Vortragsreihe in die USA ein. Wenn es auch nicht, wie bald darauf bei Bergson, zum Verkehrsstau kommt, so freut sich Freud doch sehr über die Anerkennung. Die erste Zeitschrift der neuen Schule erscheint, das *Jahrbuch für psychoanalytische und psychopathologische Forschungen*. Drei weitere Zeitschriften folgen bald darauf.

Doch der Erfolg ist nicht ungetrübt. Mit der immer breiteren Diskussion über die Psychoanalyse wächst auch die Kritik. Nicht nur fassen die etablierten Psychologen und Psychiater an den Universitäten und Kliniken die neue Disziplin nach wie vor nur mit spitzen Fingern an – auch die eigenen Reihen stehen nicht sonderlich fest zusammen. Freuds früher Schüler und Mitstreiter, der Arzt *Alfred Adler* (1870–1937), fremdelt mit Freuds Triebtheorie. Alle Verhaltensauffälligkeiten schablonenhaft auf die kindliche Sexualität zurückzuführen erscheint ihm viel zu einfach und schematisch. Spielt nicht auch die Vererbung eine Rolle? Und gibt es nicht, wie Adler 1907 in seiner *Studie über Minderwertigkeit von Organen* ausführt, einen auffälligen Zusammenhang zwischen organischen Beeinträchtigungen und psychopathologischen Folgen?

Für Freud ist diese Kritik schwer erträglich. Die Libido-Theorie zu relativieren bedeutet für ihn, den tragenden Grundstein aus seinem Lehrgebäude zu ziehen. »Er hat sich ein Weltsystem ohne Liebe geschaffen«, urteilt der Meister seinen allzu eigensinnigen Schüler Adler ab, »und ich bin dabei, die Rache der beleidigten Göttin Libido an ihm zu vollziehen.«[55] Adler reagiert sofort. Der Bruch motiviert ihn zu einer eigenen Gesellschaft, dem »Verein für Individualpsychologie«. Der Titel ist Programm. Während Freud bei all seinen Fällen immer die gemeinsame Wurzel im Triebleben betont, beleuchtet Adler das höchst individuelle Zusammenspiel von körperlichen und psychischen Vorgängen. Er interessiert sich für das stets Besondere seiner Patienten. Adler sieht Menschen nicht dazu verdonnert, unter dem Stigma ihrer frühkindlich ausgeprägten Triebe zu leben. Sondern er hält sie für wesentlich selbstbestimmter. Wenn er 1912 *Über den nervösen Charakter* schreibt und 1913 über *Heilen und Bilden. Ein Buch der Erziehungskunst für Ärzte und Pädagogen*, so geht er von einem freien Ich aus, das zwar von Trieben geleitet wird, aber eben nicht allein von seinen Trieben. Adler hält Menschen für formbar und veränderbar; Freud hingegen sieht sie ans Kreuz des Trieblebens genagelt. Man könne nicht mehr tun, als seine unveränderlich festgelegten Triebe auszuhalten und sie bestmöglich zu moderieren.

Noch schmerzhafter für Freud ist das Zerwürfnis mit dem

Psychiater *Carl Gustav Jung* (1875–1961). Der Meister hatte in dem stattlichen Schweizer – kein Jude, sondern zu Freuds Stolz »Germane« – stets seinen Nachfolger gesehen. Jung sollte sein »eigenes Leben fortsetzen«.[56] Doch schon früh bilden sich zwischen dem autoritären Freud und dem ehrgeizigen Jung Differenzen. Bereits in seiner Abhandlung über die Schizophrenie (1906) lässt der vermeintliche Musterschüler durchblicken, dass er das »sexuelle Jugendtrauma« bei der Erklärung von Neurosen bei weitem nicht für so wichtig halte wie Freud. Seine Kritik ist damit die gleiche wie jene Adlers. Für Jung regiert in der Psyche nicht der Trieb, sondern das Bemühen um emotionale Identität. Es hält uns im Innersten zusammen. Kommt es dabei zu Störungen, so zerbricht die Identität wie im Beispiel der Schizophrenie.

Freud bleibt für seine Verhältnisse geduldig. Trotz aller Unterschiede macht er den fast zwanzig Jahre Jüngeren zum Redakteur des *Jahrbuchs* und zum Präsidenten der »Internationalen Psychoanalytischen Vereinigung«. Doch der Konflikt ist unvermeidlich. Im Jahr 1912 veröffentlicht Jung sein Buch über *Wandlungen und Symbole der Libido*. Während Adler die Bedeutung der Libido im Vergleich zu Freud stark einschränkt, weitet Jung sie nun fast unbegrenzt aus. Wie Schopenhauer, der die ganze Welt von einem metaphysischen Willen durchwirkt sieht, orakelt Jung von einer ominösen Libido, die sich als vielfältiges Begehren hinweg Geltung verschafft, quer durch alle Zeiten und Kulturen. Die enge Einheit aus Trieb, Sexualität und Begehren bei Freud wächst sich zu einer universellen Kraft aus, bei der die Sexualität nur eine Facette unter vielen ist. Jungs Libido ist eine Urgewalt wie »das Dionysische« bei Nietzsche, eine rauschhafte Lebensenergie, ein sinnlicher *élan vital*, den Jung dem von ihm hochgeschätzten Bergson ablauscht. Hatte Freud die Projektionsfläche unseres Triebes, die »Objektlibido«, von der Quelle dieses Triebes, der »Ich-Libido«, geschieden, legt Jung dieses Schema nicht psychoanalytisch, sondern lebensphilosophisch aus. So interpretiert er das, was Menschen in der Objektwelt tun, ganz allgemein als »Extroversion«. Ihr gegenüber steht die »Introversion«, in der nicht ein Trieb, eine Ich-Libido oder der »Narzissmus« regieren, sondern »das Subjektive«. Mit Freud hat das nur noch sehr entfernt zu tun, dafür umso mehr mit Bergson.

Der Meister ist entsetzt. Hat Adler das Fundament seiner Theorie erschüttert, so hat Jung es völlig unkenntlich gemacht. Was bleibt, wenn er solche enormen Umbauten an seinem Lehrgebäude zulässt, davon am Ende noch übrig? Rasch bildet Freud ein geheimes Komitee, einen inneren Kreis, der über seine unverfälschte Lehre wachen soll. Zugleich kündigt er Jung die Freundschaft. Im Jahr 1914 tritt der Gescholtene von seinem Vorsitz der »Internationalen Psychoanalytischen Vereinigung« zurück. Der Bruch ist endgültig. Im Laufe seines langen Lebens wird Jung sich immer weiter von Freud entfernen und seine eigene »analytische Psychologie« entwickeln. Kernstück der neuen Lehre werden die »Archetypen«. Die Rede ist von Urformen und zeitlosen Mustern menschlichen Verhaltens. In jedem Einzelnen präsent, sollen sie unsere Kultur nach Ansicht Jungs maßgeblich formen und bestimmen.

Das Wiegenlied vom Totschlag

Während der Kleinkrieg mit Jung ihn zermürbt, arbeitet Freud an einer Theorie, die dem ehrgeizigen Ziel seines Kontrahenten auffallend ähnlich ist. Der Meister in der Berggasse möchte jetzt viel mehr als nur eine medizinische Theorie zur Therapie von psychisch Kranken liefern. Auch er will seine Psychoanalyse historisch, ethnologisch und anthropologisch fundieren. Er möchte den Ursprung der Kultur erklären und die Kräfte, die in ihr wirken, nicht anders, als Jung es versucht. Was in der Psyche jedes Einzelnen geschieht, fände nämlich eine ziemlich genaue Entsprechung in den Mythen der Völker – in diesem Punkt sind sich die beiden Rivalen einig. Wenn die Psychoanalyse ein Schlüssel zu allem Menschlichen ist, dann muss sich auch die Entstehung von Kultur, Moral und Religion psychoanalytisch erklären lassen.

Bei seinem Bemühen zu einer Universaltheorie der Kultur steht Freud allerdings vor einem riesigen Bewertungsproblem. Der alte Widerspruch von liberaler Emanzipation und üblen Befürchtungen tritt erneut zutage. Auf der einen Seite ist Freud der Aufklärer, der freimütig über Trieb und Sexualität spricht und sich, wie 1908 in *Die »kulturelle« Sexualmoral und die moderne Nervosität*, für einen offenen und vor allem den Frauen gegenüber weniger unterdrückenden Umgang mit der Sexualität ausspricht. Auf der anderen Seite fürchtet er die anarchische Kraft des Triebes und möchte jeden dazu anleiten, ihn auf seine Weise bestmöglich zu bändigen. Was soll Freud nun tun? Soll er dafür plädieren, die so bedrückende öffentliche Sexualmoral abzuschaffen, um die Menschen zu befreien? Aber was geschieht dann? Wenn statt der Gesellschaft jeder Einzelne als eigene Instanz frei über sein Triebleben wachen soll – bricht dann nicht die Anarchie aus? Wäre das nicht das Ende jeder Zivilisation?

Die Verlegenheit könnte größer kaum sein. Freud muss nun historisch und anthropologisch rechtfertigen, was er individuell für bedrückend hält. Als Ergebnis dieser Suchbewegung entsteht 1912/1913 das Buch *Totem und Tabu. Einige Übereinstimmungen im Seelenleben der Wilden und der Neurotiker*. In Windeseile hat sich der Psychoanalytiker in die Ethnologie und »Völkerpsychologie« eingearbeitet. Er hat die Schriften des schottischen Sozialanthropologen *James George Frazer* (1854–1941) über Totemismus und Tabus bei Naturvölkern studiert. Er hat Edward Westermarck und die ersten Bände von Wundts monumentaler *Völkerpsychologie* gelesen. Und er weiß auch, was Durkheim, der 1912 sein religionssoziologisches Hauptwerk *Les formes élémentaires de la vie religieuse* (*Die elementaren

Formen des religiösen Lebens) veröffentlicht, über Totemismus geschrieben hat. Auf diese Weise gewappnet wagt Freud, seinen psychoanalytischen Werkzeugkoffer zur Hand, den beherzten Sprung in die Ethnologie.

Während Jung die Mythen der Welt durchpflügt, um archetypisches Verhalten zu finden, ackert Freud seine Fallstudien durch, um sie auf die Geschichte der Menschheit zu projizieren. Sein erster Aufsatz dreht sich um die von Frazer belegte Inzestscheu bei australischen Ureinwohnern. Kühn vergleicht der Psychoanalytiker sie mit seinem Wissen über seine Wiener Patienten. Schon 1897 hatte er bei sich selbst einen »Ödipuskomplex« diagnostiziert und daraus den versteckten Wunsch abgeleitet, dass Jungen im Alter von etwa drei Jahren mit der eigenen Mutter schlafen wollen. Bei gesunden Menschen verschwände dieser Wunsch im Zuge der Reifung. Wenn Freud nun bei Frazer liest, dass die »Primitiven« in Australien den Inzestwunsch so ausdrücklich bekämpfen, sieht er sich bestätigt. Offensichtlich haben sie sich noch nicht völlig vom Ödipuskomplex befreit. Genauso unerschrocken verfährt der Psychoanalytiker beim von Frazer beschriebenen Inzestverbot von Schwiegersohn und Schwiegermutter. Für Freud, den erfahrenen Zuhörer zahlreicher Fallgeschichten, ist klar, dass sich sexuell unbefriedigte Schwiegermütter gerne in den Mann ihrer Tochter verlieben und umgekehrt. Weil dies gesellschaftlich ein Unding ist, zeigt sich die Leidenschaft zumeist auf verdrehte Weise: als (gespielte) Abneigung und frustrierter Hass. Wieder führt das ausdrückliche Verbot bei den »Primitiven« Freud das vor, was sich unterschwellig auch bei den Zivilisierten abspielt. Die Wilden bilden ihm ganz vorzügliches Anschauungsmaterial, weil ihre »Objektlibido« noch immer frühkindlich und damit stark inzestuös gefärbt ist. Und sie verdrängen ihre sexuellen Wünsche nicht so vollständig wie die Zivilisierten, sondern projizieren ihr existenzielles Verlangen in naheliegende Objekte hinein.

Solche Objekte nennen die Ethnologen das »Totem«. Jede

Clangemeinschaft, so weiß Freud von Frazer und Durkheim, hat ihr Totem, einen fetischisierten Gegenstand, häufig ein Tier. Um das Totem herum herrscht ein »Tabu«, ein nicht weiter begründetes strenges Verbot. Man darf es nicht töten oder beschädigen. Und alle, die zur Gemeinschaft des Totems gehören, dürfen keinen Sex miteinander haben. Doch warum bedarf es dafür eines so rigiden Verbots? Weil, so weiß der Psychoanalytiker in seinem zweiten Aufsatz, ein so starker Wunsch besteht, beides zu tun: das Geheiligte zu zerstören, es zu morden und seiner Sexualität ungehemmt freien Lauf zu lassen. In jedem »Primitiven« steckt somit etwas vom modernen Zwangsneurotiker. Seiner Natur nach wird der Mensch von einem unbändigen Sexualtrieb sowie von den »Triebkräften des Angreifens, der Bemächtigung, des Geltendmachens der eigenen Person« gebeutelt.[57]

Im dritten Aufsatz geht der Vergleich der »Primitiven« mit Neurotikern unverdrossen weiter. Alles, was Freud über Animismus und Magie bei Naturvölkern gelesen hat, findet er auch in den Fallstudien aus der Berggasse. Von seiner Erfahrung mit Zwangsneurotikern, insbesondere »Hysterikern« aus interpretiert er das magische Denken der »Primitiven« als kindliches Wunschdenken. Man glaubt fest daran, dass das, was man will, auch tatsächlich geschieht. Nicht überraschend, dass jedes magische Denken für Freud am Ende mal wieder sexueller Natur ist. Der Wilde projiziert seinen sexuellen Narzissmus in Objekte, der Neurotiker tut das Gleiche und verwechselt Wunsch und Wirklichkeit, begleitet von den üblichen Verdrängungen.

Mit diesen Erkenntnissen sieht sich Freud am gewünschten Ziel. Wenn die Ethnologen bestätigen, dass die menschliche Entwicklungsgeschichte vom primitiven Animismus über die komplexere Religion zum nüchternen Weltbild der Wissenschaft voranschreitet, dann lässt sich das psychoanalytisch ausdeuten. Der primitive Animist lebt auf der Stufe des frühkindlichen Narzissmus. Der Gläubige der Weltreligionen, der sich den Göttern unterwirft, gleicht dem Kind, das sich an seine Eltern, vor allem an den Vater bindet. Der reife Mensch der fortgeschrittenen Industrienationen dagegen überwindet sein »Lustprinzip«, macht sich frei und passt sich nüchtern an die Gegebenheiten der Objektwelt an.

Die Theorie, dass die Geschichte der Menschheit allgemein wie individuell ein dreistufiger Prozess der Ernüchterung ist, ist nicht Freuds Erfindung. Das erste Mal formuliert sie der berühmte Vordenker der Soziologie August Comte, nämlich als »Dreistadiengesetz«. Auch wenn sich die Abfolge aus Verklärung, Aufklärung und Abklärung bei Freud etwas anders liest, so ist das Schema identisch. Vom schwärmerischen Kind reift der Mensch zum reifen Mann, von primitiver Frühzeit geht es höher zur Menschheit im Mannesalter. Ungewöhnlich ist nur, dass der Psychoanalytiker selbst die nüchterne Wissenschaft noch ein wenig vom »primitiven Allmachtsglauben« der Naturvölker beseelt sieht. Glauben die Wissenschaftler nicht allzu primitiv und narzisstisch, die Geheimnisse der Welt völlig enträtseln zu können?

Ein schonungsloser Befund. Gilt er nicht auch für Freud selbst? Denn was der Seelendeuter der Weltgeschichte seinen Lesern im vierten Aufsatz von *Totem und Tabu* zumutet, ist legendär abstrus. Es ist die berüchtigte, allzu berüchtigte Erklärung der Entstehung von Totem und Tabu. Danach stand am Anfang der menschlichen Kulturgeschichte ein schreckliches Gemetzel. Der große Vater beanspruchte einst alle Frauen für sich allein, sehr zum Frust seiner vertriebenen Söhne, die ihn ermordeten und anschließend verzehrten. Doch dann brach sich das Schuldgefühl in ihnen Bahn. Es verdrängte den Hass und stiftete zwischen den rivalisierenden Söhnen eine gemeinsame Identität. Sie bereuten ihre Tat und schufen für ihren Vater einen unantastbaren Ersatz, das Totem. Ein generelles Mordverbot erging und ebenso das Verbot, die Früchte des Erfolgs in Form der erbeuteten Frauen zu nutzen. Zum Tötungsverbot trat das Inzesttabu. Die Wurzel des Totemismus sind demnach Mord und Reue. Und aus ihnen gehen alle Moral, alle Religion und alle sozialen Regeln des Zusammenlebens hervor.

Was für eine Geschichte! Woher nimmt Freud sie? Soll sie eine wahre Begebenheit sein? Oder erzählt er hier eine Geschichte zur Illustration, einen selbst erfundenen Mythos wie bei Platon? Dessen Mythen waren Geschichten, die von Dingen berichteten, von denen niemand ein Wissen haben kann. Doch Freud behandelt seinen Mythos unerschrocken als Realität. Die Spuren des ominösen Vatermords finden sich für ihn im Christentum wie in der antiken Tragödie. Was sei der Kreuztod Jesu anderes als die Sühne des Sohnes für seinen Vatermord? Was ist die Kommunion anderes als die Totemmahlzeit, bei der die Söhne rituell den Vater verspeisen? Und finden wir die Nachbeben des großen Vatermords nicht auch in der Tragödie der antiken Griechen? Der Held, interpretiert Freud, ist der Urvater, der vom Chor erschlagen wird. Allerdings deutet das Drama die Sache so um, dass es den Chor entlastet. Der Held wird selbst auf tragische Weise zum Schuldigen und befreit so den Chor von der Last der Tat.

Dass hier mit aller Gewalt passend gemacht wird, was nicht passt, wirft ein bezeichnendes Licht auf Freuds dreistes Vorgehen. Doch wenn er die Geschichte, die Religionen, die Anthropologie und die Ethnologie auf so abenteuerliche Weise interpretiert, was soll man dann von seinen nicht minder fantasievollen Analysen individueller Menschen halten, aus denen der »Ödipuskomplex« bei Jungen oder der »Penisneid« bei Mädchen entspringen? Dass Sigmund Freud sich mit seinem Wiegenlied vom Totschlag, das am Anfang aller Kultur angestimmt worden sei, nicht in die Geschichte der Anthropologie oder der Ethnologie einschreibt, wird nicht überraschen. Doch den Beifall anderer Disziplinen erwartet der stolze Pionier schon längst nicht mehr. Seinem Selbstverständnis nach hat er ein erstes Mal gezeigt, dass sich die gesamte Geschichte der Menschheit psychoanalytisch deuten lässt. Und genau damit wird er nun weiter fortfahren.

Die Rückkehr des »Ich«

Freud konnte nicht wissen, dass er seine zeit- und kulturübergreifende Studie über Mord und Schuld am Vorabend des Ersten Weltkriegs schreiben sollte. Ein Jahr nachdem *Totem und Tabu* in Buchform erscheint, begrüßt der eigentlich pazifistisch eingestellte Psychoanalytiker das Waffengerassel. Patriotisch gestimmt begeistert er sich für die Sache der Mittelmächte. Endlich fühlt sich Freud nicht mehr als Jude, sondern als Österreicher; ein Gefühl, das stärker ist als alle Furcht vor dem Gemetzel. Als nach den Anfangserfolgen weitere Siegesnachrichten ausbleiben, wachsen allerdings auch bei ihm die Zweifel. Welche unheilvollen Auswirkungen wird der Krieg für die europäische Kultur haben?

Während er sich in den Vorlesungsmanuskripten stolz und selbstbewusst in eine Reihe mit Kopernikus und Darwin stellt, verdüstert sich seine Grundstimmung. Mord und Totschlag sind jetzt nicht mehr vorrangig mythisches Verhängnis. Sie sind tagtägliche Realität auf den Schlachtfeldern bei Verdun und anderswo. Das »phylogenetische Erbe« des »Urmenschen«, von der Kultur nur zum Schein gebändigt, bricht grausam durch.[58] Der von der Moderne heillos überforderte Zivilisationsmensch bekommt seinen Trieb nicht mehr in den Griff. Aggressionen treten hervor, ungebändigt und grausam, und eskalieren in rohe Gewalt. Echte Väter und echte Söhne zerfetzen sich in den Schützengräben, das Totem ist das Vaterland, und man verstößt befreit gegen alle Tabus. Wunden und Kränkungen vermehren sich explosionsartig in der Eskalation. Schreckliche Neurosen, Psychosen und Verdrängungen durchfurchen die europäische Kultur.

Die Erschütterung des Krieges trifft Freud stark, und sie hinterlässt Risse im Mauerwerk seiner Theorie. Hat er nicht unterschätzt, dass neben dem Lustprinzip noch eine andere Kraft im

Menschen wirkt? Eine Tendenz zur Selbstzerstörung? Das Erbe einer »unendlich langen Generationsreihe von Mördern«[59] – ein »Todestrieb«? Immer wieder hatte der Psychoanalytiker dem Sexualtrieb und dem damit verbundenen Selbsterhaltungstrieb eine uneingeschränkte Vollmacht ausgestellt. Doch der Erste Weltkrieg, dazu Freuds Verdüsterung durch den Tod der geliebten Tochter Sophie, nehmen dem sexuellen Begehren die bislang behauptete Durchschlagskraft.

In seiner nur sechzig Seiten langen Abhandlung *Jenseits des Lustprinzips*, die Freud im Winter 1919/1920 schreibt, gewinnt seine Metapsychologie eine völlig neue Gestalt. Eine Inventur mit weitreichenden Folgen. Wo vorher das »Bewusstsein« stand, das verzweifelt versucht, das Unbewusste in den Griff zu kriegen, tritt nun ein »Ich« auf den Plan, ein Spielball zwischen Libido und »Destruktionstrieb«, der ständig um die eigene Selbstbehauptung kämpft. Eros und Tod, die mythischen Größen, zerren am geschundenen Ich und reißen es fortwährend auseinander in triebhaftem Verlangen und ungebändigter Zerstörungswut. Da die Kultur das eine so wenig zulässt wie das andere, wenden sich die bombastischen Triebe oft genug gegen das Ich und treiben es in Selbstzweifel, Schuldgefühle, Masochismus und Selbsthass, begleitet von einem nervenaufreibenden »Wiederholungszwang«, der einfach nicht nachlässt.

Das neue »Ich« tritt auch 1921 in Freuds Essay *Massenpsychologie und Ich-Analyse* auf. Ausgangspunkt ist das erfolgreiche Buch *Psychologie des foules* (*Psychologie der Massen*) des französischen Selfmade-Anthropologen *Gustave Le Bon* (1841–1931) aus dem Jahr 1895. Le Bon gehört zu jenen, die dem Unbewussten schon vor Freud einen enormen Wirkungsgrad bescheinigt haben. Besonders spürbar sei dies beim Verhalten von Massen. Erlebt sich der Einzelne als Teil einer Masse, so werde er dumpf und unkritisch, unbewusste Impulse treten das Regiment an und lassen sich von der Dynamik der Masse psychisch anstecken. Was heute als »Schwarmverhalten« beschrieben wird, findet bei Le Bon seine erste ausführliche Beschreibung. Und ebenso die Möglichkeiten, mit denen Führer sich den Massenrausch zunutze machen und ihn lenken können.

Le Bons Buch ist pessimistisch und durchdrungen von tiefen Zweifeln an der Wirkungskraft von Aufklärung und Vernunft. Dumpfer Nationalismus ist für ihn eine viel verlässlichere Größe als überzeugende Argumente. Spätestens seit dem Ersten Weltkrieg hegt auch Freud daran keinen Zweifel. Mit eigenen Worten referiert er Le Bons Beschreibung der »Massenseele«. Das »Ich« enthemmt im Schutz der anderen seine Triebe und setzt sich der Kraft des Unbewussten aus. Anschließend präzisiert Freud die Analyse mithilfe des eigenen Bestecks. Die Bindung der Masse ist »libidinös«, zusammengesetzt aus umgelenktem Begehren. Und in der Unterordnung projiziert das »Ich« seine narzisstische Libido auf einen idealisierten Führer.

Die Selbstverständlichkeit, mit der Freud vom »Ich« spricht, ist keineswegs selbstverständlich. Es ist noch nicht lange her, dass Ernst Mach das »Ich« als »unrettbar« und als »metaphysische Verkehrtheit« ohne Realitätsgehalt bezeichnet hat. Machs Auflösung des »Ich« in Elemente und Empfindungen – die eigentlich schon im 18. Jahrhundert von *David Hume* (1711–1776) behauptet worden war – hatte die Wiener Schriftsteller und Dramatiker nachhaltig beeindruckt und inspiriert. Wer nach Mach noch von einem »Ich« als Zentrum des Bewusstseins oder auch eines Unbewussten, wie Freud, sprach, der musste dies ausführlich rechtfertigen. Was sollte das »Ich« sein, das, nach Mach, naturwissenschaftlich betrachtet, ohne jegliche Grundlage ist?

Freud hatte bereits 1909 vom »Ich« gesprochen, als er das erste Mal über »Narzissmus« geschrieben hatte. Auch wenn er von Paranoia sprach oder 1915 seine Studie *Das Unbewusste* verfasste, redete er vom »Ich«. Doch solange die psychischen Instanzen aus Bewusstsein, dem Vorbewussten und dem Unbewussten bestehen sollten, hatte der Begriff kaum Farbe. Dies radikal zu ändern und eine neue Topografie des Bewusstseins zu zeichnen ist die Aufgabe von Freuds Abhandlung *Das Ich und das Es* (1923). Die Revision seines Lehrgebäudes, die er in *Jenseits des Lustprinzips* vorbereitet hatte, soll nun zu einem ganz neuen Modell führen. Die alte Landkarte der Psyche wird vollständig übermalt, und die verzeichneten Orte heißen nun »Ich«, »Über-Ich« und »Es«.

Das *Es* ist das triebhafte Element der menschlichen Psyche. Hunger, Sexualtrieb, Neid, Hass, Vertrauen, Begehren, das Verdrängte usw. bestimmen dieses *Es*. Seine beiden Pole sind die Libido und der Todestrieb. Der Gegenspieler des *Es* ist das *Über-Ich*, das als »Ich-Ideal« bereits in früheren Schriften vorkommt. Es verkörpert die Normen, Ideale, Rollen, die Leit- und Weltbilder, die der Mensch durch seine Erziehung beigebracht bekommt. Dazwischen liegt das *Ich*, ein Spielball, zerrieben von übermächtigen Gegnern. Als Diener dreier Herren, des *Es*, des *Über-Ich* und der sozialen Umwelt, versucht es die Konflikte, die aus diesen entgegengesetzten Ansprüchen entspringen, beizulegen und zu harmonisieren. Aber es ist ziemlich schwach. Im Regelfall obsiegt das *Es*, das sich vom *Ich* nicht kontrollieren lässt, weil es sich dem Bewusstsein entzieht.

Die drei Instanzen der Psyche existieren für Freud nicht zufällig. Das *Es* ist der biologisch älteste Teil und entspringt dem Bedürfnis der organischen Triebe. Das *Ich* ist daraus hervorgegangen, um die Bedürfnisse des *Es* in einer komplizierten Umwelt zu befriedigen. Es nimmt differenziert wahr, orientiert sich, wägt ab und reflektiert. Das *Über-Ich* schließlich ist eine hohe kognitive Leistung des fortgeschrittenen *Ich*. Es hat gelernt, aus sich herauszutreten, sich mit den Eltern zu identifizieren, das *Ich* aus der Distanz kritisch zu beobachten und in ihm Schuldgefühle auszulösen.

Das Terrain des Unbewussten ist damit völlig neu vermessen. War das Unbewusste vorher eine *Instanz* des psychischen Apparats, so wird es nun auf drei neue »funktionale« Instanzen verteilt. Unbewusste Vorgänge ereignen sich nicht nur im davon völlig beherrschten *Es*, sondern auch im *Ich*. Man denke an die vielen Ängste, die »neurotische Angst« des *Ich* vor der Libido des *Es*, die »Realangst« vor den Gefahren der Außenwelt und die »Gewissensangst« des *Ich* gegenüber dem Schuldgefühle erzeugenden *Über-Ich*. Auch das *Über-Ich* kennt unbewusste Energien, insbesondere Aggressionen. Rebelliert das Kleinkind in seiner »ödipalen Phase« gegen den Vater, was Freud dem »Todestrieb« zurechnet, so bleibt davon beim Erwachsenen ein aggressives *Über-Ich* erhalten, das seine negative Energie gegen das *Ich* richtet. Dieses empfindet dadurch Schuldgefühle, es spürt wieder die kindliche Angst in sich, von den Eltern verlassen zu werden, und ganz an der Wurzel auch eine tief sitzende »Kastrationsangst«.

Die Rückkehr des »Ich« macht aus dem stolzen »Ich« der philosophischen Tradition, insbesondere bei *Johann Gottlieb Fichte* (1762–1814), einen von den Göttern verlassenen tragischen Helden und manchmal auch einfach nur eine arme Wurst: »In seiner Mittelstellung zwischen Es und Realität unterliegt« das Ich »nur zu oft der Versuchung, liebedienerisch, opportunistisch und lügnerisch zu werden, etwa wie ein Staatsmann, der bei guter Einsicht sich doch in der Gunst der öffentlichen Meinung behaupten will. Zwischen beiden Triebarten (Lebenstrieb und Todestrieb) hält es sich nicht unparteiisch. Durch seine Identifizierungs- und Sublimierungsarbeit leistet es den Todestrieben im Es Beistand zur Bewältigung der Libido, gerät aber dabei in Gefahr, zum Objekt der Todestriebe zu werden und selbst umzukommen. Es hat sich zu Zwecken der Hilfeleistung selbst mit Libido erfüllen müssen, wird dadurch selbst Vertreter des Eros und will nun leben und geliebt werden.«[60]

Was ist davon zu halten? Das »Ich« in verschiedene Instanzen aufzuspalten war 1923 nicht neu. William James hatte dies bereits 1890 in seinen weithin gefeierten *The Principles of Psychology* getan. Für James war das »Ich« kein Gegenstand, kein wie auch immer geartetes Ding im Gehirn, sondern ein Prozess, der die Ereignisse im Bewusstseinsstrom sortiert und so miteinander verbindet, dass sie Sinn ergeben. Blickt das »Ich« (*I*) dabei auf sich selbst, so tritt es in die Rolle des »Mich« (*me*). Das »Mich« wird zur Bewertungsinstanz, die das »Ich« im stummen Selbstgespräch unentwegt beobachtet. Und aus diesem Dialog entstehen unser Selbstbild und unsere Identität.

Nicht schwer, in der Unterscheidung von *Ich* und *Über-Ich*, Handlungsinstanz und Bewertungsinstanz, das *I* und das *me* von James wiederzufinden. Kaum denkbar, dass Freud das berühmteste Psychologiebuch seiner Zeit nicht kannte, zumal er James 1909 bei seiner Vortragsreise in den USA persönlich kennengelernt hatte und sogar mit ihm spazieren gegangen war. Doch von James' Theorie ist bei Freud nirgends die Rede. Und auch wenn er zugibt, das *Es* von seinem Psychoanalytiker-Kollegen *Georg Groddeck* (1866–1934) übernommen zu haben, beansprucht seine Dreiteilung höchste Originalität. In der Tat ist sie eine hochkomplexe Komposition, in der die alten Repertoire-Elemente seiner Theorien in ganz neuen Rollen und Gewändern auftreten. Für die Psychoanalyse ist *Das Ich und das Es* von eminenter Bedeutung. Bei aller Revision im Detail wird Freud nichts Grundlegendes mehr an der neuen Topografie der Psyche ändern. Ganz anders reagieren die Psychologen. Für sie bleibt das weit weniger spekulative Modell von James die Blaupause für alle modernen Vorstellungen des »Selbstkonzepts«. Und aus der Sicht der Neurowissenschaften hängt Freuds neues Modell ebenso in der Luft wie das alte aus der *Traumdeutung*. Der österreichisch-US-amerikanische Hirnforscher und spätere Nobelpreisträger *Eric Kandel* (* 1929) holt sich als junger Wissenschaftler noch 1955 eine blutige Nase, als er seinem Neurophysiologieprofessor in New York ankündigt, er wolle das *Ich*, das *Es* und das *Über-Ich* im Gehirn aufspüren.[61]

Religion und Kultur auf der Couch

Dass sein Modell des gebeutelten und zerrissenen »Ich« keine naturwissenschaftlich belastbare Theorie ist, weiß Freud auch. Aber inzwischen nimmt er darauf noch weniger Rücksicht als früher. »Nach dem lebenslangen Umweg über die Naturwissenschaften, Medizin und Psychotherapie«, schreibt er 1935 in der Nachschrift zu seiner *Selbstdarstellung*, »war mein Interesse zu jenen kulturellen Phänomen zurückgekehrt, die dereinst den kaum zum Denken erwachten Jüngling gefesselt hatten.«[62] Und diese »kulturellen Phänomene« können für Freud nur philosophisch durchdrungen und nicht medizinisch oder auf andere Weise naturwissenschaftlich erforscht und belegt werden.

Das Urteil der klinischen Psychiater und experimentell arbeitenden Psychologen kann Freud egal sein. Inzwischen ist er berühmt genug, um nicht mehr davon abhängig zu sein. Die große Zahl der traumatisierten Weltkriegssoldaten hat ihm und seinen Anhängern nicht nur viel Arbeit und gute Einkünfte beschert, sondern auch eine sprunghafte Anerkennung ihres Metiers. In der Mitte der Zwanzigerjahre steht die Psychoanalyse auf ihrem Höhepunkt. Die Anhängerschaft ist in die Breite gewachsen, die gegründeten Zeitschriften finden zahlreiche Leser, und Freud ist endlich so berühmt, wie er es sich immer erträumt hatte. Allerdings hat er bereits die erste Gaumenkrebsoperation hinter sich, und sein Gesundheitszustand verschlechtert sich rapide. Seine nachfolgenden kulturkritischen Werke verfasst der Meister in der Berggasse zumeist unter großen körperlichen Schmerzen.

Dass Freud zuerst über Religion schreibt, verwundert nicht. Von seiner Jugend an haben ihn materialistische Denker wie *Ernst Haeckel* (1834–1919) oder Charles Darwin angezogen. Und schon früh interpretiert er jede Religion als pathologisch. Die Psychoanalyse ist für ihn eine entschieden atheistische Wissenschaft auf der fortgeschrittensten menschlichen Entwicklungsstufe. Sie hat keine Religion mehr nötig. Stattdessen erklärt sie, warum Menschen in ihrer Kultur so lange religionsbedürftig waren.

Im Jahr 1927 veröffentlicht Freud eine Zusammenfassung all dessen, was er über Religion denkt. Der Titel *Die Zukunft einer Illusion* ist Programm, denn die Zukunft der Illusion Religion ist für ihn finster. Der Psychoanalytiker betrachtet sein Thema in der Tradition *Ludwig Feuerbachs* (1804–1872) zunächst soziologisch und anthropologisch: Warum gibt es überhaupt Religionen? Sind sie nicht vor allem ein Ausdruck von Hilflosigkeit? Ohnmächtig gegenüber der Willkür der Natur, machtlos gegen Krankheit und Tod sieht sich der Mensch tief in seinem Narzissmus gekränkt. Folglich bastelt er sich ein System, in dem die Natur planvoll nach dem Willen eines Schöpfers funktioniert, eines behütenden Vaters, der die infantile Sehnsucht nach Schutz und Geborgenheit erfüllt. Eine weitere Quelle des religiösen Glaubens neben der Hilflosigkeit findet Freud in der Kultur. Wie er schon in *Totem und Tabu* erklärt hat, ist jede menschliche Kultur ein Regiment der Triebunterdrückung, angefangen beim Inzest- und Mordverbot. Weil er seine Triebe nicht frei ausleben kann, projiziert der Mensch sein Begehren auf eine Gottheit. Die Triebe werden zu religiösen Empfindungen sublimiert, und der menschliche Narzissmus, eitel und maßlos, hofft auf die Fortexistenz nach dem Tod.

Aber eben: All das ist nicht real, sondern nicht mehr als narzisstische Projektion. Und jede Religion ist nur eine Wunscherfüllungsfantasie, also eine Illusion. Die moderne Kultur, so Freud, habe dies natürlich längst erkannt. Sie treibt den Menschen ihren Glauben aus, lässt sie irritiert und haltlos zurück und beschert der Psychoanalyse damit reichlich Arbeit. Ungezählte desillusionierte und verstörte Menschen bekommen mühselig beigebracht, sich von der kollektiven »Zwangsneurose« zu befreien und sich selbst und ihr Leben ohne Gott auszuhalten. Einfach ist das nicht. Denn die Befreiung von der Illusion, einschließlich ihrer metaphysischen Drohkulisse, kann zwar erleichtern, aber ebenso verunsichert sie.

Auch wenn die große Ent-Täuschung Schmerzen bereitet, sieht Freud sie trotzdem positiv. Die Menschheitsillusion der Religion habe die Menschen nicht glücklich gemacht. Das größere Glück liege ganz eindeutig in Aufklärung und Wissenschaft. Interessiert beobachtet Freud das »große Kulturexperiment« in der Sowjetunion, das Modell eines durch und durch atheistischen Staats. 1927 traut er sich noch nicht zu, es zu beurteilen. Später wird er es allerdings ebenfalls als »Illusion« ablehnen. Dabei wird er sich zugleich des Widerspruchs in seinem Denken bewusst. Wie kann er den Menschen einerseits eisern ans Kreuz seiner Triebe genagelt und vom Unbewussten gesteuert ansehen und andererseits hoffen, dass das reine Licht der Vernunft, die nüchterne und rationale Wissenschaft, der Menschheit den Weg weist? Pessimistische Trieblehre und optimistische Prophezeiung der menschlichen Kulturentwicklung passen ziemlich schlecht zusammen. »Wir mögen noch so oft betonen, der menschliche Intellekt sei kraftlos im Vergleich zum menschlichen Triebleben, und recht damit haben«, weiht Freud den Leser in seine gemischten Gefühle ein, aber »es ist doch etwas Besonderes um diese Schwäche; die Stimme des Intellekts ist leise, aber sie ruht nicht, ehe sie sich Gehör geschafft hat. Am Ende, nach unzählig oft wiederholten Abweisungen, findet sie es doch. Dies ist einer der wenigen Punkte, in denen man für die Zukunft der Menschheit optimistisch sein darf.«[63]

Einen wichtigen Punkt aber sieht Freud nicht. Mit seiner Analyse des religiösen Massenwahns hat er zwar die in Form gegossenen monotheistischen Religionen erklärt, nicht aber das grundlegende Bedürfnis nach Spiritualität, das sich wohl kaum allein aus der Vaterbindung erklären lässt. Freuds langjähriger Brieffreund, der französische Schriftsteller *Romain Rolland* (1866–1944), legt den Finger genau in diese Wunde. Für ihn ist religiöse Erfahrung keine Vaterbindung, sondern ein »ozeanisches Gefühl«. Doch für den uneinsichtigen Freud ist dies noch lange kein Grund, an sich zu zweifeln. Ganz im Gegenteil nimmt er Rollands Einwand sogar als Steilvorlage für seine nächste größere Schrift *Das Unbehagen in der Kultur* (1930). Schon in der Einleitung stigmatisiert der Psychoanalytiker das Bedürfnis nach einem »ozeanischen Gefühl« schematisch als eine weitere Form des Narzissmus. Der Rest des Buchs ist wesentlich besser. Während Freud in *Totem und Tabu* nahezu jegliches menschliche Verhalten pathologisiert, wird er im Alter versöhnlicher. Ein milder Unterton durchzieht das literarisch brillant geschriebene Werk. Nicht ohne anteilnehmendes Verständnis schreibt der Vierundsiebzigjährige noch einmal über sein großes Lebensthema: den schwierigen Spagat, den jeder Mensch zu vollziehen hat, hin- und hergerissen zwischen der Gewalt seiner unverfügbaren Triebstruktur und dem Versuch, sie kulturell zu bändigen.

Ist menschliches Glück möglich? Auf der einen Seite suchen Menschen gemäß des »Programms des Lustprinzips« größtmögliche Glückserfüllung nach dem Vorbild der geschlechtlichen Liebe. Auf der anderen Seite steht diesem Glück vieles im Weg. Biologisch sind es der von Tod und Verfall bedrohte Leib sowie die feindliche Natur. Und sozial schränken die Beziehungen zu anderen Menschen unser Bedürfnis nach unbedingter Lustverwirklichung ein. Statt um Lustgewinnung geht es im Leben deshalb vorrangig um Leidvermeidung. Was kann man tun? Den eigenen Glückszustand organisch manipulieren, in der extremsten Form durch Rauschmittel? Oder soll man, wie die meisten, seine Triebziele verschieben? Entweder indem man sie durch geistige oder künstlerische Arbeit ersetzt und in ein reges Fantasieleben auslagert. Oder indem man versucht, ihnen zu entsagen wie ein Eremit. Immerhin erfüllen für Freud auch die Religionen die Funktion der Triebverschiebung. So locken sie nicht nur den Einzelnen, sondern auch ganze Gesellschaften und Kulturen mit sublimierten Glücksangeboten. Ihre Verführungen verlangen weniger Härte und Disziplin als die, die man braucht, um seine Triebe freimütig zu akzeptieren und ganz ohne Illusionskulisse zu bändigen.

Je stärker die menschliche Kultur voranschreitet, umso kleiner wird die Möglichkeit, seine Triebe frei zu entfalten. Genau hierin erkennt Freud das große »Unbehagen in der Kultur«. Zugleich wittert er damit den verborgenen Grund für die für ihn offensichtliche Kulturfeindlichkeit der Massen. Die Unterdrückung von Sexualtrieb (*Eros*) und Destruktionstrieb (*Thanatos*) sei der tragische Preis, den die Menschheit für ihre Emanzipation von der Natur, ihren Fortschritt und ihre politischen, wissenschaftlichen, kulturellen und künstlerischen Errungenschaften zu zahlen hat. Mit der an Comte erinnernden Gleichsetzung von persönlicher Entwicklung und Menschheitsentwicklung sieht Freud die Menschheit an der Fähigkeit zum »Triebopfer« reifen; ein Opfer, das oft mit nach innen gewendeten Aggressionen einhergeht, nämlich permanenten Schuldgefühlen. Mit ihnen umgehen zu lernen ist die schwere Aufgabe, vor der jeder in der modernen Kultur steht. Und deshalb ließe sich vom Leben auch nicht das große Glück erwarten, sondern allenfalls ein kurzes episodisches Glück.

Aber wird die Menschheit es tatsächlich schaffen, durch Triebbewältigung immer höher zu schreiten? *Das Unbehagen in der Kultur* endet offen, aber der Verfasser ahnt Böses: »Die Schicksalsfrage der Menschenart scheint mir zu sein, ob und in welchem Maße es ihrer Kulturentwicklung gelingen wird, der Störung des Zusammenlebens durch den menschlichen Aggressions- und Selbstvernichtungstrieb Herr zu werden. In diesem Bezug verdient vielleicht gerade die gegenwärtige Zeit ein besonderes Interesse. Die Menschen haben es jetzt in der Beherrschung der Naturkräfte so weit gebracht, daß sie es mit deren Hilfe leicht haben, einander bis auf den letzten Mann auszurotten. Sie wissen das, daher ein gut Stück ihrer gegenwärtigen Unruhe, ihres Unglücks, ihrer Angststimmung. Und nun ist zu erwarten, daß die andere der beiden ›himmlischen Mächte‹, der ewige Eros, eine Anstrengung machen wird, um sich im Kampf mit seinem ebenso unsterblichen Gegner zu behaupten. Aber wer kann den Erfolg und Ausgang voraussehen?«[64]

Der Zweifel des Orakels ist berechtigt. Tatsächlich schlägt die politische Lage um in größte Finsternis. Im Jahr 1933 beginnt in Deutschland die nationalsozialistische Diktatur. Freuds Schriften werden verboten und verbrannt. Der Verfemte nimmt es zunächst mit bissigem Humor. Seit 1934 arbeitet er an einem Buch über Moses, in dem er sich zugleich mit seinem eigenen Judentum auseinandersetzt. Ideengeschichtlich möchte Freud zeigen, dass der Monotheismus der Juden vermutlich aus Ägypten zur Zeit des Pharaos Echnaton stammt; eine Theorie, die in jüngster Zeit wieder intensiv diskutiert wird.[65] Psychoanalytisch deutet er das Entstehen von Religionen als ein historisches Kräftespiel von Konflikten zwischen Ich, Es und Über-Ich.

Dem Kräftespiel der Konflikte seiner eigenen Zeit steht der inzwischen Achtzigjährige währenddessen völlig hilflos gegenüber. Ungeschickt und erfolglos versucht er die psychoanalytische Bewegung durch Kompromisse mit den neuen Machthabern zu retten. Der Einmarsch der deutschen Truppen in Österreich im März 1938 bringt den weltberühmten Vater der Psychoanalyse in akute Lebensgefahr. Freud emigriert schnell nach London. Vier seiner fünf Schwestern bleiben in Wien zurück und werden von den Nationalsozialisten in Konzentrationslagern inhaftiert und ermordet. Am 21. und 22. September 1939 lässt sich der todkranke Greis von seinem Arzt tödliche Dosen Morphium spritzen. Am frühen Morgen des 23. September ist Sigmund Freud tot.

Was ist von seinen Theorien geblieben? Freuds unzweifelhaftes Verdienst ist der grelle Lichtschein, den er auf die Bedeutung der Gefühle, die psychischen Konflikte und das Unbewusste warf. Auch die von Breuer übernommene und von Freud ausgefeilte Form der Therapie hat als Methode bis heute weltweit Bestand, selbst wenn die Psychoanalyse mittlerweile in zahlreiche Strömungen und Schulen zerfällt, die sich mal mehr und mal weniger weit von ihrem geistigen Vater entfernt haben. Was seine wissenschaftliche Leistung zur Erforschung der menschlichen Psyche betrifft, hatte Freud in vielem einen ganz guten Riecher. Aber eben nur das. Er bereiste die Psyche seiner Patienten wie ein Kartograf, der keine Schiffe zur Verfügung hat, um den Kontinent, von dem man ihm erzählt, auch tatsächlich zu sehen und zu vermessen. Eben daraus entsprang seine Arroganz, denn mit *seinen* Methoden war niemand so weit gekommen wie er. Der Kontinent war das Unbewusste, und er war der führende Mann. Doch seine Tage waren gezählt, was Freud durchaus bewusst war. Die Neurobiologie, die er einst verlassen hatte, weil sie ihm nicht weiterhelfen konnte, setzte ihre Segel, und es war klar, dass sie einen anderen Wissenschaftsanspruch stellen konnte. Die Frage war nur, wie viele Umrisse, Flüsse, Berge und Inseln, die Freud in die Karte eingezeichnet hatte, bleiben würden. So hatte er am Ende von *Jenseits des Lustprinzips* für seine Verhältnisse überraschend selbstkritisch geschrieben, dass auch er viele Fragen nicht beantworten kann: »Man muß geduldig sein und auf weitere Mittel und Anlässe zur Forschung warten. Auch bereit bleiben, einen Weg wieder zu verlassen, den man eine Weile verfolgt hat, wenn er zu nichts Gutem zu führen scheint. Nur solche Gläubige, die von der Wissenschaft einen Ersatz für den aufgegebenen Katechismus fordern, werden dem Forscher die Fortbildung oder selbst die Umbildung seiner Ansichten verübeln. Im übrigen mag uns ein Dichter (Rückert in den *Makamen des Hariri*) über die langsamen Fortschritte unserer wissenschaftlichen Erkenntnis trösten: ›Was man nicht erfliegen kann, muß man erhinken …‹«[66]

Was das Vermessen des Unbewussten und sein Zusammenspiel mit dem Bewusstsein anbelangt, steht Freud allerdings nicht als einziger »Konquistador« des frühen 20. Jahrhunderts in der Landschaft. Seine Entdeckungsarbeit teilt er mit einem Zeitgenossen, einem Mann jüdischen Glaubens wie er selbst, mit dem er fast zeitgleich bei Brentano in Wien im Seminar saß. Obwohl beide einander kaum zur Kenntnis nahmen, so beackerten sie doch, ausgehend von Brentanos »deskriptiver Psychologie«, die gleichen Fragen – wenn auch auf höchst unterschiedliche Weise. Während Freud der Philosophie mit einer selbst gebastelten Wissenschaft Konkurrenz machte, versuchte sein ebenso bedeutender Zeitgenosse die Rätsel des Bewussten und Unbewussten mit ungeheurem Aufwand ganz traditionell im Rahmen der Philosophie zu lösen. Die Rede ist von *Edmund Husserl* (1859–1938).

Zu den Sachen selbst!

Der Rückzug aufs Wesentliche – Die Psychologie der Mathematik – Zwischen Psychologie und Logik – Das Wesen des Briefkastens – Das konkrete Ich – Die Phänomenologie der Werte – Der Vorrang der Lebenswelt

Der Rückzug aufs Wesentliche

Der Professor aus Göttingen ist dreiundfünfzig Jahre alt, eine internationale Größe und zu diesem Zeitpunkt vermutlich der berühmteste Philosoph in Deutschland. Doch nun mutet er seinen Schülern etwas zu, bei dem ihm viele nicht mehr folgen wollen. Binnen kurzer Zeit wird sich seine Anhängerschaft fast völlig austauschen. Denn das, was Edmund Husserl im Jahr 1912 in dem von ihm selbst gerade gegründeten *Jahrbuch für Philosophie und phänomenologische Forschung* veröffentlicht, provoziert die Gemüter. Und die *Ideen zu einer reinen Phänomenologie und phänomenologischen Forschung* werden zum entscheidenden Wendepunkt in seiner lebenslangen Suche nach dem richtigen Weg für eine zukünftige Philosophie.

Ganze sechs Jahre hat Husserl mit sich gerungen, ob und wie er diese Wende vollziehen soll. Und er hat Vorlesungen gehalten, in denen die neue Philosophie, die »reine Phänomenologie«, vorbereitet wurde. Wer auch immer künftig philosophiere, der müsse verstanden haben, wie das Bewusstsein beschaffen sei, ja der müsse dessen »Wesen« kennen. Denn was wir an Dingen in der Welt vorfinden – es sind, wie bereits Kant wusste, Konstrukte unseres Bewusstseins. Erzeugt werden sie in *Akten*, die trotz aller Bemühungen noch nie jemand ganz präzise erfasst habe. Und nicht die Dinge, sondern die *Vorgänge*, in denen sie hervorgebracht werden, sind der große Forschungsgegenstand der Philosophie.

Husserl ist kurz vor der Niederschrift seiner *Ideen*, als er 1911 einen Vortrag des jungen Russen *Alexandre Koyré* (1892–1964) hört. Koyré ist schon als Sechzehnjähriger zu Husserl nach Göttingen gekommen und gerade neunzehn Jahre alt. Sein Thema: die Philosophie Bergsons. Besonders beeindruckt gibt sich der Göttinger Meister davon nicht »Die konsequenten Bergsonianer«, ruft er im Anschluss, »das sind wir!«[67] Wie Bergson seine Aufmerksamkeit von der Dingwelt in die Welt des »tiefen Ich« verlagert hat, so tut dies seit geraumer Zeit auch Husserl. Doch seine Methode ist eine ganz andere: nicht die »Intuition«, sondern die »Reflexion«. Denn dass Philosophie eine »strenge Wissenschaft« sein soll, steht für Husserl völlig außer Frage. Wer seine Erkenntnisse nicht objektiv ausweise, der leistet für ihn in der Philosophie gar nichts.

Allerdings – und dieses Dilemma ist Husserl wohl bekannt –

steht eine solche strenge Wissenschaft des Bewusstseins den Philosophen des 20. Jahrhunderts bislang nicht zur Verfügung. Die Logiker verstehen fast nichts von den psychologischen Akten, mit denen das Bewusstsein seine Welt erzeugt. Und die experimentell arbeitenden Psychologen treten auf der Stelle. Haben sie es nicht stets mit fertigen, messbaren Resultaten zu tun, aber eigentlich nie mit den Vorgängen, die zu ihnen geführt haben? Die wissenschaftliche Psychologie sortiert Ergebnisse, aber sie versteht nichts von den elementaren Prozessen, die zu ihnen führen. »Psychologismus«, das Sich-Begnügen mit experimentellen Beobachtungen ohne Interesse an der logischen und psychologischen Architektur der Bewusstseinsakte, ist für Husserl ebenso ein Schimpfwort wie für Bergson.

Das Bewusstsein lässt sich nicht logisch aufdröseln, weil es nicht streng logisch arbeitet. Und es lässt sich nicht naturwissenschaftlich erfassen, weil Bewusstseinsakte der empirischen Forschung unzugänglich sind. Ein Bewusstseinsakt – etwas zu erleben oder zu erkennen – ist das, als was er sich für den Erlebenden oder Erkennenden anfühlt, und nicht das, was ein außenstehender Beobachter darüber mutmaßt. Allerdings – und auch hier ist Husserl bei Bergson – bleiben uns diese Akte im Alltag weitgehend verborgen. Das Bewusstsein schaut sich nicht bei der Arbeit zu, jedenfalls nicht in der »natürlichen Einstellung«, die wir normalerweise einnehmen. Im normalen Leben sortieren und vergegenständlichen wir unsere Erfahrungen zu einer Welt aus Objekten. Die Arbeit, die dahintersteckt, wird unsichtbar. Genauso hatte schon Bergson in seinem *Essai* argumentiert.

Für Husserl kann es daraus nur eine Folgerung geben. Der Philosoph, der die Phänomene im Bewusstsein so erfassen will, wie sie sich tatsächlich abspielen, muss seine »natürliche Einstellung« verlassen. Er muss von alledem absehen, was er normalerweise tut. Eine solche »Reduktion« auf das Wesentliche ist eine alte philosophische Idee. Ihr berühmtes Vorbild hat sie in

Descartes. Zu Anfang des 17. Jahrhunderts hatte der Franzose beschlossen, an allem zu zweifeln, woran sich zweifeln lässt, um schließlich ein völlig unbezweifelbares Fundament zu finden. Er entdeckte es im »cogito«, in der Gewissheit, dass sich an allem zweifeln lässt, nur nicht daran, dass der Zweifelnde zweifelt – also denkt.

Husserl ist damit nicht zufrieden. Ihm geht dieses »cogito« nicht weit genug. Denn, was heißt das genau, »Denken«? Das Denken ist kein reiner Geist, sondern ein überaus komplizierter Vorgang, eingebettet in viele Empfindungen. Und es besteht aus Bewusstem und Unbewusstem. Die Aufgabe ist also viel komplexer, als Descartes gedacht hatte, und setzt äußerste Feinfühligkeit voraus. Die Haltung, die der von allem absehende und alles beobachtende Phänomenologe dabei einnehmen soll, nennt Husserl in Anlehnung an die antiken Stoiker und Skeptiker *epoché*. Das Wort lässt sich als »Zurückhaltung des Urteils« übersetzen. Und genau diese Vorurteilsfreiheit hält Husserl für geboten. Statt zu bestimmen, wie oder was irgendwelche Dinge sind, soll der Philosoph den Vorgang des Bestimmens selbst bestimmen.

Husserl nimmt die *epoché* so ernst, dass sie nicht nur seine berufliche, sondern zunehmend auch seine private Lebenshaltung wird. Doch nicht nur das philosophische Denken treibt ihn in die Abgeschiedenheit. Wie Freuds Psychoanalyse der Kultur steht die Phänomenologie am Vorabend des Ersten Weltkriegs. Und der Krieg setzt Husserl noch viel stärker zu als Freud. Er verliert seinen jüngeren Sohn bei Verdun, der ältere wird schwer verletzt. In der gleichen Zeit stirbt Husserls Mutter. Depressionen stellen sich ein, begleitet von der Angst, dass er die Phänomenologie zwar skizzieren, aber zu Lebzeiten nicht erfolgreich ausarbeiten und zu Ende führen kann. Wird sein Lebenswerk nur ein Programm bleiben? Husserl zaudert, zögert und hadert. Die Ängste und Zweifel nehmen zu. Und diese begleiten den mit hundert Skrupeln behafteten Mann ohnehin seit seiner Jugend.

Die Psychologie der Mathematik

Husserl war nicht auf direktem Wege zu seiner »Phänomenologie« gekommen. Sein philosophischer Parcours gleicht eher einem Schlingerkurs. Im Jahr 1859 als zweiter Sohn eines vermögenden jüdischen Tuchhändlers geboren, kommt er in Proßnitz in Mähren zur Welt. Im Gymnasium in Olmütz fällt er nur durch seine Unauffälligkeit auf. Schläfrig und ehrgeizlos besteht er das Abitur gerade mit Ach und Krach. Auch in »philosophischer Propädeutik« erreicht der Träumer nur ein »Genügend«. Da Mathematik das einzige Fach ist, das ihm einigermaßen leichtfällt, entscheidet er sich für das Studienfach Astronomie in Leipzig. Neben seinen Seminaren in Mathematik und Physik findet er die Zeit, sich in die Vorlesungen von Wilhelm Wundt zu setzen, dem aufstrebenden Großmeister der experimentellen Psychologie. Dass man das Metier auch ganz anders betreiben kann, nämlich als »deskriptive« Psychologie, erzählt ihm sein Studienfreund *Tomáš Masaryk* (1850–1937). Der neun Jahre Ältere promoviert bei Wundt und macht später weniger als Philosoph, denn als erster Staatspräsident der Tschechoslowakei von sich reden. Bevor er nach Leipzig kam, hatte Masaryk bei Brentano in Wien studiert, und das Gleiche legt er seinem Freund nahe.

Zunächst muss Husserl allerdings mit seinem Mathematikstudium vorankommen. Im Jahr 1878 geht er nach Berlin statt nach Wien; es verhindert, dass Husserl gemeinsam mit Freud bei Brentano die Bank drückt. Sechs Semester studiert er in Berlin, ohne zum Abschluss zu kommen. Promovieren wird er erst in Wien, seiner nächsten Station. Da er nebenher tief in die Philosophie eindringt, legt er die Doktorarbeit in Mathematik erst 1882 vor. Den anschließenden Militärdienst in Wien nutzt Husserl dazu, nun endlich die Vorlesungen Brentanos zu besuchen. Der charismatische Denker, der als abtrünniger Priester nur Privatdozent sein darf und nicht Professor, arbeitet an einer Psychologie, die das Metier ganz ohne Experimente wissenschaftlich fundieren will. Alle Philosophie ist für Brentano Psychologie – allerdings eine philosophische Psychologie und keine naturwissenschaftliche. Denn, was sich im Bewusstsein abspielt, ist immer »intentional« und nicht kausal wie die Abfolge von Ursache und Wirkung in den Naturwissenschaften. Der Unterschied ist klar und einfach: Etwas mit *Absicht* zu tun ist etwas ganz anderes, als etwas aus einer physikalischen *Zwangsläufigkeit* heraus zu tun.

Brentano betrachtet sich dabei als strengen Wissenschaftler, als präzisen Beobachter, der keinerlei Spekulation gelten lässt – ein Anspruch, der sich bei Husserl tief eingräbt. Doch wie erlangt man unumstößliche Gewissheit, wenn sie nicht naturwissenschaftlich gewonnen werden kann? Dadurch, dass eine Einsicht unmittelbar *evident* ist, lautet das Ziel von Brentanos deskriptiver Psychologie. Auch auf diesen Zug springt Husserl auf. Die Suche nach Evidenz wird er nach allen Regeln der Gedankenkunst weiterverfolgen. Was fehlt, ist nur die richtige Methode nach der das, was sich an *Intentionalem* in unserem Bewusstsein abspielt, so *evident* beschrieben werden kann, dass man von einer *objektiven Wissenschaft* des Bewusstseins sprechen kann.

Zu Husserls Freude behandelt Brentano auch die Mathematik. Aber er betrachtet sie vor allem psychologisch, nämlich als eine ganz spezielle Leistung des Bewusstseins. Was ist Logik?, darf sich der promovierte Mathematiker Husserl im Anschluss an Brentano fragen. Tatsächlich eine Leistung des Bewusstseins? Oder nicht doch eine Gesetzmäßigkeit der Welt? Als Mathematiker müsste er das Zweite annehmen, aber Brentano hat ihn verunsichert. Immerhin werden alle logischen Operationen von Menschen geistig vollzogen oder nachvollzogen. Können sie dann unabhängig vom menschlichen Bewusstsein existent sein? Doch wenn die Logik solchermaßen ein Produkt des menschlichen Gehirns sein sollte, was sichert dann ihre unbedingte Gültigkeit und Objektivität?

Brentano schätzt seinen skeptischen Schüler. Er fordert ihn auf, nach Halle zu gehen, um dort in Philosophie zu habilitieren. Husserl ist unschlüssig, denn eigentlich will er ja Mathematiker werden. Gleichwohl ringt er sich 1886 dazu durch, Brentanos Empfehlung zu folgen. Sein neuer Mentor wird der Philosoph und Psychologe *Carl Stumpf* (1848–1936). Bei ihm schreibt er 1887 seine Habilitationsschrift *Über den Begriff der Zahl.* Doch Husserl wäre nicht Husserl, wenn er mit seiner Leistung zufrieden wäre. Sofort stellt er viel umfangreichere Überlegungen an und veröffentlicht sie vier Jahre später in seiner *Philosophie der Arithmetik.* Husserl möchte, wie in der Habilitation, die schwierige Frage beantworten, wie Menschen zu Zahlen kommen. Welche Denkakte sind dafür notwendig? Und wie muss man sich die Ordnung und die Tätigkeit eines Bewusstseins vorstellen, das Zahlen hervorbringt und mit ihnen operiert?

Die Frage wird von Psychologen kaum behandelt und in dieser Weise auch nicht von Logikern. Husserl sucht auch keine logische Antwort. Das Bewusstsein arbeitet psychologisch, wenn auch nach ganz bestimmten Verfahren. Und diese Verfahren möchte der ehrgeizige Brentano-Schüler als Erster exakt benennen. Um die Bildung von Zahlen zu verstehen, muss man verstehen, was »Vielheit« bedeutet. Was geht in unserem Bewusstsein vor sich, wenn wir versuchen, uns Vielheit vorzustellen? Für einen Logiker eine sinnlose Frage. Was eine Menge ist, definiert die Logik, und was sich jemand darunter ganz genau vorstellt, ist subjektiv verschieden und somit ziemlich egal. Husserl sieht das völlig anders. Für ihn gibt es die Vorstellung der Vielheit als einen ganz konkreten Denkakt, und der ist grundsätzlich immer gleich. Sich Vielheit vorzustellen ist etwas anderes, als sich eine Gruppe vorzustellen oder eine Anzahl konkreter Gegenstände. Denn was zu einer Gruppe oder Herde zählt, gehört zusammen. Die Gegenstände einer Vielheit hingegen tun es notwendigerweise nicht. Die Vorstellung der Vielheit geht jeder konkreten Bestimmung dieser Vielheit als Menge oder Anzahl voraus. Und genau in diesem psychischen Denkakt, der bei jedem gleich ist, sieht Husserl die Grundlage der Arithmetik.

Besonderes Lob aus der Mathematik kann Husserl dafür nicht erwarten. Der Logiker Gottlob Frege, von dem später noch die Rede sein wird, zeigt sich gegenüber Husserls Buch völlig verständnislos. Über Zahlen, so beharrt Frege, kann man nur logisch sprechen. Psychologische Erklärungen für die Zahlbildung sind für ihn weder möglich noch notwendig.

Zwischen Psychologie und Logik

Husserl nimmt Freges Kritik, wie jede andere Kritik auch, sehr ernst. Hat er wieder nichts Bedeutsames geleistet? Und liegt es vielleicht an dem Schatten Brentanos, aus aller Philosophie »deskriptive Psychologie« zu machen, der ihn daran hindert, klarer zu sehen? Wie hängen Logik und Psychologie zusammen? Kann es das eine ohne das andere geben? Und was ist ursprünglicher? Ist alle Logik letztlich nur eine besondere Kunstform des Denkens, geboren aus einem psychologischen Bedürfnis nach Klarheit, wie manche Psychologen in der Tradition des Philosophen *Friedrich Eduard Beneke* (1798–1854) vermuten? Oder geht die Logik als unabhängige Tatsachenwissenschaft allen subjektiven psychologischen Bedürfnissen voraus und ist davon unberührt, wie die Neukantianer in Marburg und Heidelberg meinen und wie Frege Husserl in seiner Rezension belehrt?

Husserl ist verunsichert. Er wird die 1890er-Jahre später selbst als äußerst schwierige Jahre bezeichnen. Auf der einen Seite steht das Familienglück mit seiner Frau Malvine, die er 1887 geheiratet hat und mit der er zwischen 1892 und 1894 drei Kinder bekommt. Auf der anderen Seite ist er der materiell auf unsicherem Boden stehende Privatdozent, der nur von Stipendien der Regierung lebt. Dazu kommen die Selbstzweifel. Taugt er überhaupt zum Philosophen? Seit der Habilitation plagen Husserl Depressionen. Er ist zum Protestantismus übergetreten und versenkt sich in Bibellektüren. Und ständig ist er auf der Suche nach dem, was sein eigener Beitrag zur Philosophie sein könnte. In solcher Stimmung arbeitet der Verunsicherte an einem Werk, das ihn endgültig zum eigenständigen Philosophen machen soll. Doch besonders eilig hat es der akribische Denker nicht. Allein der Druck, etwas abliefern zu müssen, das ihm einen ordentlichen Professorentitel einbringt, zwingt ihn schließlich dazu, seine Gedanken abzuschließen. In den Jahren 1900 und 1901 veröffentlicht er notgedrungen sein später von ihm selbst als »unfertig« und »unausgeglichen« beurteiltes Werk: die *Logischen Untersuchungen*.

Die beiden Bücher, eine fast tausendseitige Zusammenstellung von sechs Untersuchungen, sind Husserls wissenschaftlicher Durchbruch, sein erstes Werk von Rang und mithin, wenn man so will, seine *Traumdeutung*. Wie Freud sich durch seine Analyse des Unbewussten freigeschwommen hat, so Husserl mit seiner Analyse des Bewussten in den *Untersuchungen*. Und wo Freud den Sexualtrieb als das entdeckt, was unser Unbewusstes formt, so entdeckt Husserl die »reine Grammatik« als das, was unser Bewusstsein ausmacht. Inhaltlich erscheinen Freud und Husserl damit als die größtmöglichen Gegensätze: ungezügelter Trieb hier, streng formalisierte psychische Gesetzmäßigkeiten da. Doch ganz so deutlich ist der Kontrast nicht. Zumindest im Anspruch, die im Alltag verborgenen unbewussten Prozesse des Bewusstseins zu lüften, treffen der Psychoanalytiker und der Phänomenologe zusammen. Beide sehen sie unser Fantasiebewusstsein von Impulsen des Unbewussten, etwas Vor-Reflexivem, einem anwesenden Abwesenden durchzogen. Und hier liegen ihre Parallelen mit dem dritten Vordenker des Jahrhunderts, mit Bergson.

Überraschenderweise trifft das Senkblei in die Tiefe der sich selbst ergrübelnden Vernunft in den *Untersuchungen* nun auch auf das harte Gestein der Logik, wo es vorher nichts anderes gefunden hatte als das weiche Sediment der Psychologik. Die Gesteinsproben der Psyche haben ihren Charakter geändert. Hatte Husserl zunächst alle Logik auf psychische Denkakte zurückgeführt, so unterscheidet er nun zwischen den *Akten* auf der einen und der *Geltung* dieser Akte auf der anderen Seite. Wer logisch denkt, begeht einen Denkakt; doch dieser Denkakt begründet nicht, warum logische Schlussfolgerungen Gültigkeit und damit Wahrheit beanspruchen können. Logik ist also nicht nur »Kunstlehre des Denkens«, eine praktische Disziplin, sondern zugleich ein »ideales Objekt«, das zwar nicht in Zeit und Raum existiert, aber trotzdem gültig ist. Die Denkakte sind »reale Vorkommnisse, die ihre Ursachen und Wirkungen haben«, die *Inhalte* dieser Denkakte hingegen sind frei von Psychologie und lassen sich auch nicht durch sie erklären.[68] Denn die »reine« Logik der logischen Denkinhalte ist von keiner Alltagserfahrung getrübt, sie gilt völlig unabhängig von der Psyche derjenigen, die sie anwenden. »Reine Logik« ist weder durch Erfahrungen belegt noch aus Erfahrung abgeleitet. Sie bezieht sich nicht auf Tatsachen und gehorcht nicht dem Gesetz von Ursache und Wirkung. Stattdessen ist sie völlig überzeitlich und gilt immer und notwendig.

Die Verlegenheit, Logik und Psychologik in eine Hierarchie zu bringen, löst sich auf, wenn man sie auf zwei Sphären verteilt. Neben der Welt des Empirischen akzeptiert Husserl damit eine zweite, eine ideale Welt, für die die psychologischen Gesetze nicht gelten. Um seine Zwei-Welten-Theorie zu beweisen, verteidigt er die ideale Sphäre der »reinen Logik« gegen die Skeptiker und die Relativisten. Beiden unterstellt er einen Selbstwiderspruch. Denn wer daran zweifelt, dass es eine nicht psychologische »objektive« Wahrheit gibt, der nimmt gemeinhin für sich in Anspruch, dass seine Aussage in einem allgemeinen Sinne wahr ist. Er erhebt einen Wahrheitsanspruch und setzt somit genau das voraus, was er bezweifelt. Wahrheit ist also keine subjektive Kategorie und, nach Husserl, auch keine Erfindung der Spezies Mensch.

Die Skeptiker und Relativisten irren und die »Psychologisten« der experimentellen Forschung sowieso. Die Ersten haben die Logik nicht begriffen, und die Zweiten stecken so tief in der Empirie, dass sie die Wahrheit nicht finden. Bleibt nur noch ein letzter Gegner übrig. Als Husserl an den *Untersuchungen* arbeitet, mehrt sich der Ruhm des Physikers und Philosophen Ernst Mach und der seines gerade verstorbenen Kollegen *Richard Avenarius* (1843–1896). Als »Empiriokritizisten« behaupten sie, dass alle Wissenschaft nichts anderes ist als eine schrittweise Weiterführung der Alltagserfahrung mit präziseren Mitteln und abstrakten Zeichen und Formeln. Die beiden hatten dafür das Prinzip der »Denkökonomie« ausgegeben und diese in der Biologie verankert. Von Natur aus seien Menschen darauf bedacht, ihren Energieaufwand so gering wie möglich zu halten. Man vermeidet unnötige Wege und auch unnötige Denkwege. Auf diese Weise hätten sich die Logik und die Wissenschaft herausgebildet: als praktische Verfahren, Komplexität zu reduzieren und das Denken knapper und effizienter zu machen. Für Husserl ist das nur zum Teil nachvollziehbar. Sicher ist es richtig, dass Logik und Wissenschaft das Denken formalisieren und dadurch effizienter machen. Doch das Ganze funktioniert nur, weil Wissenschaftler voraussetzen können, dass die Schlussregeln der Logik und der damit verbundene Wahrheitsanspruch *grundsätzlich* gelten. Diese grundsätzliche Gültigkeit aber entspringt nicht der Denkökonomie, sondern die Denkökonomie setzt sie, um praktikabel zu sein, bereits voraus.

Im ersten Band seiner *Untersuchungen* hat Husserl gezeigt, dass es eines Werkzeugkastens namens »reiner Logik« bedarf. Mit ihm lassen sich wissenschaftliche Theorien mit Grundbegriffen, wie »Wahrheit« oder »Satz«, und Methoden, wie logischen Schlüssen und Widersprüchen, ausstatten. Im sehr viel umfangreicheren zweiten Band geht er einen Schritt weiter. Denn noch immer ist völlig unklar, was diese »reine Logik« ganz genau sein soll, wenn sie psychologisch nicht erklärbar ist. Wo kommt sie her, und wie kommt sie ins menschliche Bewusstsein, in dem sich doch eigentlich nichts als psychische Prozesse abspielen? Wenn Husserl die Psychologie in solchen Fragen für unzuständig erklärt hatte, so ist er noch lange nicht ins Lager von Frege übergewechselt. Denn irgendwie müssen die Gegenstände der reinen Logik ja nach wie vor vom Bewusstsein erfasst werden. Husserls Antwort im zweiten Band lautet: Eine solche Erklärung kann nicht psychologisch sein, sondern *phänomenologisch*.

Was ist der Unterschied? Wenn Psychologen beschreiben, was im Bewusstsein geschieht, so beschreiben sie die jeweiligen Bewusstseins*inhalte*. Damit aber, so Husserl, entgehen ihnen die Bewusstseins*akte*, das heißt die Art und Weise, wie diese Inhalte zustande kommen. Die Auseinandersetzung mit der Mathematik war für ihn dafür das beste Beispiel. Die Gültigkeit der Logik ist ja kein konkreter Inhalt, sondern sie steht als etwas Formales über jeder psychologischen Befindlichkeit. Wer herausfinden will, was sich im Bewusstsein abspielt, der dürfe deshalb nicht bei der eingeschränkten Beschreibungsebene der Psychologie stehen bleiben. Stattdessen muss er den Horizont erweitern, um die Bedingungen der Möglichkeit jeglicher Erfahrungen umfassend zu analysieren. Und dieses neue umfassendere Beschreibungssystem nicht nur der Bewusstseinsinhalte, sondern auch der Denkakte, die sie hervorbringen, nennt Husserl »Phänomenologie«.

Anders als die Psychologie soll die Phänomenologie tiefer vordringen, »zu den Sachen selbst!«.[69] Der Phänomenologe befasst sich also auch mit den »Sachen«, die der Psychologe unhinterfragt voraussetzt. Was sind *Bedeutungen*, und wie entstehen sie? Was sind *abstrakte* Vorstellungen, und wie ordnen sich konkrete Vorstellungen unter sie unter? Wie grenzt unser Bewusstsein *Sinn* und *Unsinn* voneinander ab? Wie genau funktioniert die von Brentano für alle Denkakte behauptete *Intentionalität*, also ihre Zielgerichtetheit auf ein Objekt? Und zuletzt: Worin besteht und wodurch erklärt sich die größte Klarheit, die wir gedanklich erreichen können, die *Evidenz*?

Bei all diesen Fragen sucht Husserl eine neue Fahrbahn; einen neuen Mittelweg zwischen Idealismus und Materialismus/Empirismus. Wie die Idealisten weiß er, dass alle Vorstellungen, die sich unser Bewusstsein bildet, subjektive Vorstellungen sind. Und wie die Empiristen geht er davon aus, dass sie nicht nur subjektiv sind, sondern dass sie in irgendeiner Weise mit einer objektiven Welt korrespondieren. Die Frage ist nur, wie?

Husserl untersucht die Bedeutungen von Wörtern und Sätzen. Er kommt zu dem Schluss, dass nicht die Sprachzeichen einen Sinn haben, sondern dass dieser Sinn immer wieder neu in sprachlichen Akten erzeugt wird. Bedeutungstheorien, wie die von Frege, in denen diese Akte keine Rolle spielen, bleiben für ihn leer. Für Husserl wird die objektive Bedeutung des Zeichens in jedem einzelnen Bewusstseinsakt zwar nicht neu erfunden, aber immer wieder neu *exemplifiziert*. Wenn das stimmt, dann bedeutet das, dass es einerseits objektive »Wesenheiten« gibt – Zahlen, Schlussregeln, Gegenstände, Farben usw. –, dass wir aber andererseits nur dann sinnvoll von ihnen sprechen können, wenn wir zugleich den Denkakt in Betracht ziehen, der sie hervorbringt. Deshalb haben Wörter je nach dem Kontext, in dem sie verwendet werden, eine etwas andere Bedeutung.

Mit seinem Spagat zwischen »Wesenheiten« und »exemplifizierenden Denkakten« hält Husserl den alten philosophischen Streit um den Realitätsgehalt unserer Bewusstseinsinhalte für gelöst. Die »Wesenheiten« oder »Spezies«, wie »Rot« oder »Menge«, existieren für ihn zwar nicht als empirische Realitäten, weil es *das* Rot nirgendwo gibt. Sie sind aber trotzdem objektiv. Ich brauche mir nur einmal, ausgehend von einem konkreten Gegenstand, »Rot« als Idee gebildet zu haben, und die Idee ist ein unveränderlicher und somit »objektiver« Bestandteil meines Denkinventars. Vom Konkreten zum Abstrakten verläuft also ein nahezu automatischer Weg, die »Ideation«. Ihre Objektivität liegt darin, dass jeder normale Mensch sie mit größter Selbstverständlichkeit auf quasi identische Weise vollzieht.

Sind die abstrakten Dinge auf diese Weise erklärt, bleibt noch die Frage, wie genau sie sich zu den konkreten Dingen verhalten. Für Husserl tun sie es auf zwei Weisen, nämlich »selbstständig« und »unselbstständig«. Jedes konkrete Pferd bleibt ein individuelles und selbstständiges Wesen, wenn ich es als »Pferd« verallgemeinere. Aber Intensitäten oder Figuren zum Beispiel existieren nur unselbstständig. Was soll eine reine Intensität sein oder eine bloße Figur? Sie brauchen immer die Kombination mit einem Klang, einer Farbe einem Gegenstand. Sie sind, wie Husserl sagt, »Momente« eines Ganzen und bedürfen einer umfassenderen Einheit, die ihnen ein Fundament gibt, sie somit *fundiert*.

Es gibt also Verhältnisse, die man sich nur auf eine ganz bestimmte Weise denken kann und nicht anders. Ansonsten produzieren wir nicht Sinn, sondern Widersinn und Unsinn. Die Unterscheidung ist philosophisch einfach: »Was wir nicht denken können, kann nicht sein, was nicht sein kann, können wir nicht denken.«[70] Töne ohne Intensität sind widersinnig, ausgedehnte Farben sinnvoll. Ganz allgemein gibt es allerdings zwei »Wesensgesetze«, die über Sinn und Widersinn beziehungsweise Unsinn entscheiden. Nicht sinnvoll ist, was unlogisch ist und einem »Satz«, einem »Begriff« oder einem »Gegenstand« widerspricht, wie etwa ein rundes Dreieck. Und nicht sinnvoll ist, was einem bestimmten »Material« widerspricht, also Töne ohne Intensität oder unausgedehnte Farben.

So gerüstet macht sich Husserl an das, was er die »Gesetze der reinen Grammatik« nennt. Jeder von uns trägt sie in sich und unterscheidet mit ihr sinnvolle, widersinnige und unsinnige Sätze. Runde Dreiecke sind widersinnig, weil sie sich nicht denken lassen. Sätze wie »Ist eins oder nicht läuft« sind unsinnig, weil sich keinerlei Sinngehalt aus ihnen ableiten lässt. Und nur weil unser Bewusstsein mit einer solchen »reinen Grammatik« ausgestattet ist, können wir die Welt sinnvoll erfassen. Selbst die »reine Logik« wäre nicht möglich, wenn die Fähigkeiten der »reinen Grammatik« unsere Erfahrungen nicht vorstrukturieren würden und Sinnvolles von Widersinnigem und Unsinnigem unterscheiden könnten. Denn nur dadurch, dass Menschen Dinge nach Bedeutungen sortieren können, können sie differenzierte Erfahrungen machen.

Mit Brentano spricht Husserl davon, dass alle menschlichen Erfahrungen *intentional* sind. Der Begriff stammt ursprünglich aus der mittelalterlichen Scholastik. Etwas zu »intendieren« meinte, den Bogen und den Pfeil auf ein Ziel zu richten. Für Brentano besagt Intentionalität, dass es keine Erfahrungen gibt, die nicht in Bezug auf etwas gemacht werden. Wer etwas denkt, denkt an *etwas*, und selbst unsere wildesten Fantasien stellen sich *etwas* vor. Doch anders als Brentano sieht Husserl das menschliche Bewusstsein nicht mit Vorstellungen von etwas bevölkert, sondern mit Auffassungen. Wir erleben nicht einerseits einen Gegenstand und beziehen uns dann anschließend auf ihn, sondern alle Gegenstände unseres Bewusstseins entstehen überhaupt erst durch die Art und Weise, wie wir uns auf sie beziehen. Immer ist die »reine Grammatik« im Spiel und manchmal auch die »reine Logik«. Selbst unsere unbewussten Impulse, unsere »Gemüts- und Willenssphäre«, so behauptet Husserl, unterliegt dieser intentionalen Strukturierung – eine steile Behauptung im größtmöglichen Gegensatz zu Freud. Unser Fantasiebewusstsein, eine auf Objekte bezogene durchstrukturierte Erlebnissphäre? Zwölf Jahre wird es dauern, bis Husserl einsehen muss, dass er hier zu weit gegangen ist.

Das Wesen des Briefkastens

Mochte Husserl mit seinen *Untersuchungen* nicht ganz zufrieden sein, ihre Wirkung ist beträchtlich. Die Befreiung der Logik von der Psychologie und die Aussicht auf eine neue philosophische Wissenschaft als Superinspektion des Bewusstseins elektrisieren die Fachwelt. Kann die Philosophie eine »Idealwissenschaft« sein, die völlig ohne experimentelle Forschung in das Wesen des Bewusstseins eindringt? Eine Wissenschaft, die voraussetzungslos die Voraussetzungen unserer Erfahrung beschreibt und dabei »ideale Wahrheiten« findet? Das Programm ist monumental, und die *Untersuchungen* sind, wie Husserl selbst weiß, »nicht ein Ende, sondern ein Anfang«.[71]

Trotz heftiger Widerstände der dortigen Kollegen wird Husserl 1901 außerordentlicher Professor in Göttingen. Der Zweiundvierzigjährige hat seine Gedanken geordnet, zumindest seine Kritik an den wichtigsten Erkenntnistheorien seiner Zeit: Die *empirische Psychologie* fragt nach den *Ursachen* von Bewusstseinszuständen und möchte sie kausal zurückverfolgen. Doch so viele Experimente sie auch durchführt, zu sicheren Erkenntnissen kann sie nicht gelangen. Was objektiv sein soll, bleibt immer Interpretation von außen. Das gleiche Problem hat der *Empiriokritizismus*. Er möchte den Menschen naturwissenschaftlich als Empfindungskomplex in einer Welt aus *Elementen* beschreiben. Aber diese »Elemente« sind und bleiben Konstruktionen, sie sind nicht selbstevident. Die *deskriptive Psychologie* scheitert daran, dass sie die Gültigkeit von Logik nicht psychologisch erklären kann und damit notwendigerweise subjektivieren muss, was objektiv ist. Und wer sich nur auf Bewusstseins*inhalte* konzentriert, bekommt die Bewusstseins*akte* nicht in den Blick, mit denen wir die Welt strukturieren. Die vierte wichtige Strömung, der *Neukantianismus*, könnte Husserl eigentlich sympathisch sein, immerhin teilt er den Glauben an die Logik und die rasiermesserscharfe Kritik an der Psychologie. Doch die neukantianischen Gedankengebäude erscheinen Husserl seltsam blutleer. Gewiss ist es logisch richtig, das *Urteil* zum Ausgangspunkt zu nehmen. Am Anfang allen Wissens über die Welt stehen unsere Urteile. Und das »Urteil« der Neukantianer ist der »Intention« Brentanos gar nicht so fern, wie dieser behauptet. Doch dem Neukantianismus fehlt die sinnliche Dimension. Es gibt keine genaue Beschreibung der Bewusstseinsakte. Und es fehlt das Wissen um die Gesetze der Wahrnehmung, zum Beispiel die Möglichkeit des Bewusstseins, sich in etwas »einzufühlen«.

Den Begriff der »Einfühlung« übernimmt Husserl von dem Münchner Philosophieprofessor *Theodor Lipps* (1851–1914). Lipps soll in München das wiederholen, was Wundt in Leipzig geschafft hat: ein Institut für experimentelle Psychologie aufbauen. Doch dafür ist er genau der falsche Mann. Zu Lebzeiten berühmt, kennt man Lipps heute allenfalls noch als Vordenker der *Empathie*: Indem wir uns in ein anderes Ich einfühlen, *verobjektivieren* wir uns selbst. Denn in der Einfühlung erfahren wir zugleich deren Grenzen. Wir spüren, dass wir gerade nicht der andere sind, sondern der, der dem anderen gegenübersteht. Einfühlung (Empathie) wird so zum Mittel der Selbsterfahrung und Selbsterkenntnis; ein Gedanke, den Nietzsche vorbereitet hat und der später über Husserl zu Heidegger und Sartre kommt.

Auch Lipps hatte seine Philosophie »Phänomenologie« genannt. Doch als einer seiner Schüler eine Vorlesung Husserls in Göttingen hört, wandern ihm nach und nach die besten Studenten ab und laufen über. Was Lipps unter »Phänomenologie« versteht, ist nahe verwandt mit Brentanos deskriptiver Psychologie: eine feine Beschreibung unserer Wahrnehmung und deren Verarbeitung. Husserl dagegen will, wie gezeigt, die Philosophie ganz neu erfinden. Er möchte nicht bei den vielen subtilen psychologischen Beobachtungen und Begriffen stehen bleiben. In den *Untersuchungen* nahm er diese Begriffe nur als Baumaterial für einen neuen Gebäudekomplex: eine vollständige *Logik der Bewusstseinstätigkeiten*.

Die angedachte Architektur soll das Beste von allem neu kombinieren: Ihr Gerüst besteht, nicht anders als das der Neukantianer, aus der Logik unserer intentionalen Denkakte. Dazu nimmt sie die Bausteine und den Putz aus dem reichhaltigen Wissen der Wahrnehmungspsychologie, die Husserl um viele weitere einprägsame Begriffe erweitern wird. Doch um den monumentalen Entwurf durchzuführen, braucht es ein enormes Wissen. Der Professor in Göttingen diskutiert intensiv mit seinen nun immer zahlreicheren Schülern, tritt mit den Neukantianern in Kontakt, besucht 1905 den geschätzten Lebensphilosophen *Wilhelm Dilthey* (1833–1911) in Berlin und bekommt 1906 endlich die ersehnte Vollprofessur.

Doch der ehrgeizige Weg zu einer »Phänomenologie« als »Wesensschau« der Dinge ist lang und mühselig: »Welche Summe von Unklarheit ... wie viel halb getane Arbeit, wie viel qualvolle Unsicherheit im Einzelnen«, notiert er auf einem Vorlesungsmanuskript.[72] Wenn die Bewusstseinstätigkeiten einschließlich der unbewussten Vorgänge weder mit der Logik noch mit der Psychologie enträtselt werden können, was für eine Methode ist das dann, die Husserl anwendet? In den Untersuchungen hat er nicht wirklich geklärt, was eine *phänomenologische Methode* ist. Und das ist in der Tat ein Problem. In der letzten seiner logischen Untersuchungen hatte Husserl Wahrheit als *Evidenz* definiert. Wenn das, was ich meine (Intention), vollständig dem Gegebenen (Präsentation) entspricht, dann erlebe ich das Gefühl unmittelbarer Evidenz. Tatsächlich aber ist diese Evidenz ein wackeliges Kriterium. Wie viele Menschen erlangen dieses Gefühl gerade dadurch, dass sie nicht grundlegend nachdenken? Umso weniger Gedanken, umso einfacher ist es um die Evidenz bestellt. Um philosophische Evidenz von flüchtiger und vorschneller Evidenz unterscheiden zu können, braucht es dringend die in Aussicht gestellte phänomenologische Methode.

Auf diese Weise gelangt Husserl zum Gedanken seiner *epoché*, der Urteilsenthaltung. So heftig er Descartes auch kritisiert, so sehr sieht er sich in dessen Tradition. Es muss möglich sein, mithilfe der Erkenntnistheorie zu zweifelsfreien Urteilen über die Welt und mich selbst zu gelangen – eine traditionelle Sicht, die zu Anfang des 20. Jahrhunderts keineswegs mehr selbstverständlich ist. Ein Lebensphilosoph wie Nietzsche, der zu diesem Zeitpunkt in Deutschland weithin in Mode ist, hat einen solchen denkerischen Zugang zu sich selbst als Hirngespinst verlacht. Und auf der anderen Seite wartet die sprachanalytische Philosophie auf ihre Stunde, die im Gefolge Freges Sinn und Bedeutung völlig unabhängig von irgendwelchen Bewusstseinsakten behandelt. Alles andere wird Sprachlogikern schlichtweg unwissenschaftlich erscheinen und Phänomenologie folglich als Kaffeesatzleserei.

Ohne strenge wissenschaftliche Methode ist die Phänomenologie also nicht viel wert. Genau diese Sorge treibt Husserl vorwärts zu dem, was er »transzendentalen Idealismus« nennen wird. Wo Freud sich in Wien mit seiner Psychoanalyse als Wissenschaft über jeden Skrupel hinsichtlich seiner Seriosität hinwegsetzt, zergrübelt und zermartert sich Husserl in Göttingen über eine unangreifbare phänomenologische Methode. Dabei gerät er immer näher an Kant, aber auch an Bergson. Wie der Königsberger Großphilosoph und seine zahlreichen Nachfolger im Neukantianismus erkennt er, dass seine Methode nur »transzendental« sein kann. Sie muss die letzten Quellen aufzeigen, aus denen sich menschliche Erkenntnis speist. Damit verschiebt sich allerdings die Phänomenologie stärker zu einem »Idealismus«. Hatte Husserl in den *Untersuchungen* noch geglaubt, er käme auf einem eigenen Königsweg zwischen Idealismus und Empirismus/Materialismus hindurch, so wechselt er nun doch mehr und mehr zum Idealismus über. Alles, was wir über die Welt herausfinden können, ist ein Sinngehalt in unserem Bewusstsein. Aussagen über eine objektive, »an sich« seiende Außenwelt sind nicht möglich, wir müssen deshalb in der *epoché* bleiben und uns des Urteils darüber enthalten.

Für seine mathematisch interessierten und von Logik faszinierten Schüler ist das enttäuschend. Aus den Dingen der Welt werden jetzt Resultate von Bewusstseinsakten. Und zieht man das zu Dingen Verfestigte aus diesen Akten ab, erhält man als wertvollen Rest die intentionale Bewusstseinstätigkeit als solche. Was Bergson durch Intuition gewinnt, will Husserl durch Reflexion gewinnen: den flüssigen Vorgang der Bewusstseinsbildung. Dass alles wahre Sein, über das der Philosoph sinnvoll reden kann, als Dynamik im Bewusstsein wirkt und nicht in Form von Dingen in der Außenwelt liegt – darin stimmt er mit James und Bergson überein. In diesem Sinne kann Husserl 1911 vor seinen neuen Schülern ausrufen: »Die konsequenten Bergsonianer – das sind wir!« Und schon in den *Untersuchungen* hat er dafür James' Begriff des »Erlebnisstroms« benutzt. Diesen wilden Strom will er in »fundierende Akte«, also einzelne Strömungen, Flüsse, Bäche, Flussbetten und Ufer zerteilen.

Konsequenter Bergsonianismus, das bedeutet für Husserl radikale Reduktion. So kann er viele Vorlesungsstunden damit zubringen, einen unscheinbaren Abhang in Göttingen zu beschreiben. Schüler referieren über das vom Meister sogenannte *Kleingeld* wie Tintenfässer und Streichholzschachteln. Ein anderer redet ein ganzes Semester lang über einen Briefkasten. Man zeichnet nach, wie Intentionalitäten sich in ganz bestimmten »Verläufen«, nach einer bestimmten »Typik« auffüllen. In der *epoché*, herausgelöst aus der »natürlichen Einstellung«, perfektionieren die Schüler genaues Sehen und Beobachten. Jeder Gegenstand erscheint vor einem unendlichen »Horizont«, vor dem er situativ erlebt wird; auch dies ein Begriff, den Husserl von James übernimmt. Etwas vor einem Horizont zu sehen bedeutet: keine Wahrnehmung ohne Vorwahrnehmungen, kein Wissen ohne vorgängige Erfahrungen wie Zeit- und Raumbewusstsein. Stets ist auch das Wissen um die eigene Leiblichkeit präsent oder jenes um die Bedeutung von Zahlen usw. Nur so kommt man, nach Husserl, »zu den Sachen selbst«. Wer mehr sieht, rechtfertigt er seine Methode, hat recht.

Phänomenologische Methode ist also nicht nur strenge Reduktionskunst mit ganz allmählichem Wiederanreichern. Sie ist zugleich mühsam und akribisch gelernte philosophische Technik. Doch Husserl ist noch immer nicht zufrieden. Er möchte weiter bis hin zum ganz allgemeinen menschlichen Erfahrungshorizont vordringen. Während der Erste Weltkrieg tobt, die »Sintflut der Verleumdung und all die Orgien kriegerischer Entmenschung«[73], will Husserl seine Phänomenologie zu mehr machen als nur zu einer neuen Erkenntnistheorie. Von Depressionen heimgesucht und nur durch einen Sanatoriumsaufenthalt genesen, möchte er Philosophie in eine Wissenschaft verwandeln, die alle Vorurteile in der Welt beseitigt, die Menschen zu gedanklicher Disziplin zwingt und die Menschheit ethisch erneuert. Diesen Schritt wird Husserl an seiner neuen Wirkungsstätte gehen – in Freiburg.

Das konkrete Ich

Im Jahr 1916, mitten im Krieg, tritt Husserl seine Professur an der Albert-Ludwigs-Universität an. Er ist Nachfolger des Neukantianers Rickert, den es nach Heidelberg zieht. Husserls inhaltliche Nähe zu den Neukantianern wird in Freiburg allerdings schmelzen. Die Logik verliert an Bedeutung, und neue Themen werden in Angriff genommen. Was ist der umgreifende, allem vorausliegende Horizont unserer Erfahrung, etwa jener der Zeit? Welche passiven Vorgänge ereignen sich im Bewusstsein? Und welche Rolle spielen andere Menschen bei unserer Bewusstseinsbildung? Für einen Neukantianer ist nur das erste Thema ein Thema, die beiden anderen bleiben unter seinem Radar. Aber gerade in diese Welt »unter dem Radar« will Husserl eintauchen.

Das Teleskop des verhinderten Astronomen wird zum Stethoskop und lauscht nun immer sensibler nach innen. Inspiriert dazu hat ihn nicht nur die eigene Forschung. Der Appetit einiger seiner Schüler, sich mehr und mehr auch die Emotionen einzuverleiben, um das Bewusstsein konkreter zu machen, treibt auch den Meister voran. Schon im Jahr 1900 hatte der Lipps-Schüler *Alexander Pfänder* (1870–1941) eine *Phänomenologie des Wollens* geschrieben, die Husserl eingehend studiert. Und ihm entgeht auch nicht, dass der vierzehn Jahre jüngere *Max Scheler* (1874–1928) in Berlin zwei phänomenologische Studien veröffentlicht *Über Ressentiment und moralisches Werturteil* (1912) und *Zur Phänomenologie und Theorie der Sympathiegefühle und von Liebe und Haß* (1913).

Scheler ist ein auffälliger dominanter Charakter. Der Sohn eines Domänenverwalters und einer orthodox-jüdischen Mutter wächst in München auf und studiert von 1894 an Medizin, dazu Philosophie und Psychologie bei Lipps. In Berlin lauscht er den berühmten Koryphäen Dilthey und Simmel sowie den Vorlesungen von Husserls Doktorvater Carl Stumpf. Als er schließlich noch den Neukantianismus bei *Otto Liebmann* (1840–1912) in Jena studiert, ist er philosophisch so breit aufgestellt, wie es eben geht. Der Empiriokritizismus, der ihm noch fehlt, soll für die Doktorarbeit herhalten. Als Avenarius 1896 stirbt, kommt Scheler allerdings der mutmaßliche Doktorvater abhanden. Notgedrungen promoviert er beim mittelmäßigen Rudolf Eucken in Jena mit *Beiträgen zur Feststellung der Beziehungen zwischen den logischen und ethischen Prinzipien.* Im Jahr 1899 habilitiert er sich über *Die transzendentale und die psychologische Methode* und wird anschließend Privatdozent in Jena.

Anders als Husserl ist Scheler ein leidenschaftlicher Mensch. Er heiratet eine geschiedene, sechs Jahre ältere Frau, beginnt aber bald darauf eine Liaison mit der Verleger-Gattin Helene Voigt-Diederichs. Die Affäre macht Scheler in Jena nicht mehr tragbar. Mit reichlich Material im Gepäck, das später zu seinen ersten Schriften wird, lässt Scheler sich in München von Lipps umhabilitieren, um dort zu lehren. Mit Schwung stürzt er sich auf die Phänomenologie, insbesondere jene Husserls, doch eine weitere »Frauengeschichte«, eine Liebesnacht mit einer fremden Frau in einem Hotel im Ausland, sorgt für einen öffentlichen Skandal und zum Ende seiner Lehrbefugnis in München.

Als seine Phänomenologie des Ressentiments und jene der Liebe erscheinen, ist Scheler neununddreißig Jahre alt und ein skandalumwitterter Mann. Er hat sich scheiden lassen, Märit Furtwängler, die Schwester des berühmten Dirigenten, geheiratet und lebt nun in Berlin. Liebe, Werte, Moral sind seit Jena seine großen Themen, erst deutlich später tritt noch die Bildung hinzu. Scheler ist kein Husserl-Schüler, auch wenn er den Meister 1902 das erste Mal trifft. Und obwohl er seit 1910 regelmäßig zu den Treffen der Philosophischen Gesellschaft der Universität Göttingen kommt, ist er kein Mitglied des Göttinger Kreises. Gleichwohl ist er ein inspirierender, phänomenologisch geschulter Denker, und Husserl macht ihn 1913 zum Redakteur des *Jahrbuchs für Philosophie und phänomenologische Forschung*.

Doch Scheler ist äußerst vielseitig interessiert. Husserls Phänomenologie ist für ihn nur eine Anregungsquelle unter anderen. Der umtriebige Denker korrespondiert mit Bergson in Paris, unter anderem über die Schriften Freuds. Bergson findet dessen klinische Erfahrungen hochinteressant, aber nicht wie Freud sie interpretiert. Für den Lebensphilosophen mangelt es der Psychoanalyse an existenzieller Tiefe, kopfschüttelnd kritisiert er Freuds allzu primitive, naturalistische Metaphysik.[74] Scheler sieht das ähnlich. Freud stellt die richtigen Fragen, aber er reflektiert niemals seinen eigenen Standpunkt als Beobachter und vermengt damit viel Subjektives mit vermeintlich Objektivem.

Anders als Husserl drängt es Scheler mit größter Eile dazu, die Phänomenologie zu einer Anthropologie zu machen, zu einer allgemeinen Lehre vom Menschen. Wo Husserl bislang nur ein

»reines Bewusstsein« seziert hat, möchte Scheler Leib und Seele miteinbeziehen. Die Phänomenologie muss nicht nur geistige Akte fundieren, sondern auch die Ordnung der Gefühle. Genau das ist der große Plan. Er analysiert Lipps' »Einfühlung« nach allen Regeln der Kunst und unterteilt sie in Mitgefühl, in die Gefühlsansteckung und die Einsfühlung durch »Ichverschmelzung« beim »Zurücktauchen in den Lebensstrom«. Letztere verrät deutlich Bergsons Einfluss. Und auch Schelers Begriff des »Vitalbewusstseins« verdankt sich der Lebensphilosophie.

Wie fundiert man Emotionen? Indem man sie ebenso hierarchisiert wie die Bewusstseinsakte. Alles beginnt mit einfachem reaktivem Einfühlen. Auf höherer Ebene wandelt es sich zu einem intentionalen geistigen Akt – der Liebe. Jetzt übernimmt die Phänomenologie und zeichnet die Bewegungen nach, mit denen wir einem Gegenüber einen Wert verleihen. Auf diese Weise entsteht für Scheler nach und nach eine Hierarchie der Gefühle, eine »Fundierungsordnung der Sympathie«: Das intuitive Einsgefühl fundiert die Nachfühlung (Empathie). Die Empathie fundiert das bewusste Mitgefühl mit anderen. Aus Mitgefühl wiederum wird auf höherer und allgemeinerer Stufe die Menschenliebe (*humanitas*) und aus dieser entsteht als Höchstes die Gottesliebe. Zumindest die beiden ersten Stufen werden heute von der Entwicklungspsychologie noch immer so gesehen wie bei Scheler. Während Säuglinge sich emotional »anstecken« lassen, bildet sich im Alter von etwa drei Jahren die komplexere Fähigkeit zur Empathie aus. Und dass Gottesliebe eine Abstraktion oder Verlagerung der Menschenliebe ist, weiß die Philosophie seit Ludwig Feuerbach, auch wenn Scheler sie, anders als Feuerbach, dennoch für göttlichen Ursprungs hält.

Husserl schaut sehr genau hin. Für ihn zeigt Scheler vor allem zwei Dinge: Auch über Gefühle lässt sich phänomenologisch sprechen; die *leiblich-seelische Dimension* ist der Phänomenologie ebenso zugänglich wie die bewussten intentionalen Akte. Und der Phänomenologe muss die *Dimension der anderen Men-*

schen in seine Analyse mit aufnehmen, wenn er verstehen will, worauf sich unsere Urteile über die Welt beziehen. An wen sind sie adressiert? Und in welchem sozialen Kontext kommen diese Urteile zustande?

Das »reine Ich« der phänomenologischen Reduktion muss sich mit einem ganz konkreten und individuellen »Ich« verbinden lassen, ansonsten tritt die Phänomenologie auf der Stelle. Aber wie? Was Husserl in seiner unveröffentlichten Fortsetzung der *Ideen zu einer reinen Phänomenologie* skizziert, erinnert an den idealistischen Philosophen Johann Gottlieb Fichte, über den er 1917 drei Vorträge für Kriegsteilnehmer hält. Danach gibt es tatsächlich ein »reines Ich«. Es ist das, was übrig bleibt, wenn der Phänomenologe alles andere weggelassen hat. Dieses »reine Ich« ist der Kern, die personifizierte Intentionalität, die Quelle meines Meinens und Bedeutens oder, wie Fichte gesagt hätte, meines »Strebens«. Das »Ich« aufzulösen, wie bei Mach, kommt für Husserl nicht infrage. Denn irgendetwas hält meinen inneren Bedeutungskosmos ja zusammen und macht mich dadurch – und zwar ausschließlich dadurch – zur »Person«.

Dass Mach und vor ihm schon Hume kein »Ich« finden können, ist für Husserl übrigens klar. Vertreten sie doch irrigerweise die Ansicht, die Bewusstseinsprozesse im Gehirn seien kausal. Das aber sind für Husserl nur die physischen Abläufe, nicht die psychischen Prozesse. Unsere Psyche funktioniert nicht streng nach Ursache und Wirkung, sondern sie handelt nach *Motivationen*. Bestimmte Dinge motivieren mich dazu, bestimmte Handlungen zu begehen. Aber sie zwingen mich nicht mit physikalischer Kraft dazu! Wie James, Bergson und vor ihnen Renouvier, so sieht Husserl den Cursor der Aufmerksamkeit als frei an. Die Freiheit unseres Bewusstseins liegt darin, weitgehend selbst zu entscheiden, worauf wir unser Augenmerk richten. Und gerade dadurch unterscheiden sich Menschen auch am stärksten voneinander: auf was sie ihre Aufmerksamkeit richten und auf was nicht! Dass der Physiker diese psychische Freiheit nicht versteht, sagt für Husserl viel aus – und zwar über die begrenzte Weltsicht des Physikers.

Mein »reines Ich« ist also das freie Zentrum meiner Person, das sich die Welt in intentionalen Akten nach und nach ertastet und erschließt. Dazu gehört nicht zuletzt unsere seelisch-leibliche Ausstattung. Auch sie wird von uns ertastet und erschlossen. Wir bilden uns Vorstellungen über unseren Körper und unsere Bedürfnisse, unsere Eigenheiten und unser Sein, also unsere »Seele«. Unser »Ich« weiß um sich als Leib und Seele. Wie bei Fichte, so sind auch bei Husserl das »reine Ich« und das Bild, das es sich von sich selbst als Person macht, nicht identisch. Unser Körper und unsere Seele sind und bleiben stets ein Inhalt unseres Vorstellungsvermögens. Aus diesem Grund kann sich unser Blick auf sie auch ständig ändern.

Wie der Phänomenologe die intentionalen Akte freilegt, mit denen wir uns unsere Welt konstruieren, so verfährt er auch mit der innerlichen Subjektivität. Auch sie lässt sich schälen wie eine Zwiebel. Ihr innerster Kern ist das »reine« oder »transzendentale« Ich, das unsere Erfahrungen ermöglicht, indem es Bedeutungen stiftet. Leib und Seele sind weiter außen liegende Häute. Um die Zwiebel im Inneren zusammenzuhalten, durchdringen unsere Gefühle und Wünsche, unsere Perspektiven und unsere Gewohnheiten alle Schichten. Besonders den Gewohnheiten schenkt Husserl großes Augenmerk. Hatte er geschrieben, dass Menschen sich vor allem dadurch unterscheiden, worauf sie ihre Aufmerksamkeit richten, so verfestigt sich diese Aufmerksamkeit im Alltag durch Aufmerksamkeitsroutinen, also Gewohnheiten. Jede Gewohnheit ist zugleich eine Denkgewohnheit. Sehe oder höre ich bestimmte Dinge, so denke ich dabei jedes Mal sofort das Gleiche. Ein »passives Motivationsgesetz« tritt in Kraft, nämlich das der verfestigten Assoziation. Erinnerungen und Wahrnehmungen verknüpfen sich wie das Muster eines Teppichs, das jedes Mal in der gleichen Form sichtbar wird. Bestimmte Namen von Personen regen so unweigerlich bestimmte Gefühle an und rufen gefällte Urteile über sie wach. Das Gleiche gilt auch für Parteien, Orte, Bevölkerungsgruppen, Berufsbilder, Religionen usw. Im Nu spannen wir einen räumlichen, zeitlichen und intentionalen Horizont auf, in den wir die Dinge nahezu automatisiert einordnen.

Husserls Theorie, dass wir Emotionen und Gedanken meist automatisiert verknüpfen, ist nicht völlig neu. Erstellt hat sie der portugiesisch-niederländische Barockphilosoph *Baruch de Spinoza* (1632–1677). Und in der modernen Neurobiologie kennt man sie durch den portugiesischen Hirnforscher *António Damásio* (* 1944), und zwar als »Hypothese der somatischen Marker«. Danach verknüpfen Marker in den präfrontalen Rindenfeldern des Gehirns Gefühle untrennbar mit Gedanken und rufen sie auf immer gleiche oder sehr ähnliche Weise ab.[75] Das »Gegenwärtige«, wie Husserl schreibt, »erinnert an das reproduktiv Vergegenwärtigte«[76] und verweist darauf.

Obgleich die Neurobiologie Husserl kaum kennt, nimmt dessen präzise Beschreibung der »verfestigten Assoziationen« die »somatischen Marker« der Hirnforschung vorweg. Auch sein Ich-Konzept ist erstaunlich modern. Wenn Damásio heute von einem »Kern-Bewusstsein« spricht, das sich durch individuelle Perspektive, individuelle Besitznahme des Denkens und individuelle Urheberschaft auszeichnet, so beschreibt er damit nichts anderes als Husserl mit seinem »reinen Ich«.[77] Dessen ureigenstes Wesen ist, wie bei Damásio, die Intentionalität. Das »reine Ich« ist der Quell einer unendlichen (und oft automatisierten) Schöpfung von Bedeutungen, während wir uns auf die Dinge der Welt beziehen.

Um allerdings tatsächlich das Gefühl haben zu können, eine Person zu sein, muss man sich selbst als denjenigen erleben, der in jedem neuen Moment irgendwie der Gleiche ist. Wie ist eine solche gefühlte Konstanz im wilden Erlebnisstrom möglich? Die Antwort darauf findet Husserl (wie übrigens später auch Damásio) in der Zeit. Das Thema des »inneren Zeitbewußtseins«

beschäftigt ihn schon seit einer entsprechenden Vorlesungsreihe aus dem Jahr 1905. Und er wird es später immer wieder aufgreifen und im Sinne seiner »transzendentalen Wende« verändern.

Worum geht es? Unser Bewusstsein erlebt nicht nur situative Zeitpunkte, sondern es verknüpft immer Gegenwärtiges (die *Urimpression*) mit Vergangenem und Zukünftigem. Erst das Ineins von Wahrnehmungen mit Erinnerungen (*Retentionen*) und Vorwegnahmen (*Protentionen*) schafft Menschen ein Bewusstseinsfeld. Auf diese Weise entstehen stets neue Wahrnehmungen, die allmählich wieder verblassen oder, wie Husserl schön sagt, sich »abschatten«. So erleben wir im Erlebnisstrom Gegenwart, Vergangenheit und Zukunft immer zugleich. Und nur so ist beispielsweise erklärlich, dass wir Melodien hören können und nicht nur einzelne Töne ohne Zusammenhang.

Unsere Identität, das Gefühl des zeitlichen Sich-Durchhaltens als ein und dieselbe Person, entsteht aber nicht allein im Erlebnisstrom. Wir sind in der Lage, aus dem Erlebnisstrom der Wahrnehmung auszuscheren und überzuwechseln in einen Erlebnisstrom der Erinnerung. Wo Bergson von einem »reinen Gedächtnis« spricht, das sich Vergangenes frei vergegenwärtigen kann, da spricht Husserl von einer »Querintentionalität«, die aus der »Längsintentionalität« des normalen Erlebnisstroms ausbricht.

Die Erinnerung hat den unschätzbaren Vorteil, dass wir unsere Intentionalität hier auch auf uns selbst richten können. Herausgehoben aus der Kontinuität vergegenwärtigen wir unseren vergangenen Erlebnisstrom in gleichsam stillgestellten Momentaufnahmen. Sie machen es uns möglich, unsere Urimpression und unsere Retentionen und Protentionen zugleich zu überblicken und uns damit selbst »gewahr« zu werden. Und wie bei Bergson, so beweist dieses freie Verfügen über die Erinnerung auch für Husserl die Existenz eines »reinen« (Husserl) oder »tiefen« (Bergson) Ich. Freiheit ist, mit einem Wort, immer die Freiheit der Erinnerung.

Die Phänomenologie der Werte

Während Husserl dabei ist, das konkrete Ich mit seinen Gefühlen und Gewohnheitsmustern zu erfassen, ist Scheler schon längst wieder einen Schritt weiter. Neben der Liebe beschäftigt ihn vor allem die Frage, warum und wie Menschen ihre Welt moralisch bewerten. Die Frage passt ausgesprochen gut zu ihm. Denn persönlich hält er sich mit seinen Werturteilen selten zurück. Auch er gehört in den großen Kreis jener Philosophen, die den Ausbruch des Ersten Weltkriegs bejubeln. Wie Simmel erhofft sich Scheler eine geistige Erneuerung, und wie der Neukantianer *Paul Natorp* (1854–1924) erwartet er irrigerweise den Zusammenbruch des Kapitalismus. Glücklicherweise muss er aus gesundheitlichen Gründen nicht selbst an die Front. Im Jahr 1916 konvertiert Scheler zum Katholizismus und erträumt sich einen christlichen Sozialismus für die Zeit nach dem Krieg. Gleichzeitig schließt er sein über sechshundertseitiges Hauptwerk ab: *Der Formalismus in der Ethik und die materiale Wertethik*; erschienen als Sonderdruck des von Husserl herausgegebenen *Jahrbuchs für Philosophie und phänomenologische Forschung*. Mit seinem Ausgangspunkt geht er weit über Husserl hinaus. Wenn alles Erleben immer intentionales Erleben ist, dann sind Menschen unausgesetzt dabei, ihre Welt zu beurteilen und zu bewerten. Fühlen, Denken und Werten gehören untrennbar zusammen. Aber was sind die Spielregeln dieses Wertens? Das Werten phänomenologisch aufzuschlüsseln und zu verstehen bedeutet für Scheler, die Ethik auf ein neues Fundament zu stellen. Nicht der gute Wille und ein Pflichtbewusstsein (wie bei Kant) oder praktische Nützlichkeiten (wie bei Locke, Hume und Jeremy Bentham) liefern ihm die Grundlage der Ethik, sondern die genaue Beobachtung des Wertens.

Für Scheler ist das Empfinden von Werten ebenso natürlich gegeben wie das Sehen von Farben. Ob Werte oder Farben, wenn man sie sinnlich empfindet, hat man nicht die Wahl, sie nicht zu fühlen. Insofern sei das eine so objektiv wie das andere. Für Scheler gibt es sogar eine natürliche Rangordnung der Werte. Auf unterster Ebene haben wir es mit sinnlichem Fühlen zu tun und trennen das Angenehme vom Unangenehmen. Eine Stufe höher unterscheiden wir die »Lebenswerte«, das Edle und das Gemeine. Und darüber steht das geistig Gefühlte, das Schöne und Hässliche, Recht und Unrecht sowie das Heilige.

Dass diese Unterscheidungen in allen menschlichen Kulturen getroffen und die positiven Werte (angenehm, edel, schön, gerecht und heilig) höher geschätzt werden als die negativen (unangenehm, hässlich, unrechtmäßig), wird heute von Anthropologen und Ethnologen bestätigt.[78] Ob man sie deshalb a priori für »gültig« halten muss, steht auf einem anderen Blatt. Zudem kommentiert Scheler die von ihm aufgelisteten Werte mit persönlichen Bewertungen. Dass in der Neuzeit zwei relative Werte, der »Nützlichkeitswert« und der »Lebenswert«, die anderen Werte in den Schatten stellen, sieht er als eine dramatische Fehlentwicklung an.

Mit den Analyse-Instrumenten der Phänomenologie lassen sich solche Urteile allerdings nicht fällen. Sicher haben Werte für Menschen eine sehr große Bedeutung. Doch selbst wenn die Grundwerte kulturübergreifend meist die gleichen sind, so sagt das noch nichts darüber aus, was genau ich als schön oder gerecht empfinde. Für den einen sind Picassos Werke schön, für den anderen überhaupt nicht. Die eine findet es gerecht, wenn jeder das Gleiche bekommt, die andere, wenn jeder eine gerechte Chance darauf hat, zu Seinem zu kommen, selbst wenn die Unterschiede bei dem, was man bekommt, gewaltig sind. Werte mögen ähnlich oder sogar gleich sein, es bleibt immer ein erheblicher persönlicher und kultureller Spielraum.

Doch Scheler möchte diesen Spielraum nicht als beliebig ansehen. Er will gewichten und bewerten, um Ordnung in der Moral zu schaffen. Im letzten Teil des Buchs erweitert er dafür das

»konkrete Ich« und mischt zudem eine ordentliche Portion Spiritualität in seine Wertelehre. Sein »konkretes Ich« ist weit mehr als Husserls »reines Ich«, das sich als »Person« weiß. Stattdessen ist das »konkrete Ich« permanent spürbar als die unmittelbar miterlebte »Einheit des Erlebens«. Es ist, wie Scheler später schreiben wird, die »Aktsubstanz«. Und diese Substanz ist untrennbar damit verbunden, dass wir sittlich werten. Insofern lassen sich nicht nur Werte, sondern auch Personen in eine sittliche Rangordnung einsortieren, nämlich in die vorbildhaften und die weniger vorbildhaften. Die Vorbildhaften aber kann sich Scheler kaum anders vorstellen, als dass sie einen Bezug zur Gottesidee haben. Im Unterschied zu den meisten theologisch argumentierenden Philosophen kommt er damit nicht von Gott auf die Moral, sondern von der unausweichlichen Praxis des Wertens im Alltag zur Existenz Gottes.

Soeben in Freiburg angekommen, beobachtet Husserl Schelers davongaloppierende Philosophie mit immer stärkerem Stirnrunzeln. Einerseits interessiert ihn brennend, wie weit man mit der Phänomenologie kommen kann, sodass sie nicht nur Erkenntnistheorie bleibt. Andererseits aber fürchtet er jede Spekulation und beschwert sich später laut über Schelers Rückfall »in die alten philosophischen Naivitäten«.[79] Soll er sich darüber freuen, einen so produktiven Denker inspiriert zu haben? Oder muss er sich scharf abgrenzen, um nicht mit Ideen in Zusammenhang gebracht zu werden, die absolut nicht seine sind? Hin- und hergerissen zwischen ähnlichen Zielen wie Scheler und größten Skrupeln beackert Husserl das Feld der Moral von seinen zwischen 1908 und 1914 gehaltenen Göttinger *Vorlesungen über Ethik und Wertlehre* bis zu seinen Freiburger Ethik-Vorlesungen zwischen 1920 und 1924.

Wie Scheler sieht er die Moral in einem komplizierten Gespinst aus Gefühlen und Vernunftüberlegungen. Moral ohne Gefühle ist steril; Moral ohne Vernunft flüchtig und gegenstandslos. So wie in jedem intentionalen Akt Gefühle, Vorstellungen und Urteile zusammenfließen, so auch im sittlichen Handeln. In der Ablehnung der Vernunftethik Kants wie der Gefühlsethik Humes ist sich Husserl mit Scheler einig. Wie sein Lehrer Brentano, so bekennt sich Husserl nicht zu Kants kategorischem Imperativ. Der Imperativ des Phänomenologen muss die Gefühle und den Kontext miteinbeziehen und ist deshalb nur ein »formaler Imperativ«: »Tue das Beste unter dem erreichbaren Guten innerhalb deiner jeweiligen praktischen Gesamtsphäre!«[80]

Das Gute ist immer relativ zu anderem. Kant dürfte das gewusst haben, aber Husserl drückt seinen Imperativ entsprechend vorsichtig aus. Menschen handeln nicht im Horizont der »Menschheit« und ihrer Erwartungen, sondern sie handeln im Horizont ihres täglichen Lebens. Ethik ist nicht in erster Linie eine Verpflichtung gegenüber anderen, sondern sie ist Aufrichtigkeit gegen sich selbst. Wer sich bemüht, ehrlich zu sich selbst zu sein, formt zugleich seinen Willen zum Guten. Dieser Wille ist allerdings, anders als bei Kant, nicht abstrakt. Vielmehr ist er durchtränkt von Gefühlen oder, wie Husserl sagt, von »Neigungen«. Sich um das Gute zu bemühen bedeutet folglich, seine Neigungen zu trainieren und zu kultivieren. Und erst auf zweiter Stufe kommen die anderen Menschen ins Spiel. Denn je weniger wir uns in unseren Wertungen und unserem Tun selbst belügen, umso weniger werden wir es wohl auch gegenüber anderen tun.

Einen absolut zwingenden Grund zur Aufrichtigkeit gegenüber anderen kennt Husserl allerdings nicht. Dabei ließe er sich aus der Phänomenologie durchaus ableiten. Denn wodurch sichere ich meine Selbstaufrichtigkeit? Doch letztlich nur dadurch, dass ich vermute, dass andere mir in dem, was ich für wahr und wahrhaftig halte, zustimmen. Wenn aber jeder intentionale Akt sich, zumindest theoretisch, durch die Zustimmung anderer bewahrheitet, dann muss ich diese anderen auch als prinzipiell gleichrangig anerkennen. Genau diesen Gedanken formuliert wenige Jahrzehnte zuvor der US-Philosoph Charles Sanders Peirce, den Husserl nicht liest, weil er in Europa fast völlig unbekannt ist. Für Peirce gründet die Ethik in der Idee einer idealen Zustimmungsgemeinschaft, die ich anerkennen muss, um meine Geltungsansprüche (oder bei Husserl »intentionalen Akte«) abzugleichen und zu bewähren.

Doch obgleich sich die Idee einer Ethik der Intersubjektivität mit seiner Philosophie ziemlich gut vereinbaren lässt, kommt sie Husserl nicht. Er erreicht auch nicht die gedankliche Klarheit, die der US-amerikanische Philosoph, Psychologe und Soziologe *George Herbert Mead* (1863–1931) zeitgleich in Chicago erlangt. Für Mead ist ethisches Handeln ebenso wie für Husserl ein objektivierender »Akt«. Aber er ist weder der Menschheit noch der Aufrichtigkeit, sondern vor allem unserem Selbstkonzept verpflichtet: dem ständigen Bemühen, unsere *Identität* zu wahren. Sosehr Husserl um eine Ethik der »Person« ringt, so wenig gelingt es ihm, diesen Gedanken klar zu fassen. Zunächst steht ihm im Weg, dass er eine viel objektivere Quelle sucht als die eigene Identität. Wie Scheler glaubt er, mithilfe der Phänomenologie ein ursprüngliches und damit unwiderlegbares Wertefundament auszugraben. Als er den Plan nach und nach aufgeben muss, fischt er trotz vieler Bedenken weiter in Schelers trüben Gewässern. Wie dieser entdeckt er den universellen Wert der Liebe als Leitwert sittlichen Handelns und fabuliert über die Menschheit als einer »Liebesgemeinschaft«. Solchermaßen träumt er von einer »Erneuerung« der Menschheit nach dem Ersten Weltkrieg und einer ethisch verbesserten »Weltgemeinschaft« auf europäischem Wertefundament. Könnte das Menschengeschlecht dadurch nicht zunehmend liebevoller, aufrichtiger und nach und nach vernünftiger werden? Veröffentlichen wird Husserl von alledem nur eine kleine Artikelserie für die japanische Zeitung *Kaizo*. Denn auch hier schießen ihm, wie so oft, Schübe von Pessimismus und erhebliche Zweifel dazwischen.

Der Vorrang der Lebenswelt

Im Jahr 1928 stirbt Max Scheler dreiundfünfzigjährig in Frankfurt am Main, wo er, nach zehn Jahren in Köln, gerade eine neue Professur antreten will. Nachdem er 1921 *Vom Ewigen im Menschen*, eine »Wesensbestimmung der Religion«, veröffentlicht hat, hinterlässt er bei seinem Tod den schmalen Band *Die Stellung des Menschen im Kosmos*. Aus der Phänomenologie ist endgültig eine spekulative Anthropologie geworden. Das »Wesen« des Menschen wird zwischen Tierheit und Geist mit vielen dunklen Worten und einem deutlichen Hang zum Spirituellen umraunt und umkreist. Im gleichen Jahr wird Husserl in Freiburg emeritiert. Unter seinen wichtigsten Mitarbeitern, *Edith Stein* (1891–1942), *Eugen Fink* (1905–1975), *Ludwig Landgrebe* (1902–1991) und Martin Heidegger, wird der Letzte sein Nachfolger. Als Superstar seines Metiers erhält Husserl zahlreiche Einladungen ins Ausland, hält Vorträge am University College in London, an der Sorbonne und in Straßburg und zieht eine internationale Schülerschaft nach Freiburg. Neben Bergson ist er der mit Ehrungen am höchsten ausgezeichnete Philosoph Europas. Der Plan, seine ungezählten Gedanken und Manuskripte zu ordnen, zieht sich allerdings immer weiter in die Länge. Vergrätzt über seine allzu eigenmächtig philosophierenden Schüler sieht er sich trotz aller Anerkennung zunehmend isoliert.

Besonders schmerzhaft trifft ihn die rüde Art, mit der Heidegger mit ihm umspringt. Seit April 1933 Rektor der Freiburger Universität und überzeugter Nationalsozialist, will er die Philosophie dem »Führer-Prinzip« unterstellen. Für Husserl ist damit kein Platz mehr. Schon im April 1933 wird ihm durch das Reichsgesetz zur Wiederherstellung des Berufsbeamtentums die Lehrbefugnis entzogen. Im Juli 1933 wieder aufgehoben, trifft den greisen Philosophen 1936 das endgültige Lehrverbot.

Während die Demütigungen in Deutschland zunehmen, ist

Husserl in ganz Europa weit geachtet. Im Jahr 1934 verfasst er für den Prager Kongress für Philosophie einen Text mit dem ehrgeizigen Auftrag, die Aufgabe der Philosophie in der Gegenwart zu beschreiben. Noch ahnt Husserl nicht, dass das Manuskript über *Die Krisis der europäischen Wissenschaften und die transzendentale Phänomenologie* zwei Jahre später sein letztes Werk wird. Die beiden Vorträge widmen sich der berühmten Frage, inwieweit die Wissenschaften, insbesondere die Naturwissenschaften, die Welt erklären können. Warum braucht es überhaupt noch eine Philosophie? Das Thema beschäftigt Philosophen seit dem Siegeszug der Naturwissenschaften in der zweiten Hälfte des 19. Jahrhunderts immer wieder. Die Neukantianer *Wilhelm Windelband* (1848–1915) und Heinrich Rickert hatten hier ihre Fußabdrücke hinterlassen, ebenso der von Husserl geschätzte Dilthey. Windelband hatte den »gesetzgebenden« Naturwissenschaften abgesprochen, das *Besondere* an den Dingen und Ereignissen zu sehen. Rickert hatte darauf hingewiesen, dass Kausalgesetze etwas anderes sind als die vielen *Zusammenhänge* des menschlichen Lebens. Und Dilthey hatte dem *Erklären* der Naturwissenschaftler das *Verstehen* der Geisteswissenschaftler entgegengesetzt.

Husserls Kritik an den Erklärungen der Naturwissenschaftler ist noch fundamentaler. Er sieht sie sogar in einer dramatischen Krise und beschwört einen Wendepunkt der abendländischen Kultur. Denn die Wissenschaften und ihre Vertreter, die »Tatsachenmenschen«, hätten die existenzielle Dimension des Lebens völlig aus den Augen verloren. »In unserer Lebensnot … hat diese Wissenschaft uns nichts zu sagen. Gerade die Fragen schließt sie prinzipiell aus, die für den in unseren unseligen Zeiten den schicksalsvollsten Umwälzungen preisgegebenen Menschen die brennenden sind: die Fragen nach Sinn oder Sinnlosigkeit dieses ganzen menschlichen Daseins.«[81]

Woran liegt das? Seit *Galileo Galilei* (1564–1642) haben sich die mathematisierten Naturwissenschaften immer mehr zur allein erklärenden Instanz und zu Sachwaltern *der* Wahrheit aufgeschwungen. Ihre Mittel waren die Abstraktion, die Untersuchung von Kausalzusammenhängen und die Methode des Messens. Irrtümlicherweise, so Husserl, nahmen und nehmen sie dabei an, dass das, was sie messen, die Welt sei und nicht eine bestimmte Perspektive auf die Welt. Damit aber warf der Siegeszug der Naturwissenschaften einen folgenschweren Schatten auf den Menschen. Je mehr sie die Objekte enträtselten, umso mehr verrätselten sie zugleich das Subjekt. Wie kann es sein, dass alles, was wir im Alltag psychisch empfinden und beurteilen, alles, was uns in unserer Welt wichtig ist, aus Sicht eines Naturwissenschaftlers unpräzise, ohne Wahrheitsanspruch, ungenau und schleierhaft ist? Liegt es tatsächlich daran, dass Menschen so mangelhaft ausgestattet sind und sich den ganzen Tag über im Vagen und in Täuschungen verlieren? Oder liegt der Fehler bei den Naturwissenschaftlern, die ihre spezielle Erkenntniswelt mit der Welt, wie sie an sich ist, verwechseln?

Wie nicht überraschend, ist Husserl der zweiten Ansicht, und zwar sehr entschieden. Viele Jahrzehnte lang hat er mithilfe seiner Phänomenologie minutiös nachvollzogen, wie Menschen ihre Welt konstruieren. Und was für andere Menschen gilt, gilt auch für Naturwissenschaftler. Sie müssen ihre Gegenstände erst einmal sinnlich erfassen wie jeder andere Mensch auch und sie psychisch hervorbringen. Und wenn sie abstrahieren und messen, dann nehmen sie eine bestimmte Einstellung zu den Dingen an und praktizieren eine bestimmte Vorgehensweise unter anderen möglichen. Ohne subjektive Erkenntnisleistungen und ohne eine mit psychischer Absicht reduzierte Perspektive läuft in den Naturwissenschaften nichts. Damit ist aber zugleich klar, dass es eine Welt gibt, die *vor* dem naturwissenschaftlichen Blick liegt und durch ihn nicht getilgt oder relativiert werden kann: die *Lebenswelt*.

Der Begriff »Lebenswelt« taucht das erste Mal 1917 in Husserls Manuskripten auf, inspiriert durch seinen Lieblingsschüler, den Polen *Roman Ingarden* (1893–1970), der bei ihm über Bergson promoviert. Die indirekte Beschäftigung mit seinem französischen Kollegen führt Husserl zu einem eigenen Leitgedanken zurück. Was ist eigentlich jener Horizont, der immer im Hintergrund anwesend ist, wenn ich irgendetwas erkenne oder tue? Die Lebenswelt ist die Summe des Mitgesehenen, Mitgedachten, Miterfahrenen und Mitgewussten. Jeder Mensch lebt in einer solchen Lebenswelt, auch der Mathematiker und der Naturwissenschaftler, die ihr Denken qua Abstraktion aus ihr herauszulösen suchen. Und genau deshalb genießt die Lebenswelt eine Art Seinsvorrang. Sie ist der Ort all der Evidenzen, an denen ich mich orientiere und die auf sehr unterschiedliche Weise gewiss sein können und dürfen, weil diese Gewissheit – und hier ist Husserl ganz nahe bei James – der Orientierung dient und zu nichts sonst.

Für den Husserl der Dreißigerjahre ist die vortheoretische Welt der Lebenswelt der einzig sinnvolle Ausgangspunkt, um die Welt zu erkennen. Die Naturwissenschaften leisten dazu nur einen wichtigen Spezialbeitrag. Dies sollte endlich einmal erkannt werden. Die transzendentale Phänomenologie muss zur allgemeinen Grundlagenwissenschaft werden. Nur so ließe sich die Kluft überwinden, die die verobjektivierte wissenschaftliche Welt von den Alltagserfahrungen der Menschen trennt. Physisches und Psychisches könnten auf diese Weise erfolgreich wieder zusammengedacht werden. Und der alte Riss, der seit Galilei und Descartes durch die Welt geht, – eine unpersönliche, mathematisch erklärte Außenwelt hier, eine persönliche, völlig subjektive Innenwelt dort – wäre gekittet. Die Naturwissenschaften, einschließlich der experimentellen Psychologie, wären in ihre natürlichen Schranken gewiesen, und die phänomenologische Philosophie wäre das Fundament allen Wissens – das ideale Instrument zur »Selbstbesinnung« und »Selbsterhellung«.

Die Krux an Husserls »Lebenswelt« ist allerdings, dass sie dem Philosophen zwar irgendwie evident ist, aber gleichwohl analytisch beschrieben, gedanklich vermessen und grübelnd ausgeforscht werden muss. Ist das jedoch geschehen, ist die Lebenswelt nun gerade nicht mehr der Horizont *vor* aller Erkenntnis, sondern sichtbar gemacht wird er *durch* die Erkenntnis. Wie der Mondschein lässt sich die Lebenswelt mit der Hand nicht greifen. Doch kann sie dann das Fundament einer einheitlichen, alles umfassenden Philosophie sein?

Erstaunlicherweise beschleichen den sonst so skrupelbehafteten Husserl hier kaum Zweifel. Bevor er zum Kongress nach Prag reist, hält er seinen Vortrag im Mai 1935 in Wien unter dem Titel *Die Philosophie in der Krisis der europäischen Menschheit*. Die Rede kommt so gut beim Publikum an, dass sie wiederholt werden muss. Im November in Prag ergeht es Husserl genauso. Seine beiden Vorträge über *Die Krisis der europäischen Wissenschaften und die Psychologie* werden ein voller Erfolg. Doch während sich der Grandseigneur der deutschen Philosophie am Ziel sieht, Grundleger einer neuen einheitlichen Betrachtung der Welt zu sein, bricht sich in Deutschland der Rassenwahn Bahn. Im September, kurz vor Husserls Aufbruch nach Prag, sind die Nürnberger Rassengesetze verabschiedet worden. Husserls Lebenswelt hat sich dramatisch verändert, er ist ernsthaft bedroht. Von der Hetze seiner Nachbarn vertrieben, zieht er 1937 innerhalb Freiburgs um. Ein Sturz im Badezimmer setzt ihm schwer zu und führt zu einer Bauchfellentzündung. Am 27. April 1938 erliegt der Neunundsiebzigjährige seinen Leiden. Husserls Witwe Malvine schlägt sich unter Lebensgefahr ins belgische Löwen durch. Im Gepäck hat sie vierzigtausend unveröffentlichte Manuskriptseiten ihres Mannes, die dort bis heute gelagert sind. Im Jahr 1946 emigriert Malvine in die USA, kehrt aber bald darauf nach Deutschland zurück und stirbt neunzigjährig in Freiburg.

Was ist von Husserl geblieben? Das Schicksal der Phänomenologie wird es sein, dass sie in der Folge in ständiger Verbindung mit der sehr unterschiedlichen Philosophie Heideggers wahrgenommen wird. Insbesondere in Frankreich werden beide Denker kaum unterschieden. Phänomenologie wird damit zu einer Grundlegung von Existenzphilosophie, insbesondere bei *Emmanuel Lévinas* (1905–1995). Der französisch-litauische Philosoph hatte von 1929 bis 1930 bei Husserl und Heidegger studiert. Auch *Jean-Paul Sartre* (1905–1980), der 1933 in Berlin die Schriften beider studiert, unterscheidet kaum zwischen den beiden deutschen Großphilosophen. In den USA ist es *Dorion Cairns* (1901–1973), der Husserl bekannt macht und seine Lehre zeitlebens vertritt. Dazu kommen Emigranten wie Husserls Sohn, der Jurist und Rechtsphilosoph *Gerhart Husserl* (1893–1973), und der österreichische Soziologe *Alfred Schütz* (1899–1959). Obwohl im Hauptberuf Bankier, wird Schütz ein äußerst einflussreicher Vertreter der Phänomenologie, der sie vor allem für die Soziologie fruchtbar macht.

Ein ganz besonderes Nachleben erfährt Husserl in Japan. Der buddhistische geprägte *Kitarō Nishida* (1870–1945) begeistert sich zunächst für Bergson und später auch für Husserls Phänomenologie. Als Gründer der »Kyōto-Schule« beschäftigt ihn vor allem die buddhistische Frage nach dem Verhältnis von Immanenz und Transzendenz, nach der einen Wahrheit, die beides zusammenführt. Wie lassen sich »reine Erfahrungen« machen? Für Nishida ist die »Lebenswelt«, anders als für Husserl, sondern eher wie bei Bergson, nur *spirituell* zugänglich. Doch wie übersetzt man diese spirituelle Erfahrung in angemessene Begriffe? Wie schließt sich die Kluft zwischen Fühlen und Denken? Buddhistisch beseelt und phänomenologisch geschult sucht Nishida zeit seines Lebens ein erleuchtetes Fühlen und ein beseeltes Denken. Als großer Lehrer macht er zugleich die Japaner mit der zeitgenössischen abendländischen Philosophie vertraut.

Ihre größte Wirkung aber entfaltet die Phänomenologie in der Theorie der Wahrnehmung, der Gestalttheorie und der Ästhetik. Husserls minutiöse Beobachtungen des Wahrnehmungsakts wirken hier nachhaltig inspirierend und liefern der Kunsttheorie äußerst brauchbare Unterscheidungen und Begriffe. Der französische Philosoph *Maurice Merleau-Ponty* (1908–1961) rückt die Dimension der Leiblichkeit in den Mittelpunkt der Phänomenologie und der Wahrnehmungstheorie. Das gleiche Feld beackert auch der Litauer *Aron Gurwitsch* (1901–1973), der die Gestalttheorie entscheidend voranbringt. Husserls Assistent *Fritz Kaufmann* (1891–1958), der 1938 in die USA flüchtet, wendet die Phänomenologie in der Kunsttheorie an. Übertroffen wird er darin allerdings von Ingarden, dessen Buch *Das literarische Kunstwerk* (1931) den größten Beifall des Meisters findet und später die literaturwissenschaftliche »Rezeptionsästhetik« inspiriert.

Doch so vielfältig und zahlreich seine Anregungen sind, eine wissenschaftliche Phänomenologie als Universaltheorie entsteht dabei nicht. Das monumentale Projekt, das Husserl nicht zu Ende brachte, bürdet sich keiner seiner Schüler auf. Die einen nutzen die Phänomenologie als Steinbruch für ihre ganz eigene Philosophie, die anderen vertiefen mit Ruhe und Umsicht Spezialgebiete und Detailprobleme. Dass Husserl der bedeutendste Philosoph seiner Zeit war, woran er (bei aller Selbstkritik) im Alter selbst glaubte, darüber lässt sich streiten; darüber, dass er ein Quell ungezählter Anregungen war, nicht. Allerdings steht er damit in der so unendlich fruchtbaren Zeit der deutschen Philosophie in den ersten drei Jahrzehnten des 20. Jahrhunderts nicht allein …

Das symbolisierende Tier

Das Werk aus der Schublade – Die Philosophie des Als Ob – Funktion statt Substanz – Animal symbolicum – Fortschritt und Mythos – Die selbstblinde Vernunft – Die Psycho-Logik des Denkens

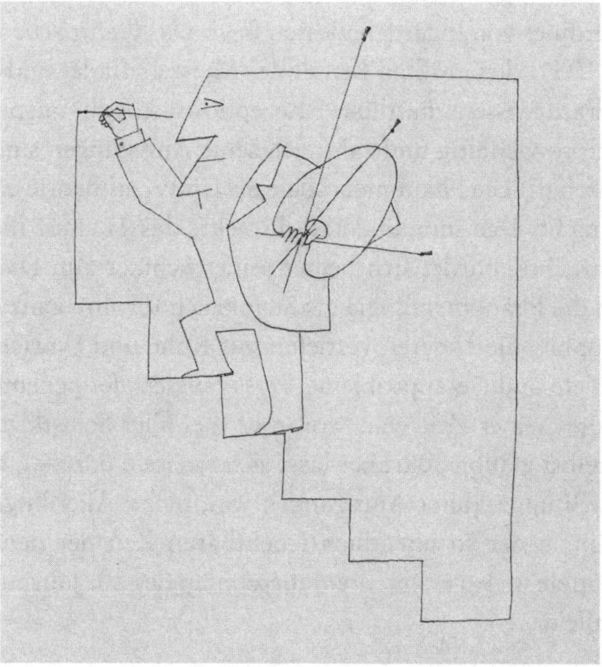

Das Werk aus der Schublade

Dreiunddreißig Jahre lag die Bombe gut versteckt in Schubladen in Straßburg und in Halle. Als sie im Jahr 1911 zündet, ist der Mann, der sie gebastelt hat, dreiundsechzig Jahre alt und so gut wie erblindet. Viel kann dem emeritierten Philosophen *Hans Vaihinger* (1852–1933) also nicht mehr passieren. Und so erblickt *Die Philosophie des Als Ob*, das, wie es im Untertitel heißt, *System der theoretischen, praktischen und religiösen Fiktionen der Menschheit auf Grund eines idealistischen Positivismus* das Licht der Welt. Doch noch immer wahrt Vaihinger die Distanz zu seinem Jugendwerk, das er mit Mitte zwanzig verfasste. Nur als Herausgeber eines ihm fremd gewordenen Textes möchte er sich verstanden wissen.

Geschrieben wurde das Buch, dem bei Erscheinen sogleich »Skeptizismus« und noch vehementer »Atheismus« vorgeworfen wird, zwischen 1876 und 1878, also noch tief im 19. Jahrhundert. Als es im 20. Jahrhundert erscheint, fühlt sich Vaihinger, ein stiller und bescheidener Mann, völlig verkannt. Als Sohn eines schwäbischen Pfarrers in der Nähe von Tübingen geboren, ist er zwar vom Christen zum Pantheisten und dann zum Agnostiker geworden – aber die Kirche oder die Religion zu bekämpfen kommt ihm nicht in den Sinn. Der begabte Schüler, der das berühmte Tübinger Stift Schellings, Hegels und Hölderlins durchlaufen hat, möchte eigentlich genau das Gegenteil. Schon früh erkennt er, dass die christliche Religion erkenntnistheoretisch nicht haltbar ist. Aber gilt das nicht auch genauso für die metaphysischen Annahmen der Philosophen? Und arbeitet nicht selbst die Wissenschaft mit Bildern, Modellen, einseitigen Übertreibungen und falschen Zuspitzungen, also mithin mit Fiktionen? Und wenn das stimmt, dann vielleicht gar nicht deshalb, weil Religion verlogen, Philosophie maßlos und Wissenschaft überambitioniert sind, sondern weil Fiktionen nützlich, vielleicht sogar unverzichtbar sind?

Dass jede große Theorie über die Welt auf Fiktionen angewiesen ist – diese Idee entdeckt der junge Kant-Kenner schon beim Königsberger Philosophen. Erstaunlich, dass die vielen Kant-Exegeten diesen Aspekt übersehen konnten. Wie oft benutzt Kant die Formulierung »als ob«? Selbst der berühmte kategorische Imperativ enthält ein solches »als ob«: »Handle so, *als ob* die Maxime deiner Handlung durch deinen Willen zum allgemeinen Naturgesetze werden sollte.«[82] Vaihinger stutzt. Jeder Mensch weiß doch, dass das, was er tut, niemals zu einem allgemeinen Naturgesetz wird. Die Voraussetzung ist also sachlich falsch. Aber trotzdem hält Kant die Fiktion moralisch für sehr nützlich. Und genau das weckt nun Vaihingers Interesse. Überall entdeckt er bei Kant solche »als obs«. Wir sollen uns die Natur vorstellen, *als ob* sie eine Einheit bilden würde und zweckmäßig organisiert sei, obgleich sie das, nach Kant, nicht ist. Aber nur so können wir sie wissenschaftlich erklären. Wenn wir uns vorstellen, die Natur sei zweckmäßig, dann stellen wir uns auch einen göttlichen Urheber dieser Zwecke vor und betrachten die Natur, *als ob* es ihn gäbe. Diesen Gott stellen wir uns auch vor, wenn wir einen letzten Grund dafür suchen, warum wir moralisch handeln sollen. Und in der Erkenntnistheorie stellen wir uns unser Bewusstsein so vor, *als ob* es als ein einziges großes Hauptvermögen existierte und nicht bloß als ein Bündel von Wahrnehmungen, Gedächtnisleistungen, Verstandestätigkeiten und Vernunftvermögen.

Nach Vaihinger war sich Kant völlig bewusst, dass Menschen ohne nützliche Fiktionen sich ihre Welt nicht erklären können. In seinen berühmten »Antinomien« hatte Kant gezeigt, dass die menschliche Vernunft »durch Fragen belästigt wird«, die sie weder abweisen noch beantworten kann. Es sind die Fragen nach der Unendlichkeit der Zeit und des Raumes, nach den größten und kleinsten Dingen, die Frage nach der Freiheit des Willens in einer kausaldeterminierten Welt und die Frage nach Gott. Überall dort kommt unser sinnliches Vorstellungsvermögen an seine Grenzen. Und trotzdem lässt uns die Vernunft nicht in Ruhe und nötigt uns, über diese sinnlichen Grenzen hinaus zu spekulieren. Kein Wunder, so folgert Vaihinger, dass Menschen zu Behelfskonstruktionen, sprich Fiktionen, neigen, um sich im Ungefähren zu orientieren.

Der Begriff der Orientierung ist Vaihinger wichtig. Als überzeugter Darwin-Leser sieht er den menschlichen Geist als nützliches Werkzeug der Evolution an. Er soll keine absoluten Wahrheiten erkennen und enträtseln, sondern dem Überlebenswillen dienen. Und nur dazu ist er für Vaihinger geeignet und gemacht. Wie der von ihm hochgeschätzte Schopenhauer sieht Vaihinger das Bewusstsein als Verlängerung des menschlichen Willens an und nicht als unabhängigen Geist. Dabei macht er schon früh eine bemerkenswerte Entdeckung. Obwohl Verstand und Vernunft ursprünglich nur Werkzeuge des Willens und Mittel zur Orientierung in der Umwelt sind, so haben sie sich beim Menschen in gewisser Weise verselbstständigt. Sie können Fragen stellen, die zum Überleben nicht notwendig sind, und Grübeleien hervorbringen, die man kaum noch als Werkzeug eines animalischen Willens betrachten kann. Vaihinger erkennt darin ein Gesetz, das nicht nur für den Menschen, sondern für die gesamte belebte Natur gilt: das »Gesetz der Überwucherung des Mittels über den Zweck«. Zwecke, sind sie einmal in der Welt, können ein Eigenleben führen. Sie verselbstständigen sich und werden zu Selbstzwecken.

Tatsächlich entdeckt Vaihinger hier etwas Bahnbrechendes, das sich vielen Evolutionstheoretikern noch heute mit dem Filzstift ins Stammbuch schreiben lässt: Nicht alles in der Natur ist zum Überleben zweckmäßig, sondern sehr vieles existiert als verselbstständigter Zweck ohne praktischen Nutzen. Die US-amerikanischen Evolutionsbiologen *Stephen Jay Gould* (1941–2002) und *Richard C. Lewontin* (1929–2021), die keinen Bezug auf Vaihinger nehmen, legen dafür ganze hundert Jahre nach dessen »Gesetz der Überwucherung« eine plausible biologische Theorie vor.[83]

Mit dem gleichen Eifer und der gleichen Akribie, mit der der stark sehbehinderte Vaihinger Kant studiert hat, liest er auch die Schriften seiner philosophischen Gegenspieler, der Materialisten, Empiristen und Positivisten. Er hört Wundt in Leipzig und erkennt, dass Philosophie ohne empirische Psychologie nur »methodische Abstraktion« ist und in der Luft schwebt.[84] Und er besucht Richard Avenarius, den radikalen Empiriokritizisten, in seinem Leipziger »Akademisch-Philosophischen Verein«. Avenarius lässt am menschlichen Bewusstsein nur das gelten, was einer empirischen Überprüfung zugänglich ist und was nach einer strengen gedanklichen Reduktion als unverzichtbar übrig bleibt. Damit fallen traditionelle Begriffe der Erkenntnistheorie wie »Substanz«, »Kausalität« oder »Ich« unter den Tisch. Aber wozu, fragt Vaihinger, soll man sie durch Reduktion auslöschen? Ist es denn nur dummer Zufall, dass sie seit Jahrtausenden und Jahrhunderten durch die Philosophie geistern? Haben sie nicht sehr nützliche Dienste geleistet? Und ist es nicht noch immer nützlich, dass Menschen zu sich »Ich« sagen? All diese Begriffe mögen, empirisch betrachtet, Fiktionen sein. Aber sind sie nicht sehr praktische, vielleicht sogar notwendige Fiktionen?

Weder die Idealisten noch die Positivisten haben die Wahrheit für sich gepachtet. Bestärkt sieht sich Vaihinger, als er die zweite, mit zahlreichen praktischen Beispielen ausgeschmückte Auflage von *Friedrich Albert Langes* (1828–1875) *Geschichte des Materialismus* liest. Hier sieht er all das vereint, was er auch selbst als richtig befindet. Die hohe Achtung vor Kant, Schopenhauers Einsicht in die praktische Bedeutung des Willens und die detaillierte Kenntnis der zeitgenössischen naturwissenschaftlichen Forschung. Und wenn Lange über Ethik schreibt und dabei einfordert, das Gute »vom Standpunkt des Ideals« aus zu betrachten und danach zu handeln, sieht er Lange als Bruder im Geiste seiner Theorie der nützlichen Fiktionen.

In den letzten Monaten des Jahres 1876 bringt Vaihinger für den Straßburger Philosophen *Ernst Laas* (1837–1885), einem strengen Positivisten, seine versammelten Gedanken als Habilitationsschrift zu Papier: *Logische Untersuchungen. 1. Teil: Die Lehre von der wissenschaftlichen Fiktion*. Die Schrift soll nicht mehr sein als der Anfang eines umfangreichen Werks von durchschlagender Kraft und unbestechlicher Wahrheit: dass das menschliche Denken notwendig und untilgbar von Fiktionen durchsetzt ist. Niemals und durch keine Methode treten Menschen der Wahrheit ins Angesicht. Denken heißt erfinden und konstruieren, fantasieren und vorwärts irren. Vaihinger stürzt sich zwei weitere Jahre in die Arbeit. Doch dann kommt ihm das »Gesetz der Überwucherung des Mittels über den Zweck« mit aller Macht in die Quere.

Die Philosophie des Als Ob

Im Januar 1879 stirbt Vaihingers Vater; die Geldflüsse an den sechsundzwanzigjährigen Sohn versiegen. Ein Verleger macht dem mittellosen Privatdozenten ein großzügiges Angebot für einen Kommentar zum hundertsten Jubiläum der *Kritik der reinen Vernunft* im Jahr 1881. Der erste Teil des Buchs bringt Vaihinger 1884 eine außerplanmäßige Professur in Halle ein. Der zweite Teil jedoch zieht sich hin, auch weil Vaihingers Sehkraft immer stärker nachlässt. Er erscheint erst 1892. Doch noch immer hat der zum ordentlichen Professor beförderte Fiktionsforscher keine Zeit für sein Hauptwerk. Um seine Kant-Expertise zu erweitern, gründet er 1896 die *Kant-Studien*, die wichtigste Zeitschrift zur Kant-Forschung. Um die *Kant-Studien* finanziell abzusichern, gründet Vaihinger die »Kantstiftung«. Als er zu deren Unterstützung noch die »Kantgesellschaft« ins Leben ruft, hat das Mittel den Zweck längst überlagert. Vaihinger ist dermaßen zum Herausgeber, Redakteur, Stiftungsrat und Organisator geworden, dass »dem ursprünglichen Zweck die Lebenskraft entzogen ist«.[85]

Als Kant-Experte ist der fast erblindete Professor in Halle eine hochgeachtete Kapazität. Aber kaum jemand ahnt, was da noch immer Explosives in seiner Schublade liegt. Nachdem er die Feiern zum hundertsten Todestag Kants im Jahr 1904 hinter sich gebracht hat, lässt er sich aufgrund seines Augenleidens 1906 frühzeitig pensionieren. Viel Zeit bleibt ihm angesichts des fortschreitenden grauen Stars nicht mehr, seinen so lange vergrabenen Schatz zu heben. Er pflügt das Manuskript vollständig durch, arbeitet die vielen alten Notizen ein und ergänzt seine Betrachtungen um die Gedanken Nietzsches. Nach vier Jahren ist die Überarbeitung beendet. Das alte Manuskript erscheint als Buch mit dem wuchtigen Titel: *Die Philosophie des Als Ob. System der theoretischen, praktischen und religiösen Fiktionen der Menschheit auf Grund eines idealistischen Positivismus. Mit einem Anhang über Kant und Nietzsche.*

Was ist ein »idealistischer Positivismus«? Als Positivist teilt Vaihinger die Ansichten der meisten Naturwissenschaftler. Es gibt eine objektive Welt »an sich«, die dem Menschen gegenübersteht und in der er sich befindet. Um die Wahrheit darüber herauszufinden, muss man sie mit den Mitteln der modernen Naturforschung entschlüsseln. Kein Wunder, dass Husserl, der von 1887 bis 1901 neben Vaihinger in Halle lehrte, dem ehemaligen Kollegen versichert, dass er ihm in seinen philosophischen Überzeugungen »fern steht«.[86] Für Husserl existiert der übergeordnete Standpunkt des Positivisten überhaupt nicht. Denn auch der unbestechliche Naturwissenschaftler ist an die subjektiv-objektiven Spielregeln der Bewusstseinstätigkeit gebunden und steht nicht jenseits davon. Gleichwohl schätzt Husserl *Die Philosophie des Als Ob* sehr, und zwar wegen ihres »idealistischen« Anteils. Eigentlich hatte der ehrgeizige Phänomenologe den Hallenser Kollegen für einen exzellenten, aber auch ziemlich langweiligen Kant-Spezialisten gehalten. Dass Fiktionen einen erheblichen Anteil an der Konstitution menschlicher Lebenswirklichkeit haben können – auf diesen Gedanken war Husserl nicht gekommen. Zu sehr hatte er sich zu Anfang der Logik verschrieben. Umso stärker lobt er nun Vaihingers »großes erkenntnistheoretisches Werk« wegen dessen zahlreichen Ideen und Anregungen.

»Idealistischer Positivist« zu sein bedeutet für Vaihinger, beidem zugleich Rechnung zu tragen: dem unbedingten Wahrheitsanspruch der Naturwissenschaften wie den Spielregeln der Wahrheitssuche und der Wahrheitserzeugung im Bewusstsein. Die Welt existiert objektiv, sie ist »das Gegebene«. Aber der suchende und forschende Geist gleitet immer wieder daran ab, ist überfordert und tastet sich deshalb überall mit Symbolen und Fiktionen vorwärts. Wenn diese, wie auch immer, dabei helfen, den Abstand zwischen dem, was wir denken, und dem »Gegebenen« zu verkürzen, sind die nützlich. Unser ganzes Dasein gleicht damit einer »Biologie des Als Ob«, die sich eine imaginäre Welt aus Stützen erfindet, um sich erfolgreich durchs Leben zu hangeln.[87]

Genau zeitgleich mit William James hat Vaihinger damit einen Gedanken ausgearbeitet, der James (angeregt durch Peirce) seit 1878 umtreibt und den er 1898 als »Pragmatismus« bezeichnet: Der Maßstab der Wahrheit in der Alltagspraxis ist die Nützlichkeit, denn genau so hat die Evolution den menschlichen Geist geprägt. Vaihinger, dem diese Ähnlichkeit erst spät bewusst wird, grenzt sich in der dritten Auflage der *Philosophie des Als Ob* allerdings scharf von James ab: »Der unkritische Pragmatismus ist ein erkenntnistheoretischer Utilitarismus schlimmster Art: was uns nützt, was uns hilft, das Leben zu ertragen, ist wahr, also sind die abergläubischsten Dogmen wahr, weil sie sich als Lebensstützen ›bewährt‹ haben.«[88] Dagegen werden Fiktionen für Vaihinger durch ihre Nützlichkeit nur nützlich, aber nicht wahr. Die klare Abgrenzung lebt allerdings davon, dass Vaihinger James unrecht tut. Denn der hatte niemals behauptet, dass alles Nützliche wahr sei. Auch Unangenehmes, Schreckliches und Störendes kann wahr sein, weil es nützlich – im Sinne von lebensklug – ist, diese Wahrheit nicht zu bestreiten. Was James allerdings wirklich von Vaihinger unterscheidet, ist das Gleiche wie bei Husserl: Wie kommt Vaihinger in seine übergeordnete Position, von der aus er so sicher zwischen Wahrheiten und Fiktionen unterscheiden kann? Wo ist der Punkt, von dem aus Gott als Fiktion erkannt wird? Wer weist das Atommodell, das Vaihinger als Beispiel einer nützlichen Fiktion in der Wissenschaft nennt, als Fiktion aus? Wenn er von Fiktionen spricht, scheint er immer schon zu wissen, was wahr ist. Doch woher kennt er »das Gegebene«?

Vaihingers hoher Standpunkt liegt durchgängig im Nebel. Und auch die unübersichtliche Gliederung seines umfangreichen Werks trägt nicht zu großer Klarheit bei. Stark dagegen ist er, wo er Fiktionen als »Werkzeuge« sieht oder als »Überwucherungen« beschreibt. Oder wenn er auf die pragmatische Notwendigkeit verweist, sich mit Behelfskonstruktionen durchs Leben und die Wissenschaft zu tasten. Wenn er den schottischen Philosophen und Nationalökonomen *Adam Smith* (1723–1790) für seine »Fiktion« lobt, aller Handel basiere auf dem unbedingten Eigeninteresse der Beteiligten, durchschaut er das Fiktive hinter der Annahme, ohne deren Nützlichkeit für die klassische Nationalökonomie zu bestreiten. Übertreibungen können sichtbar machen – und zwar sowohl bestimmte Zusammenhänge als auch das Übertriebene an der Übertreibung. Und genau dadurch bringen sie die Wissenschaft weiter.

Die Reaktion auf die *Philosophie des Als Ob* fällt weit heftiger aus, als Vaihinger erwartet. Zwar hofft er trotz aller gespielten Distanz darauf, dass das Werk die Grundlage eines neuen Denkens und einer entspannten abgeklärten Weltanschauung sein werde. In diesem Punkt ist er ein typischer Philosoph des frühen 20. Jahrhunderts. Husserls Anspruch in der *Krisis*-Schrift ist um nichts geringer, und gegenüber Freuds Sendungsbewusstsein und Schelers messianischem Eifer bleibt Vaihinger fast bescheiden. Dass er trotzdem aufs Heftigste attackiert wird, hat mehrere Gründe. Die Breitenwirkung des auch als »Volksausgabe« eingekürzten Werks erregt vielfachen Neid. Fachkollegen sind erschrocken und ungehalten. Wie kann ein so braver und gelehrter Denker ein so unangepasstes Buch herausbringen? Die Kant-Experten sind fassungslos über Vaihingers kühne und steile Kant-Interpretation. Muss man Kants »Denknotwendigkeiten« und »regulative Ideen« wirklich mit »Fiktionen« gleichsetzen?

Am aggressivsten aber reagieren die Vertreter der Kirche. Vaihingers »Theologie des Als Ob«, die Kants Position stark radikalisiert, ist eigentlich nichts anderes als das, was der Kantianer *Friedrich Karl Forberg* (1770–1848) im Jahr 1798 in seinem berühmten Aufsatz »Entwickelung des Begriffs der Religion« behauptet hatte. Nach Forberg besitzt Gott nur eine Als-Ob-Existenz. Wir sollten ihn uns als existierend denken, damit wir glauben können, dass das Gute in der Welt obsiegt. Für die Kirchen ist das noch Anfang des 20. Jahrhunderts eine Provokation. Gott als nützliche Fiktion erscheint ihnen nicht als wohlwollender Gedanke, wie Vaihinger meint, sondern als herablassend. Doch Vaihinger identifiziert sich vollständig mit Forberg. Wer einen real existierenden Gott braucht anstatt eines Als-Ob-Gottes, der sei ein verzagtes und unmoralisches Gemüt. Denn eigentlich fürchte es ja nur um seinen Platz im Himmel.

Unerschüttert von aller Kritik tut Vaihinger das, was er seit zwei Jahrzehnten getan hat: Er organisiert. Gleich nach Erscheinen der *Philosophie des Als Ob* entstehen mehrere Doktorarbeiten. Eine neue Zeitschrift wird 1919 gegründet, die *Annalen der Philosophie mit besonderer Rücksicht auf die Probleme der Als-Ob-Betrachtung*. Im Jahr 1920 ruft der fast blinde Vaihinger in Halle eine »Als-Ob-Konferenz« ins Leben. 1922 folgt die zweite Zeitschrift, die *Bausteine zu einer Philosophie des »Als Ob«*. Im Jahr 1927 zählt Vaihinger bereits die zehnte und vorerst letzte Auflage seines philosophischen Bestsellers. Sechs Jahre später stirbt er, völlig erblindet, in Halle.

Was ist von der *Philosophie des Als Ob* geblieben? Inspiriert hat Vaihinger den Wiener Kreis um den Physiker und Philosophen Moritz Schlick, von dem noch die Rede sein wird. Im Jahr 1930 führen die Wiener die *Annalen der Philosophie* weiter, allerdings unter dem neuen Namen *Erkenntnis*. Doch der Wiener Kreis strebt nach anderem und Höherem, er konzentriert sich auf Logik und Sprachphilosophie und lässt Vaihinger schnell in Vergessenheit geraten. Dauerhafter überleben wird er in einer anderen Linie. Dass das Denken mit seinen Theorien und Begriffen in erster Linie »Anpassung« ist, wird später von dem Schweizer Entwicklungspsychologen *Jean Piaget* (1896–1980) fruchtbar gemacht und zu einer neuen bedeutenden Theorie des Lernens ausgebaut. Allerdings verwirft Piaget die »positivistische« Idee, dass das über Fiktionen und Konstruktionen erworbene Wissen sich nach und nach immer weiter der Realität angleicht. Denn wie soll sich angleichen, was sich prinzipiell nicht überprüfen lässt, weil *die* Realität nicht zugänglich ist?

Klüger und präziser zu denken bedeutet also nicht, dadurch automatisch *der* Realität näher zu kommen. Genau dieser Gedanke erweist sich philosophisch als wegweisend. Denn dass alles Denken »Konstruieren« ist, bildet später den Kern des »Radikalen Konstruktivismus« um den österreichischen Kybernetiker *Heinz von Foerster* (1911–2002) und den österreichisch-US-amerikanischen Philosophen *Ernst von Glasersfeld* (1917–2010): Die Welt ist, wie Vaihinger wusste, immer »gemacht«. Aber sie wird dabei, anders als der Philosoph des Als Ob glaubte, nie »erkannt«. Denn kognitive Organismen wie der Mensch bilden biologisch und psychologisch ein geschlossenes System. Unser Denken und Wissen dienen nicht dazu, sich mit der Außenwelt abzustimmen, sondern sie sollen etwas ganz anderes leisten: ein inneres Gleichgewicht erhalten!

Funktion statt Substanz

Kurz bevor Vaihinger *Die Philosophie des Als Ob* veröffentlicht, erscheint ein anderes Werk, das die traditionellen Formen des Denkens grundlegend infrage stellt. Der Titel ist weit weniger anschaulich und klingt für den Laien zunächst ziemlich sperrig: *Substanzbegriff und Funktionsbegriff. Untersuchungen über die Grundfragen der Erkenntniskritik* (1910). Autor des umfangreichen Buchs ist der siebenunddreißigjährige Philosoph *Ernst Cassirer* (1874–1945). Sein Inhalt ist weit wenig sperrig als sein Titel. Dem Privatdozenten in Berlin fällt auf, wie wenig die Naturwissenschaften ihre Begriffe an ihre Theorien angepasst haben. Während ihre Logik noch immer mit metaphysischen Begriffen aus grauer Vorzeit hantiert, sind die moderne Mathematik und die Physik längst weiter fortgeschritten.

Cassirers Nachdenken über die Naturwissenschaften liegt im Geist der Zeit. Seit dem letzten Drittel des 19. Jahrhunderts befindet sich die Physik, wie gezeigt, in einer Grundlagenkrise. Klassische Physik und modernes physikalisches Denken passen nicht mehr zusammen. Die Verunsicherung und die Revision münden später tatsächlich in einer neuen Physik, in die Quantenmechanik und die Relativitätstheorie. Zu Anfang des 20. Jahrhunderts jedoch regiert überall die Unsicherheit. Wenn selbst ein ausgezeichneter Physiker wie Mach an Begriffen wie »Substanz« und »Konstanz« zweifelt, kann auch der Philosoph sie nicht mehr für real halten. In diesem Sinne hatte Vaihinger die abstrakten Begriffe der Naturwissenschaften, insbesondere die der Physik, als »Fiktionen« bezeichnet. Ob der Begriff der »Kraft« bei dem Engländer *Michael Faraday* (1791–1867) oder bei *James Maxwells* (1831–1879) Kontinuitätshypothese, stets habe man es mit nützlichen Fiktionen, Idealen und »Symbolisierungen« zu tun.

So weit, die Grundbegriffe der Physik kurzerhand zu Fiktionen zu erklären, geht Cassirer nicht. In Breslau als Sohn eines jüdischen Holzhändlers geboren, hat er in Berlin zunächst Rechtswissenschaft, dann Deutsche Literatur, Mathematik und Philosophie studiert. Ein Hinweis seines Lehrers Simmel bringt ihn 1896 zu *Hermann Cohen* (1842–1918) und Paul Natorp nach Marburg. Die Stadt an der Lahn ist neben Heidelberg, Freiburg und Straßburg das Zentrum des Neukantianismus. So wie Kant die Strukturen und Gesetze unseres Denkens freigelegt hat, so tun dies auch seine Anhänger hundert Jahre später. Im Unterschied zu Kant aber lässt sich an der Wende zum 20. Jahrhundert nicht mehr behaupten, dass unsere Anschauungen a priori, also von vornherein gegeben sind. Wenn unsere Urteile über die Welt gelten, dann liegt das nicht an irgendwelchen Aprioris, sondern ihre Gültigkeit findet sich in der *Struktur* unserer Urteile selbst. Lieblingsbegriff des Neukantianismus ist die »Denknotwendigkeit«. Wahr ist, was wir nicht bestreiten können, ohne uns in einen denklogischen Widerspruch zu begeben.

Ihren Hauptgegner finden die Neukantianer im autoritären Anspruch der Naturwissenschaften, ganz allein für die Wahrheit zuständig zu sein. Kants Nachfolger protestieren dagegen heftig. Da die Dinge der Welt uns nicht offenbart oder »gegeben« sind, sondern allesamt im Bewusstsein erzeugt werden, muss die Wahrheit ihren Anker im *Denken* finden und nicht in der unzugänglichen Realität. Der Materialismus oder der Positivismus, die Weltanschauung vieler Naturwissenschaftler, scheiden damit als Grundlagenphilosophie aus. Völlig infrage gestellt wird die experimentelle Psychologie. Die Wahrheit des Bewusstseins lässt sich nicht durch Versuche und Messungen entschlüsseln. In diesem Punkt war auch Husserl zu den Neukantianern übergelaufen und hatte seine Phänomenologie zur »transzendentalen« Phänomenologie weiterentwickelt: Der Ausgangspunkt aller Philosophie sei die introspektive Rekonstruktion der Bewusstseinstätigkeit, einschließlich der vielen darin enthaltenen unbewussten Prozesse.

Wenn Cassirer sich die moderne Entwicklung der Naturwissenschaften anschaut, dann sieht er sich in seinem Zweifel an deren philosophischen Erklärungsansprüchen bestätigt. Überall schwankt der Boden. Geschult in seinem skeptischen Blick wird er nicht nur durch den kritischen Blick der Neukantianer. Inzwischen hat er eine scharfsinnige, fast anderthalbtausendseitige Problemgeschichte der Erkenntnistheorie geschrieben. Nachdem er 1899 bei Cohen und Natorp über *Descartes' Kritik der ma-*

thematischen und naturwissenschaftlichen Erkenntnis promoviert hat und mit *Leibniz' System in seinen wissenschaftlichen Grundlagen* nachgelegt hat, kann er sich mit seinem großen Werk *Das Erkenntnisproblem in der Philosophie und Wissenschaft der neueren Zeit* in Berlin habilitieren. Auf zwei Bände ausgebaut erscheint es 1906 und 1907. Ein dritter Band wird 1920 nachgereicht, ein vierter 1950 posthum.

In seinem Werk zum *Erkenntnisproblem* hatte Cassirer zeigen können, wie sich die exakten Wissenschaften durch ihre spezielle Methodik von der Philosophie lösen. Ihre Begriffe hingegen entstammen noch immer der metaphysisch-philosophischen Tradition. Das aber sorgt, nach Cassirer, für allerhand Unschärfe und Verwirrung, vor allem dann, wenn Naturwissenschaftler erkenntnistheoretische Fragen nach der Wahrheit oder nach der Wirklichkeit beantworten. Das gleiche Problem diskutiert genau zeitgleich auch der Neukantianer *Bruno Bauch* (1877–1942) in seinen *Studien zur Philosophie der exakten Wissenschaften* (1911). Der Privatdozent in Halle, gerade auf dem Sprung auf eine Professur in Jena, empfiehlt den Naturwissenschaften, den selbstmissverständlichen Begriff der »Substanz« aufzugeben.

Auch in Berlin knüpft sich Cassirer die für die Naturwissenschaften grundlegenden Begriffe der Abstraktion, der Zahl und des Raumes vor sowie das Verfahren, durch das die exakten Wissenschaften zu ihren Begriffen kommen. Cassirers Pointe ist klar und scharf. Die Begriffe der Mathematik und der Naturwissenschaften bezeichnen keine Dinge oder Substanzen. Sie bezeichnen *Relationen* wie schneller und langsamer, mehr und weniger, größer und kleiner. Begriffe wie »Raum« und »Zeit« geben nicht etwas Realem einen Namen, sondern sie machen Raum und Zeit durch den Begriff überhaupt erst zu Dingen. Methodisch exakt aneinandergereiht schaffen sie streng wissenschaftliche Begründungszusammenhänge, wobei ihre Wahrheit eben gerade nicht in den Dingen liegt, sondern in den scharf bestimmten, »gesetzmäßig« formulierten Relationen. Mit dieser

Erkenntnis im Gepäck untersucht Cassirer das Induktionsproblem, den Begriff der Wirklichkeit, die Frage, wie subjektiv oder objektiv die Relationsbegriffe sind, und zuletzt die Psychologie der Relationen.

Das Fazit ist eindeutig: Statt Substanzen zu erkennen, beschreiben die exakten Wissenschaften *Funktionen.* Der Gedanke ist nicht völlig neu, Cassirer findet ihn bei dem von ihm hochgeschätzten William James. Der Unterschied zwischen beiden Denkern liegt allerdings in ihrem unterschiedlichen Wahrheitsbegriff. Während James die lebenskluge »Nützlichkeit« zur Mutter der Wahrheit kürt, ist Cassirer näher bei den Neukantianern, aber auch bei Charles Sanders Peirce (den er nicht kennt) und Ernst Mach. Stimmt das naturwissenschaftliche Denken, die »Konvergenz der Reihe«, mit dem Sein, der »Konvergenz der Erfahrung«, überein, vermag es einen glaubhaften Anspruch darauf erheben, wirklich und wahr zu sein. Es ist »die logische Differenzierung der Erfahrungsinhalte und ihre Einordnung in ein gegliedertes System von Abhängigkeiten, was den eigentlichen Kern des Wirklichkeitsbegriffs bildet«.[89] Maßstab für die Gültigkeit einer Erfahrung oder Erkenntnis ist für Cassirer deren innere Kohärenz. Einig ist er sich wieder mit James, wenn es darum geht, den naturwissenschaftlichen Wahrheitsanspruch deshalb *neben* und nicht *über* andere Wahrheitsansprüche zu stellen. Das naturwissenschaftliche Selbstverständnis kann nicht darauf beruhen, dass man glaubt, die absolute Wahrheit der Dinge zu erkennen. Es sollte sich damit begnügen, das Verhältnis der Dinge untereinander zu beschreiben und ihre Funktionszusammenhänge immer klarer zu machen.

Der heftige Streit zwischen Naturwissenschaftlern auf der einen und Geisteswissenschaftlern und Philosophen auf der anderen Seite, der das ganze 19. Jahrhundert durchgepflügt hat, ist für Cassirer damit beigelegt. Naturwissenschaftler, Geisteswissenschaftler und Philosophen treten in der Frage »Wie ist die Welt?« gar nicht in irgendeine Konkurrenz. Die exakten Wissenschaften beschreiben Funktionszusammenhänge, während sich Philosophen um die Beschaffenheit von Erfahrung und Erkenntnis kümmern. Die bisherigen Unterscheidungen beider Bereiche sind damit um eine ganz neue Trennlinie bereichert. Der Unterschied liegt für Cassirer nicht darin, dass Naturwissenschaftler *erklären* und Geisteswissenschaftler *verstehen* oder dass die exakten Wissenschaften nur das *Allgemeine* suchen, die Kulturwissenschaftler hingegen das *Besondere* oder dass Erste es mit *Kausalgesetzen* und Zweite mit *Zusammenhängen* zu tun haben. Der Unterschied besteht darin, dass die exakten Wissenschaften eine ganz andere Form des Denkens ausgebildet haben. Sie sprechen eine ganz andere »Sprache« und haben eine andere »Morphologie« als die Geistes- oder Kulturwissenschaften. Und genau diese Verschiedenheit führt dazu, dass ihre Methode, die Welt zu erfassen, eine völlig andere ist. Der Philosophie aber fällt die Aufgabe zu, diese verschiedenen Weisen des Weltverstehens in einer Metatheorie zu erfassen. Doch wenn das stimmt, welche anderen Sprachen, Morphologien und Methoden gibt es denn noch?

Animal symbolicum

Bedauerlicherweise bringt Cassirers bedeutendes Werk über die Denkwelt und die Formensprache der Naturwissenschaften ihm zwar Respekt, aber keine Professorenstelle ein. Selbst die Unterstützung Husserls verhilft ihm 1909 zu keiner entsprechenden Position in Göttingen. Auch in Kiel und später in Halle entscheidet man sich gegen ihn. Besonders naheliegend wäre es gewesen, Hermann Cohen zu beerben, der 1912 in Marburg emeritiert wird. Doch einen weiteren Juden und bekennenden Demokraten will man dort nicht haben. So bleibt die ewige Nachwuchshoffnung des Marburger Neukantianismus dreizehn Jahre als Privatdozent in Berlin. Erst 1919, Cassirer ist bereits fünfundvierzig, gelingt es ihm endlich, eine Professorenstelle an der neu gegründeten Universität Hamburg zu ergattern, doch auch hier flammt immer wieder heftiger Antisemitismus auf.

In Hamburg wird Cassirer sein dreibändiges Hauptwerk schreiben: *Die Philosophie der symbolischen Formen* (1923–1929). Den Ausgangspunkt dafür hatte er schon in seinem Buch über die exakten Wissenschaften gefunden. Wenn Mathematiker und Physiker keine Dinge erkennen, sondern nur Relationen und Funktionen – warum nur sie? Vielleicht kann der Mensch ja allgemein nur Beziehungen und Verhältnisse wahrnehmen? Die ganze Kunst des Bewusstseins besteht dann darin, die sinnlichen Eindrücke in mehr oder weniger komplexe Bedeutungszusammenhänge zu stellen, um sie besser zu bewältigen. Erleben bedeutet zu gliedern, festzuhalten, passende Symbole zu suchen, zweckdienliche Symbolsprachen zu benutzen, deutlich zu machen und Bedeutungen abzugrenzen. Doch wenn das stimmt, dann kann nicht der Begriff der Erkenntnis im Mittelpunkt der Philosophie stehen wie bei Kant und den Neukantianern – ein Begriff, dem Cassirer immerhin anderthalbtausend Seiten gewidmet hat! Die viel wichtigeren Begriffe sind die des *Erlebens* und die Erzeugung von *Sinn*. Gegliedert und sinnhaltig sind nämlich auch Erlebnisse, die im strengen Sinne nicht auf Erkenntnis aus sind. Und menschliche Symbole und Symbolsprachen erfüllen viele Zwecke, von denen die klare Erkenntnis der Wahrheit nur eine unter mehreren ist.

Wenn es richtig ist, dass wir es bei allem, was wir erleben, mit Sinnbildungen und Sinnverstehen zu tun haben, dann ist auch die Logik nur eine Form von Sinnbildung unter anderen. In diesem wichtigen Punkt kehrt Cassirer der idealistischen Tradition der Philosophie den Rücken. Bei Hegel durchwaltet die Logik alles, nicht nur die Wissenschaft, sondern auch Kunst und Religion werden in der Logik »aufgehoben«. Ebenso vernarrt in die Logik sind die Denker des Wiener Kreises, wie Schlick und Rudolf Carnap, die die Philosophie nach Cassirers Ansicht »verkürzen« und »verarmen«.[90] Weltverständnis ist mehr als Erkennen, und geistige Energien lassen sich nicht logisch sortieren! Wer Menschen und ihre Kultur richtig begreifen will, darf sie nicht in ein idealistisches oder sprachanalytisches System sperren. Stattdessen muss er sehr viel allgemeiner verstehen, wie Bedeutungen entstehen und wozu sie dienen, als ein Logiker es tut.

Wer der Logik auf diese Weise ihren Allerklärungsanspruch nimmt, der glaubt auch nicht mehr daran, dass man die Welt in einem einzigen System darstellen kann. Doch das heißt nicht, dass sich die Sinnbildungen und das Sinnverstehen nicht systematisch untersuchen ließen, nämlich als »Überschau und Zusammenschau«.[91] Und genau das ist das Programm der *Philosophie der symbolischen Formen.* Wo früher metaphysische oder, wie bei den Analytikern und Positivisten, logische Systeme stehen, strebt Cassirer nach einer umfassenden Kulturphilosophie, die zugleich eine Anthropologie ist. Denn was ist Kultur anderes als die Summe der Symbolbildungen, in die wir hineinwachsen und zwischen denen wir uns denkend und handelnd bewegen? Und erkennt man die einzelnen Kulturen übergreifenden Spielregeln dieser Sinnproduktion, erkennt man durch sie den Menschen, das »*animal symbolicum*«, wie Cassirer sagt, das symbolbildende Tier.

Wie in den modernen Naturwissenschaften geht es der *Philosophie der symbolischen Formen* also nicht mehr um irgendeine Substanz, sondern es geht um Funktionen. Nicht »Wie ist die reale Welt?« ist die Frage, sondern »Auf welche Weise produzieren Menschen unterschiedliche Bedeutungen und Sinnwelten?«. Ganz offensichtlich folgt die Sinnproduktion völlig unterschiedlichen Spielregeln, je nachdem, was wir von ihr erwarten. Wir gestalten, formen und bilden ganz verschieden und kreieren in unserem Bewusstsein Erlebniswelten, die andersartiger kaum sein könnten. Ob wir Mythen bilden, Kunst schaffen, uns Religion hingeben, Geschichte studieren, Technik erfinden, Wissenschaft treiben, Recht sprechen, moralisch oder politisch handeln: Die benutzten Symbole, die Deutungsschemata und die Beurteilungskriterien sind stets andere.

Menschen basteln sich ihre Erfahrungen, wie Cassirer in der Einleitung seines Werks schreibt, *zu* einer Welt zusammen.[92] Der Gedanke taucht das erste Mal in der Mitte des 19. Jahrhunderts bei *Hermann Lotze* (1817–1881) auf und befruchtet später den US-amerikanischen Pragmatismus. Leben heißt, sich die Welt auf verschiedene, aber völlig gleichberechtigte Weisen zu konstruieren. Welterfahrungen gibt es nur im Plural. Nicht anders sieht das der mit Cassirer befreundete estnische Biologe *Jakob Johann von Uexküll* (1864–1944), der 1924 nach Hamburg kommt. Leben ist ein biologischer Zeichen- und Kommunikationsprozess, bei dem jedes Lebewesen sich auf seine Weise eine eigene Welt erschafft.

Der Unterschied zwischen Mensch und Tier, wie Cassirer ihn sieht, besteht darin, dass der Mensch weiß, was er tut. Seine Mittel der Welterzeugung sind weitaus vielfältiger und reichhaltiger. Wo das Tier nur reagiert, ist beim Menschen die Symbolwelt dazwischengeschaltet. Die Reaktionen durchlaufen eine Formung, am stärksten durch die Sprache. Gleichwohl teilen die verschiedenen »symbolischen Formen« menschlicher Welterzeugung alle ein bestimmtes grundsätzliches Verfahren oder »Gesetz«. Immer geht es, wie bei den Pragmatisten und bei Vaihinger, darum, sich aktiv in der Welt zu orientieren. Leben heißt Tun. Am Anfang der Gestaltwerdung steht stets ein sinnlicher Eindruck, der bewältigt werden muss. Um das zu leisten, muss ich unterscheiden. Ich lasse alles weg, was nicht wichtig ist, oder, wie Husserl sagen würde: Ich löse das Thema aus dem Horizont und schatte es so lange ab, bis es Kontur gewinnt. Bedeutungen entstehen auch bei Cassirer durch Weglassen und Herausheben. Das unüberschaubare Geflecht an Beziehungen, in dem jedes Ding und jede Sache steht, tritt dabei zurück. Übrig bleiben nur bestimmte von mir ausgewählte Beziehungen. Sie stiften die Bedeutung und verhelfen dem Ding oder der Sache zu seiner »Morphologie« oder, wie Cassirer auch sagt, zu »symbolischer Prägnanz«.

Von mir solchermaßen mit Bedeutung versehen, sind die sinnlich erlebten Gegenstände bedeutungstragende, also »sinnvolle« Gegenstände. Im Unterschied zum sinnlichen Eindruck ist »Sinn« nicht anschaulich, sondern allgemein und abstrakt. Was einen Sinn hat, verweist immer über ein Einzelding hinaus. Ein »Hund« ist nicht nur ein einzelner Hund, sondern ein Teil des allgemein bekannten Bedeutungszusammenhangs »Hund«. Diese Sinnstiftungen sind nicht allein meine Privatsache, ansonsten wären sie für alle anderen unverständlich. Stattdessen findet Sinnstiftung immer unter Verwendung von Symbolen statt. Symbole aber gehören zum vorgefundenen Inventar einer Kultur. Und das mit Abstand wirkungsmächtigste Symbol einer Kultur ist ihre Sprache. Sie sagt uns, was ein »Hund« ist, indem sie den Hund im Allgemeinen von allen anderen Tieren unterscheidet.

Eine »symbolische Form« ist, wie Cassirer definiert, »jede Energie des Geistes ... durch welche ein geistiger Bedeutungsgehalt an ein konkretes sinnliches Zeichen geknüpft und diesem Zeichen innerlich zugeeignet wird«.[93] Dabei hat für Verwirrung gesorgt, dass Cassirer die Sprache einerseits als »symbolische Form« neben Mythen, Religion und Kunst thematisiert und andererseits alle »symbolischen Formen« als sprachgebundene Ausdrucksmittel auffasst. Die Sprache erscheint damit einmal als ein *besonderes Symbol* und zum anderen als *Bedingung* der Symbolproduktion. Es fällt überhaupt auf, dass Cassirer zwar viel über Symbole und die Regeln der Prägnanzbildung schreibt, aber keine geschlossene Zeichenlehre entwickelt wie einige Jahrzehnte zuvor Peirce oder zeitgleich Schlick. »Symbolische Prägnanz« tritt für Cassirer nämlich nicht isoliert und exakt abgrenzbar auf, sondern immer nur in Form eines »Gesamterlebnisses«.[94]

So wichtig der Begriff des »Symbols« für Cassirer ist, so wenig wird er logisch aufgedröselt. Wichtiger als eine logische Bedeutungstheorie ist ihm die historische Ableitung. Die *Philo-*

sophie der symbolischen Formen verfolgt damit ein ungemein anspruchsvolles und manchmal irritierendes Doppelinteresse. Die Herausbildung der »symbolischen Formen« soll einerseits *systematisch*, andererseits aber auch in ihrer anthropologischen und *historischen* Entwicklung dargestellt werden. Das zweite Interesse nimmt einen entscheidenden Einfluss auf die Gliederung der drei Bände. Während der erste Band, *Die Sprache*, systematisch loslegt und die geistigen Ausdrucksformen sowie die dazugehörigen sprachlichen Begriffe und Klassen beschreibt, beschäftigt sich der zweite Band, *Das mythische Denken*, historisch-systematisch mit dem Ausgangspunkt aller symbolischen Formen im Mythos. Der dritte Band, *Phänomenologie der Erkenntnis*, schließlich untersucht systematisch, wie Menschen ihre Erfahrungen zu symbolischer Prägnanz ausformen, und behandelt zugleich den avanciertesten Endpunkt aller Symbolisierung in den modernen Naturwissenschaften. Ein vierter Band über Goethes Lehre von den »Urphänomenen« bleibt unabgeschlossen und zu Lebzeiten unveröffentlicht.

Kulturgeschichtlich betrachtet entwickelten sich alle symbolischen Formen für Cassirer nach und nach aus dem Mythos heraus. Die Arbeit des Geistes bei der Verarbeitung von Erfahrungen – das Nachahmen, das Ringen um einen *Ausdruck*, die Suche nach einer passenden *Darstellung* durch Gliedern und Strukturieren und schließlich die *Bedeutung*sbildung durch Symbole – lässt sich in Form einer »ideellen Geschichte« erzählen. Wie Hegel in seinen Ästhetikvorlesungen, lässt Cassirer die symbolischen Formen und ihre Sinnschichten Stadien durchlaufen auf dem Weg zu ihrer Perfektionierung. So erwächst aus der mythischen Nachahmung und Abbildung von Naturvorgängen nach und nach die Kunst, die den *Ausdruck* vervollkommnet. Und in den Formeln und abstrakten Relationen der Naturwissenschaften wird die Darstellung zu unanschaulicher und damit »reiner« *Bedeutung* perfektioniert. Vervollkommnung bedeutet für Cassirer dabei zugleich Befreiung. Die symbolischen

Formen helfen dem Menschen, die Welt zu bewältigen und ihr besser habhaft zu werden: »Im ganzen genommen könnte man die Kultur als den Prozeß der fortschreitenden Selbstbefreiung des Menschen beschreiben. Sprache, Kunst, Religion und Wissenschaft bilden unterschiedliche Phasen in diesem Prozeß. In ihnen allen entdeckt und erweist der Mensch eine neue Kraft, die Kraft, sich eine eigene ›ideale‹ Welt zu errichten.«[95]

Dass Menschen auf höchst unterschiedliche Weise Sinnwelten schaffen, hatte auch Husserl erkannt. Was Cassirer symbolische Formen nennt, heißt bei Husserl »cogitative Typen«. Doch Husserl ist weit davon entfernt, eine Theorie der Symbolproduktion in der Kunst, Religion oder Wissenschaft zu entwerfen. Und er stellt seine Typen auch nicht in einen solch bombastischen historisch-anthropologischen Zusammenhang, wie Cassirer es tut. Während Husserl seine Gedanken gleichzeitig ausweitet und reduziert, stürzt sich Cassirer in die unüberschaubare Fülle der Hamburger Bibliothek Warburg. Die Büchersammlung, die der deutsch-jüdische Kunsthistoriker *Aby Warburg* (1866–1929) seit 1901 zusammengetragen hat und die 1920 bereits über 20 000 Bände umfasst, wird zur tiefen Fundgrube für das schier uferlose Werk. Dabei beschäftigt sich der ehrgeizige Kulturphilosoph immer wieder ausführlich mit der Kunst und schreibt viel über Literatur. Cassirers persönlicher Kunstgeschmack ist so konservativ wie der seines Lehrers Georg Simmel. Goethe, Schiller, Hölderlin und Kleist bevölkern sein ästhetisches Universum. An der Literatur der Gegenwart schätzt er nicht die aufregenden Formexperimente von James Joyce, des Expressionismus oder diejenigen *Bertolt Brechts* (1898–1956), sondern nur den traditionellen *Thomas Mann* (1875–1955).

Die Rolle der Kunst als »symbolische Form« ist nicht nur ein Thema des Hauptwerks, sondern findet sich auch prägnant zusammengefasst in dem späteren *An Essay on Man* (*Versuch über den Menschen*), den Cassirer 1944 veröffentlicht. Als eine Möglichkeit der Welterzeugung unter anderen konzentriert sich die

Kunst auf die *Form* der Dinge. Sie reduziert nicht wie die Naturwissenschaften, sondern sie lenkt den Blick auf die unerschöpfliche sinnliche Erscheinungsvielfalt des Lebens. Genau dadurch entfacht sie unsere Fantasie und unsere Gefühle. Wie Kant und Schiller sieht Cassirer die ästhetische Erfahrung als einen dynamischen Prozess, der zwischen Einbildungskraft und Verstand hin- und herpendelt. Allerdings grenzt er das Ziel der ästhetischen Erfahrung ziemlich konservativ ein. Angeregt in unserer Fantasie treten wir zugleich zu unseren Leidenschaften in Distanz und begeben uns in eine kontemplative Ruhe. Kontemplation als vollendeter Kunstgenuss? Die Künstler der Avantgarde, die Cassirer nicht interessieren, hätten hier laut protestiert.

Dass Kunst sichtbar macht, was im praktischen Alltag oder in den streng auf Erkenntnis reduzierenden Wissenschaften verborgen bleibt, ist auch das Thema Bergsons. Tatsächlich teilt Cassirer manches mit der Lebensphilosophie. Wie Dilthey, Nietzsche, Simmel und Bergson sieht er den Menschen immer *in* einer Welt und niemals einer Welt *entgegengesetzt* wie in der idealistischen Tradition und bei den Neukantianern. Als leibliches Wesen und sinnliches Tier findet sich der Mensch in einer Welt und Umwelt vor, die immer schon da ist. Gleichwohl zieht Cassirer zu den Lebensphilosophen eine scharfe Trennlinie. Bergson hält die wirkliche Wirklichkeit durch Intuition für erkennbar, und auch Nietzsche scheint immer ganz genau zu wissen, was jenseits aller Vernunft und Kultur wahr ist. Für Cassirer aber gibt es diesen unmittelbaren, »reinen« Zugang nicht. Was immer wir fühlen, denken und erkennen, stets bedienen wir uns geschichtlich übermittelter und kulturell geprägter »symbolischer Formen«. Wir können diese Symbolwelt nie verlassen, um losgelöst von ihr »reine« Erfahrungen zu machen und hinter die Dinge zu gucken. Auch eine *epoché*, wie bei Husserl, die allem unvoreingenommen auf den Grund geht, ist nicht möglich. Die »Lebenswelt« hat keinerlei Seinsvorrang vor der Sprache, der Kunst oder der Technik.

Fortschritt und Mythos

Im Februar 1929 reist Cassirer nach Davos. Die Elite der deutschen Philosophie gibt sich hier in der Schweiz ein Stelldichein. Ursprünglich geplant als Abwechslung für die vielen Tbc-kranken Studenten, die in Graubünden zur Kur sind, finden die Kurse nun zum zweiten Mal statt. Kein Geringerer als Albert Einstein war beim ersten Mal angereist; kein Wunder, dass sich der philosophische Jetset nicht lange bitten lässt.

Cassirer weiß, dass es in Davos zum Showdown kommen wird mit dem neuen Shootingstar der deutschen Philosophie: Martin Heidegger. Doch der Vierundfünfzigjährige sieht sich gut gerüstet für das Duell mit dem fünfzehn Jahre jüngeren Herausforderer. In wenigen Monaten wird der dritte und damit letzte zu Lebzeiten veröffentlichte Band der *Philosophie der symbolischen Formen* erscheinen. Mehrere Universitäten umwerben Cassirer. Zudem steht an, dass er, falls er in Hamburg bleibt, Rektor der Universität werden wird – als erster und einziger Rektor jüdischen Glaubens an einer deutschen Hochschule in der Zeit der Weimarer Republik.

Cassirer und Heidegger halten ihre Vorträge zunächst einzeln. Ohne den Kontrahenten zu erwähnen, setzen sie sich dabei jeweils mit dessen Position auseinander. Heidegger kritisiert die Vernunftphilosophie, auch die Kants und der neukantianischen Schule, die seines Erachtens das menschliche Leben verfehlt. Der Mensch konstruiert nicht denkend seine Realität, sondern er existiert ängstlich und sorgend »ins Leben geworfen«. Die »Vernunft als Ansatz« sei »damit gesprengt«.[96] Cassirer dagegen übernimmt die Rolle, den Neukantianismus, von dem er sich inzwischen selbst in Richtung seiner kulturellen Anthropologie entfernt hat, zu verteidigen. Wenn ein Existenzphilosoph, wie Heidegger, meint, der Mensch sei ins Leben geworfen wie in einen Raum, so verwechsele er den Menschen mit anderen Tieren. Hatte nicht der Biologe Uexküll erklärt, dass der Mensch sich in dieser Hinsicht von allen anderen Tieren unterscheidet, weil er sich seine Welt selbst schafft? Der Mensch existiert nicht einfach, sondern er konstruiert sich in denkender Distanz eine Welt aus Objekten, so wie Cassirer es in seiner *Philosophie der symbolischen Formen* gezeigt hat. Menschliches Dasein ist ständiges Begreifen durch Begriffe. Und dass bei Heidegger nicht das Symbolisieren, sondern die »Angst« die ursprüngliche Beziehung zur Welt sei, ist für Cassirer ein altes Erbe der Religion, von dem die Biologen nichts wüssten.

Dass die biologisierende Existenzphilosophie Heideggers biologisch uninformiert und damit auch philosophisch problematisch ist, hätte Cassirer eigentlich den Sieg in der nachfolgenden Diskussion mit Heidegger einbringen müssen. Doch das Publikum in Davos ist anderer Meinung. Der Medizinstudent *Ludwig Englert* (1903–1981) hält den Eindruck der Diskussion für die Nachwelt fest. Heidegger, »dieser kleine braunschwarze Mann, dieser gute Skiläufer und Sportsmann, mit seiner energischen, unverrückbaren Miene, dieser herbe und abweisende, manchmal geradezu derbe Mensch, der in imponierender Abgeschlossenheit mit dem tiefsten sittlichen Ernste dem von ihm gestellten Probleme lebt und dient«, erscheint nicht nur Englert als der neue Geist und die Zukunft der Philosophie. Cassirer dagegen, »mit seinen weißen Haaren, nicht nur äußerlich, sondern auch innerlich ein Olympier mit weiten Gedankenräumen, mit umfassenden Problemstellungen, mit seiner heiteren Miene, seinem gütigen Entgegenkommen, seiner Vitalität und Elastizität und nicht zuletzt seiner aristokratischen Vornehmheit«[97], verkörpert den klassischen Bildungsbürger und Universitätsprofessor und erscheint damit zugleich als ein Relikt aus einer anderen Zeit. Obwohl Cassirer sich glänzend schlägt, imponiert Heideggers auf die nackte Existenz zielende Philosophie den jungen Zuhörern mehr als alle subtilen Gedankengänge.

Die Kontroverse in Davos ist heute selbst ein Symbol. Stellvertretend steht sie für den Niedergang der idealistischen Vernunftphilosophie in ihrer letzten Ausprägung als Neukantianismus. Kein Vertreter dieser Richtung wird jemals wieder die Bedeutung erlangen, die Cassirer und sein Kollege Richard Hönigswald hatten. Grund dafür ist nicht nur die Faszination der Jugend für die von Heidegger neu gedachte Existenzphilosophie. Brutaler und ausschlaggebender ist die massive Zäsur der nationalsozialistischen Diktatur mit Heidegger als willigem Vollstrecker in der deutschen philosophischen Universitätslandschaft.

Cassirer, der tatsächlich Rektor in Hamburg geworden ist, findet sich nach der Machtergreifung Hitlers in einem völlig vergifteten Umfeld wieder. Nach der Reichstagswahl 1933 kommt er der drohenden Amtsenthebung zuvor und geht mit seiner Familie nach England. Das All Souls College in Oxford nimmt ihn als Gastprofessor auf. Im Jahr 1935 folgt der Exilierte einem Ruf der Universität Göteborg auf einen eigens für ihn geschaffenen privat finanzierten Lehrstuhl. Aus Angst vor einem Einmarsch der Wehrmacht in Schweden emigrieren die Cassirers auf einem Frachtdampfer 1941 in die USA. Als schwedischer Staatsbürger, der er seit 1939 ist, entgeht der berühmte Philosoph mit seiner Familie nur knapp der Verhaftung durch eine deutsche Patrouille, die das Schiff beim Verlassen der schwedischen Gewässer kontrolliert. Die neue Station ist die Yale University in New Haven, wo man ihn drei Jahre finanziert. Im Jahr 1944 ziehen die Cassirers weiter nach New York. Als Gastprofessor an der Columbia University stirbt der Siebzigjährige am 13. April 1945, drei Wochen vor Kriegsende, an Herzversagen.

In seinem Nachlass findet sich das Manuskript zu dem Buch *The Myth of the State* (*Vom Mythus des Staates*), das 1946 posthum erscheint. Cassirer will darin erklären, wie es in Europa zum Faschismus kommen konnte. Die gleiche Frage hatte schon *Helmuth Plessner* (1892–1985) umgetrieben. 1933 wegen der jüdischen Herkunft seines Vaters als Professor in Köln entlassen, veröffentlichte der durch den Neukantianismus und die Phänomenologie Husserls und Schelers geschulte Denker 1935 das Buch *Das Schicksal deutschen Geistes im Ausgang seiner bürgerlichen Epoche.* Deutlich bekannter wird es erst 1959 in der Neuauflage unter dem Titel *Die verspätete Nation. Über die politische Verführbarkeit bürgerlichen Geistes.* Für Plessner erklärt sich die Anfälligkeit der Deutschen für den Nationalsozialismus aus der verpassten Demokratisierung im 18. Jahrhundert. Als »verspätete« Nation wird Deutschland stark verzögert und dann durch die Obrigkeit zum Nationalstaat. Volkstümlichkeit statt demokratischer Tradition, dazu ein landeskirchlich organisiertes Luthertum statt basisdemokratischer Kirchen hätten das Bürgertum mit Freiheit und Demokratie immer fremdeln lassen.

Später als Plessner, aber zeitgleich mit Theodor W. Adornos und Max Horkheimers *Dialektik der Aufklärung* (1944) erklärt auch Cassirer den Faschismus, und zwar als misslungene »Ideation«. Die symbolischen Formungen in der Gesellschaft können in Krisenzeiten Pathologien ausbilden, nicht anders als bei Menschen, die unter Gehirnschädigungen wie Apraxie (Bewegungsstörungen), Agnosie (Störungen der Sinneswahrnehmung) oder Aphasie (Störungen des Sprechvermögens) leiden. Verunsicherte Gesellschaften machen, nach Cassirer, das Gleiche durch. Sie verlieren ihre Vielfalt an Ausdrucksformen und Sinnbildungen und fallen dadurch wieder ins mythische Stadium zurück. Die Vernunft gerät in die Defensive. Die Sprache wird zum Träger von Affekten, Vorurteile spreizen sich zu Wahrheiten auf, und Rituale ersetzen das Denken. An die Stelle von Differenzierungen tritt eine anspruchslose Unmittelbarkeit, flankiert von kosmisch dimensionierten Totalerklärungen. Und an die Stelle der Individuen tritt das Kollektiv, der Einzelne wird vom Mythos überwältigt und aufgehoben in der Masse. Er selbst ist nichts, die Nation alles.

Vorbereitungen zur Wiederkehr des Mythos findet Cassirer viele. Er sieht sie bei den deutschen Romantikern, in Hegels teleologischem Idealismus, in der Heldenverehrung des einflussreichen schottischen Historikers *Thomas Carlyle* (1795–1881) sowie wie bei Rassentheoretikern vom Schlage des französischen Schriftstellers *Arthur de Gobineau* (1816–1882). Eskalieren aber kann der Affekt erst in der unheilvollen Liaison von Mythos und moderner Technik. Die technischen Innovationen des 20. Jahrhunderts haben eine stark beschleunigte Mobilität geschaffen. Räume werden viel schneller überbrückt und schrumpfen zusammen durch Fahrzeuge und Schallwellen. Die Zeit wird zu einer rasanten Abfolge von Augenblicken. Dem menschlichen Maß entwachsen, sprengt die Technik die ursprüngliche menschliche Erfahrungswelt. Sie wird immer mächtiger und autonomer. Vermag man sich ihr in finsterer Absicht zu bedienen, so verbreitet die moderne Technologie in Millisekunden schnelle Mythen in alle Welt und schweißt auf diese Weise die verunsicherten Individuen und die Gesellschaft zusammen.

Ein Punkt, der Cassirer dabei besonders beschäftigt, ist das Versagen der denkerischen Elite. Enttäuscht und erzürnt spricht er auch einigen Kollegen seines Fachs eine Mitschuld am Aufstieg des Faschismus zu. Konkret nennt er den antidemokratischen Kulturphilosophen *Oswald Spengler* (1880–1936), dessen *Der Untergang des Abendlandes. Umrisse einer Morphologie der Weltgeschichte* (1918/1922) ein enormer Publikumserfolg war, sich über 600 000 Mal verkaufte und zunächst sogar Thomas Mann begeisterte. Spengler zufolge gibt es kein Gesetz des permanenten Menschheitsfortschritts. Weltgeschichte ereigne sich vielmehr in Zyklen als Kampf von Kulturen von jeweils begrenzter Lebensdauer. Abgestoßen von der Demokratie der Weimarer Republik, erwartet der Mussolini-Fan schon Anfang der Zwanzigerjahre den baldigen Aufstieg eines Diktators auch in Deutschland. Obwohl Spengler mit dem Nationalsozialismus fremdelte, sieht Cassirer im *Untergang des Abendlandes* eine fatalistische »Astrologie der Geschichte«. Als verhängnisvolle Mythologie versetze das Buch dem notwendigen Gedanken eines Menschheitsfortschritts einen schweren Schlag.

Der zweite Denker, dem Cassirer eine fatalistische Geschichtsauffassung vorwirft, ist Heidegger. Der dem Holocaust entkommene Professor im US-amerikanischen Exil hält sich dezent zurück, wenn es darum geht, die nationalsozialistische Gesinnung seines Gegenspielers von einst anzuprangern und dessen diktatorische Hochschulpolitik zu brandmarken. Stattdessen zielt er auf das Herzstück von Heideggers Philosophie. Wenn diese die Stellung des Menschen in der Welt als »Geworfenheit« interpretiert, dann sieht sie den Menschen nicht als Akteur und Konstrukteur, wie früher die Aufklärung, sondern als Spielball der Kräfte. Für Cassirer ist der vermeintlich zoologische Blick antihumanistisch. An die Stelle eines Fortschrittsprogramms tritt das dunkle Schicksal und öffnet dumpfsten Mythen und schrecklichsten Verbrechen den Raum. Wer dies verhindern will, muss den Mechanismus der Mythenbildung durchschauen, statt ihm Vorschub zu leisten. Seiner wahren Natur gemäß ist das *animal symbolicum* nicht isoliert »geworfen«, sondern, wie Aristoteles definierte, ein *Zoon politikon*, ein gemeinschaftsbildendes Tier. Freiheit, offene Kultur, differenzierte Symbolproduktion und eine humanistische staatliche Gemeinschaft bilden das ideale Biotop, in dem der Mensch sich auch zukünftig weiter entfalten und fortschreiten kann.

Den geschmeidigen Heidegger ficht Cassirers Kritik nicht an. Wenig beschädigt in seiner Reputation, gehört er zu den zentralen Figuren der deutschen Philosophie nach 1945 mit ungezählten Schülern. Cassirers Nachwirkung dagegen ist geringer. Eine »Cassirer-Schule«, die seine Gedanken fortsetzt, ist trotz des enorm umfangreichen Nachlasses an Schriften nie entstanden, die Zäsur des Exils sitzt zu tief. Seine stärkste Nachwirkung hat der Exilierte denn auch in den Vereinigten Staaten. 1942, noch zu Cassirers Lebzeiten, veröffentlichte die deutschstämmige US-amerikanische Philosophin *Susanne Langer* (1895–1985) ihr einflussreiches Werk *Philosophy in a New Key: A Study in the Symbolism of Reason, Rite, and Art.* (*Philosophie auf neuem*

Wege. Das Symbol im Denken, im Ritus und in der Kunst). Wie Cassirer sieht Langer die Produktion von Symbolen als das große Gemeinsame aller menschlichen Ausdrucks- und Gestaltungsformen an. Eine besondere Bedeutung erhält dabei die von ihrem Lehrmeister nicht ausdrücklich untersuchte Symbolproduktion in der Kunst. Kunstwerke sind Zeichengebilde, die etwas Nicht-Sprachliches zum Vorschein bringen. Ähnliche Bestimmungen und Abgrenzungen der »ästhetischen Funktion« von anderen »Funktionen« unternimmt seit 1926 die »Prager Schule« um den von Husserl inspirierten tschechischen Strukturalisten *Jan Mukařovský* (1891–1975). Ganz ausdrücklich an Cassirer schließt später die funktionalistische Bedeutungstheorie des US-amerikanischen Philosophen *Nelson Goodman* (1906–1998) an, wenn er die verschiedenen Bedeutungsbildungen, mit denen Menschen ihre Welt erzeugen, untersucht und der Symbolsprache der Kunst dabei eine ganz eigene Rolle zuspricht.

Cassirers Wahrnehmungstheorie, die sich mit dem menschlichen Leib beschäftigt, beeinflusst, wie jene Husserls, die 1945 erschienene Phänomenologie der Wahrnehmung von Merleau-Ponty. Seine Kulturphilosophie inspiriert so unterschiedliche Geister wie den US-amerikanischen Ethnologen *Clifford Geertz* (1926–2006) und den französischen Philosophen *Michel Foucault* (1926–1984). Seine größte Wirkung entfaltet das in *Substanzbegriff und Funktionsbegriff* entwickelte Konzept, Funktionen für wesentlicher zu halten als Substanzen, in der Soziologe. Zwar hatten schon Émile Durkheim (und auch Cassirers Lehrer Georg Simmel) das soziale Geschehen durch Funktionen und Wechselwirkungen erklärt. Doch die nicht zuletzt von Cassirer inspirierten Handlungstheorien von *Talcott Parsons* (1902–1979) und *Niklas Luhmann* (1927–1998) treiben den funktionalistischen Ansatz auf die Spitze.

Was von Cassirer bleibt, erscheint heute fast völlig losgelöst von seinem neukantianischen Ansatz. Überlebt haben Aspekte seiner leibbezogenen Wahrnehmungstheorie, das Konzept des *animal symbolicum* und das Interesse an Funktionen statt an Wesenheiten. Dass alle Erkenntnis der Welt zugleich transzendentalphilosophisch aus der Struktur unseres Urteilens heraus erklärt werden muss, findet dagegen kaum Nachfolger. Anders als seine neukantianisch geschulten Zeitgenossen hatte Cassirer den Glauben daran verloren, seine Kulturanthropologie in ein strenges System einbinden zu können. Statt systematischer Geschlossenheit und neukantianischer Begründung in streng aufeinanderfolgenden Schritten tritt die *Philosophie der symbolischen Formen* in alle Himmelsrichtungen über die Ufer.

Die selbstblinde Vernunft

Dass Cassirer sich jemals so weit aus dem engen neukantianischen System lösen würde, hätte er als junger Philosoph wahrscheinlich niemals geglaubt. Damals nämlich hatte er sich eine heftige Kontroverse mit einem jüngeren Kollegen geliefert, der, obwohl selbst Kantianer, am Neukantianismus der Marburger Schule kein gutes Haar ließ.[98] Dieser streitbare Geist war *Leonard Nelson* (1882–1927). Der Sohn eines jüdischen Rechtsanwalts aus Berlin hatte in Heidelberg ein halbes Studium generale absolviert, mit literaturwissenschaftlichen, naturwissenschaftlichen und juristischen Vorlesungen. Anschließend wechselte er zur Philosophie und Mathematik. Im Jahr 1901 ging er nach Berlin und zwei Jahre später nach Göttingen, wo er auf Husserl traf. Doch Nelson folgte einem anderen philosophischen Kurs. Er trat in die Spuren von *Jakob Friedrich Fries* (1773–1843) und dessen Schüler *Ernst Friedrich Apelt* (1812–1859). Beide hatten sie die apriorische Erkenntnis bei Kant psychologisch gedeutet. Was unsere Vernunft als unhintergehbare Prinzipien bestimmt, seien keine rationalen Erkenntnisse, sondern psychologische Denkschemata. Der feste Boden liegt deshalb in der Intuition, sosehr die Philosophie auch nach ausweisbaren objektiven Prinzipien unserer Erkenntnis fahnden mag.

Auch Nelson ist davon fest überzeugt. Er promoviert in Göttingen über *Jakob Friedrich Fries und seine jüngsten Kritiker* (1904), nachdem die Dissertation zuvor in Berlin von Carl Stumpf abgelehnt worden war. Mit Verve zieht er auch in seinen nächsten Schriften gegen den Neukantianismus zu Felde, womit er sich weithin unbeliebt macht. Daran ändert auch die Tatsache nichts, dass er 1908 mit seinen *Untersuchungen* über die *Entwicklungsgeschichte der Kantischen Erkenntnistheorie* habilitiert wird. Elf Jahre werden vergehen, bis er 1919 in Göttingen die langersehnte Professur erhält, wenn auch nur eine außerordentliche.

Nelsons Kritik am Neukantianismus ist fundamental. Woher wissen die Neukantianer, dass ihre Erkenntnisse objektiv gültig sind? Was ist ihr *Kriterium* dafür? Ist es nicht so, dass jedes Kriterium, das darüber entscheiden soll, ob etwas objektiv gültig ist, selbst eine Erkenntnis ist? Und braucht diese Erkenntnis dann nicht auch wieder ein Kriterium, das ihre objektive Gültigkeit sicherstellt und so weiter und so fort? Folglich kann das Kriterium, das über objektive Gültigkeit entscheidet, keine rationale Erkenntnis sein, weil hier niemals fester Boden zu gewinnen ist. So könnte man (etwa mit Bergson) annehmen, dass das, was letztlich darüber entscheidet, was wir als gültig und wahr annehmen, keine rationale Erkenntnis sein kann. Aber diese Antwort kann keinen Philosophen befriedigen. Denn auch eine solche unmittelbare intuitive Erkenntnis braucht ein Kriterium, das sie gültig sein lässt. Und schon ist man wieder in dem gleichen unendlichen Rückgang auf immer tiefere Ebenen, ohne je einen Grund zu erreichen.

Nun ist Nelson Kantianer genug, um nicht auf rationale Begründung verzichten zu wollen. Allerdings gilt dies nur für »mittelbare« Begründungen, die der Verstand berechtigterweise leisten kann, nicht aber für letzte Erkenntnisse des Verstandes über sich selbst, die eben nur unmittelbar zu haben sind. Schon Ende des 17. Jahrhunderts hatte der Engländer *John Locke* (1632–1704) erklärt, dass der Verstand wie ein Auge ist, das alles sieht, nur nicht sich selbst. In diesem Sinne beschreibt auch Nelson in vielen schnell aufeinanderfolgenden Schriften die menschliche Vernunft in letzter Instanz für selbstblind. Der »Erkenntnisgrund der philosophischen Urteile, wenn es überhaupt einen gibt« liegt »ohne alles Zutun unsererseits und unabhängig von aller Erfahrung, in uns selber«.[99] Wir müssen ihn als nicht weiter ausweisbares Wissen und Können akzeptieren und uns auf ihn verlassen. Analysieren kann der Philosoph nicht die Vernunftgründe, sondern nur den Verstandes*gebrauch*. Und je intensiver wir diesen Gebrauch untersuchen, umso klarer treten seine unerklärbaren Voraussetzungen zutage.

Bereits 1906 hatte sich Nelson dafür die heftige Kritik des acht Jahre älteren Cassirer zugezogen. Wir »waren bisher der Meinung, daß die Philosophie, daß insbesondere die Erkenntniskritik die Aufgabe hätte, an Stelle des blinden Glaubens die Rechtfertigung der Prinzipien zu setzen, daß sie nicht nur die tatsächliche empirische Anwendung der logischen Grundsätze aufzuweisen, sondern auch deren Notwendigkeit und objektive Gültigkeit darzutun hätte. Jetzt sehen wir, daß ebendiese Ansicht das Vorurteil ist, das uns von der unbefangenen Würdigung des Nelsonschen ›Standpunktes‹ noch trennt.«[100]

Für den Neukantianismus bedeutet Nelsons Kritik keine Kleinigkeit. Sollte die menschliche Vernunft außerstande sein, die eigenen Grundlagen und Prinzipien zu durchschauen, so kann von »transzendentaler Deduktion« – die schrittweise Rückführung unserer Erkenntnis auf unhinterfragbare, weil apriorische Erkenntnis – keine Rede mehr sein. Und die Vernunft lernt in diesem Verfahren nichts Objektives über die Welt, sondern sie lernt nur etwas über sich selbst. Was wir im philosophischen Denken am Ende gewinnen, ist, dass wir unser philosophisches Denken besser verstehen. Denn all unsere Folgerungen, unsere

Irrtümer und all unsere Zweifel gehören immer der Sphäre der Reflexion an und berühren niemals unsere Intuition.

In diesem Sinne spricht Nelson 1911 in einem Vortrag in Bologna über »Die Unmöglichkeit der Erkenntnistheorie«.[101] Nur eine Philosophie, die auf den Ausweis letzter Prinzipien verzichtet, kann den Anspruch erheben, wissenschaftlich zu sein. Das Gleiche gilt für die Ethik, die nach und nach Nelsons wichtigstes Thema wird. Auch in der Ethik ist der letzte Grund das Intuitive. Was wir allgemein für Gut und Böse halten, ist Teil unserer animalischen Ausstattung und wurzelt im Unbewussten. Gleichzeitig ist es überindividuell, sinnvoll und damit in gewisser Weise rational. In diesem Sinne spricht Nelson von der »Existenz einer reinen praktischen Vernunft als des Grundes unserer sittlichen Urteile«.[102] Was Philosophen nun tun können, ist, wie in der Erkenntnistheorie, schrittweise vom unbewusst Rationalen weg zu abstrahieren, bis wir zu bewussten Grundsätzen und ethischen Prinzipien kommen. Am Ende steht dabei kein Imperativ wie bei Kant, wohl aber die gefühlte Pflicht, den eigenen rationalen Einsichten gemäß mit Rücksicht auf andere zu leben: »Handle nie so, daß du nicht auch in deine Handlungen einwilligen könntest, wenn die Interessen der von ihr Betroffenen auch deine eigenen wären.«[103]

Der Schlüsselbegriff in Nelsons Ethik ist das *Interesse*. Es gibt für ihn keinen moralischen Vorrang des eigenen Interesses vor den Interessen anderer. Und wenn ich die Interessen anderer missachte, so muss ich darin einwilligen, dass meine eigenen missachtet werden. Denn nur die gleiche Abwägung von Interessen ist, nach Nelson, gerecht. Dem Gebot der Gerechtigkeit entsprechend entsteht meine Pflicht, die Interessen anderer nicht geringer zu achten als meine eigenen. Während der Einzelne hierbei seiner Tugendpflicht nachkommt, ist es die Aufgabe der Politik, diese Tugend zu institutionalisieren in Form einer Rechtspflicht. Politik sollte, soweit es geht, ein »Rechtsideal« realisieren, »in dem von keiner Seite Unrecht geschieht«.[104]

Bezeichnenderweise ist Nelson der erste Kantianer, der dabei die Ansprüche von Tieren systematisch und umfassend miteinbezieht. Auch sie haben Interessen, die nicht missachtet werden dürfen, ohne die Tugendpflicht zu vernachlässigen. Wir kommen auf diesen Punkt im letzten Band dieser Philosophiegeschichte zurück. Charakteristisch für Nelson ist zudem, dass er zwischen Denken und Handeln keinen Unterschied zulässt. Wer etwas einsieht, hat die Pflicht, sich dementsprechend zu verhalten. Und das bedeutet auch, sich politisch einzubringen. Mit Unterstützung Albert Einsteins gründet Nelson 1917 den Internationalen sozialistischen Jugendbund (ISJ/IJB) mit dem Ziel, seine ethischen Einsichten politisch wirksam zu machen. Doch Nelsons Sozialismus gerät schnell in heftige Konflikte sowohl mit der KPD als auch mit der SPD. Weder marxistisch noch sozialdemokratisch, sondern einem neu interpretierten Kantianismus verpflichtet wird der Jugendbund vor allem als unliebsame Konkurrenz angesehen. Im Jahr 1925 gründet Nelson den Bund als Internationalen sozialistischen Kampfbund (ISK) neu. Er inspiriert den Aufbau einer Reformschule, die Walkemühle, mit einer angegliederten Philosophisch-Politischen Akademie zur Erwachsenenbildung im Sinne des ISK. Nelsons überraschender Tod, er stirbt 1927 an einer Lungenentzündung, ändert nichts am Fortbestand der von ihm gegründeten politischen Initiativen. In der Nazidiktatur gehört der ISK zu den aktivsten Organisationen des Widerstands. Und Nelsons Sekretär *Willi Eichler* (1896–1971), ISK-Vorsitzender seit 1927, wird später zu einem der wichtigsten Mitarbeiter des im Jahr 1959 beschlossenen Godesberger Programms der SPD.

Die Psycho-Logik des Denkens

Ist die Vernunft sich selbst gegenüber blind, sodass die Philosophie in unbewussten Gefühlen über das Wahre und das Gute gründet, die sie nur aus dem Dunkel heraus schrittweise abstrahieren kann? Oder kann sich die Vernunft über sich selbst lückenlos Aufklärung verschaffen, indem sie alles auf unhintergehbare Begründungen zurückführt? Wo Nelson die erste Sichtweise vertritt, findet auch die zweite Sichtweise zeitgleich ihren Meister, und zwar in *Richard Hönigswald* (1875–1947). Als Sohn eines jüdischen Arztes in Ungarisch-Altenburg geboren, studiert der junge Mann auf Wunsch des Vaters von 1892 an Medizin in Wien. Die Wiener Schule um die bedeutenden Physiologen Ernst Wilhelm von Brücke und *Theodor Meynert* (1833–1892) ist weltberühmt. Doch beide Kapazitäten sterben im selben Jahr, in dem Hönigswald in Wien eintrifft. Sein wichtigster Lehrer wird der Brücke-Schüler *Sigmund Exner* (1846–1926). Exner hat am physiologischen Institut mit Freud und Breuer geforscht. Wie Brücke und Meynert versucht auch er psychische Vorgänge in bestimmten Hirnregionen zu lokalisieren. Für Exner sind alle psychischen Funktionen eins zu eins physiologisch erklärbar. Psychologie ist Medizin – ein Ansatz, der den jungen Hönigswald zunächst interessiert und dann zunehmend befremdet.

Als er im Jahr 1902 promoviert, steht fest, dass er niemals als Arzt praktizieren will. Er beginnt ein Philosophiestudium bei dem Brentano-Schüler *Alexius Meinong* (1853–1920) in Graz. Brentanos und Meinongs Ansatz sind genau das Gegenteil von Exners positivistischer Psychologie. Für sie ist nur die »deskriptive« Psychologie zielführende Wissenschaft. Was eine Erfahrung *für mich* ist, ist nur aus der Innenperspektive zu erlauschen und zu beschreiben; von hier aus hatte auch Husserl seine Reise in die Phänomenologie angetreten. War für Exner alles Subjektive objektiv erklärbar, so ist für Meinong alles Objektive nur subjektiv. Einen Spagat zwischen beiden Positionen versucht der neukantianisch geschulte *Alois Riehl* (1844–1924), seit 1898 Professor in Halle. Riehl gehört zu der kleinen Schar von Neukantianern, die den rigorosen Wahrheitsanspruch der Naturwissenschaften sehr ernst nehmen und nicht bekämpfen. Obwohl alles Wissen über die Welt ein Inhalt unseres Bewusstseins ist, ist damit nicht gesagt, dass die Erforscher der Objektwelt nicht damit recht haben können, von *der* Welt zu sprechen. Bewusstseinsphilosophie und Naturwissenschaft ergänzen sich. Und je logischer und sprachlich präziser der Philosoph denkt, umso berechtigter ist sein Wahrheitsanspruch, die objektiven Dinge tatsächlich adäquat zu erfassen.

Im Jahr 1904 promoviert Hönigswald bei Riehl über dessen Lieblingsphilosophen David Hume. Im selben Jahr lässt er sich evangelisch taufen. Zuvor hat er bereits zwei kleinere Schriften verfasst, die die beiden einflussreichsten philosophierenden Naturwissenschaftler seiner Zeit scharf aufs Korn nehmen: den Biologen Ernst Haeckel und den Physiker Ernst Mach. Haeckels *Die Welträtsel* (1899) ist *der* naturwissenschaftliche Bestseller der Jahrhundertwende, und der selbstbewusste Medizinstudent antwortet ihm mit einer scharfen Kritik an dessen naivem Wissenschaftsverständnis. Ernst Mach dagegen ist ein sehr viel anspruchsvollerer Gegner, und trotz aller Kritik an dessen Empiriokritizismus gewinnt Hönigswald dessen Prinzip der »Denkökonomie« viel für seine eigene Philosophie ab. Erkenntnistheorie funktioniert nur, wenn sie strenge Reduktion ist und alle nicht gesicherten Begriffe weglässt.

Im Jahr 1906 habilitiert sich Hönigswald an der Universität Breslau mit einer Arbeit über *Erkenntnistheorie und Methodologie* genau im gleichen Jahr wie Cassirer in Berlin. Seit 1910 Professor in Breslau, verfolgt Hönigswald ein sehr ähnliches Programm. Ausgehend von der neukantianischen Erkenntnistheorie soll seine Philosophie zum konkreten Ich vorstoßen und anschließend zur umfassenden Kulturtheorie werden. Den gleichen Weg geht, wie gezeigt, Cassirer. Und auch der Rickert-Schüler *Emil Lask* (1875–1915) stellt sich die Frage, wie man von einer transzendentalphilosophischen Erkenntnistheorie zum tatsächlichen Sein des Menschen in der Welt vordringen kann und damit die engen Grenzen einer rationalen Theorie des Bewusstseins überwindet.

Die letzte große Generation der Neukantianer setzt sich damit das gleiche Ziel wie Husserl. Doch wo Husserl den festen Boden in den fraglosen Gegebenheiten sieht, die er in der *epoché* erschaut, hält Hönigswald, anders als der späte Cassirer und Lask, daran fest, dass sich die letzten Gründe der Philosophie *logisch* (und nicht phänomenologisch) erschließen lassen müssen – und zwar durch streng rationale »Letztbegründung«. Einen Geltungsanspruch auf Wahrheit kann nur erheben, was Teil einer lückenlosen logischen Kette ist, bis zurück auf einen voraussetzungslosen Anfang; eine Bedingung, der sich Husserl erst in seiner Spätphase wieder anschließt.

Gleichwohl weicht Hönigswald in einem entscheidenden Punkt von der neukantianischen Idealspur ab. Wie James, Bergson und Husserl sieht er Erleben als einen Bewusstseinsstrom und nicht als rein logische Tätigkeit des Urteilens. Wenn uns die Dinge der Welt »gegeben« erscheinen, dann erscheinen sie uns *psychologisch* gegeben und nicht logisch. Wir finden uns als Teil einer Welt vor, die wir zwar im Bewusstsein erzeugen, die uns aber trotzdem nicht als Produkt unseres Bewusstseins erscheint. In der psychologischen Dimension unseres Bewusstseins erleben wir die Dinge, als ob sie unabhängig von uns sind. Diese Psychologie übersehen, unterschlagen oder bekämpft zu haben wirft Hönigswald, zeitgleich mit Husserl, dem Neukantianismus vor. Erkenntnistheorie muss streng logisch argumentieren, aber sie darf die psychische Dimension des Erlebens nicht herauskürzen, sondern muss ihr Rechnung tragen.

Die Frage ist: Wie psychologisch ist das Denken? Und zweitens: Wer vermag es angemessen aufzuschlüsseln, die Philosophen oder die Psychologen? Hönigswald beschäftigt sich ein ganzes Jahrzehnt mit diesen Fragen, bis er 1921 sein erstes Hauptwerk herausbringt. *Die Grundlagen der Denkpsychologie* richten sich sowohl gegen die experimentelle Denkpsychologie der »Würzburger Schule« des Wundt-Schülers *Oswald Külpe* (1862–1915) als auch gegen den antipsychologischen Neukantianismus Paul Natorps und nicht zuletzt auch gegen Husserls Phänomenologie. Allerdings hält sich Hönigswald mit Namensnennungen in seinen Schriften stets stark zurück. Seine Sätze wirken wie zeitlos gestanzt, ein Denkschritt wird streng hinter den anderen gemeißelt. Sein Stil ist von äußerst präziser, mitunter ermüdender Dichte, wie zu hart gebackenes Brot. Jegliches Zeitkolorit ist aus Hönigswalds Schriften entfernt, jedes Werk erscheint streng gefiltert. Und der Ehrgeiz gilt immer dem Substrat, nicht dessen rhetorischer Vermittlung oder gar Ausschmückung.

Hönigswalds Kritik an der experimentellen Psychologie entspricht der der Neukantianer: Das subjektive »Denkerlebnis« ist nicht von außen zu fassen. So kann man lediglich die »Umstände« aufschlüsseln, unter denen es stattfindet. Die Welt der persönlich erlebten Bedeutungen ist nicht nach außen übersetzbar. Alle vermeintliche Übersetzung, so wissenschaftlich sie auch sein will, ist nur ein vages und unüberprüfbares Nachempfinden.[105]

Um zu verstehen, was beim Denken geschieht, muss man zunächst allgemein verstehen, wie Menschen Bedeutungen produzieren. Im Erleben unterscheide ich mich als derjenige, der denkt, von dem, was er denkt. Meine Erlebnisse werden von mir bestimmt und durch diese *Bestimmtheit* zu Objekten. Für Cassirer ist der Mensch das symbolisierende, für Hönigswald das *bestimmende* und das *verobjektivierende* Tier. Anders als für Bergson gibt es für ihn kein Erlebnissubjekt ohne Objekte, von denen es sich unterscheidet. Und umgekehrt gibt es auch keine Objekte ohne jemanden, für den sie Objekte sind. Diese untrennbare Verbundenheit von Subjekt und Objekt nennt Hönigswald mit einem sperrigen und leicht missverständlichen Begriff: *Gegenständlichkeit*. Im Erleben wird die Welt zu einer Dingwelt vergegenständlicht, in der ich mir selbst ebenfalls zum Gegenstand werde, nämlich als derjenige, der etwas vergegenständlicht. Der Begriff »Gegenständlichkeit« ist für Hönigswald der zentralste aller Begriffe. Mögen die Naturwissenschaften von Gegenständen handeln, die Philosophie handelt davon, wie Menschen Gegenstände überhaupt erst zu Gegenständen werden lassen, indem sie sie vergegenständlichen.

Hönigswalds Philosophie folgt damit den Spuren Kants, der die Bedingungen der Möglichkeit unserer Erkenntnis untersucht. Doch Erleben ist für Hönigswald ein sehr viel komplexerer und ungeordneterer Prozess, als ihn Kant und die Neukantianer allgemein betrachten. Es lässt sich nie vollständig sortieren oder begrifflich einholen. Wie der Barockphilosoph *Gottfried Wilhelm Leibniz* (1646–1716) sieht Hönigswald Menschen als »Monaden«, als scharf begrenzte Bewusstseinsinseln in einem Weltenozean. Jede Monade ist ein in sich abgeschlossenes biopsychologisches System. Und jede »Monas« ist ein konkretes Ich mit einem eigenen Leib und konkreten Erlebnissen, die nach dem genannten Schema funktionieren. Dadurch, dass ich mich auf etwas »Gegebenes« beziehe und es bestimme, werde ich mir zugleich meiner selbst bewusst und gelange mir zur »Selbstpräsenz«.

Mit seinem »Monas«-Konzept steht Hönigswald zwischen der Bewusstseinsphilosophie der Neukantianer und existenzphilosophischen Ansätzen wie denjenigen Heideggers, die den Menschen mit einem »Gegebenen« konfrontiert sehen. Auch das Interesse am »Erleben« als einem psychischen Prozess verbindet Hönigswald mit Husserl und Heidegger. In seinen *Grundfragen der Erkenntnistheorie* (1931), die er seit 1930 als Professor in München verfasst, versucht er den verschiedenen Grundformen des Erlebens Rechnung zu tragen. Hönigswald möchte letztbegründen, inwiefern Sittlichkeit, Kunst, Recht und Glaube auf jeweils unterschiedliche Weise Geltungsansprüche stellen. Ästhetische und religiöse Urteile verweisen nämlich auf eine ganz andere Weise auf die Subjektivität des Urteilenden als moralische oder juristische Denkakte. Im religiösen und im ästhetischen Urteil sind die Objekte nicht nur »ich-bezogen«, wie bei jedem Urteil, sondern sie sind durch die persönliche Subjektivität so stark eingefärbt, dass Hönigswald sie »ich-bestimmt« nennt. Mein persönlicher Bezug zu Gott ist ein Ausdruck meiner eigenen Subjektivität, ebenso das Kunstwerk, das ich mit meinen subjektiven ästhetischen Empfindungen auflade. Anders als etwa im wissenschaftlichen Urteil, das meine subjektive Befindlichkeit gezielt ausblendet, werde ich mir in meinen religiösen und ästhetischen Bestimmungen selbst zum Thema.

Während Cassirer die Arbeit der Symbolisierung in den Blick nimmt und Mukařovský verschiedene »Funktionen« bei ästhetischen, mathematischen oder praktischen Daseinsvollzügen ausmacht, differenziert Hönigswald die Ausdrucksmöglichkeiten des Menschen anhand der bei ihnen gestellten *Geltungsansprüche.* Stärker noch als Cassirer, bei dem die Sprache eine symbolische Form unter anderen ist, betont Hönigswald dabei die Rolle der Sprache, zumal eine Verständigung der Monas mit anderen Monaden zwingend Sprache voraussetzt. In diesem Sinne ist für ihn die Sprache und nicht etwa die allgemeine Fähigkeit zur Symbolisierung die Grundlage aller menschlichen Kultur und kulturellen Höherentwicklung.

Wie Cassirer, so wird auch Hönigswald 1933 Opfer des abrupten Kulturbruchs im Nationalsozialismus. Im September verliert der Achtundfünfzigjährige trotz der Fürsprache vieler Kollegen seine Münchner Professur. Den Ausschlag gibt ein böswilliges Gutachten Heideggers. Darin heißt es, dass »Hönigswald die Gedanken des Neukantianismus mit einem besonders gefährlichen Scharfsinn und einer leerlaufenden Dialektik verficht. Die Gefahr besteht vor allem darin, dass dieses Treiben den Eindruck höchster Sachlichkeit und strenger Wissenschaftlichkeit erweckt und bereits viele junge Menschen getäuscht und irregeführt hat.« Heidegger, der den hochgeachteten Kontrahenten gerne loswird, entblödet sich nicht, »die Berufung dieses Mannes an die Universität München als einen Skandal [zu] bezeichnen«.[106]

Hönigswald ist gezwungen, sich ins Privatleben zurückzuziehen. Seine folgenden Bücher über *Philosophie und Sprache. Problemkritik und System* (1937) und *Denker der italienischen Renaissance. Gestalten und Probleme* (1938) veröffentlicht er in der Schweiz. Es sind seine letzten zu Lebzeiten gedruckten Werke. Nach der Reichspogromnacht 1938 inhaftiert und ins KZ Dachau gebracht, wird er nach fünf erschütternden Wochen freigelassen. Im März 1939 gelingt Hönigswald mit seiner zweiten Frau die Flucht in die Schweiz und im Juni die Überfahrt in die USA. Ohne Stelle an einer US-amerikanischen Universität hat der Philosoph keine Einkünfte; seine Frau hält die Eheleute mit einer kleinen Puppenmanufaktur am Leben. In ärmlichsten Verhältnissen in New York verfasst Hönigswald in den acht ihm verbleibenden Lebensjahren weit mehr Bücher als in seinem ganzen akademischen Leben zuvor, darunter die systematischen Werke *Die Grundlagen der allgemeinen Methodenlehre* und *Die Systematik der Philosophie aus individueller Problemgestaltung entwickelt*. Im Juli 1947 stirbt der Denker im Alter von einundsiebzig Jahren bei einem Besuch in New Haven.

Nach dem Krieg gehört Hönigswald in der deutschen Philosophie zu den fast Vergessenen. Erst in dem Würzburger Philosophieprofessor *Hans Wagner* (1917–2000) und dem Bonner Philosophieprofessor *Gerd Wolandt* (1928–1997) findet er seine Nachlassverwalter, wobei vor allem Wolandt die verbliebene Fülle an abgeschlossenen Manuskripten nach und nach veröffentlicht. Während Cassirers Werk zum Steinbruch wird und dadurch Breitenwirkung erzielt, ist Hönigswald Nachwirkung tiefer, dafür aber äußerst schmal. Nur sehr wenige Anhänger setzen sein Denken fort. Der Frankfurter Philosoph *Wolfgang Cramer* (1901–1974), wegen seines Eintritts in die NSDAP im Jahr 1932 nach dem Krieg nur außerplanmäßiger und später außerordentlicher Professor, bringt das Kunststück fertig, Hönigswalds gedanklich extrem konzentrierte Schriften noch weiter zu verdichten, insbesondere in seinen Büchern *Die Monade. Das philosophische Problem vom Ursprung* (1954) und äußerst radikal in *Grundlegung einer Theorie des Geistes* (1957). Ohne breites Interesse in der Fachwelt zu gewinnen, bleiben die Hönigswald-Kreise in Würzburg, Bonn und Frankfurt am Main so etwas wie Zirkel von Eingeweihten. Nicht anders jener in Köln, in dem ich Ende der Achtzigerjahre selbst denkerisch geschult wurde. Zahlreiche Philosophiegeschichten erwähnen bis heute nicht einmal Hönigswalds Namen. Weit überstrahlt und in den Schatten gestellt wird er von jenem Mann, der ihn 1933 abservierte und in gewisser Hinsicht bis heute ins Abseits stellt. Die Rede ist von Martin Heidegger.

Das Rätsel der Existenz

Zwischen den Fronten – In den Schuhen Bergsons – Aristoteles revisited – Existenz erhellen – Sein und Zeit – Der Mensch als Problem – Die Kehre – Führer ins eigene Reich: Technik und Kunst – Reuelosigkeit und Geviert

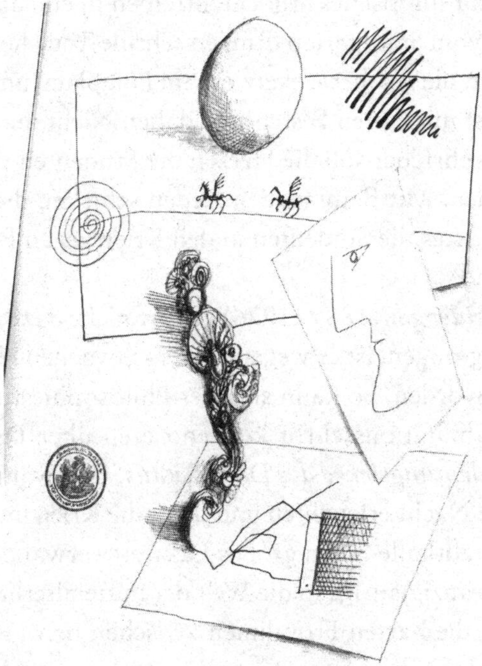

Zwischen den Fronten

Schon bei seiner Einweihung im Jahr 1911 gleicht das neue Hauptgebäude der Albert-Ludwigs-Universität einem Museum. Die rote Sandsteinfassade, die Kupferdächer, das Kuppelgebäude und der Turm, der tatsächlich noch einen »Karzer« für aufsässige Studenten vorsieht, sind gelebter Historismus. Homer und

Aristoteles schmücken seit 1915 als Statuen den Haupteingang, und an der Westfassade prangt das Motto aus dem Johannesevangelium: »Die Wahrheit wird euch frei machen.« Der Blick in die Höhe über die Dächer der Stadt zeigt den Schwarzwald; der Schauinsland überragt alle Hügel, und wer zu den rund dreitausend Studenten gehört, die zu Anfang des Ersten Weltkriegs in Freiburg studieren, der genießt Naturromantik, Mittelalteridylle und großstädtisches Studententreiben in einem. Doch die Idylle trügt. Vom Stadtgarten dringen schrille Töne her, Marschmusik dröhnt, die Artillerie exerziert am Flugplatz, und auch die Universität ist mit lauten Festchören dabei. Nicht die Wahrheit, sondern Gewehrfeuer soll die Herzen der Studenten weiten und sie frei machen. Mit flammenden Reden schicken die Würdenträger des Geistes die Studenten in den Krieg gegen Frankreich, den »Erbfeind«.

Martin Heidegger (1889–1976) gehört nicht dazu. Im Oktober 1914 eingezogen, ist er wegen seines schwachen Herzens zurückgestellt worden. So kann sich der Philosophiestudent ganz auf seine Habilitationsschrift konzentrieren über *Die Kategorien- und Bedeutungslehre des Duns Scotus*. Und während Artilleriefeuer die Nacht erleuchten und der nahe Krieg im Elsass die Freiburger Stadthalle in ein großes Lazarett verwandelt, taucht der Mitte Zwanzigjährige in die Welt der mittelalterlichen Scholastik ein, in die harten Frontlinien zwischen den »Realisten«, die die »Menschheit«, den »Geist« die »Liebe« und das »Gute« für real halten, und den »Nominalisten«, für die all die Abstraktionen nur Worte sind. *De modis significandi sive Grammatica speculativa* (*Von den Weisen des Bedeutens oder Spekulative Grammatik*) heißt der Text, an dem Heidegger sich abarbeitet. Wie alle Zeitgenossen hält er ihn für ein Werk des schottischen Theologen und Philosophen *Johannes Duns Scotus* (1265–1308), erst heute schreibt man ihn dem weitgehend unbekannten *Thomas von Erfurt* (um 1300) zu.

Heidegger verfasst seine Arbeit im Schatten des Krieges. Und er schreibt sie im Schatten des spätgotischen Münsters, des vielleicht schönsten der Epoche. Das behandelte Problem, mittelalterlich und modern zugleich, lautet: Wie verhält sich Gott zur Welt? Die Frage des Thomas von Erfurt stellt sich auch Heidegger. Wenn wir denken, so benutzen wir Worte. Wir denken im Rahmen unserer Sprache. Doch wenn alles Denken immer nur Denken in Sprache ist, wie will man dann sichergehen können, dass die Worte die Sache treffen, dass sie übereinstimmen mit einer objektiven Realität? Man kommt ja nie aus der Sprache hinaus und in die objektive Welt hinein. Denken und Sein sind niemals dasselbe. Aber in welchem Verhältnis stehen sie dann? Für Thomas von Erfurt heißt die Lösung: Sie sind analog. Die Welt ist nicht in Latein verfasst, aber die lateinischen Worte können sie gleichwohl treffend bezeichnen. Wenn wir in Sprache denken, dann denken wir so, dass das Denken mit den Dingen *quasi* übereinstimmt, so wie der laubbekränzte Reif auf einem Wirtshausschild auf den Wein verweist, den man dort trinken kann. Genauso verhielte es sich im Übrigen auch mit der zweiten Analogie, nämlich jener zwischen Welt und Gott. Welt und Gott sind genauso wenig identisch wie Sprache und Welt, auch sie stehen zueinander in einem Analogieverhältnis. Die Welt, wie sie sich uns darbietet, ist nicht Gott, aber sie verweist auf Gott, ihren Schöpfer. Die große Streitfrage zwischen den »Realisten« und den »Nominalisten«, so Thomas von Erfurt, sei damit gelöst. Die Wahrheit liegt in der Mitte. Die Worte entsprechen zwar den Dingen, wie die Realisten meinen, aber sie bleiben trotzdem Worte, wie die »Nominalisten« betonen. Die Pointe ist: Worte und Sein korrespondieren miteinander – aber sie stehen nicht auf der gleichen Seins-Ebene. Und Welt und Gott eben auch nicht.

Was interessiert Heidegger zu Anfang des 20. Jahrhunderts daran? Ist es der Kniff, Gott zuzulassen, ohne ihn mit der harten Realität der Dinge zu konfrontieren, den Fakten der Naturwissenschaftler, die ihn längst in großer Mehrheit aus der Welt herausgekürzt haben? Heidegger ist ein gläubiger Mensch. Er ist in Meßkirch aufgewachsen, einem Zweitausend-Einwohner-Dorf im westlichen Oberschwaben nördlich des Bodensees. Sein Vater war Küster an der katholischen St.-Martins-Kirche. Nach dem Abschluss der Bürgerschule nimmt sich die Kirche des begabten Jungen an und behält ihn dreizehn Jahre lang in ihrer Obhut. Am katholischen Konvikt in Konstanz wird er auf das Priesterleben vorbereitet. Mit siebzehn ermöglicht ihm ein kirchliches Stipendium den Besuch des renommierten Bertold-Gymnasiums in Freiburg. Mit zwanzig tritt er in das Noviziat der Jesuiten in Tisis bei Feldkirch ein, wird aber wegen Herzproblemen schnell wieder entlassen. Im Wintersemester 1909/1910 beginnt Heidegger ein Theologiestudium in Freiburg, wiederum finanziert durch ein kirchliches Stipendium.

Der junge Mann macht seinen Förderern viel Freude. Er wird Mitglied des fünf Jahre zuvor gegründeten Gralbundes, einer konservativen Schriftstellervereinigung, die die katholische Romantik erneuern und wiederbeleben will. Gewettert wird gegen alles, was sich »modern« nennt, allen voran der »Naturalismus« in der Literatur, der das Leben als das zeigen will, was es ist. In den Werken Tolstois und Dostojewskis oder den Dramen Ibsens und Strindbergs straucheln Außenseiter und Entwurzelte durch ein hartes, schonungsloses Leben, werden Hysterie, Wahnsinn, Lebenslügen minutiös nachgezeichnet, soziale und psychische Abgründe nicht ausgespart, sondern vorgeführt. Für die Gralbündler und auch für Heidegger ist diese Literatur so verstörend wie zerstörerisch. Ein Zeitungsartikel, den der Student für die katholische *Allgemeine Rundschau* schreibt, bringt seine tiefe Skepsis gegen die modernen Zeiten in drastische Worte. Von einer »erstickend wirkenden Schwüle« ist die Rede, die »Außenkultur« wird gegeißelt, die »Schnellebigkeit« die »grundstürzende Neuerungswut« und das Gieren nach »Augenblicksreizen«.[107]

Heidegger sieht seine katholische heile Welt bedroht, die Ewigkeitswerte und ewigen Wahrheiten. Ihm schwindelt vor der Moderne, und das, obwohl er nicht in Berlin oder in Wien lebt, von Paris, Chicago oder New York ganz zu schweigen, sondern im beschaulichen Freiburg. Aber bereits diese kleine Großstadt ist ihm zu viel. Der Student vom Dorfe fürchtet um seine Seelentiefe und um das feste Glaubensfundament unter seinen Füßen. Die oberflächliche Kultur der Zeit kann nicht das Wahre sein. Dieses liegt für ihn allein in der Tradition, die die Kirche über zwei Jahrtausende angesammelt und bewahrt hat. Wer das »Ich« ganz ohne Glauben und Religion auseinanderschraubt, analysiert, verzerrt, dramatisiert oder überhöht, vergisst, dass das »hohe Glück des Wahrheitsbesitzes« der Sphäre Gottes angehört und nicht der Gedankenwelt des Menschen.[108]

Obwohl Heidegger den »Glaubensschatz der Kirche« gegen den Zeitgeist verteidigt, bricht er sein Theologiestudium nach drei Semestern ab. Ihn plagen wieder seine Herzbeschwerden, dazu kommen allerlei seelische Nöte, die er als »Ölbergstunden« beschreibt und überhöht. Obwohl er sich überraschenderweise für Naturwissenschaften einschreibt, gilt sein Hauptinteresse von nun an der Philosophie. Er fasziniert sich für Brentano und entdeckt Husserls *Logische Untersuchungen*. Die zeitlose Wahrheit der Logik existiert, aber sie ist kein Menschenwerk. Wie Gott wird sie dem jungen Heidegger zur zweiten unbestreitbaren Instanz des Ewigen. Hier ist etwas, das größer ist als die Psychologie, etwas absolut Gültiges. Mit Husserl als geistigem Schützenhelfer schreibt er seine Doktorarbeit gegen den unbedingten Wahrheitsanspruch der experimentellen Psychologie: *Die Lehre vom Urteil im Psychologismus*.

Seinen Förderern gilt Heidegger damit noch immer als guter katholischer Denker, ja trotz seiner Jugend sogar als Kandidat für einen bald vakanten Lehrstuhl für katholische Philosophie in Freiburg. Dafür muss sich der ehrgeizige Student ein »katholisches« Thema für die Habilitation suchen. Und genau deshalb versenkt er sich in der Gedankenwelt des Duns Scotus oder des Thomas von Erfurt, um darin sein eigenes Lebensthema wiederzufinden: Wie lässt sich die Einzigartigkeit des tiefen Erlebens vor dem oberflächlichen Zugriff der Naturwissenschaften und der Flüchtigkeit des Zeitgeists retten? Was Heidegger als »mittelalterliche Weltanschauung« herauspräpariert, hat mindestens ebenso viel mit seinen eigenen Bedürfnissen zu tun wie mit jenen der Scholastiker. Der unermüdliche Leser hat Hegel studiert, der den Geist auf dem Weg zur Erkenntnis des Absoluten sah. Auch Heidegger möchte den Geist vorwärtstreiben, aber nicht zum allgemeinen Absoluten hin, sondern in die Tiefe des Einzigartigen und Individuellen. Mit dem dänischen Philosophen Søren Kierkegaard, seiner zweiten großen Inspirationsquelle, sieht Heidegger das Absolute nicht als objektiv vorgegeben an, sondern das Absolute ist das Leben selbst in seiner Tiefe, seinem unausgesetzten Wandel, seinem Zwang zum permanenten Fortschreiten und Entscheiden. Und da diese protestantischen Gedanken dem Mittelalter fremd sind, will Heidegger seinen scholastischen Text »verflüssigen«: von der Statik des Mittelalters in die Dynamik des modernen Lebens. Es geht, wie er in den letzten Sätzen seiner Habilitationsschrift schreibt, um eine Philosophie des »lebendigen Geistes, der tatvollen Liebe, der verehrenden Gottinnigkeit«.[109]

Die Kategorien- und Bedeutungslehre des Duns Scotus, die Heidegger analysiert, ist letztlich kein Text über mittelalterliche Philosophie und ein Werk, wie es heute vermutlich von kaum einem Experten der Scholastik als Habilitation angenommen würde. Zu viel Husserl, zu wenig Duns Scotus und Thomas von Erfurt, zu viel heideggersche Philosophie des »lebendigen Geistes«, zu wenig scholastische Gedankenwelt. Obwohl die Arbeit bestens bewertet wird, findet sich der brave Katholik, als der er bis dahin galt, zwischen den Fronten wieder: Sicher streitet er leidenschaftlich gegen die zerrissene, oberflächliche und flüchtige Moderne. Aber er macht sich gleichwohl verdächtig: zu viel »Verflüssigung«, zu viel Phänomenologie und neumodische »Lebensphilosophie« und somit »Zeitgeist«. Den Lehrstuhl für katholische Philosophie bekommt ein Vorsichtigerer. *Joseph Geyser* (1869–1948), zwanzig Jahre älter, ist ein Reformer von innen und wird sich seinen Namen im Rahmen der katholischen Philosophie machen. Für Heidegger aber, der zwischenzeitlich als Landsturmmann in der Polizeiüberwachungsstelle Freiburg Soldatenpost öffnet und zensiert, ist im Lehrgebäude der Kirche kein Platz mehr. Verzeihen wird er ihr nicht. Nur noch drei Jahre, und der Abgewiesene wird sich gänzlich aus dem »System der Kirche« heraussprengen.

In den Schuhen Bergsons

Der Neustart gelingt über Husserl. Als der große Mann der deutschen Philosophie 1916 nach Freiburg kommt, ist Heidegger in einem Vakuum. Fast zeitgleich mit Ankunft des aufregendsten philosophischen Denkers Deutschlands erfährt der Sechsundzwanzigjährige, dass die Fortsetzung seiner Karriere an der Freiburger Universität vorerst gescheitert ist. Noch immer lebt der kleine schnauzbärtige Mann mit dem stechenden Blick in einer dunklen, katholisch möblierten Welt der Selbstzucht und des Misstrauens gegen das grelle, allzu grelle, rasante, allzu rasante, zügellose, allzu zügellose moderne Leben. Aber er weiß, dass er die Bude lüften und Licht von außen hineinscheinen lassen muss. Und wo wäre mehr Licht als in der Umgebung Husserls?

Der Anknüpfungspunkt fällt Heidegger nicht schwer. Einmal faszinieren ihn wie erwähnt Husserls *Logische Untersuchungen*, die die Logik als ein Sein charakterisieren, das unabhängig von jeder menschlichen Psychologie existiert. Und zum anderen schätzt Heidegger die Strenge der Phänomenologie, ihr Bedürfnis nach Reinheit und ihr unerbittliches Bohren nach dem, was aller Erfahrung überindividuell gemeinsam ist. Zu den »Sachen selbst« will auch Heidegger vordringen, seit er philosophisch denken gelernt hat. Das wahre Sein der Dinge unter den Sedimentschichten der Erfahrungen und Gewohnheiten freizukratzen – genau darin sieht er die verbindende Gemeinsamkeit mit dem großen Philosophen.

Doch das Interesse ist nicht wechselseitig. Vorerst nicht. Für Husserl ist Heidegger ein Nachwuchsmann der Katholiken und kein Schüler nach seinem Gusto. Doch Heidegger bohrt ein ganzes Jahr lang, bis Husserl ihm im September 1917 seine Unterstützung zusagt. Ein Jahr später ist Husserl von dem dreißig Jahre Jüngeren auf sehr spezielle Weise fasziniert. Während sein eigener jüngerer Sohn mit einem Gehirnschuss schwer verwundet daniederliegt, schreibt er dem an der Frontwetterwarte eingesetzten Heidegger einen schwärmerischen Brief und lobt »das klare Auge der Seele, das klare Herz, den klargerichteten Lebenswillen« seines künftigen Assistenten.[110]

Zuvor hatte sich Husserl, der Meister des Provisorischen und Uneindeutigen, auch das letzte Wohlwollen seiner aufopferungsvollen Assistentin Edith Stein verspielt. Nicht nur verzweifelt sie an einem Denker, dessen Manuskripte sich nie ordnen und zum Druck fertig machen lassen. Er lässt sie zugleich bei ihrer Habilitation im Regen stehen, zu feige, sich für eine Frau starkzumachen, und noch feiger, eine weitere Lehrkraft jüdischen Glaubens an der Freiburger Universität durchzusetzen.[111] Edith Stein, die begabte und äußerst eigenständige Denkerin, wird auch dann noch an anderen Universitäten mit ihrem Habilitationsgesuch scheitern, als Habilitationen von Frauen formal erlaubt werden. Zum Katholizismus konvertiert wird sie Karmeliterin in Speyer und später im niederländischen Echt, von wo sie 1942 ins KZ Auschwitz deportiert und ermordet wird.

Während sich Edith Stein von Husserl löst, dient Heidegger in den Ardennen auf der Armeewetterwarte. Es geht um fachliche Expertise für den geplanten Giftgaseinsatz in Belgien. Im November 1918 schwadroniert der Wetterfrosch hinter der Front von der Geburt eines »wahrhaft geistigen Menschen«, gehärtet durch Stahlgewitter, eines Menschen, der entschlossen führt und »das Volk zur Wahrhaftigkeit und echten Wertschätzung der echten Güter des Daseins« erzieht.[112] Die Welt, die »mit dem Geist nur gespielt« hat, zerbreche, ein neue »Ursprünglichkeit« und »hochgespannte Intensität« dämmere herauf – das schräge Pathos eines Etappenhasens, der nie in der vordersten Reihe der Front stand; Bruder Nietzsche lässt grüßen.

Tatsächlich läuft nach dem Krieg alles bestens. Heidegger wird Husserls neuer Assistent und hält im Februar 1919 seine erste Vorlesung: »Die Idee der Philosophie und das Weltanschauungsproblem«. Der Begriff »Weltanschauung« ist seit der Jahrhundertwende in aller Munde. An die Stelle, ein Universalsystem der Philosophie zu entwerfen, ist schon in der zweiten Hälfte des 19. Jahrhunderts die *Perspektive* getreten. Wie die Welt ist und wie wir sie bewerten, ist weitgehend eine Frage von Einstellungen, Voreingenommenheiten, Blickwinkeln und Interessen. Karl Marx' Ideologiekritik hatte hier ebenso die Augen geöffnet wie Diltheys Einsicht in die Geschichtsgebundenheit allen Denkens oder Nietzsches wütendes Zerhämmern der Vernunft und aller auf ihr gegründeten Systeme. Wenn der Kitt der Vernunft bröckelt, die Systeme zerfleddern, bleiben nur noch »Weltanschauungen« übrig.

Für Heidegger, dem es seit seinen religiösen Anfängen ums »Eigentliche«, ums »Ursprüngliche« und »Echte« geht, ist das erbärmlich. Eben diese Beliebigkeit gleichrangiger Weltanschauungen, die »mit dem Geist spielen«, will er mit aller Kraft überwinden. Die »neue Intensität« der Zeit nach dem großen Krieg soll zu einer Philosophie genau dieser Intensität führen. Die »Urhaltung des Erlebens« vor aller Weltanschauung freizulegen – was Husserl angekündigt hat, will Heidegger einlösen.

Sein neuer Inspirationsquell für alles Tiefe und Tiefergelegte ist nun nicht mehr der »Glaubensschatz der Kirche«, sondern die Philosophie Bergsons. Der Franzose, in Deutschland zumeist argwöhnisch beäugt, unterscheidet sich von Husserl in einem sehr entscheidenden Punkt. Wenn der Großmeister der Phänomenologie »zu den Sachen selbst« vordringen will, so verlässt er die »natürliche Einstellung« und wechselt hinüber in eine »theoretische Einstellung«. Nur als nüchterner Wissenschaftler soll der Phänomenologe den Dingen auf den Grund gehen können. Bergson dagegen hält die theoretische Einstellung für ein nachrangiges Konstrukt und damit in gewissem Sinne für uneigentlich. Normalerweise sind wir keine abstrahierenden und reduzierenden Wissenschaftler, sondern unmittelbar Erlebende. Diese Unmittelbarkeit, das Intuitive, ist Bergsons Zentrum und nicht etwa eine künstliche Haltung der *epoché* wie bei Husserl. Unmittelbare Zeiterfahrung, das Erfahren der *durée*, ist nichts Wissenschaftliches. Und diese Unmittelbarkeit des existenziellen Erlebens, die tiefer liegt als alle abgeleiteten Einstellungen und Erkenntniswege, philosophisch herausgearbeitet und geltend gemacht zu haben betrachtet Bergson als seine große Leistung.

Wenn Heidegger seine Studenten 1919 dazu auffordert, auf die »Urhaltung des Erlebens« zurückzugehen, dann bewegt er sich in den Schuhen Bergsons. Am Anfang einer »Philosophie als Urwissenschaft« darf kein forschendes Bewusstsein stehen, das alle Gegenstände auf das Wesentliche reduziert. Am Anfang steht ein Gefühl, nämlich das, sich in einer Welt zu befinden, deren Gegenstände sich zu einem Eindruck, einer Bedeutsamkeit zusammenschließen: »In einer Umwelt lebend, bedeutet es mir überall und immer, es ist alles welthaft, es weltet.«[113] Wer den Dingen auf den Grund gehen will, muss sich von der »tief eingefressenen Verranntheit ins Theoretische« lösen.[114] Philosophie ist nicht eine Wissenschaft unter anderen Wissenschaften und auch keine wissenschaftlich-theoretische Fundierungswissenschaft wie bei Husserl. Als »Urwissenschaft« beleuchtet sie die menschliche Welt *vor* dem Heraufdämmern aller Theorie. »Philosophie als Urwissenschaft« ist also genau genommen ein Paradox: eine Theorie des menschlichen Erlebens vor dem Beginn des Theoretisierens.

Wie für Bergson, so ist auch für Heidegger das wichtigste Urerlebnis die *Zeit*. Zeitlich zu sein, zu spüren, dass man sich in einer Zeit befindet, dass Zeit anhält und zugleich vergeht, ist die existenziellste aller menschlichen Erfahrungen. Alles »Welthafte« ist zeitlich. Der Raum dagegen ist ein Bewusstseinskonstrukt, nicht ursprünglich, sondern konstruiert. Den Raum bastelt man sich sinnlich-denkerisch zur Orientierung, die Zeit dagegen ist immer schon da. Mit Bergson antwortet Heidegger damit auf die Grundlagenkrise der Physik zu Anfang des Jahrhunderts. Kein Wunder, dass den Physikern der Raum und die Materie fragwürdig werden, sind sie doch viel weniger wirklich und ursprünglich als die Zeit. Mit der Zeit haben die Philosophen nun wieder den festen Urgrund alles Seins und Daseins unter den Füßen, über den sie viel mehr und viel Gewichtigeres zu sagen haben als ein Physiker. Was dieser nur messen kann, kann der Philosoph *ergründen*. Die im 19. Jahrhundert arg gebeutelte Philosophie hat nun endlich wieder ein unantastbares Fundament. Mag Gott weg sein und die Logik allen gehören, die Erfahrung der Zeit als das wahre Existenzial ist die Domäne der Philosophen.

In Bergsons unmittelbarer Zeiterfahrung sieht Heidegger seine eigene Erfolgsspur; sein *Surplus* gegenüber Husserl wie gegenüber dem in Deutschland so erfolgreichen Neukantianismus. Das »Irrationale«, das der Neukantianismus scheut wie der Teufel das Weihwasser, ist kein unbedeutender subjektiver Rest, sondern das »Irrationale« steht im philosophischen Zentrum als die »Urerfahrung« des Daseins. Wer das »Irrationale« ausgrenzt, überlässt es dagegen den Spinnern, den Weltanschauungspropheten, von denen es nach dem verlorenen Krieg in Deutschland nur so wimmelt. Das »Irrationale« philosophisch zu ergründen und zu erden ist für Heidegger also nicht nur ein erkenntnistheoretischer Auftrag, sondern auch eine ethische Mission. Es muss zurückgeführt werden in den Schoß einer umfassenden und ordentlichen Philosophie. Mit einem Wort: Glauben darf nach dem Tod Gottes nicht nur Meinen sein, sondern es muss zurückgeholt werden zu seinem Urgrund: dem existenziellen Erfahren der Welt.

Aristoteles Revisited

Heideggers philosophisches Programm ist kulturelle Erneuerung, nicht anders als die Absichten Schelers und auch Husserls spätestens seit dem Ersten Weltkrieg. Doch im Unterschied zu Husserl forstet Heidegger die Philosophie seiner Zeit gnadenlos nach allem durch, was seinem Programm im Weg steht. Und das ist vor allen Dingen die philosophische Sprache. Husserls Phänomenologie strotzt von Fachbegriffen griechischen und lateinischen Ursprungs. Aber wie viel echtes Leben steckt in den zweieinhalbtausend Jahre alten Wörtern? Wie Bergson so misstraut Heidegger all den überkommenen Fachbegriffen, deren wahrer Bedeutungsgehalt längst das Weltliche gesegnet hat. Tausendfach gebraucht und abgenutzt sind sie zu Hülsen geworden, die viel tote Gelehrsamkeit beinhalten, aber kaum noch nachvollziehbare Bedeutung.

Dass Heidegger der Frage entschlossen nachgeht, liegt auch an einem äußeren Umstand. Husserls Assistent ist inzwischen in Göttingen und in Marburg Gesprächsthema als Anwärter auf eine außerordentliche Professur. Dafür aber braucht er dringend eine neue Veröffentlichung. Auf diese Weise entsteht 1921/1922 die Skizze eines Forschungsprogramms mit dem Titel *Phänomenologische Interpretationen zu Aristoteles*. Dass »Interpretationen« hier das richtige Wort ist, darüber kann man streiten. Heidegger steckt den antiken Philosophen so in die Saftpresse, dass die ursprüngliche Bedeutung seiner Philosophie als Konzentrat herausquellen soll. Die »*griechische* Begrifflichkeit«, in der sich die heutige Philosophie »uneigentlich« bewege, soll entkrustet werden, die »verdeckten Motive, unausdrücklichen Tendenzen«

herausgearbeitet und die »ursprünglichen Motivquellen« freigelegt werden.[115] Doch Heidegger ist nicht an der ursprünglichen Bedeutungswelt des *Aristoteles* (384 v. Chr.–322 v. Chr.) interessiert, wie man jetzt annehmen könnte. Er ist kein Philologe, kein Mentalitäts- oder Kulturhistoriker. Der tatsächliche Kontext, in dem Aristoteles' Begriffe mal lebten, bevor sie Gespenster der Überlieferung wurden, ist ihm nicht wichtig. Aristoteles zu »destruieren«, wie Heidegger sagt, bedeutet für ihn, aus Aristoteles herauszulesen, was die Lebensphilosophie Bergsons und die Existenzphilosophie Kierkegaards für die Gegenwart sind: Worte, um das »faktische Dasein« zu erspüren, das vor aller Begrifflichkeit liegt. Und dieses »faktische Dasein« kann weder allgemeinverbindlich beschrieben noch über Jahrtausende in Worthülsen mumifiziert werden. »Das faktische Dasein ist, was es ist, immer nur als das eigene, nicht das Überhauptdasein irgendwelcher allgemeiner Menschheit, für die zu sorgen lediglich ein erträumter Auftrag ist.«[116]

Was die Treue zum Original anbelangt, so ist Heidegger mit seiner Aristoteles-Interpretation noch freihändiger als mit dem vermeintlichen Duns-Scotus-Text. Die Faktizität, die im Denken des griechischen Philosophen verborgen ist, soll mithilfe einer »phänomenologischen Hermeneutik« erhellt werden. Wie ist sich Aristoteles selbst da? So etwa könnte man die Frage im Rückgriff auf eine etwas spätere Vorlesung Heideggers über Ontologie stellen.[117] Auf diese Weise verbindet er zwei Fragen an Aristoteles miteinander, die Husserl nie stellen würde: Wie zeigt sich uns der historische Aristoteles? Und wie nimmt dieser sich selbst in seinem Dasein wahr? Phänomenologie ist damit nicht mehr wie bei Husserl *Beschreibung*, sondern *Interpretation*, oder genauer: die Interpretation der Selbstinterpretation, in diesem Fall jener des Aristoteles. Zu verstehen, wie jemand sich selbst versteht, bezeichnet Heidegger in höchst eigentümlichem Sprachgebrauch als »Logik«. Wenn die Ontologie die Lehre vom Sein ist, so ist »Logik«, wie Heidegger sie versteht, die Lehre vom Sprechen über das Sein. Mit der historisch überlieferten Logik, wie Aristoteles sie definiert, hat das wenig zu tun, und Altphilologen hätten viel Grund zur Empörung. Aber Heidegger möchte Aristoteles nicht philologisch exakt wiedergeben, sondern das philosophische Potenzial ausdeuten, das er in Aristoteles' Selbstverständnis versteckt sieht. Vor allem fasziniert ihn, dass der antike Denker im sechsten Buch seiner *Nikomachischen Ethik* sagt, dass »Wahrheit« nicht nur auf die Sphäre der Theorie beschränkt sei. Auch die *téchne* (das Herstellen und zielbewusste Handeln) und die *praxis* (das alltägliche Handeln und Verrichten) hätten ihre Wahrheit. Findet Heidegger hier nicht sein Streben nach einer tiefen Wahrheit vor jeder Theoriebildung wieder? Und kann er Aristoteles damit nicht unterstellen, er hätte bereits nach dem Gleichen gefahndet wie Heidegger im 20. Jahrhundert?

Ob sich daraus tatsächlich ein belastbares Werk zimmern lässt, das dem historischen Aristoteles gerecht wird, ist die Frage. Und bezeichnenderweise hat Heidegger dies auch nie in Form eines umfangreichen eigenständigen Werks über Aristoteles getan. Die Programmschrift erfüllt trotzdem vollständig ihren Zweck. Zwar lehnt die Göttinger Universität ihn ab, dafür aber nimmt man Heidegger in Marburg als Extraordinarius an. Der betagte, frisch emeritierte Neukantianer Paul Natorp, inzwischen von Husserl beeinflusst und mit Religionsphilosophie beschäftigt, macht sich für den kühnen Phänomenologen aus Freiburg stark, der so eigenständig mit der Philosophiegeschichte umspringt. Im Herbst 1923, gerade vierunddreißig geworden, hat Heidegger sein erstes großes Etappenziel erreicht. Er ist endlich Professor, und er hat nicht vor, einer unter vielen zu bleiben.

Existenz erhellen

»Wälder lagern / Bäche stürzen / Felsen dauern / Regen rinnt / Fluren warten/Brunnen quellen/Winde wohnen/Segen sinnt.« Die Hütte in Todtnauberg, spartanisch, grau am Hang mit blau umrandeten Fenstern und grünen Fensterläden, steht noch immer da wie aus der Zeit gefallen. Die Informationstafel mit Heideggers Versen weist auf die zweiundvierzig Quadratmeter kleine Behausung hin, mit ihrer winzigen Stube, der schlichten Küche und dem einfachen Schlafzimmer. Fast zehn Jahre seines Lebens soll Heidegger an diesem Ort auf der Sturmhöhe im Schwarzwald verbracht haben, inmitten blumiger Bergwiesen im Sommer, in rauer feuchter Kälte im Winter. Seit dem August 1922 an vielen Wochenenden, mitunter auch länger in den Semesterferien, zieht er sich in die Bergeseinsamkeit in 1150 Meter Höhe zurück, um in einfachem Leinen und mit Zipfelmütze wie ein Schwarzwaldbauer zu leben und Tiefgreifendes zu schreiben.

Tatsächlich wird Heidegger sein künftiges Hauptwerk weniger hier, zwischen Waldrand und Wollgräsern, schreiben als im nahe gelegenen Dorf in einem Zimmer im gemütlich-komfortablen Bühlhof. Auch hat er die Hütte am Hang nicht selbst gezimmert, sondern seine Frau Elfride hat sie von einem Bauern errichten lassen. Und von Freiburg dorthin gewandert ist er auch nicht, sondern die rund dreißig Kilometer fährt ihn Elfride mit dem Auto. Gleichwohl ist die Hütte bis heute ein Symbol. Trotz seiner anstehenden Professur in Marburg hat Heidegger unterhalb des Feldbergs das Bild des Philosophen neu erfunden: kein Disputierender an der Universität, sondern ein einsamer, genügsamer Asket – Diogenes in der Tonne statt Platon in der Akademie. Das Rollenbild wird sich den faszinierten Zeitgenossen und der Nachwelt tief eingraben: der Philosoph als Eremit in einer ihm fremden Zeit, der Seher des Wesentlichen, des Existenziellen und Überzeitlichen, sturmumtost in seiner Hütte in einem dahinjagenden, lärmenden Jahrhundert.

Philosophie, dieses Synonym für geistigen Fortschritt und Zivilisation, als antizivilisatorische Geste! Dazu der Rückzug aufs Wesentliche, innerlich wie äußerlich – wie schräg steht Heideggers Auftreten zur Gelehrtenwelt des frühen 20. Jahrhunderts. In einen Lodenanzug gekleidet hat er die Studenten im Freiburger Hörsaal verzaubert. Diesem Stil wird er treu bleiben. Das Leben der einfachen Leute in den Bergen ist dem wahren Sein näher als der akademische Zirkus und der Kulturbetrieb. Im April 1926 wird er es in einem Brief schreiben: »Es ist schon tiefe Nacht – der Sturm fegt über die Höhe, in der Hütte knarren die Balken, das Leben liegt rein, einfach und groß vor der Seele ... Zuweilen begreife ich nicht mehr, daß man da unten so merkwürdige Rollen spielen kann.«[118]

Seinem inszenierten Selbstbild zum Trotz wird sich Heidegger sehr stark in das Leben »da unten« einmischen. Genügsam wie ein Bergbauer ist er nicht, und sein brennender Ehrgeiz wird ihn dazu bringen, eine Rolle zu spielen, von der man froh wäre, sie nur mit dem Prädikat »merkwürdig« abstempeln zu können. Den Brief über sein Glück in der Hütte schreibt er an *Karl Jaspers* (1883–1969). Die beiden kennen sich seit 1920, und seit 1922 sind sie Freunde. Jaspers, der Sohn eines Oldenburger Bankdirektors und liberal-konservativen Landtagsabgeordneten, stammt, anders als Heidegger, aus dem Großbürgertum. Der an Lunge und Herz beeinträchtigte junge Mann wollte zunächst Jurist werden, entschied sich jedoch um für ein Medizinstudium in Berlin, Göttingen und Heidelberg. Nach seiner Promotion bei dem Neukantianer Windelband arbeitete er von 1909 bis 1914 als Assistent an der Psychiatrischen Universitätsklinik. In dieser Zeit lernt Jaspers den berühmten Soziologen *Max Weber* (1864–1920) kennen. Webers Überzeugung, dass sich nüchterne Wissenschaft niemals mit Werthaltungen oder gar Weltanschauungen vermischen darf, stürzt

Jaspers in ein Dilemma. Denn was tun die Ärzte und Psychiater in der Klinik anderes, als die Symptome der psychisch Kranken wissenschaftlich auszudeuten. Befund und Interpretation lassen sich in der Praxis der Seelendeutung nicht sauber trennen und verstoßen so gegen Webers wissenschaftliches Reinheitsgebot. Kein Wunder, dass sich zwischen der experimentellen Psychologie auf der einen und Sigmund Freuds Interpretationskosmos auf der anderen Seite eine unüberbrückbare Kluft auftut. Die empirischen Psychologen verstehen nichts von der inneren Logik der Psyche, und Freuds Ausdeutungen sind nicht wissenschaftlich.

Um das Dilemma aufzulösen, schreibt der dreißigjährige Jaspers 1913 ein ganz neues Lehrbuch, die *Allgemeine Psychopathologie*. Er unterscheidet darin zwischen zwei Zugangsweisen zur Psyche der Kranken. Angelehnt an Diltheys Begriffspaar »Erklären« und »Verstehen« trennt er das, was streng medizinisch sichtbar ist, von dem, was nur durch »Verstehen« begriffen werden kann. Dabei unterscheidet Jaspers »statisches Verstehen«, bei dem der Arzt zu seinem Befund kommt, vom »genetischen Verstehen«. Letzteres ist Jaspers' ganz spezielle Zutat zur bestehenden Psychopathologie. Inspiriert durch Husserl möchte er eine Methode entwickeln, die die Logik der Seele einfühlend nachvollzieht. Was Husserl bei der gesunden Psyche nachzeichnet, soll der phänomenologisch geschulte Arzt bei der kranken Psyche leisten: eine Rekonstruktion der inneren Welt des Patienten, die ohne Kenntnis seiner Entwicklung und seiner Lebensumstände nicht geleistet werden kann: »Die Phänomenologie hat die Aufgabe, die seelischen Zustände, die die Kranken wirklich erleben, uns *anschaulich zu vergegenwärtigen*, nach ihren Verwandtschaftsverhältnisse zu betrachten, sie möglichst scharf zu *begrenzen*, zu *unterscheiden* und mit festen Termini zu belegen.«[119] Nur im Ganzen, dem medizinischen Erklären und dem philosophischen Verstehen, ließe sich »evident« machen, was eine psychopathologische Störung tatsächlich ist. Am Ende steht also kein naturwissenschaftlich exakter Befund, sondern eine philosophische Verstehensleistung.

Mit seinem *Lehrbuch* möchte Jaspers den Philosophen ebenso das Terrain sichern wie zeitgleich Bergson, Cassirer, Hönigswald und Husserl. Am Ende sind alle geistigen Vorgänge grundsätzlich nur philosophisch auszudeuten und niemals durch empirisch arbeitende Wissenschaftler. In die gleiche Kerbe schlägt auch sein nächstes Buch *Psychologie der Weltanschauungen*. Leben, so meint Jaspers, ebenso wie Scheler, ist unausgesetztes Werten. Wie Heidegger so begeistert er sich für Kierkegaards Sicht, dass das Leben aus Einstellungen, Haltungen und Entscheidungen besteht. Alles Leben ist dadurch voreingenommen, denn ohne Wertungen sortiert sich die Welt nicht. Wir beurteilen nicht nur die Dinge, sondern auch die Gedanken, die wir uns über uns selbst machen, und wir begeistern uns für das eine und für das andere nicht. Nach und nach bildet sich daraus ein »Gehäuse«, ein »Weltbild«. Die subjektive Sicht wird so über die Welt gestülpt, dass beides miteinander verschmilzt. Doch warum entscheiden sich Menschen für so unterschiedliche »Gehäuse«? Für Jaspers liegt die Wurzel aller Weltanschauungen in der Art, wie Menschen mit den existenziellen Grenzsituationen des Lebens umgehen: mit dem Tod, dem Leiden, dem Kampf, dem Zufall der Existenz und der Schuld. Biologisch in eine darwinistische Welt geschleudert, so sieht es der Nietzsche-Leser, streben Menschen nach ganzheitlichen und sinnstiftenden Ideen, um ihr Schicksal geistig zu bewältigen. Eigentlich könnte man dabei leicht zum Nihilisten und radikalen Skeptiker werden. Doch dagegen gibt es ein Mittel: sich auf die eigene *Existenz* zu besinnen und in ihr seinen Halt zu finden!

Jaspers' Buch, das erste Werk der »Existenzphilosophie«, wie er später sagen wird, erscheint 1919, pünktlich zur Auflösung der alten Ordnung des Deutschen Kaiserreichs und inmitten eines überbordenden Karnevals an hergebrachten und neuen Weltanschauungen. Ganzheitlichkeit und radikale geistige und soziale Erneuerung versprechen *Rudolf Steiners* (1861–1925) Anthroposophie, *Ludwig Klages'* (1872–1956) esoterische Charakterkunde, die Reformpädagogik, die Lebensreformbewegung und die Freikörperkultur, der Anarchosyndikalismus, der russische Suprematismus und der Bolschewismus, der Revanchismus der Nationalkonservativen, der Futurismus und der Faschismus in Italien sowie ungezählte christliche Erneuerungsbewegungen, darunter Schelers katholischer Sozialismus, um nur einige von vielen zu nennen.

Als Jaspers 1920 im Hause Husserl dem sechs Jahre jüngeren Heidegger begegnet, sind sich beide in einem einig. Die neue Zeit bedarf zwar eines neuen geistigen Fundaments – aber eines, das tiefer liegt als bei allen Weltanschauungen! Die professorale Gelehrsamkeit Husserls gibt dafür nicht genug her. Der feste Sockel aller inneren und äußeren Überzeugung muss nicht im Bewusstsein, sondern in der unbedingten Reflexion auf die eigene Existenz gefunden werden. »Existenzerhellung« wird Jaspers sein Programm erst 1932 nennen. Die Stoßrichtung steht allerdings schon seit Ende des Ersten Weltkriegs fest.

Im Jahr 1920 wird Jaspers ordentlicher Philosophieprofessor in Heidelberg. Heidegger, zu diesem Zeitpunkt noch Husserls Assistent, schreibt fast zwei Jahre an einer Rezension der *Psychologie der Weltanschauungen*, die wegen ihres Umfangs in keiner Fachzeitschrift abgedruckt wird. Dabei sind sich die Brüder der »Kampfgemeinschaft«, wie Heidegger 1922 an Jaspers schreibt, im wesentlichen Punkt einig: Wenn die Naturwissenschaften, spätestens seit Darwin, dem Menschen keinen Halt in der Welt bieten und ihn mit einem biologisch sinnlosen Dasein konfrontieren – dann muss der Sinn des eigenen Daseins außerhalb des naturwissenschaftlichen Zugriffs gefunden werden, in einer illusionslosen philosophischen Selbstvergewisserung der persönlichen Existenz.

Mit dieser Grundüberzeugung im Gepäck kommt Heidegger im Herbst 1923 nach Marburg. Er will das »Wachsein des Daseins für sich selbst« aufzeigen und stärken.[120] Aber er will noch weit mehr als dies. Die neuen Kollegen sieht er vom ersten Augenblick an als Konkurrenten. Insbesondere dem sieben Jahre älteren Marburger Platzhirsch Nicolai Hartmann, dem Nachfolger Natorps, will er einheizen. Ich »werde ihm – durch das Wie meiner Gegenwart – die Hölle heiß ... machen; ein Stoßtrupp von 16 Leuten, bei manchen unvermeidlichen Mitläufern einige ganz ernste und tüchtige, kommt mit«.[121] Und kaum hat Heidegger seine Assistentenstelle bei Husserl verlassen, ohne den er nie ins Rampenlicht und zu seiner Marburger Professur gelangt wäre, rechnet er gegenüber Jaspers mit seinem Mentor ab: »Husserl ist gänzlich aus dem Leim gegangen – wenn er überhaupt je ›drin‹ war ... er pendelt hin und her und sagt Trivialitäten, daß es einen erbarmen möchte. Er lebt von der Mission des ›Begründers der Phänomenologie‹, kein Mensch weiß, was das ist.«[122]

Heideggers Erfolg bei den Marburger Studenten lässt nicht lange auf sich warten. Im Lodenanzug oder in winterlicher Skikluft inszeniert er sich als Natur- und Tatmensch ganz im Gegensatz zum feinsinnig vornehmen Hartmann. Als dessen Studenten vielfach zu Heidegger überlaufen, folgt der Enttäuschte 1925 einem Ruf nach Köln. Der »Zauberer« in Loden ist nun die unangefochtene philosophische Autorität. *Rudolf Bultmann* (1884–1976), als Theologe von Heidegger nicht als Konkurrenz empfunden, lässt sich vom Philosophen nachhaltig beeindrucken. Zu Heideggers begabtesten Studenten gehören *Karl Löwith* (1897–1973), *Hans Jonas* (1903–1993), *Hans-Georg Gadamer* (1900–2002) und *Hannah Arendt* (1906–1975), die alle später ihren Fußabdruck in der Philosophie, vor allem der deutschen Nachkriegsphilosophie hinterlassen. Mit Letzterer hegt Heidegger eine streng geheime Liaison, bis sie 1926 auf sein Drängen nach Freiburg zu Husserl geht. Ihr Mentor und Geliebter braucht einen freien Kopf. Die Marburger Universität beabsichtigt ihn zum Nachfolger Hartmanns und damit zum ordentlichen Professor zu machen. Dafür aber muss der Extraordinarius endlich mal ein größeres Werk veröffentlichen. Die Zeitläufe zwingen ihn, und die Zeit drängt, als Heidegger sich 1926 immer wieder in den Bühlhof in Todtnauberg eingräbt und seine Gedanken über das Dasein und das Wesen der Existenz in Windeseile ordnet und provisorisch gliedert. Der Titel des Werks fasst seine beiden großen Lebensthemen aufs Kürzeste zusammen: *Sein und Zeit.*

Sein und Zeit

Über die Entstehung von *Sein und Zeit* gibt es viele Geschichten. Und erst die neuere Forschung hat gezeigt, warum Heidegger sein Hauptwerk so schnell schreiben konnte. Die meisten der wichtigen Begriffe fallen ihm in seiner Auseinandersetzung mit Aristoteles ein und finden sich entsprechend in den Vorlesungen der Jahre 1923 bis 1925. Das ziemlich schnell zusammengeschriebene Buch ist der Versuch, all dies zu ordnen, doch er bricht nach dem zweiten Abschnitt des ersten Teils unvermittelt ab. Geplant war ein systematischer erster Teil in drei Abschnitten sowie ein zweiter historischer Teil ebenfalls in drei Abschnitten, der das systematisch Gewonnene nutzen sollte, um die Philosophiegeschichte (Kant, Descartes und Aristoteles) zu »destruieren«.

Von der »Konstruktion« und der »Destruktion« existiert also nur die unvollständige »Konstruktion«: der Versuch einer systematischen Erschließung dessen, was es heißt zu existieren. Und das zentrale Anliegen Heideggers ist es zu zeigen, dass die Existenz nicht wie bei Husserl und Natorp (und auch sonst sehr oft in der philosophischen Tradition) theoretisch erkannt werden kann. »Die tief eingefressene Verranntheit ins Theoretische« ist für Heidegger der Irrtum der Philosophie schlechthin, wie er schon 1919 herausstellt.[123] Die »Vorherrschaft des Theoretischen muss gebrochen werden«,[124] es führt zu nichts anderem als zur »Ent-Lebung«.[125] In *Sein und Zeit* wird deswegen vom unmittelbaren Erleben ausgegangen und von dort aus auf das Sein und die Welt geschlossen. Welche *sinnhaften Bezüge* bestehen ganz unmittelbar zwischen den verschiedenen Erlebnissen des Daseins, und inwiefern wird es trotz dieser Mannigfaltigkeit in gewisser Weise als ein Ganzes, eine Einheit erlebt?

Anders als die traditionellen Seinslehren seit Aristoteles sucht Heidegger damit nicht nach »Substanzen« oder Dingen, aus denen das Sein bestehen soll, sondern er ergründet das Sein aus der Perspektive des erlebenden Menschen, für den es sich sinnhaft erschließt. Husserl hatte das Gleiche aus der Perspektive des Denkens heraus versucht, aber nach Heidegger hatte er damit sehr viel Wesentliches verfehlt. Denn der große Sinnzusammenhang des Seins ist für ihn keine bewusste Gedankenkonstruktion oder Gedankenabstraktion, sondern etwas so unmittelbar Erlebtes, dass es als Selbstverständlichkeit erlebt wird, obgleich es tatsächlich ein überaus kompliziertes Geflecht ist. Und dieses Geflecht gilt es für Heidegger zu ergründen.

Der erste Abschnitt von *Sein und Zeit* widmet sich folglich dem »Sein«. Dieses Sein ist gleichbedeutend mit dem menschlichen Verständnishorizont. Etwas »ist«, indem es etwas für mich ist. Alles Seiende wird erst durch das Erleben und Verstehen zu »Sein«, allerdings nicht zu einem relativen Sein (sein *für mich*), sondern tatsächlich zu einem existenziellen Sein. Wie geschieht dieser Prozess? Am Anfang allen Erlebens steht das »In-der-Welt-sein«. Wir finden uns so vor, dass wir »in« etwas sind. Die Welt ist uns nicht als Objekt entgegengesetzt wie im traditionellen philosophischen Denken, sondern sie ist immer schon da, und zwar so, dass wir spüren, dass wir »in« ihr sind. Daraus folgt für Heidegger sehr viel. Was uns alltäglich als Seiendes begegnet, ist kein »Vorhandensein« (die *theoria* bei Aristoteles), sondern ein »Zurhandensein« (die *poiesis* des Aristoteles). Es ist ein Teil unseres Daseins (*praxis*) und tritt uns als »Zeug« entgegen, dem wir nicht gleichgültig gegenüberstehen. Stattdessen nehmen wir es immer schon so wahr, dass es zu etwas dient. Statt aus philosophischer Distanz nehmen wir eine Haltung der »Umsicht« ein. Wir blicken auf die Dinge unter dem Blickwinkel, wie wir sie gebrauchen können. Was ein Hammer ist, erklärt nicht Husserls praxisferne *epoché*, sondern »das Hämmern selbst entdeckt die spezifische ›Handlichkeit‹ des Hammers«.[126] In ihrem »Zurhandensein« sind die Dinge Teil einer Welt, die wir mit anderen teilen. »Sein« bedeutet also auch immer »das Mitsein mit Anderen«.[127]

Da der Umgang mit dem »Zeug« nicht automatisch und reibungslos verläuft, sondern oft »aufdringlich« oder »aufsässig« ist, braucht es die theoretischen Wissenschaften, um das »Zeug« zu durchdringen und handhabbar zu machen. Auch das »Mitsein« mit anderen ist voll von Störungen. Hier lauert die alltägliche Gefahr, sich zu verlieren und »uneigentlich« zu werden. Als kulturelles und geschichtliches Wesen kann sich niemand außerhalb der Gesellschaft stellen, der Welt des »Man«. Dieses »Man« ist eine »Faktizität«, sie gibt Regeln und Normen vor und ermöglicht zugleich einen gesellschaftlichen Handlungsspielraum. Doch wie leicht liefern wir uns diesem »Man« gänzlich aus und verlieren uns selbst in der Überanpassung an die anderen? Der ins Leben Geworfene gewinnt so keine Selbstbestimmung und erfährt sich nur noch in seiner Geworfenheit.

Das »In-Sein« in der Welt ist also nicht bloßes Vorhandensein, sondern man kommt gar nicht umhin, sich zur Welt zu verhalten, weil wir die Welt immer so erleben, dass sie uns etwas »angeht«. Unser »In-Sein« ist somit durch drei fundamentale Existenziale gekennzeichnet. Das ist einmal die »Befindlichkeit«, die durch »Angst« geprägt ist. Sie ringt um ihre Eigentlichkeit und sieht sich stets durch Zweideutigkeit und damit »Uneigentlichkeit« bedroht. Da ist das »Verstehen« der anderen und seiner selbst, ohne dass wir uns nicht »entwerfen« können, bestehend aus der Neugier und dem Gewissen, das »das

Dasein vom Man zu sich Selbst« holt. Und da ist als Drittes die »Rede«. Als sprachbegabte Wesen übersetzen wir die Bedeutsamkeiten unserer Welt in Worte. Kein »Mitsein« mit anderen ohne »Mit-Teilung«. Die Sprache sichert die Gemeinschaftlichkeit, sie macht uns im griechischen Sinne *politisch*, also zum Teil einer öffentlichen Sphäre gemeinsamer Angelegenheiten. Aber auch die Rede droht »uneigentlich« zu werden, nämlich in der »Bodenlosigkeit des Geredes«. Ohne ein gewisses Maß an »Verschwiegenheit« kann sich der Daseiende seine Eigentlichkeit, sein »Selbst«, nicht bewahren.

Mit all dem trägt das menschliche Dasein in der Welt den Charakter der »Sorge«. Der Mensch existiert nicht einfach in der Gegenwart, sondern er muss sich ganz existenziell auch immer um seine Zukunft sorgen. Auf diese Weise ist man sich immer schon »vorweg« in der Welt. Und die »Sorge« ist, nach Heidegger, das »Strukturganze«, welches die Einheit der Weisen des Selbst- und Weltbezugs sowie ihren Sinn und Zweck ausmacht.[128] Wer sich in der Welt vorfindet, findet sich *faktisch* immer als Sorgender vor. Die Sorge ist zudem *existenziell*. Denn Existieren bedeutet, sich vorweg zu sein und damit überhaupt über die Möglichkeit zu verfügen, sich zu entwerfen und frei zu handeln. Und die Sorge ist drittens durch das *Verfallen* gekennzeichnet, man ist in der Gegenwart nie völlig bei sich selbst, sondern immer »bei« etwas, das heißt mit etwas beschäftigt, das einen einnimmt. Die »Faktizität« des Schon-in-der-Welt-Seins sichert für Heidegger den menschlichen Bezug zur Vergangenheit. Man weiß, dass man da ist, weil man immer schon da war. Die »Existenzialität« des Sich-vorweg-Seins enthält die Dimension der Zukunft. Um handeln zu können, muss man sich gedanklich immer schon voraus sein. Und das »Verfallen« kennzeichnet die Gegenwart, in der man stets bei etwas ist.

Wer das »Sein« verstehen will, der kann es, nach Heidegger, nur aus der »Sorge« heraus verstehen. Durch die Sorge bekommt das Sein die Dimension des »Woraufhin«. Wir entwerfen unser Leben auf Ziele und Zwecke hin. Wir »erschließen« uns das Sein als Seiendes durch »Vorhabe«, »Vorsicht« und »Vorgriff«, ohne die nichts einen Sinn hat. Damit ist Heidegger bei der zweiten Dimension seines Buchs angelangt: der Zeitlichkeit der Existenz. Der gesamte zweite Abschnitt von *Sein und Zeit* widmet sich der Frage, wie sich das Dasein in der Zeit vollzieht und entfaltet. Sein und Zeit sind nicht zu trennen. Wenn Dasein bedeutet, sich wesenhaft in der Welt zu befinden, und die Sorge uns dazu treibt, uns Entwürfe dessen zu machen, was ein weiteres »In-der-Welt-sein« sein könnte, so geht dies nur, weil unser Dasein Vergangenheit, Gegenwärtigkeit und Zukunft in sich einschließt. Jeder Daseinsvollzug ist damit immer schon zeitlich strukturiert, und ohne Zeit ist gar kein Dasein möglich. Ohne die Dimension der Zeitlichkeit kann sich unser Dasein nicht selbst verstehen, nicht über das »bei etwas sein« hinausgreifen. Zeitbewusstsein und Verstehen gehören untrennbar zusammen: »Die Zeitlichkeit ist die Bedingung der Möglichkeit der Seinsverfassung des Daseins. Zu dieser gehört aber Seinsverständnis, wenn anders das Dasein als existierendes zu Seiendem, das es nicht selbst und das es selbst ist, sich verhält. Sonach muss die Zeitlichkeit auch die Bedingung der Möglichkeit des zum Dasein gehörigen Seinsverständnisses sein.«[129] Mit anderen Worten: Sowohl unser *Dasein* als auch unser *Verständnis* von unserem Dasein sind ohne die Dimension der Zeitlichkeit nicht denkbar.

Wenn die Zeit auf diese Weise alle unsere Erfahrungen fundiert, dann ist Gegenwärtiges nicht realer als Vergangenes und Zukünftiges. Im Erfahrungshorizont der »Sorge« sind sie alle gleich wichtig: Vergangenes *ist* genauso wie Gegenwärtiges oder Zukünftiges. Und eine zutreffende Erklärung des Seins gibt der Gegenwart keinen Vorrang vor anderen Zeitdimensionen. Stattdessen beschreibt sie die Art und Weise, wie sich unser Dasein im Horizont der Zeit existenziell vollzieht. Stets greifen wir uns selbst voraus, suchen »vorlaufend« nach Lebensmöglichkeiten, nach Entwürfen, in denen wir uns realisieren. Gespeist aus all unseren früheren Erfahrungen, der »Gewesenheit«, suchen wir nach einem Daseinsvollzug, der sich über sich selbst im Klaren ist, dem also »Durchsichtigkeit« gegeben ist. Denn nur ein durchsichtiges Erschließen des Lebens kann verhindern, dass wir vom Selbst ins »Man« abgleiten, dass wir im Modus des »Sich-Überlassens« unsere Eigentlichkeit verlieren.

Durchsichtig wird unser Leben demnach nicht, wie bei Bergson, in der Erfahrung des Augenblicks, sondern im »Sich-vorweg-sein«. Nur wer sich voraus ist, kann sich treu bleiben und die geeigneten Möglichkeiten des eigenen Seinkönnens herausfinden und realisieren. Nicht »anwesend«, sondern »vorausschauend« ist das Dasein sich am nächsten. Gleichwohl räumt Heidegger auch dem Aufgehen im Augenblick sein Recht ein. Wenn wir, »benommen« durch die Welt, »selbstvergessen« in der Gegenwart »aufgehen«, gewärtigen wir immerhin die Möglichkeiten der Gegenwart. Und insofern ist auch das »gewärtigend-behaltend-vergessende Gegenwärtige« von Wert. Das »bloße Hinsehen« schärft den Sinn für die »Vorhandenheit«.

Mit der Gliederung der Zeit in verschiedene Gegegebenheitsweisen – Heidegger nennt sie »Ekstasen« – erschließt er die Dimensionen der Zukunft, der Gegenwart und der Gewesenheit aus dem menschlichen Erleben: Zukunft ereignet sich im Vorlaufen, dem ständigen Vorausgreifen im menschlichen Dasein bis zu seinem Endpunkt, dem Tod. Gegenwart ereignet sich im Augenblick (*kairos*). Und Gewesenheit erschließt sich uns in der Wiederholung des Erlebten durch das Erinnern, gekennzeichnet durch Vergessen und Behalten. Was jetzt noch fehlt, ist eine direkte Verknüpfung der verschiedenen Seinsweisen des Lebens mit der Zeit, eine detaillierte Anwendung und Ausmalung, inwiefern die Zeit die Ausprägungen unseres Seins *fundiert*. Genau dies sollte im dritten Abschnitt des ersten Teils erfolgen – und genau hier bricht Heidegger im Januar 1927 sein Manuskript ab.

Was war geschehen? In den ersten beiden Teilen hatte Heidegger das Sein und die Zeit so beschrieben, als wenn beides gleichsam überzeitlich feststünde. Das Sein im ersten Abschnitt von *Sein und Zeit* hat keine Geschichte. Wie bei Aristoteles, dessen Ontologie Heidegger vom Kopf auf die Füße stellen will – von einer Betrachtungsweise von oben und außen zu einer Betrachtungsweise des Seins von unten und innen –, scheinen die Bestimmungen des Seins unberührt von jeder Veränderung. Das Sein und das Dasein sind, was sie sind, gleichsam in Stein gemeißelt. Die Dimension der Zeit ist nun einerseits Heideggers Trumpf gegen die Substanzontologie. Sie besagt, mit Bergson, dass alles Sein Veränderung ist und nur die Zeit selbst Dauer hat. Doch wenn das stimmt, dann versetzt die Zeit die Existenziale des ersten Abschnitts in Bewegung. Was überzeitlich gedacht ist, wird nun veränderbar, es wandelt sich in ungezählten Ausprägungen, es wird relativ statt absolut. Mit einem Wort: Es wird *historisch*! Damit aber wäre das Sein kein Existenzial mehr, sondern eine Variable. Fundiert würde sie durch die Geschichtlichkeit. Da aber Geschichte Menschenwerk ist und nichts Übergeschichtliches, kann sie das Sein und das menschliche Dasein nicht fundieren. Man kann es drehen und wenden, wie man will: Das Problem ist unlösbar. Entweder behauptet man, das Sein ließe sich unabhängig von seiner Geschichte existenziell fundieren, dann wäre es nicht historisch wandelbar. Oder es ist historisch wandelbar, dann aber besteht es nicht mehr aus unveränderlichen Existenzialen.

Heidegger steckt in der philosophischen Sackgasse. Gleichwohl lässt er *Sein und Zeit (Erste Hälfte)* 1927 erscheinen, und zwar im achten Band von Husserls *Jahrbuch für Philosophie und phänomenologische Forschung*. Im Oktober 1927 erhält er die ersehnte ordentliche Professur in Marburg. Das Werk hat die Erwartungen nicht nur erfüllt, sondern übertroffen. Jetzt ist Heidegger nicht nur der versteckte König der Philosophie, der »Zauberer«, als den ihn seine Studenten wahrnehmen; er ist an Husserl vorbeigezogen und der führende Mann seines Fachs. Wie hatte es zu der ungeheuren Resonanz auf *Sein und Zeit* kommen können?

Zwei Jahre dauert es, bis Husserl in Freiburg sich das Werk seines ehemaligen Assistenten zur Brust nimmt. Und seine Randbemerkungen haben es in sich. Zwar erkennt der gekränkte Großphilosoph darin überall seine phänomenologische Methode wieder, aber er sieht sie »ins Anthropologische« übertragen. »Dabei wird alles tiefsinnig unklar und philosophisch verliert es an Wert.«[130] Was Heidegger für einen entscheidenden Zugewinn gegenüber Husserl hält, sieht der Altmeister selbst als Verflachung. »Was da gesagt ist, ist meine eigene Lehre, nur ohne ihre tiefere Begründung.«[131]

Doch was Husserl stört, ist genau das, was viele Zeitgenossen so frenetisch feiern. Bei Heidegger wird aus der als blutleer empfundenen Phänomenologie ein faszinierender Blick auf die menschliche Existenz. Stimmungen werden darin zu Existenzialen, menschliche Befindlichkeit zur Entität, allen voran die Angst, und ein Sein, das »als Last offenbar geworden« ist.[132] Unser Sein erschließt sich nicht in der reflektierenden Distanz, sondern in der Stimmung. Wie wir gestimmt sind, entscheidet darüber, wie wir unser Dasein betrachten. Und die Grundstimmung der Angst, verbunden mit der ständigen Sorge, prägen uns mehr als der Inhalt unserer Reflexionen. Kein Schelm, wer hierin den leidenden jungen Heidegger in seinen »Ölbergstunden« wiederfindet, der sich tief besorgt um seine Zukunft aus seiner katholischen Geborgenheit herausgrübelt.

Heideggers Lebensgefühl, das in *Sein und Zeit* die Stimmung vorgibt, ist offensichtlich nicht nur sein eigenes. Es ist, mit seinen Begriffen gesagt, ein Teil des »Man«, wie die Geschichte es Ende der Zwanzigerjahre formt. Nur ein Jahr nach *Sein und Zeit* erscheint Helmuth Plessners Werk *Die Stufen des Organischen und der Mensch* (1928). Plessner hatte ein wahres Studium generale absolviert. Zoologie lernte er in Heidelberg bei Driesch,

Soziologie bei Max Weber, Philosophie beim Neukantianer Windelband und später bei Husserl in Freiburg. Im Jahr 1926 war er Professor in Köln geworden, eng verbandelt mit Scheler. Gemeinsam hatten sich beide auf das Gebiet der philosophischen Anthropologie vorgewagt. Als Scheler 1928 stirbt, hinterlässt er die Vorlesung »Die Stellung des Menschen im Kosmos«, die ein breiter Publikumserfolg wird. Die Zeichen der Zeit stehen auf eine Erdung des philosophischen Wissens in einer Lehre von der menschlichen Natur. Und genau dies versucht auch Plessner. Als Biologe arbeitet er heraus, was unbelebte von belebten Phänomenen unterscheidet. Es ist das Verhältnis zu einer »Umwelt«, mit der sich das belebte Phänomen über eine »Grenze« austauscht. Doch anders als Tiere ist das belebte Phänomen Mensch nicht bei sich. Es ist nicht zentrisch, sondern »exzentrisch«. Menschen setzten sich mittels ihres biologisch gegebenen Selbstbewusstseins zu ihrer Umwelt wie zu sich selbst in ein reflektierendes Verhältnis. Sie können die Welt, die sie erleben, als »Außenwelt«, »Innenwelt« und als »Mitwelt« wahrnehmen. Ein prägnantes Beispiel dafür ist unsere Physis. Von außen betrachtet ist sie unser Körper, von innen betrachtet unser Leib. Die körperliche und die geistige Erfahrungswelt sind also keine Gegensätze, sondern eine Frage der uns biologisch mitgegebenen Fähigkeit zu unterschiedlicher Perspektivität.

Was Heidegger die »Last« des Daseins nennt, ist für Plessner die Frage, wie virtuos Menschen mit ihrer »natürlichen Künstlichkeit« umgehen können. Und Heideggers Seelenschatz, die »Eigentlichkeit«, wird zur Frage, wie ein exzentrisches Wesen wie der Mensch bei sich bleiben kann, wenn er doch biologisch nicht um ein Zentrum herum organisiert ist. Die rasante Veränderung der Lebenswelt im Deutschland der Zwanzigerjahre, der von Heidegger bekämpfte Einbruch der technischen und kulturellen Moderne in die Beschaulichkeit, der Verlust des biedermeierlich-aggressiven wilhelminischen Weltbilds treiben damit Fragen nach dem eigentlichen Leben hervor, die sich ganz tief aus der Natur des Menschen heraus erklären lassen sollen. Sei es als verschwiegene Abwehr gegen das »Verfallensein« an das »Man« und an das »Gerede« wie bei Heidegger. Oder sei es, im Gegenteil, die Einsicht, dass es gar keine »Eigentlichkeit« des Menschen gibt. Dass sein Sein und sein Dasein natürlich und kulturell nur durch »Unergründlichkeit« charakterisiert werden können, wie Plessner es 1931 in *Macht und menschliche Natur. Ein Versuch zur Anthropologie der geschichtlichen Weltansicht* formuliert.

Die Lage ist verworren. Was ist nach all dem, was man inzwischen über ihn weiß, der Mensch? Am klarsten bringt es Scheler 1928 auf den Punkt: »Wir sind in der ungefähr zehntausendjährigen Geschichte das erste Zeitalter, in dem sich der Mensch vollständig und restlos problematisch geworden ist; in dem er nicht mehr weiß, was er ist, zugleich aber auch weiß, daß er es nicht weiß.«[133] Vor diesem Hintergrund fällt das auch von Scheler gefeierte *Sein und Zeit* auf einen äußerst fruchtbaren Boden. Welche Aufgabe wäre zeitgemäßer für die Philosophie, als zu einem neuen Selbstverständnis des Menschen zu gelangen? Mochte sich Heidegger in seiner »Fundamentalontologie« noch so sehr von philosophischen Anthropologen wie Scheler und Plessner distanzieren, das beackerte Feld ist doch das gleiche. Was beide Richtungen unterscheidet, sind nicht das Thema und die Stoßrichtung, es ist die Methode. Heideggers »hermeneutische Phänomenologie der Faktizität« deutet den Menschen ausschließlich aus seinem Selbstverständnis aus. Alle Sinndimensionen entstehen allein von innen aus der Erlebnisperspektive. Und Sinn und Sein sind gleichbedeutend. Plessner und Scheler hingegen kombinieren die Innenperspektive mit einer zoologischen Außenperspektive. Sie fügen ein Wissen ein, das nicht aus dem subjektiven Erleben, sondern aus der objektivierenden Forschung stammt. Von einer solchen zweiten Perspektive will Heidegger nichts wissen. Die gleiche Abwehrhaltung nimmt er auch gegenüber all jenen Denkern ein, die den Menschen als historisch und kulturell geformtes Wesen sehen, dessen Leben und Zusammenleben immer wieder andere Gestalten annimmt. Die Rede ist von dem von Heidegger durchaus geschätzten Dilthey sowie von Simmel, über den er sich 1919/1920 in einer Vorlesung auslässt.[134]

Dass Heidegger zu Existenzialen verklärt, was kulturell und geschichtlich geprägt ist, tut der Wirkung von *Sein und Zeit* keinen Abbruch. Faszinierend für viele Zeitgenossen ist die alles beherrschende Stimmung der Angst und ihre Überwindung durch das eigene Tun. Dass alles Sein vom Gefühl der Angst durchtränkt ist und dass der vorausgreifende Mensch immer im Horizont seines Todes lebt, ist ein Erbe der Theologie. Inspiriert wurde Heidegger auch von den Schriften Kierkegaards. Dass gerade der Tod den Menschen zur permanenten Entscheidung zwingt, dass er ihm deutlich macht, auf dem Weg zum Ende frei handeln zu müssen, um sich zu leben – genau dies steht im Zentrum der kierkegaardschen Existenzphilosophie. Heidegger hat diesen Gedanken tief in *Sein und Zeit* eingewebt. Alles Sein ist »Sein zum Tode«. Die Angst zum alles bestimmenden Existenzial zu machen unterscheidet den studierten Theologen ganz erheblich von seinen Philosophenkollegen Scheler und Plessner. Wo bleiben in *Sein und Zeit* der Trieb, das Begehren, das Hoffen, das Sehnen, die Zuversicht, die Zufriedenheit, die Freude, die Liebe, das Glück? Ist die Angst tatsächlich existenzieller als die Freude, oder ist sie das nur in der Psyche Heideggers?

Wer der christlichen Tradition skeptisch gegenübersteht, wie Heideggers Schüler Hans Jonas und Karl Löwith, den lassen die als theologisch erkannten Kategorien auf Distanz zur einschlägig existenziellen Analyse gehen. Ganz anders dagegen reagieren später die französischen Philosophen Emmanuel Lévinas und Jean-Paul Sartre. Sie lesen aus Heideggers existenzieller »Geworfenheit« in ein »Sein zum Tode« den Auftrag heraus, sich im freien Tun zu verwirklichen, insbesondere durch das Sich-Verhalten gegenüber den anderen. Was den einen lähmend und bedrückend erscheint, wird den anderen zur unbedingten Handlungsanweisung.

Heideggers besondere Sprache, seine Philosophie, die das Psychologische existenziell macht und dabei nahezu ohne Fremdwörter ausdeutet, fasziniert viele Disziplinen. Dass Heideggers Theologenfreund Rudolf Bultmann dadurch zu einer »existenzialen Interpretation« des Neuen Testaments angeregt wird, wird nicht verwundern, wandert hier der theologische Kern doch in die Theologie zurück. Einen langen Schatten wirft auch der kulturkonservative (und zeitweilig faschistisch bewegte) Schweizer Germanist *Emil Staiger* (1908–1987) auf sein Fach. Tief beeindruckt von Heideggers Philosophie und Weltbild macht er die von anderen so bezeichnete »werkimmanente Interpretation« zur beherrschenden Methode seines Fachs, angereichert und durchsetzt mit existenzphilosophischem Vokabular.

Die Resonanz ist umwerfend und kann hier nur in Umrissen skizziert werden. In jedem Fall ist *Sein und Zeit* seit zwei Jahren die philosophische Sensation, als Heidegger in Davos auf Cassirer trifft – jenes berühmte Gipfeltreffen, von dem bereits die Rede war. Während der Shootingstar damit kokettiert, das Ganze »nicht zu einer Sensation« machen zu wollen, legt er zugleich äußersten Wert darauf, sich sensationell zu inszenieren. »In schöner Müdigkeit, voll Sonne und Freiheit der Berge, noch den ganzen klingenden Schwung der weiten Abfahrten im Körper kamen wir dann immer abends in unserer Skiausrüstung mitten hinein in die Eleganz der abendlichen Toiletten. Diese unmittelbare Einheit von sachlich forschender Arbeit und völlig gelockertem und freudigem Skilauf war für die meisten der Dozenten und Hörer etwas Unerhörtes.«[135] Dass Heidegger nach Ansicht mehrerer Zeitzeugen den Sieg aus dem äußerst freundlich geführten Duell davontrug, lag wie gesagt weniger an seiner philosophischen Stringenz. Die Stimmung war ihm äußerst günstig, und die »Befindlichkeit« der Zeitgenossen, vor allem der jüngeren, erkannte ihm eine »Eigentlichkeit« zu, die Cassirer, seinem intellektuell versierteren und gedanklich stringenteren Kontrahenten, keine echte Chance gab.

Die Kehre

Tatsächlich überstrahlt die Debatte auf dem »Zauberberg« nur oberflächlich, dass Heideggers Fundamentalontologie unkittbare Risse aufweist. Vorsichtig genug hatte er sie deshalb in Davos nicht vorgestellt, sondern sich kritisch mit Kant, dem Fundament seines Gesprächspartners, auseinandergesetzt. Diese Kritik an Kant sollte auch Gegenstand des zweiten Teils von *Sein und Zeit* sein, der Destruktion falscher ontologischer Annahmen in der philosophischen Tradition. Doch Heidegger hat diesen zweiten Teil ebenso wenig vollendet wie den dritten Abschnitt des ersten Teils. Anfang der Dreißigerjahre ist das ursprüngliche Projekt seines Hauptwerks endgültig gescheitert.

Inzwischen ist Heidegger akademisch genau dort, wo er immer sein wollte. Nur ein Jahr bleibt er ordentlicher Professor in Marburg, seit 1928 ist er als Nachfolger Husserls Ordinarius in Freiburg. Im Wintersemester 1929/1930 hält er eine Vorlesung mit dem Titel »Die Grundbegriffe der Metaphysik. Welt – Endlichkeit – Einsamkeit« und 1931/1932 eine mit dem Titel »Vom Wesen der Wahrheit. Platons Höhlengleichnis und Theätet«. Die eigene Unsicherheit, wie er aus der Sackgasse herauskommen könnte, in die er mit *Sein und Zeit* geraten ist, wird ihm darin zum allgemeinen Thema der Philosophie. Nicht Heidegger allein, nein seine ganze Disziplin befinde sich in »höchster Ungewissheit«, denn diese ist ihre »ständige und gefährliche Nachbarschaft«. Dies einzusehen aber fehle es den Philosophen der Zeit an »Bereitschaft«. Einzig Heidegger selbst, so will er sagen, wagt sich in die »fruchtbare Fraglichkeit« hinein.[136] Und so verwandelt er die eigene Irritation in einen philosophischen Vorsprung. Nur wer die Gedankentiefe des Meisters hat, wer das

»Denken« beherrscht und nicht nur die nutzlose Gelehrsamkeit seiner Kollegen, kann die »Gefahr« erkennen, die permanent um ihn herum lauert. Diese Gefahr ist nicht nur das Abirren der Gedanken, sie lauert auf jeden in der Form der »Langeweile«, in die wir fallen, wenn wir von der »wesenhaften Bedrängnis« fliehend an die Oberfläche des Daseins gespült werden. Davor zu warnen und den bangen »Normalmenschen und Biedermann« zurück zum »Geheimnis seines Daseins« zu bringen ist die heroische Aufgabe des Philosophen, sprich jene Heideggers.[137]

Wie soll das gehen? Indem der Meister sich den Themen der philosophischen Anthropologie zuwendet. Er hat jetzt auch die Biologen seiner Zeit gelesen, die Bergson, Cassirer, Scheler und Plessner in ihren Werken zitieren. Hatte sich in *Sein und Zeit* alle Welt immer nur aus der Sinnperspektive des Menschen erschlossen, so kommen nun auch die Tiere vor. Das aber geht nur, indem Heidegger vom Sein ausgeht und nicht, wie bisher, vom menschlichen Erleben. Doch die Bewertung bleibt anthropozentrisch. Das Tier ist »arm an Welt« und tappt im Dunkeln herum, nur der Mensch ist zum »Lichtblick« fähig, er allein begreift, was es heißt, »da« zu sein. Er sieht nicht nur das Naheliegende, sondern er erschließt auch das, was die Griechen *aletheia* nannten, das Un-Verborgene

Vom »Lichtblick« ist es nur noch ein kleiner Schritt zur »Gelichtetheit« der Welt. Wahrheit entsteht nicht, wie traditionell in der Philosophie, durch die Übereinstimmung der Vorstellungen mit den Tatsachen. Wahrheit scheint immer dort auf, wo der Mensch Lichtpunkte ins Dasein setzt. Wahrheit erschließt sich dem Denkenden durch lichtende Gedanken, durch Verstehen. Die Welt, die den uneigentlichen Menschen, den »Verfallenen«, verschlossen, verborgen und verstellt ist, lichtet sich dem in seiner Eigentlichkeit verharrenden Philosophen stückweise. Mit einem Wort: Wahrheit ist kein Befund, sondern ein Geschehen. Dabei legt Heidegger zunehmend Wert darauf, dass dieses Verstehen eine Bewegung von zwei Seiten ist. Nicht nur grübelt der Denker dem Sein entgegen, nein auch das Sein nähert sich dem Denker und lässt Blicke auf sich zu. In seinem *Brief über den »Humanismus«* wird Heidegger später von der »lichtend-verbergenden Ankunft des Seins« sprechen.[138] Gleichsam kokett zeigt sich das Sein und offenbart einen Ausschnitt, dann wieder verbirgt es sich dem forschenden Blick. In der Abfolge von »Lichtung«, »Verbergung« und »Entzug« offenbart das Sein seine wahre Natur als ein epochal-geschickhaftes Wesen. Nur hin und wieder lässt es ein »Ereignis« zu.

Weltgeschichte ereignet sich somit als Geschick. Immer dann, wenn das Sein sich in neuer Perspektive darbietet, werden Erkenntnisse zu »Ereignissen«. Auf einmal erscheint die Welt dem Menschen in einem anderen Licht. Mit diesem neuen Ausgang vom Sein statt vom daseienden Menschen erweitert und repariert Heidegger seine Philosophie an zwei Fronten. Er nimmt den philosophischen Anthropologen ihren Vorsprung, indem er die zoologische Perspektive mit eingemeindet. Und er hat endlich einen Kniff gefunden, wie er die Dimension der Geschichte in seine Philosophie hineinbekommt. Seine Ergrübelung der Welt ist damit nicht länger »fundamentalontologisch«, sondern »seinsgeschichtlich«. Natur und Geschichte haben ihren Platz in Heideggers Philosophie gefunden und dynamisieren sie. Nicht nur lichtet der Mensch das Dunkel des Seins, auch das Sein selbst wird zum aktiven Part, das sich am Lichten durch »Zuwurf« beteiligt und dadurch neue Ereignisse möglich macht.

Mit dem ihm stets eigenen Pathos sieht Heidegger den Ausgang beim Sein als seine »Kehre« an. Der Denker geht den Weg nun in umgekehrte Richtung. Nicht mehr vom menschlichen Erschließen zum Sein, sondern vom Sein zu seiner Erschlossenheit im Menschen. Für Denker wie Husserl, Hönigswald oder Cassirer ist ein solcher Ausgang beim Sein der Sündenfall schlechthin. Das Sein, eigentlich ein begriffliches Abstraktum des menschlichen Bewusstseins, erscheint nicht nur als autonome Größe, sondern sogar eigentümlich beseelt. Doch Heidegger ist unbeirrt. Wenn andere in seinem Denken eine maßlose Überstrapazierung der Metaphysik sehen, dann deshalb, weil sie die Metaphysik nicht tief genug verstanden hätten. Traditionelle Philosophen hätten immer nur nach dem *Sein* des Seins gefragt. Heidegger dagegen hatte in *Sein und Zeit* tiefer gebohrt und nach dem *Sinn* von Sein gefragt. Statt der alten »Leitfrage« hätte er damit die »Grundfrage« gestellt. Betrachte man diese Grundfrage nun nicht mehr wie in *Sein und Zeit* vom daseienden Menschen aus, sondern vom Sein selbst, so werde aus Sinn »Wahrheit«. Und deutete das Werk von 1927 den Sinnhorizont des Seins aus, so bemüht sich Heidegger fortan darum, den Wahrheitshorizont des Seins ausdeuten, wie er sich im Lichtungs- und Verbergungsspiel des historischen Geschicks offenbart. Die traditionelle Metaphysik – die Frage nach den nicht-physischen Gegebenheiten des Seins – werde damit tiefer gelegt, oder wie Heidegger sagt, das Denken »steigt zurück«. In diesem Sinne werde die Metaphysik »*ver*wunden«, die alten Vorstellungen bröckeln, und »zum Vorschein« kommt ihr wahres »Wesen«.[139]

Doch was soll dieses »wahre Wesen« der Metaphysik sein? Worin besteht seine konkrete Gestalt? Und ist Heidegger wirklich der Mann, der als »Führer« in das Reich vor allen anderen Reichen den Weg weist? Der neue Platon, der die wirkliche Wirklichkeit kennt, die den Höhlenbewohnern im »Höhlengleichnis« der *politeia* verborgen ist? Wo ganz genau liegt das versprochene Land, das der Prophet vom Berge aus erschaut und gelichtet hat und wohin er die anderen führen will? Die Antwort darauf kommt schnell, viel schneller, als Heidegger sich 1931 noch erhofft hat.

Führer ins eigene Reich: Technik und Kunst

In seiner Vorlesung über Platon hatte Heidegger von einer »Umwälzung des ganzen menschlichen Seins, an deren Beginn wir stehen«, gesprochen.[140] Zur gleichen Zeit wälzt sich auch etwas in ihm selbst um. Bislang hatte seine Umwelt den Philosophen als weitgehend unpolitisch empfunden. Der Mangel an gesellschaftlicher, ethischer und politischer Dimension war sogar einer der Hauptkritikpunkte an *Sein und Zeit* gewesen. Wenn das »Man« die ständige Gefahr für die »Eigentlichkeit« ist, das »Gerede« die Welt »uneigentlich« macht, schien der Weg zur Politik versperrt. Herauslesen ließ sich daraus eigentlich nur eine große Distanz zur Demokratie, die ja Inbegriff des »Geredes« ist auf der Suche nach Gemeinsamkeiten und Konsens.

Im Winter 1931/1932 aber scheint Heidegger wie verwandelt zu sein. Gegenüber Jaspers schwärmt er mit einem Mal von Hitler und der nationalsozialistischen Bewegung. Wer, wenn nicht die Nationalsozialisten, würde von nun an die Seinsgeschichte verändern, und wer, wenn nicht Hitler, würde sie führen. Tatsächlich erwartet Heidegger von den Nazis eine metaphysische Revolution, eine »neue Wirklichkeit«, deren »Befehlskraft« die Welt grundlegend umgestaltet. Kurz vor der Machtübernahme Hitlers tritt Heidegger im März 1933 der nationalsozialistischen Kulturpolitischen Arbeitsgemeinschaft Deutscher Hochschullehrer bei. Schnell wird er Rektor der Universität Freiburg. Im Mai hält er seine berühmt-berüchtigte Rektoratsrede: »Die Selbstbehauptung der deutschen Universität«. Darin führt er die deutsche Universität auf das antike Griechentum zurück, das, aller metaphysischen Gefahr trotzend, den Willen zur Wahrheit entdeckt und ihm gefolgt sei. Abgerechnet dagegen wird mit allen sogenannten Wissenschaftlern, die es sich »gefahrlos« an den Universitäten bequem gemacht hätten. Die »abgelebte Scheinkultur« gelte es nun abzuräumen und sich der »schärfsten Gefährdung des Daseins inmitten der Übermacht des Seienden« zu stellen, nämlich der Konfrontation mit der »Verlassenheit des heutigen Menschen inmitten des Seienden«.[141]

Viel verquerer geht es nicht. Den Nazis gefällt durchaus, dass Heidegger die Universität umwälzen und durchpflügen möchte und dass er hörbar mit der »Bewegung« sympathisiert.

Mit dessen ganz persönlicher Verquickung von Griechen- und Deutschtum können sie leben. Die »Verlassenheit des heutigen Menschen« ist zwar nicht ihr Thema – ihnen geht es um die Aufgehobenheit des Einzelnen im »Volkskörper« –, aber Hauptsache, Heidegger ist ihr Mann. Das geistige Reich, in das Heidegger die Menschen führen will, steht dem »Dritten Reich« jedenfalls nicht entgegen. Eigentümlich nur, dass der fortan allmächtige Rektor seine Mission für »gefährlich« hält. Gefährlich ist das Leben zukünftig nicht für die, die seinem Nazikurs folgen, sondern für die, die ihm nicht folgen oder ihm gar nicht erst folgen dürfen wie Husserl. Der durchaus patriotisch gesinnte Grandseigneur der Freiburger Philosophie fällt, wie geschildert, aus allen Wolken, als man ihm kurzerhand ein Lehrverbot erteilt.

In seiner einjährigen Zeit als Rektor bemüht sich Heidegger, den Geist des Nationalsozialismus, wie er ihn interpretiert, an der Freiburger Universität mit Leben zu füllen, nicht zuletzt durch einen soldatisch organisierten Arbeitsdienst für Studenten. In seinen zahlreichen Reden sieht er sich als Teil der nationalsozialistischen Bewegung und umgekehrt die Bewegung als Ausdruck seiner Philosophie. Obwohl offensichtlich kein »rassisch« motivierter Antisemit, ist sein Denken und Reden mit zahlreichen antisemitischen Motiven und Äußerungen durchsetzt. Doch das Angebot, Professor in Berlin zu werden und damit zu *dem* Philosophen in der Nähe Hitlers zu werden, lehnt er ab. Bei aller vorgetragenen Bewunderung gegenüber Hitler scheut er die Großstadt und ihr unübersichtliches Leben. Und es braucht auch nur etwa ein Jahr, bis dem Philosophen dämmert, dass seine Interpretation des Nationalsozialismus nicht identisch ist mit dem, was die Partei darunter versteht.

Insbesondere eines stößt Heidegger sauer auf: die nationalsozialistische Begeisterung für die Technik. In seiner Vorlesung über »Metaphysik« hatte Heidegger die Technik als deren »Endgestalt« bezeichnet. Das menschliche Hoffen, Sehnen und Grübeln nach dem, was die Welt im Innersten zusammenhält, habe sich in der Neuzeit immer stärker auf technische Antworten verlegt, bis alles Sein nur noch technisch wahrgenommen wird. In diesem Sinne ist die Technik die aktuell dominante Form der Seinsgeschichte, die Metaphysik der modernen Welt. Doch je dominanter die Technik in der Lebenswelt wird, umso mehr »entbirgt« sich zugleich das Sein. Denn die naturwissenschaftliche Sicht der Welt *erklärt*, wie Dilthey herausgearbeitet hatte, aber sie *versteht* nicht im umfassenden Sinne. Das Sein der Dinge, so hatte Heidegger in *Sein und Zeit* versucht zu zeigen, bekommt seine Bedeutung dadurch, dass man es *erschließt*. Dieses Erschließen aber geschieht in der Unmittelbarkeit des »In-Seins« und nicht durch den Spezialfall des Entgegensetzens. Die nüchterne, distanzierte Betrachtung der Naturwissenschaften eröffnet lediglich eine beschränkte Perspektive. Setzt man sie absolut, so verdunkelt sie das Sein mehr, als sie es lichtet. Naturwissenschaften und Technik machen den Menschen zu »Maß und Mitte des Seienden« und reduzieren Erkenntnis auf eine subjektzentrierte Weltsicht ohne Sinn für die Fülle des Seins.[142]

Heideggers Technikkritik ist streng und radikal. Und auf verblüffende Weise gleicht sie der Kapitalismuskritik von *Karl Marx* (1818–1883) und *Friedrich Engels* (1820–1895) im *Kommunistischen Manifest*: »Die Bourgeoisie, wo sie zur Herrschaft gekommen, hat alle feudalen, patriarchalischen, idyllischen Verhältnisse zerstört. Sie hat die buntscheckigen Feudalbande, die den Menschen an seinen natürlichen Vorgesetzten knüpften, unbarmherzig zerrissen und kein anderes Band zwischen Mensch und Mensch übrig gelassen als das nackte Interesse, als die gefühllose ›bare Zahlung‹. Sie hat die heiligen Schauer der frommen Schwärmerei, der ritterlichen Begeisterung, der spießbürgerlichen Wehmut in dem eiskalten Wasser egoistischer Berechnung ertränkt. Sie hat die persönliche Würde in den Tauschwert aufgelöst und an die Stelle der zahllosen verbrieften und wohlerworbenen Freiheiten die eine gewissenlose Handelsfreiheit gesetzt ... Alle festen eingerosteten Verhältnisse mit ihrem Gefolge von altehrwürdigen Vorstellungen und Anschauungen werden aufgelöst, alle neugebildeten veralten, ehe sie verknöchern können. Alles Ständische und Stehende verdampft, alles Heilige wird entweiht, und die Menschen sind endlich gezwungen, ihre Lebensstellung, ihre gegenseitigen Beziehungen mit nüchternen Augen anzusehen.«[143] Was Marx und Engels dem Kapitalismus anlasten, lastet Heidegger der diesem tief zugrunde liegenden naturwissenschaftlichen Nüchternheit und der technischen Zweckrationalität an: »Der Mensch ist auf dem Sprunge, sich auf das Ganze der Erde und ihrer Atmosphäre zu stürzen, das verborgene Walten der Natur in der Form von Kräften an sich zu reißen und den Geschichtsgang dem Planen und Ordnen einer Erdregierung zu unterwerfen. Derselbe aufständige Mensch ist außerstande, einfach zu sagen, was *ist*, *was* dies *ist*, dass ein Ding *ist*. Das ganze Seiende ist Gegenstand eines einzigen Willens zur Eroberung.«[144]

Dass Technik den Menschen entfremdet, dass sie grenzenlos und damit grenzenlos gierig und sozial zerstörerisch ist, hatte vor Heidegger auch Max Weber beklagt. Was »verfügbar« gemacht wird, wird immer zugleich entwertet. Doch was Marx und Engels für historisch konsequent und Weber für »irrational« hält, ist für Heidegger eine Sackgasse, in die die Metaphysik den Menschen geführt hat. Wenn unser ganzes Denken immer *praxis* ist, dann bedeutet die Dominanz einer ganz bestimmten Form von *praxis*, dass unser Denken sich ihm anpasst. Und je weiter dieses fortschreitet, umso mehr verkümmern alle anderen Sinn- und Weltbezüge. Oder mit einem Satz: Das Sein wird ärmer. Nicht nur Tiere, sondern durch und durch von der Technik konfiguriertes Denken, so muss man Heidegger interpretieren, ist »arm an Welt«. Denkt man von hier aus weiter, so gelangt man schnell an den Unterschied, den nicht nur das technische Denken, sondern auch das Denken der Technik vom Menschen unterscheidet: Künstliche Intelligenz ist »arm an

Welt«, weil ihr die Dimension des »In-Seins« fehlt. Ihre Weltbezüge sind weit entfernt vom unendlichen Sinngefüge wirklichen menschlichen Lebens, sondern »regelbasiert« und damit ungeeignet, die Welt zu »lichten«.[145]

Für Heidegger werden die Dinge der Welt durch die Technik allein unter dem Gesichtspunkt des Nutzens betrachtet oder, wie er selbst schreibt, auf ihre Verwendbarkeit »ge-stellt«. In diesem Sinne spricht er von Technik als »Gestell«. Wer ein Wasserkraftwerk in einen Fluss baut, fügt nicht etwas Ergänzendes hinzu, sondern er ändert dessen Sein. Aus dem Fluss wird ein Wasserdrucklieferant. »Das in der modernen Technik waltende Entbergen ist ein Herausfordern, das an die Natur das Ansinnen stellt, Energie zu liefern … Ein Landstrich wird … in der Förderung von Kohle und Erzen herausgefordert. Das Erdreich entbirgt sich jetzt als Kohlerevier, der Boden als Erzlagerstätte … Das Wasserkraftwerk ist in den Rheinstrom gestellt. Es stellt ihn auf den Wasserdruck, der die Turbinen daraufhin stellt, sich zu drehen, welche Drehung diejenige Maschine umtreibt, deren Getriebe den elektrischen Strom herstellt.« So »erscheint auch der Rheinstrom als etwas Bestelltes … Er ist, was er jetzt als Strom ist, nämlich Wasserdrucklieferant, aus dem Wesen des Kraftwerks.«[146]

So verwandelt der Mensch das Sein der Dinge durch die Technik so lange, bis alles Ressource und Zweck ist. Die Bedeutung schwindet, und aus dem Staunen vor der Natur wird der Blick auf den verfügbaren »Bestand«. Und je geschulter und selbstverständlicher dieser Blick wird, umso weniger andere Blicke bleiben übrig. Der Mensch nimmt sich nun sogar selbst als Bestand oder Ressource war. Völlig verselbstständigt wird die Technik, die dem Menschen eigentlich dienen soll, zu einer eigenen Macht, der nun der Mensch dient. Festgezurrt im Gestell wechselt der menschliche Antrieb zur Beherrschung der Welt über zum Getriebensein von den Mächten der technischen Weltsicht.

Heidegger hat seine Technikkritik seit den Dreißigerjahren

entwickelt und bis zu seinem Tod in zahlreichen Überlegungen wiederholt und verfestigt. Mit seiner Schelte der schonungslosen Ausbeutung und Vernutzung der Natur gehört er zu den Pionieren einer alternativen – ökologischen – Sicht auf die Natur im 20. Jahrhundert. Er sieht die globale Umweltzerstörung und betrauert dabei gleich zwei Verluste: den Verlust des natürlichen Lebensraums und der natürlichen Lebensbedingungen des Menschen wie den Verlust an Kultur und Geschichte. Die uniforme Landschaft der Technik nichtet das existenzielle wie das seinsgeschichtliche Sein und nimmt dem Menschen seine biologische wie kulturelle Heimat.

Parallel zur Kritik an der Technik entdeckt Heidegger für sich die Kunst. Denn wo sonst, wenn nicht in der Kunst, wird das Alternativbewusstsein gewahrt, dass es auch andere, verdichtetere Weltbezüge gibt als in der entseelten Kälte der Technik? Wenn die Technik die Wahrheit verbirgt, dadurch, dass sie den Blick auf die subjektzentrierte Praxis lenkt, wenn sie dabei zugleich die Schönheit nichtet durch permanente Naturzerstörung, so können Wahrheit und Schönheit am ehesten in der Kunst überleben. Sie ist das Andere zur »Seinsvergessenheit« des nüchternen Blicks, der alles allein auf die Belange des Menschen bezieht. Und je weniger Heidegger sich und seine Philosophie im Nationalsozialismus wiedererkennt, umso stärker taucht er von 1934 an ins Reich der Kunst ab. Zur bevorzugten Projektionsfläche wird ihm vor allem der Dichter *Friedrich Hölderlin* (1770–1843). Für Heidegger ist Hölderlin der Dichter des »Seyns«, jenes Seins, in das der Mensch geworfen ist und das sich seinsgeschichtlich verbirgt und entbirgt. Anders als seine Zeitgenossen habe Hölderlin die »Seinsverlassenheit« des Menschen erkannt und in seiner Dichtung zum Ausdruck gebracht. Unter den Augen des Philosophen wird Hölderlin somit zu einem frühen Heidegger, und je mehr dieser seinen Hörern und Lesern Hölderlin näherbringen will, umso mehr sich selbst. Inmitten des Zweiten Weltkriegs feiert Heidegger den mutmaßlichen schwäbischen Seelenverwandten als Grenzgänger vom Griechentum zum Deutschtum, vom »Unheimischen« zum »Heimischen«. Nicht Hitler, sondern Hölderlin soll nun die Deutschen auf die Totalität des Seins besinnen, und Heidegger möchte seine Zuhörer zu ihm führen.

Nicht weniger freihändig als mit Hölderlin (und schon zuvor mit Aristoteles und Platon) geht Heidegger auch mit *Vincent van Gogh* (1853–1890) um. Der Aufsatz *Vom Ursprung des Kunstwerkes* aus den Jahren 1935 und 1936 wurde ebenso berühmt wie berüchtigt. Berühmt ist er, weil Heidegger der Kunst zutraut, dass sie Wahrheit »ins-Werk-setzt«. Kunst ist nicht, wie etwa bei Cassirer, *eine* Weise des Symbolisierens und der Welterfahrung, sondern sie setzt eine Wahrheit frei, die nur sie freisetzen kann. Sie ist, nicht anders als Tätigkeiten wie Denken oder einen Staat zu gründen, ein Wahrheits*geschehen*. Statt ums subjektive Erleben wie in vielen Ästhetiktheorien geht es Heidegger um das objektive Sich-Zeigen einer Wahrheit. Deshalb will der Meister in Freiburg die Ästhetik (wie so vieles andere auch: die Ontologie, die Metaphysik, das Griechentum usw.) »überwinden«. So pathetisch wie bei Heidegger ist die Kunst nach der Epoche der Romantik kaum jemals definiert worden. Berüchtigt ist die kleine Abhandlung, weil der Autor zugleich gewaltige Titanenkämpfe in die Kunst hineininterpretiert, einen Urstreit zwischen der im Werk »aufgestellten« Welt und einer ominösen »Erde«, die lichtend und verbergend miteinander ringen. Regelrecht schlampig gerät die Interpretation dieses Kampfes dann anhand von van Goghs Stillleben »Ein Paar Schuhe« (1886). Ohne sich die Mühe der Recherche zu machen, interpretiert Heidegger van Goghs eigene Schuhe als Bauernschuhe und phantasmagoriert eine ganze bäuerliche Welt hinein: »Aus der dunklen Öffnung des ausgetretenen Inwendigen des Schuhzeuges starrt die Mühsal der Arbeitsschritte. In der derbgediegenen Schwere des Schuhzeuges ist aufgestaut die Zähigkeit des langsamen Ganges durch die weithin gestreckten und immer gleichen Furchen des Ackers.«[147] Sollte die These etwas für sich haben, dass der Künstler im Kunstwerk aus dem Geschichtlichen der Wahrheit schöpft und sie als Geschehen »ins Werk setzt« – an van Goghs Stillleben lässt sich dies, so wie Heidegger es versucht, nicht zeigen. Und das Ringen zwischen der »Welt« als dem Öffnenden und der »Erde« als dem »Bergenden« wäre wohl auch nur dann eine »Überwindung« der Ästhetik, wenn man es ebenso an einem Bild von Francisco de Goya, William Turner, Piet Mondrian oder Paul Klee zeigen könnte, von Constantin Brâncuşis Skulpturen und Arnold Schönbergs Zwölftonmusik ganz zu schweigen.

Reuelosigkeit und Geviert

Je ruchloser das politische Geschehen im »Dritten Reich« wird, Andersdenkende, Nicht-Konforme und Juden brutal verfolgt werden und die Aufrüstung den Zweiten Weltkrieg vorbereitet, umso mehr zieht sich Heidegger in seine philosophische Welt zurück; eine Welt, die zunehmend esoterischer wird. In seinen nicht zur Veröffentlichung bestimmten *Beiträgen zur Philosophie* (1936–1938) sucht er nach dem wahren »Seyn«, das nicht mit dem falschen Sein verwechselt werden darf. Ist etwas zu Sein geworden, so hat es seine Seyns-Qualität verloren, es ist Gegenständliches unter Gegenständlichem. So macht der Mensch, wie die Technikkritik zeigt, es mit allem. Er macht es sich handlich und gefügig, selbst Gott sei dem Menschen zu einer konkreten Vorstellung, einem Gegenstand geworden. Gegen diese Nichtung des Ursprünglichen schreibt Heidegger an. Er möchte dem göttlichen Seyn zu seinem Recht verhelfen, ein mittelalterlicher Mystiker ohne christlichen Gott, der die »Er-zitterung des Götterns« im »Eigenen« wieder spürbar machen will.[148]

Große Werke entstehen auf diese Weise nicht, nur private Aufzeichnungen, Vorlesungen und gelegentliche Abhandlungen.

Der Heidegger der Kriegszeit ist ein gesellschaftlich stummer Heidegger. Während die Erde überall Risse bekommt, gräbt er sich ein in Nietzsche-Studien, ins antike Griechentum oder bei Hölderlin. Dass er im November 1944 als Fünfundfünfzigjähriger zum »Volkssturm« eingezogen wird, bleibt eine kurze Episode. Schnell ist er zurück bei seinen Studien. Heidegger bringt seine Manuskripte in Bietingen in Sicherheit, die Philosophische Fakultät weicht auf die Burg Wildenstein auf die Schwäbische Alb aus. Unausweichlich ist, dass Heidegger nach dem Krieg nicht ordentlicher Professor in Freiburg bleiben kann. Seine Zeit als nazi-konformer Rektor belastet ihn zu schwer. In seiner Not verweist er auf Jaspers, der ein Gutachten über ihn anfertigen soll. Doch den ehemaligen Freund vereinigt schon lange keine »Kampfgemeinschaft« mehr mit Heidegger. Verheiratet mit einer Frau jüdischer Herkunft wurde Jaspers 1937 zwangsemeritiert, und die Eheleute lebten über Jahre in höchster Gefahr. Das Gutachten bescheinigt Heidegger den falschen Charakter für die Erziehung der Jugend nach dem Krieg. Sein ehemaliger Bruder im Geiste praktiziere eine »Denkungsart«, die Jaspers »unfrei, diktatorisch, communikationslos erscheint«. Ihre »Lehrwirkung« sei »verhängnisvoll«. Solange in Heidegger keine »echte Wiedergeburt erfolgt, die sichtbar im Werke ist«, könne er der Jugend nicht vorgesetzt werden.[149]

Diese Wiedergeburt bleibt tatsächlich aus. Heidegger bereut öffentlich nichts, und auch privat hält er sich mit Schuldbekenntnissen zurück. Stattdessen verharmlost er seine Rolle im »Dritten Reich« und setzt die Verbrechen der Nationalsozialisten mit den Maßnahmen der Alliierten nach dem Krieg gleich. Worte der Trauer oder der Schuld über den Holocaust und die Kriegsgräuel sucht man bei ihm vergeblich. Vielmehr mahnt er jetzt in seinen Vorträgen zur »Gelassenheit« und verstärkt seine Technikkritik. Die »Seinsvergessenheit« bleibt sein Thema, die eigene Bewusstseinsvergessenheit wird es nicht. In diesem Kontext bringt er es sogar fertig, selbst den Humanismus noch als irreführende Denkungsart einer viel zu anthropozentrischen Weltsicht zu sehen. So schreibt Heidegger 1946 an seinen französischen Bewunderer, den Philosophen *Jean Beaufret* (1907–1982), dass der Mensch, »ausgestoßen aus der Wahrheit des Seins, um sich selbst« kreist.[150] Und keine humanistische Welthaltung ändere etwas daran. Wesentlich ist demnach allein die Seinsfrage, nicht aber die moralische Verhaltensfrage des Einzelnen. Wie soll Heidegger sich schuldig fühlen, wenn es auf Humanismus oder Antihumanismus gar nicht ankommt, sondern allein auf die »Nähe« zum oder die Ferne vom Sein?

Achtsamkeit gegenüber dem Sein, nicht gegenüber anderen Menschen wird Heideggers bestimmendes Lebensthema von der Nachkriegszeit bis zu seinem Tod im Jahr 1976. Er sieht sich, so wie er es im *Brief über den »Humanismus«* formuliert hat, als »Hirt des Seins«. Nur mit weit geöffneten Sinnen kann der Mensch sich »auf den Weg machen« und Anteil am Sein nehmen. Recht bald kann er dies wieder im Status eines ordentlichen Professors in Freiburg tun. Mit seiner Emeritierung erlischt zugleich sein Lehrverbot. Anfang der Fünfzigerjahre gilt Heidegger wieder als respektabel. Er hält öffentliche Vorträge, und Universitäten und Akademien laden ihn ein. Mit seiner Unfähigkeit, über die eigenen Taten zu trauern, steht er nicht allein, und seine Einladung, gemeinsam über die Seinsvergessenheit zu trauern, wird gerne angenommen. Der Aufstieg der katholischen Kirche nach dem Krieg verschafft dem späten Heidegger einen großen Resonanzboden. Als gleichsam säkularer Theologe deutet er das Sein auf ähnliche Weise aus wie die Kirche. So stellt er der Oberflächlichkeit und der Vernutzung der Welt eine alternative Geisteshaltung entgegen, ein andächtiges Staunen gegenüber der Schöpfung, das Heidegger in die Gedankenfigur des »Gevierts« fasst: das »innige Zueinander von Göttlichen und Sterblichen, von Himmel und Erde«.[151] Nur die, die den Tod nicht fürchten und sich nicht selbst im Mittelpunkt des Universums sehen, können dergleichen wirklich erleben. Mit Verve wirbt Heidegger für eine Weltsicht, die das Sein ins Zentrum stellt und nicht den Menschen. Und nur wer die Welt nicht instrumentalisiert, kann wahrhaft in ihr »wohnen«.

Heidegger ist wieder dorthin zurück, wo er einst denkerisch anfing – in der Theologie. Den Platz aber, den vorher die Geborgenheit der Kirche mit ihren ewigen Traditionen und Gebräuchen einnahm, nimmt nun das Sein ein. Es hermeneutisch auszudeuten, zu sehen, wie hier eins aufs andere verweist, wie die christlichen Theologen es seit zwei Jahrtausenden mit der Bibel machen, wird Heideggers Alterspassion. Hatte er die Dinge, wie etwa einen Krug, in *Sein und Zeit* noch als »Zeug« definiert, das zur Hand ist, so wird ihm der Krug nun zum Symbol dafür, wie Himmel und Erde sich darin in einem schier unendlichen Verweisungsspiel vereinen.[152] Was Husserl in seinen Seminaren bis zum Überdruss praktiziert hatte, die phänomenologische Ausdeutung des »Wesens« einfacher Gegenstände, praktiziert Heidegger in vergleichbarer Ausführlichkeit. Nur »west« bei ihm in allem nicht nur die irdische Welt, sondern zugleich der Himmel. Und die Sprache ist für ihn kein Instrument, das der Philosoph bei der Analyse gebraucht, sondern eher scheint es, als gebrauche die Sprache den Philosophen. Wie das Sein sich des Menschen bemächtigt, um sich ihm geschickhaft zu zeigen, so tut dies auch die Sprache. Sie ist »Sage« und »Zeige« und damit größer als der, der sie gebraucht. Sie gewährt dem Denkenden und Sprechenden Anteil an sich, aber sie gehört ihm nicht. Sie ist nicht seine Sprache im ureigensten Sinn, sondern etwas, was schon da ist und noch sein wird, wenn der Sprechende ihrer nicht mehr teilhaftig ist.

Heideggers eigener Umgang mit der Sprache bricht mit der philosophischen Tradition, erst recht mit ihrem neuzeitlichen Anspruch darauf, Wissenschaft zu sein. Tatsächlich verrät sein beziehungsreicher Sprachgebrauch, dass er der Dichtung mehr Erkenntniswert zutraut als der reduzierten Sprache der Wissenschaft. Denn nur dichterische Sprache verfügt über einen solchen Reichtum an Angedeutetem, Mitgemeintem und Verweisendem, dass sie dem Sein bisher ungesehene Lichtungen abringt. Ohne einen solchen Ereignischarakter im Sagen keine Wahrheit. Und je reicher und bildhafter meine Sprache, umso reicher das »Haus« meines »Seins«.

Eine andere Form, das Haus des Seins zu möblieren, ist das Reisen. Heidegger entdeckt es sehr spät. Er ist zweiundsiebzig Jahre alt, als er 1962 das erste Mal nach Griechenland reist. Den Sehnsuchtsort seiner Fantasie mit der Realität der Gegenwart in Einklang zu bringen kostet ihn einige Mühe. Aber es gelingt schließlich doch, und Heidegger fährt noch drei weitere Male dorthin. Ein neuer Sehnsuchtsort wird die Provence. Im Alter erspürt der bodenständige Philosoph zum ersten Mal Seelenheimaten jenseits des Schwarzwalds. Und er schließt echte Freundschaften, zu denen er zuvor nicht wirklich in der Lage war. Seine Philosophie aber wird, übermannt von einer mächtigen Sprache, die Heidegger Zutritt zu sich gewährt, zunehmend dunkler; die Lichtungen vernebeln: »Die Vierung west als das ereignende Spiegel-Spiel der einfältig einander Zugetrauten. Die Vierung west als das Welten von Welt. Das Spiegel-Spiel von Welt ist der Reigen des Ereignisses.«[153]

So lebte er hin.

Der Boden der Tatsachen

Das verlässliche Tier in mir – Unsere biologische Vernunft – Die Relativität der Welt – Vom Verschwimmen der Regentropfen – Die Welt aufräumen – Sein und Gott

Das verlässliche Tier in mir

»Hier ist ein weiteres System der Philosophie. Falls der Leser geneigt ist darüber zu lächeln, so kann ich ihm versichern, dass ich mit ihm lächele und dass mein System ... sich in seinem Geist und Anspruch weit von dem unterscheidet, was normalerweise unter diesem Namen verstanden wird. Vor allem ist *mein System weder meins noch ist es neu*. Ich werde lediglich versuchen, dem Leser die Gesetzmäßigkeiten klarzumachen, die ihn zum Lächeln reizen.«[154]

Was für ein Anfang für ein philosophisches Werk: ein System, das weder originell sein soll noch neu! Zumindest eine solche Selbsterklärung dürfte hoch originell und völlig neu sein. Mit geschmeidiger Nonchalance bedeutet der Autor seinem Leser gleich in der Einleitung, ihm zu folgen; nicht einem predigenden Weltendeuter, einem grübelnden Großphilosophen vom Schlage Heideggers, sondern einem geistreichen, eleganten Bonvivant, der die schillernde Oberfläche des Lebens – die vielgestaltige Welt des »Man« – ebenso bewundert wie dessen Tiefe.

Die Rede ist von *George Santayana* (1863–1952), und das Buch, das so freundlich und verspielt beginnt, ist sein berühmtestes: *Scepticism and Animal Faith. Introduction to a System of Philosophy* (Skeptizismus und animalisches Vertrauen. Eine Einführung zu einem System der Philosophie) aus dem Jahr 1923. Santayana veröffentlicht es mit sechzig Jahren. Eigentlich nur als Einleitung für ein späteres Großsystem gedacht, enthält es die Essenz aus über vierzig Jahren philosophischen Nachdenkens über die Welt. Wie immer bei diesem Autor hat es keine Anmerkungen und nur die allerspärlichsten Verweise auf andere Philosophen. Stattdessen beginnt es mit einem Loblied auf das skeptische gegenüber traditionellem philosophischem Denken. Wie viel von dem, was andere Philosophen für eine sichere Ausgangsbasis ihres Denkens hielten, hängt in der Luft? Die Idealisten haben natürlich recht, wenn sie darauf pochen, dass alle Erfahrung der Welt immer subjektive Erfahrung ist und dass wir Objektivität nicht erfassen, sondern konstruieren. Aber sie irren trotzdem, wenn sie meinen, der Mensch erfasse niemals die Realität. Den verlässlichsten Zugang dahin liefert uns nicht unser Verstand, sondern unsere Sinne und Instinkte. Als Tiere, die in der Evolution entstanden, haben wir Sinne mit einem sehr feinen erkennenden Gespür. Und dieses Gespür nennt Santayana *animal faith*, das animalische Vertrauen darin, dass das, was wir sinnlich wahrnehmen, auch irgendwie real ist.

Wie Heidegger, der zur gleichen Zeit seine Stelle in Marburg antritt, so meint auch Santayana, das Philosophie »in *medias res*« beginnt, dass wir uns so wahrnehmen, dass wir uns immer schon in einer Welt vorfinden. Mag diese Welt auch von unserem Bewusstsein konstruiert sein, erlebt wird sie als unmittelbare Existenz. Und dieses animalische Gefühl bestimmt viele unserer Handlungen, es hilft uns dabei, uns in der Welt zurechtfinden. Und was ist Leben denn anderes als Sich-Zurechtzufinden? Mag ja sein, dass unsere Welt ein Bewusstseinskonstrukt ist, wie Cassirer und Husserl zeitgleich so klar herausarbeiten. Aber am Ende spielt all dies keine Rolle. Wir bleiben unseren animalischen Instinkten, unseren Gefühlen und gefühlten Evidenzen ohnehin ewig treu. Was Heidegger in kompliziertesten Begriffsverschiebungen und Wortkombinationen zu zeigen versucht – die Evidenz des In-der-Welt-Seins, des »In-Seins« und des Sich-zur-Welt-Verhaltens –, räumt Santayana gleich zu Anfang seines »Systems« ein – mit dem lapidaren Verweis auf unsere biologische Grundausstattung.

Wie Santayana in der Einleitung zugibt, ist sein Konzept des *animal faith* nicht allein seines, und es ist auch nicht ganz neu. Dass es Dinge gibt, die schlichtweg deshalb wahr sind, weil unsere biologischen Sinne sie für wahr halten müssen, ist eine Idee seines Lehrers William James. Santayana war acht Jahre alt, als seine Mutter mit ihm nach Boston in die Vereinigten Staaten zog. Geboren in Madrid, verbrachte er seine Kindheit in der Kleinstadt Ávila, hundert Kilometer westlich der Hauptstadt. Sein bereits betagter Vater war Kolonialbeamter auf den Philippinen gewesen, wo er seine Frau kennengelernt hatte. Als Witwe eines erfolgreichen US-amerikanischen Unternehmers brachte sie nicht nur eigene Kinder mit in die Ehe, sondern auch den Wunsch, zurück in die USA zu gehen. Hier schrieb sich George, ihr begabter jüngster Sohn, als Sechzehnjähriger in die Harvard

University ein. Die Universität war noch lange nicht, was sie heute ist, aber mit den Philosophen *Josiah Royce* (1855–1916) und sehr viel mehr noch mit William James hatte Santayana hervorragende Lehrer.

James war nicht nur der mit Abstand bedeutendste Philosoph der USA, er war auch auf dem Weg, der berühmteste Psychologe seiner Zeit zu werden. Als Begründer des *Pragmatismus* hatte er seine Philosophie in strengem Einklang mit der Evolutionstheorie entwickelt. Wahr ist demnach nicht, was der denkende Geist sich als ewig gültige Gesetze und Prinzipien ersinnt, was er Gottes geheimen Plänen oder – schlimmer noch – der Logik ablauscht, sondern wahr ist, was sinnvollerweise als Wahrheit *akzeptiert* wird. Dazu gehört in allererste Linie das, was unsere Sinne, die *natural spirits*, uns als wahr vermitteln. Alles Wissen über die Welt ist letztlich direktes oder indirektes Orientierungswissen. Und von dieser Warte aus sollte man es betrachten und nicht etwa aus dem Kosmos heraus wie die meisten Naturwissenschaftler oder aus der Selbstreflexion des menschlichen Geistes, wie es die Idealisten seit Kant tun und wie Santayanas zweiter Lehrer, Royce, es in Harvard vertritt.

Wie soll man die Natur und mit ihr die Natur des Menschen betrachten? Naturalistisch oder idealistisch? Was ist ein der Evolutionstheorie adäquates philosophisches Denken? Ein evolutionärer Idealismus oder ein evolutionärer Materialismus? Gibt die Tatsache, dass Leben ein biologischer Prozess ist, denen recht, die Zeit und Raum für Kategorien der Anschauung (Kant) halten, oder macht es Zeit und Raum zum einzig Realen? Und nicht zuletzt: Wo ist der Standpunkt, auf dem man steht, wenn man darüber nachdenkt? Diese Fragen beschäftigen nicht nur Vaihinger, Cassirer, Nelson, Hönigswald, Husserl und Heidegger in Deutschland. Sie sind *die* philosophischen Fragen der Zeit. Und in Harvard verteilen sich die Rollen auf den Idealisten Royce und den Pragmatisten James. Das Ass, das James gegen seinen Freund Royce im Ärmel hat, ist, dass zum Erkennen nicht nur das Denken gehört, sondern auch die sinnliche Erfahrung. Vor allem begrifflichen Begreifen versichern uns unsere *natural spirits*, dass wir uns in einer Welt befinden, die wir nicht selbst geschaffen haben. Diese *natural spirits* sind ein sehr verlässlicher Kompass, um uns in der Welt zu orientieren. Und dazu gehört, darauf zu vertrauen, dass das, was wir *instinktiv* als Materie, Raum oder Zeit wahrnehmen, auch genau dies ist und tatsächlich ohne unser Zutun existiert.

Wie jeden guten Schüler reizt manches von dem, was sein Lehrer James sagt, Santayana zum Widerspruch. Nicht aber das Konzept der *natural spirits*. Für den sensiblen jungen Spanier, der Gedichte und Essays schreibt, viel zeichnet und sich als Schauspieler versuchen wird, ist die Macht des Sinnlichen in unserem Denken und unserer Weltwahrnehmung evident. So reist er nach Abschluss seines Studiums zwei Jahre als Stipendiat durch Deutschland, stets auf der Suche nach neuen Herausforderungen. In Berlin, wo er an der Universität studiert, findet er sie jedoch nicht. Seine Professoren sind eher mittelmäßig. Dilthey ist noch nicht die Berühmtheit, die er bald werden wird, und Santayana nimmt ihn nicht wahr. Der führende deutsche Psychologe *Hermann Ebbinghaus* (1850–1909), den James ihm nahegelegt hat, fasziniert ihn weniger als dessen schöne Frau. Und Leonard Nelson, dessen intuitives Selbstvertrauen der Vernunft in sich selbst Santayanas *animal faith* verwandt ist, studiert noch nicht in Berlin. Tiefere Erlebnisse als in der Universität mit seinen als langweilig empfundenen Kommilitonen hinterlassen Besuche im Kunstmuseum. Kein Wunder bei all der Ablenkung, dass das Thema, das Santayana bei seiner Rückkehr nach Harvard für die Dissertation beackert, nicht von ihm selbst gesucht ist, sondern von Royce empfohlen: eine Arbeit über Hermann Lotze.

Der Philosoph, Psychologe und Mediziner wird heute zumeist als ein Denker des Übergangs angesehen; als ein Grenzgänger zwischen Idealismus und Naturalismus, ein Suchender zwischen traditioneller Philosophie und moderner Evolutionstheorie. Seine wichtigste Erkenntnis ist, den Menschen aus dem Zentrum des Kosmos an den Rand zu stellen. Die Wahrheit ist dem Menschentier nicht zugänglich. Fehlplatziert im Universum kann es nur Perspektiven auf die Welt werfen, nicht aber ein Ganzes erkennen. Santayana sieht, dass Lotze gute Ansätze bietet, aber sein erklärtes Ziel nicht erreicht. Denn wer die Evolution ernst nimmt und den Menschen als Menschentier wahrnimmt, der kommt nicht drum herum, die Gefühle, das Urvertrauen und ihre tiefen Prägungen für das Bewusstsein anzuerkennen. Ohne Einbezug der *natural spirits* keine gelingende Erkenntnistheorie. Genau an diesem Punkt sieht Santayana den deutschen Philosophen als gescheitert an. Und es wird ihm klar, welchen Beitrag er selbst in der Geschichte der Philosophie leisten könnte: einen »skeptischen Realismus« zu begründen, der der Wahrheit der Sinne stärker vertraut als den konstruierten Begriffswelten der Philosophen.

Unsere biologische Vernunft

Royce und James sind von Santayana begeistert. Ihr Schüler wird nun selbst Professor in Harvard. Ein erstes Beispiel für die von Santayana behauptete Wirkungsmacht der Sinne ist der Sinn für das Schöne. In *The Sense of Beauty* (Der Sinn für die Schönheit) erteilt der zweiunddreißigjährige Professor 1896 der traditionellen Ästhetik im Gefolge des deutschen Idealismus eine Absage. Nichts Metaphysisches, kein göttlicher Funke und kein Schein eines Höheren komme in der Kunst zum Ausdruck, sondern etwas ganz Natürliches. Wenn wir etwas als schön betrachten, befinden sich unser natürliches Begehren und unsere Erfahrung im Einklang. Unsere Seele wird dermaßen in Harmonie versetzt, dass wir sogar bereit sind, an die Existenz eines Höheren zu glauben, das in unserer Erfahrung evident wird. Insofern ist das Schöne ein »objektiviertes Vergnügen«, ein sinnliches Begehren, das für uns im Objekt zu etwas Größerem wird. Die Formulierung »objektiviertes Vergnügen« ist oft missverstanden worden, nicht zuletzt von Cassirer, der Vergnügen für so subjektiv hält, dass es sich niemals objektivieren lasse. Zudem passt Cassirer der Begriff »Vergnügen« überhaupt nicht. Er mache den Begriff des »Schönen« schlichtweg trivial, Kunst sei weit mehr als Vergnügen oder gar Unterhaltung.[155]

Doch Santayana weiß sehr wohl, dass Kunst nicht einfach triviale Unterhaltung ist. Sie ist aber umgekehrt auch kein privilegierter Zugang zur Wahrheit, sondern schlichtweg sinnlich berührend. Anders als Cassirer ist Santayana kein passionierter Gelehrter, sondern sieht sich selbst als unsteten Wanderer zwischen den Welten. In seinem Selbstverständnis ist er ebenso Dichter und Zeichner wie Universitätsprofessor. Und unter seinen Schülern finden sich gleich drei Lyriker, die später zu Weltrang aufsteigen: der vierfache Pulitzer-Preisträger Robert Frost, der Nobelpreisträger T.S. Eliot und die Avantgarde-Ikone Gertrude Stein. Und der fünfzehn Jahre jüngere Dichter Wallace Stevens, einer der berühmtesten Poeten der Vereinigten Staaten, ist sein bester Freund.

Doch was für ein philosophisches Hauptwerk soll jemand schreiben, der sich als Philosoph und Literat zugleich sieht und darüber hinaus an die prägende Kraft der Sinne glaubt; jedenfalls mehr als an die Kraft der deutenden Vernunft? Wie Søren Kierkegaard, Arthur Schopenhauer, Jean-Marie Guyau und Friedrich Nietzsche will Santayana sein Denken vor allem durch prägnante und sinnliche Formulierungen evident machen. Und tatsächlich steigt er zu einem der führenden Aphoristiker unter den Philosophen des 20. Jahrhunderts auf. »Die Einzigen, die das Ende des Krieges erlebt haben, sind die Toten« lebt heute ebenso im kollektiven Gedächtnis fort wie sein berühmtestes Bonmot: »Wer sich nicht seiner Vergangenheit erinnert, ist dazu verurteilt, sie zu wiederholen.« Aber gelingt einem Dichter-Philosophen wie Santayana auch ein philosophisches Werk von Rang?

Der Professor in Harvard ist einundvierzig Jahre alt, als 1905 der erste von fünf Bänden seines Hauptwerks erscheint: *The Life of Reason. The Phases of Human Progress* (Das Leben der Vernunft. Die Phasen menschlichen Fortschritts). Auf die Idee muss man erst mal kommen, der Vernunft, die doch über allem schweben soll, ein Leben, gar ein Eigenleben zuzusprechen! Es macht sie zu einer Art höherem Instinkt, genauer zu mehreren gehobenen Instinkten: jenem des gesunden Menschenverstandes und dazu jenem der gesellschaftlichen, der religiösen, der ästhetischen und der wissenschaftlichen Vernunft.

Irgendwann im unendlichen und chaotischen Prozess der Evolution entstand eine flüchtige Ordnung, die man das menschliche Bewusstsein nennt. Es ist nichts Festes, nichts Konstantes und nichts, was seinen Segen von höherer Warte eingehaucht bekam. Mit einem Wort: Rationalität ist nichts weiter als eine fortschreitende Organisation der Triebe. Deshalb gibt es auch nicht *die* Rationalität, sondern mehrere Rationalitäten. Wie Lotze, so spaltet Santayana das Eigenleben der Vernunft in Perspektiven auf. Unser gesunder Menschenverstand und unsere verschiedenen Haltungen zur Welt entspringen natürlichen Bedürfnissen: uns zu orientieren, uns mit anderen zu verstehen, uns in einem großen Ganzen zu sehen, seelische Vergnügen zu erleben und wichtige Dinge herauszufinden. Immer wieder verwandeln wir das, was uns unsere Sinne über die Welt vermitteln, in Ideen und Konzepte. Und alle dienen sie dem gleichen Ziel: uns in der Umwelt zurechtzufinden und möglichst glücklich zu werden.

Nicht der Tod, wie bei Heidegger, sondern das Glück ist der oft ferne Horizont allen menschlichen Tuns. Doch was die konkrete Beschreibung der glückssuchenden biologischen Vernunft und Ideenproduktion anbelangt, stattet Santayana sie allerdings mit vielen persönlichen Vorlieben aus, die kaum als wissenschaftliche Herleitungen gelten können. In *Reason in Society*, dem zweiten Teilband, begegnen sich mehr Weltanschauungen als lupenreine biophilosophische Schlussfolgerungen. Wie so viele Biologen seiner Zeit, man denke vor allem an den deutschen Zoologen Ernst Haeckel, glaubt auch Santayana an eine natürliche Moral. Sie soll dem Menschen den Kompass vorgeben und nicht etwa eine rationale Moraltheorie in der Tradition Kants. Statt ein auf Gründen aufgebautes Moralsystem zu ersinnen, sollte man sich lieber mit den sozialen Gefühlen beschäftigen, die in »der gütigen Atmosphäre der Liebe und des Zuhauses blühen«.[156]

Für den zeit seines Lebens ungebundenen Philosophen ist die Familie der Herd und Ursprung der Gesellschaft. Da größere Gesellschaften jedoch nicht als Familie organisiert sein können, bedarf es des Staates. Für Santayana ist der Staat ein Monster, aber leider ein notwendiges. Ein Pirat, der die Bürger um ihre Steuern bringt, sei immer noch besser als hundert Piraten. Gleichwohl bringen die moderne staatliche Sicherheit und die staatlichen Organisationsstrukturen viel Übles mit sich, vor allem die von Santayana heftig verachtete Gleichmacherei. Mit Platon lehnt er es ab, die natürliche Ungleichheit des Menschen politisch aufheben zu wollen. Nicht Gleichheit, sondern Chancengerechtigkeit sei die wichtigste Grundlage der Gesellschaft. Setzen sich auf diese Weise die Fähigsten durch, so könne es für eine Nation nichts Besseres geben. Man denkt an Nietzsche, wenn Santayana von einer »Meritokratie«, einer Herrschaft der Besten, spricht. Aber weit reichen die Parallelen nicht. Zwar sehen beide den Siegeszug des Kapitalismus kritisch und erkennen, dass sich die Menschen immer stärker unter das Joch der Lohnarbeit und in das fremdbestimmte Korsett einer ausbeuterischen Arbeitsgesellschaft zwängen lassen. Aber anders als sein wenige Jahre zuvor verstorbener deutscher Kollege bedauert der Spanier die Arbeiterschaft dafür. Und völlig im Gegensatz zu Nietzsche ist er ein erklärter Gegner jeder Art von Krieg. Leidenschaftlicher Patriotismus schreckt den Weltenbürger ohne echte

Heimat ab. Sollte man nicht lieber darauf vertrauen, dass die Anfang des 20. Jahrhunderts überall aufkeimende Begeisterung für Sport den Krieg dauerhaft ersetzen könnte? Für das Ziel des Friedens in der Welt erinnert Santayana an die Zeit des Mittelalters. Fühlte sich die katholische Kirche statt für einzelne Länder nicht für die ganze Menschheit zuständig? Ein Gedanke, der unbedingt wieder aufgegriffen werden sollte – wenn auch nicht unbedingt durch die Kirche.

Santayana selbst bezeichnet sich ein ums andere Mal als einen »katholischen Atheisten«; nicht die Kirche, sondern die Ästhetik des Glaubens fasziniert ihn. In kaum einem anderen Punkt weicht er so stark von seinem Lehrer James ab. Den interessierte weder die Kirche noch die Ästhetik des Glaubens. Aber er hielt es persönlich für sehr hilfreich und charakterfördernd, an Gott zu glauben, formuliert in seinem berühmten Essay: *The Will to Believe* (*Der Wille zum Glauben*) (1896/1897). Santayana hingegen hält den Glauben nicht aus ethischen Gründen für hilfreich, sondern aus rein ästhetischen. In *Reason in Religion* lehnt er sämtliche Glaubensinhalte der katholischen Kirche ab, gesteht aber zugleich ein, dass sie der Seele schmeicheln. Denn wenn auch kaum etwas von dem stimmt, woran die katholische Religion glaubt, so bleibt doch ihre Ästhetik übrig: dass sie den Menschen berührt und damit positive Seelenregungen hervorruft. Aus diesem Grund kann Santayana dem Protestantismus überhaupt nichts abgewinnen, hat er die christliche Religion doch genau von all dem gereinigt, was ihre Poesie ausmacht.

Nicht verwunderlich, dass der vielfältig kreative Santayana der Sphäre der Kunst und Ästhetik eine enorme Bedeutung zuspricht. In *Reason in Art* widmet er ihr ein weiteres Buch. Wenn alles Denken die Verwandlung von Sinneseindrücken in Ideen ist, dann ermöglicht uns die Kunst, auch solche Ideen auszuspinnen, die kein festes Fundament in der Realität haben. Als »synthetische Repräsentation« schillert unsere ästhetische Fantasie zwischen sinnlich vermittelter Wirklichkeit und abstrakten

Ideen und macht unser Leben angenehmer, vergnüglicher und erkenntnisreicher. Während die Wissenschaft, wie Santayana in *Reason in Science* schreibt, für die rationale Erkenntnis schlechthin zuständig ist, bedient die Kunst unsere mächtigen anderen, irrationalen und subjektiven Erkenntnisbedürfnisse.

Alles in allem umfassen die fünf Bände von *The Life of Reason* mehr als tausend Seiten – das umfassendste Werk des Pragmatismus, das bis dahin geschrieben wurde. Santayana ist überzeugt davon, dass er sein Ziel erreicht hat: den Erfahrungshorizont des Menschen abzustecken, ausgehend von der sinnlichen Erfahrung und dem Bedürfnis, sich in der Welt zurechtzufinden. Philosophie ist die Beschreibung dessen, wie das Menschentier, angetrieben von dem Wunsch, glücklich zu sein, seine Ideen immer weiter verfeinert und ausdifferenziert hat. Für die bestmögliche Orientierung haben wir die Wissenschaft geschaffen, für unsere höheren Glücksbedürfnisse die Kunst und die Religion und für unser Bedürfnis nach auskömmlichem Zusammenleben Gesellschaft und Staat – jene Sphäre, in der allerdings nach wie vor allergrößter Verbesserungsbedarf besteht.

Das Werk macht Santayana weithin bekannt, nicht nur in den USA, sondern auch in Europa. Als er 1912 von mütterlicher Seite eine große Erbschaft macht, zieht es ihn nach Paris. Seine Professur in Harvard, die der Achtundvierzigjährige ohnehin nie als Lebensrolle verstanden hatte, gibt er auf. Von nun an lebt er als Privatgelehrter und freier Schriftsteller. Er reist viel, lebt eine Zeit lang in Oxford und verbringt die Winter in Rom. Seine philosophischen Werke, die er während des Ersten Weltkriegs schreibt, sind zumeist längere Essays, etwa 1915 über die »Ich«-Verliebtheit der deutschen Philosophie seit dem deutschen Idealismus des späten 18. Jahrhunderts (*Egotism in German Philosophy*) oder über seine Lehrer James und Royce (*Character & Opinion in the United States. With Reminiscences of William James and Josiah Royce and Academic Life in America*) 1920. 1922 veröffentlicht Santayana zum ersten Mal ein Buch mit seinen Gedichten. Ein Jahr später, zur Zeit seines Aufenthalts in Oxford, bringt er *Scepticism and Animal Faith* heraus.

1925 zieht der Dichterphilosoph ganz nach Rom, wo er bis an sein Lebensende bleibt. Er will sein zweites Hauptwerk schreiben, jenes, das er in *Scepticism* angekündigt hat. Zugleich aber lebt er ein reges Gesellschaftsleben, ist eine Figur des europäischen Jetsets der Intellektuellen und widmet sich nach wie vor der Poesie und der Schriftstellerei. »Sind Dichter tief in ihrem Herzen auf der Suche nach Philosophie? Oder ist Philosophie am Ende nichts als Dichtung?«, hatte Santayana in seiner Zeit in Harvard geschrieben.[157] Genau als solch ein Grenzgänger wird er in der Folgezeit auch betrachtet: zu elegant im Stil für einen Philosophen, zu theoretisch elaboriert für einen Dichter. Zu seinen Lebzeiten wird er als Dichter und Philosoph gefeiert, als erhellender Geist, in seinem Nachleben aus dem gleichen Grund weitgehend vergessen. Wer zu eingängig und schön schreibt, kann kein Philosoph sein; wer über Philosophie schreibt, ist kein Dichter.

Im Jahr 1935 veröffentlicht Santayana den autobiografischen Roman *The Last Puritan* (*Der letzte Puritaner*), seinen größten Publikumserfolg. Obwohl das Buch mit dem prüden Puritanismus in den Vereinigten Staaten hart ins Gericht geht, wird es gerade dort zum Bestseller und von den Kritikern enthusiastisch gelobt. Unübersehbar ist allerdings auch sein nicht nur unterschwelliger Rassismus und Antisemitismus. Und der puritanische Glaube an die moralische Überlegenheit weißer Eliten scheint selbst dort durch, wo der Puritanismus sonst heftig gescholten wird.

Im Jahr 1940 schließt Santayana in Rom sein zweites philosophisches Hauptwerk ab: Die vier Bände, deren erster schon 1927 erschienen ist, breiten seine Seinslehre noch einmal in aller Ausführlichkeit aus. Schlüsselbegriff ist die »Essenz«. Eigentlich ein Hauptbegriff der mittelalterlichen Philosophie, reinigt Santayana ihn von allem Theologischen und biologisiert ihn.

Lange bevor wir etwas genauer erfassen und einordnen, nehmen wir die Dinge als »Essenzen« war. Wir spüren, dass da etwas ist, ganz gleich ob es sich um Gegenstände, Vorstellungen, logische Herleitungen oder Gedanken handelt. Eine deutlichere Absage an den Idealismus lässt sich kaum formulieren. Schon ehe wir uns der Dinge bewusst werden, sind sie bereits spürbar und haben auf uns gewirkt. Insofern lässt sich die Existenz eines »Seins« nicht bestreiten, ohne sich lächerlich zu machen.

Bevor das Denken beginnt, ist das Wissen um die Existenz der Dinge bereits gewiss. Wie spüren unbegriffene Essenzen. Im zweiten Schritt sortieren wir sie als materielle oder nicht-materielle Gegenstände. Im dritten Schritt beurteilen wir aus typisch menschlicher Perspektive ihren Wahrheitswert. Und am Ende leiten wir von dort aus ab, was wir für höhere Einsichten unseres Bewusstseins halten. Mit anderen Worten: Unser Geist verleiht den Dingen ihren Sinn. Und in genau dieser Reihenfolge ist Santayanas Werk gruppiert: *The Realm of Essence*, *The Realm of Matter*, *The Realm of Truth* und *The Realm of Spirit*. All unsere Erkenntnis folgt einem naturalistischen Muster, einem biologischen Erkennen, wie es das Menschentier im Laufe der Evolution gelernt und eingeübt hat. Die schweren philosophischen Begriffe wie »Essenz«, »Materie«, »Wahrheit«, »Wesen« und »Geist« sind zwar Behelfskonstruktionen unseres Denkens, aber sie sind nicht zufällig; stattdessen folgen sie der Evolution, genauer unserer fortschreitenden biologischen Witterung für die Dinge des Lebens.

Das Werk erscheint 1942 komplett als *The Realms of Being* (Das Reich des Seins) in den USA. Doch mitten im Zweiten Weltkrieg veröffentlicht, erregt es kaum Aufmerksamkeit, erfährt keine Übersetzung und wird auch später nur äußerst selten gelesen; ganz im Gegensatz zu seinen Lebenserinnerungen, die international erfolgreich sind. Als Santayana 1952 in Rom im »Kloster der blauen Nonnen« hochbetagt stirbt, ist er zwar ein berühmter Mann, aber seine Philosophie gerät schnell in

Vergessenheit. Unwillig, eine Schule zu gründen, und skeptisch gegenüber allen abgeschlossenen Wahrheiten, bleibt er am Ende vor allem als Außenseiter in Erinnerung, als ein Mann, der in keine Schublade passt und auch nur selten in eine Philosophiegeschichte.

Die Relativität der Welt

Ein Außenseiter geblieben zu sein trifft auch auf jenen Philosophen zu, der zur gleichen Zeit das gleiche Feld beackerte wie Santayana und später in Harvard gewissermaßen sein Nachfolger wird. Die Philosophiegeschichte geht allerdings gnädiger mit *Alfred North Whitehead* (1861–1947) um als mit dem fast vergessenen Spanier. Sie behandelt den Engländer gemeinhin als Kuriosum, aber immerhin als bedeutendes Kuriosum. Und wenn sie Whitehead zeitlos achtet, dann eher für seinen Fußabdruck in der Philosophie der Mathematik und der Logik, die er in der ersten Phase seines Schaffens hinterließ, als für seine von ihm selbst so betrachteten philosophischen Hauptwerke. Denn mit ihnen ist nicht leicht fertigzuwerden.

1861, zwei Jahre vor Santayana und zwei Jahre nach Husserl in Ramsgate, Kent geboren, schreibt sich der Lehrersohn 1880 im Trinity College in Cambridge für Mathematik ein. Die Atmosphäre ist knisternd und inspirierend, der beste Ort der Welt für einen angehenden Mathematiker. Ebenso horizonterweiternd sind die Debatten im Club der Cambridge Apostles. Der junge Philosoph *John McTaggart Ellis McTaggart* (1866–1925) führt Whitehead an die Philosophie heran. Im Jahr 1888 wird Whitehead Universitätslehrer in Cambridge. Die nächsten zweiundzwanzig Jahre publiziert er wenig und beschäftigt sich nur mit mathematischen Fragen. Berühmter Höhe- und zugleich Schlusspunkt dieser Zeit sind die *Principia Mathematica*, ein dreibändiges Werk, das er von 1910 bis 1913 mit seinem Schüler Bertrand Russell veröffentlicht und von dem im Zusammenhang mit Russell noch ausführlich die Rede sein wird.

Auf das viel beachtete Werk folgt zugleich der Überdruss. Whitehead verlässt Cambridge und geht an das weit weniger renommierte University College in London und 1914 ans dortige Imperial College of Science, Technology and Medicine. Dem engen Gehäuse der Mathematik entronnen, beschäftigt ihn nun ein viel größeres Thema: Was ist eigentlich die »Natur«? Wie kann es sein, dass unsere subjektive Wahrnehmung von Naturvorgängen so anders ist als das Bild der Natur in den Naturwissenschaften? In kürzester Zeit sieht sich Whitehead mit der gleichen philosophischen Frage konfrontiert wie Santayana: Ist die Natur am Ende nur idealisch zu begreifen, wie etwa McTaggart meint? Oder lässt sie sich nach wie vor rein materialistisch erklären, wovon so viele Naturwissenschaftler seit *Issac Newtons* (1642–1726/1727) Zeiten fest überzeugt sind? Je länger der Mathematiker Whitehead grübelt, umso tiefer gerät er in die Philosophie. Er sieht sich mit einer Diskussion konfrontiert, die aus zwei unversöhnlichen Polen besteht. Und die berühmtesten Pole in der angelsächsischen Welt dieser Zeit sind der Mathematiker und Philosoph *Samuel Alexander* (1859–1938) und der idealistische Philosoph *Francis Herbert Bradley* (1846–1924).

Wie James in Harvard, so plädiert auch Alexander in Manchester für eine evolutionäre Betrachtung des menschlichen Geistes. Doch wo James psychologische Konsequenzen zieht, zieht Alexander physikalische. Gemeinsam mit dem Zoologen *Conwy Lloyd Morgan* (1852–1936) entwickelt er die Theorie der »Emergenz«, die Lehre vom Entstehen neuer Eigenschaften im Evolutionsprozess. Für Alexander und Morgan ist die Evolution eine ständig aufsteigende Linie: von Raum und Zeit über die tote Materie zum Leben und zu Intelligenz und Bewusstsein. Immer wieder entstehen durch die Kombination von Elementen Eigenschaften, die es vorher nicht gab. So lässt sich die Entstehung des menschlichen Geistes letztlich rein physikalisch erklären: als Ergebnis eines evolutionären Drangs zu einer sich ständig steigernden Komplexität! Will man das, was Menschen tun, verstehen, so habe man hier den Schlüssel, der jedes Schloss aufschließt. Selbst der Sinn für Ästhetik und die künstlerische Kreativität des Menschen ließen sich auf diese Weise ganz einfach erklären: als im Kosmos angelegte und im Menschen überschäumende Lebensenergie. Und so landet der »Naturalist« Alexander am Ende genau dort, wo der Idealist Bergson auf ganz anderem Wege angelangt war: bei einem Lebensschwung, der den Menschen umfassend beseelt.

Alexanders wichtigster erkenntnistheoretischer Gegenspieler ist Francis Herbert Bradley. Wie Bergson sieht er die Naturwissenschaftler und die naturwissenschaftlich argumentierenden Philosophen auf allerdünnstem Eis stehen. Denn woher weiß ein Naturwissenschaftler von seinen Gegenständen? Von Raum und Zeit, Materie, Kraft und Energie? Dadurch, dass er sie künstlich herleitet und ableitet! Wie bereits mehrfach erwähnt steckt die Physik in der Wende zum 20. Jahrhundert in einer Grundlagenkrise. Ihre Begriffe sind ihr höchst unsicher geworden. Und Bradley erklärt ihnen, dass das auch völlig verständlich ist. In seinem Buch *Appearance and Reality* (*Erscheinung und Wirklichkeit*) (1893) erläutert der an Hegel geschulte Idealist, dass das, was die Naturwissenschaftler für Konstanten halten, mehr oder weniger überlieferte und nützliche Begriffskonstruktionen des menschlichen Geistes sind. Dazu sind es Größen, die in der Erfahrung selbst nur eine untergeordnete Rolle spielen. Wir nehmen nicht Zeit oder Materie wahr, indem wir sie mit unserem Geist abfotografieren. Sondern all unser Denken basiert auf Empfindungen (*feelings*) – eine Einsicht, die auch Ernst Mach zeitgleich zum Ausgangspunkt seiner Philosophie macht.

Das Denken erzeugt, mit Bradley gesagt, »eine Maschine von Begriffen und Relationen«.[158] Und als solche sollte sie auch betrachtet werden und nicht etwa als getreues Abbild einer in Wahrheit gar nicht adäquat wahrnehmbaren Wirklichkeit.

Whitehead ist klug genug, keine der beiden Positionen leichtfertig zu verwerfen. Er hat nicht nur Bradley gelesen, sondern auch McTaggarts berühmten Aufsatz *The Unreality of Time* (*Die Irrealität der Zeit*) aus dem Jahr 1908. Mit mathematisch präzisem Anspruch versucht McTaggart das zu belegen, was Bergson behauptet hat: Unsere Lebenszeit, in der wir erleben, ist nicht in Begriffen fassbar. Versuchen wir es, begeben wir uns auf die Ebene der begrifflichen Rekonstruktion von Zeit, die nie identisch sein kann mit der erlebten Zeit selbst. Denn während wir erleben, ist immer Gegenwart und nie Vergangenheit oder Zukunft. Unsere Erinnerungen werden *jetzt* erinnert, und unsere Zukunftsvorstellungen sind ebenfalls *jetzt*. So gesehen sind all unsere Vorstellungen von Zeit in gewisser Weise irreal: Sie korrespondieren nicht mit unserem Erleben. Für Whitehead ist damit klar, dass jede Philosophie beim Erleben beginnen muss und nicht bei später gewonnenen Einsichten. Aber der Idealismus darf nicht in der Welt des Erlebens stehen bleiben. Er muss von dort zur objektiven Realität vordringen, denn diese ist für Whitehead ganz zweifellos vorhanden.

Materialisten und Idealisten haben also irgendwie beide recht. Dem Materialismus ist zuzustimmen, wenn er meint, dass letztlich alles irgendwie Physik ist. Aber er muss seine Position überwinden, den Boden der Tatsachen in der Materie zu sehen. Die Idealisten liegen richtig damit, dass alle Realität zunächst gefühlt wird und jede begriffliche Erfassung insofern »künstlich« ist und erst im Nachhinein geschieht. Aber muss das wirklich ein Widerspruch sein zu einem »naturalistischen« Weltbild?

Whiteheads philosophisches Lebensprogramm ist damit formuliert: eine Philosophie der Natur zu entwerfen, die beiden Ansprüchen Rechnung trägt und damit die Natur in Gänze erfasst. Und der Weg dahin kann nur sein: beim subjektiven Erleben der Welt anzufangen und dann Schritt für Schritt vorzudringen zu den Einsichten der modernen Naturwissenschaften. Whitehead formuliert sein Programm gleich dreimal in drei Jahren. Der erste Aufschlag geschieht 1919 mit *An Enquiry Concerning the Principles of Natural Knowledge* (Eine Untersuchung über die Prinzipien unseres Wissens von der Natur). Ihm folgt 1920 mit *The Concept of Nature* (*Der Begriff der Natur*) eine umfangreiche Vorlesung. Und 1922 erscheint *The Principle of Relativity with Applications to Physical Science* (Das Prinzip der Relativität mit Anwendungen in der Physik).

Während Cassirer in Hamburg seine *Philosophie der symbolischen Formen* beginnt, Husserl in Freiburg den verborgenen Weg vom »idealen« zum »konkreten Ich« sucht, Freud in Wien sein zwischen »Es« und »Über-Ich« zerrissenes »Ich« gerade gefunden hat, Heidegger seine Hütte in Todtnauberg bezieht und Bergson in Paris sich in der Auseinandersetzung mit Albert Einstein verhebt, schlägt Whitehead in London die ersten Pflöcke einer *Philosophy of Organism*, einer »organistischen« Theorie ein; eine dem Fließen und Werden der Natur entsprechende Philosophie. Gelingt es ihm, die eingestürzte Brücke zwischen Philosophie und Naturwissenschaften zu reparieren oder gar eine wegweisende neue zu bauen? Nichts Geringeres ist Whiteheads Anspruch. Seine wichtigsten Ideen formuliert er in *The Concept of Nature* in aller Deutlichkeit. Erstens: Natur ist (wie schon bei James und Santayana) ein *Prozess*! Folglich kann sie auch nur als Prozess zutreffend beschrieben werden. Zweitens: Wenn Natur immer ein Prozess ist, dann ist auch *alles Erleben und Denken* des Naturwesens Mensch ein *Prozess*; ein Prozess, der sich mit den *gleichen Begriffen* beschreiben lassen muss wie alle anderen Prozesse in der Natur. Und drittens: Wenn alles Naturgeschehen prozesshaft ist und prozesshaft wahrgenommen wird, dann lassen sich keine Konstanten in der Natur beschreiben, sondern (wie auch Cassirer weiß) nur *Relationen*. Alles, was wir erkennen, erkennen wir relativ zu anderem.

Wie geht Erkennen nun ganz konkret vor sich? Menschen nehmen die Natur mit ihren Sinnen wahr, und zwar, wie bereits James es beschrieb, als einen »Fluss von Ereignissen« (*events*).

Unser Verstand ermöglicht es uns, in diesen Ereignissen Merkmale (*factors*) zu erkennen und sie zu ordnen. Wir unterscheiden Merkmale anhand ihrer räumlichen und zeitlichen Ausdehnung (*extension*). So konstruiert sich unser Bewusstsein ein eigenes System von Raum und Zeit. Wollen wir zu tieferen Einsichten über die Natur gelangen, wie die Naturwissenschaften es tun, dann achten wir darauf, was sich verlässlich wiederholt. Auf diese Weise können wir unser Erfahrungswissen abstrahieren. Aus Wirkungen schließen wir auf Ursachen und erkennen so die wahre Natur der Welt.

Zwei, drei Jahre lang dürfte Whitehead geglaubt haben, eine solide Brücke gebaut zu haben, die Philosophen wie Naturwissenschaftler akzeptieren könnten. Doch die Philosophen erwarten mehr von ihm als eine Ideenskizze, sie wollen ein ausgearbeitetes System. Und die Resonanz unter Physikern, auf die es ihm besonders ankommt, ist bestürzend gering. Es gibt noch viel zu tun. Und die Gelegenheit dazu kommt schon bald.

Vom Verschwimmen der Regentropfen

Im Jahr 1924 ereilt Whitehead ein Ruf an die Harvard University. William James ist seit vierzehn Jahren tot, Royce seit acht, und Santayana ist seit zwölf Jahren in Europa. Der charmante und liebenswerte Dreiundsechzigjährige hat es nicht schwer, zum Platzhirsch aufzusteigen. Seine Vorlesung »Science and the Modern World« (»Wissenschaft und moderne Welt«) begeistert die Studenten und wird auch als Buch ein großer Publikumserfolg. Das zerschnittene Band zwischen unserem materialistisch-atomistischen Weltbild und dem, was die modernen Naturwissenschaften im Zeichen von Evolutionstheorie, Quantenmechanik und Relativitätstheorie über die Welt wissen, wird nicht nur von Whitehead, sondern ebenso von einer interessierten Öffentlichkeit betrauert. Kommen wir dem Fortschritt der modernen Naturwissenschaft gedanklich nicht mehr hinterher? Versagt die Philosophie vor der großen Aufgabe, die Vielheit neuer Einzelerkenntnisse zu einem Ganzen, einem neuen einheitlichen Weltbild zusammenzusetzen? Und wäre dieses Weltbild nicht nur aus erkenntnistheoretischen, sondern auch aus zivilisatorischen Gründen nicht dringend notwendig?

Im Winter 1927/1928 bekommt Whitehead einen ehrenvollen Auftrag. Er erhält die berühmte Gifford-Gastdozentur an der University of Edinburgh. Die zehn Vorlesungen, die er dort hält, erscheinen 1929 als Buch: *Process and Reality: An Essay in Cosmology* (*Prozeß und Realität*). Obwohl in der unvollendeten Form von fünfundzwanzig Vorlesungen gegliedert, gilt es bis heute als Whiteheads philosophisches Hauptwerk. Worum es ihm geht, lässt sich am besten anhand des fünften Kapitels zeigen, in dem Whitehead auf Santayana und dessen *animal faith* zu sprechen kommt: »Wenn wir den Terminus ›tierischer Glaube‹ so auslegen, daß er eine Art Wahrnehmung beschreibt, die von der philosophischen Tradition vernachlässigt wurde, dann stimmt praktisch die ganze Untersuchung Santayanas mit der organistischen Philosophie überein.«[159] Und doch besteht, nach Whitehead, zwischen Santayana und ihm ein wichtiger Unterschied. Der Spanier teilt die Welt, philosophisch traditionell, in das, was unsere Sinne und unsere Vernunft erleben und begreifen, und das, was wir daraus folgern: dass eine von unserem Bewusstsein unabhängige Außenwelt existiert. Zwischen Erleben und wirklichem Sein hängt damit, wie Whitehead schreibt, ein »Schleier«.[160] Der Begründer einer »organistischen Philosophie« aber will diesen Schleier wegreißen. Er will zeigen, dass es »rationale Prinzipien« gibt, die uns klarmachen, dass Bewusstseinswelt und Außenwelt ununterscheidbar sind, ja dass unser Bewusstsein mit den gleichen natürlichen Bausteinen arbeitet wie die Natur selbst. Es steht der Welt nicht als eine eigene Binnenwelt gegenüber, sondern es ist mit all seinen Leistungen immer schon *in der Welt*.

Was Heidegger zeitgleich ganz ohne Verweis auf die wissenschaftliche Physik oder Biologie ergrübelt, versucht Whitehead naturphilosophisch zu beweisen: Die Einheit des Seins steht *vor* der Trennung von Bewusstseinswelt und Außenwelt. Sie wird nicht vom Bewusstsein konstruiert, sondern sie ist immer schon da, weil eben auch das Bewusstsein ein natürlicher Prozess unter anderen ist und sich auf die gleiche Weise beschreiben lässt. Um das tatsächlich zu beweisen, braucht Whitehead ein Arsenal an Begriffen, mit dem er Bewusstseinsprozesse mit den gleichen Worten beschreiben kann wie alle anderen Naturvorgänge.

Der Aufwand, den der »Prozessphilosoph« dafür betreibt, ist enorm. Zunächst entwickelt er ein eigenes System an Kategorien. Allem zugrunde liegt die elementare Kategorie der »Kreativität«. Vor jeder weiteren Unterscheidung ist die Natur ein Prozess des ewigen Werdens. Nicht Einzeldinge, also Substanzen, sind der eigentliche Stoff der Welt, sondern Prozesse. Auf der nächsthöheren Ebene differenziert Whitehead acht Kategorien der Existenz. Alles, was existiert, ist eingebunden in Prozesse und deshalb »vorläufig« – mit Ausnahme letzter Realitäten und den dazugehörigen Formen, durch die sie sich voneinander abgrenzen. Auf den kreativen Weltprozess und die verschiedenen Existenzformen folgt die dritte Ebene: die Kategorien der Erklärung. Gemeint sind siebenundzwanzig Prozessformen, mit denen sich erklären lässt, wie Werden in der Natur vor sich geht: durch »Verbindungen« (*nexus*), durch »Wirken«, durch »Objektivierungen«, »Konkretisierungen«, »Erfüllungen« usw. Auf der vierten Ebene siedelt Whitehead neun Kategorien der »Verbindlichkeit« an. Gemeint sind all die verschiedenen Formen, mit denen sich Bewusstsein selbst organisiert: dass wir unsere Erlebnisse subjektiv zu einer »Einheit« verschmelzen, dass wir die Objekte darin aber eindeutig voneinander unterscheiden und dabei innerlich folgerichtig vorgehen, dass wir unsere körperlichen Empfindungen in Begriffe übersetzen, dass wir verschiedene Empfindungen begrifflich fest miteinander verbinden und dass wir diese Verbindungen den subjektiven Zielen der Harmonie und der Intensität unterwerfen.

Im zweiten Schritt unternimmt Whitehead einen Feldzug gegen die philosophische wie die naturwissenschaftliche Tradition, die Welt auf Dinge zu reduzieren, statt die Ereignisse als das Elementarste der Natur anzusehen. Wie schon in *Science and the Modern World* erklärt, besteht die Welt nicht aus Atomen, sondern aus Vorgängen. Nicht Elementarteilchen bilden die Welt, sondern Elementarprozesse. Statt von Objektivationen wie Dingen, Substanzen usw. auszugehen, braucht es ein »reformiertes subjektivistisches Prinzip«, das erklärt, was die Natur ausmacht: das Werden, Wachsen, Sich-Verwandeln, Zusammenwachsen und Verschmelzen. Ihre schönste Formulierung erhält diese Betrachtung der Natur später durch die US-amerikanische Dichterin *Muriel Rukeyser* (1913–1980), deren Whitehead-Lektüre sich in ihrem bekanntesten Gedicht »The Speed of Darkness« niederschlägt: *»The universe ist made of stories, not of atoms.«*[161]

All die subjektiv erlebten Prozesse, die Ursachen, Wirkungen und Zwecke bilden nach Whitehead zugleich eins zu eins objektive Naturvorgänge ab. Was die philosophische Tradition trennt – Sein und Bewusstsein –, sei damit wieder natürlich vereint. Samuel Alexanders »Emergenz« und Francis Herbert Bradleys *feelings* spielen sich nicht in zwei getrennten Sphären ab, sie sind Elemente des gleichen Naturgeschehens. Denn wie im Himmel so auf Erden und wie in der biologischen Natur so im Bewusstsein: Immer und überall ereignet sich, wirkt und lebt das Gleiche.

Im dritten Schritt nun versucht Whitehead zu erklären, wie Physisches und Psychisches in der Natur untrennbar zusammenspielen. Alle Einzelwesen der Natur, seien es Steine, Äpfel oder Menschen, sind nicht nur innerlich, sondern auch äußerlich organisiert. Das heißt, sie befinden sich in Austauschbeziehungen zu anderen Gegenständen und bilden somit »Gesellschaften«

(*societies*). Dabei ist jede Gesellschaft immer Teil einer größeren Gesellschaft bis hin zur Gesellschaft des großen Ganzen, des Raum-Zeit-Kontinuums. Der Austausch der Gegenstände untereinander geschieht durch »Erfassen« (*prehension*). Man erfasst unbewusst oder in selten Fällen, wie beim Menschen, teils auch bewusst seine Umwelt und nimmt etwas von ihr in sich auf. Ob kausale chemische Reaktion oder psychische menschliche Wahrnehmung, im Prinzip sei es der gleiche Prozess: das Entstehen »wirklicher Ereignisse«. Der Magnetismus, die Gravitationskraft, Leben und Sterben existieren nicht isoliert als Dinge der Welt, sondern sie existieren nur durch die Austauschbeziehungen von Gegenständen. Ihre wirkliche Natur ist prozesshaft, angetrieben durch Fremdbestimmungen von außen (dem Einwirken anderer Gegenstände) und der Eigenbestimmung, die diese Einwirkungen aufnimmt und unterschiedlich auf sie reagiert und »bewertet«.

Jedes physische Ereignis besteht damit aus zwei Polen, einem physikalischen und einem mentalen, und beide sind zwei Aspekte des gleichen Systems. Diese ineinander verschmelzen zu lassen war bereits die Idee von Gottfried Wilhelm Leibniz. In seiner 1720 posthum erschienen *Monadologie* sieht er die Welt bevölkert von Einzelorganismen, die sich, jedes Wesen für sich, eine eigene fensterlose Welt, ein Innenuniversum schaffen. Doch Whitehead kritisiert daran die Fensterlosigkeit, die er für eine Fehlinterpretation der Idealisten hält. Tatsächlich interagierten die Einzelwesen (*actual entities*) unausgesetzt miteinander. Die Monaden haben weit aufgerissene Fenster und Türen. Wie Regentropfen an einer Scheibe fließen sie ineinander, vereinigen sich, ändern ihre Richtung und strömen so im Zuge einer unendlichen Evolution weiter fort.

Im Vorrang des Erlebens, der »Wahrnehmung im Modus vergegenwärtigter Unmittelbarkeit« (*perception in the mode of presentional immediacy*) vor aller Erinnerung und Begriffskonstruktion, hat Whiteheads Denken, wie er gerne zugibt, viel von

Bergson: Das subjektiv Erlebte ist zugleich das Objektive, alle naturwissenschaftliche Begrifflichkeit nur nachträgliche Objektivation, jene »Begriffsmaschine«, von der Bradley spricht. Aber im Gegensatz zu Bergson hält Whitehead sein Theoriegebäude für philosophisch und naturwissenschaftlich zugleich.

Das Problem dabei ist, dass Whitehead seine ungezählten, wie er selbst weiß, »spekulativen« Begriffe aus der subjektiven Erfahrung ableitet, sie aber gleichwohl als naturwissenschaftlich wahr behauptet. Damit macht er sich gleich an zwei Fronten angreifbar. Die meisten Naturwissenschaftler nehmen ihm seine spekulativen Begriffe nicht ab; Spekulation ist tief verpönt. Und als Philosoph muss er die Frage beantworten, was seine Begriffe taugen sollen, wenn sie doch niemals die eigentliche subjektive Erfahrung widerspiegeln können, sondern stets Produkte der »Begriffsmaschine« sind. Auf diese Weise befindet sich Whitehead in der gleichen Schwierigkeit wie Bergson. Ihm muss klar sein, dass die Wahrheit nicht in den Begriffen liegt, er aber trotzdem gezwungen ist, in Begriffen zu denken und zu schreiben. Wie sein französisches Vorbild, so weiß auch der Engländer, dass er damit notwendigerweise unter sein Niveau gehen muss. Bergson hatte darauf reagiert, indem er seine Texte so literarisch wie möglich schrieb, um zugleich ästhetisch-sinnlich zu überzeugen. Whitehead reagiert mit immer neuen Ansätzen und einer Philosophie der kreisenden Bewegungen, die sein Hauptwerk ausgesprochen unsinnlich und seine Gedanken oft schwer fassbar machen. Auch sie gleichen allzu oft Regentropfen, die in unplanbaren Bahnen voranfließen.

Die größte Zumutung seiner organistischen Philosophie erwartet den Leser im abschließenden fünften Teil von *Process and Reality*. Obwohl viel kürzer als alle anderen Teile, hat er es in sich. Wie im ganzen Werk wiederholt, kritisiert Whitehead den aus seiner Sicht unzulässig verkürzten Naturbegriff der Naturwissenschaften. Ohne die Erlebnisqualität in allen Naturprozessen zu berücksichtigen, wird der Naturbegriff rein quantitativ und damit leer. Das gilt für Whitehead auch für die vermeintlichen »Naturgesetze«. Was die mathematische Physik für »invariant« und »allgemeingültig« hält, sei die Folge einer viel zu isolierten und künstlich abstrahierenden Betrachtung. Tatsächlich sieht Whitehead die Naturgesetze als Folge der Theologie im 17. Jahrhundert an; ein Aberglaube aus einer Zeit, als Physiker wie Newton glaubten, Gott gäbe ihnen mit der mathematischen Physik den Schlüssel in die Hand, um seine Schöpfung Stück für Stück aufzuschließen und Ding für Ding, Gesetz für Gesetz zu enthüllen. Und während Whitehead annimmt, dass Newton »die moderne Quantentheorie und die Auflösung der Quanten in Wellen« überrascht hätte, sieht er einen anderen Denker, der sie »erwartet« habe: der antike griechische Philosoph *Platon* (428/427 v. Ch.–348/347 v. Chr.) mit seiner Theorie allen Werdens in seinem *Timaios*.[162]

Für Whitehead sind die Naturgesetze keine von den Objekten der Welt isolierten Kräfte, die an und für sich existierend auf etwas einwirken. Wirkung entfalten sie für ihn nur im Rahmen eines allgemeinen Werdens, dessen Teil sie sind. Aus diesem Grund vermutet Whitehead, dass auch die Naturgesetze Teil einer kosmischen Evolution sind, die sie hervorbrachte und die sie in Zukunft wieder verändern kann. Die vermeintlichen Naturkonstanten sind variabel, allerdings über enorm große Zeiträume. Und wer weiß, was das große Werden und Wirken einst aus ihnen machen wird.

Doch wenn schon die Naturgesetze nicht ewig sind, gibt es dann nichts, was ewig ist? Erstaunlicherweise traut sich Whiteheads organistische Philosophie auch hier eine Antwort zu. Ja, es gibt etwas, das ewig sein soll, zwar nicht die Materie und nicht die Naturgesetze, wohl aber die Gestaltungskraft, die all dies formt. Whitehead nennt sie »ewige Objekte« (*eternal objects*). Wenn sich etwas ereignet, Gegenstände oder Gesetze entstehen, dann verwirklicht sich in ihnen ein Potenzial. Aus ewigen »reinen Möglichkeiten« werden vergängliche »reale

Wirklichkeiten«. Bezeichnenderweise hält Whitehead die »reinen Möglichkeiten« für absolut real, und er sieht alles Werden von ihnen durchwirkt. Wie Platon in seiner »Ideenlehre«, gibt es somit einen Vorrang des unsichtbaren Absoluten vor allem Materiellen. Ideales (Zwecke und Ziele) ist ebenso real existent wie Reales (Materielles und Gesetzmäßigkeiten). Intentionalität kommt damit nicht durch das menschliche Bewusstsein in die Welt, sondern die Natur ist von sich aus intentional, durchwaltet von Absichten und Gefühlen, die nach Vollendung und Intensität streben. Zielgerichtet zu sein gehört demnach zum Wesen der Natur, auch wenn sie dabei nicht auf ein vorher festgelegtes Gesamtziel zusteuert, das dem Prozess des Werdens unweigerlich ein Ende setzen würde. Vielmehr ist der Weg selbst zugleich das Ziel.

Whiteheads »Abschließende Interpretation« am Ende von *Process and Reality* hat ihm viel Unverständnis eingebracht. Ist es wirklich nötig für eine »Philosophie der Prozesse«, der Natur ein absichtsvolles Tun zu unterstellen? Die Schwierigkeiten, die Whitehead sich damit einhandelt, sind enorm. Denn wie kommen Absicht und Zwecksetzungen in die Natur? Indem sie immer schon da waren, antwortet Whitehead. Aber zeitlose Ziele sind nur dort vorstellbar, wo *irgendjemand* sie hat. Und die Natur ist ohne Zweifel nicht »irgendjemand«. Nur ein Wesen kann Ziele haben, und Whitehead schreckt nicht davor zurück, die Intentionalität, die er in der Natur am Werke sieht, einem Wesen zuzuschreiben, das er »Gott« nennt. Doch sein »Gott« hat mit dem Gott monotheistischer Religionen wenig gemeinsam. Er ist kein Schöpfer, sondern die permanente Schöpfung selbst, eine zielgeleitete Kraft in ständigem Werden, die sich in immer neuen Formen und Ereignissen realisiert. Für Whitehead ist Gott »die unbegrenzte begriffliche Realisierung des absoluten Reichtums an Potentialitäten. Unter diesem Aspekt ist er nicht *vor*, sondern *mit* aller Schöpfung.«[163]

Nun kann man darüber streiten, welchen Sinn es macht, die

eine Unbekannte (»Intentionalität in der Natur«) durch eine andere Unbekannte (»Gott«) zu ersetzen beziehungsweise gleichzusetzen. Ist das mehr als ein Spiel mit Worten, das sich nicht aus der Verlegenheit befreien kann, die angenommene Absicht in der Evolution nicht erklären zu können? Doch wenn sie nicht wirklich befriedigend erklärt werden kann, warum ist es dann so wichtig zu behaupten, dass es sie gibt?

Eine Antwort erhält der Leser 1929 in *The Function of Reason* (*Die Funktion der Vernunft*), das Buch, das unmittelbar auf *Process and Reality* folgt. Wie fast alle Ontologen der Zeit versucht auch Whitehead zu beweisen, dass es objektive Werte gibt. Was er zuvor ausgeführt hatte, legt er nun ausführlicher da: Warum gibt es so etwas wie Vernunft in der Natur, und wozu ist sie da? Für Whitehead ist Vernunft eine Eigenschaft der Natur: eine Form der Selbstorganisation, die dabei hilft, das Naturziel zu erreichen, das darin besteht, die Intensität des Lebens zu erhöhen. Die Vernunft hilft höher organisierten Lebensformen dabei, »gut« oder »besser« zu leben, sodass sie mehr vom Leben haben. Denn nur zu leben ist ein ziemlich schwacher Wert im Vergleich dazu, gut zu leben, das heißt, eine Fülle von Lebensmöglichkeiten auszuschöpfen. In diesem Sinne wird Leben umso wertvoller, je intensiver es erlebt wird. Bereits Pflanzen und Tiere wollen in diesem Sinne gut leben, aber der Mensch hat noch mal viel mehr Möglichkeiten dazu. Je intensiver er sich in der Fülle des Lebens selbst verwirklicht, umso mehr entspricht sein Leben dem allgemeinen Ziel der Natur, eben der Entfaltung und Intensität.

Noch einen Schritt weiter geht Whitehead in seinen 1933 veröffentlichten, allgemein verständlichen Vorlesungen *Adventures of Ideas* (*Abenteuer der Ideen*). Im vierten und abschließenden Teil des Buchs überträgt er die Idee, die Natur strebe von sich aus nach einer Erhöhung der Intensität, auf die menschliche Zivilisation. Das Streben nach mehr Lebensintensität drückt sich nicht etwa in der Suche nach Wahrheit aus, sondern »Schönheit« – Harmonie und Vielfalt – ist das Natur-Ziel der Zivilisation. Weil diese Schönheit aber stets flüchtig und vergänglich ist, entsteht das Ideal des Friedens – des Versuchs, Schönheit gesellschaftlich zu stabilisieren.

Vier Jahre später wird der Sechsundsiebzigjährige emeritiert. Seine letzte Vorlesung in Harvard aber hält er noch 1941 zum Thema »Immortality« (Unsterblichkeit). 1947 stirbt der mit zahlreichen Ehrendoktorwürden ausgestattete Philosoph sechsundachtzigjährig an einem Gehirnschlag. Wie Santayana hinterlässt er keine Schule, sondern nur eine Saat, die an weit verstreuten Stellen aufkeimt, am fruchtbarsten in der von seinem Schüler *Charles Hartshorne* (1897–2000) begründeten »Prozesstheologie«.

Die Welt aufräumen

Drei Jahre nach Whitehead stirbt in Göttingen ein Mann, dessen Lebenswerk in vielem mit dem des Engländers vergleichbar ist. Er selbst nannte seine Philosophie einen »kritischen Realismus«, was ohne Zweifel große Ähnlichkeiten hat mit dem »skeptischen Realismus« Santayanas oder Whiteheads Versuch einer kosmischen Metaphysik: eine Seinslehre, die keinen Zweifel an der Realität der Außenwelt aufkommen lässt und sie nicht als »Konstruktion« des Bewusstseins auffasst, sondern als Voraussetzung dafür, dass Menschen überhaupt irgendetwas erfahren können. Und wie Santayana und Whitehead, so weiß auch der deutsche Kollege: Wenn wir über diese Realität etwas aussagen wollen, so geht das nicht mehr auf von Aristoteles althergebrachte Weise: dem Verweis auf unveränderliche »Substanzen«. Die Rede ist von *Nicolai Hartmann* (1882–1950).

Hartmann auf der einen und Santayana und Whitehead auf der anderen Seite werden erstaunlich selten miteinander verglichen: der deutsche Stubengelehrte hier, die weltläufigen, naturwissenschaftlich beschlagenen angelsächsischen Denker dort.[164] Schon stilistisch scheint nichts sie zu verbinden. In der angelsächsischen Philosophie, bei James, Santayana und jenseits des Hauptwerks auch bei Whitehead, ist Philosophie ein Surfen im gleißenden Sonnenlicht: klare Konturen, ein beschwingter eleganter Stil, eine Schönheit der geistigen Bewegung und der Form. In der deutschen Philosophie, bei Husserl, bei Heidegger und eben auch bei Hartmann, ist Philosophie ein Grübeln im dunklen Tann; wo man hinspuckt, keimen neue rätselhafte Begriffe auf. Im Angelsächsischen sind Verständlichkeit und Eleganz ein Zeichen meisterhafter Philosophie, nicht anders als in der Formelwelt der Mathematik; gekonnt ist, was keine Anstrengung mehr erkennen lässt. In der deutschen Philosophie ist der schöne Stil verpönt, ohne ein gewisses Quantum an Rätselhaftigkeit keine Tiefe. Was leicht aussieht, erweckt den Glauben, es sei trivial und letztlich von jedem zu leisten; nur das Schwerverständliche nötigt Respekt ab.

Hartmann und Heidegger auf der einen und Santayana und Whitehead auf der anderen Seite haben sich nicht wahrgenommen. Der Versuch, seit den Zwanzigerjahren eine neue, nicht auf Substanzen aufbauende Ontologie und Metaphysik zu begründen, ist eine Parallelaktion deutscher und angelsächsischer Denker nahezu ohne Austausch und Kontakt zueinander. Und doch überdecken die Unterschiede des Denkens, der Traditionen und der Umgang mit Begriffen leicht, dass sich die Philosophen im deutschsprachigen Raum zur gleichen Zeit mit den gleichen Problemen herumschlagen wie ihre angelsächsischen Kollegen: mit der Kontroverse zwischen Idealismus, hier maßgeblich repräsentiert durch den Neukantianismus, und der Suche nach einer neuen Ontologie, die einen Ausweg weist aus der fensterlosen selbstbezüglichen Begriffswelt bewusstseinsimmanenter Gedankenkonstruktionen. Und auch den deutschen Verfechtern einer neuen Ontologie ist klar: Nach dem Siegeszug der Evolutionstheorie und der Grundlagenkrise der Physik kann diese Seinslehre keine klassische Substanz-Ontologie mehr sein. Das Universum steht nicht still und damit auch nicht der Fluss des Lebens in ihm. Und der letzte Boden der Tatsache liegt weder in universalen Gesetzen noch in der unveränderlichen Substanz der Materie. Will man nicht Heideggers Sonderweg gehen und das Sein aus menschlichen Sinnbezügen erschließen, so ist nur eine Seinslehre denkbar, die sich vom Realitätsbegriff der modernen Naturwissenschaften leiten lässt. Gesucht wird kein Unterbau, keine Fundierung im Kellergeschoss der Metaphysik wie bei Heidegger, sondern ein gedanklicher Überbau für alle Physik und Metaphysik. Genau dieses Ziel hat auch Hartmann vor Augen.

Geschult wird der junge Mann aus Riga in Marburg, einer der Hochburgen des Neukantianismus. Seine Lehrer Hermann Cohen und Paul Natorp sind berühmte Großmeister ihres Fachs. Auf artistische Weise deduzieren sie die Welt aus den Spielregeln des Denkens heraus. Ihre größten Gegenspieler sind wie erwähnt die experimentell arbeitenden Psychologen, allen voran die Denker von Oswald Külpes »Würzburger Schule«. Für Külpe und seine Schüler ist Denken ein psychologischer Prozess, der sich durch Selbstexperimente enträtseln lassen soll. Für Cohen und Natorp ist Denken die Voraussetzung dafür, dass wir überhaupt etwas erkennen und erforschen können. Es kann nur von »innen« aus sich selbst heraus entschlüsselt werden und nicht von »außen« durch Experimente.

Der junge Hartmann folgt zunächst brav den Vorgaben seiner Lehrer. Aber der Neukantianismus befindet sich nach fünfzig Jahren Blüte in steilem Niedergang. Um seine letzten Helden, wie Cassirer und Hönigswald, wird es einsam. Und auch Hartmann fühlt sich gleichsam magisch angezogen von einer neuen unmittelbaren Seinslehre. In seinen *Grundfragen der Biologie* versucht er 1912 einen philosophischen Mittelweg zu denken zwischen den beiden heftig konkurrierenden Betrachtungen des Lebens. Kann Leben mechanisch-materiell erklärt werden, oder bedarf es der Annahme einer »Lebenskraft«, wie die »Vitalisten« um Driesch (und mit ihm Bergson) behaupten? Hartmann kommt zu dem Schluss, dass man Leben nicht rein mechanisch erklären kann. Wie später in seiner Ontologie sieht er in der Natur verschiedene Schichten des Seins mit unterschiedlichen Eigenschaften. Aber der an Kant geschulte junge Denker sieht auch bei den Vitalisten einen Fehler, den Bergson (und mit ihm Whitehead) nicht sehen: Zielgerichtetheit ist eine Eigenschaft des menschlichen Denkens und nicht eine Eigenart der Natur!

Als Privatdozent in Marburg begegnet Hartmann dem sieben Jahre jüngeren Heidegger. Und der ist gekommen, um den Lokalmatador in den Schatten zu stellen. Doch auch der zum außerordentlichen Professor ernannte Hartmann erprobt den Ausbruch aus dem neukantianischen Systemdenken. Die *Grundzüge einer Metaphysik der Erkenntnis* (1921) atmen bereits einen neuen Geist. Die Erfahrung des Ersten Weltkriegs, die Erschütterung der alten Welt in Deutschland nicht anders als in Whiteheads England, schreien auch für Hartmann nach einem neuen unmittelbareren Verständnis dessen, was es heißt zu existieren.

Wie soll das geschehen? Indem man Kants Idee einer umfassenden Metaphysik, die im Neukantianismus fallen gelassen wurde, wiederbeleben sollte, fordert Hartmann. Das Ziel, so sagt er das erste Mal 1924, sei eine »neue Metaphysik«: »Es ist kein Zweifel, wir treiben wieder auf eine neue Metaphysik zu. Wir stehen wieder vor den Problemen, die von alters her die eigentlich bewegenden waren ... Die Einsicht, die um sich greift, ist diese, daß es kein Entrinnen vor den Problemen gibt, daß etwas ewig Notwendiges ... in ihnen ist.«[165]

Von welchen Problemen ist die Rede? Wie bei Heidegger, Santayana und Whitehead geht es vor allem um das Problem des »Seins«. Ohne die Annahme einer Welt, in der wir uns vorfinden oder in die wir, nach Heidegger, »geworfen« sind, kein sinnvolles Philosophieren. Und wieder geht es um eine Lösung für den alten Widerspruch: Woher sollen wir diese von uns unabhängige

Außenwelt kennen und erkennen, wenn sie uns doch nur subjektiv, durch unsere Sinne und unseren ordnenden Verstand gegeben ist? Wie Husserl spricht Hartmann zunächst von einer »natürlichen Einstellung« zur Welt. Doch während Husserl meint, der Philosoph müsse diese »natürliche Einstellung« verlassen, sich aus ihr zurückziehen, um den Dingen auf den Grund zu gehen, glaubt Hartmann, dass es gerade die »natürliche Einstellung« sei, die uns berechtigterweise einflüstert, dass es um uns herum eine bewusstseinsunabhängige Welt gibt.[166] Zeitgleich mit Santayana appelliert auch Hartmann damit an ein gleichsam animalisches Urvertrauen in die Wirklichkeit der Realität. Wir dürfen guten Mutes daran glauben, dass unser Bewusstsein die Welt getreu genug abbildet.

Hartmann hält es nicht lange auf dem Marburger Lehrstuhl, den er 1922 von Natorp übernimmt. Drei Jahre später wechselt er nach Köln. Dort trifft er auf den vierschrötigen Scheler, dessen Werte-Ethik ihn sofort überzeugt. Die Frage nach der Existenz von »Werten« wird Hartmann zur ersten Probe seiner neuen Seinslehre und Metaphysik. Und seine 1925 erschienene *Ethik* ist fast ebenso umfangreich wie das monumentale Werte-Buch Schelers. Ähnlich wie von diesem werden die Werte auch von Hartmann sortiert und in eine Hierarchie gebracht. Aus den allen Kulturen unveränderlichen Grundwerten, »das Gute«, »das Edle«, »die Fülle« und die »Reinheit«, entwickeln sich kulturspezifisch unterschiedliche Ausprägungen. So sind »Fernstenliebe«, »Persönlichkeit« und »Liebe« Werte, die sich erst in der Neuzeit ausprägten. All diese Werte sind zwar »ideal« und nicht »materiell«, aber für Hartmann existieren sie trotzdem. Immer wenn ein Mensch von ihnen Gebrauch macht, werden die Werte aus der Sphäre der Idealität gelöst und »realisiert«.

Dass Ideales ebenso existiert wie Reales, wird für Hartmann zu einer entscheidenden Einsicht seiner Ontologie. Seit 1931 ist er Professor für theoretische Philosophie in Berlin und arbeitet akribisch an einem Gesamtsystem des Seins. Über fünfzehn Jahre hinweg erscheinen dazu vier Werke: *Zur Grundlegung der Ontologie* (1935), *Möglichkeit und Wirklichkeit* (1938), *Der Aufbau der realen Welt. Grundriß der allgemeinen Kategorienlehre* (1941) und *Philosophie der Natur. Abriß der speziellen Kategorienlehre* (1950). Die Grundthese von Hartmanns Ontologie ist, dass die Welt vom Menschen tatsächlich erkennbar ist – und zwar als ein »geordnetes Gefüge«. Wie aber soll das gehen?

Hartmann beschränkt sich auf das, was er glaubt, der Realität ablauschen zu können. Eben deshalb nennt er seine Philosophie einen »kritischen Realismus«, einen Realismus, der darum weiß, dass Menschen die Natur nicht »an sich«, sondern mit ihrem Bewusstsein erfassen. Nicht das »Sein an sich« ist deshalb sein Thema und auch kein verborgener Weltgrund. Wie Whitehead in Harvard erkennt auch Hartmann in Berlin, dass alles Sein nur als Prozess, als ein Werden erfasst wird und folglich auch als Werden beschrieben werden muss. Und doch gibt es einen wichtigen Unterschied. Whitehead hält das Sein für untergeordnet, ja für künstlich. Nur das beobachtete Werden offenbart die Welt »an sich«. Die wahre Welt ist, in Platons Sinn, »reine Potentialität«. Hartmann hingegen sieht das Werden traditionell als Manifestation eines Seins. Die Prozesse der Natur sind nicht die Welt, sondern sie lassen uns die Welt, wie sie ist, erkennen. Irgendwo dahinter, so schreibt Hartmann im letzten Band seiner *Ontologie*, muss das »Substrat« sein, gleichsam die Nährlösung, aus der sich die Prozesse beharrlich speisen.[167]

Wie Whitehead so spürt auch Hartmann den Drang, viele neue Kategorien einzuführen, um das Sein angemessen zu beschreiben. Und wie bei Heidegger so steht auch hier die Seinslehre des Aristoteles Pate. Alles, was ist, lässt sich ordnen. Und das Mittel dazu sind die Kategorien. Wer angemessene Kategorien findet, der vermeidet, nach Hartmann, zahlreiche Probleme, Missverständnisse und Scheinwidersprüche, die sämtlich aus »Kategorienfehlern« entspringen. Wenn sich Materialismus und Idealismus so unversöhnlich gegenüberstehen, dann deshalb, weil die Materialisten die speziellen Kategorien der Physik unrechtmäßig auf Bewusstseinsprozesse übertragen. Und umgekehrt übertragen die Idealisten in der Tradition Hegels die speziellen Kategorien des Geistes unrechtmäßig auf die unbelebte Natur.

Es kommt also darauf an, die Kategorien neu zu sortieren in einem komplexen Schichtensystem. Mit phänomenologisch geschultem Blick trifft Hartmann Unterscheidung um Unterscheidung und trennt das, was allen Schichten des Seins gemeinsam ist, von dem, was nur in bestimmten Schichten begegnet. Das allen Gemeinsame ist dabei das Allerelementarste. Es sind die »Fundamentalkategorien«, nämlich das »Prinzipielle und das Konkrete«, »Struktur und Modus«, »Form« und »Materie«, »Inneres und Äußeres«, »Determination und Dependenz«, »Einheit« und »Mannigfaltigkeit«, »Einstimmigkeit und Widerstreit«, »Gegensatz und Dimension«, »Diskretion und Kontinuität«, »Substrat und Relation« sowie »Element und Gefüge«. Die Fundamentalkategorien durchziehen, nach Hartmann, alle Schichten des Seins. Dazu kommen in jeder Seinsschicht neue Eigenschaften hinzu. So bedeutet »Determination« in der Schicht der Materie etwas anderes als in der höheren Schicht des Lebens. Auch Lebewesen sind von der Natur determiniert, aber sie sind nicht tot, sondern dazu bestimmt, sich selbst zu erhalten und zu regulieren. Wenn sich Materialisten und Idealisten zum Beispiel darüber streiten, ob »Freiheit« möglich ist, dann übersehen sie, dass dies eine Frage der Schichten ist und nicht eine allgemeine Frage des Seins. Bewusste Lebewesen, wie der Mensch, können ihre Zwecksetzungen selbst regulieren und sind philosophisch betrachtet frei. Steine können dies nicht, in der Schicht der Materie gibt es keine Freiheit.

Hartmanns große Vorliebe für Kategorien, Schichtungen und Schichtungsgesetze macht aus der Welt einen Apothekerschrank, der wohlgeordnet erscheint und mit scholastischem Begriffsaufwand beschriftet wird. Statt eines dynamischen Gesamtorganismus namens »Kosmos«, wie bei Whitehead, begegnet uns ein komplett aufgeräumtes und fein sortiertes Bild der Welt. Da gibt es den Stapel der Erscheinungen des Seins, bestehend aus Seinsmomenten, Seinsweisen und Seinsmodi, die Baumaterialien des idealen und des realen Seins, die ineinander verflochtenen Ansichtsweisen Daseins und Sosein, den ordentlichen Stapel der Schichten, die kategorialen Gesetzmäßigkeiten der Schichten und die großen Stapel der allgemeinen und der speziellen Kategorien.

Man kann sich darüber streiten, worin der Wert von Hartmanns Arbeit besteht. Sicher lässt sich bewundern, wie akribisch und sorgsam beobachtet, beschrieben und sortiert wird. Aber steht und fällt der Wert einer Philosophie nicht auch mit ihrer praktischen Verwendbarkeit zum Denken und Weiterdenken? Wer Hartmann kritisch sieht, der denkt unwillkürlich an den Schweizer Künstler *Ursus Wehrli* (* 1969) und sein berühmtes Buch *Kunst aufräumen.*[168] Die Werke der modernen Kunst sind darin in all ihre Einzelelemente zerlegt, sorgfältig sortiert und aufgestapelt. Und der Witz entspringt aus der Frage: Wozu?

Hartmann ist zeit seines Lebens ein hochgeachteter Philosoph, aber inspiriert hat er nur wenige. Im Nationalsozialismus brav angepasst an das Regime, aber im Vergleich zu Heidegger nicht belastet, setzt er seine Lehrtätigkeit nach 1945 in Göttingen fort, wo er fünf Jahre später stirbt. Wenn es ihm gelang, längerfristig zu wirken, dann weniger auf Philosophen als auf Physiologen und Biologen, die seine gleichsam naturwissenschaftlich anmutende Systemarchitektur schätzen. Dass die Welt geschichtet ist, ist seit Aristoteles Gemeingut und seit dem Barock traditionelles Gedankengut der Naturgeschichtler und später der Biologen. Besonders attraktiv erscheint Hartmanns Einsicht, dass sich die Eigenschaften des Lebens zwar nicht einfach auf die Gesetze der Physik reduzieren lassen, dass aber die Physik gleichwohl in ihnen wirkt. Im gleichen nicht-reduktionistischen Sinne durchwirkt die Biologie die nächste Stufe, die menschlichen Kultur. So widmet der österreichische Ethologe *Konrad Lorenz* (1903–1989) Hartmann in seinem Hauptwerk *Die Rückseite des Spiegels* einen Abschnitt und spricht von der Gen-Kultur-Koevolution. Genetische Evolution und kulturelle Evolution seien zwar kategorial verschieden, nichtsdestotrotz wirkten die Gesetzmäßigkeiten der genetischen Evolution tief in die kulturelle Evolution hinein.[169]

Sein und Gott

Heidegger, Santayana und Hartmann hatten Wert daraufgelegt, dass ihre Ontologien und Metaphysiken keinen Gott benötigten, um den Zugang zur Realität des Seins abzusichern. Und auch Whiteheads »Gott« ist letztlich nur eine unbändige Energie, nicht aber ein Bürge, der das menschliche Sein tief in einem großen Sein verankert. Gleichwohl ist Gott, entgegen dem berühmten Ausspruch Nietzsches, auch im 20. Jahrhundert nicht überall tot. Bedenkt man die Vielzahl kirchlicher Akademien, Universitäten, Seminare, Bildungs- und Weiterbildungseinrichtungen, so verwundert es nicht, dass ein erheblicher Teil der Menschen, der Anfang des 20. Jahrhunderts an die Philosophie herangeführt wird, dies im kirchlichen Kontext erlebt. Zudem sind die Brücken zur universitären säkularen Philosophie nicht ganz abgebrochen. Heidegger war studierter Theologe und ließ es im Alter »göttern«. Und der in ganz Europa wirkungsmächtige Scheler war in der Zeit seiner größten Schaffenskraft ausdrücklich bekennender Katholik gewesen. Der Schatten seiner Werte-Ethik war sogar so lang, dass sich ein gewisser Karol Wojtyła – der spätere Papst Johannes Paul II. – in seiner Doktorarbeit an Scheler abarbeite.[170]

Wie nicht weiter überraschend, hatte sich die katholische Kirche zunächst vehement gegen alle »modernistische« Philosophie verwahrt. Papst Pius X. nutzte die elf Jahre seines von 1903 bis

1914 währenden Pontifikats für zwei Dekrete und eine Enzyklika, um alle theologischen Erneuerungsideen im Namen einer zunächst abwertend genannten »Neuscholastik« abzuschmettern. Alle Professoren an kirchlichen Bildungseinrichtungen mussten sogar einen »Antimodernisteneid« ablegen, der bis 1967 gültig blieb. Gemeint war, die katholische Kirche von allen Einflüssen fernzuhalten, die nicht ihrer ureigensten Tradition entsprachen. Dass damit sämtliche philosophischen Strömungen des frühen 20. Jahrhunderts eingeschlossen waren, bedarf keiner näheren Erläuterung.

Tatsächlich erfolgreich war Pius X. trotz eines umfänglichen Spitzel- und Denunziationssystems nicht. Die verbotenen Früchte der säkularen Philosophie blieben verlockend. Man denke nur an Franz Brentano, der schon lange vor dem Pontifikat Pius' X. sein Priesteramt aufgegeben hatte, weil er an der päpstlichen Unfehlbarkeit zweifelte. Seine große Bedeutung für Freud und Husserl wurde ausführlich beschrieben. Ein anderer, der den Kontakt nicht scheute, war der aus Dijon stammende Theologe *Maurice Blondel* (1861–1949). Seine Doktorarbeit *L'action. Essai d'une critique de la vie et d'une science de la pratique* (*L'Action – Die Tat. Versuch einer Kritik des Lebens und einer Wissenschaft der Praxis*) aus dem Jahr 1893 atmet sehr weitgehend den Geist von Kants Transzendentalphilosophie und baut auch Elemente des hegelschen Idealismus mit ein. Alles, was wir über das Sein wissen, erschließen wir innerhalb unseres Bewusstseins. Wir leiten es, wie Kant sagt, mithilfe unserer Erkenntnisvermögen ab. Den Übergang, um von der Immanenz des Bewusstseins in die Transzendenz ewiger Werte und Gegebenheiten zu kommen, sieht Blondel im *Wollen*. Wir tun nicht einfach nur das, was ein dumpfer animalischer Wille uns vorgibt, sondern wir suchen uns konkrete Handlungsziele. Das aber können wir nur, indem wir uns bewusst machen, dass wir frei sind und dass diese Handlungsfreiheit potenziell unendlich ist. Eine ihrer Freiheit bewusste Existenz, wie jene des Menschen, strebt somit über sich selbst hinaus in eine Idealität unendlicher Möglichkeiten. Freiheit und Unendlichkeit sind für Blondel damit untrennbar und verweisen über das Irdische und Menschliche hinaus. Genau diese Verweisung aber sei das zentrale Thema der christlichen Offenbarung. Und so komme man von der idealistischen Philosophie ganz unweigerlich zum Christentum.

Die letzte Schlussfolgerung ist ziemlich steil. Lässt sie nicht den Verweisungscharakter vieler anderer Religionen zugunsten des Christentums unter den Tisch fallen? Aber es ist nicht das, was Blondel zum Verhängnis wird. Die Kirchenoberen stört, dass er die Transzendenz aus der Immanenz des Bewusstseins herleitet – ein klarer Gegensatz zur Seinslehre eines *Thomas von Aquin* (1225–1274) und für die gestrengen Zensoren des kirchlichen Reinheitsgebots ein Zuviel an subjektivistischer Philosophie. Sein Leben lang wird Blondel eine ordentliche Professur an einer kirchlichen Hochschule versagt. Und auch die säkularen Universitäten bieten ihm nichts an. Als Titularprofessor in Aix-en-Provence bleibt er ein geachteter Außenseiter, auch wenn er Philosophen und Theologen in ganz Europa sowie Kitarō Nishida und die Kyōto-Schule inspiriert. Und es ist genau dieser Blondel, der als Erster jenes »Übersteigen« und »Überwinden« der Immanenz lehrt, das Heidegger später zum Denkprogramm wird.

Persönlich besser ergeht es dem belgischen Jesuiten *Joseph Maréchal* (1878–1944). Auch er setzt bei Kants Bewusstseinsphilosophie an, verknüpft sie aber mit dem von der katholischen Kirche zum Maß aller Dinge erhobenen Denken Thomas von Aquins. Als »Neuthomismus« wirkt Maréchals Denken weit weniger anstößig als dasjenige Blondels. Sein zwischen 1922 und 1947 in fünf Heften erschienenes Hauptwerk *Le point de départ de la métaphysique. Leçons sur le développement historique et théorique du problème de la connaissance* (Der Ausgangspunkt der Metaphysik. Lektionen über die historische und theoretische Entwicklung des Wissensproblems) erregt wenig Anstoß und beflügelt das Denken katholischer Philosophen nicht nur in Belgien und Frankreich, sondern auch in Deutschland und Kanada.

Maréchals Philosophie hat viele Übereinstimmungen mit der Position des »kritischen Realismus«. Wie Santayana und mehr noch Hartmann stimmt sie zunächst mit Kants erkenntniskritischer Analyse überein. Doch was Kant für Konstrukte des menschlichen Geistes hält – die Kategorien und Schemata der Erkenntnis –, hält Maréchal für Elemente der Realität, nämlich für die von der Scholastik sogenannten Formalobjekte. So gleitet er an seiner Wirkungsstätte in Louvain (Löwen) elegant von Kants transzendentaler Deduktion in eine Ontologie über und verfolgt damit genau das Programm, das der vier Jahre jüngere Hartmann zeitgleich in Marburg skizziert; nur dass Maréchal seine Seinslehre von Anfang an in die Denkschemata der thomistischen Philosophie einpasst und nicht nach und nach ein ganz neues Kategoriensystem entwirft wie Hartmann. Und während dieser die biologischen Sinne bemüht, um die Realität der Außenwelt zu beweisen, verweist Maréchal auf das sowohl sinnlich als auch geistig evidente Wissen um das »Absolute«, das uns umgibt und das größer ist als unsere Bewusstseinswelt. Die Welt erscheint uns als von einem höheren Wesen »gesetzt« und nicht von uns selbst geistig errichtet; ein stummes Wissen, das all unsere Erfahrung durchzieht. Genau deshalb könne unser Lebensvollzug eigentlich nur gelingen, wenn wir das absolut Seiende, das größer ist als wir selbst, in unser Bewusstsein aufnehmen. Und das heißt für Maréchal, das Christentum zu bejahen.

Auf einem ganz anderen Weg als Blondel und Maréchal kommt auch der aus Wien gebürtige *Martin Buber* (1878–1965) zu einer spirituellen Ontologie. Aufgewachsen bei seinen orthodoxen jüdischen Großeltern in Lemberg im polnischen Teil der Ukraine, erlebt er als junger Mann die hoch inspirierende Atmosphäre in Wien. Buber interessiert sich für alles, für die Literatur der Wiener Moderne um Schnitzler, Peter Altenberg, Hugo von Hofmannsthal und Hermann Bahr, er begeistert sich für den gerade in Mode gekommenen Nietzsche, wird Wagner-Fan und gewinnt sowohl dem polnischen wie dem deutschen Nationalismus viel ab. Nahezu alles, was im Gegensatz zu seiner orthodoxen Erziehung steht, reizt ihn als frisch und verlockend. Ein erstes persönliches Ziel, mit dem er sich identifizieren kann, wird ihm der Zionismus. Der Traum von einem jüdischen Staat in Palästina erscheint dem jungen Buber als der passende Gegenentwurf zur verstaubten Orthodoxie seiner Kindheit. Gerade einundzwanzig Jahre alt, wird er für kurze Zeit Chefredakteur der *Welt*, des Zentralorgans der Zionisten.

Anregungen ganz anderer Art erhält der Wissensdurstige an seinen Studienorten Zürich und Berlin. Seine Lehrer an der Berliner Universität werden Dilthey und Simmel. Diltheys Hermeneutik, die lehrt, das »andere« am Anderen zu begreifen, wird für ihn ebenso prägend wie Simmels brillante essayistische Analysen des modernen Großstadtlebens. In kurzer Zeit verkehrt der kleine Mann mit dem imposanten Bart im inneren Zirkel jener Simmel-Schüler, die der Meister zu sich nach Hause einlädt. Seine Doktorarbeit über Nikolaus von Kues und Jakob Böhme, ein vierzigseitiges Heftchen, liefert Buber in Wien bei *Friedrich Jodl* (1849–1914), einem streng empirisch denkenden Philosophen und Psychologen, ab.

Die angedachte Habilitation über die Kunst der Renaissance führt ihn mit seiner jungen Familie zwar für eine Weile nach Florenz, nicht aber zu einem Ergebnis in Buchform. Stattdessen wird der von zu Hause finanziell abgesicherte und viel interessierte Buber freier Autor und Herausgeber. Er beschäftigt sich, wie in seiner Doktorarbeit, mit Mystik und Spiritualität und entdeckt den Chassidismus für sich, jene mystische Bewegung aus dem 18. Jahrhundert, die sich im ukrainisch-polnischen orthodoxen Judentum ausgebreitet hatte und die Volksfrömmigkeit entschieden prägte. Mit seinen zahlreichen Übersetzungen und Erklärungen des Chassidismus nähert sich Buber genau jenem Teil seiner Prägungen wieder an, den er zuvor in sich bekämpft hatte. Seine Publikationen über die mystische Tradition im orientalischen und abendländischen Denken erregen große Aufmerksamkeit, insbesondere sein Sammelband *Ekstatischen Konfessionen* von 1909. In der Folgezeit wird Buber zu einer festen Größe des österreichischen Kulturbetriebs mit umfangreicher publizistischer Tätigkeit. Als Grenzgänger zwischen Judentum und abendländischer Tradition ist er allerdings selbst auf der permanenten Suche. Wie so viele andere Intellektuelle lässt er sich beim Ausbruch des Ersten Weltkriegs zu einem metaphysischen Nationalismus hinreißen und erwartet eine neue Gemeinschaft, geschmiedet auf dem Schlachtfeld. Nicht zuletzt das Judentum, schreibt er 1916 in der von ihm herausgegebenen Zeitschrift *Der Jude*, soll dadurch zu einer neuen Gemeinschaft finden.

Der tragische Verlauf des Krieges belehrt Buber unmissverständlich über seinen Fehler. Wahre Spiritualität ist nichts, was sich mit Begriffen wie »Nation« und »Staat« verbinden lässt. Andererseits aber teilt sich die Tiefe der Welt auch nicht allein im inneren Zwiegespräch und in der vereinzelten Versenkung mit, wie die mystische Tradition glaubt und mancher Stubenphilosoph. Von zwei Illusionen befreit, findet Buber die für sein weiteres Leben richtungsweisende Lösung bei seinem Freund, dem Philosophen und Hegel-Kenner *Franz Rosenzweig* (1886–1929). Wie dieser in seinem Werk *Der Stern der Erlösung* (1921) darlegt, realisiert sich der unmittelbarste Bezug zum Sein nicht im Denken, sondern im *Handeln*. Und nicht das Grübeln, sondern die Begegnung und die »Gegenwart« des Anderen, lassen uns am göttlichen Sein teilhaben.

Der Gedanke liegt im Geist der Zeit. Das religiöse Spätwerk Cohens, mit dem sich Buber über den Ersten Weltkrieg entzweit hat, ist vom Gedanken einer Dialogphilosophie beseelt. In ihrem Mittelpunkt steht die Anerkennung des Anderen. Auch der österreichische Philosoph *Ferdinand Ebner* (1882–1931) schreibt, angeregt durch Kierkegaard, im Jahr 1921 ein Werk mit dem Titel *Das Wort und die geistigen Realitäten. Pneumatologische Fragmente*. Die Kernaussage des von der Öffentlichkeit kaum bemerkten Werks ähnelt jener Cohens. Wahres Sein wird nicht vorgefunden, sondern es entsteht in den Zwischenräumen des kommunikativen Austauschs. Die Vernunft ist, wie Ebner an anderer Stelle schreibt, »im Worte« und »das Wort in der Vernunft«.[171] Da aber Worte ohne Adressaten keinen Sinn ergeben können, ist der Bezug zum Du die einzige wahrhaft gegebene Erkenntnismöglichkeit des Menschen.

Buber, der nach eigenem Bekunden in Gesprächen auflebt und nicht im Schreiben, ist entzündet. Im Jahr 1923, zwei Jahre nach Rosenzweig und Ebner, veröffentlicht er sein Buch *Ich und Du*. Geschrieben im idyllischen Heppenheim an der Bergstraße, wo der Philosoph und Publizist seit 1916 wohnt, ahnt sein Verfasser noch nicht, dass es sein philosophisches Hauptwerk werden und bleiben wird. Und doch erinnert nur wenig an ein Buch mit wissenschaftlichem Anspruch. Statt einer stringenten Gliederung mit Kapiteln und Unterkapiteln stehen zweiundsechzig kurze Abschnitte. Buber deduziert nicht und will auch nichts beweisen. Stattdessen möchte er den Leser poetisch ansprechen, um seine Bereitschaft zu öffnen, sich auf das Geschriebene einzulassen: eine Art persönlicher Quintessenz aus Chassidismus, abendländischer Mystik und Existenzphilosophie.

Die zentrale, an Rosenzweig angelehnte Denkfigur ist die Unterscheidung von Gegenstand und Gegenwart. Betrachten wir unsere Welt als eine Ansammlung von Objekten, so vergegenständlichen wir sie. Wir treten in eine Ich-Es-Beziehung ein. Unser Bezug zur Welt ist ein Objektbezug. Eine andere, tiefere Form der Begegnung mit der Welt dagegen ist der Subjektbezug. Betrachten wir die Welt in einer Beziehung des Ich und Du, so vergegenständlichen wir nicht, sondern wir vergegenwärtigen. In der Offenheit des echten Dialogs intensiviert sich, wie bei Ebner, der Seinsbezug. Je mehr wir uns auf die Gegenwart eines Anderen, meist eines anderen Menschen, aber auch die Gegenwart von Pflanzen, Tieren oder Kunstwerken, einlassen, umso intensiver wird unser Erleben von Realität. Unsere Sinne öffnen sich für das wahre ewige Sein, das uns in der Einsamkeit nicht begegnen kann, weil wahre Begegnung nur dialogisch möglich ist.

Betrachtet man Bubers Denkfigur genauer, so bietet sie eine völlig alternative Metaphysik zu den Metaphysiken Heideggers, Whiteheads oder Hartmanns. Der Unterschied liegt in der Zugangsweise. Die traditionellen abendländisch konzipierten Metaphysiken sind – trotz ihres uralten Ursprungs in Platons Dialogen – *monologisch*. Sie setzen auf die schrittweise Erkenntnis des einsam grübelnden Denkers. Dass Anteilnahme am Sein, gar »Seinslichtung« im Dialog stattfinden könnte, kommt in Heideggers reservierter Haltung gegenüber jedwedem Anderen, den Gestalten aus der Welt des »Man«, nicht vor. Dieser traditionellen abendländischen Monomanie, die auch Kant und Hegel gefangen hält, stellt Buber eine Philosophie gegenüber, die von »Beziehungen« lebt und nur in »Beziehungen« auf Andere und Anderes etwas über das Sein aussagen kann. Wahrheit und Sein können demnach ausnahmslos in der Vergegenwärtigung aufscheinen, und diese findet nur in Beziehung auf ein Subjekt statt. Ohne Du keine Erkenntnis! Nicht Erfahrung, wie Kant im ersten Satz der *Kritik der reinen Vernunft* schreibt, sondern »Begegnung« führt den Menschen zur Erkenntnis. Beschwörend und umgarnend will Buber deshalb seine Leser dafür gewinnen, ihm in seiner Schrift zu begegnen und zu folgen. Wer Gegenwart in Begegnungen erlebt, der erfährt – und hier springt Buber von der Psychologie in die Existenzialontologie – das einzig wahre, nämlich göttliche Sein der Welt. In der Gegenwart des Anderen und *nur* in der Gegenwart des Anderen zeigt sich Gott. Das Universum, wie Buber es sieht, besteht nicht aus Schichten und Kategorien, wie bei Hartmann, und nicht aus Kräften und Relationen, wie bei Whitehead, sondern aus Begegnungen. *The universe* – so lässt sich frei nach Muriel Rukeyser dichten – *isn't made of atoms but of encounters.*

Bubers Buch ist ein Erfolg. Der bislang außerhalb der universitären Welt berühmte Philosoph und Publizist wird Lehrbeauftragter und später Honorarprofessor an der Universität Frankfurt. Doch die Machtergreifung der Nationalsozialisten bereitet seinem öffentlichen Wirken in Deutschland ein jähes Ende. Buber flieht 1938 nach Jerusalem, sein Haus in Heppenheim wird in der Reichspogromnacht verwüstet. In Jerusalem lehrt er an der von Zionisten gegründeten Hebräischen Universität Jerusalem. Nach dem Zweiten Weltkrieg gehört Buber zu den prägendsten öffentlichen Intellektuellen Europas. Mit zahlreichen Ehrungen bedacht, darunter 1953 mit dem Friedenspreis des Deutschen Buchhandels, stirbt er hochgeachtet 1965 in Jerusalem.

Menschen und Mächte

Der Mythos der Gewalt – Überbleibsel und Ableitungen – Seelenverlust und Massenkultur – Mit Marx über Marx hinaus – Philosophie der Praxis – Das fordistische Zeitalter

Der Mythos der Gewalt

Es erstaunt immer wieder, dass wesentliche Teile der bedeutsamsten Philosophie zu Anfang des 20. Jahrhunderts fast vollständig unberührt bleiben von den politischen Umwälzungen der Zeit. Der Zusammenbruch des Deutschen Kaiserreichs ist weder für Husserl noch für Heidegger entfernt so ereignishaft wie die Suche nach dem konkreten Ich oder die Reise zur Eigentlichkeit der Existenz. Doch während Husserl in Freiburg zum ersten Mal den Begriff der »Lebenswelt« definiert, fegt die Oktoberrevolution in Russland eine jahrhundertealte Lebenswelt hinweg. Und während Heidegger seine »Kampfgemeinschaft« mit Jaspers festigt, kommt mit Benito Mussolini in Italien die Kampfgemeinschaft der Faschisten an die Macht – gesellschaftliche Umstürze, denen geistige Umstürze vorangegangen waren, die das »Geschick« maßgeblich beeinflussten. Und doch sind all die vielen Neubegründungen des Seins in der deutschen, französischen und angelsächsischen Philosophie – das Denken Bergsons, Husserls, Heideggers, Hönigswalds, Whiteheads und Hartmanns – befremdlich unberührt von den Neubegründungen des gesellschaftlichen Seins, die sich genau zeitgleich mit größter Macht und größten Folgen auf dem Welttheater abspielen.

Die Ebene der Eigentlichkeit soll offensichtlich ohne das konkrete gesellschaftliche Sein auskommen, vielmehr besteht sie in Kreativität und Lebensschwung (Bergson, Whitehead), im intentionalen Bewusstsein (Husserl) oder in der Existenz und dem sich zeigenden Sein (Heidegger, Hartmann). Das gesellschaftliche Sein, das das Bewusstsein dabei permanent prägt, bleibt auffallend abwesend. Und selbst in Bubers Dialogphilosophie ist es nur indirekt gegenwärtig. Sieht man von Heideggers kurzzeitigem Blindgängertum im Nationalsozialismus ab, so fällt auf, wie relativ bedeutungslos das Soziale, das Gesellschaftliche und das Politische in der Konstruktion all dieser Seinslehren sind. Menschen gleichen darin eher einsamen Leoparden, die sich gelegentlich vergesellschaften, als durch und durch geselligen Primaten, die ohne die anderen niemals wüssten, wer sie sind, und denen der Hordenverband und nicht Gott oder das Geschick ihren Platz zuweist. Doch so hoch die gesellschaftliche Rolle der Philosophie, etwa bei Husserl und Heidegger, gehängt wird, so gering ist die Rolle der Gesellschaft *in* ihrer Philosophie.

Dass sich das Pferd auch von der anderen Seite, jener von Politik und Gesellschaft, aufzäumen lässt, zeigen eine ganze Reihe von Denkern, die zur gleichen Zeit ganz bewusst am Puls der Zeit denken – und nicht (absichtlich oder unabsichtlich) gegen ihn. Ihnen allen eigen ist eine hoch dynamische Auffassung von Geschichte. Ja oft genug erscheint nicht das »Sein«, sondern die »Geschichte« als der einzig sichere Boden der Tatsachen. Der Uneigentlichkeit von Heideggers »Man« steht somit die Eigentlichkeit der Geschichte und Gesellschaft gegenüber – als die eigentliche Eigentlichkeit, von der der Einzelne lediglich ein unbedeutsamer Teil ist. Das handelnde Subjekt, das die Welt bewegt, ist hier nicht das Individuum, es ist die Gesellschaft. Und Eigentlichkeit ist nicht als etwas Persönliches zu haben, sondern, wenn überhaupt, nur als Teilhabe an einem gesellschaftlichen Sein. Zu einem der wichtigsten Begriffe wird etwas, was den anderen Seinslehren fremd bleibt. Wo in den individualistisch hergeleiteten Ontologien Schicksal und Geschick walten, organisiert und manifestiert sich in der Philosophie dynamischer Gesellschaftsveränderungen: *Macht*!

Philosophien dieser Bauart haben eine andere Systemarchitektur. Sie deduzieren nicht. Sie schürfen nicht in immer tieferen Tiefen, wie es vor allem das deutsche Publikum so gerne von der Philosophie erwartet. (Und ebenso auch manche »bürgerliche« Philosophiegeschichte, die mit politischen Denkern wenig anzufangen weiß.) Diese Philosophien halten sich auch nicht mit Werturteilen zurück. Stattdessen sehen sie in einer wertfreien Philosophie eine Illusion. Ihre Mittel sind seit der Wende zum 19. Jahrhundert die später sogenannte Ideologiekritik und das Herausarbeiten von Strukturen im Spiel gesellschaftlicher Macht. Und sie fordern eine entschiedene Parteilichkeit.

In Frankreich hatte das Jahrhundert nicht nur mit der Weltausstellung begonnen, sondern schon zuvor mit einem politischen Paukenschlag. Im Herbst 1894 verurteilte das Militär einen vermeintlichen Verräter, den Artilleriehauptmann Alfred

Dreyfus. Doch schon bald kamen Zweifel an Dreyfus' Schuld auf. Man witterte eine Intrige, wenn nicht gar einen Komplott der monarchistischen Kräfte gegen den republikanischen Staat. Die Dreyfus-Affäre erschüttert die Dritte Republik in Frankreich zutiefst. Und die Anklage des Schriftstellers *Émile Zola* (1840–1902) in Form eines offenen Briefes – »*J'accuse ...!*« (»Ich klage an ...!«) – wird 1898 zum Fanal. Die Armee und die katholische Kirche auf der einen Seite und die liberalen, sozialdemokratischen und sozialistischen Kräfte auf der anderen stehen sich konfrontativ gegenüber. Im Lager der Linken, der Dreyfusards, versammeln sich zwei verschiedene Gruppierungen: jene, welche die Massen gegen den verkrusteten Staat mobilisieren möchten, und die *intellectuels*, die republikanische Führungselite, die für Reformen, nicht aber für einen Totalumbruch steht.

Hochinteressiert und emotional engagiert ist auch *Georges Sorel* (1847–1922). Als Ingenieur hatte er sich zwei Jahrzehnte um Straßen- und Brückenbau gekümmert, bis er im Alter von Mitte vierzig zum Gesellschaftstheoretiker wurde. Angeregt dazu hatten ihn die sozialrevolutionären Schriften von Karl Marx und *Pierre-Joseph Proudhon* (1809–1865). Für Sorel wird die Dreyfus-Affäre zum erschütternden Beleg dafür, wie morsch die Dritte Republik ist. In kürzester Zeit findet er sich im Lager der Dreyfusards wieder. Wie sie fordert er dazu auf, die Gesellschaft rundherum erneuern. Doch Sorels Hoffnungen erfüllen sich nicht. Als die republikanische Linke 1899 in die Regierung kommt, bricht die Kampfkoalition der Dreyfusards auseinander. Sorel ist tief enttäuscht. Wo bleibt die erträumte Herrschaft der Massen? Stattdessen herrsche nun eine »republikanische Aristokratie«, die ihre Herrschaft mit den gleichen staatlichen Drangsalierungsmitteln abstützt wie die Vorgängerregierung: »Die Erfahrung hat uns bis heute noch immer bewiesen, daß unsere Revolutionäre, sobald sie nur zur Macht gelangt sind, sich auf die Staatsräson berufen, daß sie dann Polizeimethoden gebrauchen und die Gerichtsbarkeit als eine Waffe ansehen, die sie gegen ihre Feinde mißbrauchen können. Die parlamentarischen Sozialisten entziehen sich dieser allgemeinen Regel durchaus nicht; sie halten an dem alten Staatskultus fest; sie sind daher wohlvorbereitet, alle Missetaten des Ancien Régime und der Revolution zu begehen.«[172]

Sorel will sich mit dem »Wechsel der Aristokratien« nicht abfinden. Seine Enttäuschung lässt ihn zum »Syndikalisten« in der Denktradition Proudhons werden. Alle Macht soll bei den Gewerkschaften liegen und von ihnen organisiert werden, nicht aber von einem »aristokratischen« Parlament. Bestürzenderweise setzt Sorel seine Hoffnungen dabei ausgerechnet auf den im Frankreich der Zeit grassierenden Antisemitismus. Verklärend hält er ihn für eine instinktive Energie der Massen gegen die korrupte und selbstsüchtige Herrschaftselite, und das, obgleich wesentliche Teile dieser Elite, die katholische Kirche und das Militär, selbst stark antisemitisch sind.

Einen großen Einfluss auf die zeitgenössischen politischen Entwicklungen nimmt der an seiner sozialistischen Lektüre geschulte Ingenieur indes nicht. Für die Gewerkschaften und die Sozialisten ist der unweit von Paris zurückgezogen lebende Denker nicht wichtig. Doch dessen Ehrgeiz ist nicht gestillt. Seit Anfang der 1890er-Jahre hat er sich intensiv mit Bergson beschäftigt und auch dessen öffentliche Vorlesungen besucht. Das Konzept der *durée* überzeugt ihn und auch die lange vor *L'évolution créatrice* angedeutete Vorstellung von einem *élan vital.* Doch fasst Bergson Begriffe wie »Leben« und »Lebensschwung« nicht zu einseitig biologisch auf? Durchwirken sie nicht auch das Kulturelle, Soziale und Politische? Wo bleibt die schöpferische Kraft der gesellschaftlichen Zerstörung, die Kreativität der Rebellion? Warum lässt das Bürgertum sie dezent unter den Tisch fallen und reserviert sie ausschließlich auf Vorgänge im Tierreich? Wenn Menschen auch Tiere sind, dann werden menschliche Gesellschaften von den gleichen Kräften dynamisiert wie alle andere Natur auch.

Was Sorel sich darunter genau vorstellt, erfahren seine Leser in seinen *Réflexions sur la violence* (*Über die Gewalt*), die 1906 in Aufsätzen erscheinen und 1908 als Buch publiziert werden. Die radikale Schrift gehört ohne Zweifel zu den folgenreichsten in der Geschichte der politischen Philosophie des frühen 20. Jahrhunderts. Zu Sorels Lebzeiten erlebt sie fünf Auflagen. Ein Jahr nach Erscheinen wird sie ins Italienische übersetzt, 1914 ins Englische, und 1928 erscheint die deutsche Übersetzung. Die im Buch versammelten Aufsätze kreisen um zwei Themen. Das eine ist Sorels tiefes Unbehagen, ja sein Hass auf die Herrschaft und Moral der Bourgeoisie in all ihren Spielarten. Die Werte des Bürgerlichen seien verlogen und widersprüchlich und gründeten auf keiner echten Moral, sondern dienten einzig der Absicherung von Herrschaft. Worauf das Bürgertum stolz ist, Parteien, Parlamente und demokratische Institutionen, sind, nach Sorel, verkappte Unterdrückungsmechanismen gegenüber der Arbeiterklasse. Und was auch immer an Reformen geschieht, nie gehe es um die Interessen der Arbeiterschaft, sondern stets um den Machterhalt der dekadenten Eliten.

Was kann man dagegen tun? Dies ist Sorels zweiter Punkt: Die Herrschaft des Bürgertums muss abgeräumt, die Intellektuellenherrschaft beseitigt, der Staatsapparat gestürzt werden. Statt mit Reformen nichts besser zu machen, muss der »Klassenkampf«, wie Sorel ihn interpretiert, für eine historische Zäsur sorgen: für eine willensstarke Zivilgesellschaft, deren durch die Arbeit gestählte Kraft und Energie an die Stelle bürgerlich-intellektueller Dekadenz tritt.

Wenn Sorel von »Klassenkampf« spricht, meint er allerdings nicht das Gleiche wie Marx. Für ihn räumt nicht seit Menschengedenken eine zu wirtschaftlicher Macht gekommene Klasse die jeweils vorhergehende ab. Für Sorel hat es noch nie einen echten Klassenkampf in der Geschichte gegeben. Der erste und endgültige Klassenkampf steht noch aus, und er fällt zusammen mit der historischen Aufgabe der Arbeiterschaft. Als unbändige

Kraft des Natürlichen wie des Sozialen dränge das Proletariat an die Macht. Und erst wenn es zu seinem Recht gekommen ist, formt es sich zu einer Klasse. Das Ziel der Geschichte kann somit auch nicht, wie bei Marx, eine »klassenlose Gesellschaft« sein. Ganz im Gegenteil ist es die Klassenbildung der werktätigen Bevölkerung, jene der schaffenden Energie, der wahre *élan vital*, der als neue Moral die Unmoral der bürgerlichen Dekadenz zerstört und ersetzt.

Anders als bei Marx ist der Klassenkampf für Sorel also keine ökonomische Notwendigkeit, sondern eine moralische. Und diese Moral folgt anderen Gesetzen als die Moral der Intellektuellen und des Bürgertums. Krieg und Gewalt sind darin keine negativ besetzten Begriffe, sondern Ausdruck schöpferischer Kraft und unbändiger Lebensenergie. Bergsons *élan vital* wird Sorel zum Quell produktiver Zerstörung. Im Krieg der Klassen stärkt das Proletariat seine Kraft, setzt seine Energie frei und diszipliniert sich zugleich im Hinblick auf ein großes gesellschaftliches Ziel.

Auf diese Weise entwirft Sorel etwas ganz Neues: eine lebensphilosophisch untermauerte Theorie der Gewalt, ohne dass Bergson mehr tun kann, als sich davon zu distanzieren.[173] Von der Fantasie eines *élan vital* als *élan social* zu einem tatsächlichen Umsturz der Gesellschaft ist es allerdings ein großer Schritt. Wie schafft man den bürgerlichen Staat und das parlamentarische System ab? Zur fixen Idee wird Sorel die Vorstellung eines allgemeinen Aufruhrs in Form eines Generalstreiks. Wenn die schaffende Bevölkerung die Arbeit von einem Tag auf den anderen niederlegt, ist der Umsturz da. Doch Sorel weiß auch, dass das mit an Sicherheit grenzender Wahrscheinlichkeit im Frankreich seiner Zeit so nicht geschehen wird. Der Generalstreik ist also kein in Kürze zu erwartendes Faktum, sondern eine Fantasie, ein kollektiver Mythos, wie Sorel sagt, der sich in den Köpfen aller Werktätigen ausbreiten muss. Wie in Hegels berühmtem Satz, dass, wenn die Fantasie erst einmal revolutioniert ist, die Wirklichkeit nicht mehr standhält, beschwört Sorel die Kraft von Mythos und Imagination. Die Idee des Generalstreiks, millionenfach multipliziert, schafft ein verändertes Bewusstsein, dem irgendwann auch ein verändertes Sein folgen wird. Nicht feinsinnige Utopien brauche das Land, sondern archaische Mythen: »Mit dem Generalstreik aber verschwinden alle diese schönen Dinge; die Revolution erscheint als eine einfache und reine Empörung, und kein Platz bleibt mehr vorbehalten, weder für die Soziologen noch für die den sozialen Reformen freundlich gesinnten Männer der Gesellschaft, noch auch für die Intellektuellen, die *es zu ihrem Beruf gemacht haben, für das Proletariat zu denken.*«[174]

Wie Heidegger 1933/1934 vom Nationalsozialismus, so ersehnt sich Sorel 1906 vom Generalstreik eine »Reinigung« und einen kraftvollen Neuanfang. Hinweggespült werden alle unentschlossenen, differenzierenden und relativierenden Intellektuellen, die Klasse der kraftlosen Reformer. Nicht anders wird Heidegger später die Philosophenzunft in Deutschland durchkämmen wollen. Intellektueller Antiintellektualismus! Doch wo Heidegger dem »Sein« zum Durchbruch verhelfen will, träumt Sorel von der Machtergreifung der Lebensenergie des schaffenden Volkes; eines Volkes, das Heidegger nur aus studierter Distanz, als Produzent von Krügen oder als Benutzer ausgetretener Schuhe, zu würdigen weiß, dessen ärmliche Lebensumstände ihm keinen weiterführenden Gedanken wert sind. Die letzte Schlacht um das Recht des schaffenden Volkes, nun selbst den Staat zu machen und zu verkörpern, die Sorel 1906 beschwört, will Heidegger mit der Wahl der Nationalsozialisten sogar ausdrücklich verhindern.

Was gemeinsam bleibt, ist die Faszination philosophisch geschulter Intellektueller für das Mythische, für eine wie auch immer vorgestellte archaische Gesellschaftskraft, gepaart mit der schrägen Hoffnung auf eine undemokratische Reinigung der demokratischen Gesellschaft. Sorels Buch, geschrieben in einer Zeit, in der das von der Dreyfus-Affäre gebeutelte Frankreich am Rande eines Bürgerkriegs steht, wird zur Blaupause zahlreicher politischer Gewaltfantasien in der ersten Hälfte des 20. Jahrhunderts: Gewalt ist gut und legitim, wenn sie schöpferische Gewalt ist, wenn sie einem produktiven Ziel dient, eine Energie freisetzt, die die Gesellschaft reinigt und damit letztlich dauerhaft befriedet. Positiv besetzt werden damit auch die soldatischen Tugenden, der Mut und die Tapferkeit, für eine große Sache zu kämpfen und sich gegebenenfalls zu opfern – jene Tugenden, die nach Sorel in der bürgerlichen Dekadenz zur Unauffindbarkeit verblassten.

Wie eine künftige proletarische Gesellschaft nach dem Generalstreik ganz genau aussehen soll und was aus ihrer Lebensenergie wird, wenn die Arbeit der Revolution getan ist – darüber erfahren Sorels Leser wenig. Wie muss man sich eine durch Mythos und Gewalt zusammengeschmiedete Gesellschaft vorstellen? Was macht eine archaische Kampfgemeinschaft, wenn nichts mehr da ist, wofür gekämpft werden muss? Was ist die dauerhafte Ruhephase der schöpferischen Gewalt? Statt die von ihm provozierten Fragen zu beantworten, begibt sich Sorel kurz nach Beendigung der *Réflexions* auf einen politischen Schlingerkurs. Im Jahr 1910 nähert er sich dem Kreis um den Schriftsteller und Publizisten *Charles Maurras* (1868–1952) an, dessen Action française nicht nur rechtsextrem und antisemitisch ist, sondern auch monarchistisch – die maximale Gegnerschaft zum Generalstreik.

Sorel hingegen träumt jahrelang unverdrossen von einem Bündnis der Sozialisten mit den Nationalisten. Der antiintellektuelle und antiparlamentarische Impuls ist ihm zur Obsession geworden und wichtiger als die politische Himmelsrichtung. So begeistert er sich auch völlig vorbehaltlos für Lenin und die bolschewistische Revolution in Russland. Während der russische Revolutionär Sorel für einen »Wirrkopf« hält, bekommt dieser Zuspruch von einer anderen Seite. Noch vor seinem Tod im Jahr 1922 darf er erleben, dass der Faschist Benito Mussolini sich von der Idee des Mythos und der schöpferischen Gewalt begeistern lässt. Unter all jenen, auf die Sorel wirkte – Georg Lukács, Walter Benjamin, Karl Korsch und Antonio Gramsci auf der linken, den radikal konservativen demokratiefeindlichen Staatsrechtler *Carl Schmitt* (1888–1985) auf der rechten Seite –, war der Einfluss auf Mussolini der verhängnisvollste. Denn während die Linke sich nirgendwo je dauerhaft auf einen einzigen Mythos einigen kann, setzt der Mythos der Nationalisten – »Volk« und »Nation« –, befeuert von Sorels »Lebensenergie der Massen«, zum alles verheerenden Siegeszug an.

Überbleibsel und Ableitungen

Das Unbehagen an der »heterogenen« Gesellschaft, der tiefe Zweifel an der Bindungskraft der Demokratie und eine gewisse Faszination für leidenschaftliche Gewalt und unbändigen Machtwillen – mit all dem steht Sorel zu Anfang des 20. Jahrhunderts nicht allein da. Vieles davon findet sich zu gleicher Zeit in ganz Europa. Und einiges teilt Sorel mit einem italienischen Zeitgenossen, dessen Lebensdaten sich fast passgenau mit den seinen decken und mit dem er auch in persönlichem Kontakt steht. Wie Sorel, wie Comte, Wittgenstein und Musil fällt *Vilfredo Federico Pareto* (1848–1923) in die so fruchtbare Kategorie der philosophierenden Ingenieure. Der Sohn eines Genueser Agrarwissenschaftlers ist fünfundvierzig Jahre alt, als er 1893 nach einer Karriere in der Wirtschaft Professor für Wirtschaftswissenschaften in Lausanne wird. Der Seiteneinsteiger macht schnell von sich reden und begründet die Wohlfahrtsökonomie. Wohlfahrtsgewinne und Wohlfahrtsverluste durch staatliches und privatwirtschaftliches Handeln werden von Pareto in bisher nicht gekanntem Maß mathematisiert. Der Ingenieur unter den Ökonomen erklärt die Pareto-Verteilung und das Pareto-Optimum, entwirft das Pareto-Diagramm für die Fehleranalyse und stellt das berühmte Pareto-Prinzip auf, wonach im Regelfall 20 Prozent eines Aufwands 80 Prozent eines Ergebnisses verantwortet.

Im Jahr 1898 beginnt Paretos dritte Karriere als Soziologe. Die von Auguste Comte begründete Disziplin steckt noch in den Kinderschuhen und grenzt sich bislang nicht scharf von der Philosophie ab. Pareto gehört neben Durkheim, Simmel, Tönnies und Weber zu den Pionieren des Übergangs. Einerseits behandeln sie traditionelle und neue Themen der Philosophie, andererseits gehen sie dabei Wege, die die Soziologie aus der Philosophie herauslösen wollen und werden. Pareto wird Soziologe, als er erkennt, dass er mit seinem positivistischen und utilitaristischen Denken dort an Grenzen stößt, wo es ums wirkliche Leben geht. Hatte er als Ökonom überall rationale Gesetzmäßigkeiten entdeckt, so beginnt er am Ende des 19. Jahrhunderts mehr und mehr daran zu zweifeln, dass die Entwicklung gesellschaftlicher Prozesse tatsächlich rational erklärbar ist. So etwa hält er Marx' Analyse einer dialektischen Geschichtsentwicklung für falsch. In der Gesellschaft waltet weder eine Logik noch eine Dialektik. Das Wertvolle an Marx und an den Sozialisten sei nicht, dass sie Wirtschaft, Geschichte und Gesellschaft besser durchschauten als andere, sondern dass sie mit einem Idealismus zur Sache gingen, der für die Sache des Gemeinwohls brennt. Dem Titel »Marx für die Bourgeoisie«, den ihm die italienische Linke daraufhin verleiht, entspricht er dabei nicht wirklich. Zum einen wird sein vierbändiges soziologisches Hauptwerk, der *Trattato di sociologia generale* (*Allgemeine Soziologie*) aus dem Jahr 1916 erst lange nach seinem Tod zum Klassiker. Und zum anderen bleibt der Sozialismus für ihn nur eine Spielart unter anderen im Feld des politischen Idealismus.

Der tiefe Zweifel an der Rationalität des gesellschaftlichen Handelns macht Pareto zu einem strengen Kritiker an den Gewissheiten der Sozialwissenschaften und Gesellschaftserklärungen. Was soll eigentlich der »Staat« sein, was ist eine »Nation«, was eine »Rasse«? All das existiert nur als Abstraktum, aber Abstrakta handeln nicht, sie haben nicht einmal Interessen. Hinter alldem, was das Interesse eines Volkes, einer Nation, einer Zivilisation usw. sein soll, stehen die Interessen Einzelner. Wer die Welt mit streng empirischem Blick seziert, für den bleiben nur Einzelindividuen übrig, und die Kollektivbegriffe verschwinden. Pareto hat Mach studiert, der nichts als real gelten lassen wollte, was nicht Erfahrungstatsache ist. Und genauso will es Pareto mit der Soziologie tun.

Zu den Erfahrungstatsachen gehört auch, dass Logik und Kalkül zwar die mathematische Theorie dominieren, nicht aber das Leben und Zusammenleben der Menschen. Wie schon David Hume, der Urvater aller Empiristen im frühen 18. Jahrhundert, wusste, werden menschliche Entscheidungen gemeinhin von den jeweils dominanten Gefühlen getroffen. Ohne Gefühle lässt sich also nichts Wesentliches im Menschen erklären. Der im streng rationalen Geist erzogene Ingenieur, der die Wohlfahrtsökonomie präzise verwissenschaftlicht hat, muss nun zeigen, dass sein rationaler Geist auch das Irrationale beschreiben kann. Und tatsächlich entwirft Pareto ein System des »nicht-logischen Handelns« in gesellschaftlichen Prozessen. Am Anfang steht ein erstaunlicher Befund: Menschen sind zwar im Alltag gemeinhin sehr stark auf die Kalkulation ihres Vorteils ausgerichtet. Aber sie sind es nicht auf vergleichbare Weise in Gemeinschaften und Gesellschaften! Gesellschaftliches Handeln ist weit weniger zweckrational, hier kommen Elemente hinzu wie das »magische Handeln« oder das »Gewohnheitshandeln«. Religionen, Weltanschauungen, Mythen und Ideologien bestimmen Gesellschaften damit ebenso wie Traditionen und Konventionen – auch wenn nichts davon zweckrational vernünftig oder sinnvoll ist. Bedenkt man überdies, dass politische Entscheidungen oft unübersehbare Folgen zeitigen, die den handelnden Personen nicht bewusst sind oder sein können, so erklärt sich die irrationale Kurzsichtigkeit, die Gesellschaften vorwärtsirren lässt.

Pareto beschreibt all dies in einer Zeit, in der der Erste Weltkrieg – die Urkatastrophe des Jahrhunderts – heraufdämmert und ausbricht. Eine bessere Folie für den Irrationalismus von im Magischen und in Gewohnheiten verhafteten und von ihnen angetriebenen Gesellschaften lässt sich kaum denken. Doch Pareto sieht nicht nur das Gefährliche dieses »präreflexiven« Handelns, sondern auch das Positive. Ist es nicht letztlich dieses Irrationale, was Gesellschaften überhaupt irgendwie zusammenhält? Es sind eben nicht die vernünftigen Übereinkünfte und zweckrationalen Institutionen, sondern der Kitt der Gesellschaft stammt aus »Gefühlsstrukturen«, die, von vielen geteilt, gesellschaftliche Ordnung stiften. Anders als Comte mehr als ein halbes Jahrhundert zuvor träumt Pareto nicht von einem durch und durch zweckrationalen Staat. Denn wenn tatsächlich alle Gesellschaften überall in der Welt von nicht-logischen Handlungen durchsetzt sind, wird das wohl seinen guten Grund haben. Herauszufinden wäre nur, welche kulturübergreifenden Strukturmuster dieses Irrationale durchziehen, um es in Zukunft besser zu begreifen.

Während in Frankreich die Dreyfus-Affäre ihre wilden Folgen zeitigt, vertieft sich Pareto im idyllischen Céligny am Genfer See in ethnologische Lektüren, so wie es genau zeitgleich auch Durkheim und Freud tun. Was, so fragt er im zweiten Band seiner *Sociologia generale*, verraten uns ferne Kulturen über den Ursprung unseres magischen Denkens? Und welche nicht-logischen Verhaltensmuster archaischer Gesellschaften leben in modernen Gesellschaften als Überbleibsel, als *Residuen* fort? Pareto unterscheidet sechs Klassen von Residuen: Da sind einmal *anthropologische* Residuen, die sich in jeder Gesellschaft finden, wie etwa schöpferische Tätigkeit, religiöse Rituale und theoretische Kreativität. Dann gibt es Residuen, die als *Organisationsformen des Sozialen* dienen, wie Familien, Sippen und Ehrbegriffe. Eine dritte Klasse von Residuen bilden die vielen *Symbole*, in denen innere Erlebnisse formalisiert sind und gesellschaftlichen Ausdruck finden. Eine vierte Klasse bilden die *Bindemittel des sozialen Kitts*, Imitation, Konformität, Altruismus und Askese, mit denen gewährleistet wird, dass eine Gesellschaft ihren Zusammenhalt findet und wahrt. Ergänzt wird sie durch eine fünfte Klasse, die *abweichendes Verhalten und Normverletzungen bestraft*. Eine sechste Klasse bildet schließlich die *Sexualität*. Doch anders als Freud in *Totem und Tabu* interessiert er sich nicht für die Triebstruktur. Er will wissen, in welchen unterschiedlichen Formen Gesellschaften die Geschlechterfrage und die dazugehörigen Rollenmuster definieren.

Residuen, wie Pareto sie versteht, sind präreflexive Sinnstrukturen; etwas, das in allen Gesellschaften in unterschiedlicher Ausprägung vorkommt, sie organisiert und zusammenhält. In modernen Gesellschaften begegnen sie uns, wie er im dritten Band ausführt, in Form von Ableitungen, als *Derivate* und *Derivationen*. Derivate sind ausgeklügelte Ordnungssysteme, in denen Moral und Recht kodifiziert sind. Derivationen hingegen sind das, was Marx als »Ideologie« enttarnte: einseitige und verallgemeinernde Erzählungen über das, was eine Nation, ein Volk, ein einender Glaube, eine Rasse, eine Klasse usw. sein sollen. Sie sollen etwas bilden, das sich (wie krude auch immer) in »Übereinstimmung mit Gefühlen« befindet, und damit nichtlogische »Beweisführungen« liefern, die »Autorität« schaffen. Wie die Residuen Individuen und Gemeinschaften zu irrationalem Handeln treiben, so tun es die Derivationen mit den Gesellschaften und Staaten in der Moderne. Eine »Glanzschicht der Logik« legt sich über dunkle Welterklärungen und macht stringent, was nirgendwo stringent ist. Und genauso entstehen im Regelfall starke politische Überzeugungen und irrationale Weltanschauungen.

Als verstörend wird oft empfunden, dass Pareto diese von ihm durchschauten und allerorts »zirkulierenden« Pseudo-Logiken nicht ablehnt. Vielmehr hält er sie im vierten Band seines

Hauptwerks für zwingend notwendig, da ohne sie nirgendwo Staat zu machen ist. Vollkommen nachvollziehbar für ihn, dass vor allem die Eliten sich Derivationen zunutze machen, weil sich anders kaum regieren lässt. Wie Santayana ist Pareto ein Verfechter des Elitären. Nicht die Rationalität des Handelns und kein Moralbegriff bewerten für ihn die gute Führung einer Gesellschaft, sondern einzig die Führungsqualität der jeweiligen Eliten. Ohne Täuschung, List und Gewalt lässt sich Macht, nach Pareto, nicht ausüben. Eine Elite regiert immer und überall in der Gesellschaft, selbst in den sozialistischen Parteien, deren Führer ja auch weit über die Masse herausragen und sie lenken. Und wie immer sich eine Staatsform nennt, Monarchie, Demokratie oder sonst etwas, stets ist sie in Wahrheit eine »Aristokratie« – eine Herrschaft weniger Ausgezeichneter über die anderen. Ihr Schicksal ist es, dass sie stets zuverlässig an ihrer eigenen Dekadenz wieder zugrunde gehen muss und anschließend durch eine andere Aristokratie ersetzt wird. In diesem Punkt stimmt Pareto völlig mit Sorel überein, mit dem er sich rege austauscht. Was sei, allen anderslautenden Derivationen zum Trotz, die Geschichte anderes als ein »Friedhof der Aristokratien«? Doch anders als Sorel, der das Dilemma der Aristokratien überwinden will, macht Pareto damit seinen pragmatischen Frieden. Zur Elitenherrschaft gibt es keine Alternative, denn Massen können gar nicht regieren.

Ist der Ingenieur des Sozialen am Genfer See ein moderner Machiavelli? In jedem Fall ist ihm die Qualität der Eliten wichtiger als die Staatsform, die sie repräsentieren. Pareto macht keinen Hehl daraus, dass er die Statik der repräsentativen Demokratie in Italien für schwach und wenig effektiv hält. Und für jene in seiner Wahlheimat, der Schweiz, interessiert er sich erstaunlich wenig. So umweht ihn der Wind des Undemokratischen, was auch dadurch nicht besser wird, dass Mussolini Pareto neben Sorel zu seinen Lehrmeistern zählt. Tatsächlich hatte der greise Soziologe kurzzeitig mit dem »Duce« sympathisiert, allerdings nicht, ohne sich nach dessen »Marsch auf Rom« wieder von ihm abzuwenden.

Die weitere Entwicklung Italiens unter faschistischer Herrschaft erlebt Pareto nicht mehr, er stirbt 1923 im Alter von fünfundsiebzig Jahren. Zu internationalem Ruhm kommt er erst posthum in den Dreißigerjahren. An der Harvard University entsteht ein Pareto-Studienkreis, dem auch Talcott Parsons angehört, von dem im letzten Band dieser Philosophiegeschichte noch ausführlich die Rede sein wird. Während Parsons dem Italiener viel Positives für eine demokratische Herrschaftstheorie abgewinnen kann, gilt er anderen bis heute als desillusionierter Zyniker. Dass selbst repräsentative Demokratien am Ende nur Aristokratien seien, die ihren Eigennutz hinter Derivationen verbergen, ist eine fortwährende Provokation für liberale Staaten. Der Verdacht wird gerade in jüngster Zeit wiederholt von Theoretikern geäußert, die brennend an einer lebendigen Demokratie interessiert sind. Man denke nur an den britischen Soziologen und Politikwissenschaftler *Colin Crouch* (*1944), der mehrere westliche Demokratien, allen voran die USA, auf dem Weg in die »Postdemokratie« wähnt. Postdemokratien, so Crouch, inszenierten mithilfe von PR-Strategen die Demokratie nur noch, tatsächlich jedoch seien sie nichts anderes als hübsch verbrämte Oligarchien.[175]

Seelenverlust und Massenkultur

Der Glaube an die heilsame Kraft eines Umsturzes ist ein gesamteuropäisches Phänomen. Sowohl vor als auch nach dem Ersten Weltkrieg beflügelt er die Fantasie radikaler Denker von Lissabon bis zum Ural. Und gemeinsam ist allen das gleiche Gefühl: in einer Zeit zu leben, deren Fundament unterspült ist und die mit größter Sicherheit zerbröckelt. Was aber – und darüber wird heftigst gestritten – soll an deren Stelle treten, wenn die bislang herrschende bürgerliche Privilegiengesellschaft abgeräumt ist?

Die gleiche Frage stellt sich auch *Miguel de Unamuno* (1864–1936), seit der Baske im Jahr 1880 sein Philologiestudium in Madrid beginnt. Unamunos Vater ist Kolonialbeamter wie jener des ein Jahr älteren Santayana. Im Keller erlebt der Sohn, wie seine Heimatstadt Bilbao durch die Truppen des Kaisers bombardiert wird. Die kriegerischen Ereignisse der Zeit, der Aufstand der Konservativen gegen die liberale Monarchie, der Machtverfall der Kirche und der Kampf der Basken gegen die Zentralregierung in Madrid prägen seine erste politische Phase. Unamuno wird leidenschaftlicher Anhänger der baskischen Sache, über die er 1884 promoviert. Seine zweite Prägung ist der Katholizismus seiner Kindheit, der ihn zeit seines Lebens beschäftigt und nicht loslässt.

Doch die Welt in Madrid ist eine andere als in Bilbao. Unamuno kommt in Berührung mit der zeitgenössischen Philosophie. Er liest Schelling und den Atheisten Schopenhauer und studiert die Schriften des ebenso atheistischen Comte. Um die Texte im Original zu lesen, lernt der Student insgesamt zehn Sprachen. So bringt er sich literarisch und philosophisch auf die Höhe der Zeit. 1891 wird er Professor für Altgriechisch in Salamanca. Er heiratet seine Jugendliebe Concha, mit der er zehn Kinder bekommen wird, und sympathisiert immer stärker mit dem Marxismus als mit dem Liberalismus. 1894 tritt er den spanischen Sozialisten bei. Die spanische Politik steht im Zeichen der Krise. 1873 war es zum Sturz der Monarchie gekommen, allerdings nur für elf Monate. Danach war die alte Ordnung wiederhergestellt worden, aber das rückständige Land litt wirtschaftlich unter der verschlafenen Industrialisierung. Im Jahr 1898 verliert Spanien zudem im Krieg mit den USA seine verbliebenen Kolonien. Zwei verlustreiche Kriege um Marokko tun das Übrige. Das stolze Spanien ist keine Macht mehr auf der politischen Landkarte.

In dieser Lage suchen viele Intellektuelle, Schriftsteller und Philosophen nach einem Neuanfang. Und Unamuno gehört irgendwie zu dieser später sogenannten *Generación del 98*, obgleich sein bedeutendster Beitrag zur Rolle Spaniens in Westeuropa bereits 1895 erschienen ist, die Essaysammlung *En torno al casticismo* (Auf der Drehbank zur Reinheit). Anschließend ist er allerdings nicht wirklich aktiv in jener berühmten literarischen und künstlerischen Revolte, zu der auch der junge Picasso gehört. Die Geburt und der frühe Tod eines behinderten Kindes lassen ihn stattdessen für längere Zeit Zuflucht im Glauben nehmen.

Fünfzehn Jahre später, Unamuno ist inzwischen Professor für die Geschichte der spanischen Sprache und zwischenzeitlich Rektor in Salamanca, veröffentlicht er 1913 sein bekanntestes Buch mit philosophischem Inhalt: *Del sentimiento trágico de la vida en los hombres y en los pueblos* (Vom tragischen Gefühl des Lebens in den Menschen und in den Völkern). Es ist Unamunos Reaktion auf die Zersplitterung des Menschen in der Moderne, die zeitgleich von so vielen Intellektuellen vor und nach dem Ersten Weltkrieg empfunden wird. Das intuitive Seelenleben und das moderne rational-wissenschaftliche Weltbild passen nicht mehr zusammen. Auf der einen Seite steht das menschliche Bewusstsein, das sich als ein Ich, eine zeitlich-räumliche Einheit empfindet, auf Unsterblichkeit und Ewigkeit hofft und nach dem Wahren, dem Guten und dem Schönen strebt. Und auf der anderen Seite steht der szientistische Verstand, der an allem zweifelt, was der Seele gewiss ist. Und während unsere Seele danach strebt, die Welt um sich herum als eine Totalität zusammenzuschließen, arbeitet dem der scharfe und nüchterne Verstand entgegen, der sich gegen alle Einheit sperrt. Bezeichnenderweise verwischt Unamuno in seiner Sprache Philosophie mit Poesie, denn die Sprache der Seele ist weder wissenschaftlich noch nüchtern. Sie ist die »Rasse« oder das »Blut« des Geistes, angefüllt mit seinen ästhetischen und spirituellen, und das heißt hier katholischen Bedürfnissen. Die katholische einheitssuchende Seele gegen den nüchternen zersplitternden Verstand – kein Wunder, dass Unamunos nächstes höchst erfolgreiches Buch ein Roman ist, die moderne Kain-und-Abel-Geschichte *Abel Sánchez* (*Abel Sánchez. Die Geschichte einer Leidenschaft*) (1917).

Unamuno wäre nicht Unamuno, wenn der beschriebene Konflikt zwischen der Poesie des Herzens und der Prosa der Verhältnisse für ihn nicht zugleich ein gesellschaftlicher Konflikt wäre, den er in seinem Roman thematisiert. Bereits 1908 hatte er sich mit anderen Intellektuellen an einer Kampagne gegen den konservativen Premierminister Antonio Maura beteiligt. Die Reformschritte der Regierung gingen ihnen nicht weit genug. Was Unamuno und seinen Mitstreitern vorschwebte, war eine neue Synthese aus Liberalismus und Sozialismus, die Spanien endlich in die Moderne bringen sollte. Mit Kollegen engagiert sich der Philosoph in Salamanca gegen den Feudalismus der Großgrundbesitzer und streitet für eine Landreform. Der Konflikt spitzt sich zu. Unamuno verliert sein Rektorat an der Universität, wendet sich wieder stärker dem Sozialismus zu und wettert gegen den Nationalchauvinismus der Völker im Ersten Weltkrieg. Ein Zeitungsartikel bringt ihm 1920 eine Kerkerhaft von sechzehn Jahren ein; nur der vehemente Protest vieler renommierter Intellektueller führt zu seiner schnellen Begnadigung. Als König Alfonso XIII. General Miguel Primo de Rivera 1923 zu einer sechsjährigen Militärdiktatur ermächtigt, wird Unamuno nach Fuerteventura verbannt, von wo er 1924 nach Paris flüchtet. Aus dem Exil im Pyrenäenort Hendaye, unmittelbar an der spanischen Grenze, schreibt er weiter gegen die Diktatur an.

Nach dem Rücktritt Primo de Riveras 1930 kehrt Unamuno nach Salamanca zurück. Ein Jahr später ruft der Philosoph hier die Zweite Spanische Republik aus und kämpft als Abgeordneter im Parlament für eine Agrar- und Heeresreform sowie für ein Bildungssystem, das jedem Kind angemessene Bildungschancen einräumt. Bezeichnenderweise bleibt er in Religionsfragen konservativ, sein Katholizismus ist ebenso stark wie seine sozialistischen Überzeugungen; ohne Glaube, dessen ist sich Unamuno sicher, wären die Menschen in Spanien seelisch entwurzelt. Er, der unter Einsatz seines Lebens für eine moderne föderale Demokratie gekämpft hat, eine Ikone des Widerstands gegen die Diktatur, zweifelt plötzlich daran, dass Spanien für den radikalen Schritt in die agnostizistische Moderne tatsächlich bereit sei. Er unterstützt den künftigen Premierminister Alejandro Lerroux, der in kürzester Zeit vom Republikaner zum Kopf einer konservativen Regierung wird. Hin- und hergerissen zwischen den beiden Seelen in seiner Brust setzt Unamuno kurzfristig sogar auf General Francisco Franco, von dem er sich allerdings schnell wieder distanziert. Sein mutiger Widerstand gegen den Caudillo handelt ihm den erneuten Verlust seiner Ämter an der Universität ein. Im Dezember 1936 stirbt der zu seiner Zeit berühmteste Philosoph Spaniens und Ehrenbürger der Republik während des Bürgerkriegs in Salamanca.

Ein halbes Jahr zuvor hatte ein langjähriger Mitstreiter Unamunos im Geiste ein Manifest unterzeichnet, die *Adhesiones de intelectuales*, in dem führende Intellektuelle des Landes den Militärputsch Francos scharf verurteilten. Die Rede ist von *José Ortega y Gasset* (1883–1955). Zu diesem Zeitpunkt fast ebenso berühmt wie Unamuno, wird er mit ihm häufig im gleichen Atemzug genannt. Tatsächlich war auch Ortega ein Grenzgänger zwischen Philosophie, Politik und Literatur. Der Sohn eines Journalisten und einer Verlegerin studierte Philosophie in Bilbao und Madrid. Ein dreijähriger Studienaufenthalt führte ihn nach Leipzig, Nürnberg, Köln und Berlin, bevor er für längere Zeit in Marburg bleibt, einem der Zentren des Neukantianismus. Geprägt von den Vorlesungen Cohens und Natorps wird er 1910, mit gerade einmal siebenundzwanzig Jahren, Professor für Metaphysik an der Universität in Madrid. Auch Ortega hatte sich an der Kampagne gegen Mauras konservative Regierung beteiligt, und auch er erhoffte sich, wie Unamuno, einen sozialen Liberalismus. Cohens Philosophie eines »ethischen Sozialismus«, fernab von Marx und dessen dialektischem Materialismus, lässt Ortega zu einem überzeugten Kapitalismuskritiker werden. Denn ebenfalls wie Unamuno sieht er den entfesselten Kapitalismus als Bedrohung für die Moral und die Seele an.

Dagegen stellt Ortega fortan nun seine eigene Philosophie. Wie Husserl, aber auch wie sein Landsmann Santayana sucht er nach einem neuen Mittelweg zwischen Idealismus und Realismus. Und wie Dilthey und Simmel findet er die neue Synthese in der Lebensphilosophie. Den Ausgangspunkt nimmt er beim unmittelbar erlebten Leben eines jeden Einzelnen, zusammengefasst in Ortegas berühmtem Satz in den 1914 veröffentlichten *Meditaciones del Quijote* (*Meditationen über »Don Quijote«*): »*Yo soy y mi circunstancia*« (Ich bin ich und meine Lebensumstände) – und beides lässt sich nicht voneinander trennen.[176]

Für den Spanier liegt die gesamte philosophische Tradition in der Nachfolge von Descartes falsch. Ich bin nicht, weil ich denke. Sondern bevor ich denke, *lebe* ich. Wenn die Philosophen nach einem festen Boden unter den Füßen suchen, dann finden sie ihn nicht in einer tieferen Seinsebene, nach der die Ontologen fahnden. »Wann«, fragt er in den *Meditaciones*, »werden wir uns davon überzeugen lassen, daß das Sein der Welt letztlich weder Materie noch Seele, ja überhaupt nichts Bestimmtes ist, sondern Perspektive?«[177] Statt einen letzten Grund zu finden, stößt der Philosoph, wie Ortega 1929 schreibt, »auf das Philosophieren, das Theoretisieren in Form einer Lebenshandlung und Lebenstatsache, eines Lebensdetails in seinem Leben, in seinem unermesslichen, fröhlichen und traurigen, hoffnungsbeflügelten und furchteinflößenden Leben«.[178]

Unser Verstand ist kein reines Erkenntnisinstrument, sondern ein Instrument des Lebens, ein *razón vital*, eine lebendige Vernunft. Wie Santayana zur gleichen Zeit, so sieht auch Ortega den Ausgangspunkt in der unmittelbaren Erfahrung des Lebens, und sein *razón vital* ist nahe verwandt mit Santayanas *animal faith*. Der Weg vom Neukantianismus zur Lebensphilosophie führt den Spanier zu seinem Konzept des *raciovitalismo*, eines den Herausforderungen des Lebens angepassten pragmatischen Verstandes. Doch wo Santayana in der Denktradition von William James steht, bezieht sich Ortega ausdrücklich auf Nietzsches vitalistischen Impuls und Diltheys Einsicht, dass jede Lebenserfahrung immer eine historische Lebenserfahrung ist, ein Erleben im Hier und Jetzt vor dem Hintergrund eines Früher.

Neben seiner philosophischen Arbeit betätigt sich Ortega von 1915 an reichhaltig als Journalist. Er gründet die Zeitschriften *España* und *Revista de Occidente*. Besonders letztere wird zum zentralen Magazin für zeitgenössische Philosophie, Soziologie und Literatur. Die Liste der diskutierten und übersetzten Autoren reicht von Husserl über Russell, Scheler, Simmel und Weber bis Rainer Maria Rilke und Franz Kafka. Dazu prägt Ortega die liberale Zeitung *El Sol*. Er gehört zu jenen Intellektuellen, die sich 1920 für Unamuno einsetzen und ihm dadurch die Kerkerhaft ersparen. Beide wünschen sich eine neue Synthese aus Sozialismus und Liberalismus, aber wie Unamuno, so beschleichen auch Ortega Zweifel. Doch anders als bei seinem baskischen Kollegen ist es nicht die Angst vor dem Verlust des Glaubens, die Ortega skeptisch macht. Seine Zweifel sind eher geistesaristokratischer Natur. Gewiss ist eine egalitärere Gesellschaft wünschenswert, die den Nationalreichtum breit verteilt und die Lebensumstände der Armen verbessert. Doch wie wird eine solche Gesellschaft im Zeichen des Massenkonsums aussehen? Das Ergebnis von Ortegas Reflexionen ist eine Serie von Zeitschriftenartikeln, die er 1926 in *El Sol* veröffentlicht und die 1929 unter dem Titel erscheint: *La rebelión de las masas* (*Der Aufstand der Massen*).

Dass das 20. Jahrhundert das Jahrhundert der Massen sein würde, hatten, wie erzählt, vor Ortega schon der Franzose Gustave Le Bon und Sigmund Freud analysiert. Und genau parallel zum Spanier schreibt auch Siegfried Kracauer seine Studie *Das*

Ornament der Masse. Ortegas Ausgangspunkt bei seiner Massenanalyse ist von Santayana vertraut und auch von Pareto. Jede Herrschaft in einer Gesellschaft kann stets nur durch eine Elite geschehen, die Masse an sich kann niemals regieren. Entscheidend ist nur, dass, wie ebenfalls bei Santayana und Pareto, diese Elite tatsächlich eine geistige Elite ist und nicht eine Elite qua Erbfolge, Schichtzugehörigkeit und Privilegien.

Aber wo soll diese Elite herkommen? Die Moderne hat die alten metaphysischen Traditionen Europas zerstört und damit auch die alten Gewissheiten über Sitten, Gebräuche, Religion und Staat. Diese Diagnose teilt Ortega mit Oswald Spenglers *Der Untergang des Abendlandes*, aber auch mit vielen anderen Kulturpessimisten. An die Stelle historisch und kulturell eingebetteter Menschen sei im 20. Jahrhundert die Massengesellschaft getreten, genauer die Massenkonsumgesellschaft und mit ihr der »Massenmensch«, bequem, opportunistisch, vulgär und selbstgefällig. Nur auf den eigenen Vorteil bedacht und gierig nach Konsum, lässt sich die Masse geistig nicht mehr führen, sondern nur noch ideologisch verführen, etwa durch den Faschismus oder den Kommunismus. Die Massen mögen in Süd- und Westeuropa nicht an die politische Macht gekommen sein, gleichwohl aber prägen sie die Gegenwart und die Zukunft entscheidend. Wie in Heideggers Welt des »Man«, so feiert also auch bei Ortega das uneigentliche Leben seinen Triumph mit gefährlichen gesellschaftlichen Folgen. Denn ohne eine neue geistige Führung, die, ebenfalls wie bei Heidegger, aus der Philosophie kommen soll, verliere die europäische Zivilisation ihren offenen Horizont.

Mit seinem geistesaristokratischen Stolz, das Selbstsein zu retten und der seelischen Verarmung in der Masse zu trotzen, trifft Ortega genau den Nerv von Karl Jaspers. Unmittelbar nach seiner Lektüre des *Aufstands der Massen* schreibt dieser den Essay *Die geistige Situation der Gegenwart* (1931), in dem es heißt: »Es beginnt heute der letzte Feldzug gegen den Adel. Statt auf politischem und soziologischem Felde wird er in den Seelen selbst geführt ... Der Ernst des Problems, wie für den Massenmenschen zu sorgen sei, der nicht willens ist, innerlich auf sich zu stehen, führt zum Aufstand des existentiellen Plebejertums in jedem von uns gegen das Selbstsein, das die Gottheit in ihrer Verborgenheit von uns fordert.«[179] Doch anders als Jaspers, der sich von der praktischen Politik fernhält, hegt Ortega ganz konkrete politische Hoffnungen. Die Rettungsmöglichkeit gegen Seelenverlust und Dumpfheit bestehe darin, den begrenzten Horizont der Nationalstaaten zu überwinden und einen sozialliberalen überstaatlichen europäischen Staat zu wagen, in dem sich die Kulturen wechselseitig inspirieren und voranbringen.

Kurz nach Erscheinen von *Aufstand der Massen* bricht die Militärdiktatur Primo de Riveras zusammen. Ortega wird Abgeordneter im Parlament und Sprecher der von ihm selbst mitgegründeten Bewegung *La Agrupación al Servicio de la República*. Doch die Unbilden der praktischen Politik sind nicht sein Metier. Enttäuscht zieht er sich zurück und erlebt bald darauf die Machtübernahme Francos. Mit Unamuno unterzeichnet er den Aufruf der Intellektuellen gegen die neue Militärdiktatur. Die Zeit des Bürgerkriegs und des Zweiten Weltkriegs verbringt er in Frankreich, Argentinien und Portugal. In der Nachkriegszeit lebt er wieder in Madrid als international geschätzter Intellektueller und bedeutendster Denker Spaniens. Insbesondere in Deutschland ist Ortega ein Star. Die Konservativen feiern den *Aufstand der Massen* und sehen ihn als zeitloses Manifest gegenüber kommunistischen Heilsversprechen. Die Liberalen und viele Sozialdemokraten feiern ihn für seine Vision der »Vereinigten Staaten von Europa«, die er im Alter vielfach wiederholt, insbesondere in seinem Essay *Meditación de Europa* (*Meditation über Europa*). Zudem profitiert er vom Boom des Existenzialismus in der Nachkriegszeit, der sich vielfach mit den zentralen Theoremen seiner Lebensphilosophie deckt. Als Ortega y Gasset 1955 in Madrid stirbt, steht er in Deutschland in einer Reihe mit Martin Buber, Hannah Arendt und Karl Jaspers als hochgeachteter zeitgenössischer Philosoph.

Mit Marx über Marx hinaus

Nach dem Ersten Weltkrieg teilt sich die große Schar jener Philosophen, die die Grundlagen einer Zukunftsgesellschaft für das 20. Jahrhundert schaffen wollen, in zwei Lager: in die »bürgerlichen« und die »nicht-bürgerlichen«, sprich sozialistischen oder kommunistischen Denker. Trotz ihrer Tuchfühlung mit dem Sozialismus stehen in dieser Betrachtung sowohl Unamuno als auch Ortega y Gasset auf der bürgerlichen Seite. Leicht übersehen wird dabei, dass sich die Entscheidung für oder gegen die liberale Gesellschaft in jedem europäischen Land vor einem anderen historischen und kulturellen Hintergrund stellt. Das gilt ganz besonders für das enorm rückständige Russland. Um die Jahrhundertwende ist das Zarenreich ein Agrarstaat, der gerade mit der ersten industriellen Revolution beginnt, während in ganz Westeuropa die zweite einsetzt. Derweil man in Sankt Petersburg zaghaft über Industrialisierung nachdenkt, elektrifizieren die USA und Westeuropa flächendeckend ihre Produktionen und beginnen mit einer nie zuvor gekannten Massenfertigung von Industriegütern.

Kein Wunder deshalb, dass die russischen Intellektuellen in ihrem Land lange nicht von Ideen wie einer sozialliberalen Gesellschaft oder gar einer Diktatur des Proletariats träumen wie Unamuno und Ortega y Gasset auf der einen oder Sorel auf der anderen Seite. Ihnen geht es ganz traditionell um die Befreiung der Bauern. Speerspitze des erträumten Umsturzes sind seit dem letzten Drittel des 19. Jahrhunderts die Narodniki, Vertreter einer jungen russischen Intelligenzija aus Moskau und Sankt Petersburg. Sie stacheln die bettelarmen russischen Bauern immer wieder völlig erfolglos zur Rebellion gegen den Zaren auf. Frustriert über ihre Misserfolge diskutieren sie gerade die Hinwendung zum Terrorismus gegen hochrangige Politiker, als *Georgi Walentinowitsch Plechanow* (1856–1918) zu ihnen stößt. Auch der Spross eines adeligen Großgrundbesitzers hat eine Zeit lang Ingenieurswissenschaften studiert. Und auch er sieht sich, gerade zwanzig Jahre alt, als Konstrukteur einer neuen Gesellschaft. Von der terroristischen Methode hält er indes gar nichts. In kurzer Zeit wandelt er sich vom Narodniki und Anhänger des Anarchisten *Michail Bakunin* (1814–1876) zum führenden russischen Marxisten. Seit 1880 im Exil, gründet er 1883 in Genf die erste Organisation der russischen Sozialdemokraten. Über Jahrzehnte hinweg versucht er die Intelligenzija seines Landes davon zu überzeugen, dass ihre Hoffnung auf den Bauernstand völlig verfehlt ist. Hat Marx nicht überzeugend dargelegt, dass allein das Industrieproletariat die Kraft hat, als revolutionäre Klasse aufzutreten? Und ist es deshalb nicht die Arbeiterschaft, die die Zarenherrschaft stürzen muss?

Doch ebendieses Industrieproletariat steht in Russland nicht in solchen Massen zur Verfügung wie in Westeuropa. Ohne rasante Industrialisierung Russlands, so der Umkehrschluss, keine Revolution und auch keine Befreiung der Bauern. Um seine politische Folgerung zu fundieren, beschäftigt sich Plechanow mit nahezu der gesamten Philosophiegeschichte. Er studiert die französischen Materialisten, seziert Hegel und arbeitet mit Marx heraus, dass jeder Materialismus und jede Dialektik die ökonomischen Verhältnisse ins Auge fassen müssen. Leidenschaftlich ist auch sein Plädoyer gegen den zur Jahrhundertwende überall aufkeimenden Rassismus; eine falsche »Ästhetik«, die nichts erklärt und alles vernebelt: »Es ist bekannt, daß jede Rasse sich, besonders auf den ersten Stufen der gesellschaftlichen Entwicklung, für die schönste hält und gerade diejenigen Merkmale hoch schätzt, durch die sie sich von den anderen Rassen unterscheidet.«[180] Für die Analyse historischer Prozesse eigne sich der Begriff der »Rasse« deshalb überhaupt nicht: »Nichts leichter, jede Schwierigkeit loszuwerden, als wenn man die etwas komplizierteren Phänomene der Tätigkeit diesen angeborenen und ererbten Dispositionen zuschreibt.«[181]

Bekannt wird der Revolutionär mit Exilstationen in der Schweiz, in Italien, in Frankreich und in England dadurch, dass er die schwierigen Texte von Marx allgemein verständlich zusammenfasst. Seine philosophisch bedeutsame Leistung aber ist eine andere. Unter all denjenigen, die den Marxismus selbst marxistisch interpretierten, dürfte er der Erste und einer der Fähigsten gewesen sein. Für Plechanow hat Marx die wichtigsten Strukturen einer wissenschaftlichen Geschichtsbetrachtung herausgearbeitet. Aber der Marxismus ist keine höhere und unverrückbare Wahrheit, sondern selbst ein historisches Ereignis. Marx' Theorien sind so, wie sie sind, weil sie zu einem bestimmten historischen Zeitpunkt auf einem zeitbedingten Bewusstseinsstand entwickelt wurden. Der Gesellschaftsphilosoph, der in die Zukunft grübelt, darf kein blinder Nachbeter, kein »Marxist« sein. Sondern er muss mit Marx über Marx hinausdenken.

Aber was ist der richtige, gleichsam von der Geschichte gesetzmäßig vorgegebene Weg, den der Grübelnde entdecken muss? Die Frage stellen sich zur gleichen Zeit die Sozialisten und Sozialdemokraten in Deutschland. Da eine proletarische Revolution auch im Deutschen Kaiserreich der 1890er-Jahre nicht in Sicht ist, empfiehlt der sozialdemokratische Vordenker *Eduard Bernstein* (1850–1932) seinen Parteifreunden, sich nicht weiter darauf zu verlassen, dass der Weg zur Diktatur des Proletariats von der Geschichte vorgezeichnet ist. Stattdessen orientiert er sich mit Cohen und Natorp an einem an Kant geschulten »ethischen Sozialismus« und einer schrittweisen Verbesserung der Lage der arbeitenden Klasse durch Reformen.

Mit Verve greift Plechanow in die Debatte ein. Den dialektischen Materialismus mit seiner Einsicht in den vorherbestimmten Geschichtsverlauf aufzugeben geht für ihn gar nicht. Wer darauf verzichtet, macht den Sozialismus konturlos und beliebig, dieser wird damit zu einer Reformbewegung unter vielen. Doch Plechanow ist schlau genug zu erkennen, was für Bernstein spricht und was bei Marx fehlt. Gesellschaftliche Umbruchprozesse können sich nur dann gesetzmäßig ereignen, wenn ihre Zeit gekommen ist. Über diesen richtigen Zeitpunkt bestimmt aber nicht die Ökonomie allein, sondern auch die gesellschaftliche Psychologie. Wo Pareto später Residuen sieht, die sich zu gesellschaftlichen Derivationen formen, erkennt Plechanow die Notwendigkeit von Ideologien, gespeist aus den psychologischen Bedürfnissen der Menschen. Die ökonomischen Verhältnisse können sich zu den widersprüchlichsten Widersprüchen auftürmen – ohne massenhaft verändertes Bewusstsein keine Revolution! »Die psychologische Evolution«, erkennt er klug, »geht der ökonomischen Revolution voran.«[182]

Mit seiner Kritik an einem gleichsam mechanistischen Marxismus inspiriert Plechanow den deutschen Philosophen und Juristen *Karl Korsch* (1886–1961). Mit sechsundzwanzig Jahren veröffentlicht der junge Denker aus Tostedt in der Lüneburger Heide seinen ersten Aufsatz, in dem er die »Marx-Orthodoxie« streng kritisiert.[183] Denn aus der von Marx prophezeiten Abschaffung der kapitalistischen Produktion gehe nicht entfernt hervor, was an deren Stelle treten soll. In seinem Hauptwerk *Marxismus und Philosophie* wird Korsch 1923 noch deutlicher. Ein richtig begriffener Marxismus sei keine fertige Schablone, sondern unausgesetzte »geistige Aktion« in der kritischen Auseinandersetzung mit den jeweiligen gesellschaftlichen Verhältnissen. Weniger als politischer Aktivist und zwischenzeitlicher Justizminister in Thüringen, denn als »Lehrer« Bertolt Brechts wird Korsch in die Geschichte eingehen. Im wirklichen Leben hingegen saß er mit seinem idealistischen Marxismus als fortwährende gedankliche Weiterentwicklung fast immer zwischen den Stühlen. Das Bürgertum schilt ihn als Kommunisten, die orthodoxen Kommunisten kanzeln ihn als »Revisionisten« ab.

Der Marxismus darf sich nicht auf die Geschichte verlassen,

sondern er muss sie aktiv gestalten, und zwar in unmittelbarer Tuchfühlung mit den Menschen, die er beglücken will – in dieser Einsicht sind sich Plechanow und Korsch einig. Was geschieht, wenn dies nicht der Fall ist, wenn die politisch-ökonomische Revolution sich ohne psychologische Massenbasis durchsetzt, erlebt Plechanow am eigenen Leib. Ausgerechnet sein begeisterter Musterschüler *Wladimir Iljitsch Uljanow* (1870–1924), der sich seit dem Jahr 1900 »Lenin« nennt, spaltet sich 1903 mit einer eigenen Fraktion, den Bolschewiki, von den russischen Sozialdemokraten ab. Die neue Partei ist eine straff geführte Geheimorganisation, eine Kader- und keine Volkspartei. Und ihr Ziel ist die schnellstmögliche Revolution in Russland. Als dies in der Oktoberrevolution von 1917 gegen jede Wahrscheinlichkeit tatsächlich gelingt, gehört Plechanow nicht zu den Begeisterten, sondern zu den schärfsten Kritikern. Die Zeit in Russland sei definitiv nicht reif für eine Herrschaft der Arbeiterklasse. Zwei Monate vor der Oktoberrevolution schreibt er den Anhängern Lenins ins Stammbuch: »Wohin kann das führen? Zu nichts anderem, als zum Bürgerkrieg. Und wohin führt der Bürgerkrieg? Bestenfalls zum Sieg des Proletariats. Und welche Bedeutung wird dies haben? Das wissen wir bereits: Die Bedeutung des größten politischen Unglücks, das unserer Arbeiterklasse nur widerfahren könnte ... An Stelle der Diktatur der Arbeiterklasse werden wir eine Diktatur einiger Dutzend Personen vor uns haben.«[184] Die Mitstreiter von einst werden ihn dafür hart verurteilen, die Geschichte hingegen ihn bestätigen. Neun Monate später stirbt Plechanow im damals finnischen Terijoki nordwestlich von Sankt Petersburg.

Philosophie der Praxis

Die Russische Revolution erschüttert ganz Europa. Ist sie der Beginn eines menschheitsgeschichtlich neuen Zeitalters? Und wenn in Russland Bauern und Proletarier dem Adel und dem Großbürgertum die Macht entreißen können, warum eigentlich nur dort? Überall in den europäischen Metropolen kommt es zu spontanen Aufständen. Selbst Turin, die Stadt des bürgerlichen Handels und der zukunftsversessenen Ingenieure, gerät in einen Ausnahmezustand. Die italienische Staatsmacht greift entschlossen durch, und die Chronisten der Turiner Aufstände verzeichnen fünfzig Tote und zweihundert Verletzte.

Einer dieser Chronisten ist der achtundzwanzigjährige Zeitungsredakteur *Antonio Gramsci* (1891–1937). Mitgerissen von den Zeitläuften wird er kurzerhand Mitglied eines zwölfköpfigen Komitees der Sozialisten. Zuvor hatte er an der Turiner Universität studiert, Sprachwissenschaft, Literatur und Philosophie, ein begabter, aber armer Sarde, ausgestattet mit wenig Geld, das kaum zum Überleben reicht. Die Zeichen der Zeit in Turin, der Stadt, in der auch Pareto studiert hatte, stehen auf Modernisierung und Technikbegeisterung. Seit der italienische Schriftsteller *Filippo Tommaso Marinetti* (1876–1944) im Jahr 1909 in Paris sein »futuristisches Manifest« veröffentlicht hat, feiert die Avantgarde in Norditalien den Aufbruch in ein futuristisches Zeitalter, den Pioniergeist der Techniker, die Kühnheit eines radikal neuen Anfangs, die brachiale Rücksichtslosigkeit und den zertrümmernden Gewaltakt der Veränderung. Fortschrittliche Technik, entfesselte Ökonomie und unbarmherzige Moderne zeichnen ein neues Zeitalter, von dem Künstler wie Ingenieure, Philosophen wie Industrielle träumen. In diesem Milieu kann der Machiavellismus des abgeklärten Pareto gedeihen, aber auch die finstere Entschlossenheit Sorels entzündet die Gemüter. Gramsci beschäftigt sich mit beiden, dazu liest er

Marx und Hegel, den italienischen Marxisten *Antonio Labriola* (1843–1904) und den Universalgelehrten Benedetto Croce, den führenden Denker seines Landes.

Der zarte, kränkliche und kleinwüchsige junge Mann ist wissensdurstig. Das Milieu auf Sardinien, aus dem er stammt, wird er dabei nie vergessen. Sein Vater, ein kleiner Verwaltungsbeamter, saß während Antonios Kindheit mehrere Jahre im Gefängnis, die Familie lebte in bitterster Armut. Sein älterer Bruder Gennaro versorgt Antonio schon früh mit sozialistischen Büchern und Zeitschriften. Und die Stoßrichtung seines Denkens ist von Anfang an festgelegt: Wie lässt sich das Leben der Bauern, der Armen und der kleinen Leute in Italien verbessern? Welchen Umbruch, welche Revolution braucht es dafür? Und vor allem: Wie wird sie möglich? Wie führt man sie so herbei, dass sie funktioniert und dauerhaft bestehen bleibt?

Die Zeit nach dem Ersten Weltkrieg stürzt Italien in ein wirtschaftliches Chaos. Das Land ist hoch verschuldet, überall fehlen Güter und Ressourcen, und die Inflation geht durch die Decke. Ist das die Zeit für einen Epochenumschwung? Erwächst aus dem Elend der Industriearbeiter und der armen Landbevölkerung eine neue gerechtere Gesellschaft? Im Jahr 1919 wird in Italien endlich das allgemeine Wahlrecht eingeführt – für alle erwachsenen Männer. Die PSI, die Sozialistische Partei Italiens, wird stärkste Partei mit über 32 Prozent der Stimmen. Ist das der Durchbruch, der Abschied vom bürgerlichen Ständestaat der Privilegierten, der Italien seit dem Risorgimento, der nationalen Einheit Mitte des 19. Jahrhunderts, ist? Doch die italienischen Sozialisten sind tief gespalten. Reformer und Revolutionäre stehen sich unversöhnlich gegenüber wie fast überall in Westeuropa. Die »roten Jahre« währen nicht lang. In ihrem Schatten zeichnet sich eine ganz andere Strömung ab, eine neue Synthese aus alter Macht und neuem Staat: der Faschismus Benito Mussolinis.

Gramsci ist bei alledem mittendrin. Er berichtet und kommentiert die Zeitläufte als politisch engagierter Journalist. Er unterstützt die Bewegung der Fabrikräte, die darauf drängen, die Betriebe zu übernehmen. Und er wird 1921 führendes Mitglied der neu gegründeten Kommunistischen Partei Italiens (PCI). Im Mai 1922 reist er für eineinhalb Jahre nach Moskau, um zu sehen, was man von Lenins Sowjetunion für Italien lernen kann. Von dort geht es für ein halbes Jahr nach Wien. Gegen den Rat vieler Freunde kehrt Gramsci im Mai 1924 ins inzwischen faschistisch regierte Italien zurück. Als Abgeordneter im Parlament wird ihm klar, dass der Traum von einer sozialistischen Revolution in Italien für lange ausgeträumt ist. Die Industriearbeiter des Nordens und die Kleinbauern im Mezzogiorno bilden keine einheitliche revolutionäre »Klasse«, kein »Proletariat«, das mit einer Stimme spricht, geschweige denn eine Revolution machen könnte. Zugleich entwickelt sich die faschistische Regierung zügig zum totalitären Unterdrückungsstaat. Im November 1926 wird Gramsci verhaftet. Zunächst verschleppt man ihn auf die Gefängnisinsel Ustica, nördlich von Sizilien, dann ins Gefängnis nach Mailand. Im Juni 1928 ergeht das Urteil zu über zwanzig Jahren Haft. Bis 1933 sitzt er in Turi, nahe Bari, in Apulien ein. Sein rapide sich verschlechternder Gesundheitszustand bringt ihn in die Gefängniskliniken von Formia und schließlich Rom, wo er 1937 stirbt. Er wird sechsundvierzig Jahre alt.

Mehr als zehn Jahre Haft machen aus dem Journalisten, Aktivisten und Politiker Gramsci einen Denker, der unter härtesten Bedingungen hoch reflektiert über politische Theorie und Praxis, über die Psychologie des Einzelnen wie der Massen philosophiert. Da man ihn vonseiten der Gefängnisleitung für einen ungefährlichen Spinner hält, lässt man ihn in seinen Zellen dreiunddreißig Hefte mit Reflexionen vollkritzeln, die heute weithin berühmten *Lettere dal carcere*, die *Gefängnishefte*. In ungeordneter Reihenfolge grübelt der Gefangene über viele verschiedene Themen nach, Bausteine zu einer »Philosophie der Praxis«.

Sein Ausgangspunkt dafür ist immer wieder Marx. Wie Plechanow und Korsch, aber viel kritischer, sieht Gramsci Marx und den Marxismus als ein historisches Phänomen. Die historische Leistung von Marx und Engels liegt für den Italiener darin, den Idealismus der Deutschen mit der Ökonomie der Engländer und der radikalen Politik der französischen Revolutionäre verbunden zu haben. Während die Deutschen die »Immanenz« des Bewusstseins erforschten, taten die Engländer dies mit den immanenten Gesetzen der Wirtschaft. Was Hegel für den »Geist« entdeckt hat, ein unsichtbares Wirken, eine »Tendenz« zur Selbstentfaltung, hat der englische Nationalökonom *David Ricardo* (1772–1823) für die Wirtschaftskreisläufe beschrieben: das immanente Wirken *spezifischer Tendenzen*, die die Märkte funktionieren lassen, beherrschen und verändern. In einem geistreichen Schachzug vergleicht Gramsci Marx' materialistische Theorie der Geschichte mit der Zoologie in dessen Zeit. Seit der französische Naturforscher *Georges Cuvier* (1769–1832) in den ersten beiden Jahrzehnten des 19. Jahrhunderts das unsichtbare Zusammenspiel von Anatomie und Physiologie im Tierreich beschrieben hatte, existierte eine neue gedankliche Trennung: einerseits die sichtbare Oberfläche und darunter ein unsichtbares Wirken mit ganz bestimmten Tendenzen. Und genauso, analysiert Gramsci, hätte auch Marx gedacht. Er hatte die Ökonomie als die eigentliche Anatomie und Physiologie, alles andere hingegen nur als sichtbare Oberfläche der Gesellschaft betrachtet: »Die traditionelle Ausdrucksweise, daß die ›Anatomie‹ der Gesellschaft von ihrer ›Ökonomie‹ gebildet wird, ist eine einfache Metapher, die den Diskussionen entlehnt ist, die um die Naturwissenschaften und die Klassifikation der Tierarten geführt worden sind, eine Klassifikation, die genau dann in ihre ›wissenschaftliche‹ Phase eintrat, als man von der Anatomie und nicht mehr von sekundären und zufälligen Eigenschaften ausging.«[185]

Nach Gramsci ist diese radikale Trennung von der Ökonomie als vermeintlicher »Anatomie« von allem anderen, wie Politik, Kunst, Kultur und Wissenschaft, falsch. Die Konstruktion ist viel zu schematisch. Wenn Marx die Ökonomie als »Bau« und alles andere, was sich in der Gesellschaft abspielt, als »Überbau« beschreibt, dann verkennt er das wirkliche Leben. Denn darin formt eben nicht nur die Wirtschaft das Denken, die Weltanschauung und die Herrschaftsapparate, sondern all dies wiederum wirkt zugleich auf das wirtschaftliche Treiben zurück. Statt von »Bau« und »Überbau« spricht Gramsci von »Struktur« und »Superstrukturen«. Gewiss konnten bestimmte Kunstrichtungen, schreibt Gramsci, nur entstehen, weil es die Instrumente dafür gab.[186] Aber die Musikinstrumente eines Orchesters sind nicht einfach nur materielle Gegenstände, also Teil der Ökonomie. Sie sind, könnte man in Gramscis Sinn fortfahren, auch das Ergebnis bestimmter Veränderungen in der Musik, einer spezifischen Aufführungskultur und entsprechender Wünsche der Musiker. Modern ausgedrückt: Die Hardware und die Software einer Gesellschaft können nicht einfach radikal getrennt werden, sodass allein die Hardware über die Software entscheidet.

Marx' statisches Modell von Ökonomie und Gesellschaft muss also aktualisiert und weitergedacht werden. In die statische Zoologie der Gesellschaft muss mehr sozialpsychologischer Realismus. Es gibt so viel mehr »immanente« Bewegungen in der Gesellschaft und so viel mehr »Tendenzen« als die, die Marx und Engels in der Mitte des 19. Jahrhunderts im Blick haben konnten. Und genau das ist es, was Gramsci mit seiner Philosophie der Praxis leisten will: mehr Realismus wagen, wie zeitgleich Korsch, näher an die Psychologie der Leute herankommen. Statt formelhafter marxistischer Bekenntnisse braucht es einen geschmeidigen, lebendigen Marxismus, der die Menschen in Italien, die Fabrikarbeiter, die Kleinbauern, die Angestellten, dort abholt, wo sie tatsächlich stehen. Ein Realismus, der ein Herz für die Seele dieser Menschen hat, der sie ernst nimmt und sie durch Bildung dazu ermächtigt, ihr Schicksal selbst in die Hand zu nehmen. Der Proletarier bei Marx ist lediglich eine Schachfigur, dem die herzlose Weltgeschichte die Züge hin zur Weltrevolution gesetzlich vorschreibt; der »Subalterne« bei Gramsci, der bislang ohnmächtige Verlierer des kapitalistischen Systems, hingegen ist ein echter Mensch mit all seinen Bedürfnissen und Fehlern, Irrungen und Wirrungen. Gramscis Motiv ist die Menschenliebe; Marx würde sich schütteln.

Der gleiche Unterschied zeigt sich auch bei der Auffassung vom Staat. Für Marx ist er eine Organisationsform, deren zukünftige Aufgabe im Kommunismus darin bestehen soll, die »allgemeine Produktion zu regeln«, wie er mit Engels in der *Deutschen Ideologie* schreibt, um damit die »klassenlose Gesellschaft« zu ermöglichen. Hinreichend konkret ist das nicht. Braucht der kommunistische Staat keine Institutionen, keine gesetzgebende Funktion, fördert er nicht die Kultur? Kommt er ohne eine kritische und beratschlagende Öffentlichkeit aus? Benötigt er keine Presse? Und soll er nicht das ermöglichen, was Gramsci mit einem völlig neuen Wort die »Zivilgesellschaft« nennt: möglichst viele Menschen, die sich aktiv an der Gestaltung der Gesellschaft beteiligen? Gramscis Vorstellung vom Staat ist »integral«. Der Staat ist kein Herrschafts- und kein Verteilungsapparat, sondern ein Forum mit möglichst umfassender Beteiligung. Denn nur ein, wie man heute sagen würde, »basisdemokratischer« Staat kann das kommunistische Gerechtigkeitsversprechen, nach Gramsci, Wirklichkeit werden lassen. Und dieser Staat braucht, um Realität werden zu können, »organische Intellektuelle«, die zwischen dem Leben der Menschen und dem Staatsgeschehen vermitteln, aufklären und die Gesellschaft weiterdenken. Je besser das Bildungssystem ist und je mehr einfache Menschen gebildet werden, umso mehr können eine solche Funktion des organischen Intellektuellen erfüllen. Grundsätzlich traut Gramsci jedem und jeder zu, intellektuell zu sein: »Alle Menschen sind Intellektuelle … aber nicht alle Menschen haben in der Gesellschaft die Funktion von Intellektuellen (so wird man, weil jeder einmal in die Lage kommen kann, sich zwei Eier zu braten oder einen Riß in der Jacke zu flicken, nicht sagen, alle seien Köche und Schneider)«, heißt einer seiner am meisten zitierten Sätze.[187] Wie an dem Beispiel ersichtlich, trennt Gramsci bei »Intellektualität« nicht zwischen der Arbeit des Geistes und der Hand. Intellektuell ist, wer über gute Fertigkeiten verfügt, wer umsichtig denkt, plant und sein Metier versteht, was immer er dabei fabriziert.

Aber wie soll der gerechte kommunistische Staat aus dem ungerechten bürgerlichen Staat hervorgehen? Auch Marx war sich hier äußerst unschlüssig gewesen. In jungen Jahren glaubte er an eine bald bevorstehende Revolution des Proletariats; doch spätestens seit seiner Londoner Zeit hoffte er mehr und mehr auf einen systemimmanenten Zusammenbruch des Kapitalismus, sei es durch gewaltige Wirtschaftskrisen, Absatzprobleme, die Vollautomatisierung der Fabriken oder durch den Verfall der Profite. Gramsci hingegen hält den Systemwechsel für eine Frage der Massenpsychologie. Gewiss tragen ökonomische Veränderungen dazu bei, die Systemarchitektur der kapitalistischen Staaten zu erschüttern. Aber sie tragen keine naturgesetzliche Logik in sich, nach der Marx und Engels immer neu suchten. Ein Machtwechsel ist nur möglich, wenn eine neue Gruppe (nicht unbedingt eine »Klasse«) von Menschen in die Position kommt, »Hegemonie« auszuüben. Das heißt, Ideen und Kräfte, die schon zuvor führend wurden und erstarkt sind, ermöglichen zu einer bestimmten Zeit neue Bündnisse und setzen sich an die Stelle der alten Hegemonie. Gramsci denkt hier an die bürgerliche Machtergreifung im Risorgimento. Und er denkt an Mussolini und die Faschisten, denen als »geschichtlicher Block« – ein Begriff Sorels – gelang, was den Kommunisten versagt blieb.

Das Konzept der Hegemonie ist das berühmteste Filetstück der *Gefängnishefte*. Immer wieder kommt Gramsci darauf zu sprechen. Er stellt fest, »daß eine Klasse auf zweierlei Weise herrschend ist, nämlich ›führend‹ und ›herrschend‹. Sie ist führend gegenüber den verbündeten Klassen und herrschend gegenüber den gegnerischen Klassen. Deswegen kann eine Klasse bereits bevor sie an die Macht kommt ›führend‹ sein (und muß es sein): wenn sie an der Macht ist, wird sie herrschend, bleibt aber auch weiterhin ›führend‹.«[188] Hegemonie bedarf stets einer großen Zustimmung, denn nur sie sichert den Machterhalt. Regierungen, die nicht oder nicht mehr als »führend« wahrgenommen werden, also ihre Zustimmung verlieren, können nicht langfristig herrschen. Deshalb ist für Gramsci wichtig, was Lenin und allen späteren realsozialistischen Regenten nicht wichtig genug war: dass die Herrschaft nicht nur auf unvermeidlichem Zwang beruht, sondern auf breiter Zustimmung durch Menschen unterschiedlicher Interessen, die ein »Bündnis« geschlossen haben und eine gemeinsame Ideologie teilen. Anders als für Marx und Engels ist »Ideologie« für Gramsci kein abfälliger Begriff. Wie schon für Plechanow bedeutet er für den Italiener nicht »Verblendung«, sondern das, was Pareto »Derivationen« nannte und heute gemeinhin »Narrativ« genannt wird: eine breit geteilte Erzählung, ein gemeinsamer identitätsstiftender Film, der sichert, dass der soziale Zement stabil bleibt.

Das fordistische Zeitalter

Tatsächlich sieht Gramsci genau so ein großes Narrativ, das fortan die Zukunft der ganzen westlichen Welt dominieren könnte, am Horizont heraufdämmern. Bezeichnenderweise ist es aber nicht die klassengerechte Gesellschaft, die die Subalternen am Staat beteiligt und sie ihr Geschick selbst in die Hand nehmen lässt. Es ist die Ideologie der turbokapitalistischen USA nach der zweiten industriellen Revolution. Nicht die Überwindung des Kapitals könnte die Gesellschaft der Zukunft zusammenhalten, sondern die »fordistische« Ökonomie, die Herrschaft des Fließbands, der industriellen Serienproduktion, der Massenkonsumgesellschaft und der Kleinfamilie. Gramsci analysiert mit bestechender Klarheit, wie all diese Phänomene zusammengehören und etwas Neues in die Welt bringen: einen neuen Zeitgeist und auch einen neuen sozialen Kitt, den kapitalistischen Zement des 20. Jahrhunderts.

Was genau ist der »Fordismus«? Wenn Gramsci davon spricht, denkt er an die Fließbandherstellung von Autos in den Fabriken Henry Fords. Seit 1913 wird hier auf neue Art und Weise produziert. Arbeitsabläufe werden kleinteilig zerlegt und gleichsam wissenschaftlich auf Effizienz getrimmt – das Prinzip des »Taylorismus«, benannt nach dem US-amerikanischen Ingenieur Frederick Winslow Taylor. Die hocheffiziente Produktion krempelt, nach Gramsci, die ganze Gesellschaft um und trimmt auch sie auf Effizienz. Für einen an Marx geschulten Denker keine geringe Herausforderung; denn »effizient« sollte die klassenlose oder klassengerechte Gesellschaft bei Marx und seinen Nachfolgern eigentlich nie sein; der Begriff spielt keine Rolle.

Ist die effiziente Gesellschaft die bestmögliche Gesellschaft für alle? Gramsci dringt tief in die Ideologie des Fordismus ein. Dabei stößt er auf einen zentralen Begriff: den »Fortschritt«. Das Neue erscheint stets als erstrebenswerter als das Alte, ungeachtet dessen, dass das »Alte« ja nur deshalb existiert, weil es einstmals als sinnvoll betrachtet worden war. Der Fordismus hingegen feiert immer das Neue. Ein »Neuerer« ist, »wer alles Bestehende zerstören will, ohne sich um das zu kümmern, was danach kommt, da ja, wie man schon weiß, metaphysisch gesehen jede Zerstörung Schöpfung ist, ja, daß nur zerstört wird, was durch Neuschaffung ersetzt wird. Mit diesem romantischen Begriff geht ein ›rationaler‹ und ›aufklärerischer‹ Begriff einher. Man hält alles Bestehende für eine ›Falle‹ der Starken gegen die Schwachen, der Gerissenen gegen die Armen im Geiste.«[189] Auf diese Weise entsteht, nach Gramsci, die Ideologie des Fortschritts, modern gesprochen der »Disruption«, die noch heute das Silicon Valley durchweht. Fortschritt zu schaffen bedeutet, Altes zu zerstören, ungeachtet dessen, was dies gesellschaftlich anrichtet, da das Neue gleichsam per se besser ist als das Alte.

Dem Ideal der »Rationalisierung« entspricht nicht nur ein neues Menschenbild, sondern es verändert tatsächlich den einzelnen Menschen, sein Denken und Handeln. »In Amerika hat die Rationalisierung die Notwendigkeit hervorgebracht, einen neuen Menschentyp auszuarbeiten, der dem neuen Typus der Arbeit und des Produktionsprozesses konform ist: diese Ausarbeitung ist bislang erst in der Anfangsphase und daher (anscheinend) idyllisch.«[190] Idyllisch erscheint sie für Gramsci, weil der Fordismus mit höheren Löhnen einhergeht – nicht aus Menschenliebe oder Gerechtigkeitsbewusstsein, sondern um möglichst viele Arbeiter gleichzeitig zu Konsumenten machen zu können. Der soziale Fortschritt entspringt der kapitalistischen Marktlogik: Nur wenn hinreichend Löhne gezahlt werden, können sich die Arbeiter die Produkte leisten, die sie herstellen – und damit die Nachfrage nach den achtmal so effizient hergestellten T-Fords gewährleisten.

Dass all dies nichts mit Humanität zu tun hat, steht für Gramsci fest. Die »›puritanischen‹ Initiativen der amerikanischen Industriellen vom Typus Ford« sorgen »sich nicht um die ›Menschlichkeit‹, um die ›Geistigkeit‹ des Arbeiters, die unmittelbar zerbrochen wird. Es ist ausgeschlossen, dass diese ›Menschlichkeit und Geistigkeit‹ sich außerhalb der Welt der Produktion und der Arbeit, in der produktiven ›Schöpfung‹ verwirklichen kann; sie war am größten beim Handwerker, beim ›Demiurgen‹, wo sich die Persönlichkeit des Arbeiters ganz im geschaffenen Gegenstand widerspiegelte, wo die Verbindung zwischen Kunst und Arbeit noch sehr fest war. Aber genau gegen diesen ›Humanismus‹ kämpft der neue Industrialismus.«[191] Und alles, was als Humanität daherkommt, von den höheren Löhnen bis zur Eindämmung des Alkoholismus, diene einzig dazu, das »psychophysische Gleichgewicht« der Arbeiter aufrechtzuerhalten, um sie effektiv ausbeuten zu können.

Von ganz besonderer Bedeutung ist für Gramsci dabei die sexuelle Frage. Wenn Arbeiter zu viel Zeit darauf verwenden,

»Frauen zu jagen«, ist das nicht effizient. Nicht umsonst also sorgten sich die US-amerikanischen Industriellen um die Sexualmoral ihrer Arbeiter. Sie beschwören ein puritanisches Frauenbild, predigen eine »neue weibliche Persönlichkeit« und unterstützen die Herausbildung von Kleinfamilien. Auch der »Sexualtrieb« soll »entsprechend reguliert« und »rationalisiert« werden.[192] Die Kleinfamilie ist Zucht- und Konsumgemeinschaft in einem, gebändigter als die Groß- und Sippenfamilie und, wie Gramsci weitsichtig erkennt, wegweisend für das 20. Jahrhundert.

Bei all seiner Kritik am Fordismus übersieht Gramsci nicht, dass das Gesellschaftsmodell gleichwohl sehr erfolgreich ist und damit die denkbare Blaupause für das ganze 20. Jahrhundert. Den Menschen geht es ja offensichtlich gefühlt besser als vorher. Warum also sollte das fordistische Zeitalter sich nicht überall verwirklichen, zuletzt vielleicht sogar im rückständigen und eigenwilligen Italien, einer durch und durch irrationalen Gesellschaft, deren Voraussetzungen geradezu gegenteilig zu den Vereinigten Staaten sind: ein Land von »Parasiten«, von den Feudalherren bis zur korrupten Bürokratie, das sich seit jeher gegen jede Effizienz sperrt. Als Gramsci 1937 im Gefängnisklinikum stirbt, scheint die Frage für ihn noch nicht entschieden zu sein. Wird der Fordismus die Weltherrschaft antreten, oder werden sich zumindest die Italiener der vollkommenen Rationalisierung ihrer Arbeits- und Lebenswelt entziehen und irgendeine alternative Gesellschaftsform hervorbringen?

Die Geschichte wird zeigen, dass jede dauerhafte Weiterentwicklung zur »Humanität« in der westlichen Kultur nur innerhalb des Kapitalismus erfolgen wird und nicht jenseits von ihm zur Blüte kommt. Die rationale Logik des Kapitalismus wird auch weit nach dem Fordismus immer wieder Veränderungen erzwingen. Sie werden das Leben der Menschen in den Industriegesellschaften verbessern, ihre Lebenszeit verlängern und mehr Zeit dafür schaffen, ihre Konsum- und Sinnbedürfnisse zu erfüllen, das eine eng gepaart mit dem anderen. Der fordistischen Massenkonsumgesellschaft folgt die seit 1957 sogenannte Überflussgesellschaft und heute (wie ich es nennen möchte) die »Sinngesellschaft«. Wohlstand im 21. Jahrhundert bedeutet nicht schlichtweg mehr Konsum, sondern mehr Zeit und Entfaltungsraum.

Als kluger Analytiker der Massenkonsumgesellschaft wie als Schöpfer von Konzepten wie »Hegemonie« und der »Zivilgesellschaft« hat Gramsci nichts an Aktualität verloren. Und seine Analysen sind ohne Zweifel vorurteilsfreier, genauer und weitsichtiger als Ortega y Gassets Kulturpessimismus in *Der Aufstand der Massen*. Einen vergleichbaren Massenerfolg hatte er jedoch nicht. Die mit seinem Gepäck aus dem Gefängnis geschmuggelten und seit dem Zweiten Weltkrieg mehrfach aufgelegten *Gefängnishefte* sind kein Bestseller, eher ein Steinbruch mannigfacher Theoriegebäude. Während Gramsci für orthodoxe Marxisten eher eine Randfigur blieb, bediente sich nahezu jede philosophische Stilrichtung vom Strukturalismus über den Poststrukturalismus bis zu den Cultural Studies bei ihm. Inzwischen wird der Italiener als Postkolonialist, Feminist und Globalisierungskritiker in Anspruch genommen wie auch von der »Neuen Rechten« um den französischen Publizisten und Philosophen *Alain de Benoist* (* 1943). Der in faschistischer Haft gestorbene Denker des Menschlichen, dessen Gebeine auf dem Cimitero acattolico in Rom ruhen, kann sich nicht mehr wehren.

Kunst und Erlösung

Die erdichtete Realität – Genauigkeit und Seele – Neue Kunst für eine neue Welt – Noch-nicht Sein – Das Recht der kleinen Dinge – Dialektik im Stillstand – Der Verlust der Aura

Die erdichtete Realität

Kein anderer Denker, neben Marx, beschäftigt Gramsci in seinen *Gefängnisheften* so sehr wie der führende Denker Italiens seiner Zeit. Und obgleich der Widerstand gegen Mussolini sie vereint, könnten ihre Schicksale unterschiedlicher kaum sein. *Benedetto Croce* (1866–1952) saß nie im Gefängnis, und massiv bedroht wurde er auch nicht. Fünfundzwanzig Jahre älter als der sardische Revolutionär, wird er ihn um fünfzehn Jahre überleben. Und um seinen Lebensunterhalt muss sich der Sohn eines Gutsbesitzers aus den Abruzzen nie sorgen. Er erbt schon früh ein Vermögen, studiert eine Weile Jura in Rom und Neapel, lernt Labriola kennen und schätzen und wird ohne Universitätsabschluss fortan Privatier.

Mit Mitte zwanzig beginnt Croces Interesse für Philosophie. Er studiert den Barockphilosophen *Giambattista Vico* (1668–1744), den Aufklärer *Gaetano Filangieri* (1752–1788) und schließlich ganz ausgiebig den deutschen Idealismus, insbesondere die Schriften *Johann Friedrich Herbarts* (1776–1841), Schellings und Hegels, die ihn nachhaltig prägen. Als der Sechsunddreißigjährige 1902 den ersten von drei Bänden seiner eigenen *Filosofia come Scienza dello Spirito* (*Philosophie des Geistes*) herausbringt, verfolgt er damit ein klares Ziel. Er möchte einen schier übermächtigen Gegner in die Schranken weisen: den auch in Italien vorherrschenden Positivismus, eine Philosophie nach Maßgabe der Naturwissenschaften.

In diesem Sinne ist Croce für Italien, was Bradley für England und Cassirer für Deutschland sind: unbeirrbare Streiter für einen sehr weiten Erkenntnisbegriff, der Logik, Rationalität und Wissenschaft nur als *eine* unter vielen Erkenntnisformen ansieht und mitnichten für den einzig privilegierten Weg zur Wahrheit. Denn was auch immer Menschen erkennen, nie sehen wir der Natur ins ungeschminkte Angesicht, sondern stets bewegen wir uns in kulturell vermittelten Denkwelten von spezifisch menschlichem Zuschnitt. Am Ende verstehen Menschen immer nur Menschenwerk, nie aber die Natur an sich. Diese Einsicht, die eigentlich von Vico stammt, wird für Croces ganzes Denken bestimmend. Und so ist es Croce, der Gramsci dazu anregen wird, diese Erkenntnis auf Marx' materialistische Philosophie zu übertragen. Die Ökonomie ist kein »Bau«, und »Klasse« ist kein gleichsam zoologischer Begriff. Alles, was Menschen denken, denken sie in ihrer Zeit, und zieht man die historischen Begleitumstände ab, bleibt nicht objektive Wahrheit zurück, sondern es bleiben nur Worte.

Die *Philosophie des Geistes* ist der groß angelegte Versuch, Hegels Idealismus für das 20. Jahrhundert zu retten, aber ohne dessen folgenschwere Irrtümer. Der erste Band widmet sich dem Schönen (Ästhetik und Linguistik), der zweite dem Wahren (Logik) und der dritte dem Nützlichen (Ökonomie und Ethik). Ästhetik und Logik sind theoretische Vermögen, Ökonomie und Ethik hingegen verbindet das Praktische. Dabei operieren alle vier Vermögen des Geistes mit einem binären (zweistelligen) Schema. Das ästhetische Vermögen scheidet das Schöne vom Hässlichen, die Logik das Wahre vom Falschen, die Ökonomie das Nützliche vom Schädlichen und die Ethik das Gute vom Bösen. Alle diese Unterscheidungen gewinnen ihren Sinn nur in ihrer jeweiligen Sphäre, in anderen Sphären sind sie witzlos. So etwa hat die Ethik in der Kunst ebenso wenig verloren wie in der Wirtschaft. Und in der Logik geht es weder um das Schöne noch um das Nützliche oder Gute. Genau diese Schematisierung voneinander unabhängiger Systeme wird erst viel später eine große Karriere machen, in der Systemtheorie Niklas Luhmanns, ohne dass deren Anhängern der Ursprung bei Croce gemeinhin bekannt ist.

Die strenge Trennung der Sphären bringt Croce in einen Gegensatz zu Hegel und Marx, mit denen er sich viel beschäftigt hat. Die Sphären gehen nicht wie bei Hegel dialektisch ineinander auf, sondern sie bleiben voneinander getrennt. Richtig ist, dass der Geist voranschreitet, allerdings in »Stufen«, nicht aber durch den Übergang von Natürlichem in Ideelles und von Ideellem in Geistiges. Das Schöne und die Kunst fordern auch dann ihr Eigenrecht, wenn der Geist voranschreitet. Nichts wird dialektisch »aufgehoben«, alles bleibt als die Sphäre bestehen, die sie ist. Damit kritisiert Croce zugleich Marx' Primat der Ökonomie. Die Geschichte des menschlichen Geistes ist nicht die Geschichte der sozio-ökonomischen Verhältnisse, sondern die Ökonomie ist und bleibt nur eine von vier Sphären, und sie ist mitnichten der Motor der geistigen Entwicklung der Menschheit. Der Reiz an Marx, wie Croce ihn sieht, liegt in dessen spannenden Hypothesen, nicht aber in irgendeiner zeitlosen Wahrheit.

Was Croce unverdrossen mit Hegel und Marx teilt, ist sein Optimismus. Ohne Zweifel entwickele sich die Menschheit zum Höheren. Die Einheit Italiens im Zuge des Risorgimento ist für ihn ein sicherer Beleg des geistigen Fortschritts. Das bürgerliche Zeitalter ist der Feudalzeit überlegen und wird sich permanent zum Besseren entwickeln. Immer wieder überwinde das Bessere das Gute und macht es somit nachträglich zum Schlechten. Dabei überrascht Croce seine Leser mit einer Einsicht, die er schon in seinem ersten Buch *La storia ridotta sotto il concetto generale dell'arte* (*Die Geschichte auf den allgemeinen Begriff der Kunst gebracht*) (1893) vertreten hat und die er 1915, inmitten des Ersten Weltkriegs, in einem Nachtragsband zu seiner *Philosophie des Geistes*, der *Teoria e storia della storiografia* (*Zur Theorie und Geschichte der Historiographie*) wiederholt und ausbaut: Die Geschichte ist keine Wissenschaft, und alle Geschichtsschreibung ist letztlich eine besondere Art von Dichtung, genauer eine Nachdichtung. Ohne »innere Motive«, die das eine oder das andere beleuchten und vergegenwärtigen, bleibt Geschichte eine reine Ansammlung von Material. Und selbst wenn der Historiker unbedingt den Fakten verpflichtet ist und auf Ausschmückungen oder gefühlsbetonte Wertungen verzichten soll, bleibt seine Arbeit eine Leistung der Imagination. Nur durch sie wird Geschichte überhaupt »lebendig«. Und erst im Erzählen, im Aussuchen und Weglassen, im Gewichten und Interpretieren wird Geschichte zu Geschichte. Es ist eine von zwei zentralen Einsichten Croces, die ihrerseits Geschichte schreiben. Denn dass Geschichte vornehmlich Dichtung und nicht Wissenschaft ist, werden nach ihm auch der Theologe und Kulturhistoriker *Ernst Troeltsch* (1865–1923)[193], Robin George Collingwood, Siegfried Kracauer[194], Michel Foucault[195] und der US-amerikanische Historiker und Literaturwissenschaftler *Hayden White* (1928–2018) vertreten.[196]

Die zweite große Einsicht Croces ist eng mit dieser ersten verbunden. Von Vico hat er gelernt, den Menschen in eine Menschenwelt eingesponnen zu sehen, selbst wenn man glaubt, diese zu überschreiten wie in den Naturwissenschaften. Tatsächlich aber seien auch die vermeintlich objektiven Erkenntnisse der Naturwissenschaften Produkte des menschlichen Geistes zu einer bestimmten Zeit in einer bestimmten Sprache und Kultur. Lange bevor wie etwas logisch betrachten oder wissenschaftlich verallgemeinern, haben wir es sinnlich wahrgenommen und vom Besonderen, das wir erleben, auf das Allgemeine geschlossen, das wir uns vorstellen. In diesem Sinne ist der Ursprung aller Erkenntnis privat und, wie Croce in der *Philosophie des Geistes* sagt, »partikular«. Nur das »Partikulare«, das Einzelne und Besondere, ist uns sinnlich zugänglich und alles Allgemeine daraus abgeleitet. Der entscheidende Punkt der Erkenntnis ist damit sinnlich, bildhaft und ein Produkt unserer Fantasie. Und unser Lebenskompass ist die »Intuition«. Sie filtert und bewertet unsere Erfahrungen und färbt sie zur »Expression« ein, lange bevor die Begriffe und die Logik auf den Plan treten. Und lange bevor er zum Wissenschaftler wird, ist jeder Mensch ein Ausdruckskünstler, der sich die Welt intuitiv zurechtdichtet.

Croces Loblied auf die Intuition verbindet ihn stark mit Bergson. Wer den Naturwissenschaften philosophisch trotzen will, der spricht ihnen den direkten Zugang zur Erfahrung ab und schiebt das Subjektive, die Intuition dazwischen. Der wissenschaftlich-rationale Zugriff auf die Welt wird damit zu einer sekundären Erkenntnis, die für manches taugt, aber beileibe nicht für alles. Im Vergleich zur Kunst, die die Welt des Intuitiven widerspiegelt, wird die Wissenschaft sogar weniger wichtig. Naheliegend, dass Croce sich vor allem als Kunst- und Literaturkritiker einen Namen macht, jener Welt des Intuitiven, in der sich alle existenzielle Erfahrung des Menschen wiederfindet. Denn was der Mensch ist, lässt sich nicht exakt erforschen, sondern nur ausdeuten – und das nirgendwo besser als an den Meisterwerken seiner poetischen und künstlerischen Produktion.

Kein Wunder, dass Croce die Sprache vor allem als eine ästhetische Leistung sieht. Jede Sprache ist persönlich, und sie ist auf ganz individuelle Weise ausdruckshaft. Unsere Sprache ist die Übersetzung unseres sinnlichen Zugangs zur Welt. Insofern fällt auch die Linguistik ins Reich der Ästhetik. Doch genau mit dieser These erregt Croce den Unwillen Cassirers, dessen idealistischen Ansatz er teilt.[197] Für den neukantianisch geschulten Deutschen, mit dem der Italiener im Briefwechsel steht, ist die Sprache eine »symbolische Form« unter anderen, selbst wenn andere symbolische Formen, wie die Kunst oder die Wissenschaft, auf sie zurückgreifen müssen. Die direkte und untrennbare Verbindung von Sprache und Kunst geht Cassirer zu weit. Linguistik ist für ihn eine geistige Leistung, die nicht schlichtweg als ästhetisch klassifiziert werden kann. Croce hingegen bleibt unbeirrbar: Die »ästhetische Form des Geistes« ist »nichts anderes als die in ihrer reinen Natur, ihrer ganzen Wahrheit und wissenschaftlichen Ausdehnung verstandene Sprache«.[198]

Hat Croce recht, dann ist jede Realitätsvorstellung letztlich subjektiv und erdichtet und nicht nur die Geschichtsschreibung. Es gibt keinen Vorrang der rationalen Erkenntnis vor der ästhetischen, denn erste ist ohne letzte nicht denkbar. Croce wird von dieser frühen Erkenntnis nicht abweichen und sie bis ins Alter mehrfach wiederholen, auch wenn er 1936 in *La poesia. Introduzione alla critica e storia della poesia e della letteratura* (*Die Dichtung. Einführung in die Kritik und Geschichte der Dichtung und der Literatur*) einräumt, dass es auch nicht-ästhetische Expressionen gibt, etwa eine einfache Gemütserregung, eine Stimmung oder einen Ausdruck des Erstaunens. Alle Poesie ist Intuition und Expression, aber nicht jede Intuition und Expression ist Poesie.

Die Bedeutung von Croces Ästhetik für seine Generation kann kaum überschätzt werden. Jeder Mensch gestaltet sich die Welt auf mehr oder weniger künstlerische Weise. Der große Künstler aber beherrscht diese Suche nach einem passenden

Ausdruck mit solcher Meisterschaft, dass andere sie nachvollziehen und sich darin wiederfinden können. Und genau dies unterscheidet die Poesie von der Nicht-Poesie. Dieses zentrale Theorem wird zu einem wichtigen Baustein in der Geschichte der Ästhetik im 20. Jahrhundert. Es beeinflusst den italienischen Kunstdiskurs für Jahrzehnte. Über den Romanisten *Karl Vossler* (1872–1949) kommt es zugleich nach Deutschland und hinterlässt seinen vielfältigen Abdruck bei vielen Philosophen, Kunstkritikern und Künstlern, von Hans Jonas[199] bis zu Joseph Beuys' berühmtem Satz: »Jeder Mensch ist ein Künstler.« Methodisch wirkt Croce auf alle Kunst- und Literaturinterpretationen, die dabei nichts gelten lassen als das, was aus dem Werk unmittelbar zum Ausdruck kommt: vom angelsächsischen New Criticism[200] bis zur »werkimmanenten Interpretation« im deutschsprachigen Raum.

Wenn es stimmt, dass Sprache immer subjektiv ist und jeder größere Wahrheitsanspruch sich an der Geschichte bewähren muss und nicht an der Logik – dann verändert dies auf nachhaltige Weise den Blick auf die Philosophie. Denn sämtliche Denker, die in diesem Kapitel vorgestellt werden, teilen genau diese Ansicht mit Croce, die letztlich auf Schelling zurückgeht: dass alle für den Menschen als Menschen bedeutsame Wahrheit nicht logisch fundiert ist, sondern ästhetisch aufscheint. Wahrheit ist nicht dingfest zu machen, sondern nur indirekt zu erschließen durch das Ausdeuten von Zwischenräumen.

Seinen Zeitgenossen ist Croce jedoch nicht nur als Philosoph, Literaturkritiker und Historiker bekannt, sondern mindestens in gleichem Maße als Politiker. Seit 1910 Senator, schmiedet er in Neapel ein Wahlbündnis der Liberalen mit den Katholiken. Im Jahr 1920 wird er für ein Jahr Minister für das Unterrichtswesen. Doch statt des erhofften Fortschritts durch bürgerliche Kräfte erlebt Croce in den Zwanzigerjahren die Machtübernahme Mussolinis. Der feinsinnige Gelehrte ist tief bestürzt und initiiert ein »Manifest der antifaschistischen Intellektuellen« mit den Unterschriften von über hundert namhaften Mitstreitern. Politisch kaltgestellt, ist das Ansehen des ehemaligen Senators immerhin so hoch, dass die Faschisten davor zurückschrecken, ihn zu inhaftieren. Sein Widerstand gegen den Faschismus entzweit Croce auch von seinem ehemaligen Mitstreiter *Giovanni Gentile* (1875–1944), der ihn seit 1903 bei der einflussreichen Zeitschrift *La critica* unterstützt hatte. Von Hegel beeinflusst wie Croce, hat Gentile kein Problem damit, dem transzendentalen Ich eine transzendentale Theorie der Gesellschaft entgegenzustellen, die er im Faschismus realisiert sieht.[201] Croce hingegen verteidigt den Liberalismus und wird nach Mussolinis Sturz Mitbegründer der Liberalen Partei und deren Vorsitzender. Das Amt des Staatspräsidenten lehnt er 1946 ab. Noch vor seinem Tod 1952 verfügt er, dass seine gewaltige Bibliothek im Palazzo Filomarino der Öffentlichkeit zur Verfügung stehen soll – das heutige Istituto Italiano per gli Studi Storici in Neapel.

Genauigkeit und Seele

»Über dem Atlantik befand sich ein barometrisches Minimum; es wanderte ostwärts, einem über Rußland lagernden Maximum zu, und verriet noch nicht die Neigung, diesem nördlich auszuweichen. Die Isothermen und Isotheren taten ihre Schuldigkeit. Die Lufttemperatur stand in einem ordnungsgemäßen Verhältnis zur mittleren Jahrestemperatur, zur Temperatur des kältesten wie des wärmsten Monats und zur aperiodischen monatlichen Temperaturschwankung. Der Auf- und Untergang der Sonne, des Mondes, der Lichtwechsel des Mondes, der Venus, des Saturnringes und viele andere bedeutsame Erscheinungen entsprachen ihrer Voraussage in den astronomischen Jahrbüchern. Der Wasserdampf in der Luft hatte seine höchste Spannkraft, und die Feuchtigkeit der Luft war gering. Mit einem Wort, das das

Tatsächliche recht gut bezeichnet, wenn es auch etwas altmodisch ist: Es war ein schöner Augusttag des Jahres 1913. Autos schossen aus schmalen, tiefen Straßen in die Seichtigkeit heller Plätze. Fußgängerdunkelheit bildete wolkige Schnüre. Wo kräftigere Striche der Geschwindigkeit quer durch ihre lockere Eile fuhren, verdickten sie sich, rieselten nachher rascher und hatten nach wenigen Schwingungen wieder ihren gleichmäßigen Puls. Hunderte Töne waren zu einem drahtigen Geräusch ineinander verwunden, aus dem einzelne Spitzen vorstanden, längs dessen schneidige Kanten liefen und sich wieder einebneten, von dem klare Töne absplitterten und verflogen. An diesem Geräusch, ohne daß sich seine Besonderheit beschreiben ließe, würde ein Mensch nach jahrelanger Abwesenheit mit geschlossenen Augen erkannt haben, daß er sich in der Reichshaupt- und Residenzstadt Wien befinde. Städte lassen sich an ihrem Gang erkennen wie Menschen. Die Augen öffnend, würde er das gleiche an der Art bemerken, wie die Bewegung in den Straßen schwingt, beiweitem früher als er es durch irgendeine bezeichnende Einzelheit herausfände. Und wenn er sich, das zu können, nur einbilden sollte, schadet es auch nichts. Die Überschätzung der Frage, wo man sich befinde, stammt aus der Hordenzeit, wo man sich die Futterplätze merken mußte. Es wäre wichtig, zu wissen, warum man sich bei einer roten Nase ganz ungenau damit begnügt, sie sei rot, und nie danach fragt, welches besondere Rot sie habe, obgleich sich das durch die Wellenlänge auf Mikromillimeter genau ausdrücken ließe; wogegen man bei etwas so viel Verwickelterem, wie es eine Stadt ist, in der man sich aufhält, immer durchaus genau wissen möchte, welche besondere Stadt das sei. Es lenkt von Wichtigerem ab.«[202]

Dieser wohl kunstvollste Anfang eines Romans wird 1929 ins Reine geschrieben und erscheint 1930. Autor ist der Österreicher *Robert Musil* (1880–1942). Und das Szenario hat es in sich: ein Romananfang mit dem Thema, dass man eigentlich gar keinen Romananfang mehr schreiben kann. Drückt man sich zeitgemäß exakt aus, wie im Fall des meteorologischen Wetterberichts, bleibt man unverständlich, selbst wenn man die Himmelserscheinungen literarisiert. Beginnt man traditionell, indem man vom schönen Augusttag 1913 spricht, passt man eigentlich gar nicht mehr in die Welt, die man beschreibt: in die rasende Moderne, das Zeitalter der zweiten industriellen Revolution, der schwindelerregenden Technik. Aber auch diese Technik lässt sich kaum angemessen literarisch beschreiben. Soll man es futuristisch, expressionistisch und kubistisch versuchen, wie die zeitgenössischen Stilrichtungen der Kunst es vorgeben? Versteht man dann, dass hier Wien beschrieben werden soll? Und wie wichtig ist in der Moderne überhaupt noch das traditionelle Verständnis von Zeit und Raum?

Tatsächlich passt hier nichts mehr zusammen. Genauigkeit und Seele lassen sich nicht mehr miteinander verbinden, sondern die Sphären fallen auseinander, wie Croce erklärt hat. Kein großes dialektisches Ganzes mehr, nirgends. Nicht nur, dass Musil den Verkehr Ende der Zwanzigerjahre ins Wien von 1913 verlegt, wo kaum Autos über Straßen und Plätze schossen. Die ganze Frage, was ein Roman ist und sein sollte, findet keine Antwort, sondern wird zum offenen Horizont. Ähnlich horizontlos ist das Leben des Autors: 1880 in Klagenfurt geboren, erst Offizierslaufbahn in Eisenstadt, Mährisch Weißkirchen und Wien, dann Ingenieursstudium in Brünn und dann Studium der Philosophie bei dem Gestaltpsychologen Carl Stumpf in Berlin.

Musil hat einen Bestseller geschrieben, die *Verwirrungen des Zöglings Törleß* (1906), einige Dramen, und er verdient sich Geld als Theaterkritiker. Seine große selbst gestellte Lebensaufgabe aber ist eine andere. Wenn es richtig ist, dass Philosophie, wie er bei Stumpf lernt, dabei ist, mehr und mehr exakte Wissenschaft zu werden, kann sie ihre traditionelle Aufgabe dann noch erfüllen? Übergreifenden Sinn zu stiften, große Zusammenhänge transparent zu machen, das Leben zu durchdringen? Ist ihren spröden, trockenen Erklärungen nicht »gleichsam das Herz ausgestochen«? Wenn Nietzsche und Bergson ihre Philosophie so literarisch wie möglich schreiben, um sichtbar zu machen, was sprachlich nicht greifbar ist, wenn Heideggers Philosophie raunende Grenzgängerei ist, helle Gedankenblitze im Reich dunkler Begriffe, so kann man auch den umgekehrten Weg gehen: statt die Philosophie zu literarisieren, die Literatur philosophisch aufzuladen, um durch sie zu sagen, was die wissenschaftliche Philosophie nicht sagen kann.

Genauigkeit und Seele gleichzeitig auszudrücken, philosophisch Bedeutsames zu sagen, indem man es literarisch inszeniert oder essayistisch umkreist – genau dieser Anspruch beseelt den Roman *Der Mann ohne Eigenschaften*, an dem Musil seit Anfang der Zwanzigerjahre bis zu seinem Tod im Jahr 1942 arbeiten wird. Unter den größten literarischen Leistungen in deutscher Sprache ist das Buch das wohl am wenigsten gelesene. Leser, die einen traditionellen Roman erwarten, werden zuverlässig enttäuscht. In Philosophieseminaren dagegen wird das Buch kaum behandelt. Wie eine gewaltige Ruine ohne regelmäßige Besucher steht der Romantorso in der literarischen Landschaft, berühmt und berüchtigt, hochgelobt, aber selten besichtigt.

Als der erste und einzig abgeschlossene Teil des Romans seine endgültige Form bekommt, steht die Philosophie mitten in ihrer (in diesem Band geschilderten) Blüte. Sie ist Philosophie im Aufbruch, Philosophie nach dem mutmaßlichen Ende bisheriger Philosophie. Aufregende neue Wege werden begangen, monströse Systeme projektiert auf der Suche nach einem Denken, das der technischen Moderne adäquat ist und sie tief durchdringt. Es ist die Zeit von Cassirers *Philosophie der symbolischen Formen*, Heideggers *Sein und Zeit*, Whiteheads *Process and Reality*, Santayanas *The Realms of Being*, Freuds *Die Zukunft einer Illusion*, Schelers *Die Wissensformen und die Gesellschaft*, Nicolai Hartmanns *Ethik* und Husserls Ringen um den unverstellten Zugang zur »Lebenswelt«. Musil hingegen strebt nach keinem System. Sind System und geistig-sinnliche Durchdringung des Lebens nicht Gegensätze? »Philosophen«, heißt es im *Mann ohne Eigenschaften*, »sind Gewalttäter, die keine Armee zur Verfügung haben und deshalb die Welt in der Weise unterwerfen, daß sie sie in ein System sperren.«[203]

Musil hat 1908 bei Stumpf über Ernst Mach promoviert, eine umfangreiche Arbeit, die den Physiker und Philosophen hart und unbestechlich prüft.[204] Wenn es richtig ist, dass, wie Mach meint, die Philosophie nicht mehr auf der Höhe der Tatsachen in der Physik ist – ist Mach selbst dann eine bahnbrechende Entrümpelung und ein belastbarer Neuanfang geglückt? Geht das überhaupt, eine Philosophie, die das »Ich« für wissenschaftlich widerlegt, für »unrettbar« hält? Lässt sich statt von Subjekten und Objekten nur noch von »Elementen« sprechen, wie Mach vorschlägt? Von einer Empfindungsmasse statt von einer Person? Mit seiner Kritik an Mach verliert Musil seinen Glauben an die gesamte Philosophie. Mit wissenschaftlicher Exaktheit lässt sich die Philosophie zwar entzaubern, aber an ihrer Stelle keine neue setzen. Mit welchem zeitgenössischen Philosophen sich Musil auch immer auseinandersetzt, mit Nietzsche, Bergson, Husserl, Scheler, Cassirer, Spengler und dem Lebensphilosophen Ludwig Klages – bei allem, was er dadurch gewinnt, glaubt er nicht mehr an die Philosophie als Königsweg. System, Rationalität und Exaktheit können immer nur den einen Pol des Denkens ausmachen. Der andere ist das, was Musil im *Mann ohne Eigenschaften* die »gleitende Logik der Seele« nennt, die Verbindungen der Dinge im Religiösen und mehr noch in der Kunst.

Um ästhetisch zu überzeugen, sichtbar zu machen, was wissenschaftlich unsagbar ist, schreibt Musil seinen gewaltigen Roman. Der Anspruch dürfte größer sein als bei jedem anderen bedeutenden Werk der Literatur. Der Autor möchte »Beiträge zur geistigen Bewältigung der Welt« leisten, sein Ziel ist »das Strengste des Erreichbaren auf einem Gebiet, wo man eben nicht genau arbeiten kann«.[205] Für Musil ist Stil die »exakte Herausarbeitung eines Gedankens ... in der schönsten Form, die mir erreichbar ist«.[206] Und wie bei Nietzsche ersetzt literarische Erkenntniskritik nüchterne Erkenntnistheorie.

Der Mann ohne Eigenschaften soll die Welt vor dem Ausbruch des Ersten Weltkriegs gleichsam röntgen, ein Sittengemälde sein und eine Ideenschrift der Moderne. Den ganzen geistigen Kosmos aufzuzeigen, dessen unverdauter Gedankenmischmasch in die Katastrophe des Ersten Weltkriegs mündet, ist das ehrgeizige Anliegen. Um dies zu leisten, kann Musil nicht einfach eine Geschichte erzählen; tatsächlich kommt die Handlung kaum vorwärts und tritt merkwürdig zeitlos auf der Stelle. Auch der Held des Romans ist kein typischer Held. Ulrich, der titelgebende »Mann ohne Eigenschaften«, dient als Schalt- und Schnittstelle, als ein Knotenpunkt, an dem die Ideen und Einflüsse, die Stimmungen und Weltanschauungen sich kreuzen und essayistisch durchgespielt und durchdacht werden.

Neben dem frühen Faschismus, der Reformpädagogik, dem Richtungskampf zwischen traditioneller und avantgardistischer Kunst, dem Aufkommen des Massensports, dem Zeitalter der großen Ingenieursleistungen und vielem mehr werden auch die Themen verarbeitet, die die zeitgenössische Philosophie beschäftigen. Husserls Schwanken zwischen strenger formaler Logik und transzendentaler phänomenologischer Logik spiegelt sich in Ulrichs Forderung nach einem »Erdensekretariat der Genauigkeit und Seele«. Das Leben in symbolischen Formen und Relationen, wie Cassirer es beschreibt, findet sich wieder in Utopien, die der Roman gedanklich durchspielt, als »Utopie des exakten Lebens«, als Utopie »eines Lebens nach der Art der Kunst« oder als »Utopie des Essayismus«. Die lebensphilosophischen Sehnsüchte Nietzsches und Bergsons begegnen dem Leser des Romans in Ulrichs Suche nach einem »anderen Zustand«; nach einer unmittelbaren Erfahrung des Daseins und lebensweltlicher Intensität – also genau das, was Bergson die »Intuition des absoluten Ich« nennt. Und wie Nietzsche und Scheler interessiert sich Ulrich für Erlösungsfantasien und verspottet zugleich die für zu leicht befundenen Heilsversprechen von Denkern wie Klages oder dem französischen Erfolgsschriftsteller Maurice Maeterlinck.

Man hat Musil oft mit seinem Landsmann *Hermann Broch* (1886–1951) und dessen Romantrilogie *Die Schlafwandler* (1930/1932) verglichen. Auch Broch ist philosophisch gebildet, auch er möchte die Zeit literarisch durchdringen und entwickelt sogar eine eigene Wert-Theorie. Doch anders als bei Broch wird bei Musil die Ironie zum zentralen Stilmittel des Romans. Was auch immer darin behandelt wird, es ist Rede über die Welt in Form einer gleichzeitigen Gegenrede und Broch stilistisch weit überlegen. Die Zeit und ihre Probleme erhellen sich durch lebendige Schilderungen; dadurch, dass man die vielen verschiedenen Sichtweisen meist ironisch und augenzwinkernd aufeinander bezieht, sie miteinander konfrontiert oder auf ungewöhnliche und originelle Weise miteinander verknüpft.

Musil wird seinen Roman nicht fertigstellen. Einerseits sind es die äußeren Umstände, die das Riesenprojekt verlangsamen. Nach der Machtergreifung Hitlers verlässt der Autor Berlin und geht zurück nach Wien. Der Rowohlt Verlag, der ihn ein Jahrzehnt lang unterstützt hat, wird ungeduldig. Nur widerwillig veröffentlicht Musil zwei weitere Romanteile. Seine finanzielle Not verschlechtert sich zunehmend, der ehemalige Bestsellerautor des *Törleß* ist ein inzwischen fast vergessener Mann. Andererseits liegt der nur schleppende Fortgang des Romans auch am Projekt selbst. Während Musil noch immer mit der geistigen Situation beschäftigt ist, die zum Ersten Weltkrieg geführt hat, beginnt der Zweite. Er sei dabei »an einem Kartenhaus weiterzubauen, während die Erde Risse bekommt«, schreibt er Ende November 1939 in einem Brief.[207] Zweieinhalb Jahre später stirbt der verarmte Autor in einem Schwesternheim in der Nähe von Genf, seinem letzten Domizil. Der einundsechzigjährige Sportfan erleidet einen Schlaganfall im Badezimmer, vermutlich bei der Gymnastik.

Musils unveröffentlichter Nachlass umfasst viele tausend Seiten, in Buchform erscheint er nie. Auch wenn die Neuausgabe des *Mann ohne Eigenschaften* in den Fünfzigerjahren einige Beachtung findet, bleibt das Werk fortwährend ein ziemlich berühmter Geheimtipp. Der an Thomas Mann geschulte Großkritiker Marcel Reich-Ranicki wird nicht müde werden, immer wieder zu betonen, dass Musils Buch eigentlich gar kein Roman sei. Und so gedanklich und stilistisch brillant *Der Mann ohne Eigenschaften* ist, seine Sonderstellung zwischen Literatur und Philosophie begründet keine neue Kunstform. Bis heute steht sein Autor hochgelobt im literarischen und philosophischen Abseits.

Neue Kunst für eine neue Welt

»Selig sind die Zeiten, für die der Sternenhimmel die Landkarte der gangbaren und zu gehenden Wege ist und deren Wege das Licht der Sterne erhellt … Denn was ist die Aufgabe der wahren Philosophie, wenn nicht das Aufzeichnen jener urbildlichen Landkarte, was ist das Problem des transzendentalen Ortes, wenn nicht die Bestimmung des Zugeordnetseins jeder aus dem tiefsten Innern quellenden Regung zu einer ihr unbekannten, ihr aber von Ewigkeit her zugemessenen, sie in erlösender Symbolik einhüllenden Form?«[208] Der Einunddreißigjährige, der dies im Winter 1914/1915 fragt, kennt und spürt die Sehnsucht der Philosophen nach einer erhellenden Welterklärung; einem System, welches das fragmentierte Leben der Moderne noch einmal aufschlüsselt und in eine Ordnung bringt. Doch anders als Husserl, Cassirer, Hönigswald, Heidegger oder Hartmann glaubt er nicht mehr daran. Mit Musil teilt er die Skepsis, dass Kants Sternenhimmel »nur in der dunklen Nacht der reinen Erkenntnis«

leuchtet, bei Tage aber weist er keinem mehr den Weg. Die Welt lässt sich, da ist sich der wie Croce an Hegel geschulte Denker sicher, nicht mehr auf den Begriff bringen.

Was also tun? Von wo aus Erkenntnis, Hoffnung und Lebensziele gewinnen? Wie sich orientieren in der »transzendentalen Obdachlosigkeit«? *Georg Lukács* (1885–1971), Sohn eines jüdisch-ungarischen Bankdirektors aus Budapest, versucht sich die Antwort in einem Essay zu geben, den er *Die Theorie des Romans* nennt. Eigentlich nur als Einleitung zu einem großen Werk über Fjodor Dostojewski gedacht, skizziert Lukács die Entwicklung des Romans von Miguel de Cervantes bis zu seinem russischen Autor. Doch eine literaturwissenschaftliche Studie ist das nicht, eher ein Rückblick, kombiniert mit einer Aussicht. In ebenjenem Moment, in dem der fünf Jahre ältere Musil vor seiner Einberufung an die Front beschließt, Berufsschriftsteller zu werden, unterbreitet Lukács seine Ansicht, dass der Zerrissenheit der Gegenwart nur noch durch den Roman beizukommen ist. Und die Veröffentlichung der *Theorie des Romans* in Buchform 1920 fällt zusammen mit den ersten Anfängen des *Mann ohne Eigenschaften.*

Lukács und Musil sind oft verglichen worden, obgleich sie einander nicht wahrnehmen.[209] Lukács' Anspruch, die Totalität des Lebens im Roman statt in der Philosophie aufzudecken und aufzubauen, ist genau Musils Programm. Und beide suchen ihre Erkenntnis im essayistischen Schreiben, das einkreist, statt zu benennen, ironisiert, statt zu erklären, ausdeutet, statt zu bestimmen. Und beide sind sie brillante Stilisten, Meister ihres Fachs.

Als Lukács *Die Theorie des Romans* veröffentlicht, blickt er bereits auf ein beeindruckendes Jugendwerk zurück. Er hat in Staatswissenschaften promoviert, im ungarischen Handelsministerium gearbeitet, hat Simmel in Berlin so sehr beeindruckt, dass der große Soziologe ihn zu seinem »persönlichen Schüler« ernennt, hat eine zweibändige *Entwicklungsgeschichte des modernen Dramas* verfasst und darüber promoviert, und im Jahr

1911 findet man ihn auf Studienreise in Florenz. Zugleich erscheint sein Essayband *Die Seele und die Formen*. Hierin ist alles verarbeitet, was er mit ungeheurem Wissensdurst in sich aufgesogen hat: die Philosophie Hegels, die Kultursoziologie Simmels und die Lebensphilosophie Diltheys.

Mit diesem gedanklichen Arsenal bewaffnet kritisiert Lukács die »Anarchie des Helldunkels« im alltäglichen Leben. Sich-Begreifen und damit zu sich selbst kommen kann der Mensch nur, indem er sein Leben in eine Form bringt. »Form« und »Leben« sind zentrale Begriffe Simmels, die Lukács gleichsam existenzialistisch ausdeutet. Nur in der abgeschlossenen Begrenztheit der Form werde erlebbar, was es bedeutet zu leben. Von daher rührt die Bedeutung der Kunst. Die in sich abgeschlossene und dadurch begrenzte Kunstform, insbesondere die der Tragödie, lässt »die Seele erwachen«. Sie macht sichtbar und erlebbar, was im alltäglichen Chaos verschüttet ist. Denn alles, was das Leben bedeutsam erscheinen lässt, verdankt es dem Wissen um seine Grenzen, insbesondere der alles begrenzenden Grenze: dem Tod. Sechzehn Jahre vor Heideggers *Sein und Zeit* entwirft Lukács eine Theorie der »Eigentlichkeit«, eines Sich-selbst-bewusst-Werdens der Seele im Angesicht ihrer Begrenztheit.

Das Werk erregt Aufsehen und macht Lukács zum kommenden Stern der deutschsprachigen Philosophie. Aber sein Ehrgeiz ist nicht befriedigt. Ein großes Werk schwebt ihm vor, eine systematische Philosophie der Kunst auf neukantianischer Grundlage, die er an seinem nächsten Wohnort, in Heidelberg, beginnt. Hier begegnet Lukács dem zweiten großen deutschen Soziologen seiner Zeit, Max Weber. Dazu lernt er die Neukantianer der südwestdeutschen Schule kennen, Windelband, Rickert und Lask. Zugleich pflegt er seine literarischen Interessen, nimmt Kontakt zu dem Dichter Stefan George in Berlin auf und drückt dem »Sonntagskreis« des Literaten und Kunstkritikers *Béla Balázs* (1884–1949) in Budapest seinen Stempel auf. Zwischen drei Städten lebend schreibt Lukács unermüdlich, arbeitet »wie ein

Morphinist, dessen Nerven schon auf das stärkste Gift kaum mehr reagieren«, und überreizt nach eigener Darstellung seinen Intellekt bis ans Äußerste.[210] Es ist diese Zeit des rastlosen Lebens und Denkens, in der *Die Theorie des Romans* entsteht. Und es scheint nicht zuletzt sein eigenes Leben zu sein, das Pate steht, wenn Lukács die »transzendentale Obdachlosigkeit« der Seele in der modernen Welt beklagt und einen Roman fordert, der genau diesen Geist atmet und formt. Aber ist das, was er hier erwartet, überhaupt ein realistischer Auftrag an den zeitgenössischen Roman und nicht viel mehr? Mehr als vier Jahrzehnte später wird der greise Lukács schreiben, dass in der *Theorie des Romans* »nicht eine literarische Form, sondern ausdrücklich eine ›neue Welt‹ erwartet wurde«.[211]

Was diese neue Welt sein könnte, bekommt bald darauf Kontur. Lukács erneuert seine Hegel-Lektüre und studiert sehr intensiv Marx. Neben der Ästhetik beschäftigt er sich jetzt vornehmlich mit Geschichtstheorie. Er rezensiert Croces *Historiographie* und bemängelt, dass die »inneren Motive«, die den Historiker antreiben, von Croce nur individuell, nicht aber soziologisch gesehen werden.[212] Nicht nur die persönliche Intuition und Imagination, auch das Sein jeder Epoche bestimmt das Bewusstsein ihrer Historiker. Zugleich belehrt der Erste Weltkrieg Lukács unmissverständlich darüber, dass die bürgerliche Gesellschaft moralisch bankrott ist. Transzendental obdachlos ist nicht nur das Individuum, sondern die ganze Gesellschaft. Sie ist morsch, zertrümmert und entseelt durch einen Kapitalismus, der, wie Lukács von Simmel und Weber gelernt hat, die Welt so weit rationalisiert, bis alle Humanität aus ihr entwichen ist. Erlösung, nach der sich der schmächtige, aber scharfkantige Denker so sehr sehnt, kann nur in einem ganz anderen liegen, in etwas, das die verlorene Gemeinschaft zurückbringt.

Zur Verstörung vieler seiner Freunde findet er dieses Andere über Nacht. Eine Blitzbekehrung! Von einem Tag auf den anderen wird Lukács Kommunist, kaum anders als Heidegger schlagartig Nationalsozialist wurde. Als Mitglied der Kommunistischen Partei Ungarns ist der Dreiunddreißigjährige von 1918 an ein politischer Kämpfer und Agitator. Der Versuch, sich in Heidelberg zu habilitieren, wird von der Fakultät abgelehnt. Lukács ist »Ausländer«, und er erscheint nicht mehr integrierbar in die bürgerliche Gesellschaft. Thomas Mann, der den kleinen Ungarn in dieser Zeit in Wien kennenlernt, ist ebenfalls abgestoßen und setzt ihm im *Zauberberg* 1924 ein wenig schmeichelhaftes Denkmal in der Figur des Naphta: »Alles war scharf an ihm: die gebogene Nase … der schmal zusammengenommene Mund, die dickgeschliffenen Gläser … und selbst das Schweigen, das er bewahrte und dem zu entnehmen war, dass seine Rede scharf und folgerecht sein werde.«[213]

Der einstige Lieblingsschüler Simmels und Webers und das wohl gefeiertste Talent seiner Generation geht nach Ungarn zurück. Anfang 1919 scheint seine Stunde zu schlagen. Der Journalist *Béla Kun* (1886–1938) errichtet im Land eine Räterepublik. Im März 1919 wird Lukács stellvertretender und im Juni allein verantwortlicher Volkskommissar für das Unterrichtswesen. Doch die Zeit währt nur kurz. Wenige Monate später wird die Regierung gestürzt, und Lukács flieht nach Wien, wo man ihn verhaftet. Unter dem Druck der intellektuellen Öffentlichkeit wird der politisch Verfolgte Ende 1919 freigelassen. Unermüdlich arbeitet er aus dem Exil weiter für die Kommunistische Partei Ungarns, gründet eine Familie und beackert neben politischen Gebrauchsschriften weiterhin die philosophische Frage, die ihn am meisten umtreibt: Inwiefern ist der Kommunismus der kapitalistischen Gesellschaft moralisch überlegen und errettet künftig die Humanität? Zwei intellektuelle Herausforderungen gibt es für Lukács dabei zu meistern. Erstens: Worin liegt die zeitlose Wahrheit des historischen Materialismus, wenn alles Wissen immer nur zeitbedingtes Wissen auf einem historischen Bewusstseinsstand ist? Wieso ist der Kommunismus also wahrer und richtiger als die kapitalistische Gesellschaft?

Es ist die Plechanow-Frage. Und wie kann das Proletariat auf den Bewusstseinsstand kommen, den es braucht, um tatsächlich Träger einer Revolution zu werden? Dies ist die Gramsci-Frage.

Die Antworten darauf gibt Lukács in zwei Aufsätzen, die er 1923 in dem Sammelband *Geschichte und Klassenbewusstsein. Studien über marxistische Dialektik* veröffentlicht. Der erste ist eine Rede, die er als Politiker 1919 gehalten hat: *Der Funktionswechsel des historischen Materialismus*. Tatsächlich erkennt er, wie zuvor Plechanow, in der Analyse der kapitalistischen Gesellschaft durch Marx und Engels ebendies: ein scharfsichtiges Röntgenbild der kapitalistischen Gesellschaft des 19. Jahrhunderts, in der alles andere, Religion, Kunst, Wissenschaft, Militär usw., durch die Wirtschaft bestimmt wird. Aber was für die kapitalistische Gesellschaft des 19. Jahrhunderts gilt, muss nicht für jede Gesellschaft gelten. Es taugt nur bedingt für die vorkapitalistischen Gesellschaften. Und es taugt – dieser Aspekt ist dem Volkskommissar für das Unterrichtswesen wichtig – erst recht nicht für eine zukünftige sozialistische Gesellschaft. Hier, so prognostiziert Lukács, wird sich der von Hegel sogenannte *absolute Geist*, insbesondere der der Kunst und der Wissenschaft, wieder aus der Verdinglichung durch die Ökonomie lösen. Der institutionell erstarrte »objektive Geist« verflüssigt sich wieder ins Ideelle und macht die sozialistische Gesellschaft »humanitär«, wo sie zuvor kapitalistisch entseelt war.

Mit dieser Vision, die Lukács als einen längst im Gange befindlichen Prozess beschreibt, stellt er sich gegen die offizielle Linie der meisten kommunistischen Parteien. Er will den historischen Materialismus entdogmatisieren. Was ist er anderes als eine wissenschaftliche Methode zur Erklärung des bürgerlichen Zeitalters? Der historische Materialismus ist kein ehernes Naturgesetz. Und er ist keine Bauanleitung für eine Zukunftsgesellschaft unter dem Primat einer sozialistischen Ökonomie. Wenn der Kommunismus dem Kapitalismus moralisch überlegen ist, dann also vor allem deshalb, weil er den »absoluten Geist« der

Kunst und der Wissenschaft wieder entfaltet, der im Kapitalismus geschreddert wurde. Einzig und allein dieser kulturelle Fortschritt sichere dem Kommunismus die überlegene Humanität – und nicht etwa die erträumten Erfolge einer künftigen Planwirtschaft.

Die Bedeutung von Lukács' Rede für eine neue Generation marxistisch inspirierter Denker kann gar nicht hoch genug eingeschätzt werden. Sie macht den Marxismus zu einem moralischen, kulturellen und sogar ästhetischen Anliegen, was er weder bei Marx war noch im real existierenden Stalinismus in der Sowjetunion ist, der dort gerade mit äußerster Brutalität seine Macht zementiert. Den inneren Menschen zu erlösen, die Subjektivität aufblühen und den »absoluten Geist« zu sich selbst kommen zu lassen – Stalins Herrschafts- und Kulturprogramme sind von allem das Gegenteil.

Den gleichen Kontrast zum Realsozialismus in der Sowjetunion enthält auch der zweite berühmte Text aus *Geschichte und Klassenbewusstsein*, die längere Abhandlung *Die Verdinglichung und das Bewußtsein des Proletariats*. Zunächst geht es um die »Verdinglichung«, jene Entfremdung des Menschen aus seinem Leben, die er schon in *Die Seele und die Formen* und in *Die Theorie des Romans* beschrieben hat und die sich ähnlich bei Simmel und Weber findet. Nicht anders empfinden dies übrigens viele kulturkonservative Denker wie etwa Carl Schmitt oder Oswald Spengler und später auch Heidegger. Dass die Welt der Moderne aus den Fugen ist, dass die Seele keinen Platz mehr in ihr findet, dass alles Innerliche zu Oberfläche geworden ist – diese Diagnose lässt sich getrost als Erfahrung einer ganzen Generation beschreiben, die die Welt vor der zweiten industriellen Revolution, der Elektrifizierung, Beschleunigung und Massenproduktion, noch kennt und in der neuen Welt keinen Halt mehr findet. Im Jahr 1916 spricht Schmitt vom »kapitalistischen, mechanistischen, relativistischen« Zeitalter, das »keine Geheimnisse und keinen Überschwang der Seele gelten« lässt und einen Menschentyp hervorbringt, der nichts anderes ist als »ein Schatten, der zur Arbeit hinkt«.[214] Doch schärfer als Weber oder Schmitt klagt Lukács dafür den entfesselten Kapitalismus an, der die Menschen in ein falsches Verhältnis zur Welt treibt. Wo alles Ware ist, ist für die Seele, das Wahre, kein Raum mehr, um sich zu entfalten. Die Verdinglichung macht aus allem Dinge, auch aus Geist und Seele.

Doch wie kommt man da raus? Die Antwort, die Lukács gibt, entfernt ihn meilenweit von seinen soziologischen Ziehvätern: durch tätige körperliche Arbeit! Der schmächtige fragile Denker stimmt ein Loblied der aktiven Tätigkeit an. Nur wer körperlich arbeitet, durchdringt die Grenze zwischen Subjektivität und Objektivität. Etwas zu schaffen bedeutet, Objektives subjektiv zu gestalten und es sich dadurch anzueignen. Das Gegenteil der Verdinglichung ist also die Re-Subjektivierung der Dinge durch die körperliche Schaffenskraft. Während ein bürgerlicher Denker wie Kant sich in seiner Studierstube fragen konnte, was denn das »Ding an sich« sein könnte, die Welt außerhalb seines Geistes, gestaltet der Proletarier Tag für Tag die Dinge um und verwandelt sie durch körperliche Tätigkeit in neue Realitäten. Deshalb, so Lukács' steile Schlussfolgerung, sei einzig das Proletariat dazu bestimmt, den welthistorischen Auftrag zu erfüllen, die verlorene Eigentlichkeit der Welt wiederherzustellen.

Die Weltrevolution als Erlösungsfantasie des geistig obdachlosen Intellektuellen: Was einerseits Spott auf sich zieht – vor allem jenen seiner orthodox-marxistischen Mitstreiter –, fasziniert mehr als ein halbes Jahrhundert lang die zeitgenössischen und nachfolgenden Denker eines unorthodoxen Marxismus. Gramsci wird in seiner Gefängniszelle immer wieder darüber nachgrübeln, wie die von Lukács skizzierte »Philosophie der Praxis« tatsächlich umsetzbar und siegreich sein könnte. Und für die Denker der »Kritischen Theorie« wird die Verdinglichungsthese die Grundlage ihrer »Ideologiekritik«, obgleich sie an die weltrevolutionäre Schaffenskraft des Proletariats nicht mehr glauben mögen.

Der Urheber der »Verdinglichung« selbst wird in den folgenden zwei Jahrzehnten vornehmlich die Rolle des Berufsrevolutionärs spielen. In Wien, in Berlin oder in Moskau agitiert er im kommunistischen Widerstand, verfasst revolutionäre Gebrauchsprosa, schreibt für Zeitungen und Zeitschriften und nimmt sich dennoch die Zeit, sich einem neuen intellektuellen Lieblingsthema zu widmen: der zeitgenössischen experimentellen Literatur im Gegensatz zur realistischen. In dieser Debatte wird er jedem Germanistikstudenten bis heute – möglicherweise zu Unrecht – zum Sinnbild des verknöcherten Irrtums werden. Wir kommen im letzten Band darauf zurück.

Noch-nicht Sein

»Es ist genug. Nun haben wir zu beginnen. In unsere Hände ist das Leben gegeben. Was jetzt war, wird wahrscheinlich bald vergessen sein. Nur eine leere, grausige Erinnerung bleibt in der Luft stehen. Wer wurde verteidigt? Die Faulen, die Elenden, die Wucherer wurden verteidigt. Was jung war, mußte fallen; aber die Erbärmlichen sind gerettet und sitzen in der warmen Stube. Ein stickiger Zwang, von Mittelmäßigen verhängt, von Mittelmäßigen ertragen. Der Triumph der Dummheit, beschützt vom Gendarm, bejubelt von den Intellektuellen, die nicht Gehirn genug auftreiben könnten, um Phrasen zu liefern.«[215]

Wütend, enttäuscht, aber nicht ohne Hoffnung bilanziert der zweiunddreißigjährige Philosoph mit der wilden schwarzen Haartolle die Zeitläufte. Während der Erste Weltkrieg tobt, Millionen Menschen ihr Leben verlieren, sitzt er in einer Kolonie von Künstlern und Freigeistern in Locarno Monti im Tessin mit Blick auf den Monte Verità, eine Insel der Seligen und der von neuen Ideen Beseelten inmitten des Grauens und einer zusammenbrechenden Zivilisation. *Ernst Bloch* (1885–1977) ist im selben Jahr wie Lukács geboren. Im Jahr 1910 hat der

Sohn eines jüdischen Beamten aus Ludwigshafen den ungarischen Genius kennenlernt. Die beiden starken Charaktere freunden sich sofort an. Obwohl ziemlich jung, gehören sie im Kreis um Simmel zu den rigorosen und selbstbewussten Diskutanten. Gemeinsam ziehen sie von Simmel in Berlin weiter zu Weber in Heidelberg. Und auch hier dominieren die von Lask sogenannten »Evangelisten« die Gespräche.

Beide träumen sie von großen systematischen Entwürfen, Lukács von seinem großen System der Kunst und Bloch von einem monumentalen wissenschaftstheoretischen System, das jenem Hegels nicht nachstehen soll. Dass er philosophisch etwas draufhat, hat der junge Mann schon in Ludwigshafen als Schüler deutlich gezeigt. Ob Windelband in Heidelberg oder Mach in Wien, wer führender Philosoph im deutschsprachigen Raum ist, erhält Blochs Briefe, gespickt mit dessen eigenen Ansichten. Ein Jahr studiert der enorm selbstbewusste Student bei Theodor Lipps in München, dann geht es 1906 zu Oswald Külpe nach Würzburg. Zwei Jahre später legt er dort seine Doktorarbeit vor: *Kritische Erörterungen über Rickert und das Problem der modernen Erkenntnistheorie* (1908). Bloch verarbeitet darin alles, was er gelesen und durchdacht hat, und das ist nicht wenig. Der Neukantianismus Rickerts, aber auch jener Cohens erscheint Bloch klug, aber nicht lebensklug. Was fehlt, ist ein reflektierter Bezug zur Biologie wie bei James und Driesch; was fehlt ist auch die Lebenssituation des Denkens in einem Hier und Jetzt, das der Lebensphilosophie so wichtig ist und das sich bei Nietzsche, Bergson und Simmel findet. Denken ist immer Denken im wirklichen Leben. Und dieses wirkliche Leben kennt keinen abgehobenen Standpunkt, keine ideale logische Welt, sondern es ist »rätselhaft«, bestimmt durch das Vorbewusste und »Noch-nicht Bewusste«, einbehalten in die Geschichte und bezogen auf das Unbekannte und Utopische.

Ein neues System muss also her, das die geistig gefriergetrockneten Einsichten der Neukantianer verflüssigt und belebt, die

Statik auflöst in vom wirklichen Leben geküsste Dynamik. In diesem »messianischen« Wunsch sind sich die beiden jungen jüdischen Denker, Bloch und Lukács, sehr ähnlich. Entsprechend groß ist beider Bestürzung, als der Erste Weltkrieg die Landschaft umpflügt und die Stimmung radikal verändert. Und wie enttäuschend für beide Evangelisten, als sich sowohl Simmel als auch Weber von der allgemeinen Kriegsbegeisterung entzünden lassen. Nicht zuletzt sie sind gemeint, wenn Bloch die Intellektuellen geißelt, »die nicht genug Gehirn auftreiben könnten, um Phrasen zu liefern«. Bloch wie Lukács hingegen wittern schon früh, was der Krieg sein wird: die Urkatastrophe des noch jungen Jahrhunderts. Die Zeit der großen Systeme ist vorbei; keine Ordnung mehr, nirgends, weder in der Theorie noch im Leben. Während Lukács *Die Theorie des Romans* schreibt, um mit einem neuen Roman eine neue Welt zu erwarten, reist Bloch im März 1917 in die Schweiz zum Monte Verità. Zuvor war er mit seiner Lebensgefährtin Else von Stritzky von Berlin nach Garmisch, von dort nach München, dann nach Heidelberg und nach Interlaken gereist, im Gepäck stets das Manuskript zum *Geist der Utopie*.

Das Buch, 1918 veröffentlicht, sorgt für Furore. Im selben Jahr veröffentlicht wie der erste Band von Spenglers *Der Untergang des Abendlandes* erscheint es als dessen steilster Gegenentwurf. Beide eint der radikale Zweifel an die Kraft der Vernunft, und beiden fehlt der Glaube an einen kontinuierlichen Fortschritt des Menschengeschlechts. Die Wunden des Ersten Weltkriegs sitzen tief. Aber während Spengler die abendländische Zivilisation der letzten tausend Jahre wehmütig verlöschen sieht, feiert Bloch deren Asche als Keimzelle einer neuen Kultur der Humanität. Gewiss ist sie bislang weit entfernt als ein »Noch-nicht Bewusstes«, etwas, das sich nur verrätselt zeigt, insbesondere in den Werken der zeitgenössischen Kunst, im Expressionismus und ganz besonders in der Musik. Das vierhundert Seiten starke Buch ist ein Auflauf der besonderen Art aus ungezählten Zutaten: philosophische Bausteine und Kritik, viel religiöse Hoffnung, ausführliche musiktheoretische Reflexionen und ein eigenwilliges Bekenntnis zum Sozialismus. Ein von der Vernunft geordnetes philosophisches System ist das nicht, vielmehr ein expressionistisches Philosophenkunstwerk, voller Brüche, gedanklich zersplittert, abschweifend und alles auf alles beziehend. Zusammengehalten wird es durch seinen pathetischen Stil, eine gravitätische Handschrift der allwissenden Diagnose und Prognose. Der Evangelist ist sich treu geblieben. Der messianische Grundton und die Verkündigung sind der rote Faden, teils christlich gefärbt und teils jüdisch: *Incipit vita nova* – hier beginnt das neue Leben! Lukács' transzendentale Obdachlosigkeit ist nicht hoffnungslos, sie ist nur das »Dunkel des gelebten Augenblicks« im Persönlichen wie im Gesellschaftlichen.

Kein Mensch und keine Zeit können ihre Gegenwart begreifen, wie Bloch von Kierkegaard weiß. Aber sie können ihr utopisches Bewusstsein bewahren. Dieser »Überschuss« ist es, der den Menschen wachhält. Lauert nicht überall das »Noch-nicht Sein« mit Aussicht auf Erlösung? Sind es nicht die »Wach-« und »Tagträume«, die bei Bloch wie bei Lukács eine »Philosophie der Praxis« vorwegnehmen, angefüllt mit dem »sozialistischen Gedanken«? Wie Lukács träumt Bloch von einer Subjekt-Objekt-Verschmelzung, in der sich Innenwelt und Außenwelt versöhnen. Aber anders als sein Freund braucht Bloch dafür kein werktätiges Proletariat, das diese Versöhnung für alle bewerkstelligen soll. Die Versöhnung geschieht durch »Selbstbegegnung« vor allem in der Musik, der »innerlich utopischen Kunst« schlechthin. Sie ist »die warme, tiefe, gotische Stube des Innern, die allein noch mitten in dem unklaren Dunkel leuchtet, ja aus der allein noch der Schein kommen kann, der das Wirrsal, die unfruchtbare Macht des bloß Seienden ... zuschanden zu machen und auseinander zu sprengen hat«.[216]

Aber die Versöhnung durch die Verschmelzung von Subjekt und Objekt ist nicht auf die Dimension des Utopischen begrenzt.

Wie Heidegger mehr als dreißig Jahre später das Bild des Kruges benutzt, in dem sich Himmel und Erde vereinen sollen, so bemüht Bloch schon während des Ersten Weltkriegs den Krug als Gegenstand mit einem »Bedeutungshof« und damit als geeignetes Medium der Verschmelzung von Subjekt und Objekt. Sich selbst in den Krug hineindenkend »als einem Braunen, sonderbar Gewachsenen, nordisch Amphorahaften« geht der Krug in die eigene Persönlichkeit ein und formt sie mit, »so daß ich darum als mein Teil reicher, gegenwärtiger werde, weiter zu mir erzogen an diesem mir teilhaftigen Gebilde«.[217]

Sensibilisierung für die Dinge ist der Schlüssel, um sich für alles denkbar Werdende zu öffnen. Erst auf diesem empfindsamen Nährboden der Seele können all die Hoffnungen auf das utopisch Bessere gedeihen, von denen die christliche und die jüdische Mystik, insbesondere die Kabbala und die Lehre von der Seelenwanderung, sprechen. Und sie ist zugleich die Voraussetzung dafür, dass die von Marx prophezeite Welt ohne Entfremdung und Ausbeutung Wirklichkeit werden kann. Für Marx war die klassenlose Gesellschaft die Folge eines unausweichlichen historischen Prozesses; für Bloch ist sie eine Frucht der Hoffnung, die Belohnung der Sehnsucht und der millionenfachen Arbeit an sich selbst. Marx' seelenloser wirtschafts-geschichtsphilosophischer Bestimmtheit des Weltenlaufs setzt der junge Bloch »die drei großen ethischen Gebietskategorien der Hoffnung, der Liebe und des Glaubens«[218] entgegen, einen marxistischen Humanismus, der ahnt, »dass es Güte gibt«, und der eher Cohens »ethischen Sozialismus« metaphysisch tränkt, als dass er etwas mit dem nüchternen Marx zu tun hätte. Für Bloch sind Sozialismus und Kommunismus die erhoffenswerten Folgen des menschlichen »Überschusses« an humanistischer Fantasie; für Marx die Folge veränderter Produktionsbedingungen in der Ökonomie.

Dass Bloch sich zur Zeit der Niederschrift von *Geist der Utopie* mit Marx beschäftigt, ist kein Zufall. Zu oft hat er mit Lukács darüber diskutiert, um nicht selbst immer tiefer in den Marxismus hineinzugeraten. Irgendwo in dessen Geist muss das liegen, was nach dem Zusammenbruch des Deutschen Kaiserreichs kommen soll. Bloch schreibt in der Schweiz mehr als hundert Zeitungsartikel gegen den preußischen Militarismus und für die Kriegsgegner der Entente. Und als er vom Sturz des Zarenregimes in Russland hört, ist er zunächst hellauf begeistert. Doch die Begeisterung für Lenin hält nicht lange an. Mit Plechanow erkennt der Deutsche im Schweizer Exil, dass über der Regentschaft des »roten Zaren« kein Segen liegen kann. Eine »wirkliche sozialistische Revolution« ist »nicht möglich … ohne eine vorherige bürgerliche«. Statt direkter Demokratie, wofür Bloch steht, herrsche in Russland deshalb ein »autokratisches Regiment«.[219] Tatsächlich ist das bolschewistische Russland weit vom *Geist der Utopie* entfernt und auch vom Ideal der Befreiung der Menschen im religiös-humanistischen Sinne, dem Bloch 1921 mit seinem Buch *Thomas Münzer als Theologe der Revolution* ein Denkmal setzt.

Die folgenden Jahre zieht Bloch unstet umher. Mal ist er in Berlin, dann wieder in München, dann zurück in Berlin, bald darauf erneut in Süddeutschland, danach bereist er Italien und Frankreich, trifft en passant Siegfried Kracauer und Walter Benjamin in Paris, reist mit Letzterem an die Côte d'Azur und legt ab nach Tunesien. Zurück in Berlin verkehrt er mit dem Dichter Bertolt Brecht, den Komponisten Kurt Weill und Hanns Eisler, dem Dirigenten Otto Klemperer und dem jungen Theodor W. Adorno. Es ist schwer, sich nicht beeindrucken zu lassen von der ungetrübt selbstbewussten Präsenz des Philosophen ohne Lehrauftrag, der inzwischen vom Geld seiner zweiten Frau lebt, nachdem seine erste 1921 verstarb. Irgendwann ist es bereits zehn Jahre her, dass *Geist der Utopie*, sein einziges bedeutendes Werk, erschienen ist, und Bloch ist mit Mitte vierzig kein junger Mann mehr. Der Sammelband *Durch die Wüste. Kritische Essays*, den der Karl-May-Fan 1923 veröffentlicht hatte, enthielt nur ein paar Aufsätze. Was fehlt, ist ein weiteres Werk, welches das Sendungsbewusstsein des Philosophen fundiert und die hohe Selbsteinschätzung rechtfertigt.

Im Jahr 1930 veröffentlicht Bloch seine *Spuren*, eine bunte Sammlung von Geschichten mit ebenso bunten Überschriften wie »Daneben: Wirtshaus der Irren«, »Blume und Anti-Blume« oder »Der Rücken der Dinge«. Wie bei Musil, Kracauer und Benjamin fällt das Buch in keine Gattung, sondern mäandert im Niemands- oder Allerweltsland zwischen Philosophie und Literatur. Immer wieder irren überforderte Menschen im »Dunkel des gelebten Augenblicks« umher und verstehen ihre Welt nicht mehr. Plausible Handlungsfolgen sind aufgebrochen, Sinnmuster durchlöchert, das Geschick der Mächte mächtiger als das Selbstgeschick. Und doch scheint diesen Menschen, anders als bei *Franz Kafka* (1883–1924) oder bei *Samuel Beckett* (1906–1989), der zeitgleich an seinem ersten Roman *Murphy* arbeitet, ein Licht der Hoffnung. Das Leben mag schicksalsverhangen sein und beschädigt durch die kapitalistisch seelenlose Moderne – es ist nicht alles verloren, solange es die »Spuren« gibt, die von einem besseren Sein kündigen.

Parallel zu Blochs Arbeit an den *Spuren* verfinstert sich die politische Landschaft in Deutschland. Der rasante Aufstieg der Nazis zeitigt ganz andere Spuren als die von Bloch beschriebenen. Er, der 1928 geschieden wurde, lebt nun zusammen mit seiner dritten Lebensgefährtin Karola Piotrkowska, und beide sympathisieren stark mit den Kommunisten, der stärksten Gegenbewegung zum Nationalsozialismus. Nach der »Machtergreifung« der Nazis fliehen die Blochs aus Berlin nach Zürich. Wenige Monate später werden sie als Kommunisten aus der Schweiz ausgewiesen. Karola geht nach Łódź, Bloch an den Comer See. Im Herbst 1934 sehen sie sich in Wien wieder. In Zürich erscheint 1935 *Erbschaft dieser Zeit*, Blochs Versuch, den Aufstieg des Faschismus zu erklären sowie die Ohnmacht der linken Parteien. Seine Deutung steht unter dem Begriff der

»Ungleichzeitigkeit«, ein Wort, das schon in *Geist der Utopie* vorkommt. Die Bewusstseinszustände vieler Zeitgenossen sind nicht schlichtweg zeitgemäß, sondern oft genug ihrer Zeit voraus oder ihr gegenüber zurück. Dabei ist vor allem Letzteres häufig gefährlich. Die von der Moderne und dem gesellschaftlichen Wandel Überforderten stellen sich leicht quer gegen den gesellschaftlichen Fortschritt und reagieren darauf mit Unbehagen und Abwehr. Gelingt es einer Bewegung wie den Nazis, die Menschen in dieser Rebellion abzuholen und ihre Sehnsüchte in ihr eigenes Fahrwasser zu lenken, so steht ihrem schnellen Aufstieg nichts im Wege. Blochs Analyse des überforderten Bewusstseins und der »Ungleichzeitigkeit« erklärt dabei nicht nur den Nationalsozialismus; sie liefert die geradezu zeitlose Schablone, die präzise erklärt, warum schneller gesellschaftlicher Fortschritt fast immer zu heftigen Gegenbewegungen führt und Revolution stets von Trotz und Restauration begleitet wird.

Als gelte es, aus den von Bloch diagnostizierten Fehlern der Linken zu lernen – einem Fortschrittscredo, das auf das tatsächliche Bewusstsein der Menschen keine Rücksicht nimmt –, kommt es in Paris im Mai 1935 zu einer der größten linken Demonstrationen. Sozialisten, Kommunisten und linke Freigeister schreiten tatsächlich einmal Seit an Seit, statt sich wechselseitig zu verunglimpfen und aneinander aufzureiben. Einen Monat später kommen die Blochs in der französischen Hauptstadt an. Zahlreiche deutsche Exilanten werfen sich in das Getümmel des »Internationalen Schriftstellerkongresses zur Verteidigung der Kultur«, und Bloch darf natürlich nicht fehlen. Eine »deutsche Volksfront« aus Exilliteraten wird 1937 gegründet, doch der unstete Philosoph ist schon wieder woanders, diesmal in Prag. Dort arbeitet er an einem Buch, das den Materialismus, die philosophische Fundierung des Marxismus, durchlüftet, indem sie ihn von allem Unverrückbaren und Statischen befreit, das dem Materialismus anhaftet. Zum realen materiellen Sein gehören auch das »Noch-nicht Sein« der Dinge, die Dynamik der Aggregatzustände und die ständige Veränderung der Dingwelt. Folglich muss auch eine wahrhaft materialistische Philosophie wie der Marxismus dynamisch, organisch und wandelbar sein, ebenso empfänglich für das Werdende und Utopische wie für das Seiende und das Gegenwärtige. So vollzieht Bloch den gleichen Schritt der Dynamisierung des Seinsbegriffs, den Bergson vorausgedacht hat, Heidegger in *Sein und Zeit* unternimmt und Whitehead in seiner Prozessphilosophie durchspielt. Nur dass Dynamik für Bloch zugleich marxistische Dialektik ist, das ständige Aufheben eines Alten in einem noch unbekannten Neuen und unbedingt Besseren.

Veröffentlichen kann Bloch sein Buch *Das Materialismusproblem, seine Geschichte und Substanz* nicht, es erscheint erst 1972. Dafür kommt ein anderes bislang Nicht-Seiendes zur Welt. Bloch wird 1937, im Alter von zweiundfünfzig Jahren, das erste Mal Vater. Ein Jahr später, unmittelbar vor dem deutschen Einmarsch in die Tschechoslowakei, retten sich die Blochs mit einem polnischen Dampfer nach New York. Unter lausigen finanziellen Verhältnissen – das von Max Horkheimer gegründete Institut für Sozialforschung, das so vielen linken deutschen Intellektuellen den Broterwerb sichert, lässt den zu stalinfreundlichen Bloch abblitzen – stürzt dieser sich unermüdlich in die Arbeit zu einem monumentalen Werk, das seinen großen Ruhm in der Nachkriegszeit begründen wird: *Das Prinzip Hoffnung*.

Das Recht der kleinen Dinge

Während Bloch Ende der Zwanzigerjahre nach Spuren sucht, die das Staunen wach und die Sehnsucht offenhalten, erscheint in Frankfurt am Main ein Roman, der schnell zum Lieblingsbuch jener Clique wird, aus der Bloch nicht wegzudenken ist. Walter Benjamin ist »sehr enthusiasmiert«, der Schriftsteller Joseph Roth fasziniert vom »literarischen Chaplin«, sein Kollege Hermann Kesten schwärmt vom »Fabrikanten blühender und desillusionierender und indirekter Gleichnisse«. Der Publizist Carl von Ossietzky »salutiert« und wünscht »viele Fortsetzungen«. Das größte Kompliment aber kommt von Bloch höchstpersönlich: »Seltsam wirkt die angehaltene Langeweile des Aspekts; sie vergrößert sowohl verblüffend, als sie macht das Trostlose irgendwie heiter, als vor allem: sie ist das Erkenntnisinstrument des Wahren, Konkreten, wirklich damals Geschehenden.«[220]

Der Roman *Ginster* erscheint 1928, sein Autor bleibt ungenannt; »von ihm«, dem Titelhelden Ginster, »selbst geschrieben«, steht auf dem Deckblatt. Das Buch handelt vom Krieg, dem Ersten Weltkrieg – falls »handelt« das richtige Wort ist. Tatsächlich erzählt der Roman nur von Ginster und wie er die Welt sieht. Und Benjamin, Roth, Kesten und Bloch wissen sehr genau, wer dieser Ginster ist: ihr Freund, Kollege und scharfsichtiger Kritiker *Siegfried Kracauer* (1989–1966).

Als Kracauer sich bei Bloch für die »fabelhafte Analyse« seines noch nicht ganz abgeschlossenen Manuskripts bedankt, schildert er den starken autobiografischen Bezug des Buchs. Er habe »sich selbst genau wiedergegeben. Jedes Faktum stimmt.«[221] Besonders erfreut zeigt er sich von Blochs Analyse der »Pflanzenhaftigkeit« des Helden: »Ich habe die Absicht, den Helden im vorletzten Osnabrücker Kapitel auf blühenden Ginster stoßen zu lassen und ihm etwa den Ausspruch in den Mund zu legen, daß er selber gern an Bahndämmen geblüht hätte. Sie haben sich meine Lieblingssätze herausgefischt.«[222]

Noch im Alter, *Ginster* erscheint 1963 nach längeren Bemühungen in einer Neuausgabe, wird Kracauer, inzwischen vierundsiebzig Jahre alt, das autobiografische Buch zu seinen bedeutendsten Leistungen zählen – ganz im Gegensatz zu einer Öffentlichkeit, die ihn fast ausschließlich als deutsch-jüdischen Filmtheoretiker aus dem US-amerikanischen Exil kennt und rühmt. Inständig bittet Kracauer den Schriftsteller Wolfgang Weyrauch, der ihn dem jüngeren deutschen Publikum näherbringen will, ihn nicht als

»Film-Mann« vorzustellen, »sondern eher als Kulturphilosophen oder auch Soziologen, und als einen Poet dazu«.[223]

Siegfried Kracauer – ein Poet? Sucht man den Platz, den Kracauer in der deutschen Literaturgeschichte einnimmt, so müsste die Antwort wohl lauten: genau daneben! Nur zwei Romane hat er geschrieben, beide stark autobiografisch und wenig erfolgreich. Seine essayistischen Schriften dagegen haben ein Vielfaches an Umfang. Gleichwohl: Soziologe, Philosoph, Kulturtheoretiker, Filmkritiker – auch keiner dieser Begriffe scheint tatsächlich zu passen. Seine Bücher und Aufsätze sind Aufmarschplätze von Widersprüchen: ein Philosoph, der nicht klarstellt, sondern vervielfältigt; ein Erkenntnistheoretiker, der Erkenntnis für theoretisch nicht beschreibbar hält; ein Moralist, der seine Ethik abhängig von der Topografie verschiedener Milieus entwickelt; ein Empiriker ohne Parameter, der nicht misst und zählt, weil er weiß, dass er hier keinen Abschluss, keine Befriedigung findet; ein linker Materialist, der Marx des Idealismus überführt; ein träumender Idealist, der jeden schönen und wilden Gedankenpfad zugleich daraufhin prüft, ob er auch tatsächlich mit einem Kraftwagen befahrbar wäre.

Ein Mensch mit solchen Widersprüchen und Skrupeln sucht und findet keine Lebensrolle, kein Selbstbild und keinen festen Platz in der Geschichte, gemeinhin auch nicht in der Philosophiegeschichte. Dass Kracauer dennoch einen Lebenslauf hat, dass sein Leben trotzdem abenteuerlich und schicksalhaft sein sollte, ist kaum ihm selbst, vielmehr den Umständen geschuldet. 1889 als einziges Kind des schlesisch-jüdischen Handlungsreisenden Adolf Kracauer und seiner Frau Rosette, geborene Oppenheim(er), aus Frankfurt am Main, wächst Siegfried, genannt Friedel, vorwiegend im Haus seines Onkels Isidor Kracauer auf. Der Onkel ist ein bekannter Mann, weniger in seinem Beruf als Leiter einer Stiftung für jüdische Waisenknaben denn als Regionalhistoriker. Seine zweibändige *Geschichte der Juden in Frankfurt a. M. (1150–1824)* ist ein Standardwerk.

Friedel ist ein zartes Kind, der kleinste Junge seiner Klasse; eine Sprachbehinderung lässt ihn stottern, ein Stigma, das ihm ein Leben lang bleiben wird. Als Student der Architektur in Darmstadt, München und Berlin schreibt er, kitschig und unbeholfen, erste Novellen und Erzählungen über sein Einsamkeitstrauma. Beim Praktikum liest er »zwischen dem Verputzen« Kant und entscheidet sich für die Philosophie und gegen die praktische Arbeit. Die ersten längeren philosophischen Überlegungen des Dreiundzwanzigjährigen weisen bereits in eine für ihn typische Richtung: Ihn beschäftigt die »Frage, wie die wesentlich von Kant bestimmte Erkenntnistheorie auf eine breitere Basis zu stellen sei, welche Erkenntnismöglichkeiten es insbesondere für seelische Vorgänge gäbe«.[224] Im Architekturstudium gilt Kracauers größtes Interesse einer Beiläufigkeit, dem Ornament; seine Dissertation widmet sich der *Entwicklung der Schmiedekunst in Berlin, Potsdam und einigen Städten der Mark vom 17. Jahrhundert bis zum Beginn des 19. Jahrhunderts* (1915).

Kracauers Lust, Architekt zu werden, ist gering. Notgedrungen arbeitet er in einem Architekturbüro ohne große Ambitionen und ohne Ziel. Innerlich unbeteiligt entwirft er einen Soldatenfriedhof für einen Wettbewerb – der Entwurf gewinnt. Kurz darauf ist Kracauer arbeitslos, liest Scheler und Simmel, lernt beide kennen und schreibt über Simmel eine lange unveröffentlichte Monografie. Mit Ernst Bloch (»ein interessantes Naturphänomen«), *Leo Löwenthal* (1900–1993), Martin Buber und Franz Rosenzweig verbindet ihn die Suche nach einer »einheitlichen, an einem höheren Sinn orientierten Lebensgestaltung«.[225] Ihre Antworten, Blochs utopischen Marxismus sowie Bubers und Rosenzweigs jüdische Eschatologie (»religiöses Rosa«), wird er scharf kritisieren. Die wichtigste Begegnung des Dreißigjährigen aber ist die mit dem vierzehn Jahre jüngeren Schüler Theodor W. Adorno, der Anfang einer überaus leidenschaftlichen und zugleich schwierigen Freundschaft.

Die renommierte *Frankfurter Zeitung* schätzt Kracauers präzise, unbestechliche Analysen wie seine geistreichen Essays und stellt ihn 1921 als Feuilletonredakteur ein. Er flaniert über Berlins Straßen und schreibt kluge Beobachtungen von überzeitlicher Relevanz abseits der viel beschrittenen Hauptrouten. Eine eigene Bresche ins Dickicht des Geistes schlägt auch eine unvollendet gebliebene Studie des ungläubigen Marxisten über das Menschenbild bei Marx – die Frage, die zur gleichen Zeit auch Lukács und Gramsci beschäftigt.

Parallel zu seiner Arbeit im Feuilleton reflektiert Kracauer darüber, was eine zeitgenössische Erkenntnistheorie sein könnte. Kann man nach den großen Leistungen der Soziologie, vor allem durch Simmel, noch traditionell systematisch Erkenntnistheorie betreiben? Die Frage, die Husserl, Cassirer, Nicolai Hartmann und Heidegger zeitgleich bejahen, wird von Kracauer verneint. So zieht er in der Studie *Soziologie als Wissenschaft* (1922) den Schluss, dass man aus Einzelbeobachtungen keine Denksysteme deduzieren kann. Eine Phänomenologie wie diejenige Husserls sei deshalb im Ansatz verfehlt. Was soll denn das »reine Bewusstsein« sein, von dem Husserl spricht? Alles Wahrnehmen und Denken ist immer mit irgendwelchen Dingen der Alltagswelt verstellt und verklammert und kann niemals von ihnen gelöst werden. Denn woher sollen die Begriffe des Denkens stammen, wenn nicht von den Gegenständen, die sie hervorbringen? Jedes Ding und jede Sache und jede Beobachtung, die an ihnen gemacht wird, gehören untrennbar zusammen. Und hinter den Phänomenen gibt es keine Eigentlichkeit zu suchen und folglich auch nicht zu finden, sondern die gesuchte Eigentlichkeit liegt in den Sachen selbst.

In dieser Hinsicht scheint Husserl jenem Traumbild des Detektivs zu gleichen, den Kracauer 1925 in seinem Buch *Die Metaphysik des Detektivromans* (1925) aufs Korn nimmt. Verdankt sich der Erfolg des Genres nicht dem Wahn, die Wirklichkeit könnte sich durch den rational kombinierenden Detektiv aufschlüsseln lassen? Tatsächlich aber gleiche die Realität keiner mathematischen Aufgabe, sondern entzieht sich aller rationalen Durchdringung und aller Planung. Die Vernunft, jene des Philosophen wie die des Alltagsverstands, wird maßlos überschätzt. Gerade die aufstrebendste Kunstform, der Film, lebe bezeichnenderweise vor allem von Mythen. Und wie Kracauer in *Das Ornament der Masse* (1927) zeigt, dient die modernste Technik nicht der Aufklärung, sondern der Verrückung und Verzückung, den niederen Instinkten und dem Massenwahn.

Doch was schreibt man, wenn man an der Phänomenologie, der Soziologie und dem Marxismus etwas Wahres erkennt, aber gleichwohl nicht mehr an die Kraft der rationalen Erkenntnis glaubt? Genau dies ist der Punkt, an dem Kracauer 1925 mit der Niederschrift seines Romans *Ginster*, einer Erinnerung an die Kriegsjahre, beginnt. Was Bloch gefordert hatte, setzt Ginster um: Er träumt sich nicht nur in Sträucher hinein, wie der Seelenutopist in den Krug, er verschmilzt immer wieder mit den Dingen, die anschließend ein fantastisches Eigenleben führen. Wenn das Gesicht eines Assessors aussieht wie eine »schlecht gemachte Kinderzeichnung«, wird fortan nur noch von der Zeichnung die Rede sein, wenn der Assessor gemeint ist; er ist literarisch ganz das geworden, als was er der Fantasie erscheint. Und hatte Kracauer die Phänomenologie Husserls und Schelers in längeren Essays vom Kopf auf die Füße gestellt, so stellt er sie nun zurück auf den Kopf: Das Nebensächliche ist die Hauptsache! Weil Kausalitäten sich im Alltag als solche nicht immer klar ersichtlich zeigen, kehrt er sie in seinem Roman um, dreht und wendet sie nach allen Seiten: »Da der Kaiser keine Parteien mehr kannte, verurteilte er nur die fremden Nationen. Eine Einigkeit, die der Kriege bedurfte, verfehlte nach Ginsters Dafürhalten ihren Zweck.«[226] In der Verdrehung der Kausalität scheint die Bitterkeit auf, die das geschichtliche Schauspiel verdeckt.

Der Karneval der Kausalitäten im Roman ermöglicht, was die Philosophie zu versagen scheint: Rede über die Welt in Form einer gleichzeitigen Gegenrede. In dieser Hinsicht ist Kracauer sehr nahe bei Musil. Doch statt einen großen Zeitentwurf zu planen, schätzt Kracauer, nicht anders als der Bloch der *Spuren*, an allem das Kleine. Kunstvolle Metaphernwelten führen im Roman ein blühendes Eigenleben, die in der deutschen Literatur ohne Beispiel sind. *Ginster* mag ein handlungsarmes Buch ohne Dramaturgie sein, als Geschichte wohl nicht einmal ein Roman – stilistisch ist es von einer ganz eigenen Brillanz. Alles, was Kracauers spätere Theorie bestimmt, ist in diesem Buch enthalten; vor allem der artistische Spagat zwischen »Idee und Existenz«, den der von *Ginster* begeisterte Adorno später als Lebensthema seines Freundes beschrieben hat.[227]

Ein gradliniger Theoretiker, ein nüchterner Wissenschaftler lässt sich nach diesem Roman nicht mehr vorstellen. Längst führen die Einzelheiten in Kracauers Denken das Regiment, nicht aber ein Generalwille zur alleinigen Deutungshoheit. Unfreiwillig dagegen ist das Regiment der Umstände in Kracauers eigenem Leben. Die *Frankfurter Zeitung* gerät in den Sog der Wirtschaftskrise, wechselt 1929/1930 den Besitzer und erlebt einen Rechtsruck. Linke Redakteure sind nun unerwünscht, auch Kracauers exzellente, Aufsehen erregende soziologische Milieustudie *Die Angestellten* ändert nichts daran, dass sein Stern bei der Zeitung sinkt.

Mit gekürztem Gehalt sitzt der frisch Vermählte – Kracauer hatte 1925/1926 die Bibliothekarin des neu gegründeten Frankfurter Instituts für Sozialforschung, *Lili Ehrenreich* (1893–1971), kennengelernt und 1930 geheiratet – nun in der Berliner Redaktion. Nach dem Reichstagsbrand im Februar 1933 flieht er in vager Aussicht auf einen Korrespondentenposten nach Paris, im August trifft ihn die Kündigung. Von den Zeitläuften entsetzt und völlig mittellos, beendet er seinen zweiten autobiografischen Roman *Georg* über seine Zeit als Feuilletonredakteur in Frankfurt – einen ausgesprochenen Desillusionierungsroman über die komischen und schrecklichen Zusammenstöße Georgs mit der Welt.

Die Schriftstellerei bringt Kracauer kein Geld ein. Die vielen Komplimente für *Ginster*, der durch den Einsatz von *André Malraux* (1901–1976) auf Französisch erscheint, ändern daran nichts. Der verhinderte Berufsschriftsteller sieht ein, dass er keinen neuen Roman mehr schreiben kann. »Da wir leben müssen«, beginnt er ein Buch über *Jacques Offenbach und das Paris seiner Zeit*, von dem er sich »vielleicht einige internationale Chancen« verspricht.[228] Notgedrungen kehrt er der Literatur den Rücken, ohne je wieder zu ihr zurückzufinden. Das Buch, das Kracauers nun folgende schicksalhafte Jahre zu einem spannenden Roman verarbeitet, fehlt: über die finanzielle Not in Frankreich, die Internierung in einem französischen Lager nach Kriegsausbruch und die Flucht nach Marseille.

Lili und Siegfried Kracauer bleibt nur ein einziger Weg: über die Pyrenäen durchs feindlich-faschistische Spanien nach Lissabon. Sie denken daran, sich das Leben zu nehmen. Über die Route Pau–Saragossa–Madrid–Valencia de Alcántara gelingt die Flucht nach Portugal. Zermürbende Auseinandersetzungen über Einreisepapiere für die USA bestimmen die kommenden Wochen. Im April 1941 landen die Kracauers in New York.

Im New Yorker Exil erhält Kracauer, anders als Bloch, etwas Unterstützung durch Horkheimers Institut für Sozialforschung. Der Zweiundfünfzigjährige, dessen bisheriges Lebenswerk ein Sammelsurium von Schriften ist, ist zwar denkbar ungeeignet für eine Bewerbung oder gar eine Professur. Aber von Stipendien finanziert bekommt er eine Stelle bei der Film Library des Museum of Modern Art; als Filmkenner lässt sich der ehemalige Leiter des Ressorts »Film« bei der *Frankfurter Zeitung* noch am besten vermitteln. Während Kracauer mit kargem Lohn hier an einer »History of the German Film« arbeitet, werden seine Mutter und seine Tante in Deutschland aus dem Altersheim nach Theresienstadt deportiert und dort ermordet.

Kracauers Filmbücher *From Caligari to Hitler: A Psychological History of the German Film* (*Von Caligari bis Hitler*) aus dem Jahr 1947 und *Theory of Film: The Redemption of Physical Reality* (*Theorie des Films*) von 1960 werden seinen Ruhm als Filmtheoretiker international begründen. Vor allem das zweite Buch sieht er weniger als Filmtheorie denn als Möglichkeit zu kulturphilosophischen Betrachtungen. In einem Brief an seinen Freund Leo Löwenthal, der ihn in den Jahren der Not immer unterstützt hatte, erklärt er es so: »Die Kunst besteht darin, die historischen und philosophischen Einsichten so konkret zu vermitteln, daß der Leser ihre Allgemeinheit gar nicht merkt. Oh, wie ich Allgemeinheiten hasse.«[229]

Das Konkrete wichtiger zu nehmen als das Allgemeine – diese Einsicht, die Croce vorausdachte und Kracauer in seinem »mosaikhaften« Schreiben perfektioniert, macht ihn zeitlos modern und führt in die Gegenwart bis zu dem Harvard-Philosophen *Stanley Cavell* (1926–2018). Und es ist zugleich der Grundgedanke seiner Geschichtsphilosophie. Spät erst hat er sich dazu entschlossen, die Summe seiner Gedanken vom Widerspruch zwischen den Interpretationen des Weltenlaufs und dem individuellen Verstehen der Welt in einem Buch zusammenzufassen. Als Kracauer im November 1966 in New York an den Folgen einer Lungenentzündung stirbt, ist das Buch, das ihm »das Leben bedeutet«, unvollendet. 1969, drei Jahre nach seinem Tod von Paul Oskar Kristeller in Zusammenarbeit mit Lili Kracauer herausgegeben, ist *History: The Last Things Before the Last* (*Geschichte – Vor den letzten Dingen*) gleichwohl Kracauers bedeutendste Leistung in der Theorie. »Die Geschichte der Ideen ist eine Geschichte von Mißverständnissen«, und »die Auswirkungen von gesellschaftlichen Übereinkommen auf den Gang der Kultur sind ziemlich trübe«. Keine Ideengeschichte wie bei Croce, keine historische Kontinuität und kein Fortschritt – Kracauers brillant formulierte »Meditationen« zur Historie nehmen Michel Foucault vorweg. Geschichte, wie Kracauer sie beschreibt, entzieht sich jedem System, jeder abschließenden Deutung. Zwanzig Jahre vor Hayden White betrachtet er sie als ästhetisches Phänomen und siedelt sie noch viel näher an der Dichtung an als Croce.

Im Jahr 1963, drei Jahre vor seinem Tod, auf der ersten Tagung der Forschungsgruppe »Poetik und Hermeneutik« in Gießen, wird Kracauer den Satz sagen, der sein Denken zusammenfasst wie kein zweiter: »Wann immer in Mikro-Analyse gewonnene Details in die Makro-Dimension transportiert werden, kommen sie dort oben leicht beschädigt an.«[230] Und anstelle eines Epilogs steht am Ende von *History* eine Sentenz, die als Motto allen Schriften Kracauers, Romanen wie Theorien, vorangestellt sein könnte: »Das ›Genuine‹, das in den Zwischenräumen der dogmatisierten Glaubensrichtungen der Welt verborgen liegt, in den Brennpunkt stellen und so eine Tradition verlorener Prozesse begründen; dem bislang Namenlosen Namen geben.«[231] Es ist das Lebensprojekt eines Menschen, der, unverortet in den Zwischenräumen lebend und denkend, doch unausgesetzt das Leben beschrieb. Sechzehn Bände umfasst die Werkausgabe seiner Schriften. Nicht wenig für einen Schemen, der nichts werden wollte aus Angst, etwas zu sein, und der sich im Roman wie im Leben nur eine einzige glückliche Existenzform vorstellen mochte – blühend, an einem Bahndamm.

Dialektik im Stillstand

Für eine kurze Zeit waren sie alle an einem Ort. In den Jahren 1926 und 1927 ist Kracauer häufiger in Paris, der unstete Bloch schaut vorbei, und auch der Schriftsteller und Essayist *Franz Hessel* (1880–1941) ist immer mal wieder hier. Gemeinsam mit einem weiteren Freund aus der Berliner jüdischen Intellektuellen-Clique übersetzt er Teile von Marcel Prousts epochalem Romanzyklus *À la recherche des temps perdu* (*Auf der Suche nach der verlorenen Zeit*). Dieser Freund ist *Walter Benjamin* (1892–1940), der Jüngste in der Runde. Der Sohn eines jüdischen Antiquitäten- und Kunsthändlers hatte in Freiburg, Berlin, München und Bern Philosophie und Germanistik studiert und sich dort in der studentischen Jugendbewegung engagiert. Hochsensibel, mit einem starken Zug zur Melancholie, begeisterte sich der kleine Mann mit der kräftigen Haartolle und den tiefgründigen Augen hinter den dicken Brillengläsern gleichwohl für alles Gewaltige, auch Gewalttätige und Extreme. Sorel, den Benjamin begeistert liest und der ihn zu dem Essay *Zur Kritik der Gewalt* (1921) inspiriert, lässt grüßen. Wie der junge Lukács und Bloch erwartet er einen Umsturz, eine Umwertung der Werte, und wie der drei Jahre ältere Heidegger träumt er von einer neuen Metaphysik. Hatte der Neukantianismus die Objekte der Erkenntnis zu Bewusstseinsinhalten gemacht, so bleibt für Benjamin die Aufgabe übrig, das Subjekt der Erkenntnis aus seiner Begrenztheit zu lösen. Alles Erkennen, schreibt er 1917 in seinem zu Lebzeiten unveröffentlichten *Programm einer kommenden Philosophie*, ist ein großer Fluss des Daseins, eine »autonome ureigene Sphäre«, die sich völlig ohne Begriffe wie Subjekt und Objekt beschreiben lassen soll.[232]

Wenn Wahnsinnige, Kranke oder animistische Naturvölker die Welt anders erleben als gesunde Europäer, so kann der cartesische Dualismus von Subjekt und Objekt, den die Philosophie seit Jahrhunderten voraussetzt, nicht einzig richtig sein, sondern nur *eine* Art des Erlebens. Benjamin erkennt dies noch vor Heidegger, der in *Sein und Zeit* ebenfalls gegen die scharfe Subjekt-Objekt-Trennung anschreibt, weil man sich immer so vorfindet, dass man *in* etwas ist und seiner Welt nicht gegenübersteht. Seelenverwandte für sein Programm findet Benjamin in der künstlerischen Avantgarde, insbesondere in *Hugo Ball* (1886–1927) und der Dada-Bewegung, aber auch in der Frühromantik, über die er 1919 in Bern mit *Der Begriff der Kunstkritik in der deutschen Romantik* promoviert. Auffällig an der Doktorarbeit ist, dass Benjamin die Programmatik der Frühromantiker leichter Hand mit jener der Avantgardisten des frühen

20. Jahrhunderts vermengt. Zudem findet er einen ganz eigenen Stil der Darstellung, der beziehungsreich schillert, also selbst ästhetisch ist, zugleich aber autoritär setzend daherkommt. Wie Bloch erscheint der Vielgelehrte, der sich um philologische Details so wenig kümmert wie der Verfasser des *Geist der Utopie* um musikwissenschaftliche, als Gelehrter und Prophet in einer Person.

Dass damit an einer deutschen Universität keine Karriere zu machen ist, erfährt Benjamin schmerzlich in seiner Habilitationsschrift *Ursprung des deutschen Trauerspiels*, mit der er 1925 an der Frankfurter Universität scheitert. Das Werk handelt von den deutschen Trauerspielen des 17. Jahrhunderts und der Geschichtsphilosophie der Barockzeit. Benjamin grenzt das Trauerspiel von der griechischen Tragödie ab und beschäftigt sich mit dem spezifisch Neuen, der Allegorie. So weit, so philologisch. Aber seine Deutungen der barocken Allegorien beschreiben nicht nur die Bedeutungsvielfalt in der damaligen Zeit. Sie verstehen sich – nicht anders als Nietzsches Beschreibungen des Dionysischen und des Apollinischen – als zeitübergreifende Existenziale. Ob es um das »Saturnische«, den »wahnwitzigen Melancholiker« oder die Rolle des vom Schicksal getriebenen Königs usw. geht – stets zielt der Autor auf allgemeine, ewige, gleichsame platonische Ideen des Menschseins ab. Gleich mehrere Professoren an der Frankfurter Universität zerbrechen sich darüber den Kopf, erkennen Benjamins Bildung und seinen Fleiß an, verzweifeln aber an seiner Sprache und einem Darstellungsstil, der auf jede wissenschaftliche Konvention pfeift. Dass ein Verfasser sich in einer wissenschaftlichen Qualifikationsarbeit selbst thematisiert, wie er schreibend im Café sinniert, brächte noch heute jede Habilitation zu Fall. Und wer im 21. Jahrhundert ein Buch wie Benjamins Trauerspielbuch einreichte, müsste mit dem gleichen unerfreulichen Ergebnis rechnen.

Der wissenschaftliche Anspruch der Universität und Benjamins Vorstellungen von geistiger Auseinandersetzung oder gar

Wahrheit passen nicht zusammen. Wer das Dasein tiefgründig ausdeuten und die Objekte nicht von ihrer subjektiven Wahrnehmung geschieden betrachten will, der hat einen völlig anderen Begriff von geistig wertvoller Arbeit als die philologischen und philosophischen Fakultäten. Benjamins Philosophie eines radikalen Aufbruchs in eine neue Metaphysik des Daseins und die etablierte Hochschulphilosophie passen im 20. Jahrhundert noch weniger zusammen als Nietzsches *Die Geburt der Tragödie aus dem Geiste der Musik* in der zweiten Hälfte des 19. Jahrhunderts.

Von nun an ist Benjamin, der nach wie vor von der finanziellen Unterstützung seines Elternhauses abhängt, gezwungen, freihändig zu gehen. In dieser Lebenslage erscheint 1928 neben seinen Übersetzungen von Marcel Proust, Honoré de Balzac und Charles Baudelaire ein schmales Büchlein mit dem Titel *Einbahnstraße*. Inspiriert durch seine Zeit in Paris, reflektiert Benjamin über alles, was ihm in der Stadt auffällt, insbesondere das augenscheinlich Nebensächliche, das Unbeachtete, das Kleine und das Schräge. Zeitgleich mit Kracauers *Ginster* und Blochs *Spuren* entsteht das dritte Buch einer geistigen Trilogie, das die Ästhetik der kleinen Formen feiert statt, wie bisher bei Benjamin, der großen und der pathetischen.

Wie für die Kunst der Avantgarde das Alltägliche und Banale zum ästhetischen Objekt wird, so wird es hier zum Gegenstand der philosophischen Reflexion. »Glücklich sein heißt ohne Schrecken seiner selbst innewerden können«, steht es in dem Büchlein, und man darf sich Benjamin beim Schreiben glücklich vorstellen. Der Sohn eines Antiquitätenhändlers kann über Trödel ebenso ins Träumen und Weiterspinnen geraten wie über Schießbuden auf Jahrmärkten, das Belangloswerden des Allerfernsten im Planetarium, über das von Bürowaffen strotzende Büro eines Chefs, über Wohnungseinrichtungen oder Briefmarken. Denn Briefmarkensätze, auf denen Könige nur die »Söldner der Ziffern« sind, leben »wie niedere Tiere« auch »zerstückelt fort«; der »seelenlosen Üppigkeit des Mobiliars« aus dem 19. Jahrhundert entspringt die Folgerung: »Auf diesem Sofa kann die Tante nur ermordet werden.«[233] Eindimensional in dieser Fülle feinster Beobachtungen ist nur, dass sie gedanklich häufig in die gleiche Einbahnstraße münden – in den Tod. Seine stetige Anwesenheit grundiert in der *Einbahnstraße* alles Leben, nicht anders als später in den Romanen und Essays von *David Foster Wallace* (1962–2008). Blochs *Spuren* dagegen geben Anlass zur Hoffnung und auf Erlösung selbst im Absurden, und Kracauers zarte Beobachtungen brauchen weder Tod noch Hoffnung – sie sind einfach nur da und blühen um ihrer selbst willen.

Für Benjamin ist die *Einbahnstraße* eine Fingerübung. Schon während er sie schreibt, kommt ihm die Idee für etwas Größeres, ja etwas ganz Großes. Ein Tableau soll es sein, ein literarisch-philosophisches Werk, das in gewisser Weise sein *Programm einer kommenden Philosophie*, wie er sie zehn Jahre zuvor skizziert hat, einzulösen vermag in einer Ästhetik des Daseins. »Methode dieser Arbeit«, notiert er dazu: »literarische Montage. Ich habe nichts zu sagen. Nur zu zeigen. Ich werde nichts Wertvolles entwenden und mir keine geistvollen Formulierungen aneignen. Aber die Lumpen, den Abfall: die will ich nicht inventarisieren, sondern sie auf die einzig mögliche Weise zu ihrem Rechte kommen lassen: sie verwenden.«[234] Alle Wahrheit ist immer nur die Wahrheit des Augenblicks, das »Ewige« hingegen »eher eine Rüsche am Kleid« als »eine Idee«.[235] Ein größerer Kontrast zu den zeitgleich entstehenden Ontologien Heideggers, Hartmanns oder Whiteheads ist kaum vorstellbar. Statt ums große Ganze, dem Zeitlosen oder Überzeitlichen und deshalb Wahren, geht es um die Evidenz im Augenblick, nicht anders als bei Kracauer, aber mit weit pathetischerem Anspruch. Benjamin schreibt nichts, was nicht zugleich metaphysisch bedeutsam sein soll.

Seine Sprache bezeichnet nicht und legt nichts fest, sondern sie ist »Ausdruck«, und sie verweist: Die konkrete Beobachtung lässt ein Allgemeines aufblitzen, so wie das Allgemeine wieder in den Staub der Einzeldinge zerbröselt. In allem Großen lebt das Kleine, in allem Bleibenden das Vergängliche, in allem Schönen das Hässliche, in allem Individuellen das Gesellschaftliche und immer auch umgekehrt. Unumkehrbar und unwiederholbar ist nur der Augenblick.

Das Motiv, an dem sich diese ästhetisch-literarische Montage entlanghangelt, sind die überdachten Ladenpassagen, die Anfang und Mitte des 19. Jahrhunderts in Paris entstanden sind und Benjamin in den Zwanzigerjahren des 20. Jahrhunderts als Relikte erscheinen; Relikte einer Zeit, in der sie aufregend und neu waren und Paris »die Hauptstadt des 19. Jahrhunderts«. Das Licht, das Benjamin in die Passagen fallen lassen will, ist das seiner eigenen Zeit: »Analog aber deutlicher als das Barockbuch das 17te Jahrhundert durch die Gegenwart belichtet, muß es hier mit dem 19ten geschehen.«[236] Benjamins Anspruch ist dabei nicht nur literarisch, sondern höchst philosophisch. Ging es in Hegels Logik darum, die konkrete geschichtliche Situation ihres Gegenstands aufzuzeigen, so bezieht der Autor des *Passagen-Werkes* auch die konkret-geschichtliche Situation seines *Interesses* am Gegenstand mit in die Betrachtung ein.[237] In dieser Doppelbelichtung einmal des historischen Glanzes, den die Passagen ausstrahlen, und zum anderen des erhellendes Lichts, das Benjamin auf sie werfen will, soll sich das Jahrhundert der Passagen als das zeigen, was es ist: ein Zeitalter der Hoffnung, ein Erwachen der Individualität, ein Streben nach Erlösung und ein Traumbild. So will der Autor das »kollektive Unbewusste« sichtbar machen, das in den abgelebten Passagen versunken weiterlebt. Zugleich sind die glasüberdachten, marmorverkleideten Passagen, und auch das will Benjamin zeigen, alles andere als ein kollektiver Traum, sondern schnöde Materialität: das in die Jahre gekommene Sinnbild kapitalistischer Verwertungslogik.

Angeregt zu seinem großen Werk hatte Benjamin der 1926 erschienene surrealistische Roman *Le paysan de Paris* (*Der Pa-*

riser Bauer) von *Louis Aragon* (1897–1982), dessen erster Teil die Opernpassage beschreibt, die 1925 abgerissen wurde. Aber Benjamin will mehr als einen Roman schreiben, er will Darstellung und Reflexion in eins im »Bild«. Seine Sprachbilder sollen eine »zunehmende Verdichtung (Integration) der Wirklichkeit« sein, »in der alles Vergangene (zu seiner Zeit) einen höheren Aktualitätsgrad als im Augenblick seines Existierens erhalten kann. Wie es als höhere Aktualität sich ausprägt, das schafft das Bild als das und in dem es verstanden wird. Und diese dialektische Durchdringung und Vergegenwärtigung vergangner Zusammenhänge ist die Probe auf die Wahrheit des gegenwärtigen Handelns.«[238] Im Bild, wie Benjamin es sieht, fließen die Zeiten ineinander: »Bild ist dasjenige, worin das Gewesene mit dem Jetzt blitzhaft zu einer Konstellation zusammentritt. Mit anderen Worten: Bild ist die Dialektik im Stillstand.«[239]

Die »Dialektik im Stillstand« – das ist für Benjamin jener Moment, wo die Kontinuität der Geschichte, ihr unmerkliches Fließen, zurücktritt und der historische Gegenstand in der Betrachtung augenblickshaft wird. Das Denken steht still, wie die eingefrorene Bewegung bei Bergson, die den Lachreiz auslöst. Und während das Stillgestellte bei Bergson komisch wird, verdichtet sich bei Benjamin in der »Absprengung« der Gegenstand zu größtmöglicher Bedeutungsfülle. Der Autor zeigt dies an den in den Ladenpassagen zur Schaufensterauslage gewordenen ehemaligen Marktgütern. Aus Gebrauchsgütern mit Tauschwert sind Repräsentationen ihrer selbst geworden, Gegenstände der ästhetischen Wahrnehmung, die ihre eigentliche Funktion überlagert. Die Waren wollen nicht mehr als Waren wahrgenommen werden – man kann sich leicht vorstellen, wie Benjamin sich bestätigt fühlte, beträte er heute einen Apple Store, einen Verkaufstempel für Mobilfunkgeräte. Je puristischer sich der Kult um den Gegenstand inszeniert, umso mehr entkleidet er diesen von der Banalität seines Gebrauchs.

Der Verlust der Aura

Benjamins höchst privat interpretierter Marxismus vermischt Marx' Analyse der kapitalistischen Verwertungslogik mit einer eigentümlichen Philosophie der historischen Erfahrung. Bei aller sporadischen Begeisterung für den Kommunismus in der Sowjetunion, den er zeitweilig sowohl mit Bloch, mit Lukács als auch mit seinem Dichterfreund Bertolt Brecht teilt, empfindet sich der sensible Beobachter des Lebens als linker Außenseiter. Denn so überzeugt Benjamin vom dialektischen Materialismus ist und das *Passagen-Werk* damit grundiert, andere damit unvereinbare Einflüsse wirken doch ebenso stark auf ihn ein. Angeregt durch seinen lebenslangen Freund, den Religionshistoriker *Gershom Scholem* (1897–1982), beschäftigt sich Benjamin immer wieder mit der jüdischen Theologie, insbesondere mit dem Messianismus und mit religiösen Erlösungsfantasien. Wenn Dialektik für Benjamin nicht logische Vermittlung, sondern in ihrem Stillstand ein bildhaftes »Erschauen« der Wahrheit ist, ist die religiöse Tradition deutlich spürbar. Auch alle Fortschrittsfantasien gründen nicht wirklich im dialektischen Materialismus, sondern in mythischen Erlösungshoffnungen. Unter einer Diktatur des Proletariats kann sich der sensible Schöngeist trotz seiner Liebe zur lettischen Kommunistin *Asja Lăcis* (1891–1979) und einer Moskaureise wenig vorstellen, weder Erlösendes noch Schreckliches.

Benjamins Erlösungsvorstellungen sind rein ästhetischer und damit höchst privater Natur. Insofern bleiben auch seine gelegentlich aufflammenden Pläne, nach Israel auszuwandern und dort Theologie zu unterrichten, Makulatur. Die Kräfte, die an Benjamins Innerem zerren, lassen sich nicht ausgleichen. Auf der einen Seite der Einfluss Asjas, Brechts und der Vertreter der »Kritischen Theorie« um Max Horkheimer und Theodor W. Adorno, auf der anderen Seite Scholems jüdische Mystik und die Kabbala. Dazu kommen die vielen Drogenexperimente mit Haschisch und später auch mit Meskalin, von denen sich der Philosoph des Daseins eine Aufhebung des Subjekt-Objekt-Dualismus und eine mentale Entgrenzung verspricht. Eine geistige Heimat oder gar eine Weltanschauung erwächst daraus nicht. Benjamin ist immer Skeptiker, Zweifler, Kritiker und Schwärmer zugleich.

Der bedingungslose Subjektivismus unterscheidet den ewig Suchenden auch von jenen Denkern, die zwar die unauslotbare Subjektivität des Ästhetischen betonen, diese aber in der Theorie für objektiv erklärbar halten. Während Benjamin das stillgestellte Denken in der ästhetischen Kontemplation literarisch einkreist, beschreibt es *John Dewey* (1859–1952), der berühmteste Philosoph der USA, zeitgleich mit klaren Worten. Seine Vorlesungen zur Philosophie der Kunst, die er 1931 in Harvard hält, erscheinen 1934 als *Art as Experience* (*Kunst als Erfahrung*). Anders als Benjamin, dessen Denken sich gegen jeden »Rahmen« sperrt, ist dieser Rahmen für Dewey der Pragmatismus. Ästhetische Erfahrung ist demnach ein ganz natürliches Grundmoment menschlichen Erlebens. Wir nehmen nicht einfach nur Dinge und Strukturen wahr, sondern wir befinden uns immer in einem Erlebnisstrom, mitgeprägt durch Rhythmen und Muster. Sowohl die Religion als auch die Kunst erhalten von hier aus ihre Bedeutung. Sie konzentrieren sich auf das unabdingbar Nicht-Rationale der Erfahrung, das diese mindestens im gleichen Umfang bestimmt wie das Rationale. Wie Benjamin, so gibt auch Dewey dem Kapitalismus eine Mitschuld daran, die Kunst als ein eigenständiges Teilsystem aus der ästhetischen Alltagserfahrung herausgesprengt zu haben. Das ästhetische Erlebnis, das sich ebenso im sorgfältigen Wässern einer Pflanze wie bei der Betrachtung der Mona Lisa einstellt, wird durch die kapitalistische Rationalität in das Reservat der Kunst eingemottet. Aus dem Alltag hingegen wird alles Ästhetische ebenso getilgt wie alles Mystische. Tatsächliche aber gehöre die ästhetische Erfahrung zum Alltagsleben hinzu, als jene Qualität von Erfahrungen, die uns aus unseren fest eingeschliffenen Routinen reißen und unsere Sinne öffnen für tiefere Erlebnisse.

Benjamin und Dewey haben einander nicht wahrgenommen. Wie sollten sie auch, da keines von Benjamins Werken auf Englisch vorliegt. Bekannt ist er in Deutschland vor allem als Literaturkritiker. Er schreibt in den maßgeblichen Zeitungen und arbeitet vielfach für den Rundfunk. Doch seine finanzielle Lage verschlechtert sich gleichwohl zunehmend. Währenddessen verfinstern sich die Zeiten. Bereits im Sommer 1932 schreibt Benjamin Abschiedsbriefe und verfasst ein Testament. Als die Nationalsozialisten im Januar 1933 die Macht ergreifen, flieht er zwei Monate später nach Ibiza. Ein Jahr darauf geht es nach Paris. Hier entsteht 1935 der Aufsatz *Das Kunstwerk im Zeitalter seiner technischen Reproduzierbarkeit*, der 1936 zunächst gekürzt auf Französisch erscheint. Benjamin schildert, wie die zeitgenössische Kunst immer technischer wird, und zwar in vielerlei Dimension. Dadurch verliere sie zugleich ihre *Aura*, das »sonderbare Gespinst aus Raum und Zeit: einmalige Erscheinung einer Ferne, so nah sie sein mag«, wie er diese Aura bereits zuvor in seinem Aufsatz *Kleine Geschichte der Photographie* (1931) definiert hat.[240] Doch Benjamin interpretiert diese »Zertrümmerung« der Aura, die für ihn noch in der frühen Fotografie aufscheint, nicht ausschließlich negativ. Zwar zeige sich darin ein Verlust des Magischen und Einmaligen. Aber der Triumph des nüchternen Sinnes habe auch sein Gutes: Er entschlacke die Welt von allem Ideologischen und versachliche somit den politischen Diskurs. Benjamin schreibt dies zu einer Zeit, in der totalitäre Staaten wie Hitlers Deutschland und Stalins Sowjetunion das Medium der Fotografie in einem Ausmaß für ideologische Zwecke nutzen und neue »Auren« kreieren, wie sie die Welt zuvor nicht gesehen hat. Doch dem mehr und mehr ernüchterten Denker geht es wohl weniger um den empirischen Wahrheitsgehalt. Vielmehr scheint er sich selbst zu therapieren und sich von seiner eigenen nostalgischen Fantasiewelt zu befreien, die ihre Erlösung stets im Auratischen gesucht hatte.

Was bleibt, ist das Technische. Und Benjamin möchte sich dieser aus seiner Sicht unaufhaltsamen Entwicklung nicht entgegenstellen. Der Verlust der Aura, den er im *Kunstwerk*-Aufsatz ausführlich erklärt, soll nicht betrauert oder bekämpft, sondern verstanden und nachgezeichnet werden. Auf das große Zeitalter der Kunst folgt für Benjamin ein neues Zeitalter, dasjenige nach der Kunst, in der das Hervorgebrachte keine Aura mehr hat. Die Werke der Zukunft schlagen den Betrachter nicht mehr in den Bann, sie haben keine Ausstrahlung und produzieren keine Ergriffenheit mehr. Aus der ehrfürchtigen Distanz vor dem Besonderen ist distanzlose Nähe geworden und allseitige Verfügbarkeit: »Tagtäglich macht sich unabweisbar das Bedürfnis geltend, des Gegenstands aus nächster Nähe im Bild, vielmehr im Abbild, in der Reproduktion, habhaft zu werden.«[241] Wenn Musik auf der Schallplatte oder Malerei im Druck überall zur Hand sind, wird der Gegenstand »aus seiner Hülle entschält«. Die neue Wahrnehmung hat einen so sehr geschärften »Sinn für das Gleichartige auf der Welt«, dass »sie es mittels der Reproduktion auch dem Einmaligen abgewinnt«.[242] Drei Jahre nach dem Erscheinen der deutschen Übersetzung von Ortega y Gassets *Der Aufstand der Massen* sieht Benjamin in der Vermassung der Kunst die »Liquidierung des Traditionswertes am Kulturerbe«.[243] Und man denke auch an den von Gramsci diagnostizierten Verlust der »Geistigkeit« im »fordistischen Zeitalter«, den dieser Anfang der Dreißigerjahre in seinen *Gefängnisheften* notiert. Wer möchte dem im Zeitalter elektronischer Supercomputer in der Hosentasche und dem milliardenfachen anstrengungs- wie gedankenlosen Gebrauch von Streaming-Diensten widersprechen? Die »Entwertung des Originals«, die Benjamin beschreibt, ist der neuen Kunstform des Films bereits inhärent. Das neue Massenmedium entmythologisiert die Gesellschaft und emanzipiert sie damit zugleich.

Dass Benjamin bei seinen Freunden damit nicht gut ankommt, nimmt er in Kauf. Brecht, dessen »episches Theater« Benjamin als Schritt zur Überwindung der Kunst ansieht, ist nicht überzeugt. Mit dem Begriff der »Aura« kann er nichts anfangen. Auch Adorno ist enttäuscht. Kann man dem Zeitalter nach der Kunst berechtigterweise so viel Gutes abgewinnen? Adorno sieht in der neuen Zeit vor allem Zerstreuung statt Kontemplation, Konsum statt Kennerschaft. Doch die Wende, die im *Kunstwerk*-Aufsatz vollzogen wird, ist unumkehrbar. Von nun an ist die alte Welt der Kennerschaft, der Einfühlung und des Flanierens, die das *Passagen-Werk* ausgemacht hatte, abgestorben. Übrig bleibt der kalte Blick des dialektischen Materialisten. Als Benjamin im Pariser Exil die Arbeit an seinem Hauptwerk wieder aufnimmt, säubert er es von jeder bürgerlichen Romantik. Der Flaneur ist nicht mehr Philosoph des Daseins im Augenblick, sondern schlichtweg »Beobachter des Marktes. Sein Wissen steht der Geheimwissenschaft von der Konjunktur nahe. Er ist der in das Reich des Konsumenten ausgeschickte Kundschafter des Kapitalisten.«[244]

Von gleichem abgeklärtem Geist beseelt sind auch Benjamins Studien über Baudelaire und den »Hochkapitalismus«, an denen er überwiegend in der Bibliothèque nationale arbeitet. Der Beginn des Zweiten Weltkriegs setzt diesen nüchtern-kontemplativen Betrachtungen ein jähes Ende. Wie alle deutschen Flüchtlinge wird Benjamin zeitweilig interniert, und zwar im aufgelassenen Château de Vernuche in Varennes-Vauzelles, mehr als zweihundert Kilometer südlich von Paris. Zurück in der Hauptstadt formuliert er vom Februar 1940 an seine achtzehn Thesen *Über den Begriff der Geschichte*. Der Pakt zwischen Stalin und Hitler hat ihn unmissverständlich darüber belehrt, dass Stalins Kommunismus ebenso totalitär ist wie Hitlers Nationalsozialismus. Vom Fortschrittsgedanken der hegelschen Geschichtsphilosophie bleibt angesichts der schiefgehenden Weltgeschichte nichts übrig. Die bürgerlichen Idealisten irrten hier ebenso wie die Sozialdemokraten und Marxisten. Selbst die »klassenlose Gesellschaft ist nicht das Endziel des Fortschritts in der Geschichte, sondern dessen so oft missglückte, endlich bewerkstelligte Unterbrechung«.[245] Zurück von jeder großen Fortschrittshoffnung, bleibt immer das, »was verraten, unterdrückt und vergessen« wurde, das »Unzeitige, Leidvolle, Verfehlte«.[246] So weit, so desillusioniert. Doch Benjamin wäre nicht er selbst, wenn der von jeder psychischen Heimat Entwurzelte und von jeder geistigen Zuflucht Abgeschnittene nicht gleichwohl trotzig wiederholte, was ihm immer schon Halt gegeben hat: die mehr und mehr in den Wind gesprochene Parole vom Klassenkampf und die leise immer wieder arg gebeutelte Hoffnung auf Erlösung. Mag die Kontinuität der Geschichte ein bürgerlicher Irrtum sein, so bleiben für Benjamin doch immerhin »Splitter« des Messianismus zurück.

Mit einem der letzten Züge, die aus Paris gen Süden fahren, gelingt dem Dichterphilosophen Mitte Juni 1940 die Flucht aus Paris vor der in die Stadt einrückenden deutschen Wehrmacht. Über Lourdes geht es im August nach Marseille. Benjamin ist inzwischen schwer herzkrank und keiner großen körperlichen Strapaze gewachsen. Einreisevisen für die USA, für Spanien und für Portugal erhält er – aber kein Ausreisevisum aus Frankreich. Zu Fuß macht sich der Achtundvierzigjährige auf den Weg nach Port-Vendres am Fuß der Pyrenäen. Seiner Fluchthelferin erscheint er als alter Mann. Als die kleine Gruppe Ende September erschöpft an der spanischen Grenze ankommt, erfährt sie, dass der Übergang gesperrt ist. Am 26. September nimmt sich Benjamin, mit allen Kräften am Ende, mit Morphiumtabletten das Leben.

Überlebt haben die sechsunddreißig Konvolute mit mehreren tausend Notizen, Zitaten und Exzerpten zum *Passagen-Werk*. Benjamins Freund, der Bibliothekar *Georges Bataille* (1897–1962), von dem im letzten Band noch die Rede sein wird, versteckte sie sorgsam in der Bibliothèque nationale. Adorno, in dessen Besitz sie 1947 kommen, wird das Werk zu seinen Lebzeiten nicht veröffentlichen. Als 1981 weitere Teile in der Bibliothèque nationale gefunden werden, erscheint das *Passagen-Werk* zum ersten Mal im Jahr 1982, zweiundvierzig Jahre nach dem Tod des Autors als das unabgeschlossene Fragment, das es in jeder Hinsicht hatte bleiben müssen.

Der Kampf mit der Sprache

Eine brauchbare logische Technik – Der naturalistische Irrtum – Die Verstoßung der Gedanken aus dem Bewusstsein – Die Logik des Denkens – Zeit der Ernüchterung

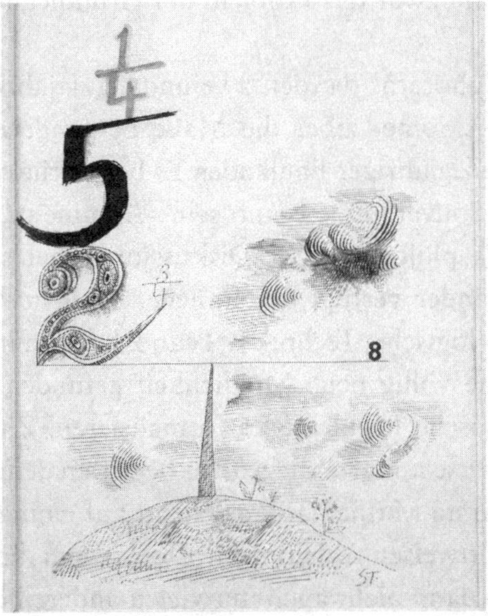

Eine brauchbare logische Technik

Erinnern wir uns an den ersten internationalen Kongress für Philosophie anlässlich der Weltausstellung in Paris vom 1. bis zum 5. August 1900. Im Anschluss daran fand noch eine weitere Tagung statt, der zweite große Weltkongress der Mathematiker. Mehr als zweihundertfünfzig von ihnen waren nach Paris gekommen, und nicht wenige nutzten die Gelegenheit, um sich zuvor bei den Philosophen anzumelden. Kein Wunder, dass es vor allem die Sektion »Logik und Wissenschaftsgeschichte« war, die besonders regen Zuspruch erfuhr. Unbestrittener Star dieser Sektion war der italienische Mathematiker *Giuseppe Peano* (1858–1932), der Tage später auch beim zweiten Kongress auftrat. Selbstbewusst versicherte er dem Eröffnungsredner, dem deutschen Mathematiker *David Hilbert* (1862–1943), dass von dessen dreiundzwanzig ungelösten Aufgaben der Mathematik für das 20. Jahrhundert zumindest eine gelöst sei, nämlich von ihm selbst, und zwar das Problem der Grundlegung der Arithmetik.

Zu den Zuhörern, die den zweiundvierzigjährigen Urheber der »Peano-Axiome« über die Maße bewundern, gehört ein achtundzwanzigjähriger Engländer. Es beeindruckt ihn zutiefst, mit welcher Souveränität Peano seine Argumentation vorträgt und auch die philosophische Diskussion beherrscht. Für den jungen Engländer verfügt der Italiener schlichtweg über eine überlegene »logische Technik«. Peano hatte mit seinen fünf Axiomen eine völlig neue Möglichkeit gefunden, mathematische und logische Probleme zu formalisieren. Zahlen können nun ganz präzise mit grundlegenden Begriffen definiert werden. Und die gesamte Mathematik erscheint auf einmal als ein System aus schrittweisen Ableitungen. Doch wenn dies mit Zahlen geht, geht es dann nicht auch mit vielen anderen bislang ungesicherten Gegebenheiten in der Welt des Geistes?

Der Engländer ist *Bertrand Russell* (1872–1970). In eine einflussreiche Aristokratenfamilie hineingeboren – sein Großvater war Premierminister gewesen und der berühmte Philosoph *John Stuart Mill* (1806–1873) im nicht kirchlichen Sinne Bertrands Taufpate –, verbringt er eine einsame Jugend im Richmond Park im Londoner Süden. Seine Eltern sterben früh, und Russell sucht schon als Jugendlicher seinen Halt in der Vorstellung, irgendetwas Bedeutendes in der Mathematik zu leisten, der »Quelle höchster Beglückung«.[247] Bis dahin von Hauslehrern unterrichtet, schreibt sich der grüblerische Achtzehnjährige im Oktober 1890 am Trinity College in Cambridge für Mathematik ein, jenem Ort auf Erden, den er, wie er später sagen wird, als einzigen als seine Heimat betrachtet. Unter Gleichgesinnten und Hochbegabten blüht der junge Mann auf. Er wird Mitglied des Clubs der Cambridge Apostles, zu denen auch der Philosoph McTaggart gehört, der 1897 an der Universität Dozent für Philosophie wird. Ein anderer »Apostel«, der sowohl sein Lehrer als auch sein Freund wird, ist Whitehead. Und ein dritter, der später hinzustößt, ist der junge *John Maynard Keynes* (1883–1946), der Ökonomie, Mathematik und Philosophie studiert und später zum berühmtesten Wirtschaftswissenschaftler seiner Zeit wird. Eine Fellowship ermöglicht Russell, nach dem Studienabschluss weitere sechs Jahre an seinem Seelenort zu bleiben. Er schreibt mehrere Aufsätze über Geometrie und im Jahr 1900 eine längere Abhandlung über Gottfried Wilhelm Leibniz, den er als Mathematiker bewundert, als Metaphysiker hingegen ablehnt.

Russells philosophischer Kurs ist damit vorgegeben. Er will die Philosophie von alldem entzaubern und entrümpeln, was einer strengen logischen Überprüfung nicht standhält. Das schließt auch seinen Freund McTaggart ein, dessen Vorliebe für Hegel Russell völlig suspekt ist. »Den größten Teil dessen, was ich [in Cambridge] an Philosophie lernte«, wird er später zusammenfassen, »erkannte ich nach und nach als falsch, und ich musste viele meiner nachfolgenden Jahre darauf verwenden, allmählich die Denkgewohnheiten abzulegen, die ich dort erworben hatte«.[248] Was könnte besser dabei helfen als die »logische Technik«, die Peano in Paris so virtuos beherrscht und vorführt? Wieder zu Hause in Cambridge arbeitet sich Russell tief in die Gedankenwelt des Italieners ein. Ist es möglich, alle mathematischen Probleme logisch zu formalisieren?

Ein anderer, der dies kurz zuvor versucht hat, ist der deutsche Mathematiker *Gottlob Frege* (1848–1925), von dem Russell zur gleichen Zeit Wind bekommt. Das mathematische Genie in Jena ist ein äußerst versteckter Geheimtipp, und Frege selbst ahnt wohl kaum, dass in Cambridge irgendjemand von ihm weiß.

Der introvertierte Mann aus Wismar, der in Jena nur eine Honorarprofessur bekleidet, hatte 1879, fast völlig unbemerkt von der Welt, ein Buch veröffentlicht mit dem Titel *Begriffsschrift, eine der arithmetischen nachgebildete Formelsprache des reinen Denkens.* Frege wagt darin nicht weniger als den Versuch, grammatikalische Begriffe durch logische Begriffe zu ersetzen. Eigentlich geht es ihm um eine bessere Grundlegung der Mathematik. Aber um diese zu leisten, muss er sich mit Grammatik beschäftigen. Denn jede Grundlegung muss eine präzise Sprache benutzen. Doch bei »solchen Untersuchungen«, erinnert sich Frege später, »war die logische Unvollkommenheit der Sprache hinderlich«.[249]

Der Vorteil seiner neuen »Begriffsschrift« soll darin bestehen, die Sprache von allen Zweideutigkeiten zu befreien, und es ermöglichen, von nun an auch die kompliziertesten Schlussfolgerungen so klar und deutlich wie möglich durchzuführen. Aus *Subjekt* und *Prädikat* werden nun *Argument* und *Funktion.* Und die neue Logik besticht durch die lückenlose Ableitung aus Axiomen und die völlige Transparenz ihrer Gedankenschritte.

Freges »Logizismus«, sein System einer neuen axiomatischen Logik, hat nichts weniger im Auge als eine Universalsprache, eine *characteristica universalis*, von der schon Leibniz geträumt hatte. Und wenn die Sprache diesen Anspruch erfüllt – und das ist es, was Russell so fasziniert –, dann stellt sie die Philosophie auf ein völlig neues Fundament, und alle philosophischen Probleme lassen sich übersichtlich darstellen, zergliedern und logisch durchdenken. Der Logizismus wird gleichsam zum Zauberstab. Endlich fällt Licht ins Dunkel einer zweieinhalbtausendjährigen Geschichte philosophischer Verwirrtheiten.

Indem Frege die Prädikatenlogik fast vollständig formalisiert, revolutioniert er sie und leistet einen wichtigen Schritt hin zur modernen mathematischen Logik. Russell liest auch Freges nachfolgende Schriften, *Die Grundlagen der Arithmetik* (1884) und ganz intensiv den ersten Band der *Grundgesetze der Arith-*

metik (1893). Im ersten Buch hatte Frege versucht zu ergründen, was eigentlich eine Zahl ist, die die Mathematiker erstaunlicherweise bislang kaum definiert hatten. Dabei stellt er fest, dass Zahlen weder etwas Physisches noch etwas Psychisches sind, sondern etwas Drittes. Sie gehören in einen rein logischen Bereich des Seienden. Man erinnere sich daran, dass Husserl kurz darauf, im Jahr 1887, versuchen wird, die Denkakte zu erklären, die unser Bewusstsein für Zahlen und damit die Arithmetik hervorbringen. Wie im Kapitel über Husserl erzählt, hält Frege einen solchen Ansatz für völlig verfehlt. Zahlen sind für ihn nicht nur immateriell, sondern auch außerpsychisch. Sie sind keine Eigenschaften von Gegenständen, und Erfahrung darf für ihre Definition keine Rolle spielen. Die Arithmetik ist einfach nur durch und durch logisch. »Man wird«, schreibt Frege, »ersehen können, dass auch ein scheinbar eigenthümlich mathematischer Schluss wie der von n + 1 auf den allgemeinen logischen Gesetzen beruht.«[250]

Die Krux ist, dass alle Bedeutungen in der Welt des Menschen (und somit auch die Zahlen) sich nur in einem Sprach-*Kontext* erschließen. Zahlen sind Zahl-*Begriffe* und damit sprachliche Abstraktionen. Und so wie man Begriffe einander unterordnen kann in logische »Klassen«, so kann man dies auch mit den Zahlbegriffen tun. Was eine Zahl bedeutet, erschließt sich nicht aus ihr selbst, sondern in einer Mengenrelation zu anderen Zahlbegriffen. Entscheidend für die Definition einer Zahl sind somit nicht deren eigentümliche Merkmale, sondern das, was sie mit anderen Zahlbegriffen teilt beziehungsweise nicht teilt. Frege definiert sein Zahlensystem also rein *extensional:* Zahlen *sind unterschiedlich große Begriffsumfänge* und damit rein quantitativ bestimmte »Gegenstände«. Auf diese Weise entwickelt der Logiker in Jena ein mengentheoretisches Axiomsystem, das bei 0 – dem Begriff »sich selbst ungleich« – anfängt und immer weiter reicht.

Russell studiert Frege äußerst genau und entdeckt eine empfindliche Schwachstelle des Systems. Der Deutsche hatte seine Zahlbegriffe in »Klassen« eingeteilt, in solche, die sich selbst angehören, und solche, die sich nicht selbst angehören. »Die Klasse sämtlicher Teelöffel«, so vollzieht Russell nach, »ist natürlich kein Teelöffel.« Und insofern ist die Aussage, dass es Klassen gibt, die sich nicht selbst angehören, nachvollziehbar. Nun bilden die Klassen der Elemente, die sich nicht selbst angehören, ihrerseits auch eine Klasse, nämlich jene *sämtlicher* Klassen, die sich nicht selbst angehören. Doch jetzt wird es brenzlig: »Wenn man annimmt, dass [die Klasse aller Klassen] sich selbst als Element enthält, muss sie natürlich der Definition dieser Klassen entsprechen, nach der sie sich nicht selbst als Element enthalten darf. Und wenn man annimmt, dass sie sich nicht selbst als Element enthält, entspricht das genau der gegebenen Definition, d.h. sie gehört zu den Klassen, die sich nicht selbst als Element enthalten, und muss sich folglich selbst als Element enthalten. Aus beiden Annahmen folgt also zwingend das genaue Gegenteil der Annahme, und wie wir uns auch drehen und wenden, wir kommen aus diesem Widerspruch nicht hinaus.«[251] Im Jahr 1902 schreibt Russell Frege einen Brief, in dem er ihn auf die später sogenannte Russellsche Antinomie (oder auch Russell's Paradox) hinweist.

Die berechtigte Kritik wirft den konsternierten Frege weit zurück; sein System ist vorerst gescheitert. Dafür ist nun Russell am Zug, aus dem bei Peano, Frege und dem Hallenser Mathematiker *Georg Cantor* (1845–1918) Vorgefundenen etwas Schlüssigeres zu basteln. Der Dreißigjährige läuft zu Höchstform auf und erlebt einen regelrechten intellektuellen Rausch. Nach und nach fallen ihm immer wieder neue Fragen und Antworten ein, die er jeden Abend mit Whitehead diskutiert. Wenn sein neues eigenes System tatsächlich eine Art logischer Universalsprache schaffen könnte – und Russell sieht sich diesem Ziel nahe –, dann wäre er nicht nur der größte Mathematiker, sondern auch der größte Philosoph des Jahrhunderts. Die Begeisterung ist noch in den Erinnerungen seiner im Alter geschriebenen Autobiografie wach: Im »Verlauf der Entdeckung dieser Antworten stellte ich eine neue mathematische Technik auf, durch die Gebiete, die bisher der Verschwommenheit von Philosophen überlassen geblieben waren, für die Schärfe genauester Formulierung gewonnen wurden. Intellektuell war der Sommer 1900 der Höhepunkt meines Lebens.«[252]

Russell findet einen Ausweg. Er ersetzt Freges Klassensystem durch eine Typentheorie. Eine Klasse ist demnach mehr als die Summe ihrer Elemente, denn sie bildet einen höheren Typ aus. Dass eine »Klasse sich selbst enthält«, ist nun per Definition nicht mehr möglich. Dass Russells Vorschlag nicht den erwünschten Durchbruch bringt, ist eine andere Geschichte. Die *Principles of Mathematics* (Die Prinzipien der Mathematik), die er 1903 veröffentlicht, bringen gleichwohl den erhofften Erfolg. Russell wähnt sich, wie er später schreiben wird, im Besitz einer »brauchbaren logischen Technik«, die es ermöglicht, »bei gewissen Problemen zu endgültigen Lösungen zu kommen, die mehr wissenschaftlichen als philosophischen Charakter haben«. Und es steht für ihn »außer Frage, dass nur durch Methoden dieser Art philosophische Erkenntnisse – soweit überhaupt möglich – erlangt werden können«. Und ebenso wenig zweifelt Russell daran, »dass durch diese Methoden viele der alten Probleme vollständig lösbar werden«.[253]

Das ungeheure Selbstbewusstsein, das in diesen Jahren heranwächst, verdankt sich einer »Zeit intellektueller Berauschtheit. Meine Empfindungen«, schreibt Russell in seiner Autobiografie, »ähnelten denen, die einen überkommen, wenn man im Nebel einen Berg erklettert, bei Erreichen des Gipfels den Nebel plötzlich weichen und das Land auf fünfzig Kilometer im Umkreis klar vor sich liegen sieht.«[254] Es ist die Geburtsstunde eines neuen Denkens, dessen Siegeszug erst die angelsächsische und nach und nach auch die europäische Philosophie umpflügen wird: die *analytische Philosophie*; begründet durch Bertrand

Russell – aber nicht durch ihn allein. Ihr zweiter geistiger Urheber ist ein enger Studienfreund Russells, den dieser vom ersten Tag an als Genie bewundert: der eineinhalb Jahre jüngere *George Edward Moore* (1873–1958).

Der naturalistische Irrtum

Russell ist bereits im dritten Studienjahr, als sich Moore an der University of Cambridge einschreibt. Und zunächst ist der junge Philosophiestudent aus London ein braver Schüler seines Lehrers McTaggart. Doch seine ersten drei Aufsätze verraten einen ziemlich schnellen Wandel weg vom Idealismus seines Professors. Im Jahr 1897 hatte Moore in *In What Sense, If Any, Do Past and Future Time Exist?* (In welchem Sinn, wenn überhaupt, existieren Vergangenheit und Zukunft?) McTaggarts These von der Unwirklichkeit der Zeiterfahrung verteidigt. Die einzig wirkliche Zeiterfahrung sei demnach die Gegenwart, die aber nur augenblickshaft ist und sich definitionsgemäß nicht zu einer Realität ausdehnen lässt. Dagegen seien Vergangenheit und Zukunft nichts weiter als Projektionen unseres Vorstellungsvermögens.

So weit, so idealistisch. In *The Nature of Judgement* (Die Natur des Urteilens) setzt sich Moore, der inzwischen, wie Russell, von einem sechsjährigen Stipendium lebt, 1899 mit Bradley, dem idealistischen Philosophen in Oxford, auseinander. Wie dieser unterscheidet der ehrgeizige Nachwuchsphilosoph in Cambridge psychische Ideen von logischen Ideen und betont den ganz eigenen Charakter dieser logischen Ideen. Doch welchen Status haben solche Ideen, wenn sie weder psychisch noch physisch sind? Es ist das ganz dicke Brett dieser Zeit, an dem auch Frege und Husserl bohren. Moore bezeichnet logische Ideen als »Universalien«. Das, was, wie die logischen Ideen, konsistent gedacht werden kann, soll einen berechtigten Realitätsanspruch als schlichtweg Seiendes haben. Dass dies in der Sache weiterhilft, darf allerdings bezweifelt werden. Konsistenz mit Existenz gleichzusetzen ist eher die Mutter zahlreicher neuer Probleme als die Lösung der Frage, an welchem Ort die Logik ihren Platz in der Welt hat.

Die endgültige Abkehr vom Idealismus folgt dann mit dem dritten Aufsatz: *The Refutation of Idealism* (Die Widerlegung des Idealismus). Die große Gemeinsamkeit aller idealistischen Philosophie besteht darin, dass sie die Welt vom wahrnehmenden und denkenden Bewusstsein aus konstruiert. Was auch immer wir über die Welt wissen, ist in erster Linie eine Bewusstseinsleistung. Dass es mehr sein soll als diese, muss erst bewiesen werden. Dieser Ansatz vereint den Neuhegelianismus Bradleys und McTaggarts mit dem Neukantianismus Cohens, Natorps, Rickerts, Cassirers, Nelsons oder Hönigswalds. Und seit es ihn gibt, löst er immer wieder philosophisches Unbehagen und Widerspruch aus. In den Jahrzehnten vor Moore wird Nietzsche wütend dagegen rebellieren. Ebenso ist, wie gezeigt, das Philosophieren Santayanas, Whiteheads, Nicolai Hartmanns und Heideggers ein Aufstand gegen den Idealismus.

Moores Analyse geht nun wie folgt vor: Wenn ich etwas als blau erkenne, dann sind daran zwei Komponenten beteiligt. Mein Bewusstsein und der blaue Gegenstand. Während die Materialisten gemeinhin den Anteil des Bewusstseins herauskürzen und die Dinge naiv für »an sich« halten, überschätzen die Idealisten die Bedeutung des Bewusstseins. Sie hielten das Blau, nach Moore, ausschließlich für eine Bewusstseinsleistung. Der Idealist verwechsele damit das, was *im* Bewusstsein ist, mit dem, was *durch* das Bewusstsein erzeugt wird. Und auf diese Weise verlöre die idealistische Philosophie die Außenwelt aus dem Blick und kürze sie aus ihrem System heraus.

Man kann sich leicht vorstellen, wie nonchalant ein Neukantianer diese Kritik widerlegen kann. Denn die idealistische Behauptung ist nicht, dass es keine Außenwelt, keine an sich seiende Realität gibt, sondern dass wir alles Wissen darüber unseren Bewusstseinsleistungen – Empfindungen, Denkakten und Urteilen – verdanken, sodass wir das »an sich« dieser Welt nur behaupten, nie aber sicher wissen können. Interessanterweise bringt Moore nun allerdings selbst die Empfindungen ins Spiel. Wie bei Santayana, der zeitgleich an seinem *The Life of Reason* arbeitet, sieht er in den Gefühlen den Garanten dafür, dass es eine bewusstseinsunabhängige, völlig reale Außenwelt gibt. Tag für Tag belehren uns die Reize, die wir aufnehmen, von der Realität der Realität.

Ein gelungener Beweis ist das allerdings noch nicht. Erstens überzeugt die Zwei-Komponenten-Theorie nicht wirklich. Denn wenn ich das Bewusstsein sauber und scharf vom Empfundenen und Wahrgenommenen trenne, was soll dieses übrig bleibende inhaltsleere Bewusstsein dann eigentlich sein? Die Komponente wird erstaunlich dürftig und erscheint selbst unrealistisch. Und zweitens garantiert das Empfangen von Außenreizen noch lange nicht deren Realität. Sie könnten ja auch simuliert sein, wie bei der populären Vorstellung, unser Gehirn liege in einer Nährlösung und bekäme seine Außenwelt vollständig vorgespiegelt, die in zahlreichen Science-Fiction-Romanen und -Filmen blüht. An diesem Problem wird sich die Philosophie des Geistes in der zweiten Hälfte des 20. Jahrhunderts später ausführlich abarbeiten.

Moore selbst hat seiner frühen Idealismuskritik im Alter verständlicherweise nicht mehr viel abgewinnen können. Und im Nachhinein erscheint sie eher wie eine Fingerübung zu seiner nächsten Schrift, die tatsächlich mehr Gewicht hat. Es sind die ebenfalls 1903 veröffentlichten *Principia ethica*. Seinem jungen Alter geschuldet, erklärt der Dreißigjährige zu Beginn seines Buchs die gesamte abendländische Moralphilosophie für gescheitert. Der Beweis dafür sei offensichtlich: Man habe sich in über zweitausend Jahren nicht einigen können. Dass ein so komplexes Thema wie die Frage nach dem richtigen Handeln grundsätzlich aus verschiedenen Perspektiven beleuchtet werden kann, ohne dass es sich deshalb um ein ungelöstes »Problem« handeln muss – dieser Zweifel stellt sich bei Moore nicht ein.

Seine neue und durchaus interessante Kritik entzündet sich an dem Wort »gut«. Jeder Moralphilosoph unterscheidet notwendig das Gute vom Schlechten. Aber was soll das Wort »gut« eigentlich heißen? Mal bezieht sich »gut« auf ein edles Motiv, mal auf eine gelungene Handlung. Mal wird »gut« mit dem Erstrebenswerten gleichgesetzt, obgleich doch nicht alles, was für jemand erstrebenswert ist, notwendig »gut« für alle sein muss. Ein anderes Mal soll das Gute das Lustvolle sein, aber nicht alles Lustvolle ist unweigerlich auch gut. Das Gleiche gilt für das Nützliche oder das Gottgewollte und alle anderen Bedeutungen, die man mit dem Guten gleichsetzt.

Mit den Instrumenten eines Logikers zerlegt, ist das Gute schlichtweg nicht definierbar. Denn wie auch immer man es versucht, stets bleibt eine Frage offen. Zu viele flüchtige Bedeutungen treten sich ganz offensichtlich wechselseitig auf die Füße, sodass man schließen kann, dass »gut« immer eine Frage der Beurteilung ist, aber niemals eine Eigenschaft von Dingen oder Handlungen. Logisch ausgedrückt: Was das Gute sein soll, lässt sich nicht dadurch bestimmen, dass ich bestimmte Komponenten miteinander kombiniere, so wie ich sagen kann: »Ein Pferd ist ein Ding mit vier Beinen, einem Kopf, einem Schweif usw.«, bis jede Verwechslung ausgeschlossen ist.

Was aber folgt aus der Undefinierbarkeit? Erstens, dass jeder, der das Gute mit etwas anderem sinnlich Bekannten gleichsetzt, dem Angenehmen, dem Lustvollen usw., einen Fehler macht. Moore spricht hier von einem *naturalistic fallacy*, was im Deutschen etwas irreführend als »naturalistischer Fehlschluss« bekannt wird. Und zweitens, dass »gut« keine natürliche Eigenschaft ist, also etwas, was in den Dingen dieser Welt real enthalten ist. Es ist keine zureichende *Beschreibung*, sondern eben nur eine *Bewertung*, die nicht in den Dingen vorgefunden wird, sondern mehrere Komponenten in einem bestimmten Kontext zusammensetzt.

Nun beruht Moores Kritik an nahezu allen Moralphilosophien auf einer sehr starken Annahme, die er nicht reflektiert: nämlich der, dass nur das real existiert, was in der Natur vorhanden ist. Ideen zum Beispiel haben demnach keine Realität. Das könnte nun dazu führen, die Ethik fahren zu lassen mit der praktischen Konsequenz, dass man sich dazu bekennt, amoralisch zu sein, weil dies die einzige wissenschaftlich haltbare Position ist. Diesen Schluss allerdings will Moore auf gar keinen Fall ziehen. Wie seinem Freund Russell ist ihm die Moral dafür viel zu wichtig. Der von seinen gedanklichen Möglichkeiten berauschte Logiker möchte zwar die Religion loswerden und den gesamten philosophischen Idealismus. Aber er möchte das Kind nicht mit dem Bade ausschütten.

Für jemanden, der den Idealismus vollständig verwirft, kommt Moore nun zu einer eigentümlichen Lösung. Er kennt nämlich nicht nur natürliche, sondern auch »nicht-natürliche Eigenschaften« von Dingen. Es sind Eigenschaften, die nur rein intuitiv erfasst werden können. Wo Idealisten von Prinzipien, moralischen Gesetzen oder Ideen sprechen, spricht Moore im praktisch gleichen Sinne von ethischen Intuitionen. Solche Intuitionen sind wahrlich nicht neu, sie durchziehen bereits das Denken der britischen Empiristen. *Francis Hutcheson* (1694–1746) und David Hume sahen die Moral ebenso auf ethischen Gefühlen beruhend wie Adam Smith. Der Mensch ist, modern ausgedrückt, ein soziales Tier mit evolutionär herausgebildeten ethischen Empfindungen, die überall in der Welt mehr oder weniger gleich sind, von einigen unterschiedlichen kulturellen Auslegungen mal abgesehen. Ein Sinn für das Gute, eine Verehrung des Edlen, Höheren, Schönen, Anständigen, Barmherzigen, Loyalen usw. findet sich jedenfalls in nahezu jeder Religion und Kultur. Die moderne Moralpsychologie hält diese intuitive moralische Grundausstattung ebenso für die unbestreitbare Grundlage unserer Moralfähigkeit, wie es die Verhaltensökonomie tut.[255] Und genau hier liegt, wie erzählt, das soziobiologische Fundament für Werte-Ethiken wie jene Schelers und Nicolai Hartmanns, die ein beziehungsweise zwei Jahrzehnte nach Moores *Principia* verfasst werden.

Allerdings ist Moores Rede von »nicht-natürlichen Eigenschaften« eher trüb als klar. Warum soll man sie als indirekte Eigenschaften der Dinge betrachten statt als Intentionen, also rein subjektive Leistungen des Bewusstseins? Den Weg dorthin hat sich Moore durch seine radikale Kritik gegenüber dem »naturalistischen Irrtum« gründlich verstellt. Denn darunter fallen sämtliche Versuche, das Prädikat »gut« mit irgendetwas anderem zu identifizieren. Die Aussage »*gut* ist, was meine evolutionär entwickelten Instinkte für sozial angebracht, praktisch oder vorteilhaft halten«, wäre ja auch ein Naturalismus. So bleibt Moore nur die komplizierte Lösung, von »nicht-natürlichen Eigenschaften« der Dinge zu sprechen, zu denen »gut« gehören soll.

Mit dem *naturalistic fallacy* hat Moore ein philosophisches Gesetz radikalisiert, das seit 1738 als »humesche Distinktion« bekannt ist. Hume hatte festgestellt, dass Tatsachenfeststellungen keineswegs dazu taugen, moralische Folgerungen aus ihnen zu ziehen. Vom Deskriptiven zum Normativen gibt es keinen logischen Weg. Aus der Tatsache, dass Tiger selten sind, folgt nicht der moralische Imperativ, sie zu schützen. Gleichwohl kann es natürlich sehr richtig sein, sie zu schützen. Das aber beweist nicht die Logik, sondern es empfiehlt sich durch die Tatsache, dass viele Menschen Tigern einen Wert beimessen, weil sie selten sind und als schön empfunden werden. Und dieses Beimessen eines Wertes ist nach Hume nicht deshalb falsch, weil die Logik es nicht ableiten kann. Moore hingegen macht in der gleichen Frage keine Gefangenen. Er kennt keine »Brückenprinzipien« wie Hume, die zwischen der Welt dessen, *was ist*, und der Welt dessen, *was sein soll*, zumindest Verbindungsstege schaffen. Denn wenn der naturalistische Fehler darin bestehen soll, das Prädikat »gut« unzulässig auf etwas anderes zu übertragen, etwa auf die *Seltenheit* oder *Schönheit* von Tigern als Grund, warum sie geschützt werden sollen, dann wird jede noch so indirekte Brücke zum »guten« (und deshalb schützenswerten) Tiger abgebrochen. Das »Seltene« und das »Schöne« sind eben nicht logischerweise das »Gute«.

Wenn Moore nun die Intuitionen in sein System einbauen will, um überhaupt positive Aussagen über die Moral machen zu können, dann sind es bei ihm streng genommen keine moralischen Intuitionen. Die subjektive Seite, die den Idealisten so wichtig ist, soll ja entmachtet werden. Stattdessen redet Moore von der menschlichen Fähigkeit, die nicht-natürliche Eigenschaft »gut« an Dingen festzustellen, die diese besitzen sollen. Aber wie soll das gehen und vor allem überprüft werden, wo es doch keine ethische Mathematik gibt? Als Methode denkt sich Moore etwas aus, was an Husserls spätere phänomenologische Reduktion erinnert. Die Eigenschaften eines Gegenstands sollen lange und gründlich von allem getrennt werden, was daran nicht notwendig ist. So wird, metaphorisch gesprochen, der Kern eines Gegenstands isoliert. Und an ihm nimmt der geschulte Betrachter – wenn es sich um ein geeignetes Objekt handelt – die Freuden (*pleasures*) wahr, die wir allgemein »gut« nennen.

Es fällt nicht schwer, Moores Intuitionen-Ethik zu verwerfen. Eigentlich ist sie ein ziemlich befremdlicher Ästhetizismus. Welche Handlung im Krieg, während einer Pandemie oder in einem familiären Konflikt »gut« ist oder nicht, lässt sich sicher nicht durch die atomistische Isolierung eines Wesenskerns bestimmen. Wenn ich das ganze komplizierte Geflecht weglasse, das eine reale Handlung sozial bestimmt, gelange ich schwerlich zu einer praktikablen Moral. Zudem lässt sich fragen, ob ein solcher Wesenskern überhaupt existiert. Ist moralische Intuition am Ende nicht viel zu subjektiv und überdies zu kulturspezifisch, als dass sie eine »nicht-natürliche Eigenschaft« allgemein verbindlich bestimmen kann? In diesem Sinne schreibt der Finne Edvard Westermarck im Jahr 1906 sein bahnbrechendes Hauptwerk

The Origin and Development of the Moral Ideas (Über den Ursprung und die Entwicklung moralischer Ideen) – ein Werk, dessen relativistische Sicht Moore entschieden ablehnt.[256]

Umso erstaunlicher ist es, welche durchaus beeindruckende Wirkung die *Principia ethica* gleichwohl auf andere Philosophen haben. Wichtiger als die vielen Inkonsistenzen ist, dass Moores Frühschrift am Beginn einer neuen Disziplin steht: der *Metaethik*. Denn eine Untersuchung zur Ethik mit einer Bedeutungsanalyse des Prädikats »gut« anzufangen ist ohne Zweifel ein interessanter Neuanfang. Kein Denker vor Moore hatte seine Moralphilosophie mit der *Semantik* (der Lehre von den Bedeutungen sprachlicher Zeichen und Zeichenfolgen) begonnen. Von nun an lässt sich über moralische Fragen auf eine ganz neue Weise reden, nämlich indem man den Werkzeugkasten der Ethiker untersucht. Was sind die impliziten Voraussetzungen normativer Setzungen? Diskutiert werden kann die Frage, ob mit »gut« etwas *erkannt* wird (etwa Moores »nicht-natürliche Eigenschaft«) oder ob es sich lediglich um eine *Befürwortung* handelt. Lässt sich, wie bei Scheler und Hartmann, von objektiven Werten sprechen? Und was sichert diese Objektivität? Können moralische Sätze überhaupt einen Wahrheitsanspruch stellen, und wenn ja, was sind ihre »Wahrmacher«? Lassen sich Normen aufstellen, die intersubjektiv gültig sein sollen? Oder muss dieser Anspruch immer scheitern? Ist es überhaupt sinnvoll, allgemeine ethische Regeln anzustreben? Und was spricht dafür, moralisch zu sein, wenn es sie nicht gibt?

Moores Sezierbesteck macht aus der Ethik so etwas wie ein Pendant der Logik – es ermöglicht die Anwendung logisch-semantischer Instrumente auf die Welt des Normativen. Auch jenseits der akademischen Philosophie tut das Buch seine Wirkung. Die Bloomsbury Group, eine lockere Schar von bedeutenden Intellektuellen und Künstlern, darunter Keynes, die Schriftstellerin Virginia Woolf und ihr Schwager, der Kunstkritiker Clive Bell, betrachtet die Principia als einen vielversprechenden ethischen Neuanfang. Sie feiern daran, dass Moore die britische Moralphilosophie vom vorherrschenden Utilitarismus befreit. Das wahrhaft Ethische zu finden in einer Welt ohne vorgegebene Maßstäbe und Bedeutungen wird so zum künstlerischen Programm. Für Moore selbst hingegen ist der Druck seiner Schrift zugleich der Abschied vom Trinity College. Mit ausgelaufener Fellowship geht er von 1904 bis 1911 als Privatgelehrter nach Edinburgh. Die Bühne in Cambridge gehört nunmehr Whitehead und Russell allein.

Die Verstoßung der Gedanken aus dem Bewusstsein

Was ist das Neue an dem Projekt, das die nun entstehende analytische Philosophie von aller anderen Philosophie unterscheidet? Vereinfacht gesagt ist es der Glaube daran, mit der Logik einen festen Boden unter den Füßen zu haben; einen festeren, als alle anderen Philosophen seit Thomas von Aquin sich hatten einbilden können zu haben. Wie Moore von 1903 an, lehnt auch Russell jeglichen Idealismus ab, der die Welt aus dem Bewusstsein heraus konstruiert. Dabei hat die analytische Philosophie von Anfang an *zwei* Feindbilder. Das eine ist der *Psychologismus*, die aufstrebende experimentelle Psychologie. Er wird, wie geschildert, zeitgleich auch von vielen Idealisten, den Neukantianern und den Neuhegelianern sowie den Phänomenologen, allen voran Husserl, bekämpft. Wenn alle Welterfahrung Psychologie ist, dann gibt es keine objektiven Wahrheiten jenseits der Empirie. Dann ist selbst die Logik nur Psycho-Logik. Alles ist psychische und damit subjektive Erfahrung, und Philosophie ist überflüssig. In diesem Punkt sind sich die von ihrer Nüchternheit berauschten Wilden in Cambridge mit den umsichtigen Granden des zeitgenössischen Idealismus einig.

Gleichwohl taugen diese zum zweiten Feindbild der Logiker. Kein Idealismus kommt ohne Metaphysik aus, den festen

Glauben an nicht erfahrungsbedingte Wahrheiten, formuliert in nicht empirisch nachweisbaren Prinzipien und Gesetzen. In diesem Sinne deduzieren Idealisten ihre Systeme von ersten Setzungen an bis zu komplexen Weltvorstellungen. Tatsächlich wollen auch die Logiker in Cambridge das Gleiche: eine Philosophie, die bei ersten gut begründeten und unhinterfragbaren Setzungen beginnt. Nur sind diese Setzungen für sie keine Prinzipien, Urteile, Denkakte oder Ideen, sondern: Es sind rein logische Operationen.

Wenn Whitehead und Russell sich das ganze erste Jahrzehnt des neuen Jahrhunderts gemeinsam in die Arbeit an den *Principia Mathematica* stürzen, dann geht es ihnen also nicht allein um Mathematik. Sollten sich alle mathematischen Wahrheiten aus einem Satz von Axiomen und Schlussregeln konstruieren lassen – und das ist seit dem Weltkongress in Paris Russells ehrgeiziger Plan –, dann bekäme auch die Philosophie ein neues Fundament. Dann hätte man Gewissheitskriterien, die man auf alles anwenden kann. Drei Bände werden so zwischen 1910 und 1913 veröffentlicht, ein vierter, über die Grundlagen der Geometrie, bleibt unabgeschlossen. Der Erfolg bleibt nicht aus. Bis Anfang der Dreißigerjahre stehen die *Principia Mathematica* als *das* mathematisch-philosophische Grundlagenwerk des Jahrhunderts im Raum, als das sie gedacht sind. Erst der junge österreichische Mathematiker *Kurt Gödel* (1906–1978) wird 1931 eine entscheidende Schwachstelle entdecken. In seiner Schrift *Über formal unentscheidbare Sätze der Principia Mathematica und verwandter Systeme* kann Gödel nachweisen, dass das widerspruchsfreie Axiomensystem von Whitehead und Russell viel Platz für Aussagen lässt, die aus ihm weder bewiesen noch widerlegt werden können (erster Gödelscher Unvollständigkeitssatz). Die Widerspruchsfreiheit des Axiomensystems ist also aus dem System selbst nicht ableitbar (zweiter Gödelscher Unvollständigkeitssatz). Zu diesem Zeitpunkt allerdings fechtet die Erschütterung ihres Systems beide Urheber nicht mehr an. Whitehead ist inzwischen mit seiner Prozessphilosophie beschäftigt, und Russells Glaube an die Mathematik als universelle philosophische Grundlagenwissenschaft ist längst dahin. Am Ende wird er sogar sagen, dass die Mathematik lediglich eine Kunst sei, die Trivialität der Welt in ihrer Weise auszudrücken.[257]

Als Russell 1912 sein allgemein verständliches Buch *The Problems of Philosophy* (*Die Probleme der Philosophie* beziehungsweise *Probleme der Philosophie*) veröffentlicht, will er nun endlich zeigen, inwiefern der »logische Atomismus« – eine Philosophie auf der Basis der Annahme logischer Objekte – die bestmögliche Grundlage zeitgemäßen Philosophierens ist. Anders als in der von ihm vorgefundenen Philosophie behauptet, seien Substanz, Materie und die Gegenstände weder objektive Realitäten noch Leistungen des menschlichen Bewusstseins. Die klassischen Ontologen gingen ebenso fehl wie die Idealisten. Während den Ersten das neue Weltbild der Physik den Boden entzieht, taumelten die Zweiten ohnehin in einer Fantasiewelt herum. Wenn es im Zeitalter exakter Naturforschung etwas Unumstößliches gäbe, auf das die Philosophie gründen kann, dann sei es einzig und allein die Welt der Logik. Auf diese Weise, so hofft Russell, lasse sich die Ontologie, die Lehre vom Sein der Dinge, ganz neu mit zeitgenössischer Wissenschaftstheorie verbinden.

In einer solchen modernen Logik, wie sie Russell vorschwebt, schließt sich nun nicht mehr alles zu einem großen unteilbaren Ganzen zusammen wie in der »monistischen« Logik Hegels. Stattdessen ließe sie die vielen unterschiedlichen Dinge als das stehen, was sie sind: »atomistisch« und damit genuin unverbunden, wie Russell es das erste Mal 1911 formuliert. Die Realität ist eine Ansammlung und kein Sinnkomplex. Atomistische Analyse statt monistischer Synthese: Russells und Moores Versuch eines schonungslosen radikalen Neuansatzes fällt genau in die gleiche Zeit, in der der »analytische Kubismus« Picassos und Braques vierhundert Kilometer entfernt in Paris die Wahrnehmungsgewohnheiten aufbricht und die Bilder in viele kleine Teilelemente zersplittert. Und das Selbstbewusstsein der radikalen Zerstörer und Neubegründer auf beiden Seiten des Ärmelkanals ist durchaus vergleichbar.

Nun muss sich das Versprechen nur noch einlösen. Wie kommt der logische Atomismus zu verbindlichen Aussagen über die Welt, die der traditionellen Philosophie methodisch überlegen sind? Im Jahr 1905 hatte Russell einen Aufsatz veröffentlicht mit dem Titel *On Denoting* (*Über das Kennzeichnen*). Darin unterscheidet er zwei Kategorien von Ausdrücken, solche, die *beschreiben* (»der Autor von Waverly«), und solche, die *Eigennamen* sind (»Scott«). Beschreibende Ausdrücke tragen keine Bedeutung in sich, Eigennamen hingegen schon. Die Ersten haben nur einen mittelbaren Bezug zur Realität, die Zweiten hingegen einen ganz direkten und unmittelbaren. Ob etwas eine Bedeutung hat, hängt also schlichtweg davon ab, ob es sich direkt auf etwas Reales bezieht oder nicht. Auf diese Weise soll ein fester Satz von Elementen übrig bleiben, mit dem der Philosoph sicher hantieren kann.

Das allerdings ist nun erschreckend unterkomplex. Denn Frege hatte, als er sich im Laufe der Zeit immer mehr von der Mathematik zur Sprache hinwandte, leidvoll erkennen müssen, wie gewaltig diese Aufgabe war. Immerhin bezeichnet die Sprache nicht nur, sondern sie gaukelt uns in mindestens gleichem Maße etwas vor, indem sie uns gestattet, Unsinniges genauso grammatikalisch stimmig auszudrücken wie Sinnvolles. So unterscheidet Frege 1892 aus gutem Grund zwischen »Sinn« und »Bedeutung«. Zwar definiert er die Bedeutung ähnlich wie Russell. Aber damit ist das Verstehen von Ausdrücken noch nicht zureichend erklärt. Wichtig ist ebenfalls, wie ein Eigenname *verwendet* wird, denn das entscheidet über seinen Sinn. Wer sich als Logiker auf die Sprache einlässt, hat es also mit einem Mammutprojekt zu tun. Im Jahr 1906 schreibt Frege an Husserl: »Die Hauptaufgabe des Logikers besteht in einer Befreiung von der Sprache.«[258] Gelingen wird es ihm nicht. Seine späten Reflexionen unter den Überschriften *Der Gedanke* (1918) und *Die Verneinung* (1919) schaffen zwar viele neue Klarheiten, aber sie bilden kein Fundament für eine neue Präzisionssprache. Und noch 1925, kurz vor seinem Tod, als Frege den Artikel *Erkenntnisquellen* abschließt, wiederholt er im Hinblick auf seine unabgeschlossene Lebensaufgabe: »So besteht denn ein großer Anteil der Arbeit des Philosophen ... in einem Kampfe mit der Sprache.«[259]

Russells Projekt ist also viel gewaltiger, als er zunächst ahnt. Wenn er, wie Frege, von einer logisch exakten Sprache träumt, in der die Wörter eines Satzes den Bestandteilen von Tatsachen entsprechen, ergänzt um logische Operatoren wie Konjunktionen (»und«, »oder«), Negations- und Abtönungspartikel (»nicht«) und Konditionalgefüge (»wenn, dann«), entsteht zwar eine stark reduzierte atomistisch-analytische Sprache – aber was genau lässt sich damit anfangen? Ist sie tatsächlich ein Schlüssel, der dabei hilft, alle philosophischen Probleme entweder zu lösen oder sie als unlösbar zu bestimmen?

Wie gesehen führt die sprachanalytische Vorgehensweise bei Moore nicht zu einer besser begründeten Ethik als viele andere Ethiken der philosophischen Tradition. Und man darf bezweifeln, dass Russells publikumsfreundliche Erörterung dabei hilft, die philosophischen Grundfragen in *The Problems of Philosophy* durch seine neue analytische Methode besser zu verstehen oder gar zu beantworten. Dass die Beschreibung von sinnlich wahrnehmbaren Einzeldingen die Welt nicht zureichend erklärt, sondern dass dazu auch »Universalien« angenommen werden müssen, ist schon seit Platon ein Thema. Die Frage hat den Universalienstreit im Mittelalter ausgelöst und wird nicht nur von Rationalisten wie Leibniz, sondern auch von Empiristen wie Locke und Hume zugegeben, zumindest für die Welt der Mathematik. Aber damit ist noch nicht bewiesen, dass die atomistische Logik tatsächlich als Fundierungsdisziplin der Philosophie taugt. Man erinnere sich, mit welchen permanenten Skrupeln sich Husserl zeitgleich herumschlägt, wenn es darum geht, individuelle Denkakte und allgemeingültige Logik zusammenzubringen. Husserl unterscheidet dabei sorgfältig zwischen den *Akten* und deren *Geltung*. Auch für den angehenden Phänomenologen ist die Logik ein »ideales Objekt« jenseits von Zeit und Raum. Während die Denkakte Teil der realen physischen und psychischen Welt sind, löst Husserl die *Inhalte* der Denkakte aus dieser Welt hinaus und überantwortet sie der »reinen Logik«.

Das Gleiche hatte schon Frege vorgedacht. Unsere Empfindungen und Vorstellungen sind psychisch, aber unsere Gedanken sind es nicht! Wären sie ebenfalls (nur) psychisch, gäbe es keinen Weg, ihre Wahrheit zu überprüfen, und für die Logik bliebe überhaupt kein eigener Platz in der Welt. Mit dieser Einsicht nimmt die »Verstoßung der Gedanken aus dem Bewusstsein«, wie der Oxforder Logikprofessor *Michael Dummett* (1923–2011) sie später treffend bezeichnen wird, ihren Anfang.[260] Und Frege, Husserl, Moore und Russell sind sich hier weitgehend einig. Doch im Gegensatz zu Russell gewinnt Husserl aus dieser Erkenntnis keinen neuen Denkansatz und schon gar keine philosophische Methode. Die Logik wird, anders als Russell es tut, nicht zur fundierenden Disziplin. Denn das richtet den Blick ja nur auf die eine Seite der Medaille, weg von den Akten hin zur Geltung. Russell hingegen kürzt die Denkakte, die Husserl zeit seines weiteren Lebens erforscht, als unbedeutend heraus; für die Wahrheitsfindung, so glaubt der geltungsbewusste Revoluzzer in Cambridge im Einklang mit dem stillen Frege in Jena, sind sie eher hinderlich als nötig.

Russell wird rasch ein weiteres Buch schreiben. Er will seinem Anspruch gerecht werden, dass der logische Atomismus die Welt besser erklärt als alle Philosophie vor und neben ihm: *Our Knowledge of the External World as a Field for Scientific Method in Philosophy* (*Unser Wissen von der Außenwelt als einem Gebiet für die Anwendung der wissenschaftlichen Methode in der Philosophie*) aus dem Jahr 1914. Russell behauptet darin nicht weniger, als dass erstens unsere Sinne in der Lage sind, die realen Dinge zureichend zu erkennen und dass sich zweitens all diese Sinnesdaten der empirischen Erfahrung vollständig logisch transformieren lassen. Dadurch würden große philosophische Probleme endlich lösbar, zum Beispiel eine Erklärung des Begriffs der Unendlichkeit, die ihn von seiner Paradoxie befreit, denkbar und undenkbar zugleich zu sein. Oder die große und schwierige Frage nach der Willensfreiheit. Das Schlechteste, was sich über dieses Buch sagen lässt, ist, dass es ein großer Erfolg wurde. Das Beste, dass es immerhin viele Denker dazu anregte, die unfertigen Gedanken dieses Frühwerks der analytischen Philosophie konstruktiv weiterzudenken. Und nachzutragen bleibt auch, dass Russell sich selbst bereits 1921 in *The Analysis of Mind* (*Die Analyse des Geistes*) von der Überzeugung distanziert, unsere Sinne seien tatsächlich Präzisionsinstrumente zur Erkenntnis *der* Realität.

Der steile, leichthändig behauptete Weg von der Sinneserfahrung über die Logik zur Wahrheit wird sich schon bald als schwindelerregender und äußerst dorniger Pfad herausstellen. Und diejenigen, die ihn konsequent verfolgen, werden künftig in die Irre wandeln oder gedanklich verdursten. Was gleichwohl bleibt, ist der Anspruch an die Philosophie, eine strenge *Wissenschaft* zu sein. Dieser Anspruch ist, wie hier und im vorhergehenden Band dieser Philosophiegeschichte ausführlich erzählt, keineswegs selbstverständlich. Spätestens mit Kierkegaard eröffnet sich auch ein ganz anderes Selbstverständnis: dass Philosophie eben gerade nicht vom Allgemeinen her, sondern nur vom Individuum aus gedacht werden kann. Mit den Frühromantikern, mit Schopenhauer und mit Nietzsche, rückt sie näher an die Kunst als an die Wissenschaft. Dilthey wird die Artistik des Verstehens gegen das Metier des Erklärens in den Wissenschaften in Stellung bringen. Für Croce bewahrheitet oder falsifiziert sich alles Bedeutende vor dem Richterstuhl der Geschichte und nicht in lückenlosen Beweisen. Und vollends die vom jüdischen Messianismus bewegten Denker wie Buber, Bloch, Lukács und Benjamin haben für den Anspruch an die Philosophie, Wissenschaft zu sein, nur ein Lächeln übrig. Wie kann sich die Philosophie nur so klein machen wollen?

Für Russell sind diese Denker, sofern er sie kennt, allesamt keine bedeutenden Philosophen. In seiner 1945 veröffentlichten Philosophiegeschichte spart er sowohl Kierkegaard als auch Dilthey völlig aus, und von den genannten Zeitgenossen schweigt er ebenfalls. Der Scheinwerfer seiner Aufmerksamkeit holt nur das aus dem Dunkel ins Licht, was sich auf einem Pfad hin zur analytischen Philosophie einordnen lässt. Selbst Kant wird mit dem Satz vorgestellt: Kant »gilt allgemein als der größte moderne Philosoph. Ich selbst teile diese Ansicht nicht.«[261] Dass Kant Russell zu spekulativ ist, wird nach all dem Gesagten nicht verwundern. Bedacht werden aber sollte zumindest auch, dass die Entscheidung, nur das als Philosophie gelten zu lassen, was allein durch die Logik fundiert und damit wissenschaftlich ist, selbst eine unausgewiesene und überhaupt nicht begründete Entscheidung ist. Sie nimmt – äußerst spekulativ – an, dass die Logik der Universalschlüssel zu dem sein soll, was Menschen denken und tun. Denn wovon sonst handelt seit jeher die Philosophie?

Immerhin hat das Unterfangen des logischen Atomismus einen äußerst fruchtbaren Aspekt: Es lenkt den Blick auf die zu oft unterschätzte Bedeutung der Sprache für die Philosophie. Im Jahr 1918/1919, inzwischen hat Russell Husserls *Logische Untersuchungen* gelesen, veröffentlicht er *The Philosophy of Logical Atomism* (*Die Philosophie des Logischen Atomismus*). Viel stärker als *Our Knowledge* ist es ein Buch über Sprache. Die Kapitel handeln von Prädikaten und Beziehungen, atomischen und molekularen Propositionen, Propositionen und Fakten mit mehr als einem Verb, Beschreibungen und unvollständigen Symbolen. Der ursprünglich so karge logische Atomismus ist komplizierter und reichhaltiger geworden. Und das ist kein Zufall. Inzwischen nämlich ist Russell mit einem jungen Mann befreundet, den er noch höher einschätzt als Moore. Und tatsächlich wird dieser junge Mann den Fortgang und die Weiterentwicklung der analytischen Philosophie weit stärker bestimmen als ihre beiden Urheber.

Die Logik des Denkens

Wittgenstein, so schreibt Russell am 22. März 1912, »ist ein großes Ereignis in meinem Leben – wie es sich auch weiterentwickeln mag ... Ich liebe ihn & und spüre, dass er die Probleme lösen wird, für deren Lösung ich zu alt bin – all jene Probleme, die sich aus meinem Werk ergeben, sich aber nur einem frischen Geist und jugendlicher Kraft erschließen. Er ist *der* junge Mann, auf den man hoffen kann.«[262]

Wittgenstein wird 1889 in Wien geboren, in der Stadt Freuds, Machs und Musils. Er ist das jüngste von neun Kindern des Großindustriellen Karl Wittgenstein, einem der mächtigsten Stahlmagnaten seiner Zeit. Wittgensteins Mutter ist Pianistin, und die Mischung aus kaufmännischem Geldadel und musischer Sensibilität in der Familie erinnert nicht wenig an Thomas Manns *Buddenbrooks*. Verglichen mit dem Schicksal der neun Wittgenstein-Kinder allerdings waren Thomas, Christian und Toni Buddenbrook fast normal. Ein Sohn wird ein berühmter Pianist, doch gleich drei der Kinder nehmen sich später das Leben. Auch Ludwig ist ein auffallend überspannter Charakter, mal unsicher und stark depressiv, ein anderes Mal arrogant und rechthaberisch. Wie alle Wittgenstein-Kinder wird er privat unterrichtet, erst mit vierzehn kommt er in eine Schule. Das Abitur, das er mit Ach und Krach erwirbt, ermöglicht ihm ein Studium der Ingenieurswissenschaften. Wie Musil hat Wittgenstein ein ausgeprägtes Faible für Technik und Maschinen, nicht ungewöhnlich in einer Zeit, in der Ingenieure mit Automobilen, Flugzeugen, Fahrstühlen, Wolkenkratzern und Telefonen das Leben revolutionieren und die Moderne einläuten. 1906 schreibt sich der Siebzehnjährige an der Technischen Hochschule in Berlin-Charlottenburg ein. 1908 wechselt er nach Manchester und arbeitet dort mit wechselhaftem Geschick an Flugzeugmotoren und Propellern.

Im Jahr 1911 unternimmt Wittgenstein eine denkwürdige Reise nach Jena. Auch er hat inzwischen von Frege gehört, und der zweiundzwanzigjährige Student wird bei dem dreiundsechzigjährigen Mathematiker vorstellig. Frege ist beeindruckt von Wittgensteins Gedankenschärfe. Und in dem Ziel, andere Mittel zu benutzen als die herkömmliche Sprache, um Gedanken präziser formulieren zu können, sind sich der Mathematiker und der Ingenieursstudent einig. Wittgensteins Plan verfestigt sich, nicht Pilot, sondern Philosoph werden zu wollen. Frege empfiehlt dem vor Ehrgeiz berstenden jungen Mann, nach Cambridge zu gehen, zu Whitehead und Russell.

Im Herbst 1911 schreibt sich Wittgenstein im Trinity College für Philosophie ein. Aber der verehrte Russell, seit einem Jahr Dozent in Cambridge, hält den überdrehten Jungingenieur zunächst für eine Nervensäge: »Nach der Vorlesung kam mein hitziger Deutscher, um mit mir zu streiten. Er panzert sich gegen jedes vernünftige Argument. Eigentlich ist es reine Zeitverschwendung, mit ihm zu reden.«[263] Doch Russells Bild wird sich wandeln. Schon nach wenigen Wochen hält er Wittgenstein für ein Genie und stellt den Wert von dessen Gedanken sogar über die eigenen. Er lässt zu, dass Wittgenstein seine *Principia Mathematica* kritisiert und zu verbessern sucht, und er hofft, viel von dem siebzehn Jahre jüngeren Österreicher zu lernen. Wittgenstein macht sich mit großem Furor ans Werk, unterbrochen nur von ausgiebigen Reisen, vor allem nach Norwegen, wo er sich in Skjolden eine Hütte am Fjord bauen lässt und mit einem Freund aus Cambridge seine Homosexualität auslebt. Doch er will viel mehr als nur eine Verbesserung der russellschen Logik. Seine Bemühungen gelten einem eigenen »ultimativen« Werk, der *Logisch-philosophischen Abhandlung*.

Der Erste Weltkrieg macht dem zunächst einen Strich durch die Rechnung. Wittgenstein meldet sich freiwillig und kommt nach Galizien an die Ostfront. Im Herbst 1914 sitzt er auf einem Wachboot auf der Weichsel. Er hat einen Artikel in einer Zeitschrift entdeckt, der ihn mehr fesselt als alles andere um ihn herum. Es geht um die Klärung eines Verkehrsunfalls vor einem Pariser Gericht. Der Unfall liegt bereits ein Jahr zurück, und komplizierte Verkehrsunfälle mit Automobilen sind in Europas Großstädten noch etwas Besonderes. Um den genauen Verlauf des Geschehens zu rekonstruieren, stellt das Gericht den Unfall in Form eines Miniaturmodells nach. Spielzeughäuser, ein Spielzeuglastwagen, Spielzeugmenschen und ein Miniaturkinderwagen werden postiert und verschoben. Der Ingenieur ist fasziniert. Wie kann es sein, dass ein Modell stellvertretend die Realität abbildet? Nun, erstens dadurch, dass die Figuren den realen Objekten möglichst genau entsprechen. Und zweitens, indem die Beziehung der Figuren zueinander mit der tatsächlichen Beziehung der realen Objekte exakt übereinstimmt. Doch wenn man die Realität durch Figuren abbilden kann, lässt sie sich dann nicht auf die gleiche Weise mit den Figuren des Denkens, den Wörtern, abbilden? »Im Satz«, notiert Wittgenstein in sein Tagebuch, »wird eine Welt probeweise zusammengestellt. (Wie wenn im Pariser Gerichtssaal ein Automobilunglück mit Puppen etc. dargestellt wird).«[264]

Wie Frege und Russell, so möchte Wittgenstein die Gesetze ausfindig machen, auf denen unsere Gedanken beruhen. Diese Gesetze können nicht psychisch individuell und auch nicht rein grammatikalisch sein. Gemäß ihrer »Verstoßung aus dem Bewusstsein«, die auch Wittgenstein befürwortet, müssen die Gedanken im Reich der Logik zu Hause sein. Nun stellt Wittgenstein fest, dass sich zwar Gegenstände sprachlich »vertreten«

lassen, nicht aber ihre logischen Beziehungen. Eigennamen vertreten, wie schon Frege und Russell sagen, auf direktest mögliche Weise die Substanz der Welt. In der Wortwahl Wittgensteins sind sie *Abbilder*, die ein eigenes Sprachbild herstellen: »Die Elemente des Bildes vertreten im Bild die Gegenstände.«[265] Und das können sie deshalb, weil sie die *Form* der Wirklichkeit getreu abbilden: »Was das Bild mit der Wirklichkeit gemein haben muss, um sie auf seine Art und Weise – richtig oder falsch – abbilden zu können, ist seine Form der Abbildung.«[266]

Auf diese Weise entsteht, wie im Pariser Gericht, im abbildenden Satz ein *Modell* der Wirklichkeit. Während das Gericht den Unfall im Modell dreidimensional nachstellen lässt, benutzt die Sprache dafür ihre eigenen Möglichkeiten der Modellierung. Ohne die sinnliche Dimension eines Modells oder einer Zeichnung muss sie die »logische Form« rein sprachlich herstellen. Dabei ist diese logische Form, die das Bild zusammensetzt, entweder den Sachverhalten getreu oder nicht, das heißt, sie ist richtig oder falsch. Und da die logische Form selbst kein Abbild ist, kann ihre Richtigkeit oder Falschheit nicht sinnlich, sondern nur logisch überprüft werden. Die spannende Frage ist dann, wie.

Zeit, seine Gedanken ausführlich niederzuschreiben und anzuordnen, findet Wittgenstein in Kriegsgefangenschaft. Im Jahr 1918 kommt er für zehn Monate in ein italienisches Offiziersgefangenenlager in Montecassino. Und hier entsteht nun das Werk, das bis heute wie ein dunkler Monolith in der Philosophiegeschichte steht: der *Tractatus logico-philosophicus*. Im Mai 1919 schickt Wittgenstein das Typoskript an Russell. Der erkennt sofort, dass das Werk nicht einfach ein Beitrag zur Logik der Sprache ist. Schon während des Krieges hatte der wie besessen philosophierende Ingenieur in sein Tagebuch geschrieben: »Ja, meine Arbeit hat sich ausgedehnt von den Grundlagen der Logik zum Wesen der Welt.«[267] Wittgenstein hat seine ganz eigene Form des logischen Atomismus entwickelt, und sein Anspruch ist mitnichten geringer als jener Russells in dessen zeitgleicher *Philosophy of Logical Atomism*. Im Jahr 1921 erscheint Wittgensteins *Logisch-philosophische Abhandlung* in den *Annalen für Naturphilosophie*. Eine zweite, vom Verfasser autorisierte Ausgabe wird ein Jahr später in einer deutsch-englischen Fassung veröffentlicht. Hier findet auch erstmals der lateinische Titel seine Verwendung, eine Idee von Moore.

Der Gegensatz des *Tractatus* zu den eleganten Schriften Russells und Moores könnte größer kaum sein. Wittgenstein denkt nicht nur wie ein logischer Atomist, er schreibt auch so. Dabei herausgekommen ist ein Text von rund hundert Seiten, durchnummeriert in Sätzen und Absätzen mit einem auffälligen Zahlensystem, das die Sätze wie Bibelverse zitierbar macht. Und auch die Einleitung hat es in sich, größte Bescheidenheit und größter Anspruch in eins: »Dieses Buch wird vielleicht nur der verstehen, der die Gedanken, die darin ausgedrückt sind – oder doch ähnliche Gedanken – schon selbst einmal gedacht hat. – Es ist also kein Lehrbuch. – Sein Zweck wäre erreicht, wenn es einem, der es mit Verständnis liest, Vergnügen bereitete. Das Buch behandelt die philosophischen Probleme und zeigt – wie ich glaube –, dass die Fragestellung dieser Probleme auf dem Missverständnis der Logik unserer Sprache beruht. Man könnte den ganzen Sinn des Buches etwa in die Worte fassen: Was sich überhaupt sagen lässt, lässt sich klar sagen; und wovon man nicht reden kann, darüber muss man schweigen.«[268]

Wittgenstein nimmt die Sprache noch wesentlich genauer unter die Lupe als Russell. Denn wie will man die Logik in der menschlichen Erfahrung und der menschlichen Erkenntnis der Welt aufschlüsseln, wenn man die Logik unterkomplex behandelt, in der diese Logik *formuliert* wird? Alle Philosophie ist für Wittgenstein Sprachkritik. Was Russell in *On Denoting* vorgetragen hat, ist dafür zu wenig. Und hier kommt nun Wittgensteins Abbild- und Modelltheorie zum Einsatz. Anders als die idealistische Tradition, die er kaum kennt, macht sich auch Wittgenstein keinen Kopf darüber, inwiefern unser Bewusstsein die

Welt adäquat erkennen kann. Gleich der erste Satz des *Tractatus* lautet: »Die Welt ist alles, was der Fall ist. Was der Fall ist, die Tatsache, ist das Bestehen von Sachverhalten.«[269] Und ein Sachverhalt ist »eine Verbindung von Gegenständen (Sachen, Dingen)«.[270]

Dass die Welt *vorhanden* ist und dass sie *aus ungezählten Einzeldingen besteht*, wird von Wittgenstein also unhinterfragt vorausgesetzt. Hier unterscheidet er sich nicht von Russell. Hätte er auch nur an einem von beiden Zweifel, könnte die Sprache die Wirklichkeit nicht adäquat abbilden, und seine Modelltheorie hinge in der Luft. Nur auf der Basis der beiden Annahmen kann also die erwünschte Klarheit hergestellt werden, und zwar dann, wenn eine adäquate Sprache in adäquatem Gebrauch die Welt in ihrer logischen Struktur richtig abbildet. Dass diese Sprache allerdings nicht als eine ganz bestimmte reale Sprache existiert, ist Wittgenstein auch klar, es ist weder Deutsch noch Englisch noch Mandarin. Die einzige adäquate Sprache ist die logische Sprache unserer Gedanken, »der sinnvolle Satz«.[271] Dass das mit den im Laufe der Evolution entstandenen Sprachen nicht funktioniert, liegt auf der Hand. Der Umweltdruck, der sie hervorbrachte, war der des alltäglichen Austauschs, nicht aber die strenge Konzentration auf die Wahrheit. Kein Wunder, dass diese natürlichen Sprachen keine Präzisionsinstrumente sind. Die natürliche Sprache »verkleidet« die »Gedanken. Und zwar so, dass man nach der äußeren Form des Kleides nicht auf die Form des bekleideten Gedankens schließen kann«.[272]

Auf die vorgefundene Sprache ist also kein Verlass, und deshalb steht für Wittgenstein die gleiche Idee Pate wie für Frege und Russell: dass es eine universal gültige logische Sprache geben muss, in der sich die Welt adäquat beschreiben lassen soll; eine Sprache nicht der Oberfläche, sondern eine der unsichtbaren Tiefe des Denkens. Diese Sprache zerfällt nach Wittgenstein in vier Typen von Aussagen. Als Erstes gibt es *Namen*, die einfache *Gegenstände* benennen. Dann gibt es *Elementarsätze*, die einfache *Sachverhalte* ausdrücken. Zur dritten Kategorie gehören *wahre Sätze*, die den Tatsachen entsprechen, das heißt Sätze, in denen ein Sachverhalt richtig ausgedrückt ist. Und viertens gibt es die *Gesamtheit aller wahren Elementarsätze*. Sie ist gleichbedeutend mit der Gesamtheit aller Tatsachen, und »die Angabe aller wahren Elementarsätze beschreibt die Welt vollständig«.[273]

Die Welt »vollständig beschreiben« zu können – welcher Philosoph hätte jemals von einem solchen Anspruch zu träumen gewagt? Allerdings muss Wittgenstein dafür weitergehen als Russell. Wie Frege, wenn auch in etwas veränderter Interpretation, unterscheidet Wittgenstein Bedeutung und Sinn. Nur Namen haben (wie bei Frege und Russell) eine Bedeutung, sie stehen unmittelbar für einen realen Gegenstand. Aber bereits ein Elementarsatz kann die in ihm vorkommenden Gegenstände so miteinander verbinden, dass der Sachverhalt keinem realen Gegenstand entspricht. Gleichwohl kann er einen Sinn haben. Während Bedeutung meint, dass etwas existiert, meint Sinn, dass etwas logisch stimmig ist, ohne deshalb existieren zu müssen.

Damit der Spiegel der Sprache die Wirklichkeit auch tatsächlich spiegelt, muss die Sprache gegenüber ihrem tagtäglichen Gebrauch optimiert werden. Abgeschafft werden müssen alle *sinnlosen* Sätze und alle *unsinnigen* Sätze. Sinnlose Sätze sind die, die, um auf wahr und falsch überprüft zu werden, gar keine Realität brauchen, zum Beispiel: »Grün ist grün.« Und unsinnige Sätze sind die, die gar nicht daraufhin überprüft werden können, ob sie wahr oder falsch sind, weil ihnen in der Wirklichkeit gar nichts entspricht, zum Beispiel: »Der Satz, den ich hiermit ausspreche, ist falsch.« Wittgenstein war dabei so eisern, dass er selbst alle moralischen Aussagen aus der Sprache verbannen wollte, weil »gut« und »schlecht«, wie Moore überzeugend dargelegt hatte, ja gar keine Dinge abbilden, die es in der Realität gibt. Für Moral könne deshalb allein eine Zeichensprache, eine Geste oder ein Blick sorgen.

Wittgensteins enges Korsett lässt vielen philosophischen Fragestellungen und Sichtweisen keine Luft mehr zu atmen. Und der Ingenieur ist stolz darauf: »Die meisten Sätze und Fragen, welche über philosophische Dinge geschrieben worden sind, sind nicht falsch, sondern unsinnig. Wir müssen daher Fragen dieser Art überhaupt nicht beantworten, sondern nur ihre Unsinnigkeit feststellen. Die meisten Fragen und Sätze der Philosophie beruhen darauf, dass wir unsere Sprachlogik nicht verstehen.«[274] Ob diese Aussage sinnvoll ist, hängt allerdings stark davon ab, was man unter Philosophie versteht. Russell sieht den logischen Atomismus als Grundlage des mathematischen Denkens und damit auch nahe am Denken aller Wissenschaften, in denen die Mathematik von Bedeutung ist, also den Naturwissenschaften. Wittgenstein legt klar fest, dass die Philosophie keine Naturwissenschaft ist. Ob seine Definitionen im *Tractatus* stimmen, lässt sich nicht empirisch belegen. Für ihn ist die (streng logische) Philosophie eine Art grundlegender Frage- und Überprüfungstechnik für existenzielle menschliche Fragen (von denen die meisten als unsinnig gebrandmarkt werden): »Der Zweck der Philosophie sind nicht ›philosophische Sätze‹, sondern das Klarwerden von Sätzen. Die Philosophie soll die Gedanken, die sonst, gleichsam, trübe und verschwommen sind, klar machen und scharf abgrenzen.«[275]

Soll sie das? Wittgensteins Definition kann man gerne folgen, aber ihr Schwachpunkt ist: Sie ist selbst nicht definiert! Warum sollte sie *die* richtige Bestimmung der Philosophie sein und nicht eine unter vielen möglichen? Man denke an Cassirer, für den das mathematische Denken nur Aussagen über *Relationen* machen kann, aber niemals Aussagen über die *Wirklichkeit*. Und dass wir es bei allem, was wir erleben, mit Sinnbildungen und Sinnverstehen zu tun haben, bei denen die Logik nur *eine* Form von Sinnbildung unter anderen ist. Oder man denke wieder mal an Denker wie Bloch, den jungen Lukács, Kracauer und Benjamin, die Wahrheit und Tatsächlichkeit gerade nicht in Aussagesätzen für formulierbar halten. Entkleidet man das Denken von allem Mitgedachten und Mitschwingenden, bleiben nur Denotationen übrig, und alle Konnotationen verschwinden. Das aber wäre aus ihrer Sicht gerade nicht der Königsweg, sondern das Ende allen Philosophierens. Wer soll so etwas wollen, bis auf die, wie Bloch schimpft, »Speichellecker des Faktischen«?[276] Was Wahrheit ist, lässt sich in seinem Verständnis nur andeuten, umkreisen und in Denkbildern aufscheinen lassen. Wahrheit braucht das Sinnliche und die Verkleidung, um zutage zu treten, den Vorgriff und den Rückgriff, alles gradlinig Behauptende dagegen sei banal.

Wittgensteins Position ist das exakte Gegenteil. Denn nur sein Weg, so glaubt er selbst, ist dazu geeignet, die Philosophie von zweieinhalbtausend Jahren philosophischer Verkehrtheiten und menschlicher Alltagsverblendungen zu befreien. In der ersten Fassung des *Tractatus* schreibt er am Ende der Einleitung selbstbewusst: Es »scheint mir die Wahrheit der hier mitgeteilten Gedanken unantastbar und definitiv. Ich bin also der Meinung, die Probleme im Wesentlichen endgültig gelöst zu haben.« Gefolgt allerdings von dem irritierenden Nachsatz: »Und wenn ich mich hierin nicht irre, so besteht der Wert dieser Arbeit zweitens darin, daß sie zeigt, wie wenig damit getan ist, daß die Probleme gelöst sind.«[277]

Hybris und Selbstzweifel in unmittelbarer Folge – dieser Umgang mit sich selbst kennzeichnet Wittgenstein in allen Lebenslagen. Und er kommt auch nicht zur inneren Ruhe, zumal die Resonanz auf sein ultimatives Werk äußerst gemischt ausfällt. Frege kann mit dem *Tractatus*, wie er bekennt, nicht viel anfangen. Viel rigoroser vermerkt Russell in seiner Einleitung zur ersten englischen Übersetzung, das Werk sei rettungslos inkonsistent. Gleichwohl aber sei es »ein bedeutendes Ereignis in der philosophischen Welt«.[278] Ein Blick auf seine vielfältige Rezeptionsgeschichte lässt daran keinen Zweifel aufkommen. An klugen Interpretationen zum *Tractatus* besteht kein Mangel, darunter auch die viel diskutierte Sicht der US-amerikanischen Philosophin *Cora Diamond* (* 1937), Wittgenstein habe im *Tractatus* vor allem die Unsinnigkeit seines eigenen Unterfangens demonstriert.[279] Der Hinweis am Schluss: »Meine Sätze erläutern dadurch, dass sie der, welcher mich versteht, am Ende als unsinnig erkennt, wenn er durch sie – auf ihnen – über sie hinausgestiegen ist«[280] zeige unmissverständlich, dass Wittgenstein die Grenzen seines Ansatzes bewusst waren. Und genau deshalb habe er das Tor weit aufgestoßen zu dem, was sich eben nicht sagen, sondern nur »zeigen« lässt.

Zeit der Ernüchterung

Die Jahre nach dem *Tractatus* bedeuten einen Bruch. Der Rausch des radikalen Aufbruchs ins faszinierend Nüchterne ist verflogen. Hat Wittgenstein die Philosophie an ihr Ende geführt, oder hat er sie gar überflüssig gemacht? Es ist frappierend zu sehen, wie vor allem Russells philosophisches Interesse schwindet. Die Schrecken und die Zäsur des Ersten Weltkriegs auf der einen, die mutmaßliche Sackgasse des *Tractatus* auf der anderen Seite – Russell ist nun nicht mehr auf der Suche nach einer besseren Philosophie, sondern, wie zeitgleich Lukács und Bloch, nach einer besseren Welt. Politisch interessiert war er schon immer gewesen, er ist Pazifist, und sein Herz schlägt links. Ein Flugblatt im Krieg handelt ihm seine Entlassung in Cambridge, ein Zeitungsartikel eine sechsmonatige Haftstrafe ein. Nach dem Krieg sieht Russell die Stunde gekommen, um aus dem erschütterten Großbritannien etwas ganz anderes zu machen, einen sozialistischen Staat im ethisch besten Sinne. Im Jahr 1920 reist er in die Sowjetunion, wo er Lenin trifft und sich rasch vom Bolschewismus desillusionieren lässt. Im Winter 1920/1921 übernimmt der in England geschasste Logiker eine Gastprofessur in Peking. Russell wirbt für ein bedingungsloses Grundeinkommen in Großbritannien und interessiert sich für die Reformpädagogik. Gemeinsam mit seiner zweiten Frau *Dora Black* (1894–1986) gründet er 1927 eine Experimentalschule für ihre beiden gemeinsamen Kinder. Die Schriften, die er in dieser Zeit verfasst, richten sich meist an ein großes Publikum. Russell unternimmt mehrere Vortragsreisen in die USA. Er will seine pädagogischen Einsichten ebenso einer breiten Leserschaft vermitteln wie seine naturwissenschaftlichen und philosophischen. Darunter fällt unter anderem jener Vortrag von 1927, der in den Sechzigerjahren neu aufgelegt ein internationaler Bestseller wird: *Why I Am Not a Christian* (*Warum ich kein Christ bin*).

Auch Wittgenstein bricht seine Zelte in Cambridge ab, aber nicht, weil die Universität ihn dazu zwingt. Was er in der Philosophie zu leisten geglaubt hat, hat er seinem Selbstverständnis nach geleistet. Nicht Hochschullehrer will er werden, sondern Volksschullehrer. Er verschenkt seinen Erbteil, ein enormes Vermögen, an seine Geschwister und an junge Künstler und unterrichtet sechs Jahre lang an unterschiedlichen Schulen in Niederösterreich; ein tragisches Missverständnis, denn als Pädagoge ist der überambitionierte Exzentriker ein Ausfall. Ein Wörterbuch für Volksschulen ist seine einzige bleibende Leistung aus dieser Zeit. Nach einem tragischen Vorfall mit einem Schüler wird Wittgenstein Gärtnergehilfe in einem Kloster in Hütteldorf bei Wien, bevor er ein neues Ziel findet. Zusammen mit einem Architekten entwirft er ein streng-funktionales Stadtpalais für seine Schwester in Wien, wobei sich der Philosoph vor allem um das schlichte Innendesign kümmert. Nüchternheit, Klarheit und Schnörkellosigkeit bestimmen seine künstlerischen Entwürfe vom Design bis zur Bildhauerei.

Die Lücke, die Russell und Wittgenstein in Cambridge gerissen haben, muss nun Moore füllen. Seit 1911 ist er Dozent am Trinity College, und als Wittgenstein kam, hatten die beiden schnell eine enge Freundschaft geschlossen. Im Jahr 1921 wird der inzwischen Achtundvierzigjährige Herausgeber von *Mind* –

der von *Alexander Bain* (1818–1903) gegründeten wichtigsten philosophischen Zeitschrift in England. Vier Jahre später erhält Moore endlich den langersehnten Lehrstuhl für Philosophie. Im gleichen Jahr erscheint sein einflussreicher Aufsatz *A Defense of Common Sense* (*Eine Verteidigung des Common Sense*). Das Buch setzt den Weg fort, den Moore seit seiner ersten Schrift gegen den Idealismus eingeschlagen hat, indem er den Idealisten vorwirft, ihre Philosophie sei kontraintuitiv. Sie muteten ihren Lesern Betrachtungsweisen zu, die ihrem gesunden Menschenverstand widersprechen.

Der Einwand ist umso bemerkenswerter, als Moore sich ebenso wie Russell als Anwalt einer modernen naturwissenschaftlichen Weltsicht sieht. Tatsächlich jedoch widerspricht das Weltbild der Physik nach der Quanten- und der Relativitätstheorie so ziemlich in allem dem gesunden Menschenverstand. Und was auch immer man über den logischen Atomismus denkt, die intuitive Einsicht in seine Richtigkeit hat er nicht unbedingt auf seiner Seite. Doch Moore hatte schon in den *Principia ethica* den *Common Sense* als wichtigen Baustein seines Systems betrachtet. Eine Ethik, die streng logisch deduziert wird und alle sprachlichen Missverständnisse ausräumen will, flüchtet sich am Ende in das wohl am wenigsten Logische, was der Ethiker finden kann: die natürliche Intuition. Diese allerdings ist, so wie Moore sie auslegt, wohl weniger »natürlich« als männlich, britisch und von geistesaristokratischem, traditionsbewusstem Zuschnitt. So radikal der neue Ansatz ist, so konservativ ist er zugleich. Dabei verwundert es nicht, dass Moore, ebenso wie Russell, zu Santayana, dem zu seiner Zeit bekanntesten Philosophen der intuitiven Gewissheit in der angloamerikanischen Welt, die größtmögliche Distanz hält. Er nimmt ihn ebenso wenig ernst wie dieser die Logiker in Cambridge. Russells Philosophie (so wendet Santayana dessen Satz über Leibniz gegen ihn selbst) sei dann am besten, wenn sie sich so weit wie möglich vom menschlichen Leben entfernt.[281]

Immerhin kommt jener Moore, der 1907 in einer Besprechung von Santayanas *The Life of Reason* dem Harvard-Professor zwar einen mitreißenden Stil, aber auch größte Konfusion und »keinen Nutzen für niemanden« attestiert hat, 1925 zu dem gleichen Schluss wie der von ihm verspottete Konkurrent: dass ohne ethische Intuitionen in der Ethik gar nichts läuft.[282] Diese Einsichten des *Common Sense* seien »synthetische Urteile«, zusammengesetzt aus der Erfahrung, und lassen sich mit den Instrumenten des Logikers nicht sezieren. Und Moore listet gleich einen ganzen Katalog an intuitiven Gewissheiten auf, die alle auf dem *animal faith* beruhen, auch wenn er das Wort natürlich nicht benutzt, sondern von *Common Sense* spricht. Wie schon in *Principia ethica* bewegt er sich damit im Fahrwasser der britischen Empiristen des 18. Jahrhunderts. Dabei begnügt er sich mit einem für einen Logiker eigentlich völlig unnachvollziehbaren Wahrheitskriterium: dass die Beweisgründe irgendwo verschüttet in der Vergangenheit liegen! »Wir sind alle in dieser merkwürdigen Lage, dass wir viele Dinge wissen, von denen wir weiterhin wissen, dass wir Beweisgründe für sie gehabt haben müssen, und doch wissen wir nicht, wie wir sie wissen, d.h., wir wissen nicht, worin die Beweisgründe bestanden haben.«[283] Merkwürdig ist vor allem, dass hier der Begriff »Beweisgründe« benutzt wird, als seien die intuitiven Gewissheiten der Menschheit jemals logisch verhandelt worden und hätten sich nicht vielmehr evolutionär und kulturell ausgeprägt, ohne dass es dazu irgendwelcher Beweise oder Debatten bedurfte.

Kurz vor seiner Emeritierung veröffentlicht Moore noch seinen letzten berühmten Aufsatz *Proof of an External World* (*Beweis einer Außenwelt*). Darin glaubt er überzeugend darzulegen, dass eine vom menschlichen Bewusstsein unabhängige Außenwelt existiert. Wie ist das zu beweisen? »Indem ich meine beiden Hände hochhebe, mit der rechten Hand eine bestimmte Geste mache und sage ›Hier ist eine Hand‹ und dann hinzufüge, wobei ich mit der linken Hand eine bestimmte Geste mache, ›Hier ist noch eine‹. Und wenn ich, indem ich dies tue, *ipso facto* die Existenz von Außendingen bewiesen habe, werden sie alle einsehen, dass ich es auch auf eine Vielzahl von anderen Weisen tun kann.«[284]

Dass der Beweis zirkulär ist, sieht man auf den ersten Blick. Erst wird behauptet, dass die beiden Hände existieren, und dann soll damit bewiesen sein, dass sie es tun. Ein radikaler Skeptiker würde hingegen daran zweifeln, dass die Hände überhaupt existieren, alles könnte gleichwohl ein Traum oder eine Illusion sein. Wittgenstein wird deshalb zu Recht anmerken, dass sein Freund Moore sich die alles entscheidende Frage nicht stellt, *woher* er denn eigentlich weiß, dass dies und das seine Hände seien. Und ein konsequenter Idealist wie der Ire *George Berkeley* (1685–1753) würde entgegnen, dass Moores Hände samt Zuschauern usw. sein Bewusstseinsinhalt sind. Nirgendwo ist bewiesen, dass die Hände außerhalb seines Bewusstseins existieren. Und selbst die Zuschauer beweisen nicht das Gegenteil, denn auch sie sind ja Teil seines Bewusstseins. Aus der Immanenz des Bewusstseins gibt es kein Entrinnen, schon gar nicht durch wilde Gestikulation.

Der Traum von einer universellen Logik, die alle philosophischen Probleme aufschlüsselt und am Ende selbst der Ethik den rechten Pfad weist, endet also vorerst in Trivialitäten. Und der anfangs so starke Aufbruch zum Neuen ist einer Wüste von Einzelheiten gewichen. Russell springt meinungsfreudig von einem Thema zum anderen, ohne dabei stringent an seinen einst so glühend vertretenen logischen Atomismus anzuknüpfen. Wittgenstein hat sich vorerst selbst aus dem Spiel genommen. Und Moores Philosophie ist hochgradig inkonsistent, weit entfernt von den ursprünglich selbst gestellten Ansprüchen an höchste Stringenz und größte Klarheit. Zeit, dass andere sich der Sache annehmen. Und genau das geschieht …

Die Fliege im Glas

Der Traum von der »Einheitswissenschaft« – Wittgensteins Schatten – Das Wesen der Wahrheit – Frage und Antwort – Die Archäologie des Erkennens – Verwinkelte Gassen – »Hol's der Teufel, was in ihm vorgeht!«

Der Traum von der »Einheitswissenschaft«

»Die wissenschaftliche Weltauffassung kennt keine unlösbaren Rätsel. Die Klärung der traditionellen philosophischen Probleme führt dazu, dass sie teils als Scheinprobleme entlarvt, teils in empirische Probleme umgewandelt und damit dem Urteil der Erfahrungswissenschaften unterstellt werden. In dieser Klärung von Problemen und Aussagen besteht die Aufgabe der philosophischen Arbeit, nicht aber in der Aufstellung eigener ›philosophischer‹ Aussagen.«[285]

Der, der dies mit trockener Überzeugung schreibt, ist ein Mann mit vielen Berufsbezeichnungen: Ökonom, Wissenschaftstheoretiker, Sozialpolitiker, Museumspädagoge und Statistiker sind nur einige davon, und nun soll auch »Philosoph« dazukommen. *Otto Neurath* (1882–1945) hat in Wien und Berlin Mathematik, Ökonomie, Geschichte und Philosophie studiert. Im Jahr 1906 promoviert er mit einer wirtschaftsgeschichtlichen Arbeit bei *Gustav von Schmoller* (1838–1917), dem mächtigen Vorsitzenden des »Vereins für Socialpolitik« in Berlin. Seine Habilitation verfasst Neurath bei Weber in Heidelberg, Schmollers großem Gegenspieler im »Werturteilsstreit«, und zwar in Politischer Ökonomie. Der umtriebige Neurath ist überall, und er mischt auch jedes Mal kräftig mit. Im Jahr 1919 ist der Hüne von einem Mann an der Gründung der Münchner Räterepublik beteiligt, zwischenzeitlich sogar als Präsident des Zentralwirtschaftsamts. Zurück in Wien wird Neurath 1920 Generalsekretär des Österreichischen Verbandes für Siedlungs- und Kleingartenwesen. Als »Austromarxist« geht es ihm vor allem um die Volksbildung. Wie lassen sich möglichst breite Bevölkerungsschichten umfassend bilden? Im Jahr 1924 gründet der Tatmensch das spätere Gesellschafts- und Wirtschaftsmuseum Wien. Seine bedeutendste Leistung in der Zeit am Museum ist die Entwicklung von Piktogrammen gemeinsam mit dem Grafiker Gerd Arntz. Um möglichst alle Gesellschaftsschichten anzusprechen und ihnen Wissen zu vermitteln, treibt Neurath ein Projekt voran, das komplexe Sachverhalte in bildliche Darstellungen überführt, die »Wiener Methode der Bildstatistik«.

Die eingangs zitierten Sätze schreibt er 1929 mit zwei engen Mitstreitern, dem Mathematiker und Doktorvater von Kurt Gödel, *Hans Hahn* (1879–1934), und dem Philosophen *Rudolf Carnap* (1891–1970). Gemeinsam verfassen sie die Programmschrift *Wissenschaftliche Weltauffassung. Der Wiener Kreis*. Projektiert werden darin eine rein wissenschaftliche Bearbeitung und Klärung aller philosophischen Fragen. Als Vorbilder werden unter anderem Russell und Whitehead genannt, die inzwischen internationale Bedeutung erlangt haben.[286] Vor allem aber sieht sich der Wiener Kreis in der Tradition des großen Physikers und Philosophen Ernst Mach, der Ende des 19. Jahrhunderts einen Lehrstuhl für die »Philosophie der induktiven Wissenschaften« an der Wiener Universität innehatte. Und auch sein Nachfolger *Ludwig Boltzmann* (1844–1906), wie Mach Physiker und Philosoph, inspiriert die Gruppe dazu, die logischen Grundlagen der Naturwissenschaften zu erforschen. Das Ziel steht an Ehrgeiz nicht hinter dem Streben Russells, Moores und Wittgensteins zurück; eine Erneuerung der Logik, die Klärung der erkenntnistheoretischen Grundlagen der Physik und schließlich als große Aufgabe: die Begründung einer »Einheitswissenschaft« auf der Basis der logischen Analyse.

Bereits 1907 hatten sich Neurath und Hahn zu einer ersten Diskussionsrunde mit Gleichgesinnten zusammengefunden. Fünf Jahre lang erörterten sie ähnliche Grundlagenprobleme wie Russell und Whitehead und diskutierten fast sämtliche Denker, die in irgendeiner Form versucht hatten, die Philosophie grundlegend zu erneuern. Darunter fanden sich nicht nur einschlägige Verbündete wie Mach und Boltzmann, sondern auch Brentano und Husserl sowie Freuds Psychoanalyse und sogar Lenins umfangreiche Kritik an Machs »Empiriokritizismus«. Die Stoßrichtung der Bemühungen ist klar: Wenn sich alle Verwirrtheiten lösen und alle Vernebelungen aufhellen, wird die Philosophie endlich die wahre Natur der Welt enthüllen. Wissenschaft und Philosophie sind dann nicht mehr voneinander getrennt, sondern es gibt nur noch *eine* eindeutige Erkenntnis der Welt. Alle Wissenschaften könnten dann schrittweise aufeinander aufbauen, von der Logik über die Elementarphysik und die Naturwissenschaften zu den Gesellschaftswissenschaften. Und statt Hunderten von Schulrichtungen, Denkweisen und Weltanschauungen bliebe nur noch eine einzige nachprüfbare und folgerichtige übrig.

Das Projekt, fast so alt wie die Geschichte der Philosophie, hat viele Vorväter. Man kann das, was uns von Aristoteles erhalten ist, als genau diesen Versuch einer alles umfassenden Seinslehre deuten. Im 19. Jahrhundert wagte sich der Autodidakt Herbert Spencer an das gleiche Unterfangen. Sein *System der synthetischen Philosophie* baut ein Haus, Stockwerk für Stockwerk, von »ersten Prinzipien« über die Biologie und die Psychologie hin zur Soziologie und zur Ethik. Ich habe es im dritten Band dieser Philosophiegeschichte den »Traum des Hausmeisters« genannt: den Versuch, mit dem gleichen Fahrstuhl vom Keller bis zum Dach hochzufahren. Was für Spencer Darwins Evolutionstheorie war – der Schlüssel zu allem –, soll nun quasi durch das thomsonsche Atommodell ersetzt werden: die Vorstellung, die Welt ließe sich in kleinste Einheiten zerlegen und anschließend logisch zusammensetzen.

Neuen Schub bekommt der Traum von der Einheitswissenschaft, als nach der Zäsur des Ersten Weltkriegs der Philosoph *Moritz Schlick* (1882–1936) im Jahr 1922 von Rostock nach Wien wechselt. Schlick hatte in Heidelberg, Lausanne und Berlin Naturwissenschaften und Mathematik studiert und 1904 bei *Max Planck* (1858–1947) promoviert. Der umtriebige junge Mann ist anschließend überall zu finden, wo gerade etwas spannendes Neues entsteht: in Göttingen, in Heidelberg und in Berlin. Auch zwei Semester Psychologie in Zürich stehen in seiner Vita. Im Jahr 1910 habilitiert sich der Vielbeschlagene in Rostock in Philosophie mit einer Arbeit über *Das Wesen der Wahrheit nach der modernen Logik*. Schlick unterzieht darin die bekanntesten Wahrheitstheorien einer Überprüfung und kritisiert sowohl Husserls Vorstellung der Wahrheit als etwas »Ideales« als auch die Bindung der Wahrheit an die Nützlichkeit in James' Pragmatismus.

Schlicks Projekt ist ehrgeizig. Als Schüler von Planck hat er die wissenschaftliche Revolution hautnah miterlebt, die 1905 durch Einsteins Spezielle Relativitätstheorie ausgelöst wird. Der junge Philosoph pflegt engen Kontakt zum drei Jahre älteren Physiker und möchte sein eigenes Metier enger mit den Naturwissenschaften verknüpft sehen. Wird es nicht endlich Zeit für einen neuen erkenntnistheoretischen Realismus?

Als Privatdozent in Rostock veröffentlicht Schlick 1918 sein erstes Hauptwerk: die *Allgemeine Erkenntnislehre*. Wie schon in seiner Dissertation möchte er die Erkenntnistheorie von allem Spekulativen und aller Metaphysik befreien und lediglich das als gültig anerkennen, was sich *empirisch belegen* lässt, entweder weil es in der Alltagserfahrung unabweisbar oder weil es durch die Naturwissenschaften ermittelt ist. Die Philosophen sollten von nun an ähnlich vorgehen wie die Naturwissenschaftler. Sie sollten versuchen, ihre Erkenntnismittel so gering wie möglich zu halten, und nur wenige Begriffe gebrauchen. »Denkökonomie« hatten dies die auch von Schlick hochgeschätzten Vorbilder Avenarius und Mach genannt.

Dabei unterscheidet Schlick den Begriff des »Erlebens« sorgfältig vom Begriff des »Erkennens«. Während es im Erleben immer um die Beziehung zu *einem* Objekt geht, wird beim Erkennen ein Beziehungsgefüge zu vielen Objekten hergestellt. Man vergleicht und ordnet das Erfahrene unter andere Begriffe unter. Der Erlebnischarakter tritt hinter das Allgemeine des Begriffs zurück. Das Wahrheitskriterium ist dabei das gleiche wie kurz darauf bei Wittgenstein: Ein Urteil ist wahr, wenn die Beziehung zwischen den Erkenntnisobjekten so hergestellt wird, dass sie *tatsächlich* ist, das heißt der objektiven Realität entspricht. Dass jeder philosophische Idealist hier sofort Einspruch erhebt, ist dem umfassend gebildeten Schlick klar. Denn nach idealistischer Auffassung verlassen wir als Erkennende niemals unser Bewusstseinszimmer. Dass etwas der objektiven Realität entspricht, lässt sich nur bewusstseinsimmanent behaupten, aber nicht beweisen. Schlick hingegen sieht das anders. Für ihn setzen die Idealisten fälschlicherweise Erleben und Erkennen gleich. Solange es ums Erleben geht, gelangen wir nie in die Sphäre bewusstseinsunabhängiger Realität. Der abwägende Erkenntnisprozess hingegen baue die Brücke zu den Dingen, wie sie »an sich« sind. Auch wenn wir sie nicht unmittelbar erleben können, so können wir sie eben doch erkennen durch Vergleichen, Einordnen und begriffliches Bestimmen. Dies nicht erkannt zu haben wirft Schlick nicht nur Kant, sondern auch Husserl vor, der bekanntlich jegliche Erkenntnis aus dem Erlebnisstrom herausdestilliert. Husserl will das »Wesen« der Dinge *erschauen* und nicht durch analytischen Vergleich *erklären*.

Dass aus Sicht eines Idealisten der Brückenschlag in die objektive Realität nicht in dieser landet, sondern weiterhin *im* Bewusstsein stattfindet und dort bleibt, sieht Schlick so wenig wie Wittgenstein. Sich über dieses Faktum hinwegzusetzen ist ein dermaßen wichtiger Ausgangspunkt des *Tractatus* wie auch von Schlicks »logischem Empirismus«, dass man darauf nicht verzichten kann. Schlicks Selbstbewusstsein ist dabei äußerst groß. Denn mit seinem Programm trifft er genau den Nerv der vielen philosophierenden Mathematiker und Physiker, die schon zuvor auf der Suche nach einer »Einheitswissenschaft« waren und sich nun, von 1922 an, um den Neuankömmling in Wien versammeln. Dass Schlick das Logische streng vom Psychologischen abgrenzt, dass er die Deduktion lediglich als Systematisierungsleistung anerkennt und ansonsten allein auf die induktive Überprüfung setzt und dass die Welt ein »Ganzes« bilden soll, das tatsächlich zureichend erkannt werden kann – all das fasziniert den neuen Gesprächskreis. Dabei unterscheidet das Letzte Schlicks Empirismus scharf von Russells und Moores Atomismus. Für Russell bildet die Welt ein Konglomerat von kleinsten Einheiten; für Schlick gibt es eine Art Weltarchitektur; alles ist miteinander verbunden.

Vom Wintersemester 1924/1925 an treffen sich die Gesprächsteilnehmer jeden Donnerstag im Mathematischen Institut in der Wiener Boltzmanngasse. Und man zieht Wissenschaftler aus vielen Fächern an. Seit 1926 ist auch Rudolf Carnap dabei. Der gebürtige Wuppertaler hatte in Jena und Freiburg Mathematik, Physik und Philosophie studiert und war unter anderem Schüler von Frege gewesen. Nach seiner Militärzeit im Ersten Weltkrieg promovierte er bei dem Neukantianer Bruno Bauch in Jena mit der Schrift *Der Raum*. Mithilfe von Schlicks Vermittlung kann Carnap nun seine Habilitation in Wien vorbereiten. Und als 1929 die Programmschrift von Neurath, Carnap und Hahn erscheint, erhält der seit 1928 sogenannte Verein Ernst Mach seinen bekannten Namen: Wiener Kreis. Nun müssen der Ankündigung nur noch die Taten folgen: die Begründung einer »Einheitswissenschaft« aus dem Geist der logisch-empirischen Analyse. Es kommt anders.

Wittgensteins Schatten

Einer, der nicht beim Wiener Kreis dabei ist, aber allgegenwärtig im Raum steht, ist Wittgenstein. Schon gleich nach dem Erscheinen des *Tractatus* hatte Hahn 1922 ein Seminar darüber abgehalten, und die Diskussionen waren im Gesprächskreis seitdem nicht abgerissen. Als Carnap 1926 habilitiert, steht Wittgensteins Forderung nach einer Präzisionssprache aus logischen Gedanken für ihn Pate. Die Arbeit, die 1928 unter dem Titel *Der logische Aufbau der Welt* erscheint, ist Programm: Es ist der erste umfassende Versuch, aus der Relationenlogik der *Principia Mathematica* ein axiomatisches Begriffssystem zu formen. Russells logischer Atomismus soll in eine neue Begriffssprache übertragen werden, sodass er Wittgensteins Idee einer Präzisionssprache genügt. Würde dies gelingen, so stünde dem Brückenschlag von der mathematischen Logik zu den Aussagen der Naturwissenschaften nichts im Wege und damit auch nicht einer künftigen »Einheitswissenschaft«.

Carnap will das leisten, was bislang nur Ankündigung ist. Russell war eine neue Begriffssprache schuldig geblieben, und auch Wittgenstein hatte sein Programm im *Tractatus* nur ex negativo begründet. Er hatte alles streng darauf reduziert, was sich überhaupt klar sagen lässt. Damit war aber noch lange nicht zureichend begründet, *wie*. Wo soll man anfangen? Carnap beginnt seine Untersuchung nicht in der Logik oder in der Mathematik. Sein Ausgangspunkt sind »Elementarerlebnisse«. Jeder Mensch erlebt in seinem Erlebnisstrom auf zunächst völlig subjektive Art und Weise die Welt. Diese unmittelbare Wahrnehmung, quasi die »Erlebnisse« bei Schlick, wird mit anderen Erlebnissen verglichen, so wie auch Schlick die »Erkenntnis« anfangen lässt. Dieses Vergleichen geschieht, nach Carnap, durch das Entdecken von Ähnlichkeiten und durch Ähnlichkeitserinnerungen. Etwas kommt mir bekannt vor, und auch der Kontext, in dem es zuvor gestanden hat, wird häufig erinnert. Auf diese Weise stellen wir zwischen unseren Elementarerlebnissen Relationen her.

Im nächsten Schritt entwirft Carnap nun eine Art Mengenlehre der Begriffe, so wie Frege und Russell dies mit Zahlen vorgemacht hatten. Jedem Elementarerlebnis der Realität wird ein Elementarbegriff mit eindeutiger Bedeutung zugeordnet. Nur die Logik selbst und die Mathematik, bei denen das nicht geht, bilden eine Ausnahme. Sie sind auch ohne eine empirische Übereinstimmung wahr. Will sich der Philosoph Klarheit verschaffen, so muss er, nach Carnap, die im täglichen Sprachgebrauch in unendlich viele Relationen und Sprachkombinationen verwickelten Sätze analysieren und die Elementarbegriffe sauber daraus isolieren. Denn nur Sätze, in denen Elementarbegriffe vorkommen, können auf ihre Realität hin überprüft werden, und zwar ganz gleich auf welcher »Stufe« sie stehen, ob sie – von unten nach oben immer anspruchsvoller – »Eigenpsychisches«, »Physisches«, »Fremdpsychisches« oder »Geistiges« behandeln. Am Ende soll dann ein »Stammbaum« der Begriffe stehen, in der niedere Konstitutionsklassen stets in höheren Konstitutionsklassen enthalten sind, sodass alles Begriffliche fein sortiert zuhanden ist. Alle Begriffe bestünden dann nur noch auf Begriffenem.

Dass das so einfach klingende System allerdings zwei schier unüberwindliche Schwierigkeiten in sich trägt, wird Carnap recht schnell selbst klar. Zum einen unterschlägt seine Mengenlehre der Begriffe das, was Frege und Wittgenstein »Sinn« nannten. Carnap kennt, wie Russell, nur Bedeutungen. Das aber reduziert die Aussagen über die Welt auf ein wirklichkeitsfernes Minimum und macht aus der normalen Sprache fast schon eine Karikatur: einen viel zu komplizierten Fotoapparat zur Abfotografie der Wirklichkeit. Zum anderen hat auch Carnap das gleiche Problem wie Schlick: Woher weiß ich, dass das, was eigenpsychisch erlebt wird, tatsächlich die Wirklichkeit abbildet, sodass sich daraus durch Ähnlichkeiten und Vergleiche Erkenntnisse ableiten lassen? Physiker würden diesen Ausgangspunkt sicher im physikalisch Unbestreitbaren suchen. Aber bewusst werden diese Unbestreitbarkeiten ja erst im menschlichen Denken, sodass es keinen anderen Weg zu geben scheint, als mit Psychischem anzufangen. Aber damit entstehen große Schwierigkeiten. Denn subjektive Elementarerlebnisse sind ein äußerst heikler Ausgangspunkt eines »logischen Aufbaus der Welt«. Kommt man dann je aus dem psychischen Solipsismus heraus? Ein Rassist wird seinen eigenpsychisch erlebten Rassismus stets auf anderes rassistisch Gefärbte beziehen und somit eine in sich geschlossene Erkenntniswelt aus Vorurteilen konstruieren. Was also fehlt, sind, wie Carnap bald feststellt, sichere *Verifikationskriterien* für den Sinn. Denn ohne diese kommt man nirgendwo weiter.

Immerhin, mit Carnaps Habilitation ist nach Schlicks *Allgemeiner Erkenntnislehre* ein zweiter Aufschlag gemacht. Das Buch wird im Wiener Kreis ausführlich diskutiert. Inzwischen legt man auch größten Wert auf Wittgensteins Urteil. Schlick bemüht sich immer wieder um einen Kontakt. Schließlich treffen er, seine Schüler *Friedrich Waismann* (1896–1959) und *Her-*

bert Feigl (1902–1988) sowie Carnap sich vom Sommer 1927 an mehrmals mit dem Autor des bewunderten *Tractatus*. Doch an eine offene Diskussion ist nicht zu denken. Wittgenstein ist mit seinem Architekturprojekt beschäftigt und nur mäßig an Philosophie interessiert. Manchmal liest er seinen Gesprächspartnern Gedichte vor, stets mit dem Rücken zum Publikum. Schwierig ist auch, dass er überempfindlich auf jede kritische Frage reagiert. Das einzige philosophische Thema, das alle gleichermaßen beschäftigt, ist der Vortrag *The Foundation of Mathematics* (Die Grundlagen der Mathematik) von *Frank Plumpton Ramsey* (1903–1930), Wittgensteins hochbegabtem Freund aus Cambridge.

Was seine Gesprächspartner bei alldem am meisten verwundert, ist, dass der verehrte Meister zu ihrer großen Überraschung ihr Programm zur Überwindung aller Metaphysik nicht teilt. Ist es nicht das, was allen Bemühungen gemeinsam ist? Die Philosophie von allem Sinnlosen und Unsinnigen zu befreien und damit von allen nicht verifizierbaren Aussagen über die Welt? Aber Wittgenstein, der am Ende des *Tractatus* die Unsinnigkeit seines eigenen Unterfangens angedeutet hat, will von einer radikalen Abkehr von aller Metaphysik nichts wissen. In Carnaps Erinnerungen liest sich das so: »Ich hatte manchmal den Eindruck, dass die bewusst rationale und unemotionale Haltung des Wissenschaftlers und gleichermaßen alle Ideen, die im Geruch der ›Aufklärung‹ standen, Wittgenstein zuwider waren.«[287] Wie recht er damit hat, zeigt sich in Wittgensteins radikaler Ablehnung der Programmschrift *Wissenschaftliche Weltauffassung*. Als er von dem Projekt erfährt, schreibt Wittgenstein an Waismann, man solle Schlick, der zwischenzeitlich als Gastprofessor in Kalifornien weilt und dem die Programmschrift gewidmet ist, nicht »›in guter Absicht‹ durch Großsprecherei lächerlich machen. Wenn ich sage ›Großsprecherei‹ so meine ich damit jede Art der selbstgefälligen Selbstspiegelung. ›Absage an die Metaphysik‹! Als ob *das* was Neues wäre. Was die Wiener

Schule leistet, muß sie *zeigen*, nicht sagen ... *Das Werk* muß den Meister loben.«[288]

Wittgenstein wird seine Distanz zu der von ihm sogenannten Tafelrunde weiter vergrößern. Verwunderlich ist das nicht. Während der Wiener Kreis seine Anstrengung intensiviert, eine wissenschaftliche Philosophie mit eindeutigen Aussagen auszuarbeiten, hat Wittgenstein den Glauben an die Möglichkeit einer solchen universellen Präzisionswissenschaft aufgegeben. Inzwischen hält er sie nicht nur für »großsprecherisch«, sondern mehr und mehr für einen Irrtum, genauer: für ein fundamentales Missverständnis der Natur der Sprache und somit des Denkens! Waismanns Bemühungen, Wittgensteins alte und neue Gedanken in einem geplanten Werk *Logik, Sprache, Philosophie* zu veröffentlichen, scheitern an dessen zunehmender Unwilligkeit. Nur der Kontakt zu Schlick bleibt bestehen. Für den Kopf des Kreises ist Wittgenstein ein sprudelnder Quell von Anregungen. Doch hilft ihm dies und dem Kreis tatsächlich für das große Projekt?

Das Wesen der Wahrheit

Im Gespräch mit Carnap, Schlick und dessen Schülern hatte Wittgenstein im Juni 1930 gesagt: »Die Bedeutung eines mathematischen Begriffs ist die Art seines Gebrauchs, der Sinn eines mathematischen Satzes die Methode seiner Verifikation.«[289] Spätestens hier muss sowohl Schlick als auch Carnap klar geworden sein, dass ihre Konzentration auf die *Bedeutung* (als mutmaßliche Übereinstimmung mit der Realität) nicht hinreicht. Im Grunde findet sich ein ähnlicher Hinweis schon im *Tractatus*: »Einen Satz verstehen, heißt, wissen, was der Fall ist, wenn er wahr ist.«[290] Ohne die Dimension des *Sinns* (das, was eine Aussage wahr oder falsch macht) kommt kein System einer künftigen Präzisionssprache aus. Denn wie soll sich die Korrektheit einer bestimmten Bedeutung beweisen lassen, wenn man keine Kriterien dafür anlegen kann? Der Logiker braucht also ein logisches Sinnkriterium. Ein Kriterium wie »Evidenz«, auf das Brentano und Husserl und unausgesprochen auch Heidegger sich berufen, sind eines Logikers unwürdig, enthält sie doch entweder eine psychische oder eine metaphysische Gewissheit, die der Logiker unbedingt loswerden will. Genau das ist ja der Kern des logischen Programms.

Wer, wie der Wiener Kreis, die Sätze der Metaphysik als sinnlos verabschieden will, braucht also sichere Kriterien für das, was wahr und falsch ist. Der Hinweis darauf, dass etwa Aussagen über die Natur Gottes sinnlos seien, weil sie *nicht überprüfbar* sind, reicht hier nicht aus. Denn die Sätze der Logik und der Mathematik sind auch nicht an der Realität überprüfbar. Um diese nicht ebenfalls ins Abseits zu stellen und sich damit selbst den Teppich wegzuziehen, definiert Carnap die Sätze der Logik und der Mathematik (wie Kant) als *analytisch wahr*.

In seinem 1931 veröffentlichten Aufsatz *Überwindung der Metaphysik durch logische Analyse der Sprache* glaubt er dann den Schlüssel zur sicheren Bestimmung von Wahr und Falsch gefunden zu haben. Demnach gibt es zwei Kriterien, die darüber entscheiden, ob ein Satz wahr oder falsch ist: erstens seine empirische Überprüfbarkeit und/oder seine Richtigkeit in der Syntax. Syntaxwidrig zusammengebastelte Sätze sind immer falsch, und zwar entweder grammatikalisch falsch oder logisch falsch. Der Satz »Wer bin ich und wenn ja, wie viele?« ist zum Beispiel grammatikalisch korrekt, aber logisch falsch. Oder mit Carnap gesagt eine »Sphärenvermengung«. Mit diesen Überprüfungsinstrumenten ausgestattet rechnet Carnap mit kalter Lust mit Heidegger ab, dessen markante Sätze wie »das Nichts nichtet« als sinnlos aus der Philosophie verstoßen werden. Der Satz ist weder empirisch überprüfbar noch logisch evident.

Was hat Carnap damit bewiesen? Dass Heideggers Philosophie aus vielen sinnlosen Sätzen besteht? Oder dass der logische Instrumentenkasten ziemlich wenig taugt? Mit gleicher Oberlehrerhaftigkeit hätte Carnap auch Hegel, Kierkegaard, Nietzsche, Bloch und Benjamin als philosophische Dilettanten vorführen können. Wer sprachpolizeilich das ganze Fettgerüst entfernt, das die Wirklichkeit rund macht, behält am Ende nicht mehr viel übrig. Heidegger wollte, wie erzählt, willentlich die Grenzen des Sprachgebrauchs ausweiten, nicht anders als Bloch und Benjamin es tun; nicht aus Unkenntnis der Logik, sondern aus Einsicht in deren philosophische Begrenztheit. Wenn es eine Gemeinsamkeit von Carnaps Kontrahenten gibt, dann ist es das Credo: Man kann nicht in Hauptsätzen philosophieren!

Carnaps vernichtendes Urteil über alle Metaphysiker hingegen ist eindeutig: »Metaphysiker sind Musiker ohne musikalische Fähigkeit.«[291] Sie erzeugen bei ihrer Leserschaft starke Gefühle und lassen sie emotional in fiktionale Begriffswelten abtauchen. Doch eine Wahrheit der Kunst gibt es für Carnap nicht, sondern für ihn ist ästhetische Vereinnahmung in philosophischer Absicht schlichtweg Blendwerk: Der Metaphysiker vermengt die klare Begriffswelt der Wissenschaft mit dem Ausdrucksbedürfnis der Kunst »und schafft ein Gebilde, das für die Erkenntnis gar nichts und für das Lebensgefühl etwas Unzulängliches leistet«.[292]

Nun lässt sich einwenden, dass Carnaps wortreiche Verachtung der Metaphysik eine nette Ablenkung davon ist, dass auch seine eigene Philosophie aus metaphysischen Abgründen auftaucht. Wer definiert, dass alle irgendwie zusammengesetzten Wahrheiten logische Wahrheiten sein müssen? Lässt sich das an der Realität überprüfen? Sicherlich nicht. Carnaps Verifikationskriterien genügen sich selbst nicht. Weder empirisch überprüfbar noch analytisch wahr sind sie Setzungen, die ihrer Überprüfung an sich selbst nicht standhalten. Zudem ist der allergrößte Teil sprachlicher Aussagen ohnehin weder empirisch überprüfbar noch überprüfungsbedürftig. »Mir ist übel« kann auch dann »wahr« sein, wenn kein Arzt die Ursache dafür findet. Sinnlos wird die Aussage dadurch jedenfalls nicht.

Die Erklärung, dass alle Philosophie *wissenschaftliche* Philosophie sein soll, ist eine normative Setzung ohne einen Wahrheitsvorsprung zu alternativen Setzungen. Und der brennende Wunsch, alle Metaphysik zu eliminieren, sollte zumindest jeden Mathematiker stutzig machen. Denn als Sphäre analytischer Wahrheiten ohne Überprüfungsnotwendigkeit im physikalischen Leben ist auch die Mathematik genuin metaphysisch. Kein Wunder, dass sich die Begeisterung für den logischen Empirismus in der Philosophie zunächst nicht wie ein Flächenbrand ausbreitet. Wäre Carnaps Ziel mit seinen Mitteln erreichbar, wäre die Philosophie, wie man sie bisher kannte, erledigt. Die Werke Platons, Spinozas, Kierkegaards, Kants, Hegels und Nietzsches wären schlechte Musik, und was all die Weltgebäude der Vergangenheit ersetzt, wäre der kleine Zirkelkasten der logischen Analyse – kein System, sondern eine *Methode*, die, häufig genug praktiziert, die Philosophie rasiermesserscharf an ihr wohlverdientes Ende führt.

Nun ist das Ende der Philosophie Anfang der Dreißigerjahre noch nicht wirklich erreicht. Denn schon die Frage, worauf die ganze Analyse eigentlich aufbauen soll, ist in der Tafelrunde hoch umstritten. Entsprechend inflationieren sich die philosophischen Selbstbezeichnungen: Zum logischen Atomismus und logischen Empirismus kommt der logische Positivismus und der Neopositivismus, ohne dass immer ganz klar ist, was das eine nun präzise vom anderen unterscheidet. Die wichtigste und unsicherste Frage bleibt, wie gesehen, der Ausgangspunkt. Wo anfangen? Bei *Sinnesdaten*, wie Russell vorgeschlagen hatte? Aber solche atomisierten Wahrnehmungen kleinster Art müssen erst analytisch aus dem Erlebnisstrom herausdestilliert werden und eignen sich kaum als Anfang. Bei *Elementarerlebnissen*, wie Carnap 1928 angeregt hat? Aber kann man überhaupt sagen, was das ist? Was begrenzt die Einheit eines »Elementarerlebnisses«? Und wie springt man, wie bereits problematisiert, aus der Sphäre des subjektiven Erlebnisses in die erstrebte unabweisbare Objektivität?

Fast alle Fragen bleiben offen. Im Jahr 1932 kommt Neurath mit dem Vorschlag, am besten eine ganz neue Sprache zusammenzubasteln. Denn die »Fiktion einer aus sauberen Atomsätzen aufgebauten idealen Sprache ist ebenso metaphysisch, wie die Fiktion des Laplaceschen Geistes«.[293] Dieser »Laplacesche Geist« wäre identisch mit der Kenntnis der mathematisch-physikalischen Weltformel, die auch im 20. Jahrhundert niemand besitzt, auch nicht der Wiener Kreis. Deshalb mahnt Neurath einen eher didaktischen Weg an. In seiner Suche nach einer praktikablen Sprache für ein durch und durch logisches Weltverständnis weiß er sich mit Carnap einig. Aber nur in der Suche, nicht im Weg. Nachdem Carnap eingesehen hat, dass seine »Elementarerlebnisse« kein guter Ausgangspunkt sind, hat er sich auf die *Beobachtung* dieser Elementarerlebnisse als Ausgangspunkt verlegt. Am Anfang sollen nun die elementaren Beobachtungen der Wissenschaftler, ihre »Protokollsätze«, stehen. Unter Protokollsätzen versteht Carnap die Sätze, »die das ursprüngliche Protokoll etwa eines Physikers oder Psychologen enthält. Wir stellen uns hierbei das Verfahren so schematisiert vor, als würden alle unsere Erlebnisse, Wahrnehmungen, aber auch Gefühle, Gedanken usw. sowohl in der Wissenschaft als auch im gewöhnlichen Leben zunächst schriftlich protokolliert, so daß die weitere Verarbeitung immer an das Protokoll als Ausgangspunkt anknüpft.«[294]

Neurath ist zutiefst skeptisch. Inwiefern sollen »Protokollsätze« einen Wahrheitsvorsprung vor anderen Sätzen haben? Auch sie müssen doch erst auf ihre Richtigkeit überprüft werden. Sie sind revidierbar und taugen damit nicht als axiomatischer Ausgangspunkt. Eine saubere Herleitung der Begriffe aus Beobachtungen von über die Wahrnehmung vermittelten Elementen der realen Welt hält er für unmöglich. Um eine Beobachtung zu verifizieren, brauche ich zudem den Vergleich mit anderen Beobachtungen. Protokollsätze (oder »Elementarsätze« wie bei Wittgenstein) sind nicht unabhängig voneinander und damit kein geeigneter axiomatischer Ausgangspunkt.

Neuraths Gegenvorschlag ist viel pragmatischer. Die Sprache muss in erster Linie für ihre Aufgabe taugen. Er denkt an einen »von Metaphysik gereinigten Universalslang«, den er »von Anfang an die Kinder lehren« will.[295] »Jedes Kind kann so ›dressiert‹ werden, daß es mit einem vereinfachten Universalslang beginnt und allmählich zum Universalslang der Erwachsenen fortschreitet.«[296] Am Ende steht dann ein »widerspruchsloses System« von »Realsätzen«, kombiniert aus der Sprache des Alltags wie der Wissenschaft. Der Idee nach passt dieser sprachliche Universalschlüssel in jedes reale Schlüsselloch und schließt es auf. Und was auch immer in einem neuen wissenschaftlichen Protokoll behauptet wird, muss sich am widerspruchslosen System abgleichen lassen, um darin aufgenommen zu werden.

Man kann sich schmunzelnd vorstellen, was einem Skeptiker einer solchen Utopie des exakten Sprechens, Denkens und Lebens wie Musil dazu eingefallen wäre. Tatsächlich ist er Neurath sogar einmal begegnet und lächelte still über den kraftvollen Furor des sendungsbewussten Hünen.[297] Dass aber Neuraths »Genauigkeit« auf Kosten der »Seele« gehen muss, wäre wohl nicht nur Musil aufgefallen. Man will sich nicht vorstellen, wie Millionen von Kindern mit einer normierten Sprache traktiert worden wären; einer Sprache zudem, die nicht nur jegliche Poesie verlöre, sondern genötigt ist, alles individuell erlebte Psychische ins Physikalische zu übersetzen, wie es seit Anfang des Jahrhunderts die »Behavioristen«, allen voran der US-Amerikaner *John B. Watson* (1878–1958) tun. Einmal definiert und normiert wird alles Psychische zum Reiz-Reaktions-Mechanismus erklärt, der Mensch zur Psycho-Maschine und das hoch individuell Erlebte lediglich zu einem »Fall von …«. Dagegen steht in der Philosophie seit Mitte des 19. Jahrhunderts die in diesem Buch bereits im Zusammenhang mit Bergson erwähnte Qualia-Debatte; hundert Jahre später prägnant verdeutlicht in *Thomas Nagels* (*1937) berühmtem Essay *What it is like to be a bat?* (*Wie es ist, eine Fledermaus zu sein*).[298] Niemand, so der

US-amerikanische Philosoph Nagel, weiß, wie es sich anfühlt, eine Fledermaus zu sein. Und wenn er sich vorstellt, wie es für ihn wäre, eine Fledermaus zu sein, so wäre es doch etwas ganz anderes, als es sich für eine Fledermaus anfühlt, eine Fledermaus zu sein. Die Pointe ist unmissverständlich: Erleben ist psychologisch wie philosophisch unergründlich, und auch die Wissenschaft kommt ihm nicht bei. Psychologische Begriffe lassen sich nicht eins zu eins ins Physikalische übersetzen – und Neuraths »Realsprache« bleibt eine Fiktion.

Dessen tatsächlich bleibende Leistung ist ihm selbst kaum bewusst. Es ist die Kritik an Carnap, dass sich die Wahrheit nicht durch einen Abgleich mit Beobachtungen der Realität gewinnen lässt, sondern nur durch Überprüfung mit anderen Aussagen über die gleiche Sache. Das Wahrheitskriterium verändert sich dadurch maßgeblich. Von der *Korrespondenz* mit der Realität zur *Kohärenz*, der Übereinstimmung mit anderen Ansichten. Eine solche Kohärenztheorie hatte in der zweiten Hälfte des 19. Jahrhunderts Charles Sanders Peirce entwickelt. Und Ramsey hatte ihn in seiner Schrift *Truth and Probability* (Wahrheit und Wahrscheinlichkeit) 1926 für die Cambridger Logiker entdeckt. Die Methode des Abgleichs und der vergleichenden Falsifikation nimmt von hier aus ihren Ursprung in der europäischen Philosophie, beschäftigt den Wiener Kreis und mündet 1934 in *Karl Poppers* (1902–1994) Falsifikationstheorie, die uns im letzten Band dieser Philosophiegeschichte noch beschäftigen wird.

Die gesuchte Exaktheit in der Philosophie wird damit immer unschärfer. Ganz offensichtlich gibt es kein empiristisches Sinnkriterium. Das heißt, die Natur gibt nichts vor, woran man Wahrheit treffsicher erkennen kann. Dem, was der Wiener Kreis im Gefolge Wittgensteins an »Tatsachen« sucht, geht ein Missverständnis dessen voraus, was eine Tatsache überhaupt sein soll – eine am Gegenstand belegbare Übereinstimmung mit dem sprachlichen Denken. Und was die Tafelrunde demzufolge für die zu lösenden »Probleme« hält – die passenden Begriffe zu finden –, ist unlösbar, weil bereits die Vorstellung von den »Tatsachen« unrealistisch ist. »Der Positivismus«, pointiert *Siegfried Marck* (1889–1957), Hönigswalds Nachfolger auf dem Lehrstuhl in Breslau, »versteht das Problem der Tatsache nicht und ist damit auch dem Problem des Problems nicht gewachsen.«[299]

Das Selbstmissverständnis ist in der Tat groß. Woher sollen logisch-analytische Begriffe kommen, mit denen die empirische Welt akkurat wiedergegeben werden kann? Sind nicht alle Begriffe selbst empirisch, nämlich Konventionen, deren Bedeutungsfülle aus ihrem traditionellen Gebrauch besteht? Je länger der Wiener Kreis tagt, umso weiter entfernt man sich von dem ursprünglich nahe geglaubtem Ziel. Die feste Weltsicht der Empiriker, dass sich Wahrheit an der Realität überprüfen lassen muss, ist brüchig geworden. Eine Universalsprache scheint unmöglich zu sein oder nur um den Preis einer Zerstörung der bestehenden Sprache zu haben. Psychisches lässt sich nicht restlos in physikalischen Begriffen erklären, ohne der Erlebnisqualität unrecht zu tun. Was wären die physikalischen Entsprechungen von Hoffen, Hadern, Trauern, Glauben und Lieben? Kein physikalischer Begriff ist ihnen adäquat, und doch wird all das ganz real gefühlt. Von einer Einheitswissenschaft auf physikalischer Basis, die Neurath so wichtig ist, kann unter solchen Vorzeichen nicht die Rede sein. Die Naturwissenschaften können der Philosophie nicht den rechten Weg zeigen. Ihre Begriffe fliegen achtlos über die psychische Topografie hinweg, die der Menschenwelt und ihren unendlichen Bedeutungen erst ihr Relief gibt.

Der Wiener Kreis ist somit gescheitert, noch bevor die politischen Zeitläufte ihn brutal zerzausen und auseinanderstieben. Carnap wechselt 1931 nach Prag und emigriert 1936 in die USA. Als Professor an der University of Chicago, in Princeton und an der University of California in Los Angeles beschäftigt er sich unter anderem mit dem Behaviorismus, mit Sprachphilosophie und Wahrscheinlichkeitstheorie. Obwohl er jede Form einer normativen Moraltheorie rigoros ausschließt, engagiert er sich im Alter in der Bürgerrechts- und der Anti-Vietnamkriegsbewegung, eine Rückkehr zu den linken Überzeugungen seiner Jugend.

Tragisch ist das Schicksal von Hahn und Schlick. Erster stirbt 1934 gerade vierundfünfzigjährig an den Folgen einer Operation, Letzter wird 1936, ebenfalls im Alter von vierundfünfzig Jahren, von einem seiner ehemaligen Schüler aus persönlichen und weltanschaulichen Motiven erschossen. Der »Anschluss« Österreichs an das »Dritte Reich« zwingt etliche der verbliebenen Mitglieder des Kreises zur Emigration. Viele gehen, wie Neurath, nach England, mehr noch in die USA. Der Nährboden für die trockene Philosophie der Logiker und Empiriker ist in beiden Ländern äußerst günstig und wird dort so zukunftsträchtig beackert, dass die deutsch-österreichische Philosophie zur angelsächsischen Philosophie schlechthin wird, als *Analytic Philosophy* scharf abgegrenzt zur *Continental Philosophy*. Universitätsstellen in der angelsächsischen Welt werden zuhauf mit analytischen Philosophen besetzt und entsprechende Forschungseinrichtungen und Institute gegründet. Als der rastlose Neurath 1939 eine »Internationale Enzyklopädie der Wissenschaft« initiiert, ist selbst der berühmte Dewey dabei. Und das, obgleich dessen »Pragmatismus« mit allen Logizismen und Empirismen unvereinbar ist. Denn für einen Pragmatisten bewährt sich die Wahrheit einer Sache ausschließlich in der diskursiven Praxis und weder an der Logik noch in der Empirie. Am Ende schreibt Dewey einen von insgesamt zwanzig Bänden, die alle höchst unterschiedliche Perspektiven auf das Wissen werfen.

Eine Einheitswissenschaft hingegen entsteht so nicht, sosehr Naturwissenschaftler dies bis heute betrauern mögen. Als der renommierte britische Evolutionsbiologe *Edward O. Wilson* (1929–2021) im Jahr 1998 sein Buch *Consilience. The Unity of Knowledge* (*Die Einheit des Wissens*) veröffentlicht, wundert er sich darüber, dass es bis heute keine philosophische Präzisionssprache gibt und dass die Arbeit des Wiener Kreises nicht konsequent zu Ende geführt wurde. Das einzige Problem sei wohl gewesen, dass die logischen Positivisten »keine Ahnung von den Funktionsweisen des Gehirns hatten«.[300] Hätten sie diese gehabt, so wäre es ein Leichtes gewesen, auf subjektive Begriffe zu verzichten und alles Psychische physikalisch zu beschreiben. Die Aufklärung von Naturwissenschaftlern über die prinzipiellen Schwierigkeiten einer begrifflichen Übertragung von Psychischem in Physikalisches, über die Funktion und Wirkungsweise von Sprache, über die Reichweite der Logik und über die keineswegs einfach und klar definierbare Aufgabe der Philosophie ist eine nie endende Aufgabe.

Frage und Antwort

Worin die fundamentalen Irrtümer der frühen analytischen Philosophen bestanden, hätten diese schon früh erkennen können. Ein Blick von Cambridge und Wien nach Oxford hätte genügt. Dort veröffentlicht im Jahr 1924 der fünfunddreißigjährige *Robin George Collingwood* (1889–1943) ein Buch mit dem Titel *Speculum Mentis* (Der Spiegel des Geistes). Collingwood entstammt einer Künstlerfamilie, der Vater ist bildender Künstler und Archäologe, die Mutter Malerin und Pianistin. Von seinen Eltern unterrichtet, wird er früh in ihre Welt gezogen. Er lernt Klavier und Geige spielen, Latein und Griechisch und begeistert sich mit seinem Vater für das Ausgraben römischer Ruinen in England. Bereits mit acht Jahren, so schreibt Collingwood in seiner Autobiografie, liest das Wunderkind Kants *Grundlegung zur Metaphysik der Sitten*.

Sein Philosophiestudium in Oxford fällt in den Ersten Weltkrieg. Und es ist genau die Zeit, in der die frühe analytische Philosophie im Gewand des logischen Atomismus die idealistischen Philosophen, allen voran den Lokalmatadoren Bradley, als unsinnige Metaphysik lächerlich macht. Collingwood ist davon mehr und mehr abgestoßen. Ihm fällt auf, wie wenig die analytischen Philosophen die Tradition kennen, die sie so leichtfertig wie leichtsinnig einreißen wollen. Und er sieht auch, wie wenig sie sich dabei mit ihren eigenen unreflektierten Voranannahmen auseinandersetzen. Nachdem er Croces Buch über Vico ins Englische übersetzt und bereits 1916 eine Schrift über das Verhältnis von Religion und Philosophie verfasst hat, schreibt Collingwood mit *Speculum Mentis* einen Gegenentwurf zu Russell und Moore. Im Rückgriff auf Hegel hält er die Philosophie für ein großes Ganzes, in dem fünf Formen von Erfahrungen ineinander verwoben sind: die ästhetische Erfahrung, die religiöse Erfahrung, die naturwissenschaftliche Erkenntnis, die historische Erfahrung und schließlich der philosophische Erfahrungsschatz selbst.

Keine Erkenntnis der Welt, so Collingwood, kann sich aus dieser vieldimensionalen Erfahrungswelt herauslösen. Wer dies tut, den verspottet er mit einem Begriff *Ciceros* (106 v. Chr.–43 v. Chr.) und George Berkeleys als »Minuten-Philosoph«, einen Denker, der sich einbildet, seine Erkenntnis käme ihm voraussetzungslos im Hier und Jetzt. Mag sein, dass die Naturwissenschaften aus methodischen Gründen ohne diese Fiktion der zeitlosen Erkenntnis nicht auskommen. Doch wer die naturwissenschaftliche Sicht zum einzigen Maßstab der Philosophie mache (wie der namentlich nicht erwähnte Russell und bald darauf der Wiener Kreis es tun), der tut der komplexen realen Erfahrung des Menschen unrecht. In unserer Erfahrungswelt stehen wir den Dingen nicht distanziert und passiv gegenüber wie in einem Labor. Was wir an einem Gegenstand erkennen, erkennen wir immer im Hinblick auf uns selbst, auf unsere Kultur, unsere Interessen, Absichten und Stimmungen. Menschen leben selbst dann nicht unter Laborbedingungen, wenn sie sich solche ausdenken. Schon unsere Sprache ist gelebte Kultur, ein mit anderen geteiltes Begriffsnetz und kein Präzisionsinstrument zum Destillieren der Wahrheit. Alles Erkannte ist abhängig vom sprachlichen und damit kulturellen und historischen Erkennen.

Collingwoods Hinweis auf die Sprache als kulturelles Begriffsnetz ist genau der Stoß, der der analytischen Philosophie ein Jahrzehnt später eine ganz neue Richtung geben wird. Nur nimmt sie den Kritiker in Oxford 1924 allenfalls als ärgerlichen Unsinn wahr.[301] Zu weit entfernt ist die Welt, die die philosophierenden Mathematiker und Physiker von einem Denker trennt, der, aus der eigenen Erfahrungswelt schöpfend, Erkennen eher mit der Arbeit eines Archäologen als der eines Naturwissenschaftlers vergleicht. Ein Archäologe konstruiert seine angenommene Wahrheit aus Spuren, und er deutet sie nicht neutral aus, sondern auf der Basis eines umfangreichen Vorwissens. Wie feine Schichten legt sich ein Erkenntnisfortschritt über den anderen, und verständlich wird das Neue nur, wenn man das Alte genau kennt. Erkennen, so wird Collingwood später schreiben, ist »Praxis«, nicht anders als bei den Pragmatisten oder in Gramscis »Philosophie der Praxis«. Ohne praktisches Tun kein neues Sehen und ohne umfangreiches Vorverständnis kein Erkennen. Elementare »Sinnesdaten«, »Elementarerlebnisse« und »Elementarsätze« gehören damit ins Reich der Fiktion. In der menschlichen Erfahrung gibt es seit dem ersten Augenaufschlag nichts Elementares.

Collingwood lässt in den Folgejahren nichts aus, um die aus seiner Sicht wirklichkeitsferne Esoterik der frühen analytischen Philosophie vorzuführen. Wer die Forschungs*aktivität* der Forscher unterschlägt und sein Wissen für objektiv gegeben hält, wird kaum erklären können, warum einmal aufgestellte Theorien verbesserungsfähig oder gar revidierbar sind. Und er hat ein noch viel größeres Problem. Was auch immer Philosophen, wie Moore, über Moral schreiben, steht ohne jeglichen Wirklichkeitsbezug da. Moral lässt sich nicht an empirischen Tatsachen überprüfen, wie Moore zu Recht betont. Aber da für einen frühen analytischen Philosophen nur empirische Tatsachen und logische Gewissheiten als wirklich und wahr gelten, fällt konsequenterweise alle Moral unter den Tisch. Moores Zuflucht zum

Common Sense dagegen sei ein eklatanter Systemverstoß. Warum sollte für einen analytischen Philosophen der weder empirisch wirkliche noch logisch wahre *Common Sense* überhaupt eine Rolle spielen?

Was Collingwood damit beweisen möchte, ist: Es gibt keine Wahrheit und keine Wirklichkeit, die nicht in einem historischen Überlieferungskontext stehen! Die frühe analytische Philosophie aber kann die Dimension der Geschichte nicht denken und nicht erfassen. Physikalische Tatsachen und logische Gewissheiten sind ihrer Definition gemäß ahistorisch. Sie sind stets *gegenwärtig* wirklich und wahr und verdanken diese Wirklichkeit und Wahrheit keinem Teppich von Beziehungen und Verweisen. Menschliches Erkennen hingegen kann nicht in einer gleichsam zeitlosen Gegenwart stattfinden. Und menschliche Gewissheiten, Werte und Überzeugungen leben gerade davon, nicht allein gegenwärtig zu sein. Ihr Sinn und ihre Bedeutung verdanken sich einem historischen Resonanzraum von früherem Sinn und früheren Bedeutungen, den die analytische Philosophie überhaupt nicht ins Gesichtsfeld bekommt.

Diese hat – und dies ist Collingwoods wichtigste Kritik – die *falsche Methode*. In seinem 1933 erschienen Werk *An Essay on Philosophical Method* (Ein Essay über die philosophische Methode) kritisiert er, dass die analytischen Philosophen seiner Zeit gar keine Neuentdeckungen machen können, weil sie immer schon wissen, was sie finden wollen: ein logisch-empirisches Fundament. Dagegen schlägt Collingwood vor, die Methode zu ändern: »In einer philosophischen Untersuchung sollten wir nicht versuchen, etwas zu entdecken, was wir bisher nicht kannten, sondern etwas besser zu verstehen, was wir in gewisser Hinsicht schon kannten; aber nicht besser verstehen in dem Sinne, mehr darüber zu wissen, sondern besser verstehen in dem Sinne, *es in einer anderen und besseren Weise zu verstehen* – tatsächlich statt potenziell oder explizit statt implizit – in welchen Worten auch immer die Erkenntnistheorie diesen Unterschied ausdrücken möchte.«[302] Dies »sokratische Prinzip«, wie Collingwood es nennt, lässt ihn an jeder Form von vermeintlichem Realismus in der Philosophie zweifeln; an der Abbildtheorie der frühen analytischen Philosophie ebenso wie am »Realismus« seines ehemaligen Oxforder Lehrers *John Cook Wilson* (1849–1915), dem er in seinem Studium gelauscht hat. Auch die Psychologie mit ihrem naturwissenschaftlichen Anspruch wird von Collingwood nicht ernst genommen; Psychologen beobachten und finden keine »Tatsachen«, wie es ihr Selbstanspruch ist, sondern sie deuten herum ohne jedweden exklusiven Zugang zur Wahrheit. Das »sokratische Prinzip« hingegen lehrt: Alles philosophische Denken ist nicht Denken über die Welt, sondern es ist Denken über Denken!

Doch wie denkt man philosophisch über Denken nach? Und welchen Wert hat das Ganze, wenn am Ende als Lohn nicht eine neue Welterkenntnis stehen kann, sondern nur eine neue Perspektive? Im Wintersemester 1934/1935 hält Collingwood eine Vorlesung in Oxford, die sich mit der Erkenntnisperspektive der Naturwissenschaften beschäftigt. Es ist die Grundlage seines späteren Buchs *The Idea of Nature* (*Die Idee der Natur*), in dem er exemplarisch vorführt, dass das naturwissenschaftliche Denken nur eine unter anderen Denkmöglichkeiten ist, um über die Natur nachzudenken. Auch ist das naturwissenschaftliche Denken nicht vom Himmel gefallen, sondern es beruht auf vielen historischen Voraussetzungen, die es hervorgebracht haben und in deren Abhängigkeit es bis heute steht. So könne »niemand die Frage beantworten«, was »Natur ist, wenn er nicht weiß, was Geschichte ist«[303] – ein Manko an dem auch die gleichsam geschichtslosen Kosmologien Samuel Alexanders und Whiteheads litten, die ihre eigenen naturwissenschaftlich bestimmten Denkvoraussetzungen nicht reflektierten. Was Collingwood vom Wiener Kreis gehalten hätte, den er nicht wahrnimmt, lässt sich leicht denken.

Seit 1935 ist der zeit seines Lebens passionierte Archäologe und Ausgräber Professor für Metaphysik auf dem berühmten Lehrstuhl in Oxford. Seine Worte haben nun deutlich mehr Gewicht. Und das Werk, das er als Nächstes in Angriff nimmt, soll sein Hauptwerk werden. Im Oktober 1938 besteigt er ein Schiff, das ihn sechs Monate lang durch einen großen Teil Indonesiens reisen lässt. Obwohl er gesundheitlich stark angeschlagen ist, riskiert er die Strapaze und arbeitet währenddessen unentwegt an seinen philosophischen Manuskripten. Dabei greift er auf eine seiner ersten Ideen zurück, die ihm schon als Student gekommen ist. Es ist der fundamentale Zweifel daran, dass gedanklicher Fortschritt je im Rahmen einer Aussagenlogik erfolgt ist, also durch immer präzisere Bezeichnungen. Stattdessen sieht er nahezu allen Fortschritt als das Ergebnis von *Frage und Antwort* an.

Fast jedem Fund eines Archäologen geht eine Frage voran, die ihn genau dort etwas Bestimmtes hat suchen lassen. Wer hingegen nach präzisen Aussagesätzen oder Elementarsätzen sucht, der unterschlägt völlig, auf welche zumeist unausgesprochene Frage sie eine Antwort sein sollen. Aber nur im Hinblick auf die Frage ergeben sie überhaupt ihren Sinn. Und auch der Wahrheitswert einer Aussage bemisst sich an der vorausgehenden Frage. An einem modernen Beispiel erklärt: Der Satz »Neil Armstrong war ein US-amerikanischer Astronaut in den Sechzigerjahren« ist sinnvoll und wahr, wenn die implizite Frage lautet: Warum war Neil Armstrong der erste Mensch auf dem Mond? Dagegen ist die Aussage »Neil Armstrong war verheiratet« im gleichen Kontext sinnlos, selbst wenn sie faktisch stimmen mag. Im genannten Kontext hingegen hat sie keinerlei Wahrheitswert, weil sie nicht entfernt dazu dient, die gestellte Frage zu beantworten. Nicht die Logik und nicht die Übereinstimmung mit den Tatsachen, sondern der *Kontext* bildet den alles umfassenden Rahmen, der den Wahrheitswert einer Aussage bestimmt. Und ob eine Aussage als sinnvoll oder nicht erachtet wird, hängt davon ab, ob sie die Funktion einer *passenden Antwort* erfüllt.

Mit seiner Kritik am abgeschlossenen Raum der Aussagenlogik weist Collingwood, ohne es zu wissen, der sprachwissenschaftlichen Pragmatik den Weg. Aber der Kontrahent der frühen Cambridger Sprachlogiker will mehr. Er will ergründen, wovon eigentlich die Fragen abhängen, auf die Wissenschaftler und Philosophen die Antworten suchen. Diese Fragen, da ist sich Collingwood sicher, sind nicht so zeitlos oder überzeitlich, wie oft angenommen wird. Stattdessen stellen sie sich in historischen Situationen immer wieder neu und in zumindest leicht veränderter Form. Bedingt werden sie durch immer andere historische Konstellationen und Erfahrungshintergründe und nicht zuletzt durch den konventionellen Gebrauch der Sprache. So erkennt Collingwood in der Sprache kein stumpfes oder spitzes Präzisionsinstrument wie der frühe Wittgenstein und der Wiener Kreis, sondern ein Medium, das Menschen ausdrücken lässt, was sie fühlen, was sie sich vorstellen, was sie glauben *und* was sie denken. All das ist für ihn niemals sorgfältig voneinander zu trennen. Denn die Wurzel des Sprachgebrauchs sind die Routinen ihrer Verwendung, nicht etwa die Suche nach der Wahrheit.

Die Archäologie des Erkennens

Collingwood veröffentlicht seine Gedanken 1940 unter dem zunächst überraschenden Titel *An Essay on Metaphysics* (Ein Essay über die Metaphysik). Denn, wie es im Vorwort heißt, handelt das Buch weder von seinen metaphysischen Ideen noch von den metaphysischen Ideen anderer. Es handelt davon zu erklären, was Metaphysik überhaupt ist, warum sie notwendig ist »für das Wohlbefinden und die Förderung des Wissens und wie dies weiterverfolgt werden kann. Ich habe versucht«, stellt Collingwood voran, »bestimmte Missverständnisse zu zerstreuen, die (wären sie wahr mit vollster Berechtigung) zu der Schlussfolgerung geführt haben, dass Metaphysik eine Sackgasse des

Denkens ist, in die Halunken und Narren vor Jahrhunderten den menschlichen Intellekt gelockt haben, um ihn zu zerstören.«[304] Tatsächlich jedoch gehöre die Metaphysik untrennbar zum Menschen, und zwar in Form *unbewusster Voraussetzungen, die all unserem Denken zugrunde liegen.* Diese herauszuarbeiten ist das Ziel des *Essays on Metaphysics.*

Collingwood unterscheidet absolute von relativen Präsuppositionen (Voraussetzungen). Betrachtet man das wissenschaftliche Denken, so fallen drei absolute Voranahmen auf, ohne die kein Naturwissenschaftler seine Forschung betreiben kann. Er muss erstens annehmen, dass die Natur und ihre Gesetzmäßigkeiten durch Vernunft und vernunftgeleitetes Handeln ergründbar und logisch konsistent beschreibbar sind. Er setzt zweitens voraus, dass die Natur aus Energie und Materie besteht und in kleinste Seins-Einheiten (Entitäten) aufteilbar ist. Und er nimmt drittens an, dass das Auftreten komplexer Strukturen durch die Kombination verschiedener Einzelelemente erklärbar ist. Alles Komplexe gründet demnach in den Beziehungen des Einfachen zueinander.

All dies ist in der modernen naturwissenschaftlichen Forschung vorausgesetzt und wird nicht hinterfragt. Denn nur vor der Folie dieser Voranahmen können Richtig und Falsch unterschieden werden. Und nur diese Folie ermöglicht es uns, sinnvolle Fragen zu stellen, um sinnvolle Antworten darauf zu finden. Das Interessante ist nun, dass auch solche konzeptionellen Voranahmen grundsätzlich veränderlich sind. Allerdings nicht dadurch, dass unsere ja durch sie festgelegten sinnvollen Fragen sie bezweifeln können. Sondern dadurch, dass eine Art innere Dynamik entsteht, die das sicher Geglaubte dann infrage stellt, wenn die auf diese Weise erzeugten Antworten unbefriedigend sind. Ein modernes Beispiel dafür wäre das Phänomen der »Emergenz«, das dort beobachtet werden kann, wo die Beziehungen des Einfachen zueinander bestimmte Qualitäten nicht zureichend erklären können. So hat »Leben« zum Beispiel andere Eigenschaften als seine chemischen Bestandteile, nämlich Stoffwechsel, Fortpflanzung, Vererbung, Reizbarkeit oder Wachstum. Das Gleiche gilt für »Bewusstsein«, das eine andere Qualität besitzt als die an seiner Erzeugung beteiligten elektrochemischen Vorgänge, die Neuronen und Synapsen. All dies lässt die dritte Vorannahme der Naturwissenschaften nicht völlig falsch werden, hinterlässt aber gleichwohl große Fragezeichen, die zum Weiterdenken und Hinterfragen auffordern.

Was für die naturwissenschaftliche Forschung gilt, gilt, nach Collingwood, auch für andere Bereiche des menschlichen Erlebens, zum Beispiel für die Moral. Unser Verhältnis zu anderen Menschen basiert auf dem, was wir achten und was wir ächten, festgelegt durch absolute Vorannahmen über das, was moralisch richtig sein soll und was falsch. Wie Collingwood schreibt und die moderne Moralpsychologie vielfach bestätigt, sind diese von uns als absolut geglaubten Präsuppositionen jedoch viel relativer, als wir oft glauben. Unser Verhalten in einem Gefängnis für Schwerverbrecher muss nicht das gleiche sein wie unter »normalen« Umständen. Zudem sind wir hochgradig abhängig von der Moral der Gruppe, in der wir uns befinden, und uns unausgesetzt anzupassen ist ein ganz normaler Mechanismus. Nur so ist erklärlich, wie in Deutschland in den Dreißigerjahren die Mehrheit zu Nationalsozialisten wurde und nach dem Zweiten Weltkrieg die Mehrheit nichts mehr damit zu tun haben wollte.

Weniger handlungsleitend als die absoluten Präsuppositionen sind die relativen. Gemeint sind all jene Hintergrundüberzeugungen, die an die Zeitumstände gebunden sind, in denen wir leben. Sie sind weit leichter zu verändern als die absoluten Überzeugungen. Gemeinsam ist ihnen, dass sie die Sphäre der Metaphysik ausmachen – in Collingwoods Definition die Welt all dessen, was für uns wichtig und handlungsleitend ist, obwohl wir es weder logisch noch empirisch beweisen können; eine Welt, in der Traditionen und Überzeugungen, Übernommenes und Eigenes, Geglaubtes und Gewusstes, Gefühle und rationale Einsichten ineinanderfließen. Diese Metaphysik ist die Sphäre, aus der die Fragen kommen, auf die wir im Leben Antworten suchen! Und sie gehört untrennbar zur menschlichen Welt dazu, denn ohne sie macht nichts, was wir tun, sei es das tägliche Leben oder die wissenschaftliche Forschung, einen Sinn. Antworten sind nicht um ihrer selbst willen da. Wer den Menschen, sein Tun, seine Kultur und die Gesellschaft verstehen will, der muss sich an die Erforschung der Metaphysik machen. Und er muss alle Metaphysik in einen historischen Kontext stellen – der einzig denkbare Kontext, der sie überhaupt verständlich machen kann.

Metaphysik, wie Collingwood sie definiert, ist die Ideenschrift der Menschheit in ihren geschichtlichen Wandlungen. Vor diesem Hintergrund ist klar, warum er von der frühen analytischen Philosophie nichts hält. Ihre Aussagenlogik – der Versuch, die Sprache zu zerlegen und zu analysieren – widerspricht der Tatsache, dass alle Sprache fließend ist, sich permanent verändert und nur vor einem jeweiligen Zeithintergrund in ihrer Bedeutungsfülle verständlich wird. Die analytische Philosophie unterschlägt die Geschichte, sie behandelt ihre Fundstücke, als wären sie keine Relikte, sondern zeitlos. Der Archäologe des Erkennens hingegen behandelt die Sprache als Teil einer Kultur, er untersucht die Konstellationen und Präsuppositionen, die sie hervorgebracht haben und die ihrerseits durch die Sprache mitgeprägt sind. Wer Sprache verstehen will, der muss auch hier fragen: Auf welche Frage ist dieser oder jener Satz die Antwort? Und was sind die Präsuppositionen, von denen wahr und falsch im jeweiligen (historisch geprägten) Kontext abhängen?

Ein wesentlicher Bestandteil der Metaphysik als einer Ideenschrift ist die Kunst. Collingwood widmet ihr zwei Betrachtungen: *Outlines of a Philosophy of Art* (Umrisse einer Philosophie der Kunst) aus dem Jahr 1924 und 1938 das Werk *The Pricinples of Art* (Die Prinzipien der Kunst). Stark von Croce und Vico beeinflusst, sieht Collingwood die Leistung der Kunst darin, intensive Gefühle im Leser oder Betrachter zu erzeugen; Gefühle, die ein komplexes Bedeutungsspiel auslösen. Und diese Gefühle sind aufs Engste mit den Gefühlen des Künstlers selbst verbunden. Was er zu Papier bringt, komponiert oder auf die Leinwand malt, ist unmittelbarer Ausdruck seiner Gefühlswelt. Vermittelt durch das Werk kann der Rezipient all dies aktiv nachvollziehen, das heißt, er aktiviert Gefühlskomplexe in sich, die er ohne die Hilfe von Künstler und Kunstwerk so nicht zum Klingen gebracht hätte. Der originellste Teil von Collingwoods Überlegungen zur ästhetischen Erfahrung ist die Betonung der Aktivität des Lesers, Betrachters oder Zuhörers. Stärker als in der kantschen Tradition der ästhetischen Erfahrung als »interesselosem Wohlgefallen«, bei dem Einbildungskraft und Verstand in ein Hin- und Herschwingen (Oszillieren) versetzt werden, sieht Collingwood den Akt der Kunstrezeption, also ihren Prozesscharakter, als ein komplexes und bedeutsames Tun, als ein »Aktualisieren« an. Dass die »Rezeptions-« und »Wirkungsästhetik« *Hans Robert Jauß'* (1921–1997) und *Wolfgang Isers* (1926–2007) in den Siebzigerjahren nicht bewusst auf Collingwood aufgebaut haben, dürfte der fast völligen Unkenntnis des Philosophen im deutschsprachigen Raum zuzuschreiben sein.[305]

Die gleiche Arbeit eines »Aktualisierens« geschieht auch in der Auseinandersetzung mit der Historie. Wer sich eingängig mit Geschichte beschäftigt, ist genötigt, ein *Reenactment* vorzunehmen – eine Nachstellung in seiner Fantasie, die das Gewesene wieder in Kraft setzt. Collingwoods Buch *The Idea of History* (*Philosophie der Geschichte*), das 1945 unvollendet erscheinen wird, ist sein international erfolgreichstes. Im Anschluss an Croce geht Collingwood das sich in der Geschichte verändernde Geschichtsverständnis durch. Wie die Philosophie Denken über das Denken ist, so ist für Collingwood die Geschichtsschreibung das Denken des Gedachten. Man könnte das Programm gleichsam eine Rezeptionsästhetik der Geschichte nennen: Der Historiker vollzieht das in der Vergangenheit Gedachte noch einmal nach und stellt es damit unweigerlich in den Kontext der Gegenwart. Denn was auch immer wir heute über Vergangenes denken, das »heute« begleitet uns stets mit. Das zeitgenössische Verstehen bildet den Horizont, vor dem das *Reenactment* der Vergangenheit seine Kontur gewinnt. Dabei verschwimmen viele Trennlinien, wie jene zwischen Tatsache und Theorie, Geschichte und Philosophie. Vor dem Auge des Historikers bilden sie ein Beziehungsgeflecht aus Gleichwertigem, ergänzt durch Schlussfolgerungen und naheliegenden Mutmaßungen. Geschichtsschreibung ist also weit entfernt von Dokumentation, sosehr sie sich auch um Faktentreue bemüht. Stattdessen ist sie immer auch ein Akt der Selbstvergewisserung des Historikers, der das historische Material aktualisiert wie der Kunstrezipient das Kunstwerk.

Wie die Naturwissenschaftler bestimmte Fragen an die Natur stellen, um sie zu ergründen, so stellen auch die Historiker Fragen, von deren Zuschnitt abhängt, was als eine befriedigende Antwort gilt. Insofern gleicht der Historiker, nach Collingwood, einem Detektiv wie Agatha Christies Hercule Poirot, der schlichtweg bessere Fragen stellt als andere und darum »Evidenz« erzielt, wo andere im Dunkeln tappen. Collingwoods Betrachtungen zur Geschichtsschreibung sind dabei so umfangreich, dass er ein weit größeres Werk plant mit dem Titel *The Principles of History*, von dem die *Ideen* nur ein Teil gewesen wären. Der Ausbruch des Zweiten Weltkriegs indes lässt ihn mit der Arbeit innehalten. Zu allen Zeiten seines Nachdenkens und Wirkens ist Collingwood politisch hochinteressiert. Und die Grundüberzeugungen des Liberalismus gegen alle Gefahren zu verteidigen ist ihm ein dauerhaftes Anliegen. Gerade deshalb bekämpft er auch so entschieden die analytische Philosophie. Ein nur auf Logik und Empirie gegründetes Denken muss für ihn unweigerlich nicht nur die Dimension der Geschichte, sondern auch die der Politik aus dem Auge verlieren. Und damit schwindet jede lebenspraktische Relevanz. Denn von logischen Axiomen aus kommt man niemals zu politischen Überzeugungen. Die große Frage »Wie soll ich leben?«, die am Anfang der sokratischen Philosophie steht, verschwindet im Nichts. Und wenn Russell seine politischen und weltanschaulichen Überzeugungen publiziert, so stehen sie naheliegenderweise in keinerlei Zusammenhang mit seinem logischen Atomismus. Das Problem, das Collingwood schon als Student erkennt, ist in der Tat keine Kleinigkeit. Denn mit dem Siegeszug der analytischen Philosophie werden die philosophischen Fakultäten alles in allem unpolitischer, sehr früh schon im angloamerikanischen Raum und seit den Achtzigerjahren auch in Deutschland. Hält man diese Entwicklung für (universitäts-)politisch gewünscht, so läge hier zumindest eine Teilerklärung dafür, warum die analytische Philosophie in den letzten fünfzig Jahren akademisch dermaßen bedeutsam werden konnte.

Collingwoods politische Überzeugung ist »sozialliberal«, er verteidigt den Liberalismus, aber nicht den Laissez-faire-Liberalismus. Bei einer längeren Reise in Spanien im Jahr 1930 lernt er Unamuno kennen und bewundert dessen Kampf gegen die Militärdiktatur und für die Demokratie. Auch für Collingwood darf der Philosoph nicht zwischen seinem Denken und seinem Tun unterscheiden, Philosophie ist gelebte Praxis. Und Selbsterkenntnis ist keine rein theoretische Angelegenheit, sondern findet ihren Niederschlag in einsichtsvollem Tun. Das Buch, an dem er seit Beginn des Weltkriegs arbeitet, will den europäischen Liberalismus gegen die Bedrohung des Faschismus verteidigen: *The New Leviathan or Man, Society, Civilization, and Barbarism* (Der neue Leviathan. Gesellschaft, Zivilisation und Barbarei). Für Collingwood ist der Liberalismus in erster Linie ein Prozess der Selbstzivilisierung und damit gelebte Ethik. Je weiter er historisch voranschritt, umso ethisch sensibler sei er geworden für die Belange und Rechte der Menschen. Insofern ist die liberale Kultur ein Dokument des geistigen Lernprozesses, der – und hier bewegt sich Collingwood in den Bahnen von Hegels *Rechtsphilosophie* – seinen Niederschlag in liberalen und demokratischen Institutionen gefunden habe.

Modern an Collingwoods politischer Philosophie ist vor allem seine Betonung der *Civility*. Was den Liberalismus adeln soll, ist seine Kultur der Höflichkeit. Seine Ethik ist eine Ethik der Achtsamkeit, nicht eine Ethik absoluter moralischer Grundsätze, wie etwa jenem der Gerechtigkeit, der Pflichten, der Tugend oder der Fairness. Auf diese Weise verbindet Collingwood den Liberalismus untrennbar mit dem, was seit den Achtzigern in den USA als *Kommunitarismus* bekannt wird – die Einbettung ethischer Grundsätze in ein ganz konkretes praktisches Gemeinschaftsleben. Während sich der Liberalismus und der Kommunitarismus als Gegensätze bekämpfen werden, sah Collingwood beides als organisch ineinander verschmolzen an. Nur unmittelbar praktizierte Grundsätze sind für ihn überhaupt Grundsätze, allgemeine Prinzipien hingegen nur so wertvoll wie der Gebrauch, der von ihnen gemacht wird.

Collingwood darf noch erleben, wie der *New Leviathan* 1942 erscheint. Von langer, schwerer Krankheit gezeichnet stirbt der Dreiundfünfzigjährige im Januar 1943, nachdem er seine Professur bereits zwei Jahre zuvor aufgegeben hat. Sein Nachfolger in Oxford wird ausgerechnet *Gilbert Ryle* (1900–1976), der brillanteste Kopf der neuen Generation der analytischen Philosophen. Für Collingwoods Platz in der Philosophie ist das eine Katastrophe. Ohne Nachfolger und einflussreiche Schüler gerät er erstaunlich schnell in Vergessenheit, und die meisten Philosophiegeschichten kennen nicht mal seinen Namen; besonders auffällig im deutschsprachigen Raum, wo der wichtigste Gegenspieler der frühen analytischen Philosophie bis in die Neunzigerjahre ein Unbekannter bleibt. Seine Wiederentdeckung beginnt 1994 mit der Gründung der *Collingwood Society* unter anderem durch Größen wie den britischen Historiker und Politikwissenschaftler *Quentin Skinner* (* 1940) und den schottisch-US-amerikanischen Philosophen *Alasdair MacIntyre* (* 1929), einen der Mitbegründer des Kommunitarismus. Erst jetzt wird sinnfällig, in welchem Umfang der französische Philosoph Michel Foucault in Collingwoods Spuren wandelt, und zwar sowohl 1966 in seiner Rekonstruktion des Naturverständnisses (*Le mots et les choses – Die Ordnung der Dinge*) als auch in seinem Programm einer *L'archéologie du savoir* (*Die Archäologie des Wissens*) aus dem Jahr 1969. Dass selbst die analytische Philosophie auf ihren schärfsten Kritiker zurückgreift, zeigt *Peter Frederick Strawson* (1919–2006), Collingwoods Nachnachfolger auf dem Lehrstuhl für Metaphysik in Oxford. Dessen metaphysischen Präsuppositionen werden bei Strawson zu *semantischen* Präsuppositionen umgedeutet, ohne die die Aussagenlogik nicht arbeiten kann. In jeder Sprachhandlung muss immer sichergestellt sein, dass im gleichen Sinne über Gleiches geredet wird, damit Kommunikation gelingt. Allerdings werden Collingwoods historische Voreinstellungen und unbewusste Vorannahmen von Strawson allein auf das Funktionieren des Sprechakts reduziert. Das Wie und Warum ihres Zustandekommens fällt aus dem Rahmen seiner Theorie. Wo Collingwoods Metaphysik von oft *unbewussten* historisch-kulturellen Vorannahmen handelt, handelt Strawsons »deskriptive Metaphysik« allein von der *bewussten* sprachlichen Struktur unseres Denkens über die Welt.

Wer fest davon überzeugt ist, dass Sprache *keine* adäquate Repräsentation der Welt ist, der kann also auf den unterschiedlichsten Wegen dorthin gelangen: von der Metaphysik zur Funktion der Sprache wie Collingwood oder von der Funktion der Sprache zur Metaphysik wie Strawson. Und genau diesen zweiten Weg geht lange vor Strawson bereits Wittgenstein.

Verwinkelte Gassen

Philosophen, so meint Russell in seiner *Philosophie des Abendlandes*, haben zumeist nur einen einzigen wirklich großen und neuen Gedanken. Im Fall von Wittgenstein sind es zwei. Seit 1929 ist er zurück in Cambridge, zunächst nur, um Freunde zu besuchen, aber er bleibt mehr und mehr dort. Auf Bestreben Russells erkennt die Universität den *Tractatus* als Dissertation an, und Moore wird Wittgenstein promovieren. Da dieser sein Vermögen verschenkt hat, ist er in der Folgezeit auf eine Fellowship angewiesen. Er hält Vorlesungen und arbeitet in wachsender Intensität an neuen Werken. Doch weder seine *Philosophischen Bemerkungen* (1929), die *Philosophische Grammatik* (1931), *Das Blaue Buch* (ca. 1933) noch *Das Braune Buch* (1934) werden zu seinen Lebzeiten veröffentlicht.

Wittgensteins Überlegungen zu Beginn der Dreißigerjahre gehen in eine ganz andere Richtung als jene des Wiener Kreises. Seine Diskussionen mit Ramsey, der eine kluge Rezension des *Tractatus* geschrieben hat, machen ihn bereits Mitte der Zwanzigerjahre mit Peirce vertraut. Der legendäre US-Amerikaner, in Europa bislang nur ein Geheimtipp, hatte als Erster eine pragmatische Zeichenlehre, eine *Semiotik* entwickelt. Gemäß seiner »pragmatischen Maxime« erklärt er darin jeden Gebrauch von Zeichen (Lauten, Wörtern und Sätzen) aus ihrem spezifischen *Verwendungskontext* heraus. Eine solche Semiotik braucht keine Rückbindung an Elementarerlebnisse oder Protokollsätze – sie ist rein *beschreibend*, aber nicht herleitend. Was etwas *ist*, bestimmt allein das Bedeutungsgefüge, das sich aus dem *Gebrauch* ergibt.

Die Erkenntnis, die Wittgenstein daraus gewinnt, ist für ihn bahnbrechend. Und sie führt zu einem radikalen Bruch zur Vorgehensweise im *Tractatus* und zu den Bemühungen der Ritter der Wiener Tafelrunde. Wenn der Neuentflammte in Cambridge jetzt über Sprache nachdenkt, dann ist ihm klar, dass Sprache einzig und allein in ihrer *Anwendung* beschreibbar und aus ihr heraus erklärbar ist. Beflügelt wird er darin durch seine Gespräche mit dem Ökonomen *Piero Sraffa* (1898–1983). Der Italiener, durch Keynes' Vermittlung nach Cambridge gekommen, ist ein enger Freund und Unterstützer Gramscis. Durch ihn kommt er zur »Philosophie der Praxis«. Sraffa liebt es, Wittgenstein zu provozieren, indem er ihm die Grenzen der Logik und des logischen Denkens vorführt. »Eines Tages«, so schildert es Wittgensteins Freund, der US-amerikanische Philosoph *Norman Malcolm* (1911–1990), »bestand Wittgenstein darauf, dass ein Satz und das, was er darstellt, dieselbe ›logische Form‹, dieselbe ›logische Mannigfaltigkeit‹ besitzen müssen. Sraffa machte eine Geste, wie sie den Neapolitanern geläufig ist, wenn sie so etwas wie Abscheu oder Verachtung ausdrücken wollen: Er fuhr mit den Fingerspitzen der nach außen gekehrten Hand über die Unterseite des Kinns und fragte: ›Was ist die logische Form *davon*?‹ Sraffas Beispiel rief in Wittgenstein das Gefühl hervor, es sei absurd, darauf zu beharren, dass ein Satz und das, was er darstellt, dieselbe ›Form‹ haben müssen. Dadurch löste er sich von der Auffassung, der Satz müsse buchstäblich ein ›Bild‹ der Wirklichkeit sein, die er darstellt.«[306]

Carnaps »Elementarerlebnisse«, einschließlich etwaiger »Protokollsätze«, sind damit erledigt. Was für uns Sinn und Bedeutung hat, hat es nicht in eindeutigem und klarem Bezug zur Realität, sondern in einem Bezug zu einer mit anderen geteilten (Zeichen-)Welt. Aus der Logik des Wiener Kreises wird damit Anthropo-Logik. Schon zuvor hatte man sich darüber wundern dürfen, dass die Gralssucher an der Donau glaubten, ausgerechnet die zurechtgeschliffene deutsche Sprache wäre die am besten geeignete Realsprache und keine sonst. Und man hatte spotten können, die um sich selbst kreisenden Wiener glichen hiermit den »Realisten« des Mittelalters, die im großen Universalienstreit behaupteten, die Welt sei von Gott durchaus wörtlich gemeint – und zwar auf Latein. Wittgenstein hingegen lernt einzusehen, dass unsere private Erfahrung schon auf elementarster Ebene eine *intersubjektive* Erfahrung ist. Jedes Wort, jede Geste, jede Assoziation, die wir zum Verständnis brauchen, stammen aus einer gemeinsamen kulturellen Sprachwelt und haben nur in ihr ihren Sinn und nirgendwo sonst. Das relativiert erstens das eigene Erkennen als kulturspezifisches Erkennen. Und zweitens lautet die alles entscheidende Frage nicht: Wie wird aus privaten Erlebnissen objektiv gesichertes Wissen? Die Frage ist: Wie ist überhaupt Privates möglich, wenn alles Erfahren und Denken genuin intersubjektiv und damit kulturell bedingt unpersönlich ist?

Erst diese Überlegungen führen tatsächlich zu dem, was man den *linguistic turn* in der Philosophie nennt. Frege, Russell und der Wiener Kreis hatten zwar die Sprache in den Mittelpunkt ihres Philosophierens gerückt, aber sie hatten sie durchweg als logisches Erkenntnisinstrument mit unmittelbarem Weltbezug studiert. Wittgenstein dagegen sieht in den Dreißigerjahren ein, dass die Sprache zwar unser einziges Erkenntnisinstrument ist, dass sie aber nicht logisch ist. Und ihr Bezugspunkt ist nicht die Welt, sondern die Welt der anderen. Der Mensch, hatte Kant in seiner *Anthropologie in pragmatischer Hinsicht* geschrieben, ist aus »so krumbem Holze«, dass daraus nichts Gerades gemacht werden kann. Wittgenstein erkennt, dass auch die Sprache aus »so krumbem Holze« ist, dass draus nichts Gerades, keine »Real-« oder »Präzisionssprache« gemacht werden kann. Wer die Sprache verstehen will, darf sie nicht länger in ihrer »Abbild«-Funktion betrachten wie im *Tractatus*. Er muss ihren Kontext und ihren Gebrauch verstehen, die »Sprachspiele«, wie Wittgenstein sie seit 1934 nennt.

Die Distanz zum Wiener Kreis könnte größer nicht sein. Im *Tractatus* hatte Wittgenstein behauptet: »Die Gesamtheit der wahren Sätze ist die gesamte Naturwissenschaft (oder die Gesamtheit der Naturwissenschaften)«[307] – das gefiel der Tafelrunde sehr. Nun aber glaubt Wittgenstein nicht mehr an logische Axiome, auf denen sich die Erklärung der Welt aufbauen lässt, und auch nicht an eine streng logisch gegliederte Sprache, die dabei hilfreich sein könnte. All dies sei, wie er im Gespräch mit seinen ausgewählten Vertretern der Tafelrunde zugibt, »Dogmatismus« und ein gefährlicher Irrtum. Die »Aufgabe der logischen Analyse« sei nicht, »die Elementarsätze aufzufinden«.[308]

Für Wittgenstein gibt es inzwischen nicht einmal einen grundsätzlichen Vorrang wissenschaftlicher Sätze vor anderen Sätzen. Wenn jeder Sinn aus dem Gebrauch und dem Zweck seines Gebrauchs entsteht, ist die Wissenschaftssprache nicht wahrer als die normale Umgangssprache. Sie hat lediglich eine andere Funktion. Schon im *Tractatus* hatte Wittgenstein eingeräumt, dass wissenschaftliche Sätze »unsere Lebensprobleme gar nicht« berühren, und es sei spürbar, »wie wenig damit getan ist«.[309] Der Philosoph gibt damit seinen Anspruch auf exakte Wissenschaftlichkeit auf. Er *erklärt* nicht mehr, sondern er kann lediglich *beschreiben*: »Alle *Erklärung* muß fort, und nur Beschreibung an ihre Stelle treten.«[310]

Philosophieren, ein spezifisches Spiel mit Worten, ist für Wittgenstein ohnehin nicht das distanzierte Betrachten der Welt, sondern eine *Aktivität*. Die Anregungen Sraffas und damit Gramscis lassen ihn die Arbeit des Philosophen nun als ein ganz besonderes aktives Tun beschreiben, nämlich als Praktizieren eines spezifischen Sprachspiels. Zum Philosophen wird man dadurch, dass man philosophiert, und nicht dadurch, sich die Welt als distanzierten Studiengegenstand zurechtzulegen, oder gar dadurch, dass man akademische Abschlüsse in einem entsprechenden »Fach« macht. (Dass ausgerechnet die von Wittgenstein mit aus der Taufe gehobene analytische Philosophie die Bedeutung von Philosophieprofessoren heute an langen »Fach«-Veröffentlichungslisten abliest, ist ein anderes Kapitel.)

Während Wittgenstein zweifelt und sucht und einen völligen Neuanfang skizziert, ist einem anderen jeder Zweifel fremd. *Alfred Jules Ayer* (1910–1989) war der einzige Engländer, der an den Gesprächen des Wiener Kreises teilnahm. Als Lehrbeauftragter in Oxford verfasst der junge Mann 1936 sein Buch *Language, Truth and Logic* (*Sprache, Wahrheit und Logik*), in dem er nonchalant über alle ungelösten Probleme des Wiener Kreises hinwegschreitet und den logischen Empirismus als *die* neue und völlig konsistente Philosophie vorstellt. Leichtfertig erklärt er alle Metaphysik für unsinnig und attackiert vom linguistischen Standpunkt aus mit Verve die christliche Religion, die keinen einzigen wahrheitsfähigen Satz enthalte. Dass Ayer sich im Vorwort unter anderem auf Wittgenstein beruft, ist zu diesem Zeitpunkt bereits ein Anachronismus. Dem Erfolg des Buchs tut dies keinen Abbruch. Mit Ayers Schrift verlässt der logische Empirismus die Zirkel der Gelehrten und wirkt gesellschaftlich enorm in die Breite – just in dem Moment, als der Wiener Kreis sich auflöst und Wittgenstein den logischen Empiristen entschieden den Rücken zukehrt.

Mit seiner neuen Philosophie hat dieser es nicht eilig. Während der *Tractatus* äußerst gehetzt entstand, nimmt sich der Mittvierziger in Cambridge viel Zeit zum Leben. Mit seinem jungen Lebenspartner Francis Skinner unternimmt Wittgenstein 1935 eine Reise in die Sowjetunion, verbunden mit der Idee, dorthin zu emigrieren und fortan als Mechaniker oder etwas Ähnliches zu arbeiten. Die sowjetische Realität desillusioniert ihn ebenso wie fünfzehn Jahre zuvor Russell. Mit Skinner fährt Wittgenstein mehrfach in sein Haus am Fjord in Norwegen. Er spielt mit dem Gedanken, Arzt, vielleicht auch Psychiater zu werden. Im Spätsommer 1936 beginnt er schließlich mit jenem Werk, das 1953 unter dem Titel *Philosophische Untersuchungen* erscheinen wird. Bevorzugt wird darin die Form des imaginierten Dialogs. Über Sprache, so scheint es nun, kann man nur im Gespräch philosophieren. Ein Dogmatiker unterhält sich mit einem Skeptiker. Und statt definitiver Aussagen kommt etwas dabei heraus, das Wittgenstein gedankliche »Landschaftsskizzen« nennt, »die auf diesen langen und verwickelten Fahrten entstanden sind«.[311]

In einem anderen Punkt jedoch bleibt er sich ziemlich treu. Seine Philosophie soll die Nutzung der Sprache entwirren. Denn für Wittgenstein sind alle philosophischen Probleme nach wie vor auf einen falschen Gebrauch der Sprache zurückzuführen. Dabei geht es jetzt aber nicht mehr radikal um wahr oder falsch wie in den empirischen Wissenschaften, sondern um die Auflösung sprachlich-gedanklicher Knoten. Jedes philosophische Problem ist eine sprachlich-gedankliche Unsicherheit, ein: »Ich kenne mich nicht aus.«[312] Eine »Hauptquelle unseres Unverständnisses« ist es, »dass wir den Gebrauch unserer Wörter nicht übersehen. – Unserer Grammatik fehlt es an Übersichtlichkeit. – Die übersichtliche Darstellung vermittelt das Verständnis. Welches eben darin besteht, dass wir die ›Zusammenhänge sehen‹.«[313] Oder, wie Wittgenstein noch drastischer sagt, die Mittel unserer Sprache »verhexen« unseren Verstand.[314]

»Was ist dein Ziel in der Philosophie? – Der Fliege den Weg aus dem Fliegenglas zeigen«, wird er 1938 seinen Studenten in Cambridge erklären.[315] Wie die Fliege in der Falle, die fasziniert vom Licht den Ausweg nicht findet, so strebten die Menschen nach sie faszinierenden Vorstellungen und Begriffen, die ihnen aber nicht weiterhelfen, sondern sie in die Irre führen wie das Licht die Fliege. Der Philosoph hingegen hat die Aufgabe, das Glas abzudecken, die irreführende Lichtquelle zu beseitigen und den Menschen zu helfen, den richtigen Ausweg zu finden. So sieht der verhinderte Arzt oder Psychiater die Philosophie als Entwirrungskunde von störenden »Knoten« oder, wie er häufiger sagt, als Heilung: »Der Philosoph behandelt eine Frage; wie eine Krankheit.«[316] Wittgenstein möchte die »Beulen, die sich der Verstand beim Anrennen an die Grenze der Sprache geholt hat«, heilen oder zukünftig verhindern.[317] Manches davon erinnert an die Arbeit des Psychoanalytikers: »Die Arbeit der Philosophie ist ein Zusammentragen von Erinnerungen zu einem bestimmten Zweck.«[318] Und wie Freud das verborgene Unbewusste unter dem Bewussten sucht, so sieht sich auch der Sprachanalytiker als Forscher in den Stockwerken unterhalb der Banalität: »Die für uns wichtigsten Aspekte der Dinge sind durch ihre Einfachheit und Alltäglichkeit verborgen. (Man kann es nicht bemerken, weil man es immer vor Augen hat.)«[319] Doch anders als Freud möchte Wittgenstein »keinerlei Theorie aufstellen. Es darf nichts

Hypothetisches in unseren Betrachtungen sein.« Die »Probleme werden gelöst, nicht durch Beibringen neuer Erfahrung, sondern durch Zusammenstellung des längst Bekannten«.[320]

Der Vergleiche mit anderen Disziplinen in den *Logischen Untersuchungen* ist kein Ende. Einmal bezeichnet Wittgenstein sein Vorgehen auch als »ethnologische Betrachtungsweise«.[321] Der archäologischen Methode seines Oxforder Kollegen Collingwood nicht unähnlich, untersucht er die Sprachspiele als Verständigungssysteme, deren Bedeutung sich nur dann zeigt, wenn zugleich die »Lebensformen« bekannt sind, in denen sie ihren Platz haben. Keine Sprachhandlung ist völlig aus sich selbst heraus verständlich, und solche Sprachhandlungen gibt es unendlich viele: »Befehlen, und nach Befehlen handeln – Beschreibung eines Gegenstands nach dem Ansehen, oder nach Messungen – Herstellen eines Gegenstands nach einer Beschreibung (Zeichnung) – Berichten eines Hergangs – Über den Hergang Vermutungen anstellen – Eine Hypothese aufstellen und prüfen – Darstellen der Ergebnisse eines Experiments durch Tabellen und Diagramme – Eine Geschichte erfinden; und lesen – Theater spielen – Reigen singen – Rätsel raten – Einen Witz machen; erzählen – Ein angewandtes Rechenexempel lösen – Aus einer Sprache in die andere übersetzen – Bitten, Danken, Fluchen, Grüßen, Beten.«[322]

Sprache ist nur aus ihrem »Gebrauch« und damit aus dem ganz pragmatischen kulturellen und historischen Kontext heraus verständlich – in diesem entscheidenden Punkt wechselt Wittgenstein gegenüber Russell und seinem eigenen Jugendwerk vollständig die Fronten und rückt unwissentlich näher an Collingwood heran. Er will die Wörter nun nicht mehr auf ihre Logik zurückführen, sondern auf ihre alltägliche Verwendung. »Nur im Fluß des Lebens haben die Worte ihre Bedeutung.«[323] Und wo der *Tractatus* in sprödester Schnörkellosigkeit mit dem Charme eines Gesetzbuchs auftritt, findet Wittgenstein in den *Philosophischen Untersuchungen* Gefallen an schönen Formulierungen. Der malerischste dieser Sätze, der später die Dichterin *Ingeborg Bachmann* (1926–1973) begeistert, lautet: »Unsere Sprache kann man ansehen als eine alte Stadt: Ein Gewinkel von Gässchen und Plätzen, alten und neuen Häusern, und Häusern mit Zubauten aus verschiedenen Zeiten; und dies umgeben von einer Menge Vororte mit geraden und regelmäßigen Straßen und mit einförmigen Häusern.«[324]

Aus einer Wahrheitstheorie der Sprache ist eine Theorie der sozialen Kommunikation geworden. Denn erst wenn man reflektiert, dass die Ordnungsmittel des Geistes, das Denken und die Sprache, nicht die Wirklichkeit »an sich« aufräumen, sondern Modelle sind, um die Welt nach Maßgabe unterschiedlicher kommunikativer Spielregeln zu erklären, kommt man dem menschlichen Denken und Sprechen näher. Präzise Bestimmungen sind in der Praxis selten nötig und mitunter sogar störend. Wer unterschiedliche Dinge wahrnimmt, der erlebt auch anders. Und wer anders erlebt, der denkt auch anders. Und wer anders denkt, der benutzt auch eine andere Sprache. Was unter verschiedenen Menschen zu unterschiedlichen Denk- und Sprechweisen führt, unterscheidet in noch viel deutlicherer Form den Menschen von den anderen Tieren. Die Grenzen des sinnlichen Wahrnehmungsapparats und die Grenzen der Sprache sind die Grenzen unserer Welt. Denn die Auswahl der Wortkleider unseres Denkens stammt aus dem übersichtlichen Kleiderschrank der menschlichen Spezies. »Wenn ein Löwe sprechen könnte«, sagt Wittgenstein in einem seiner berühmtesten Sätze, »wir könnten ihn nicht verstehen!«[325]

»Hol's der Teufel, was in ihm vorgeht!«

Als Wittgenstein dies schreibt, ist er bereits eine Kultfigur, ein Eremit, ein Asket, ein Guru und ein »Führer«, wie einer seiner Schüler sich erinnert; eine Romanfigur, die vom Luxus in die

Armut gewandert und schon zu Lebzeiten die Legende ihrer selbst ist.

Seit 1939 ist er endlich ordentlicher Professor. Seine originellste Leistung dieser Zeit unter vielen originellen Ideen etwa zur Mathematik, zur Kunst und zur Ethik sind seine Überlegungen zum Phänomen des Geistes. Die Lage, die er hier vorfindet, besteht aus zwei völlig verschiedenen Zugängen. Auf der einen Seite die Tradition der Bewusstseinsphilosophie mit ihren modernsten Ausprägungen bei Brentano und Husserl. Demnach existiert tief in jedem Menschen ein Bewusstsein, ein mentaler Raum, in dem sich mentale Vorgänge wie Erleben, Denken und Verstehen abspielen. Während die experimentellen Psychologen diesen Raum anhand von sichtbaren Seelenregungen, also bestimmten Verhaltensweisen, von außen deuten, will die Phänomenologie sie von innen her ausleuchten durch minutiöse Introspektion des eigenen Seelenlebens. Auf der anderen Seite stehen jene, die diesem Raum kaum eine Bedeutung beimessen. Die Behavioristen um John B. Watson sehen, wie im Zusammenhang mit Russell erwähnt, im Bewusstsein eine Blackbox, in der sich letztlich rein mechanische Vorgänge abspielen. Alles Verhalten folgt dem Schema von Reiz und Reaktion und lässt sich somit vollständig naturwissenschaftlich erklären.

Als Wittgenstein sich mit dem Bewusstsein befasst, sind die Behavioristen im Aufwind. Der Psychologe *Clark L. Hull* (1884–1952), seit 1929 Professor an der Yale University, begründet den *Neobehaviorismus*, eine Motivationstheorie, die auch kompliziertere mentale Vorgänge wie Lernen mit naturwissenschaftlichen Methoden beschreibt und erklärt. Wittgenstein hingegen lehnt beide Erklärungen des Bewusstseins, den eigenständigen mentalen Raum der Phänomenologen als auch die Reiz-Reaktions-Maschine der Behavioristen, ab. Seine provokante These lautet: Denken und Verstehen sind keine *Vorgänge*! Schon in seiner zu Lebzeiten unveröffentlichten *Philosophischen Grammatik* hat er notiert, dass »Verstehen« nicht gleichbedeutend ist mit einer bestimmten Denkbewegung. Was sich in unserem Bewusstsein abspielt, wäre nämlich wahrnehmbar genau das Gleiche, ob wir etwas verstehen oder missverstehen – und zwar nach beiden methodischen Zugriffen, der Introspektion als auch dem Experiment. Verstehen, hebt Wittgenstein hervor, ist also von ganz anderen *Kriterien* abhängig als jenen Kriterien, mit denen wir entscheiden, ob in einem Organismus ein Denkvorgang stattfindet oder nicht. Der Denkvorgang sagt überhaupt nichts aus über seine qualitative Beschaffenheit.

Der Begriff des »Kriteriums« ist Wittgenstein wichtig. Er erlaubt es, das philosophische Nachgrübeln von der naturwissenschaftlichen Forschung zu unterscheiden. Das, was Naturwissenschaftler entdecken, ist immer ein *Symptom*, ein Beispiel für etwas regelhaftes Allgemeines. Kennt man diese Symptome gut, dann kann man *Kriterien* dafür entwickeln, wann und unter welchen Umständen bestimmte Ereignisse eintreten. In der philosophischen Betrachtung des menschlichen Verhaltens hingegen gibt es keine Symptome, kein Verhalten stimmt nachprüfbar mit einem faktischen Seelenzustand überein. Gleichwohl aber arbeiten wir mit Kriterien. Immer wenn es juckt, kratzen wir uns, sodass wir dazu geneigt sind, regelhaft abzuleiten: Wo ein Kratzen ist, muss dem ein Jucken vorangegangen sein. Aber das setzt, anders als im Behaviorismus, das Jucken nicht mit dem Kratzen in einen untrennbaren Zusammenhang. Nicht jedes Jucken führt zum Kratzen, nicht jedes Kratzen erfolgt aufgrund eines Juckens. Die Beurteilungskriterien der Naturwissenschaften und jene des Philosophen dürfen also nicht die gleichen sein. Wer Verstehen verstehen will, sucht nicht nach Symptomen und auch nicht nach ausweisbaren Kausalitäten.

Der Behaviorismus kann das Problem des Bewusstseins also nicht lösen. Aber können es die Bewusstseinsphilosophen? Wittgensteins Unbehagen gegenüber der vermeintlichen Erforschung innerer Zustände ist groß: »Hol's der Teufel, was in ihm vorgeht!«, schreibt er in sein Manuskriptbuch. »Der Vergleich des

Denkens mit einem Vorgang in der Verborgenheit ist, in der Philosophie, irreführend.«[326] Warum fixieren sich Philosophen so ergebnislos auf innere Vorgänge? »Wenn alles seinen normalen Gang geht, denkt niemand an den innern Vorgang, der die Rede begleitet.«[327] Und »wenn Einer auch alles ausspräche, ›was in seinem Innern‹ ist, müßten wir ihn nicht verstehen«.[328] All diese Konzentration auf innere Vorgänge verdanke sich der falschen Vorstellung, dort etwas Konsistentes, ein »Ich« oder ein »Selbst«, aufzufinden. Doch dieses »Ich«, wiederholt Wittgenstein sinngemäß den berühmten Satz von Ernst Mach, ist ein Irrtum. Das Ich ist kein Gegenstand und kein Raum für innere Vorgänge. Das Ich ist meine geistige und körperliche Aktivität, die sich nie selbst zu Gesicht bekommt. »Ich bin«, hatte Wittgenstein im *Tractatus* geschrieben, »meine Welt.«[329]

Der Rahmen, um das, was Menschen tun, zu verstehen, ist also weder die naturwissenschaftliche Psychologie noch die philosophische Introspektion. Weder lässt sich das Verhalten aus dem Geistigen erklären noch das Geistige aus dem Verhalten. Und völlig verfehlt wäre es, nach Wittgenstein, das Geistige aus der Aktivität des Gehirns zu erklären (wie viele Neurowissenschaftler es heute versuchen). Nur weil das Gehirn das Denken *ermöglicht*, *erklärt* es das Denken nicht. Das bewusstlos arbeitende Gehirn ist kein Verursacher, dem man sinnhaftes Handeln unterstellen kann. Für einen Philosophen, der Denken, Verstehen und (Sprach-)Handeln erklären will, ist es die falsche Adresse.

Nach Wittgenstein bleibt damit nur eine Möglichkeit übrig. Man muss die Sprachspiele beschreiben, um tatsächlich zu angemessenen Beschreibungen des menschlichen Denkens und Tuns zu kommen. Ein prägnantes Beispiel dafür sind seine Ausführungen über das Hoffen: »Denke, jemand sagt: ›Der Mensch hofft‹. Wie hätte man dieses allgemeine naturgeschichtliche Phänomen zu beschreiben? – Man könnte ein Kind beobachten und warten, bis es eines Tages Hoffnung äußert; und man könnte dann sagen: ›Heut hat es zum ersten Mal gehofft‹. Aber das klingt doch seltsam! Obwohl es ganz natürlich wäre, zu sagen: ›Heut hat es zum ersten Mal gesagt ›ich hoffe‹. Und warum seltsam? – Man sagt doch nicht von einem Säugling, er hoffe ... noch auch, er hoffe nicht ... und man sagt es doch vom Erwachsenen. – Nun, das Leben wird nach und nach zu dem, worin für Hoffnung Platz ist.«[330] Was Wittgenstein damit sagen will, ist, dass Hoffen sich nicht als angelegtes Programm auf natürliche Art und Weise im Menschen ausbildet, wie etwa die Fähigkeit zu laufen. »Hoffen« ist zunächst einmal ein Wort, das ein Kind aufschnappt und in einem gewissen Entwicklungsstand für zweckdienlich empfindet, dass es es gebraucht. Und man könnte hinzufügen, dass sich »Hoffen« auch heute nicht als unverwechselbares Muster im Gehirn auffinden lässt, wenn man es mithilfe des Kernspintomografen sucht. Hoffen, so Wittgenstein, ist eben kein spezifischer »innerer Vorgang. Welcher Unsinn! Wie weiß man denn dann überhaupt, wovon man redet?«[331] Vom Hoffen kann nur der reden, der das Wort kennt. Und keine innere Stimme flüstert einem unabhängig vom Sprachgebrauch der Welt, in der man lebt, ein, dass man hofft.

Was Brentano und Husserl mit ihrer transzendentalen Reduktion suchen, ist, nach Wittgenstein, in Reinform gar nicht existent. Die »Sachen selbst« sind nicht subjektiv, sondern via Sprache nur intersubjektiv als Sachen vorhanden. Für die Psychologie ist diese Betrachtungsweise eigentlich ein Todesurteil, da das, was sie erforschen will, in fassbarer Form überhaupt nicht da ist. Kein Wunder, dass die Psychologie Wittgenstein weitgehend aussperrt und sich sehr wenig mit ihm befasst. Dabei lässt sich natürlich fragen, ob die radikale Abwertung des Psychischen zugunsten des Intersubjektiven völlig plausibel ist. Die beobachteten Sprachspiele mögen eine gewisse regelhafte Verselbstständigung aufweisen, sei es der Wissenschaftsjargon, eine Predigt oder ein Wortgefecht in einer Talkshow. Aber all dies ist ja nicht zufällig entstanden und wird auch nicht um seiner selbst willen betrieben. Es beruht auf *Absichten*! Und Absichten sind ohne Zweifel mentale Erzeugnisse, die ein wesentlicher Bestandteil jedes Sprechakts sind. Wittgensteins geistige Nachfolger in der analytischen Philosophie werden sich deshalb viel Mühe geben, die herausgekürzte Intentionalität ins neue System der Sprachspiele und Sprechakte zu integrieren, ohne wieder auf Positionen der Bewusstseinsphilosophie zurückzufallen. Eine ähnliche Kritik äußert später auch der US-amerikanische Linguist *Noam Chomsky* (* 1928), der, wie wir im letzten Band dieser Philosophiegeschichte sehen werden, einen angeborenen Sprachinstinkt annimmt, der sich im Laufe der kindlichen Entwicklung als innere Grammatik entfaltet. Die Sprache, die Wittgenstein so leidenschaftlich aus der Sphäre des Mentalen herausgehoben hat, wäre damit wieder tief in ihr verankert.

Während der Denker in Cambridge nichts von einer dem Bewusstsein impliziten Universalgrammatik weiß, die jedem gesunden Menschen den Erwerb einer komplizierten Sprache ermöglicht, weiß er aber von einer anderen Universalie, die in jedem Sprachspiel vorausgesetzt sein muss. In seinen Aufzeichnungen unter dem Titel *Über Gewißheit* umkreist er die Frage, woher unser sicheres Wissen kommt, das Moore voraussetzt, wenn er die Existenz der Außenwelt für unbestreitbar hält. Und dieses Wissen setzt ja nicht nur Moore voraus, sondern jeder normale Mensch. Wenn ein Kind daran zweifelt, dass es die Erde schon sehr lange gibt, so Wittgenstein, so kommt uns das komisch vor. Denn man kann natürlich sehr viel hinterfragen, aber manches erscheint einem Erwachsenen so evident, dass er jeden Zweifel daran nur unsinnig oder drollig finden kann. Man mag einräumen, dass solche Gewissheiten manchmal kulturspezifisch oder historisch sind, insbesondere die religiösen Gewissheiten, die zu bestimmten Zeiten und in bestimmten Kulturen fast unbezweifelbar erscheinen. Aber alles in allem gibt es einen Fundus an Gewissheiten, an denen zu zweifeln überhaupt nichts bringt und jeden Zweifelnden ins Abseits stellt; sie konstituieren, so Wittgenstein, das »Weltbild«, das aller Kultur zugrunde liegt.

Die Sprachspiele markieren den Sinnhorizont des Menschen, seine Lebensformen geben ihnen einen Rahmen, und das Weltbild umrahmt die Lebensformen. Und weil das so ist, hängt, nach Wittgenstein, auch unser Begriff der Wahrheit von diesem letzten Rahmen ab. Wahr ist, was sich im Einklang mit unserem Weltbild bewahrheitet. Ein »Weltbild habe ich nicht, weil ich mich von seiner Richtigkeit überzeugt habe; auch nicht, weil ich von seiner Richtigkeit überzeugt bin. Sondern es ist der überkommene Hintergrund, auf welchem ich zwischen wahr und falsch unterscheide.«[332] Doch weil unsere letzten Gewissheiten, die unser Weltbild ausmachen, nicht durch Erfahrungen, Belege oder Einsichten gewonnen wurden, ist jede Wahrheit in letzter Instanz relativ. Gewissheit, so Wittgenstein, stellt sich deshalb ein, weil ich mich mit vielem schlichtweg »begnüge«.

Wittgensteins »Weltbild« mag noch umfassender gedacht sein als Collingwoods implizite Metaphysik der Voreinstellungen, die unser Fragen bestimmt. Und doch kommen sie hier, von entgegengesetzten Ufern aufgebrochen, zu dem gleichen Schluss: Es ist, mit Musil gesagt, das Wissen darum, dass die Wahrheit kein Kristall ist, den man findet. Sondern dass wir bei aller Wahrheitssuche in einer unendlichen Flüssigkeit schwimmen, in die wir hineingefallen sind und aus der wir nicht auftauchen können.

Kaum etwas von dem vielen, was Wittgenstein in den späten Dreißiger- und den Vierzigerjahren in Paragrafen notiert, stellt er zu einem geschlossenen Werk zusammen. Auch hier begnügt er sich, und zwar in Form von Heften und Zetteln. Wie schon im Ersten, so meldet er sich auch im Zweiten Weltkrieg freiwillig, diesmal allerdings auf englischer Seite. Als Assistent in einem Krankenhaus knüpft er an seine Erfahrungen beim Flugzeugbau an und entwickelt Laborgeräte und Apparaturen, um Puls, Blutdruck, Atemfrequenz und -volumen zu messen. Vier Jahre lehrt er nach dem Krieg noch in Cambridge, bis er sich mit achtundfünfzig Jahren frühpensionieren lässt. Die letzten Jahre verbringt er in Irland und in Oxford. 1951 stirbt er an Krebs. Seine letzten überlieferten Worte sind ein Gruß an seine Freunde: »Sagen Sie ihnen, dass ich ein wundervolles Leben gehabt habe.«[333]

War Wittgensteins *Tractatus* eine fruchtbare Sackgasse gewesen, so werden die *Philosophischen Untersuchungen* zu einem sehr fruchtbaren Anreger sowohl für die Philosophie als auch für die gerade erst entstandene Sprachwissenschaft. Philosophische Probleme, so der von Wittgenstein inspirierte Ansatz, müssen als Probleme des sprachlichen Ausdrucks verstanden und analysiert werden. Denn die Art und Weise, wie Menschen die Welt erfahren, ist immer durch ihre Sprache beeinflusst. Danach gibt es keine »reinen« Sinneserfahrungen, die nicht durch (sprachliches) Denken getrübt sind. Ebenso aber gibt es keine klare Bedeutung, denn Sprache ist immer mehrdeutig. In diesem Urwald der wechselseitigen Durchdringungen von Sinneswahrnehmungen, Sprache, Sprechakt und Sprachkontext schlägt die analytische Philosophie fortan ihre Pfade.

Anders als Russell, der als öffentlicher Intellektueller eine Berühmtheit ist, dessen zahlreiche Schriften seit den Dreißigerjahren die Philosophie aber kaum noch bereichern, und anders auch als Moore, von dem keine neuen Impulse mehr ausgehen, hat Wittgenstein durch sein Spätwerk die Welt des Geistes revolutioniert. Die Sprachwissenschaft greift seine Theorie der »Sprachspiele« auf und wendet sich der Bedeutung des Sprechens im jeweiligen Kontext zu. Der Engländer *John Langshaw Austin* (1911–1960) und der US-Amerikaner *John Rogers Searle* (* 1932) entwickeln daraus in den Fünfziger- und Sechzigerjahren ihre berühmten Theorien der *Sprechakte*. Denn wer etwas sagt, erkennt Austin im Anschluss an Wittgenstein, der »tut etwas«. Und die entscheidende Frage beim Verständnis von Sätzen ist nicht, ob etwas wahr ist oder falsch, sondern ob die Verständigung im beabsichtigten Sinne *gelingt* oder nicht gelingt. Davon wird im letzten Band die Rede sein.

ANHANG

Anmerkungen

1. Robert Musil: *Der Mann ohne Eigenschaften*, Rowohlt 1981, S. 248.
2. So die Formulierung in der Vorschau des Suhrkamp Verlags zu Ernst Bloch: *Geist der Utopie*; www.suhrkamp.de/buch/ernst-bloch-geist-der-utopie-t-9783518587225.
3. Zit. nach André Malraux: *Das Haupt aus Obsidian. Über Picasso und die Macht der Kunst*, Fischer 1975, S. 17–19.
4. Daniel-Henry Kahnweiler: *Meine Maler – meine Galerien*, DuMont 1961, S. 31.
5. Zur Zweifelhaftigkeit dieser späteren Erinnerungen siehe Warncke (1997), S. 203 ff.
6. Kahnweiler (1961), S. 31.
7. Zit. nach Daix, Boudaille und Rosselet (1988), S. 148.
8. Fernande Olivier berichtet sogar davon, Matisse hätte Picasso damit gedroht, »Picasso zu ›erledigen‹, ihn an den Bettelstab zu bringen«, in: *Picasso und seine Freunde* (1933), Diogenes 1982, S. 73.
9. André Salmon: »Histoire anecdotique du cubisme«, in: ders.: *La jeune peinture française*, Société des Trente 1912, S. 43–51.
10. Zit. nach Gertrude Stein: *Picasso. Erinnerungen* (1938), Insel 1986, S. 23.
11. Siehe dazu: Josep Palau i Fabre (1998), S. 45.
12. Jules de Gaultier: *De Kant à Nietzsche*, Mercure de France, Januar 1900, S. 104.
13. Pablo Picasso: *Wort und Bekenntnis*, Arche 1954, S. 9.
14. Vauxcelles in *Gil Blas*, November 1908; https://gallica.bnf.fr/ark:/12148/bpt6k7521008s/f2.item.
15. Siehe dazu Antliff (1999); Dittmann (2008); Cronan (2014).
16. Siehe dazu Antliff (1988).
17. Vgl. dazu Rubin (1990), S. 10.
18. André Salmon: »Histoire anecdotique du cubisme«, in: *La jeune peinture française*, S. 44.
19. www.moma.org/collection/about/conservation/demoiselles/analysis_2_c.html.
20. Bergson: *Das Lachen* (2014), S. 13.
21. Ebd., S. 15.
22. Ebd.
23. Ebd., S. 97 f.
24. Bergson (2016), S. 97.
25. Vgl. dazu Kołakowski (1985).
26. Bergson (2016), S. 5 f.
27. Bergson: *L'énergie spirituelle. Essais et conférences*, Alcan 1919, S. 38.
28. Bergson (2017), S. 1.
29. Ebd., S. 305.
30. Vgl. Bergson: *Essais et conférences*, S. 36; *Materie und Gedächtnis* (2017), S. 6.
31. Bergson (2017), S. 9.
32. Ebd., S. 87.
33. www.gleichsatz.de/b-u-t/begin/bewu/ehering_gedaechtnis.html.
34. Bergson (2014), S. 113.
35. Zit. nach Zanfi (2018), S. 161.
36. Bergson (2014), S. 235.
37. Ebd., S. 222.
38. Ebd., S. 272.
39. Zit. nach Gunn (2019), S. 21 (Übersetzung R. D. P.).
40. Bergson: *Écrits et paroles*, Bd. 2, S. 365.
41. www.odysseetheater.org/ftp/bibliothek/Psychologie/Sigmund_Freud/Sigmund_

Freud_Vorlesungen_zur_Einfuehrung_in_die_Psychoanalyse.pdf.

42. Freud GW, Nachtragsband, S. 48.
43. Freud: GW X, S. 47.
44. Freud: GW I, S. 426 f.
45. Freud: *Briefe an Wilhelm Fließ 1887–1904*, S. 438.
46. Freud: GW XIV, S. 86.
47. Eine gewisse Glaubwürdigkeit Freuds vermutet Alt (2016), S. 201 f. Äußerst skeptisch dagegen ist Renate Schlesier: »›Umwertung der psychischen Werte‹. Freud als Leser von Nietzsche«, in: Christoph Jamme (Hrsg.): *Grundlinien der Vernunftkritik*, Suhrkamp 1997, S. 243–276.
48. Freud: GW I, S. 433.
49. Freud: GW II/III, S. 617 f.
50. Freud: *Briefe an Wilhelm Fließ 1887–1904*, S. 453.
51. Freud: *Briefe 1873–1939*, S. 249 f.
52. Zit. nach Theodor Reik: *Arthur Schnitzler als Psychologe*, Fischer 1993, S. 12.
53. Karl Kraus in: *Die Fackel* 13 (1911), Nr. 333, S. 7.
54. Karl Kraus in: *Die Fackel* 15 (1913), Nr. 376–377, S. 21.
55. Freud: *Briefe an Oskar Pfister 1909–1939*, S. 47.
56. Freud: *Briefe an Ludwig Binswanger. Briefwechsel 1908–1938*, S. 95.
57. Freud: *Studienausgabe*, Bd. 9., S. 362.
58. Freud: GW XI, S. 204.
59. Freud: GW X, S. 350.
60. Freud: GW XIII, S. 286 f.
61. Eric Kandel: *Auf der Suche nach dem Gedächtnis*, Siedler 2006, S. 69 ff.
62. Freud: GW XVI, S. 32.
63. Freud: *Studienausgabe*, Bd. 9, S. 186.
64. www.projekt-gutenberg.org/freud/unbehag/chap008.htm.
65. Das Interesse an Sigmund Freuds Studie über »Moses und die monotheistische Religion« entflammte neu in den Neunzigerjahren. Ausgangspunkt dafür ist die Studie des israelischen Historikers Yosef Hayim Yerushalmi: *Freuds Moses. Endliches und unendliches Judentum*, Wagenbach 1993. Der deutsche Ägyptologe Jan Assmann greift sie in seinem Buch *Moses der Ägypter. Entzifferung einer Gedächtnisspur*, Hanser 1998, auf und macht sich für die These stark, der israelische Monotheismus habe seine Wurzeln in Ägypten.
66. www.projekt-gutenberg.org/freud/jenseits/chap007.html.
67. Jean Héring: »La phénoménologie il y a trente ans«, in: *Revue Internationale de Philosophie*, 1. Bd. (1939), S. 368.
68. Hua XVIII, S. 77.
69. Hua XIX/1, S. 10.
70. Hua XIX/1, S. 242.
71. So im Vorwort zur zweiten Auflage der LU, Hua XVIII, S. 8.
72. Karl Schuhmann: *Husserl-Chronik*, Springer 1977, S. 131.
73. Ebd., S. 191 f.
74. Vgl. Max Scheler: *Metaphysik und Psychoanalyse*, in ders.: GW XII, *Schriften aus dem Nachlass*, Bd. III, *Philosophische Anthropologie*, Bouvier 1990, S. 58.
75. Vgl. António R. Damásio: *Descartes' Irrtum. Fühlen, Denken und das menschliche Gehirn*, List 1994.
76. Hua XI, S. 121.
77. Vgl. Damásio: *Ich fühle, also bin ich. Die Entschlüsselung*

des Bewusstseins, List 2000, S. 155–156.
78. Vgl. Christoph Antweiler: *Heimat Mensch. Was uns alle verbindet*, Murmann 2009.
79. Husserl: *Briefwechsel*, Bd. VI, Springer 1994, S. 457.
80. Hua XXVIII, S. 142.
81. Husserl: *Die Krisis der europäischen Wissenschaften,* Meiner 1996, S. 4.
82. Kant: Akademie-Ausgabe, Bd. IV, S. 421.
83. Zur Spandrillen-Theorie siehe Stephen Jay Gould und Richard Lewontin: »The Spandrels of San Marco and the Panglossian Paradigm: A Critique of the Adaptationist Programme«, in: *Proceedings of the Royal Society of London*, Series B, Bd. 205, Nr. 1161 (1979), S. 581–598. https://faculty.washington.edu/lynnhank/GouldLewontin.pdf.
84. Vaihinger: *Wie die Philosophie des Als-Ob entstand*, www.gleichsatz.de/b-u-t/trad/vaih1.html.
85. Ebd.
86. https://homepages.uni-tuebingen.de/gerd.simon/chrvai.pdf.
87. Zur Formulierung »Biologie des Als Ob« siehe Vaihinger: *Wie die Philosophie des Als-Ob entstand*; www.gleichsatz.de/b-u-t/trad/vaih1.html.
88. Vaihinger: *Die Philosophie des Als Ob*, Meiner 1918, 3. Aufl., S. XV.
89. Cassirer (1976), S. 371.
90. Zit. nach John Michael Krois: »Problematik, Eigenart und Aktualität der Cassirerschen Philosophie der symbolischen Formen«, in: Braun, Holzhey und Orth (2016), S. 15–44, S. 17.
91. Cassirer (1995): Bd. 4, S. 26.
92. Cassirer (1953): Bd. 1, S. 11.
93. Cassirer (1956), S. 175.
94. Vgl. Cassirer (1953), Bd. 3, S. 231.
95. Cassirer (1996), S. 345.
96. Karlfried Gründer: *Cassirer und Heidegger in Davos 1929*, in: Braun, Holzhey, Orth (2016), S. 290–302, S. 294.
97. Ebd., S. 299 f.
98. Vgl. Tomasz Kubalica: *The polemic between Leonard Nelson and Ernst Cassirer on the critical method in the philosophy*, https://philarchive.org/archive/KUBTPB.
99. Nelson: *Die Reformation der Philosophie*, Neue Geist Verlag 1918, S. 36.
100. Cassirer: *Der kritische Idealismus und die Philosophie des »gesunden Menschenverstandes«*, www.gleichsatz.de/b-u-t/begin/nelson/casselson1.html.
101. Nelson: »Die Unmöglichkeit der Erkenntnistheorie«. Vortrag gehalten am 11. April 1911 auf dem 4. internationalen Kongress für Philosophie in Bologna, in: ders. (Hrsg.): *Abhandlungen der Fries'schen Schule. Neue Folge* 3 (1912), S. 583–617.
102. Nelson: GS IV, S. 499.
103. Nelson: GS IV, S. 133.
104. Nelson: GS VI, S. 44.
105. Vgl. dazu Hönigswald: »Prinzipien der Denkpsychologie«. Vortrag gehalten auf der Generalversammlung der Kantgesellschaft, Halle an der Saale am 20. April 1913, www.gleichsatz.de/b-u-t/begin/hoenig/swald_denkpsy1.html.
106. Zit. nach Claudia Schorcht: *Philosophie an den bayerischen Universitäten 1933–1945*, Harald Fischer 1990, S. 161.

107. Heidegger: *Denkerfahrungen*, Klostermann 1983, S. 3.
108. GA 16, S. 8.
109. GA 1, S. 410.
110. Zit. nach Ott (1988), S. 104.
111. Vgl. dazu Husserls Brief an Georg Misch bezüglich seiner Bedenken, Edith Stein zu habilitieren. Er führt das »Überwiegen von Philosophie-Docenten jüdischer Abstammung« an und die »Schwierigkeit, eine weibliche Habilitation durchzusetzen«, in Edmund Husserl: *Briefwechsel*, Hua VI, S. 271.
112. Martin Heidegger und Elisabeth Blochmann: *Briefwechsel 1918–1969*, Deutsche Schillergesellschaft Marbach 1989, S. 12.
113. GA 56/57, S. 72.
114. Ebd., S. 88.
115. GA 62, S. 368.
116. GA 62, S. 350.
117. »Faktizität ist die Bezeichnung für den Seinscharakter ›unseres‹ ›eigenen‹ Daseins. Genauer bedeutet der Ausdruck: jeweilig dieses Dasein (Phänomen der ›Jeweiligkeit‹; vgl. Verweilen, Nichtweglaufen, *Da*-bei-, *Da*-sein), sofern es seinsmäßig in seinem Seinscharakter ›da‹ ist. *Seinsmäßig* dasein besagt: nicht und nie primär als *Gegenstand* der Anschauung und anschaulicher Bestimmung, der bloßen Kenntnisnahme und Kenntnishabe von ihm, sondern Dasein ist ihm selbst *da* im Wie seines eigenen Seins.« (GA 63, S. 7).
118. Zit. nach Safranski (2001), S. 166.
119. Karl Jaspers: *Allgemeine Psychopathologie*; https://link.springer.com/chapter/10.1007/978-3-662-11111-6_2.
120. GA 63, S. 15.
121. Brief an Jaspers, 14. Juli 1923, in: Martin Heidegger und Karl Jaspers: *Briefwechsel* 1920–1963, Klostermann 1990.
122. Ebd.
123. GA 56/57, S. 88.
124. Ebd., S. 59.
125. Ebd., S. 91.
126. Heidegger (2006): § 15.
127. Ebd., § 26.
128. Ebd., §§ 39–44.
129. GA 24, S. 388.
130. Zit. nach Christoph Jamme: *Martin Heideggers Neubegründung der Phänomenologie*, S. 8; https://pub-data.leuphana.de/frontdoor/deliver/index/docId/191/file/heidegger.pdf.
131. Ebd.
132. Heidegger (2006), S. 134.
133. Scheler: *Mensch und Geschichte*, in: ders.: GW, Bd. IX, S. 120.
134. Vgl. dazu Gerhard Ehrl: Heideggers Stellung zu Simmel in der Vorlesung von 1919/20, in: *Heidegger Studies*, Bd. 23 (2007), S. 71–93.
135. Martin Heidegger und Elisabeth Blochmann, S. 30.
136. GA 29/30, S. 29.
137. Ebd., S. 255.
138. GA 9, S. 326.
139. GA 12, S. 103.
140. GA 34, S. 324.
141. Heidegger (1983): S. 19 und S. 13.
142. GA 5, S. 87.
143. https://homepage.univie.ac.at/christian.sitte/PAkrems/zerbs/volkswirtschaft_I/beispiele/wio_b01.html.
144. GA 5, S. 372.
145. Zur Fruchtbarkeit dieses Gedankens für die Diskussion um künstliche Intelligenz siehe Hubert L. Dreyfus: *Was Compu-*

ter nicht können. Die Grenzen künstlicher Intelligenz. Athenäum 1985; ders.: *What Computers Still Can't Do: A Critique of Artificial Reason*, MIT Press 1992; ders. mit Stuart E. Dreyfus: *Künstliche Intelligenz. Von den Grenzen der Denkmaschine und dem Wert der Intuition.* Rowohlt 1987; Richard David Precht: *Künstliche Intelligenz und der Sinn des Lebens*, Goldmann 2020, S. 29 ff.

146. GA 7, S. 16.
147. GA 5, S. 19.
148. GA 65, S. 239.
149. Das Jaspers-Gutachten ist zit. nach Ott (1988), S. 315–317.
150. GA 9, S. 342.
151. GA 7, S. 184.
152. GA 7, S. 173.
153. Ebd.
154. Santayana (2019), S. V (Übersetzung R. D. P.).
155. Vgl. Elena Fell und Ioanna Kopsiafti: *The Cognitive Basis of Aesthetics: Cassirer, Crowther, and the Future*, Routledge 2016, S. 91 ff.
156. Santayana: *Reason in Society*, Scribner 1905, S. 239 (Übersetzung R. D. P.).
157. Santayana: *Three Philosophical Poets: Lucretius, Dante, and Goethe* (1910), Barnes & Noble 2009, S. 6 (Übersetzung R. D. P.).
158. Francis Herbert Bradley: *Appearance and Reality*, Alan & Unwin 1893, S. 28.
159. Whitehead (1987), S. 269.
160. Ebd., S. 270.
161. Zu Rukeyser und Whitehead siehe Sarah Daw: »There is no out there: Trans-corporeality and process philosophy in Muriel Rukeyser's ›The Speed of Darkness‹«, in: *Feminist Modernist Studies*, Bd. 3, Heft 2, 2020, S. 217–233; www.researchgate.net/publication/343979173_There_is_no_out_there_trans-corporeality_and_process_philosophy_in_Muriel_Rukeyser%27s_The_Speed_of_Darkness.
162. Whitehead (1987), S. 186.
163. Ebd., S. 614.
164. Eine Ausnahme bildet Martin Hähnel: »The priority of process. Hartmann, Whitehead and Aristotle on the phenomena of generation and corruption«, in: *Horizon*, Bd. 8/1 (2019), S. 123–139. DOI:10.21638/2226-5260-2019-8-1-123-139; www.proquest.com/openview/dd37062c642b473731ea8064e69900a6/1?pq-origsite=gscholar&cbl=2046034.
165. Hartmann: »Kant und die Philosophie unserer Tage«, in: ders.: *Kleinere Schriften*, Bd. 3, De Gruyter 1958, S. 339–345.
166. Hartmann: *Grundzüge einer Metaphysik der Erkenntnis*, De Gruyter 1949, 4. Aufl., S. 229.
167. Hartmann *Philosophie der Natur*, De Gruyter 1950, S. 262.
168. Ursus Wehrli: *Kunst aufräumen*, Kein & Aber 2004, 26. Aufl.
169. Konrad Lorenz: *Die Rückseite des Spiegels*, Piper 1973, S. 57 ff.
170. Karol Wojtyła: *Über die Möglichkeiten eine christliche Ethik in Anlehnung an Max Scheler zu schaffen* (verfasst 1953, publiziert 1960), dt. Seewald 1980.
171. Ferdinand Ebner: »Glossen zum Introitus des Johannes-Evangeliums«, in: *Der Brenner*, VI, Heft 8 (1921), S. 563–589, S. 567.

172. Sorel (1969), S. 126.
173. Vgl. Henri Bergson an G. Maire, veröffentlicht in: *L'lndependance*, Nr. 39–40, November 1912, S. 167, und Bergson an Le Bon, Juli 1909, zit. in: Robert A. Nye: »Two Paths to a Psychology of Social Action: Gustave Le Bon and Georges Sorel«, in: *Journal of modern History* 450, 1973, S. 132 f.
174. Sorel (1969), S. 160.
175. Colin Crouch: *Postdemokratie revisited,* Suhrkamp 2008.
176. Ortega y Gasset: *Meditationen über »Don Quijote«*, DVA 1959, S. 53.
177. Ebd., S. 51.
178. Ortega y Gasset: *Was ist Philosophie?*, dtv 1967, S. 204.
179. Jaspers (1998), S. 177.
180. Plechanow: *Über materialistische Geschichtsauffassung*; www.marxists.org/deutsch/archiv/plechanow/1898/geschicht/06.htm.
181. Ebd.
182. Plechanow: *Zur Frage der Entwicklung der monistischen Geschichtsauffassung*; https://sites.google.com/site/sozialistischeklassiker2punkt0/plechanow/plechanow-zur-frage-der-entwicklung-der-monistischen-geschichtsauffassung/fuenftes-kapitel?tmpl=%2Fsystem%2Fapp%2Ftemplates%2Fprint%2F&showPrintDialog=1.
183. Karl Korsch: Die sozialistische Formel für die Organisation der Volkswirtschaft«, in: *Die Tat*, 1912.
184. Zit. nach: www.deutschlandfunk.de/vom-lehrer-lenins-zum-verraeter-100.html.
185. Gramsci: Heft 11, § 50, GH 1462.
186. Gramsci: Heft 4, § 12, GH 471.
187. Gramsci: Heft 12, § 1, GH 1500.
188. Gramsci: Heft 1, § 44, GH 101.
189. Gramsci: Heft 14, § 67, GH 1690.
190. Gramsci: Heft 22, § 2, GH 2069.
191. Gramsci: Heft 22, § 11, GH 2087.
192. Gramsci: Heft 22, § 3, GH 2073.
193. Ernst Troeltsch: *Der Historismus und seine Probleme*, Mohr 1922.
194. Siegfried Kracauer: *History. The Last Things Before the Last*, Oxford University Press 1969.
195. Michel Foucault: *Die Archäologie des Wissens*, Suhrkamp 1973.
196. Hayden White: *Metahistory. The Historical Imagination in 19th-Century Europe,* Johns Hopkins University Press 1973.
197. Siehe hierzu Sarah Dessi Schmid: *Ernst Cassirer und Benedetto Croce, die Wiederkehr des Geistes. Ein Vergleich ihrer Sprachtheorien*, Francke 2005.
198. Benedetto Croce: *Aesthetik als Wissenschaft vom Ausdruck und allgemeine Sprachwissenschaft. Theorie und Geschichte*, Mohr 1930, S. LIV.
199. Hans Jonas: »Homo pictor. Von der Freiheit des Bildens«, in: ders.: *Organismus und Freiheit. Ansätze zu einer philosophischen Biologie*, Vandenhoeck & Ruprecht 1973, S. 226–257.
200. John Crowe Ransom: *The New Criticism*, New Directions 1941.

201. Giovanni Gentile: *Genesi e struttura della società*, Sansoni 1946; https://ia600502.us.archive.org/12/items/genesiestruttura00 gent/genesiestruttura00gent.pdf.
202. Musil (2014), S. 9.
203. Musil (2014), S. 253.
204. Vgl. Musils Dissertation: *Beitrag zur Beurteilung der Lehren Machs und Studien zur Technik und Psychotechnik* (1908), Rowohlt 1980.
205. »Was arbeiten Sie?« Oskar Maurus Fontana im Gespräch mit Robert Musil, 30. April 1926, in: *Die Literarische Welt* Nr. 18 (1926), S. 1; https://cenex.net/was-arbeiten-sie/.
206. Ebd.
207. Musil: *Briefe 1901–1942*, Rowohlt 1981, S. 1117.
208. Lukács: *Die Theorie des Romans*, Aisthesis 2009, S. 21.
209. Vgl. Niklaus Largier: *Zeit der Möglichkeit. Robert Musil, Georg Lukács und die Kunst des Essays*, Wehrhahn 2016.
210. Georg Lukács: *Tagebuch 1910/1911*, Brinkmann & Bose 1991, S. 48.
211. Lukács: *Die Theorie des Romans* (2009), S. 15.
212. Zu Lukács und Croce siehe Georg Lukács: »Benedetto Croce. Zur Theorie und Geschichte der Historiographie«, in: Dannemann und Honneth (Hrsg.): *Ästhetik, Marxismus, Ontologie*, S. 148–157. Siehe auch János Kelemen: »Lukács and Fülep. Two Hungarian Critics of Benedetto Croce«, in: ders.: *The Rationalism of Georg Lukács. Political Philosophy and Public Purpose*, Palgrave Pivot 2014; https://doi.org/10.1057/9781137370259_6.
213. Thomas Mann: *Der Zauberberg*, S. 512
214. Carl Schmitt: *Theodor Däublers »Nordlicht«. Drei Studien über die Elemente, den Geist und die Aktualität des Werkes*, G. Müller 1916, S. 59.
215. Bloch: *Geist der Utopie*, GA 3, S. 9.
216. Ebd., S. 234.
217. Ebd., S. 14.
218. Ebd., S. 358.
219. Bloch: *Kampf, nicht Krieg. Politische Schriften 1917–1919*, Suhrkamp 1985, S. 196.
220. Zit. nach Belke und Renz (1988), S. 47.
221. Ebd.
222. Ebd.
223. Ebd., S. 118.
224. Ebd., S. 17.
225. Ebd., S. 34.
226. Kracauer: *Ginster*, in: ders.: *Werke* 7, S. 42.
227. Theodor W. Adorno: »Ein wunderlicher Realist. Über Siegfried Kracauer«, in: ders.: *Gesammelte Schriften*, Bd. XI, Suhrkamp 1997, S. 388–408.
228. Belke und Renz S. 79.
229. Ebd., S. 116.
230. Siehe Kracauers Diskussionsbeitrag in: Wolfgang Iser (Hrsg.): *Immanente Ästhetik – ästhetische Reflexion*, Poetik und Hermeneutik, Bd. 2, Fink 1966, S. 412.
231. Kracauer: *Geschichte – Vor den letzten Dingen*, Suhrkamp 1973, S. 247.
232. GS II, S. 163.
233. GS IV, S. 89 und S. 135.
234. GS V, S. 574.
235. Ebd., S. 578.
236. Ebd., S. 573.
237. Ebd., S. 494.
238. Ebd., S. 495.
239. Ebd., S. 576 f.

240. GS II, S. 378.
241. GS I, S. 440.
242. Ebd.
243. Ebd., S. 439.
244. Ebd., S. 537.
245. Ebd., S. 1231.
246. Ebd.
247. Russell (1972), 1. Bd., S. 57.
248. Ebd., S. 88 f.
249. Frege: *Nachgelassene Schriften*, Meiner 1969, S. 273.
250. Frege: *Die Grundlagen der Arithmetik*, Wissenschaftliche Buchgesellschaft 1961, S. XVI.
251. Zit. nach Clark (1984), S. 62.
252. Ebd., S. 223.
253. Russell (2012), S. 841.
254. Russell (1972), 1. Bd., S. 147.
255. Vgl. dazu Jonathan Haidt: »The Emotional Dog and Its Rational Tail: A Social Intuitionist Approach to Moral Judgment«, in: *Psychological Review* 108, (2001) S. 814–834; Herbert Gintis, Samuel Bowles, Ernst Fehr und Robert Boyd (Hrsg.): *Moral Sentiments and Material Interests: The Foundations of Cooperation in Economic Life,* MIT Press 2007.
256. G. E. Moore: *Philosophical Studies*, Routledge and Kegan Paul 1922, S. 332–335.
257. Russell (1972) 3. Bd., S. 346.
258. Frege: *Wissenschaftlicher Briefwechsel*, Meiner 1976, S. 102 f.
259. Frege: *Nachgelassene Schriften*, S. 289.
260. Michael Dummett: *Ursprünge der analytischen Philosophie*, Suhrkamp 1988, S. 32 ff.
261. Russell (2012), S. 713.
262. Zit. nach Monk (2022), S. 54.
263. Ebd., S. 53.
264. WA 1, S. 94 f.
265. *Tractatus* 2.131.
266. *Tractatus* 2.17.
267. WA 1, S. 174.
268. Wittgenstein: *Tractatus*, Anaconda 2022, S. 5.
269. *Tractatus* 1 und 2.
270. *Tractatus* 2.01.
271. *Tractatus* 4.
272. *Tractatus* 4.002.
273. *Tractatus* 4.26.
274. *Tractatus* 4.003.
275. *Tractatus* 4.112.
276. Zit. nach: www.gleichsatz.de/kago/lea/erkennt.html.
277. *Tractatus*, Einleitung, S. 10.
278. »MR. WITTGENSTEIN'S Tractatus Logico-Philosophicus, whether or not it prove to give the ultimate truth on the matters with which it deals, certainly deserves, by its breadth and scope and profundity, to be considered an important event in the philosophical world«; https://people.umass.edu/klement/tlp/tlp.pdf.
279. Cora Diamond: »Throwing Away the Ladder«, in: *Philosophy* 63 (1988); dies. und James Conant: *On Reading the Tractatus Resolutely: Reply to Meredith Williams and Peter Sullivan*, in: Max Kölbel und Bernhard Weiss (Hrsg.): *Wittgenstein's Lasting Significance*, Routledge 2004.
280. *Tractatus* 6.54.
281. Santayana: »Russell's Philosophical Essays«, in: *The Journal of Philosophy, Psychology and Scientific Methods*, Bd. 8, Nr. 3 (1911), S. 57–63; www.jstor.org/stable/pdf/2013327.pdf.
282. G. E. Moore über Santayana: »The Life of Reason«, in: *Ethics* 17, Nr. 2 (1907); www.journals.uchicago.edu/doi/abs/10.1086/intejethi.17.2.2375850.
283. Moore: »Eine Verteidigung

des Common Sense«, in: Harald Delius (Hrsg.): *Eine Verteidigung des Common Sense. Fünf Aufsätze aus den Jahren 1903–1941*, Suhrkamp 1969, S. 130.

284. G. E. Moore: »Beweis einer Außenwelt«, in: Delius (1969), S. 178.
285. »Wissenschaftliche Weltauffassung. Die Programmatik des Wiener Kreises«, in: Damböck (2013), S. 15.
286. Ebd., S. 8.
287. Carnap: *Mein Weg in die Philosophie*, Stuttgart 1999, S. 41.
288. Wittgenstein: *Werkausgabe*, Bd. 3, S. 18.
289. Ebd., S. 20.
290. *Tractatus* 4.024.
291. Carnap: »Überwindung der Metaphysik«, in: Damböck (2013), S. 71.
292. Ebd.
293. Neurath: »Protokollsätze«, in: Damböck (2013), S. 73–105. Hier S. 73.
294. Carnap: »Die physikalische Sprache als Universalsprache der Wissenschaft«, in: Stöltzner und Uebel (2006), S. 321.
295. Neurath: »Protokollsätze«, in: Damböck (2013), S. 75.
296. Ebd., S. 76.
297. »Neurath: Etwas Kathederstreithengst. Aber mit einer sprengenden Energie«, in: Robert Musil: *Tagebücher I*, Rowohlt 1983, S. 429.
298. Vgl. Thomas Nagel: *What Is It Like to Be a Bat? / Wie ist es, eine Fledermaus zu sein?*, Reclam 2018.
299. Zit. nach: www.gleichsatz.de/b-u-t/can/wk_.html.
300. Edward O. Wilson: *Die Einheit des Wissens*, Siedler 1998, S. 87.
301. Vgl. dazu Ayers Kritik an Collingwood in Ayer: *Philosophy in the Twentieth Century*, Weidenfeld und Nicolson 1982, Kap. VII.
302. Collingwood: *An Essay on Philosophical Method*, Oxford University Press 2005, S. 11 (Übersetzung R. D. P.).
303. Ebd., S. 213 (Übersetzung R. D. P.).
304. https://archive.org/details/in.ernet.dli.2015.187414/page/n5/mode/2up.
305. Jauß erwähnt Collingwood an einer Stelle mit dem Zitat »history is nothing but the reenactment of past thought in the historian's mind« aus *The Idea of History*, scheint aber seine Werke zur Kunst nicht zu kennen, siehe: Hans Robert Jauß: *Literaturgeschichte als Provokation*, Suhrkamp 1970, S. 171.
306. Malcolm (1987), S. 94.
307. *Tractatus* 4.11.
308. B. F. McGuinness (Hrsg.): *Wittgenstein und der Wiener Kreis*, WA 3, S. 182.
309. *Tractatus* 6.52 und *Tractatus* Vorwort.
310. PU 109.
311. PU Vorwort.
312. PU 123.
313. PU 121.
314. PU 109.
315. PU 309. Zu Ursprung und Kontext des Zitats siehe Volker Munz und Bernhard Ritter: *Wittgenstein's Whewell's Court Lectures: Cambridge 1938–1941*, Wiley 2017.
316. PU 250.
317. PU 119.
318. PU 127.
319. PU 128.
320. PU 109.
321. WA 8, S. 502.
322. PU 23.

323. WA 7, S. 468.
324. PU 18.
325. PU II, S. 568.
326. WA 7, S. 114.
327. WA 7, S. 368.
328. WA 7, S. 378.
329. *Tractatus* 5.63.
330. WA 8, S. 383.
331. Ebd.
332. WA 8, S. 139.
333. Zit. nach https://majawicki.ch/archive/1161.

Ausgewählte Literatur

Die Bibliografie umfasst ausgewählte Texte zu den einzelnen Kapiteln dieser Philosophiegeschichte. Im Hinblick auf große Philosophen wie Husserl, Heidegger, Wittgenstein, Adorno usw. begnügt sie sich meist mit wenigen Verweisen auf bekannte beziehungsweise leicht zugängliche Einführungen und Literatur. Weitergehende Verweise laden ein, einzelne Aspekte genauer zu studieren und zu vertiefen.

Die Demoiselles D'Avignon

Zu Pablo Picasso und den »Demoiselles d'Avignon« siehe Pierre Daix und Joan Rosselet: *Picasso: The Cubist Years 1907–1916*, Thames and Hudson 1979; dies. und Georges Boudaille (Hrsg.): *Picasso 1900–1906. Catalogue raisonné de l'œuvre peint*, Edition Ides et Calendes 1988; Marie-Laure Bernadac und Paul du Bouchet: *Picasso. Abenteuer Geschichte.* Gallimard 1986; William Rubin: *Picasso und Braque. Die Geburt des Kubismus*, Prestel 1990; Klaus Herding: *Pablo Picasso: Les Demoiselles d'Avignon. Die Herausforderung der Avantgarde*, S. Fischer 1992; Carsten-Peter Warncke: *Picassos »Les Demoiselles d'Avignon«. Konstruktion einer Legende*, in: Karl Möseneder (Hrsg.): *Streit um Bilder. Von Byzanz bis Duchamp*, Reimer 1997, S. 201–220; Josep Palau i Fabre: *Picasso – der Kubismus 1907–1917*, Könemann 1998; Siegfried Gohr: *Ich suche nicht, ich finde. Pablo Picasso. Leben und Werk*, DuMont 2006; Carsten-Peter Warncke und Ingo F. Walther (Hrsg.): *Pablo Picasso*, Taschen 2007, 2 Bde. Zu Bergson und Kubismus siehe George Beck: »Movement and Reality. Bergson and Cubism«, in: *The Structurist* 15 (1975), S. 109–121; Robert Mark Antliff: »Bergson and Cubism: A Reassessment«, in: *Art Journal* 47/4 (1988), S. 341–349; ders.: *Inventing Bergson: Cultural Politics and the*

Bergson, Cornell University Press 2006; Matthias Vollet: *Die Wurzel unserer Wirklichkeit. Problem und Begriff des Möglichen bei Henri Bergson*, Karl Alber 2007. Zum Einfluss Plotins auf Bergson siehe Rose-Marie Mossé-Bastide: *Bergson et Plotin*, Presses universitaires 1959; *Curtis L. Hancock:* »The Influence of Plotinus on Bergson's Critique of Empirical Science«, *in: R. Baine Harris (Hrsg.): Neoplatonism and Contemporary Thought,* State University of New York Press 1995, S. 139 ff.; *Wayne J. Hankey: »Neoplatonism and Contemporary French Philosophy«,* in: *Dionysus 23* (2005), S. 161–190. Zur Rezeption und Wirkungsgeschichte Bergsons siehe Antony Edward Pilkington: *Bergson and His Influence: A Reassessment*, Cambridge University Press 1976; Robert C. Grogin: *The Bergsonian Controversy in France 1900–1914*, University of Calgary Press 1988; Caterina Zanfi: *Bergson und die deutsche Philosophie 1907–1932*, Karl Alber 2018.

Die große Ent-Täuschung

Sigmund Freuds Werke liegen vollständig vor als Anna Freud (Hrsg.): *Sigmund Freud. Gesammelte Werke. Chronologisch geordnet*, 17 Bde., dazu ein Registerband (Bd. 18) und ein Band mit Nachträgen (Bd. 19), S. Fischer 1999. Eine hervorragende Auswahl liefert die *Studienausgabe*, 10 Bde., und ein Ergänzungsband 1969–1975. Aufschlussreich sind auch die Briefe an und von Carl Gustav Jung: ders.: *Briefwechsel*, S. Fischer 1974; ders.: *Briefe an Wilhelm Fließ 1887–1904*, S. Fischer 1986; ders.: *Briefe an Oskar Pfitzer 1909–1939*, Fischer 1983; ders.: *Briefe 1873–1939*, S. Fischer 1980, 3. Aufl.; Sigmund Freud und Ludwig Binswanger: *Briefwechsel 1908–1938*, S. Fischer 1992. Zu Freuds Leben und Werk siehe Alfred Ernest Jones: *Sigmund Freud. Leben und Werk*, 3 Bde., dtv 1984; Hans-Martin Lohmann: *Sigmund Freud*, Rowohlt 2006; Peter-André Alt: *Sigmund Freud. Der Arzt der Moderne. Eine Biographie*, C.H.

Beck 2016; Andreas Mayer: *Sigmund Freud. Zur Einführung*, Junius 2017; Joel Whitebook: *Freud. Sein Leben und Denken*, Klett-Cotta 2018. Zu Freud siehe ferner: Max Schur: *Sigmund Freud. Leben und Sterben*, Suhrkamp 1973; Wilhelm Salber: *Entwicklungen der Psychologie Sigmund Freuds*, 3 Bde., Bouvier 1973/1974; Paul Roazen: *Sigmund Freud und sein Kreis. Eine biografische Geschichte der Psychoanalyse*, Lübbe 1976; Samuel M. Weber: *Freud-Legende. Vier Studien zum psychoanalytischen Denken*, Walter 1979; Albrecht Hirschmüller: *Freuds Begegnung mit der Psychiatrie. Von der Hirnmythologie zur Neurosenlehre*, Edition Diskord 1991; Lydia Flem: *Der Mann Freud*, Campus 1993; Jürg Koller: *Der kranke Freud*, Klett-Cotta 2001; Eli Zaretsky: *Freuds Jahrhundert. Die Geschichte der Psychoanalyse*, Zsolnay 2006; Micha Brumlik: *Sigmund Freud. Der Denker des 20. Jahrhunderts*, Beltz 2006; Hans-Martin Lohmann und Joachim Pfeiffer (Hrsg.): *Freud-Handbuch. Leben – Werk – Wirkung*, Metzler. 2006; Anton Leitner und Hilarion G. Petzold (Hrsg.): *Sigmund Freud heute. Der Vater der Psychoanalyse im Blick der Wissenschaft und der psychotherapeutischen Schulen*, Krammer 2009; Frederick Crews: *Freud: The Making of an Illusion*, Metropolitan Books 2017.

Zu den Sachen selbst!

Edmund Husserls Werke liegen vor in der »Husserliana«: *Edmund Husserl. Gesammelte Werke* (bisher 42 Bde.), Nijhoff/Springer 1950/2008 ff. Die *Logischen Untersuchungen* sind erhältlich als Verena Mayer (Hrsg.): *Edmund Husserl. Logische Untersuchungen,* Akademie Verlag 2008. Zu Husserls Leben und Frühwerk siehe Karl Schuhmann: *Husserl-Chronik*, Number I in *Husserliana Dokumente,* Nijhoff 1977. Zu Husserl siehe ferner: Alwin Diemer: *Edmund Husserl. Versuch einer systematischen Darstellung seiner* Philosophie, Hain 1965, 2. Auf.; Karl Schuhmann: *Husserl -Chronik. Denk- und Lebensweg Ed-*

mund Husserls, Nijhoff 1977; Elisabeth Ströker: *Husserls transzendentale Phänomenologie*, Klostermann 1987; Hans Rainer Sepp (Hrsg.): *Edmund Husserl und die phänomenologische Bewegung. Zeugnisse in Text und Bild*, Alber 1988; Rudolf Bernet, Iso Kern und Eduard Marbach: *Edmund Husserl. Darstellung seines Denkens*, Meiner 1989; David Bell: *Husserl*, Routledge 1990; Julia Iribarne: *Husserls Theorie der Intersubjektivität*, Alber 1994; Barry Smith und David Woodruff Smith (Hrsg.): *The Cambridge Companion to Husserl*, Cambridge University Press 1995; Dan Zahavi: *Husserl und die transzendentale Intersubjektivität*, Kluwer 1996; ders.: *Husserls Phänomenologie*, UTB 2009; Karl Mertens: *Zwischen Letztbegründung und Skepsis. Kritische Untersuchungen zum Selbstverständnis der transzendentalen Phänomenologie Edmund Husserls*, Alber 1996; Leonardo Scarfò: *Philosophie als Wissenschaft reiner Idealitäten. Zur Spätphilosophie Husserls in besonderer Berücksichtigung der Beilage III zur Krisis-Schrift*, Herbert Utz 2006; David Woodruff Smith: *Husserl*, Abingdon 2007; Peter Prechtl: *Edmund Husserl zur Einführung*, Junius 2012, 5. Aufl.; Verena Mayer: *Edmund Husserl*, C.H. Beck 2009; Hans-Helmuth Gander (Hrsg.): *Husserl-Lexikon*, Wissenschaftliche Buchgesellschaft 2009; Javier Yusef Álvarez-Vázquez: *Frühentwicklungsgeschichte der phänomenologischen Reduktion. Untersuchungen zur erkenntnistheoretischen Phänomenologie Edmund Husserls*, FreiDok 2010; Christian Beyer u. a. (Hrsg.): *Husserl's Phenomenology of Intersubjectivity*, Routledge 2020.

Max Schelers Werke sind erschienen als ders.: *Gesammelte Werke*, 16 Bde., Bouvier 1954–1998. Zu Schelers Leben und Werk siehe Wilhelm Mader: *Max Scheler. In Selbstzeugnissen und Bilddokumenten*, Rowohlt 1995, 2. Aufl.; Jan H. Nota: *Max Scheler. Der Mensch und seine Philosophie*, Börsig 1995; Wolfhart Henckmann: *Max Scheler*, C.H. Beck 1998; Paul Good: *Max Scheler. Eine Einführung*, Parerga 1998; Angelika Sander: *Max Scheler zur Einführung*, Junius 2001. Zu Scheler siehe weiterhin: Ernst Wolfgang Orth und Gerhard Pfafferott (Hrsg.): *Studien zur Philosophie von Max Scheler*, Alber 1994; Gerhard Pfafferott (Hrsg.): *Vom Umsturz der Werte in der modernen Gesellschaft. II. Internationales Kolloquium der Max Scheler Gesellschaft*, Bouvier 1997; Gérard Raulet (Hrsg.), *Max Scheler. L'anthropologie philosophique en Allemagne dans l'entre-deux-guerres*. Philosophische Anthropologie in der Zwischenkriegszeit, Éditions de la Maison des sciences de l'homme 2001; Christian Bermes, Wolfhart Henckmann und Heinz Leonardy (Hrsg.): *Denken des Ursprungs – Ursprung des Denkens. Schelers Philosophie und ihre Anfänge in Jena*, Königshausen & Neumann 1998; dies.: *Person und Wert. Schelers »Formalismus« – Perspektiven und Wirkungen*, Alber 2000; dies.: *Vernunft und Gefühl. Schelers Phänomenologie des emotionalen Lebens*, Königshausen & Neumann 2003; dies.: *Solidarität. Person und soziale Welt*, Königshausen & Neumann 2005.

Die Formen des Denkens

Hans Vaihingers *Die Philosophie des Als Ob* ist online einsehbar unter: https://archive.org/details/DiePhilosophieDesAlsOb. Ebenfalls online verfügbar ist Vaihingers Selbstbeschreibung *Wie die Philosophie des Als Ob entstand* unter: www.gleichsatz.de/b-u-t/trad/vaih.html. Zu Vaihinger siehe August Seidel (Hrsg.): *Die Philosophie des Als Ob und das Leben. Festschrift zu Hans Vaihingers 80. Geburtstag*, Reuther & Reichard 1932; Stephanie Willrodt: *Semifiktionen und Vollfiktionen in Vaihingers Philosophie des Als Ob*, Hirzel 1934; Klaus Ceynowa: *Zwischen Pragmatismus und Fiktionalismus. Hans Vaihingers »Philosophie des Als Ob«*, Königshausen & Neumann 1993; Andrea Wels: *Die Fiktion des Begreifens und das Begreifen der Fiktion. Dimensionen und Defizite der Theorie der Fiktionen in Hans Vaihingers Philosophie des Als Ob*, Lang 1997; Matthias Neuber (Hrsg.): *Fiktion und Fiktionalismus. Beiträge zu*

Hans Vaihingers »Philosophie des Als Ob«, Königshausen & Neumann 2014.

Die Werke Ernst Cassirers liegen vor als Birgit Recki (Hrsg.): *Ernst Cassirer. Gesammelte Werke*, 25 Bde. und Registerband, Meiner 1998–2009. Als Einzelausgaben siehe Ernst Cassirer: *Substanzbegriff und Funktionsbegriff*, Wissenschaftliche Buchgesellschaft 1976; ders.: *Das Erkenntnisproblem in der Philosophie und Wissenschaft der neueren Zeit*, 4 Bde., Wissenschaftliche Buchgesellschaft 1995; ders.: *Wesen und Wirkung des Symbolbegriffs*, Wissenschaftliche Buchgesellschaft 1956; ders.: *Die Philosophie der symbolischen Formen*, 4 Bde., Wissenschaftliche Buchgesellschaft 1953; ders. *Versuch über den Menschen*, Meiner 1996. Zu Cassirers Leben und Wirken in Hamburg siehe Susanne Wittek: *»So muss ich fortan das Band als gelöst ansehen«. Ernst Cassirers Hamburger Jahre 1919–1933*, Wallstein 2019. Aus der Fülle an Literatur zu Cassirer seien genannt: John Michael Krois: *Cassirer: Symbolic Forms and History*, Yale University Press 1987; Hans-Jürg Braun, Helmut Holzhey und Ernst Wolfgang Orth (Hrsg.): *Über Ernst Cassirers Philosophie der symbolischen Formen*, Suhrkamp 2016, 2. Aufl.; Heinz Paetzold: *Ernst Cassirer. Von Marburg nach New York. Eine philosophische Biographie*, Wissenschaftliche Buchgesellschaft 1995; ders.: *Ernst Cassirer. Zur Einführung*, Junius 2002, 2. Aufl.; Oswald Schwemmer: *Ernst Cassirer. Ein Philosoph der europäischen Moderne*, Akademie Verlag 1997; Birgit Recki: *Kultur als Praxis. Eine Einführung in Ernst Cassirers Philosophie der symbolischen Formen*, Akademie Verlag 2003; Thomas Meyer: *Ernst Cassirer*, Ellert & Richter 2007, 2. Aufl., Massimo Ferrari: *Ernst Cassirer. Stationen einer philosophischen Biographie. Von der Marburger Schule zur Kulturphilosophie*, Meiner 2003.

Leonard Nelsons Werke liegen vor als ders.: *Gesammelte Schriften in neun Bänden*, Meiner 1970–1977. Zu Nelson siehe Grete Henry-Hermann: *Die Überwindung des Zufalls. Kritische*

Betrachtungen zu Leonard Nelsons Begründung der Ethik als Wissenschaft, Meiner 1985; Udo Vorholt: *Die politische Theorie Leonard Nelsons. Eine Fallstudie zum Verhältnis von philosophisch-politischer Theorie und konkret-politischer Praxis*, Nomos 1998; Dragan Jakovljevic: *Leonard Nelsons Rechtfertigung metaphysischer Grundsätze der theoretischen Realwissenschaft*, Lang 1989; Andreas Brandt: *Ethischer Kritizismus. Untersuchungen zu Leonard Nelsons »Kritik der praktischen Vernunft« und ihren philosophischen Kontexten*, Vandenhoeck & Ruprecht 2002; Armin Berger, Gisela Raupach-Strey und Jörg Schroth (Hrsg.): *Leonard Nelson – ein früher Denker der Analytischen Philosophie? Ein Symposion zum 80. Todestag des Göttinger Philosophen*, LIT 2011. Zu Nelson und Cassirer siehe Tomasz Kubalica: »The Polemic Between Leonard Nelson and Ernst Cassirer on the Critical Method in the Philosophy«, in: *Folia Philosophica*, Bd. 35 (2016), S. 53–69; https://philarchive.org/archive/KUBTPB.

Richard Hönigswalds Hauptwerke liegen vor als ders.: *Die Grundlagen der Denkpsychologie* (1921) 2. umgearb. Aufl. 1925, Nachdruck Wissenschaftliche Buchgesellschaft 1965; ders.: *Grundfragen der Erkenntnistheorie* (1931), Neudruck Meiner 1997 (enthält die *Systematische Selbstdarstellung* (1931); ders.: *Philosophie und Sprache. Problemkritik und System* (1937), Nachdruck Wissenschaftliche Buchgesellschaft 1970; ders.: *Die Grundlagen der allgemeinen Methodenlehre*, Bd. 1–2, Bouvier 1969/1970; ders.: *Die Systematik der Philosophie aus individueller Problemgestaltung entwickelt*, Bd. 1–2, Bouvier 1976/1977. Zu Hönigswald siehe Gerd Wolandt: *Gegenständlichkeit und Gliederung. Untersuchungen zur Prinzipientheorie Richard Hönigswalds mit besonderer Rücksicht auf das Problem der Monadologie*, Kölner Universitätsverlag 1964; Manuel Schneider: *Das Urteil und die Sinne. Transzendentalphilosophische und ästhesiologische Untersuchungen im Anschluß an Richard Hönigswald und Helmuth Plessner*, Janus

Parisian Avant-Garde, Princeton University Press 1993. Zu Matisse und Bergson siehe Mark Antliff: *The Rhythms of Duration: Bergson and the Art of Matisse*, Manchester University Press 1999; Lorenz Dittmann: *Matisse begegnet Bergson. Reflexionen zu Kunst und Philosophie*, Böhlau 2008; Todd Cronan: *Against Affective Formalism: Matisse, Bergson, Modernism*, University of Minnesota Press 2014; Ortega y Gassets Essay über die Avantgarde liegt vor als: ders.: *Die Vertreibung des Menschen aus der Kunst*, dtv 1964.

Zeit und Lebensschwung

Bergsons Hauptwerke liegen auf Französisch vor als ders.: *Écrits et paroles*, 3 Bde., PUF, 1957–1959. Auf Deutsch als ders.: *Zeit und Freiheit. Versuch über das dem Bewußtsein unmittelbar Gegebene*, Meiner 2016; ders.: *Materie und Gedächtnis. Eine Abhandlung über die Beziehung zwischen Körper und Geist*, e-artnow 2017; ders.: *Das Lachen*, marixverlag 2014; ders.: *Schöpferische Evolution*, Meiner 2014. Eine Textauswahl bietet Gilles Deleuze (Hrsg.): *Philosophie der Dauer*, Meiner 2015. Zu Bergsons Leben siehe Jean Guitton: *La Vocation de Bergson*, Gallimard 1960; Philippe Soulez und Frédéric Worms: *Bergson. Biografie*. PUF 2002. Zu Bergsons Philosophie siehe John Alexander Gunn: *Bergson and His Philosophy*, Nachdruck Good Press 2019; Vladimir Jankélévitch: *Henri Bergson* (1959), Suhrkamp 2022; ders.: *Bergson lesen*, Turia + Kant 2004; Michael Barlow: *Henri Bergson*, Éditions universitaires 1966; Gilles Deleuze: *Henri Bergson. Zur Einführung* (1966), 4. Aufl. Junius 2007; Leszek Kołakowski: *Henri Bergson: Ein Dichterphilosoph*, Piper 1985; Karl Albert: *Lebensphilosophie* (1995), Neuausgabe Karl Alber 2017, hier S. 70–93; Mirjana Vrhunc: *Bild und Wirklichkeit. Zur Philosophie Henri Bergsons*, Fink 1999; Henri Hude: *Bergson*, 2 Bde., 2. Aufl., Archives Karéline 2009; Suzanne Guerlac: *Thinking in Time: An Introduction to Henri*

1989; Gerd Wolandt: »R. Hönigswald: Philosophie als Theorie der Bestimmtheit«, in: Josef Speck (Hrsg.): *Grundprobleme der großen Philosophen.* (Philosophie der Gegenwart II), Vandenhoeck & Ruprecht (UTB) 1991, 3. Aufl., S. 43–101; Reinhold Breil: *Hönigswald und Kant. Transzendentalphilosophische Untersuchungen zur Letztbegründung und Gegenstandskonstitution*, Bouvier 1991; Ernst Wolfgang Orth: »Die anthropologische Wende im Neukantianismus. Ernst Cassirer und Richard Hönigswald«, in: *Il cannocchiale. Rivista di studi filosofici*, Nr. ½ (1991), S. 261–287; Kurt Walter Zeidler: *Kritische Dialektik und Transzendentalontologie. Der Ausgang des Neukantianismus und die post-neukantianische Systematik R. Hönigswalds, W. Cramers, B. Bauchs, H. Wagners, R. Reinigers und E. Heintels*, Bouvier 1995, S. 75–138; Ernst Wolfgang Orth und Dariusz Aleksandrowicz (Hrsg.): *Studien zur Philosophie Richard Hönigwalds*, Königshausen & Neumann 1996; Wolfdietrich Schmied-Kowarzik (Hrsg.): *Erkennen – Monas – Sprache. Internationales Richard-Hönigswald-Symposion Kassel 1995*, Königshausen & Neumann 1997; Roswitha Grassl und Peter Richart-Willmes: *Denker in seiner Zeit. Ein Personenglossar zum Umfeld Richard Hönigwalds*, Königshausen & Neumann 1997; Roswitha Grassl: *Der junge Richard Hönigswald. Eine biographisch fundierte Kontextualisierung in historischer Absicht*, Königshausen & Neumann 1998; Christian Swertz, Norbert Meder, Stephan Nachtsheim, Wolfdietrich Schmied-Kowarzik und Kurt Walter Zeidler (Hrsg.): *Heimkehr des Logos. Beiträge anlässlich der 70. Wiederkehr des Todestages von Richard Hönigswald am 11. Juni 1947*, Janus 2019. Wolfgang Cramers Hauptwerke sind erhältlich als ders.: *Die Monade. Das philosophische Problem vom Ursprung*, Kohlhammer 1954; ders.: *Grundlegung einer Theorie des Geistes* (1957), Klostermann 1999, 4. Aufl. Zu Cramer siehe Hans Radermacher und Peter Reisinger (Hrsg.): *Rationale Metaphysik. Die Philosophie von Wolfgang Cramer*, 2 Bde., Klett-Cotta 1987 und 1990.

Das Rätsel der Existenz

Die auf 102 Bände angelegte Martin-Heidegger-Gesamtausgabe wird seit 1975 im Verlag Klostermann ediert. Zum Editionsplan siehe Wikipedia »Heidegger (Gesamtausgabe)«. Heideggers Hauptwerke liegen einzeln vor als ders.: *Frühe Schriften*, Klostermann 1972; ders.: *Phänomenologische Interpretationen zu Aristoteles. Einführung in die phänomenologische Forschung*, Klostermann 1994, 2. durchges. Aufl.; ders.: *Die Grundprobleme der Phänomenologie*, Klostermann 2005; ders.: *Sein und Zeit*, Niemeyer 2006, 19. Aufl.; ders.: *Die Grundbegriffe der Metaphysik. Welt – Endlichkeit – Einsamkeit*, Klostermann 2004, 3. Aufl.; ders.: *Kant und das Problem der Metaphysik*, Klostermann 1998, 6. Aufl.; Die Rektoratsrede erschien als ders.: *Die Selbstbehauptung der deutschen Universität. Das Rektorat*, Klostermann 1983. Unter den äußerst zahlreichen Einführungen und Darstellungen zu Heideggers Leben und Werk seien genannt: Karl Löwith: *Heidegger. Denker in dürftiger Zeit* (1953), S. Fischer 1960, 2. erw. Aufl.; Otto Pöggeler: *Der Denkweg Martin Heideggers* (1963), Klett-Cotta 1994; Walter Biemel: *Martin Heidegger mit Selbstzeugnissen und Bilddokumenten* (1973), Rowohlt 2002, 16. Aufl.; Hans Köchler: *Skepsis und Gesellschaftskritik im Denken Martin Heideggers*, Anton Hain 1978; Hugo Ott: *Martin Heidegger. Unterwegs zu seiner Biographie*, Campus 1988; Thomas Rentsch: *Martin* Heidegger. Das *Sein und der Tod. Eine kritische Einführung*, Piper 1989; Günter Figal: *Martin Heidegger. Phänomenologie der Freiheit*, Anton Hain 1991; Günter Figal: *Martin Heidegger zur Einführung* (1992), Junius 2020, 8. Aufl.; Charles B. Guignon (Hrsg.): *The Cambridge Companion to Heidegger*, Cambridge University Press 1993. Eine hervorragende Einführung bietet Rüdiger Safranski: *Ein Meister aus Deutschland. Heidegger und seine Zeit*, Hanser 1994 (S. Fischer 2001). Genannt seien weiterhin: Michael Inwood: *Heidegger.* Herder 1999; ders.: *A*

Heidegger Dictionary, Blackwell 1999; Dieter Thomä (Hrsg.): *Heidegger Handbuch. Leben – Werk – Wirkung*, Metzler 2003; Peter Trawny: *Martin Heidegger. Einführung*, Campus 2003; Willem van Reijen: *Martin Heidegger*, Fink 2009; Oliver Jahraus: *Martin Heidegger. Eine Einführung*, Reclam 2004: Manfred Geier: *Martin Heidegger*, Rowohlt 2005; Helmuth Vetter: *Grundriss Heidegger. Ein Handbuch zu Leben und Werk*, Meiner 2013; Thomas Rohkrämer: *Martin Heidegger. Eine politische Biographie*, Schöningh 2020; Oliver Precht: *Heidegger. Zur Selbst- und Fremdbestimmung seiner Philosophie*, Meiner 2020; Lorenz Jäger: *Heidegger. Ein deutsches Leben*, Rowohlt Berlin 2021.

Karl Jaspers' Hauptwerke der Vorkriegszeit sind erhältlich als ders.: *Allgemeine Psychopathologie. Ein Leitfaden für Studierende, Ärzte und Psychologen* (1913), Springer 1973, 8. Aufl.; ders.: *Psychologie der Weltanschauungen* (1919), Springer 1971, 6. Aufl.; auch Legare Street Press 2022; ders.: *Die geistige Situation der Zeit* (1931), De Gruyter 1998, 9. Aufl.; ders.: *Philosophie* (1932) 3 Bde. (I: *Philosophische Weltorientierung*; II: *Existenzerhellung*; III: *Metaphysik*), Springer 1973, 4. Aufl. Zu Jaspers' Leben und Werk siehe Klaus Piper (Hrsg.): *Karl Jaspers. Werk und Wirkung. Festschrift zum 80. Geburtstag*, Piper 1963; Hans Saner: *Karl Jaspers. Mit Selbstzeugnissen und Bilddokumenten*, Rowohlt 2005, 12. Aufl.; Jeanne Hersch (Hrsg.): *Karl Jaspers. Philosoph, Arzt, politischer Denker. Symposium zum 100. Geburtstag in Basel und Heidelberg*, Piper 1986; Alan M. Olson (Hrsg.): *Heidegger and Jaspers*, Temple University Press 1993; Werner Schüßler: *Karl Jaspers zur Einführung*, Junius 1995; Chris Thornhill: *Karl Jaspers: Politics and Metaphysics*, Routledge 2002; Brea Gerson: *Wahrheit in Kommunikation. Zum Ursprung der Existenzphilosophie bei Karl Jaspers*, Ergon 2004; Kurt Salamun: *Karl Jaspers*, Königshausen & Neumann 2006, 2. Aufl.; Knut Eming und Thomas Fuchs: *Karl Jaspers. Philosophie und Psychopathologie*, Winter 2007.

Helmuth Plessners Werke liegen vor als ders.: *Gesammelte Schriften*, 10 Bde., Suhrkamp 2003. Zu Plessners Leben und Werk siehe Stephan Pietrowicz: *Helmuth Plessner. Genese und System seines philosophisch-anthropologischen Denkens*, Alber 1992; Hans Redeker: *Helmuth Plessner oder Die verkörperte Philosophie*, Duncker & Humblot 1993; Kai Haucke: *Plessner zur Einführung*, Junius 2000; Kersten Schüßler: *Helmuth Plessner. Eine intellektuelle Biographie*, Philo 2000; Carola Dietze: *Nachgeholtes Leben. Helmuth Plessner 1892–1985*, Wallstein 2006; Olivia Mitscherlich: *Natur und Geschichte. Helmuth Plessners in sich gebrochene Lebensphilosophie*, Akademie Verlag 2007; Wolfgang Bialas: *Politischer Humanismus und »Verspätete Nation«. Helmuth Plessners Auseinandersetzung mit Deutschland und dem Nationalsozialismus*, Vandenhoeck & Ruprecht 2011; Jos de Mul (Hrsg.): *Plessner's Philosophical Anthropology: Perspectives and Prospects*, Amsterdam University Press 2014; Joachim Fischer: *Exzentrische Positionalität. Studien zu Helmuth Plessner*, Velbrück 2016.

Der Boden der Tatsachen

Die gesammelten Werke George Santayanas liegen auf Englisch als Kindle-Version vor: ders.: *The Complete Works of George Santayana*, Shrine of Knowledge 2020. Sein wichtigstes Werk ist erhältlich als ders.: *Scepticism and Animal Faith*, Martino Fine Books 2019. Auf Deutsch erschienen ders.: *Der letzte Puritaner. Die Geschichte eines tragischen Lebens*, Manesse 1990, ders.: *Die Spanne meines Lebens*, Claassen 1950; ders.: *Die Christusidee in den Evangelien. Ein kritischer Essay*, C.H. Beck 1951. Die maßgebliche Biografie über Georges Santayana ist: John McCormick: *George Santayana: A Biography*, Alfred A. Knopf 1987. Zu Santayanas Denken siehe ferner Paul Arthur Schilpp: *The Philosophy of George Santayana* (1940), Tudor Publishing 1951; Willard Eugene Arnett: *Santayana and the Sense of Beauty* (1955), P. Smith 1969; Corliss Lamont: *Dialogue on George Santayana*, Horizon Press 1959; Henry Tompkins Kirby-Smith: *A Philosophical Novelist: George Santayana and the Last Puritan*, Southern Illinois University Press 1997; Irving Singer: *George Santayana: Literary Philosopher*, Yale University Press 2000; John Lachs: *On Santayana*, Wadsworth 2006; Ricardo Miguel Alfonso (Hrsg.): *La estética de George Santayana*, Verbum 2010; Giuseppe Patella: *Belleza, Arte y Vida. La estética mediterránea de George Santayana*, PUV 2010; Hartmut Sommer: »Der katholische Atheist. Das letzte Refugium des George Santayana in Rom«, in: ders.: *Revolte und Waldgang. Die Dichterphilosophen des 20. Jahrhunderts*, Lambert Schneider 2011; Daniel Moreno: *Santayana the Philosopher: Philosophy as a Form of Life*, Bucknell University Press 2015. Guido Karl Tamponi: *George Santayana. Eine materialistische Philosophie der Vita contemplativa*, Königshausen & Neumann 2021.

Whiteheads Hauptwerke liegen auf Deutsch vor als ders.: *Der Begriff der Natur*, wiley vch 1990; ders.: *Wissenschaft und moderne Welt*, Suhrkamp 1988; ders.: *Wie entsteht Religion?*, Suhrkamp 1985; ders.: *Kulturelle Symbolisierung*, Suhrkamp 2000; ders.: *Prozeß und Realität. Entwurf einer Kosmologie*, Suhrkamp 1987; ders.: *Die Funktion der Vernunft*, Reclam 1974; ders.: *Abenteuer der Ideen*, Suhrkamp 2000; ders.: *Denkweisen*, Suhrkamp 2001. Zu Whiteheads Leben und Werk siehe Victor Lowe: *Understanding Whitehead*, Johns Hopkins University Press 1962; ders.: *Alfred North Whitehead: The Man and His Work*, 2 Bde., Johns Hopkins University Press 1985/1990; Michael Hauskeller: *Alfred North Whitehead zur Einführung*, Junius 1994; Michael Hampe: *Alfred North Whitehead*, C.H. Beck 1998. Zu Whiteheads Philosophie siehe ferner Charles Hartshorne: *Whitehead's Philosophy: Selected Essays 1935–1970*, University of Nebraska Press 1972; Ernest Wolf-Gazo (Hrsg.): *Whitehead. Einführung in seine Kosmolo-*

gie, Alber 1980; Reto Luzius Fetz: *Whitehead: Prozeßdenken und Substanzmetaphysik*, Alber 1981; Harald Holz und Ernest Wolf-Gazo (Hrsg.): *Whitehead und der Prozeßbegriff. Beiträge zur Philosophie Alfred North Whiteheads auf dem Ersten Internationalen Whitehead-Symposion 1981*, Alber 1984; Lewis S. Ford: *The Emergence of Whitehead's Metaphysics 1925–1929*, SUNY Press 1985; Friedrich Rapp und Reiner Wiehl (Hrsg.): *Whiteheads Metaphysik der Kreativität. Internationales Whitehead-Symposium Bad Homburg 1983*, Alber 1986; Helmut Holzhey, Alois Rust und Reiner Wiehl (Hrsg.): *Natur, Subjektivität, Gott. Zur Prozeßphilosophie Alfred N. Whiteheads*, Suhrkamp 1990; Rolf Lachmann: *Ethik und Identität. Der ethische Ansatz in der Prozessphilosophie A. N. Whiteheads und seine Bedeutung für die gegenwärtige Ethik*, Alber 1994; Judith A. Jones: *Intensity: An Essay in Whiteheadian Ontology*, Vanderbilt University Press 1998, Stascha Rohmer: *Whiteheads Synthese von Kreativität und Rationalität. Reflexion und Transformation in Alfred North Whiteheads Philosophie der Natur*, Alber 2000; Spyridon Koutroufinis (Hrsg.): *Prozesse des Lebendigen. Zur Aktualität der Naturphilosophie A. N. Whiteheads*, Alber 2007; Chul Chun: *Kreativität und Relativität der Welt beim frühen Whitehead. Alfred North Whiteheads frühe Naturphilosophie (1915–1922) – eine Rekonstruktion*, Neukirchener Verlag 2010: Adele Gerdes: *Die Selbstorganisation dynamischer Systeme. Whiteheads Beitrag zur Philosophie des Geistes*, Logos 2013; Dennis Sölch: *Prozessphilosophien: Wirklichkeitskonzeptionen bei Alfred North Whitehead, Henri Bergson und William James*, Whitehead Studien Bd. 3, Alber 2014; Aljoscha Berve: *Spekulative Vernunft, symbolische Wahrnehmung, intuitive Urteile. Höhere Formen der Erfahrung bei A. N. Whitehead*, Alber 2015; Viola Nordsieck: *Formen der Wirklichkeit und der Erfahrung. Henri Bergson, Ernst Cassirer und Alfred North Whitehead*, Alber 2015.

Nicolai Hartmanns Hauptwerke sind als Reprints erhältlich

bei De Gruyter. Ferner erhältlich sind ders.: *Möglichkeit und Wirklichkeit*, Independently published 2021; ders.: *Zur Grundlegung der Ontologie*, Neopubli GmbH 2021; ders.: *Die Erkenntnis im Lichte der Ontologie*, Meiner 1982. Zu Hartmanns Leben und Werk siehe Alois Johannes Buch: *Nicolai Hartmann 1882–1982*, Bouvier 1987; Martin Morgenstern: *Nicolai Hartmann zur Einführung*, Junius 1997. Zu Hartmanns Philosophie siehe Heinz Heimsoeth und Robert Heiß (Hrsg.): *Nicolai Hartmann, der Denker und sein Werk. Fünfzehn Abhandlungen mit einer Bibliographie*, Vandenhoeck & Ruprecht 1952; Heinz Hülsmann: *Die Methode in der Philosophie Nicolai Hartmanns*, Schwann 1959; Katharina Kanthack: *Nicolai Hartmann und das Ende der Ontologie*, De Gruyter 1962; Joachim B. Forsche: *Zur Philosophie Nicolai Hartmanns*, Hain 1965. Ingeborg Wirth: *Realismus und Apriorismus in Nicolai Hartmanns Erkenntnistheorie*, De Gruyter 1965; Alois Johannes Buch: *Wert. Wertbewusstsein. Wertgeltung. Grundlagen und Grundprobleme der Ethik Nicolai Hartmanns*, Bouvier 1982; Gerhard Ehrl: *Nicolai Hartmanns philosophische Anthropologie in systematischer Perspektive*, Junghans 2003; Roberto Poli, Carlo Scognamiglio und Frederic Tremblay (Hrsg.): *The Philosophy of Nicolai Hartmann*, De Gruyter, 2011; Gerald Hartung, Matthias Wunsch und Claudius Strube (Hrsg.): *Von der Systemphilosophie zur systematischen Philosophie – Nicolai Hartmann*, De Gruyter 2012; Gerald Hartung und Matthias Wunsch (Hrsg.): *Studien zur Neuen Ontologie und Anthropologie*, De Gruyter 2014.

Blondels Werke werden ediert als *Œuvres complètes*, PUF 1995 ff. Sein Hauptwerk liegt auf Deutsch vor als ders.: *L'Action – Die Tat (1893). Versuch einer Kritik des Lebens und einer Wissenschaft der Praxis*, Alber, 2018. Blondels Philosophie erschließt sich zudem gut aus seinem fiktiven Interview *Der philosophische Weg. Gesammelte Betrachtungen*, Alber 2010. Zu Blondels Denken siehe Ulrich Hommes: *Transzendenz und Personalität. Zum Begriff der Action bei Maurice Blondel*, Klostermann 1972; Albert Raffelt, Peter Reifenberg und Gotthard Fuchs (Hrsg.): *Das Tun, der Glaube, die Vernunft. Studien zur Philosophie Maurice Blondels »L'Action« 1893–1993*, Echter 1995; Michael A. Conway: *The Science of Life: Maurice Blondel's Philosophy of Action and the Scientific Method*, Lang 2000; Peter Reifenberg: *Verantwortung aus der Letztbestimmung. Maurice Blondels Ansatz zu einer Logik des sittlichen Lebens*, Herder 2002; Oliva Blanchette: *Maurice Blondel: A Philosophical Life*, Grand Rapids 2010; Peter Reifenberg (Hrsg.): *Mut zur »offenen Philosophie«. Ein Neubedenken der Philosophie der Tat. Maurice Blondel (1861–1949) zum 150. Geburtstag*, Echter 2012.

Joseph Maréchals Werk über die Mystiker liegt auf Englisch vor als ders.: *The Psychology of the Mystics, Dover Publications 2004*. Sein philosophisches Hauptwerk ist ders.: *Le point de départ de la métaphysique: Leçons sur le développement historique et théorique du problème de la connaissance*, 5 Bde., Éditions Desclée de Brouwer 1922–1947. Eine Auswahl wichtiger Texte bietet Joseph Donceel (Hrsg.): *A Maréchal Reader*, Herder & Herder 1970. Zu Maréchals Denken siehe ferner Mario Casula: *Maréchal e Kant*, Fratelli Bocca 1955; Armando Savignano: *Joseph Maréchal: Maréchal's approach to Mysticism*, University of Notre Dame Press 1979; Anthony M. Matteo: *Joseph Marechal and the Transcendental Turn in Catholic Thought*, Northern Illinois University Press 1987; ders.: *Quest for the Absolute: The Philosophical Vision of Joseph Marechal*, Northern Illinois University Press 1992.

Von Martin Buber sind verfügbar ders.: *Die Geschichten des Rabbi Nachman* (1906) auf Digitalisat. Sein Hauptwerk liegt vor als ders.: *Ich und Du*, Reclam 2021; ders.: *Das dialogische Prinzip. Ich und Du. Zwiesprache. Die Frage an den Einzelnen. Elemente des Zwischenmenschlichen. Zur Geschichte des dialogischen Prinzips*, Gütersloher Verlagshaus 2006, 10. Aufl. Erhältlich sind zudem ders.: *Der Weg des Menschen nach der chas-*

sidischen Lehre, Gütersloher Verlagshaus 2001, 21. Aufl.; ders.: *Die Erzählungen der Chassidim*, Manesse 2014. Eine kleine Werkausgabe liegt vor als *Werkausgabe in 3 Bänden*, Schneider/Kösel: *Schriften zur Philosophie* (Bd. 1, 1962), *Schriften zur Bibel* (Bd. 2, 1964), *Schriften zum Chassidismus* (Bd. 3, 1963). Zu Bubers Leben und Werk siehe Gerhard Wehr: *Martin Buber. Leben – Werk – Wirkung*, Diogenes 1991; Siegbert Wolf: *Martin Buber zur Einführung*, Junius 1992; Hans-Joachim Werner: *Martin Buber*, Campus 1994; Maurice Friedman: *Begegnung auf dem schmalen Grat. Martin Buber – ein Leben*, Agenda 1999; Peter Stöger: *Martin Buber. Eine Einführung in Leben und Werk*, Tyrolia 2003; Dominique Bourel: *Martin Buber. Was es heißt, ein Mensch zu sein*, Gütersloher Verlagshaus 2017; Paul Mendes-Flohr: *Martin Buber. Ein Leben im Dialog*, Suhrkamp 2022. Zu Bubers Philosophie siehe ferner Bernhard Casper: *Das Dialogische Denken. Franz Rosenzweig, Ferdinand Ebner und Martin Buber (*1967), Alber 2002; Jochanan Bloch und Haim Gordon (Hrsg.): *Martin Buber. Bilanz seines Denkens*, Herder 1983; Andreas Haupt: *Der dritte Weg. Martin Bubers Spätwerk im Spannungsfeld von philosophischer Anthropologie und gläubigem Humanismus*, Herbert Utz 2001; Martha Friedenthal-Haase und Ralf Koerrenz (Hrsg.): *Martin Buber. Bildung, Menschenbild und hebräischer Humanismus*, Schöningh 2005; Michael Zank: *New Perspectives on Martin Buber*, Mohr Siebeck 2006.

Menschen und Mächte

Georges Sorels Hauptwerk liegt vor als ders.: *Über die Gewalt*, Suhrkamp 1969; ebenso ders.: *Über die Gewalt*, AL.BE.CH.-Verlag 2007. Zu Sorel siehe Michael Freund: *Georges Sorel. Der revolutionäre Konservatismus* (1932), Klostermann 1972, 2. Aufl.; Richard Humphrey: *Georges Sorel, Prophet Without Honor: A Study in Anti-Intellectualism*, Cambridge University

Press 1951; Hans Barth: *Masse und Mythos. Die ideologische Krise an der Wende zum 20. Jahrhundert und die Theorie der Gewalt, Georges Sorel*, Rowohlt 1959; Helmut Berding: *Rationalismus und Mythos. Geschichtsauffassung und politische Theorie bei Georges Sorel*, De Gruyter 1969; Zeev Sternhell: *Die Entstehung der faschistischen Ideologie. Von Sorel zu Mussolini*, Hamburger Edition 1999; Willy Gianinazzi: *Naissance du mythe moderne: Georges Sorel et la crise de la pensée savante*, Éditions de la MSH 2006; Jost Bauch: *Mythos und Entzauberung. Politische Mythen der Moderne*, G. Hess 2014.

Vilfredo Paretos Hauptwerk *Trattato di sociologia generale* liegt in Auszügen auf Deutsch vor als ders.: *Allgemeine Soziologie*, FinanzBuch 2005. Ebenfalls in Auszügen als *Vilfredo Paretos System der allgemeinen Soziologie*, Ferdinand Enke 1962. Ebenfalls auf Deutsch erhältlich ist ders.: *Ausgewählte Schriften*, Verlag für Sozialwissenschaften 2007. Zu Pareto siehe ferner Franz Borkenau: *Modern Socilologists Pareto*, Wiley 1936; Peter Hübner: *Herrschende Klasse und Elite. Eine Strukturanalyse der Gesellschaftstheorien Moscas und Paretos*, Duncker & Humblot 1967; Günter Zauels: *Paretos Theorie der sozialen Heterogenität und Zirkulation der Eliten*, Ferdinand Enke 1968; Gottfried Eisermann: *Vilfredo Pareto. Ein Klassiker der Soziologie*, Mohr Siebeck 1987; ders.: *Max Weber und Vilfredo Pareto. Dialog und Konfrontation*, Mohr Siebeck 1989; Maurizio Bach: »Vilfredo Pareto (1848–1923)«, in: Dirk Kaesler (Hrsg.): *Klassiker der Soziologie 1*, C.H. Beck 2000, 2012, 6. Aufl.; ders.: *Jenseits des rationalen Handelns. Zur Soziologie Vilfredo Paretos*, Verlag für Sozialwissenschaften 2004; Gert Albert: *Hermeneutischer Positivismus und dialektischer Essentialismus Vilfredo Paretos*, Verlag für Sozialwissenschaften 2005.

Von Miguel Unamunos philosophischen Schriften ist gegenwärtig nur auf Deutsch erhältlich ders.: *Plädoyer des Müßiggangs*, Droschl 1996, und ders.: *Selbstgespräche und Konversationen*, Droschl 1997. Die literarischen und philosophischen

Hauptwerke liegen auf Englisch vor als *Selected Works of Miguel de Unamuno*, 7 Bde., Princeton University Press 2015–2017. Zu Unamuno siehe ferner Herbert Ramsden: »The Spanish ›Generation of 1898‹: I. The History of a Concept«, in: *Bulletin of the John Rylands Library*, John Rylands University Library, 56, 2 (1974), S. 463–491; Mary Ann Alessandri: *Flesh and Bone: Unamuno's »Quixotism« as an Incarnation of Kierkegaard's »Religiousness A«*, Pennsylvania State University Press 2010; Jan E. Evans: *Miguel de Unamuno's Quest for Faith: A Kierkegaardian Understanding of Unamuno's Struggle to Believe*, James Clarke & Co. 2014.

José Ortega y Gassets Werke liegen auf Deutsch vor als ders.: *Gesammelte Werke in 6 Bänden*. DVA 1996. Zu Ortega y Gassets Philosophie siehe Julián Marías: *José Ortega y Gasset und die Idee der lebendigen Vernunft. Eine Einführung in seine Philosophie*, DVA 1952; Hans Widmer: »Bemerkungen zum Philosophiebegriff bei José Ortega y Gasset«, in: *Allgemeine Zeitschrift für Philosophie*. 9, Heft 3, (1984), S. 1–20; Javier San Martín: »Der Lebensbegriff bei Ortega y Gasset«, in: Hans Rainer Sepp und Ichiro Yamaguchi (Hrsg.): *Leben als Phänomen*, Königshausen und Neumann 2006, S. 141–148; Zur Wirkungsgeschichte in der Nachkriegszeit siehe Frauke Jung-Lindemann: *Zur Rezeption des Werkes von José Ortega y Gasset in den deutschsprachigen Ländern. Unter besonderer Berücksichtigung des Verhältnisses von philosophischer und populärer Rezeption in Deutschland nach 1945*, Lang 2001; Astrid Wagner und José María Ariso (Hrsg.): *Rationality Reconsidered: Ortega y Gasset and Wittgenstein on Knowledge, Belief, and Practice*, De Gruyter 2016.

Zu Georgi Plechanows Leben siehe Michail Jowtschuk und Irina Kurbatowa: *Georgi Plechanow. Eine Biographie*, Dietz 1983: Detlef Jena: *Georgi Walentinowitsch Plechanow. Historisch-politische Biographie*, Deutscher Verlag der Wissenschaften 1989. Zu Plechanow siehe ferner Thies Ziemke: *Marxismus und Narodničestvo. Entstehung und Wirken der Gruppe »Befreiung der Arbeit«*, Lang 1980; Predrag M. Grujić: *Čičerin, Plechanow und Lenin. Studien zur Geschichte des Hegelianismus in Russland*, Fink 1985; Richard Lorenz: »Georgi Walentinowitsch Plechanow«, in: Walter Euchner (Hrsg.): *Klassiker des Sozialismus*, C.H. Beck 1991, S. 251–263.

Zu Karl Korsch siehe Douglas Kellner (Hrsg.): *Karl Korsch: Revolutionary Theory*, University of Texas Press 1977; Wolfgang Zimmermann: *Korsch zur Einführung*, Soak 1978; Michael Buckmiller (Hrsg.): *Zur Aktualität von Karl* Korsch, Europäische Verlagsanstalt 1981; Gregor Kritidis (Hrsg.): *Zur Aktualität von Karl Korsch und seine Bedeutung für die Entwicklung der sozialistischen Linken*, Loccumer Initiative kritischer Wissenschaftler und Wissenschaftlerinnen 2013.

Antonio Gramscis »Hauptwerk« liegt vor als: ders.: *Gefängnishefte*, 10 Bde., Argument 1991 ff. (Neuauflage 2012). Zu Gramscis Leben siehe Giuseppe Fiori: *Das Leben des Antonio Gramsci. Eine Biographie*, Rotbuch 2013. Zur Einführung in Gramscis Denken siehe Mario Candeias, Florian Becker, Janek Niggemann und Anne Steckner: *Gramsci lesen! Einstieg in die Gefängnishefte*, Argument 2013; Thomas Barfuss und Peter Jehle: *Antonio Gramsci zur Einführung*. Junius 2021, 3. Aufl.; Johannes Bellermann: *Gramscis politisches Denken. Eine Einführung*, Schmetterling 2021. Zu Gramsci siehe ferner: Luciano Gruppi: *Gramsci, Philosophie der Praxis und die Hegemonie des Proletariats*, VSA 1977; Karin Priester: *Studien zur Staatstheorie des italienischen Marxismus. Gramsci und Della Volpe*, Campus 1981; Franz Kaminski, Heiner Karuscheit, Klaus Winter u. a.: *Antonio Gramsci, Philosophie und Praxis. Grundlagen und Wirkungen der Gramsci-Debatte*, Sendler 1982; Ernst Wimmer: *Antonio Gramsci und die Revolution*, Globus 1984; Ulrich Schreiber: *Die politische Theorie Antonio Gramscis*, Argument 1990; Sabine Kebir: *Antonio Gramscis Zivilgesellschaft*, VSA 1991; Harald Neubert: *Antonio Gramsci. Hege-*

monie, Zivilgesellschaft, Partei: Eine Einführung, VSA 2022, 2. Aufl.; Theo Votsos: *Der Begriff der Zivilgesellschaft bei Antonio Gramsci*, Argument 2001; Sonja Buckel und Andreas Fischer-Lescano (Hrsg.): *Hegemonie gepanzert mit Zwang. Zivilgesellschaft und Politik im Staatsverständnis Antonio Gramscis*, Nomos 2007; Andreas Merkens und Victor Rego Diaz (Hrsg.): *Mit Gramsci arbeiten. Texte zur politisch-praktischen Aneignung Antonio Gramscis*, Argument 2007; Domenico Losurdo: *Der Marxismus Antonio Gramscis. Von der Utopie zum »kritischen Kommunismus«*, VSA 2012, 2. Aufl.; Alastair Davidson: *Antonio Gramsci: Towards an Intellectual Biography*, Haymarket 2018.

Kunst und Erlösung

Benedetto Croces Hauptwerk erschien als ders.: *Philosophie des Geistes*, 4 Bde., Mohr-Siebeck 1929/1930. Auf Deutsch liegen ferner vor ders.: *Die Geschichte auf den allgemeinen Begriff der Kunst gebracht*, Meiner 1984; ders. *Was ist die Kunst?*, Alexander Verlag 1987. Zu Croce siehe Karl-Egon Lönne: *Benedetto Croce. Vermittler zwischen deutschem und italienischem Geistesleben*, Francke 2002; Sarah Dessì Schmid: *Ernst Cassirer und Benedetto Croce. Die Wiederentdeckung des Geistes. Ein Vergleich ihrer Sprachtheorien*, Francke 2005; Domenico Conte: *Weltgeschichte und Pathologie des Geistes. Benedetto Croce zwischen historischem Denken und Krise der Moderne*, Leipziger Universitätsverlag 2007; Giusi Furnari Luvarà und Santi Di Bella (Hrsg.): *Benedetto Croce und die Deutschen*, Academia 2011; Vincenzo Pirro: *Filosofia e Politica in Benedetto Croce*, CreateSpace 2018; A. Robert Caponigri: *History and Liberty: The Historical Writings of Benedetto Croce*, Routledge 2018. Zu Croces Ästhetik siehe Robert Zimmer: *Einheit und Entwicklung in Benedetto Croces Ästhetik. Der Intuitionsbegriff und seine Modifikationen* (1985), Neuaufl. Lang 2011. Über Croces Verhältnis zum Faschismus siehe Fabio Fernando Rizi: *Benedetto Croce and Italian Fascism*, University of Toronto Press 2003; Manfred Thiel: *Benedetto Croce. Italien am Vorabend des Faschismus. Eine analytische Darstellung*. Elpis 2003.

Robert Musils großer Roman liegt vor als ders.: *Der Mann ohne Eigenschaften*, Rowohlt 2014, 7. Aufl. Zu Musils Leben siehe Karl Corino: *Robert Musil. Leben und Werk in Bildern und Texten*, Rowohlt 1988; ders.: *Robert Musil. Eine Biographie*, Rowohlt 2003. Aus der Fülle der Literatur zu Musil seien genannt: Dietrich Hochstätter: *Sprache des Möglichen. Stilistischer Perspektivismus in Robert Musils »Mann ohne Eigenschaften«*, Athenäum 1972; Dieter Fuder: *Analogiedenken und anthropologische Differenz. Zu Form und Funktion der poetischen Logik in Robert Musils Roman »Der Mann ohne Eigenschaften«*, München 1979. Roger Willemsen: *Robert Musil. Vom intellektuellen Eros*, Piper 1985; Sibylle Deutsch: *Der Philosoph als Dichter. Robert Musils Theorie des Erzählens*, Röhrig 1993, Matthias Luserke-Jaqui: *Robert Musil*, Metzler 1995; Richard David Precht: *Die gleitende Logik der Seele. Ästhetische Selbstreflexivität in Robert Musils DMoE*, Metzler-Poeschel 1996; Inka Mülder-Bach: *Robert Musil. Der Mann ohne Eigenschaften. Ein Versuch über den Roman*, Hanser 2013.

Georg Lukács' Werke sind erschienen als ders.: *Werke*, 18 Bde., Luchterhand 1962–1986. Eine neue Werkausgabe erscheint seit 2009 im Aisthesis-Verlag. Eine kommentierte Textauswahl bieten: Rüdiger Dannemann und Axel Honneth: *Ästhetik, Marxismus, Ontologie. Ausgewählte Texte*, Suhrkamp 2021. Zu Lukács' Leben und Werk siehe Fritz J. Raddatz: *Georg Lukács in Selbstzeugnissen und Bilddokumenten*, Rowohlt 1972; Agnes Heller, Ferenc Feher, György Márkus u. a.: *Die Seele und das Leben. Studien zum frühen Lukács*, Suhrkamp 1977; Ursula Apitzsch: *Gesellschaftstheorie und Ästhetik bei Georg Lukács bis 1933*, Frommann-Holzboog 1977; Ernst Keller: *Der junge Lukács. Antibürger und wesentliches Leben. Literatur- und Kul-*

turkritik 1902–1915, Sendler 1984; Michael Grauer: *Die entzauberte Welt. Tragik und Dialektik der Moderne im frühen Werk von Georg Lukács*, Hain 1985; István Hermann: *Georg Lukács. Sein Leben und Wirken*, Böhlau 1986; László Sziklai: *Georg Lukács und seine Zeit 1930–1945*, Böhlau 1986; Udo Bermbach und Günter Trautmann (Hrsg.): *Georg Lukács. Kultur – Politik – Ontologie*, Westdeutscher Verlag 1987; Manfred Buhr und József Lukács (Hrsg.): *Geschichtlichkeit und Aktualität. Beiträge zum Werk und Wirken von Georg Lukács*, Akademie-Verlag 1987; Rüdiger Dannemann: *Georg Lukács. Jenseits der Polemiken. Beiträge zur Rekonstruktion seiner Philosophie*, Sendler 1986; ders.: *Das Prinzip Verdinglichung. Studie zur Philosophie Georg Lukács'*, Sendler 1987; ders.: *Georg Lukács zur Einführung*, Junius 1997; Werner Jung: *Georg Lukács. Eine Einführung*, Metzler 1989; Stuart Sim: *Georg Lukács*. Harvester Wheatsheaf 1994; Frank Engster u. a. (Hrsg.): *Klasse. Geschichte. Bewusstsein. Was bleibt von Georg Lukács' Theorie?*, Verbrecher Verlag 2015.

Ernst Blochs Werke sind erschienen als ders.: *Gesamtausgabe in 16 Bänden*, Suhrkamp 1985. Zu Blochs Leben und Denken siehe Vincent Geoghegan: *Ernst Bloch*, Routledge 1996; Arno Münster: *Ernst Bloch. Eine politische Biographie*, Philo und Philo 2004. Zu Blochs Philosophie siehe Jürgen Habermas: »Ernst Bloch. Ein marxistischer Schelling« (1960), in: Jürgen Habermas: *Politik, Kunst und Religion. Essays über zeitgenössische Philosophen*, Reclam 2006, 2. Aufl.; Detlef Horster, Thomas Leithäuser, Oskar Negt, Joachim Perels und Jürgen Peters (Hrsg.): *Ernst Bloch zum 90. Geburtstag. Es muss nicht immer Marmor sein*, Wagenbach 1975; Rainer Hoffmann: *Montage im Hohlraum. Zu Ernst Blochs »Spuren«*, Bouvier 1977; Burghart Schmidt: *Seminar: Zur Philosophie Ernst Blochs*, Suhrkamp 1983; Burghart Schmidt: *Ernst Bloch*, Metzler 1985; Peter Zudeick: *Der Hintern des Teufels. Ernst Bloch – Leben und Werk*, Elster 1985; Gvozden Flego und Wolfdietrich Schmied-Kowarzik (Hrsg.): *Ernst Bloch – Utopische Ontologie*, Germinal 1986; Christina Ujma: *Ernst Blochs Konstruktion der Moderne aus Messianismus und Marxismus. Erörterungen mit Berücksichtigung von Lukács und Benjamin*, Metzler 1995; Detlef Horster: *Ernst Bloch. Eine Einführung*, Panorama 2005; Gert Ueding: *Utopie in dürftiger Zeit. Studien über Ernst Bloch*, Königshausen & Neumann 2009; ders.: *Wo noch niemand war. Erinnerungen an Ernst Bloch*, Klöpfer & Meyer 2016; Hans Heinz Holz und Ernst Bloch: *System und Fragment*, Cornelius 2010; Beat Dietschy, Doris Zeilinger und Rainer E. Zimmermann (Hrsg.): *Bloch-Wörterbuch. Leitbegriffe der Philosophie Ernst Blochs*, De Gruyter 2012; Hans-Ernst Schiller (Hrsg.): *Staat und Politik bei Ernst Bloch*, Nomos 2016; Hanna Gekle: *Der Fall des Philosophen. Eine Archäologie des Denkens am Beispiel von Ernst Bloch*, Klostermann 2019.

Siegfried Kracauers Werke sind erschienen als ders.: *Werke*, 9 Bde., Suhrkamp 2004 ff. Zu Kracauers Leben und Denken siehe Inka Mülder-Bach: *Siegfried Kracauer – Grenzgänger zwischen Theorie und Praxis. Seine frühen Schriften 1913–1933*, Metzler 1985; Ingrid Belke und Irina Renz: »Siegfried Kracauer 1889–1966«, in: *Marbacher Magazin* 47(1988); Momme Brodersen: *Siegfried Kracauer*, Rowohlt 2001; Gertrud Koch: *Siegfried Kracauer zur Einführung*, Junius 2012, 2. Aufl.; Jörg Später: *Siegfried Kracauer. Eine Biographie*, Suhrkamp 2016. Zu Kracauer siehe ferner: Michael Kessler und Thoma Y. Levin: *Siegfried Kracauer. Neue Interpretationen*, Stauffenburg 1989; Jörn Ahrens u. a. (Hrsg.): *»Doch ist das Wirkliche auch vergessen, so ist es darum nicht getilgt«. Beiträge zum Werk Siegfried Kracauers*, VS 2017; Attilio Bruzzone: *Siegfried Kracauer e il suo tempo (1903–1925). Il confronto con Marx, Simmel, Lukács, Bloch, Adorno, alle origini del pensiero critico*, Mimesis 2020. Zu Kracauers Philosophie der Geschichte siehe Tobias F. Korta: *Geschichte als Projekt und Projektion. Walter Benjamin und Siegfried Kracauer zur Krise des modernen Denkens*, Lang

2001; Stephanie Baumann: *Im Vorraum der Geschichte. Siegfried Kracauers »History – The Last Things Before the Last«*, Konstanz University Press 2014.

Walter Benjamins Werke liegen vor als ders.: *Gesammelte Schriften*, 7 Bde. und 3 Supplement-Bände in 17 Bänden, Suhrkamp 1972–1999. Revidierte Taschenbuchausgabe Suhrkamp 1991. Zu Benjamins Leben und Denken siehe Bernd Witte: *Walter Benjamin. Mit Selbstzeugnissen und Bilddokumenten*, Rowohlt 1985; Werner Fuld: *Walter Benjamin. Eine Biographie*, Rowohlt 1990; Momme Brodersen: *Walter Benjamin. Leben, Werk, Wirkung*, Suhrkamp 2005; Burkhardt Lindner (Hrsg.): *Benjamin Handbuch. Leben – Werk – Wirkung*, Metzler 2006; Sven Kramer: *Walter Benjamin zur Einführung*, Junius 2010, 3. Aufl.; Eli Friedlander: *Walter Benjamin. Ein philosophisches Porträt*, C.H. Beck 2013; Uwe-Karsten Heye: *Die Benjamins. Eine deutsche Familie*, Aufbau 2014; Howard Eiland und Michael W. Jennings: *Walter Benjamin: A Critical Life*, Harvard University Press 2014; Lorenz Jäger: *Walter Benjamin. Das Leben eines Unvollendeten*, Rowohlt 2017; Ansgar Lorenz und Antonio Roselli: *Walter Benjamin. Philosophie für Einsteiger*, Fink 2017; Howard Eiland und Michael W. Jennings: *Walter Benjamin. Eine Biographie*, Suhrkamp 2020. Aus der umfangreichen Literatur zu Benjamin seien genannt: Rolf Tiedemann: *Studien zur Philosophie Walter Benjamins. Mit einer Vorrede von Theodor W. Adorno*, Suhrkamp 1973, 2. Aufl.; ders.: *Dialektik im Stillstand. Versuche zum Spätwerk Walter Benjamins*, Suhrkamp 1983; Jürgen Habermas: »Bewußtmachende oder rettende Kritik. Die Aktualität Walter Benjamins« (1972), in: ders.: *Politik, Kunst und Religion. Essays über zeitgenössische Philosophen*, Reclam 2006, 2. Aufl., S. 48–95; Heinz Schlaffer: »Denkbilder. Eine kleine Prosaform zwischen Dichtung und Gesellschaftstheorie«, in: Wolfgang Kuttenkeuler (Hrsg.): *Poesie und Politik. Zur Situation der Literatur in Deutschland*, Kohlhammer 1973, S. 137–152; Birgit Recki: *Aura und Auto-*

nomie. Zur Subjektivität der Kunst bei Walter Benjamin und Theodor W. Adorno, Königshausen und Neumann 1988; Ralf Konersmann: *Erstarrte Unruhe. Walter Benjamins Begriff der Geschichte*, S. Fischer 1991; Detlev Schöttker: *Konstruktiver Fragmentarismus. Form und Rezeption der Schriften Walter Benjamins*, Suhrkamp 1999; Michael Opitz und Erdmut Wizisla (Hrsg.): *Benjamins Begriffe*, 2 Bde., Suhrkamp 2000; Eric Jacobson: *Metaphysics of the Profane: The Political Theology of Walter Benjamin and Gershom Scholem*, Columbia University Press 2003; Sigrid Weigel: *Walter Benjamin. Die Kreatur, das Heilige, die Bilder*, S. Fischer 2008; dies. und Daniel Weidner (Hrsg.): *Benjamin-Studien 3*, Fink 2014; Jean-Michel Palmier: *Walter Benjamin. Lumpensammler, Engel und bucklicht Männlein. Ästhetik und Politik bei Walter Benjamin*, Suhrkamp 2009; Wolfgang Bock: *Vom Blickwispern der Dinge. Sprache. Erinnerung und Ästhetik bei Walter Benjamin. Vorlesungen in Rio de Janeiro 2007*, Königshausen & Neumann 2010.

Der Kampf mit der Sprache

Von Bertrand Russells philosophischen Hauptwerken liegen auf Deutsch vor: ders. und Alfred North Whitehead: *Principia Mathematica*, Suhrkamp 2002; ders: *Probleme der Philosophie*, Suhrkamp 1967; ders.: *Unser Wissen von der Außenwelt*, Meiner 2004; ders.: *Einführung in die mathematische Philosophie*, Meiner 2006; ders.: *Die Analyse des Geistes*, Meiner 2000; ders.: *Philosophie des Abendlandes. Ihr Zusammenhang mit der politischen und der sozialen Entwicklung*, Anaconda 2012. Seine umfangreiche Autobiografie erschien als ders.: *The Autobiography of Bertrand Russell*, 3 Bde., George Allen & Unwin 1967–1969; deutsch ders.: *Autobiographie*, 2 Bde., Suhrkamp 1972. Zu Russells Leben und Philosophie siehe Alfred J. Ayer: *Bertrand Russell*, München 1973; Ernst Sandvoss: *Bertrand Russell in Selbstzeugnissen und Bilddokumen-*

ten, Rowohlt 1980; Alan Ryan: *Bertrand Russell: A Political Life*, Hill & Wang 1981; Walter Langhammer: *Bertrand Russell*, Pahl-Rugenstein 1983; Ronald W. Clark: *Bertrand Russell. Philosoph, Pazifist und Politiker*, Heyne 1984; Kenneth Blackwell und Harry Ruja: *A Bibliography of Bertrand Russell*, Routledge 1994; Ray Monk: *Bertrand Russell: The Spirit of Solitude 1872–1920*, Free Press 1996; ders.: *Bertrand Russell: The Ghost of Madness 1921–1970*, Free Press 2001; Denis Vernant: *Bertrand Russell*, Garnier-Flammarion 2003; Christian Mueller-Goldingen: *Bertrand Russell. Studien zu seinem philosophischen Werk*, LIT 2013.

George Edward Moores wichtigste Schriften sind gesammelt in ders.: *Selected Writings*, Routledge 2013. Zum Spätwerk von Moore siehe ders.: *Some Main Problems of Philosophy*, Routledge 2004. Zu Moore siehe ferner: René Daval: *Moore et la philosophie analytique*, Presses Universitaires de France 1997; Bert Heinrichs: *George Edward Moore zur Einführung*, Junius 2019.

Wittgensteins Werke liegen vor als ders.: *Gesammte Werkausgabe in 8 Bänden*, Suhrkamp 1984. Zu Wittgensteins Leben und Denken siehe Peter M. S. Hacker: *Einsicht und Täuschung*, Suhrkamp 1978; ders.: *Wittgenstein im Kontext der analytischen Philosophie*, Suhrkamp 1997; Josep-Maria Terricabras: *Ludwig Wittgenstein. Kommentar und Interpretation*, Alber 1978; Wolfgang Carl: *Sinn und Bedeutung. Studien zu Frege und Wittgenstein*, Hain 1982; Norman Malcolm: *Erinnerungen an Wittgenstein*, Suhrkamp 1987; Ray Monk: *Wittgenstein. Das Handwerk des Genies* (1991), Klett-Cotta 2004, 2. Aufl. 2022; Brian F. McGuinness: *Wittgensteins frühe Jahre*, Suhrkamp 1992; Kurt Wuchterl und Adolf Hübner: *Wittgenstein. Mit Selbstzeugnissen und Bilddokumenten*, Rowohlt 1998; Joachim Schulte: *Ludwig Wittgenstein. Leben. Werk. Wirkung*, Suhrkamp 2005. Zu Wittgensteins Philosophie siehe Anthony Kenny: *Wittgenstein*, Suhrkamp 1987; Wilhelm Vossenkuhl:

Ludwig Wittgenstein, C. H. Beck 1995; Merrill B. Hintikka und Jaakko Hintikka: *Untersuchungen zu Wittgenstein*, Suhrkamp 1996; Anthony Clifford Grayling: *Wittgenstein*, Herder 1999; Chris Bezzel: *Wittgenstein zur Einführung*, Junius 2000; Hans-Johann Glock: *Wittgenstein-Lexikon*, Wissenschaftliche Buchgesellschaft 2000; Joachim Schulte: *Wittgenstein. Eine Einführung*, Reclam 2001, Ludwig Nagl und Chantal Mouffe (Hrsg.): *The Legacy of Wittgenstein: Pragmatism or Deconstruction*, Peter Lang 2001; Kai Buchholz: *Ludwig Wittgenstein*, Campus 2006; Richard Raatzsch: *Ludwig Wittgenstein zur Einführung*, Junius 2008; Gunter Gebauer, Fabian Goppelsröder und Jörg Volbers (Hrsg.): *Wittgenstein – Philosophie als »Arbeit an Einem selbst«*, Fink 2009; Georg Römpp: *Ludwig Wittgenstein. Eine philosophische Einführung*, UTB 2010; Hans Jürgen Heringer: *»Ich wünschte, 2×2 wäre 5!« Ludwig Wittgenstein. Eine Einführung*, Königshausen & Neumann 2019.

Die Fliege im Glas

Von den wichtigsten Denkern des Wiener Kreises liegt vor: Otto Neurath, Rudolf Carnap und Charles Morris (Hrsg.): *Foundations of the Unity of Science: Toward an International Encyclopedia of Unified Science*, 2 Bde., Chicago University Press 1971; Otto Neurath: *Gesammelte philosophische und methodologische Schriften*, 2 Bde., Hölder-Pichler-Tempsky 1981; Moritz Schlick: *Lebensweisheit. Versuch einer Glückseligkeitslehre. Fragen der Ethik (*1908/1930), Springer 2006; ders.: *Die Wiener Zeit. Aufsätze, Beiträge, Rezensionen 1926–1936*, Springer 2008; ders.: *Allgemeine Erkenntnislehre* (1918/1925), Springer 2009; Rudolf Carnap: *Logische Syntax der Sprache* (1934), Springer 1968; ders.: *Mein Weg in die Philosophie* (1963), Reclam 1993; ders.: *Der logische Aufbau der Welt* (1928), Meiner 1998; ders.: *Scheinprobleme in der Philosophie und andere metaphysikkritische Schriften*, Meiner 2004. Zur Programmschrift siehe Friedrich Stadler und Thomas Uebel (Hrsg.): *Wissenschaftliche Weltauffassung. Der Wiener Kreis* (1929), Reprint der Erstausgabe, Springer 2012. Ausgewählte Texte des Wiener Kreises versammeln Michael Stöltzner und Thomas Uebel (Hrsg.): *Wiener Kreis. Texte zur wissenschaftlichen Weltauffassung von Rudolf Carnap, Otto Neurath, Moritz Schlick, Philipp Frank, Hans Hahn, Karl Menger, Edgar Zilsel und Gustav Bergmann*, Meiner 2006; Christian Damböck: *Der Wiener Kreis. Ausgewählte Texte*, Reclam 2013. Zum Wiener Kreis siehe ferner: Victor Kraft: *Der Wiener Kreis. Der Ursprung des Neopositivismus* (1950), Springer 1997, 3. Aufl.; Nicholas Rescher (Hrsg.): *The Heritage of Logical Positivism*, University Press of America 1985; Richard von Mises: *Kleines Lehrbuch des Positivismus. Einführung in die empiristische Wissenschaftsauffassung*, Suhrkamp 1990; Rudolf Haller und Friedrich Stadler (Hrsg.): *Wien – Berlin – Prag. Der Aufstieg der wissenschaftlichen Philosophie*, Hölder-Pichler-Tempsky 1993; Rudolf Haller: *Neopositivismus. Eine historische Einführung in die Philosophie des Wiener Kreises*, Wissenschaftliche Buchgesellschaft 1993; Ronald N. Giere und Alan W. Richardson (Hrsg.): *Origins of Logical Empiricism*, University of Minnesota Press 1996; Nancy Cartwright, Jordi Cat, Lola Fleck und Thomas E. Uebel: *Otto Neurath. Philosophy between Science and Politics*, Cambridge University Press 1996; Friedrich Stadler: *Studien zum Wiener Kreis. Ursprung, Entwicklung und Wirkung des Logischen Empirismus im Kontext*, Suhrkamp 1997, Springer 2015, 2. Aufl.; Manfred Geier: *Der Wiener Kreis*, Rowohlt 1998; Michael Friedman: *Reconsidering Logical Positivism*, Cambridge University Press 1999; Thomas Mormann: *Rudolf Carnap*, C.H. Beck 2000; Alan Richardson und Thomas Uebel (Hrsg.): *The Cambridge Companion to Logical Empiricism*, Cambridge University Press 2007; Karl Sigmund: *Sie nannten sich Der Wiener Kreis. Exaktes Denken am Rand des Untergangs*, Springer 2015.

Von Robin George Collingwood liegt auf Deutsch vor ders.: *Denken. Eine Autobiographie*. Eingeleitet von Hans-Georg Gadamer, Koehler 1955; ders.: *Philosophie der Geschichte*, Kohlhammer 1955, ders.: *Die Idee der Natur*. Mit einem Nachwort von Axel Honneth, Suhrkamp 2005. Die Autobiografie liegt auf Englisch vor, ergänzt um Aufsätze zu Collingwoods Leben und Philosophie als: David Boucher und Teresa Smith: *R. G. Collingwood: An Autobiography & Other Writings*, Oxford University Press 2013. Zu Collingwoods Philosophie siehe David Boucher: *The Social and Political Thought of R. G. Collingwood*, Cambridge University Press 1989; William H. Dray: *History as Re-enactment. R. G. Collingwood's Idea of History*, Clarendon Press 1995; Peter Johnson: *R. G. Collingwood: An Introduction*, Thoemmes Press 1998; Giuseppina D'Oro: *Collingwood and the Metaphysics of Experience*, Routledge 2002; Jan van der Dussen: *History as a Science: The Philosophy of R. G. Collingwood*, Springer 2012.

Von Alfred Jules Ayer liegen auf Deutsch vor: ders.: *Sprache, Wahrheit und Logik*, Reclam 1970; ders.: *Bertrand Russell*, dtv 1973; ders.: *Die Hauptfragen der Philosophie*, Piper 1976. Eine Biografie erschien von Ben Rogers: *A. J. Ayer: A Life*, Grove Press 2000. Zu Ayer siehe ferner A. Phillips Griffiths (Hrsg.): *A. J. Ayer: Memorial Essays*, Cambridge University Press 1991; Adam Tamas Tuboly: *The Historical and Philosophical Significance of Ayer's Language, Truth and Logic*, Palgrave Macmillan 2021.

Zum Verhältnis Wittgensteins zum Wiener Kreis siehe Friedrich Stadler: »Wittgenstein und der Wiener Kreis – Denkstil und Denkkollektiv«, in: ders.: *Studien zum Wiener Kreis*, Suhrkamp 1997, S. 467–488. Zu Wittgensteins Spätphilosophie siehe zusätzlich zu dem vorangegangenen Kapitel: Reinier F. Beerling: *Sprachspiele und Weltbilder. Reflexionen zu Wittgenstein*, Alber 1980; Wolfgang Kienzler: *Wittgensteins Wende zu seiner Spätphilosophie 1930 bis 1932. Eine historische und systema-*

tische Darstellung, Suhrkamp 2001; Erich Ammereller und Eugen Fischer (Hrsg.): *Wittgenstein at Work: Method in the Philosophical Investigation*, Routledge 2004; Stanley Cavell: *Der Anspruch der Vernunft. Wittgenstein, Skeptizismus, Moral und Tragödie*, Suhrkamp 2006. Zu Wittgensteins kritischem Verhältnis zur Psychologie siehe Michel ter Hark: *Beyond the Inner and the Outer: Wittgenstein's Philosophy of Psychology*, Kluwer 1990; Alois Rust: *Wittgensteins Philosophie der Psychologie.* Klostermann 1996.

Personenregister

Sachregister

Bildnachweis

Abbildung 2, S. 19, sowie Vor- und Nachsatz:
Bridgeman Images: Pablo Picasso, Les Demoiselles d'Avignon, 1907 (oil on canvas) / Succession Picasso / VG Bild-Kunst, Bonn 2023

Alle weiteren Illustrationen:
©The Saul Steinberg Foundation / Artists Rights Society (ARS), New York

Abbildung 1, S. 9:
Saul Steinberg, Untitled, 1952, detail
Private Collection. The Saul Steinberg Foundation, New York.
Originally published in *The New Yorker*, November 1, 1952.

Abbildung 3, S. 37:
Saul Steinberg, 1900s, 1950
Ink on paper.
Originally published in *Vogue*, January 1950, p. 97.

Abbildung 4, S. 71:
Saul Steinberg, Prosperity, 1959, detail
The Saul Steinberg Foundation, New York.
Originally published in *The New Yorker*, 1959.

Abbildung 5, S. 112:
Saul Steinberg, The Line, 1954, detail
Ink on paper, 18 x 404 inches overall.
Milan, Biblioteca Nazionale Braidense.

Abbildung 6, S. 152:
Saul Steinberg, Untitled, 1965–67, detail
Ink on paper, 19 ¾ x 12 ¾ in.
Beinecke Rare Book and Manuscript Library, Yale University.

Abbildung 7, S. 195:
Saul Steinberg, Untitled, c. 1965–66, detail
Pencil, conté and rubber stamp on paper.
Whereabouts unknown.

Abbildung 8, S. 243:
Saul Steinberg, Untitled, 1947
Ink on paper, 13 ¾ x 11 ½ in.
Beinecke Rare Book and Manuscript Library, Yale University.
Originally published in *The New Yorker*, May 29, 1948.

Abbildung 9, S. 287:
Saul Steinberg, Galleria di Milano, 1951, detail
Ink and watercolor on paper, 23 x 14 ½ in.
Private collection.

Abbildung 10, S. 328:
Saul Steinberg, Artists and War, 1969
Rubber stamps, pencil, and colored pencil on paper, 23 x 29 in.
National Gallery of Art, Washington, DC.
Gift of The Saul Steinberg Foundation

Abbildung 11, S. 381:
Saul Steinberg, Equivalent of 8, 1962, detail
Ink and collage on paper, 21 x 13 ¾ in.
Private collection.

Abbildung 12, S. 418:
Saul Steinberg, Untitled, 1969
Ink on paper. Whereabouts unknown.
Originally published in *The New Yorker*, November 8, 1969.